____________ 님께   ____________ 드림

저자 이상용
李祥鏞

대전 출생
충남대학교 졸업
LG 금속㈜에 입사하여 품질,환경,안전과장으로 근무
한국표준협회에서 ISO 9001(국제품질경영시스템)심사원
ISO 14001(국제환경경영시스템) 심사원 활동
현재 한국품질재단 수석 심사원
삼성전자,LG 화학,한국전력,현대엔지니어링,서울대학교 등
다수의 회사를 심사 또는 강의한 경력을 가지고 있음

콕콕 역사 여행기

초판 1쇄 인쇄　2012년 2월　27일
초판 1쇄 발행　2012년 3월　02일

지은이 | 이상용
펴낸이 | 손형국
펴낸곳 | (주)에세이퍼블리싱
출판등록 | 2004.12.1(제2011-77호)
주소 | 서울시 금천구 가산동 371-28 우림라이온스밸리 C동101호
홈페이지 | www.book.co.kr
전화번호 | (02)2026-5777
팩스 | (02)2026-5747

ISBN 978-89-6023-746-9 03910

콕콕 역사 여행기

이상용 엮음

ESSAY

역사((歷史, History)는 인류 사회의 변천과 흥망의 과정, 또는 그 기록을 말한다.

역(歷)이란 '과거에 있었던 사실'이나 '인간이 과거에 행한 것'을 의미하며, 사(史)란 '기록을 관장하는 사람(활을 쏠 때 화살이 과녁을 적중한 숫자를 세던 사람)' 또는 '기록한다'는 의미를 가지고 있다. 영어인 History의 어원은 그리스어의 'historia'로 '탐구' 또는 '탐구를 통하여 획득한 지식'을 의미한다.

역사가 갖는 의미로는 첫째, 과거 사실을 통해 현재를 바르게 이해함으로써 국가와 민족, 개인의 정체성을 확립할 수 있다. 둘째, 역사를 통하여 우리가 직면하고 있는 문제에 대한 해결책을 얻고 미래를 준비하는 데 활용할 수 있다.

인류의 기원은 크게 선사시대(先史時代)와 역사시대(歷史時代)로 나눌 수 있다. 역사시대와 선사시대의 구분은 문자를 사용하여 기록으로 남기었는가를 기준으로 한다. 선사시대는 기록된 역사 자료가 없으므로 당시의 유물로 인류의 생활상을 추정하며, 우리나라는 고조선부터를 우리의 역사 시대라고 볼 수 있다.

인류의 인종은 크게 황인종, 백인종, 흑인종으로 구분된다.
황인종-몽고인종, 아메리카인디안, 에스키모, 인도네시아 인종
백인종-북유럽 인종, 알프스 인종, 지중해 인종, 아르메니아 인종
흑인종-니그로 인종, 네그리드 인종

인류를 언어학적으로 구분하면
인도 유럽어족: 유럽과 동아시아, 동남아시아, 서남아시아를 제외한 대부분의 아시아인의 언어
슬라브어족: 러시아, 폴란드, 체코
튜튼어족: 영국, 독일, 네덜란드, 스웨덴
그리스어족: 그리스
동방어족: 인도, 페르시아, 히타이트셈.
함어족: 바빌론, 아시리아, 페니키아, 헤브라이, 이집트
우랄어족: 핀란드, 마자르, 에스토니아
알타이어족: 한국, 만주, 터키, 몽고, 일본
중국, 티벳어족: 중국, 티베트, 버마, 타이

세계의 문화권은 근대 이전과 근대 이후로 구분할 수 있다.

근대 이전에는 독자적인 지역 단위의 문화권이 형성되었다.
유럽문화권: 문화중심이 지중해에서 대서양으로, 사회는 노예제에서 봉건제 및 자본주의로 발전
동아시아 문화권: 중국 중심 문화권(공통적인 문화요소-한자, 유교, 율령)
서아시아 문화권: 이슬람 세계로 통합(동서 문화 교류에 공헌)
남아시아 문화권: 인도문화권의 동남아시아 전파

근대 이후에는 16세기 신항로 개척이 세계 통합의 계기가 되었고, 19세기 말 제국주의의 흐름을 타고 서양의 자본주의 경제 문화가 전 세계에 퍼짐으로써 하나의 세계로 통합되었다.

역사적 시대구분은 보통 다음과 같이 한다.
고대(~475년) 원시시대부터 서로마 제국의 멸망까지. 한국사에서는 고조선에서 후삼국 시대까지
중세(475년~1453년) 게르만 민족의 대이동에서 동로마 제국의 멸망까지. 한국사에서는 고려시대를 말함.
근세(15세기말~1640년) 종교개혁, 르네상스에서 청교도혁명 이전까지. 한국사에서는 조선 전기를 말함.
근대(1640년~1914년) 청교도 혁명에서 1차 세계대전 이전까지. 한국사는 강화도 조약후 일제강점기까지.
현대(1914년~현재) 1차 세계대전 이후부터 현재까지. 한국사에서는 1945년 광복 이후부터 현재까지.

이 책은 역사를 연도별 중요 사건위주로 정리했으며, 중요 인물에 대한 업적도 요약하였다. 또한 국가별, 제도별 사상에 대한 비교 정리를 통해 역사를 쉽게 이해하도록 노력하였다.

모쪼록 법고창신(法古創新)의 자세로 이 책이 미래를 준비하는 자료로 활용되기를 기대합니다.

저자 씀

차 례

한국사		세계사	
연도	내용	연도	내용
		BC 150억년경	【지구】 우주의 탄생
		BC 46억년경	【지구】 태양계 탄생
		BC 45억년경	【지구】 달의 탄생
		BC 39억년경	【지구】 생명의 기원
		BC 1500만년경	【지구】 인류기원설
		BC 300만년경	【아프리카】 오스트랄로피테쿠스 출현
		BC 250만년경	【지구】 구석기시작
		BC 50만년경	【프랑스】 자바인 출현
		BC 10만년경	【독일】 네안데르탈인 출현
		BC 4만년경	【프랑스】 크로마뇽인 출현
		BC 2만년경	【스페인】 알타미라 동굴벽화
		BC 1만5천년경	【지구】 농경시작
BC 10,000년	【한반도】 한반도 형성	BC 1만년경	【지구】 빙하기 끝남
BC70만년~ BC 4000년	【한반도】 BC 70만년 구석기 전기 흔적 BC 10만년 구석기 중기 흔적 BC 4만년 구석기 후기 흔적 BC 1만년 중석기 문화 흔적 BC 8000년 신석기 전기 문화 흔적 BC 4000년 신석기 중기 문화 흔적 BC 2000년 신석기 후기 문화 흔적	BC 7500년경	【지구】 신석기 시대 시작
		BC 4000년~ 2500년경	【지구】 세계4대문명발생
		BC 4000년경	【메소포타미아】 메소포타미아 문명 발생
		BC 3500년경	【이집트】 이집트 문명 발생
		BC 3200년경	【세계】 문자의 발명
		BC 3100년경	【중국】 황하문명 발생
		BC 3000년경	【중국】 실크로드
		BC 3000년경	【메소포타미아. 이집트】 빵의 제조
		BC 2850년경	【이집트】 이집트 통일
		BC 2772년경	【이집트】 태양력 사용
		BC 2572년경	【이집트】 피라미드 건설
		BC 2500년경	【인도】 인더스 문명 발생
BC 2333년	【고조선】 고조선 건국	BC 2333년	【고조선】 고조선 건국
		BC 2000년~ BC 1500년	【중국】 하 나라 창건
		BC 2000년경	【이집트】 파피루스 발명
		BC 1848년경	【영국】 스톤헨지 건축
		BC 1750년	【메소포타미아】 함무라비법전 편찬
		BC 1700년	【중국】 은 왕조 창건
		BC 1600년경	【에게 문명】 에게문명 시작
		BC 1400년경	【히타이트】 철기 사용
		BC 1200년	【페니키아】 알파벳의 기원
BC 1122년	【고조선】 팔조금법 제정		
BC 1100년	【고조선】 기자조선 건국		

<table>
<thead>
<tr><th colspan="2" align="center">한국사</th><th colspan="2" align="center">세계사</th></tr>
<tr><th align="center">연도</th><th align="center">내　　용</th><th align="center">연도</th><th align="center">내　　용</th></tr>
</thead>
<tbody>
<tr><td></td><td></td><td>BC 1027년</td><td>【주】 주왕조 성립</td></tr>
<tr><td>BC 1000년</td><td>【청동기】 청동기 문화 흔적</td><td>BC 1000년경</td><td>【인도】 4 베다 성립</td></tr>
<tr><td></td><td></td><td>BC 955년</td><td>【이스라엘】 솔로몬왕 즉위</td></tr>
<tr><td></td><td></td><td>BC 900년경</td><td>【인도】 카스트 제도 성립</td></tr>
<tr><td></td><td></td><td>BC 800년경</td><td>【그리스】 일리아스, 오디세이 저술</td></tr>
<tr><td></td><td></td><td>BC 776년</td><td>【그리스】 올림픽 경기시작</td></tr>
<tr><td></td><td></td><td>BC 700년경</td><td>【인도】 우파니샤드 철학이 대두</td></tr>
<tr><td></td><td></td><td>BC 688년</td><td>【아시리아】 오리엔트 통일</td></tr>
<tr><td></td><td></td><td>BC 605년</td><td>【신바빌로니아】 바빌론 유수</td></tr>
<tr><td></td><td></td><td>BC 600년</td><td>【로마】 로마 건국</td></tr>
<tr><td></td><td></td><td>BC 563년경</td><td>【인도】 석가모니 탄생</td></tr>
<tr><td></td><td></td><td>BC 552년</td><td>【노】 공자의 탄생</td></tr>
<tr><td></td><td></td><td>BC 551년</td><td>【페르시아】 조로아스터 사망</td></tr>
<tr><td></td><td></td><td>BC 492년</td><td>【페르시아】 페르시아전쟁</td></tr>
<tr><td></td><td></td><td>BC 478년</td><td>【아테네】 델로스 동맹</td></tr>
<tr><td></td><td></td><td>BC 460년</td><td>【그리스】 히포크라테스 활동</td></tr>
<tr><td></td><td></td><td>BC 451년</td><td>【로마】 12동판법 공포</td></tr>
<tr><td></td><td></td><td>BC 438년</td><td>【로마】 파르테논 신전 완성</td></tr>
<tr><td></td><td></td><td>BC 431년</td><td>【아테네, 스파르타】 펠로폰네소스 전쟁 시작</td></tr>
<tr><td></td><td></td><td>BC 403년</td><td>【춘추전국】 춘추시대, 전국시대 시작</td></tr>
<tr><td></td><td></td><td>BC 400년경</td><td>【중국】 산해경 저술</td></tr>
<tr><td>BC 400년</td><td>【철기】 철기문화 시작</td><td>BC 400년경</td><td>【예루살렘】 모세5경 완성</td></tr>
<tr><td></td><td></td><td>BC 400년경</td><td>【인도】 산스크리트어</td></tr>
<tr><td></td><td></td><td>BC 399년</td><td>【아테네】 소크라테스의 죽음</td></tr>
<tr><td></td><td></td><td>BC 367년</td><td>【로마】 리키니우스. 섹스티우스법 제정</td></tr>
<tr><td></td><td></td><td>BC 337년</td><td>【마케도니아】 그리스 정복</td></tr>
<tr><td></td><td></td><td>BC 334년</td><td>【마케도니아】 알렉산더대왕 동방원정</td></tr>
<tr><td>BC 300년</td><td>【고조선】 공후인 지음</td><td></td><td></td></tr>
<tr><td></td><td></td><td>BC 287년</td><td>【로마】 호르텐시우스법 제정</td></tr>
<tr><td></td><td></td><td>BC 268년</td><td>【인도】 아소카 즉위</td></tr>
<tr><td></td><td></td><td>BC 264년</td><td>【로마】 포에니 전쟁</td></tr>
<tr><td></td><td></td><td>BC 221년</td><td>【진】 진의 통일</td></tr>
<tr><td></td><td></td><td>BC 212년</td><td>【인도】 마누 법전 성립</td></tr>
<tr><td></td><td></td><td>BC 202년</td><td>【한】 한의 중국 통일</td></tr>
<tr><td>BC 1, 2세기</td><td>【옥저】 옥저 성립</td><td></td><td></td></tr>
<tr><td>BC 1, 2세기</td><td>【동예】 동예 성립</td><td></td><td></td></tr>
<tr><td>BC 1, 2세기</td><td>【삼한】 삼한 성립</td><td></td><td></td></tr>
<tr><td>BC 194년</td><td>【고조선】 위만조선 수립</td><td></td><td></td></tr>
<tr><td></td><td></td><td>BC 154년</td><td>【한】 오초7국의 난</td></tr>
<tr><td>BC 108년</td><td>【고조선】 고조선 멸망</td><td></td><td></td></tr>
<tr><td>BC 100년</td><td>【부여】 부여 건국</td><td></td><td></td></tr>
<tr><td></td><td></td><td>BC 97년</td><td>【한】 사마천의 사기 완성</td></tr>
<tr><td></td><td></td><td>BC 60년</td><td>【로마】 삼두정치 시작</td></tr>
<tr><td></td><td></td><td>BC 58년</td><td>【로마】 시이저의 갈리아 원정</td></tr>
<tr><td>BC 57년</td><td>【신라】 신라 건국</td><td></td><td></td></tr>
<tr><td></td><td></td><td>BC 45년</td><td>【로마】 태음력을 태양력으로 채택함</td></tr>
<tr><td>BC 37년</td><td>【고구려】 고구려 건국</td><td></td><td></td></tr>
</tbody>
</table>

<table>
<tr><th colspan="2">한국사</th><th colspan="2">세계사</th></tr>
<tr><th>연도</th><th>내　　　용</th><th>연도</th><th>내　　　용</th></tr>
<tr><td></td><td></td><td>BC 31년</td><td>【로마】 악티움 해전</td></tr>
<tr><td></td><td></td><td>BC 27년</td><td>【로마】 로마제정의 시작</td></tr>
<tr><td>BC 18년</td><td>【백제】 백제 건국</td><td></td><td></td></tr>
<tr><td></td><td></td><td>4년</td><td>【이스라엘】 예수 그리스도의 탄생</td></tr>
<tr><td></td><td></td><td>9년</td><td>【신】 신 건국</td></tr>
<tr><td></td><td></td><td>25년</td><td>【후한】 광무제 즉위</td></tr>
<tr><td>28년</td><td>【신라】 도솔가 지음</td><td></td><td></td></tr>
<tr><td>32년</td><td>【신라】 추석 한가위 놀이 시작</td><td></td><td></td></tr>
<tr><td>32년</td><td>【고구려】 낙랑 일부 정복</td><td></td><td></td></tr>
<tr><td>42년</td><td>【금관가야】 금관가야 건국</td><td></td><td></td></tr>
<tr><td></td><td></td><td>54년</td><td>【로마 】 황제 네로 즉위</td></tr>
<tr><td></td><td></td><td>70년</td><td>【로마】 콜로세움 착공</td></tr>
<tr><td></td><td></td><td>79년</td><td>【로마】 폼페이 매몰</td></tr>
<tr><td></td><td></td><td>100년경</td><td>【로마】 성서 성립</td></tr>
<tr><td></td><td></td><td>105년</td><td>【후한】 종이 발명</td></tr>
<tr><td>132년</td><td>【백제】 북한산성 쌓음</td><td></td><td></td></tr>
<tr><td>157년</td><td>【신라】 연오랑 세오녀 설화</td><td>166년</td><td>【후한】 당고의 옥</td></tr>
<tr><td></td><td></td><td>184년</td><td>【후한】 황건적의 난 발생</td></tr>
<tr><td>194년</td><td>【고구려】 진대법 실시</td><td></td><td></td></tr>
<tr><td>200년</td><td>【고대국가】 고대국가 특징</td><td></td><td></td></tr>
<tr><td></td><td></td><td>208년</td><td>【후한】 적벽대전</td></tr>
<tr><td>209년</td><td>【고구려】 환도성으로 천도</td><td></td><td></td></tr>
<tr><td></td><td></td><td>220년</td><td>【위, 촉, 오】 삼국시대 개막</td></tr>
<tr><td></td><td></td><td>226년</td><td>【페르시아】 사산왕조 페르시아 성립</td></tr>
<tr><td></td><td></td><td>230년</td><td>【후한】 화타 전신마취 실시</td></tr>
<tr><td>244년</td><td>【고구려】 관구검 침공</td><td></td><td></td></tr>
<tr><td></td><td></td><td>250년</td><td>【위진】 죽림칠현 활동</td></tr>
<tr><td>260년</td><td>【백제】 6좌평 16관품 제정</td><td></td><td></td></tr>
<tr><td></td><td></td><td></td><td></td></tr>
<tr><td>285년</td><td>【백제】 논어를 일본에 전함</td><td>285년</td><td>【진】 삼국지 지음</td></tr>
<tr><td>300년</td><td>【고구려】 서안평 점령</td><td></td><td></td></tr>
<tr><td>307년</td><td>【신라】 국호를 계림에서 신라로</td><td></td><td></td></tr>
<tr><td>313년</td><td>【고구려】 낙랑군 멸망</td><td>313년</td><td>【로마】 그리스도교를 국교로 정함</td></tr>
<tr><td></td><td></td><td>316년</td><td>【진】 5호16국 시대 열림</td></tr>
<tr><td></td><td></td><td>317년</td><td>【중국】 동진의 성립</td></tr>
<tr><td></td><td></td><td>320년</td><td>【인도】 굽타왕조 성립</td></tr>
<tr><td></td><td></td><td>325년</td><td>【로마】 니케아 종교회의</td></tr>
<tr><td>330년</td><td>【백제】 벽골제 쌓음</td><td>330년</td><td>【로마】 비잔틴제국 성립</td></tr>
<tr><td></td><td></td><td>353년</td><td>【동진】 왕희지체 완성</td></tr>
<tr><td>372년</td><td>【고구려】 불교 공인</td><td></td><td></td></tr>
<tr><td>372년</td><td>【고구려】 태학 설립</td><td></td><td></td></tr>
<tr><td>375년</td><td>【삼국】 삼국역사서 편찬</td><td>375년</td><td>【유럽】 게르만족의 대이동</td></tr>
<tr><td></td><td></td><td>392년</td><td>【로마】 로마, 그리스도교를 국교로 인정</td></tr>
<tr><td></td><td></td><td>395년</td><td>【로마】 로마제국의 동서 분열</td></tr>
<tr><td>400년경</td><td>【신라】 천마총·금관총·황남대총 고분형성</td><td></td><td></td></tr>
<tr><td></td><td></td><td>405년</td><td>【동진】 귀거래사 지음</td></tr>
<tr><td>414년</td><td>【고구려】 광개토대왕비 건립</td><td>414년</td><td>【동진】 불국기 저술</td></tr>
</table>

<table>
<tr><th colspan="2">한국사</th><th colspan="2">세계사</th></tr>
<tr><th>연도</th><th>내　　　용</th><th>연도</th><th>내　　　용</th></tr>
<tr><td>427년</td><td>【고구려】 평양 천도</td><td></td><td></td></tr>
<tr><td>433년</td><td>【신라·백제】 나제동맹성립</td><td></td><td></td></tr>
<tr><td>475년</td><td>【백제】 웅진 천도</td><td></td><td></td></tr>
<tr><td></td><td></td><td>476년</td><td>【서로마】 서로마제국 멸망</td></tr>
<tr><td>479년</td><td>【신라】 방아타령 지음</td><td></td><td></td></tr>
<tr><td></td><td></td><td>484년</td><td>【동로마】 동서교회 분리</td></tr>
<tr><td></td><td></td><td>486년</td><td>【프랑크】 프랑크왕국 성립</td></tr>
<tr><td>490년</td><td>【신라】 경시 개설</td><td></td><td></td></tr>
<tr><td></td><td></td><td>494년</td><td>【중국】 3대 불교 석굴 착공</td></tr>
<tr><td></td><td></td><td>500년</td><td>【유대】 탈무드 완성</td></tr>
<tr><td>502년</td><td>【신라】 순장 금지령</td><td></td><td></td></tr>
<tr><td>503년</td><td>【신라】 국호를 신라로 변경</td><td></td><td></td></tr>
<tr><td>513년</td><td>【백제】 일본에 유학 전파</td><td></td><td></td></tr>
<tr><td></td><td></td><td>516년</td><td>【북위】 고승전 발간</td></tr>
<tr><td>520년</td><td>【신라】 골품제도 법제화</td><td>521년</td><td>【양】 천자문 완성</td></tr>
<tr><td>525년</td><td>【백제】 무녕왕릉 축조</td><td></td><td></td></tr>
<tr><td>528년</td><td>【신라】 이차돈의 순교와 불교 공인</td><td></td><td></td></tr>
<tr><td></td><td></td><td>529년</td><td>【동로마】 유스티니아누스법전</td></tr>
<tr><td>531년</td><td>【신라】 상대등 제도 도입</td><td></td><td></td></tr>
<tr><td>532년</td><td>【신라】 금관가야 신라에 투항</td><td></td><td></td></tr>
<tr><td>538년</td><td>【백제】 사비로 천도</td><td></td><td></td></tr>
<tr><td>545년</td><td>【신라】 국사 편찬</td><td></td><td></td></tr>
<tr><td>546년</td><td>【신라】 미실 등장</td><td></td><td></td></tr>
<tr><td>551년</td><td>【신라】 팔관회 개최
【가야】 가야금 제조</td><td></td><td></td></tr>
<tr><td>552년</td><td>【신라】 임신서기석 세움</td><td></td><td></td></tr>
<tr><td>553년</td><td>【신라】 황룡사 시작</td><td></td><td></td></tr>
<tr><td>553년</td><td>【신라】 나제동맹 깨짐</td><td></td><td></td></tr>
<tr><td>555년</td><td>【신라】 진흥왕순수비 세움</td><td></td><td></td></tr>
<tr><td>562년</td><td>【신라】 대가야를 멸함</td><td></td><td></td></tr>
<tr><td>576년</td><td>【신라】 원화제도 시작</td><td></td><td></td></tr>
<tr><td>586년</td><td>【고구려】 고구려 천도</td><td></td><td></td></tr>
<tr><td>579년</td><td>【신라】 화백회의 실시</td><td>579년</td><td>【이슬람】 마호메트 탄생</td></tr>
<tr><td></td><td></td><td>589년</td><td>【수】 수의 중국통일</td></tr>
<tr><td>590년</td><td>【고구려】 바보 온달</td><td></td><td></td></tr>
<tr><td>598년</td><td>【고구려】 고구려와 수와의 전쟁</td><td></td><td></td></tr>
<tr><td></td><td></td><td>604년</td><td>【수】 운하 건설</td></tr>
<tr><td>612년</td><td>【고구려】 살수 대첩 승리</td><td></td><td></td></tr>
<tr><td></td><td></td><td>618년</td><td>【당】 당의 건국</td></tr>
<tr><td></td><td></td><td>622년</td><td>【이슬람】 이슬람교 원년</td></tr>
<tr><td></td><td></td><td>627년</td><td>【당】 정관의 치 시대</td></tr>
<tr><td>630년경</td><td>【신라】 서동요 지음</td><td></td><td></td></tr>
<tr><td>631년</td><td>【고구려】 천리장성 축조</td><td></td><td></td></tr>
<tr><td>642년</td><td>【고구려】 연개소문 정변</td><td></td><td></td></tr>
<tr><td>645년</td><td>【고구려】 고구려와 당나라 전쟁</td><td>645년</td><td>【일본】 다이카개신</td></tr>
<tr><td></td><td></td><td>646년</td><td>【당】 대당서역기 저술</td></tr>
</table>

<table>
<thead>
<tr><th colspan="2">한국사</th><th colspan="2">세계사</th></tr>
<tr><th>연도</th><th>내　　　용</th><th>연도</th><th>내　　　용</th></tr>
</thead>
<tbody>
<tr><td>647년</td><td>【신라】 첨성대 건축</td><td></td><td></td></tr>
<tr><td>654년</td><td>【백제】 사택지적비 세움</td><td></td><td></td></tr>
<tr><td>660년</td><td>【신라】 백제 멸망</td><td></td><td></td></tr>
<tr><td>663년</td><td>【신라】 계림도독부 설치</td><td></td><td></td></tr>
<tr><td></td><td></td><td>664년</td><td>【영국】 휘트비 종교회의</td></tr>
<tr><td>668년</td><td>【신라】 고구려 멸망</td><td></td><td></td></tr>
<tr><td>674년</td><td>【신라】 안압지 완성</td><td></td><td></td></tr>
<tr><td>676년</td><td>【신라】 삼국통일</td><td></td><td></td></tr>
<tr><td>681년</td><td>【신라】 김흠돌 반역</td><td></td><td></td></tr>
<tr><td>682년</td><td>【신라】 국학 설치</td><td></td><td></td></tr>
<tr><td>685년</td><td>【신라】 전국 행정 재편성</td><td></td><td></td></tr>
<tr><td>698년</td><td>【발해】 발해 세움</td><td></td><td></td></tr>
<tr><td></td><td></td><td>710년</td><td>【당】 무위의 화</td></tr>
<tr><td></td><td></td><td>712년</td><td>【당】 개원의 치</td></tr>
<tr><td></td><td></td><td>713년</td><td>【당】 도교 성전 편찬</td></tr>
<tr><td></td><td></td><td>722년</td><td>【당】 모병제 실시</td></tr>
<tr><td>727년</td><td>【신라】 왕오천축국전 지음</td><td></td><td></td></tr>
<tr><td></td><td></td><td>733년</td><td>【일본】 도다이사 법화당 건축</td></tr>
<tr><td>751년</td><td>【신라】 불국사 석굴암 창건</td><td></td><td></td></tr>
<tr><td></td><td></td><td>760년</td><td>【일본】 최초의 금화인 개기승보 발행</td></tr>
<tr><td></td><td></td><td>762년</td><td>【당】 이백 생애</td></tr>
<tr><td>768년</td><td>【신라】 대공의 난 발생</td><td></td><td></td></tr>
<tr><td>771년</td><td>【신라】 성덕대왕신종 주조</td><td>771년</td><td>【프랑크】 프랑크 왕국 통일</td></tr>
<tr><td>788년</td><td>【신라】 독서삼품과 설치</td><td></td><td></td></tr>
<tr><td></td><td></td><td>700년 경</td><td>【노르만】 노르만족 대이동</td></tr>
<tr><td></td><td></td><td>700년 경</td><td>【유럽】 삼포제 실시</td></tr>
<tr><td></td><td></td><td>802년</td><td>【웨식스】 앵글로 · 색슨 왕조 시작</td></tr>
<tr><td>828년</td><td>【신라】 장보고 청해진 대사</td><td></td><td></td></tr>
<tr><td></td><td></td><td>832년</td><td>【프랑크】 로마네스크 양식 등장</td></tr>
<tr><td></td><td></td><td>843년</td><td>【프랑크】 베르됭조약 체결</td></tr>
<tr><td></td><td></td><td>862년</td><td>【러시아】 러시아 건국</td></tr>
<tr><td></td><td></td><td>870년</td><td>【프랑크】 메르센조약 성립</td></tr>
<tr><td></td><td></td><td>875년</td><td>【당】 황소의 난</td></tr>
<tr><td>892년</td><td>【후삼국】 후삼국 시대</td><td></td><td></td></tr>
<tr><td>894년</td><td>【신라】 사무 10조 주장</td><td></td><td></td></tr>
<tr><td>900년</td><td>【후백제】 후백제 건국</td><td></td><td></td></tr>
<tr><td>901년</td><td>【후고구려】 후고구려 건국</td><td></td><td></td></tr>
<tr><td></td><td></td><td>907년</td><td>【당】 후양 건국</td></tr>
<tr><td></td><td></td><td>916년</td><td>【거란】 요 건국</td></tr>
<tr><td>918년</td><td>【고려】 고려 건국</td><td></td><td></td></tr>
<tr><td>919년</td><td>【고려】 송악으로 천도</td><td></td><td></td></tr>
<tr><td>926년</td><td>【발해】 발해 멸망</td><td></td><td></td></tr>
<tr><td>935년</td><td>【신라】 신라 멸망</td><td></td><td></td></tr>
<tr><td>936년</td><td>【고려】 후삼국 통일</td><td></td><td></td></tr>
<tr><td>943년</td><td>【고려】 태조의 훈요십조</td><td></td><td></td></tr>
<tr><td>945년</td><td>【고려】 왕규의 난 발생</td><td></td><td></td></tr>
<tr><td>949년</td><td>【고려】 광종의 개혁 실시</td><td></td><td></td></tr>
</tbody>
</table>

<table>
<thead>
<tr><th colspan="2">한국사</th><th colspan="2">세계사</th></tr>
<tr><th>연도</th><th>내　　　용</th><th>연도</th><th>내　　　용</th></tr>
</thead>
<tbody>
<tr><td></td><td></td><td>960년</td><td>【송】 송 건국</td></tr>
<tr><td></td><td></td><td>962년</td><td>【신성로마】 신성로마제국 성립</td></tr>
<tr><td>973년</td><td>【고려】 균여 생애</td><td></td><td></td></tr>
<tr><td>976년</td><td>【고려】 전시과 실시</td><td></td><td></td></tr>
<tr><td></td><td></td><td>979년</td><td>【송】 송, 중국 통일</td></tr>
<tr><td>982년</td><td>【고려】 성종의 유교정치</td><td></td><td></td></tr>
<tr><td>992년</td><td>【고려】 국자감 창립</td><td></td><td></td></tr>
<tr><td>993년</td><td>【고려】 거란의 침입</td><td></td><td></td></tr>
<tr><td>996년</td><td>【고려】 건원중보 주조</td><td></td><td></td></tr>
<tr><td>1101년</td><td>【고려】 의천 생애</td><td></td><td></td></tr>
<tr><td>1011년</td><td>【고려】 1차 대장경 조판 시작</td><td></td><td></td></tr>
<tr><td>1018년</td><td>【고려】 5도양계의 지방조직 구축</td><td></td><td></td></tr>
<tr><td></td><td></td><td>1023년</td><td>【송】 교자. 회자 발행</td></tr>
<tr><td>1031년</td><td>【고려】 강감찬 생애</td><td></td><td></td></tr>
<tr><td></td><td></td><td>1032년</td><td>【서유럽】 로마네스크 건축양식 성립</td></tr>
<tr><td>1033년</td><td>【고려】 천리장성 축조시작</td><td></td><td></td></tr>
<tr><td></td><td></td><td>1050년</td><td>【잉글랜드】 웨스트민스트 성당 착공</td></tr>
<tr><td></td><td></td><td>1054년</td><td>【교황청】 동서교회 분열</td></tr>
<tr><td></td><td></td><td>1063년</td><td>【이탈리아】 피사의 대성당 착공</td></tr>
<tr><td></td><td></td><td>1066년</td><td>【잉글랜드】 노르만, 영국 정복</td></tr>
<tr><td>1068년</td><td>【고려】 최충 생애</td><td></td><td></td></tr>
<tr><td></td><td></td><td>1069년</td><td>【북송】 왕안석의 개혁실시</td></tr>
<tr><td>1073년</td><td>【고려】 둔전 설치</td><td></td><td></td></tr>
<tr><td></td><td></td><td>1077년</td><td>【신성로마제국】 카노사의 굴욕</td></tr>
<tr><td>1083년</td><td>【고려】 문종 생애</td><td></td><td></td></tr>
<tr><td></td><td></td><td>1088년</td><td>【이탈리아】 최초의 대학 등장</td></tr>
<tr><td></td><td></td><td>1090년</td><td>【영국】 런던탑 건립</td></tr>
<tr><td>1092년</td><td>【고려】 상피제</td><td></td><td></td></tr>
<tr><td></td><td></td><td>1096년</td><td>【교황청】 십자군원정</td></tr>
<tr><td>1107년</td><td>【고려】 윤관의 여진 정벌</td><td></td><td></td></tr>
<tr><td>1111년</td><td>【고려】 윤관 생애</td><td></td><td></td></tr>
<tr><td>1112년</td><td>【고려】 혜민국 설치</td><td></td><td></td></tr>
<tr><td></td><td></td><td>1114년</td><td>【여진족】 맹안 모극제 실시</td></tr>
<tr><td>1115년</td><td>【고려】 김부식 생애</td><td>1115년</td><td>【금】 금의 건국</td></tr>
<tr><td></td><td></td><td>1117년</td><td>【중국】 나침반의 발명</td></tr>
<tr><td>1119년</td><td>【고려】 양현고 설치</td><td></td><td></td></tr>
<tr><td></td><td></td><td>1122년</td><td>【교황청】 보름스 협약</td></tr>
<tr><td>1126년</td><td>【고려】 이자겸의 난</td><td>1126년</td><td>【송】 정강의 변</td></tr>
<tr><td></td><td></td><td>1127년</td><td>【남송】 남송 건국</td></tr>
<tr><td>1135년</td><td>【고려】 묘청의 난</td><td></td><td></td></tr>
<tr><td>1135년</td><td>【고려】 묘청 생애</td><td></td><td></td></tr>
<tr><td></td><td></td><td>1136년</td><td>【남송】 화이도 제작</td></tr>
<tr><td>1145년</td><td>【고려】 삼국사기 편찬</td><td></td><td></td></tr>
<tr><td>1150년</td><td>【고려】 고려청자 제조</td><td>1150년</td><td>【캄보디아】 앙코르 와트 사원 건축</td></tr>
<tr><td></td><td></td><td>1163년</td><td>【프랑스】 노트르담 대성당 건설 시작</td></tr>
<tr><td>1170년</td><td>【고려】 무신정권 수립</td><td>1170년</td><td>【잉글랜드】 옥스퍼드 대학교 설립</td></tr>
<tr><td>1173년</td><td>【고려】 계사의 난</td><td></td><td></td></tr>
</tbody>
</table>

<table>
<tr><th colspan="3">한국사</th><th colspan="3">세계사</th></tr>
<tr><th>연도</th><th colspan="2">내　　　　　용</th><th>연도</th><th colspan="2">내　　　　　용</th></tr>
<tr><td>1176년</td><td colspan="2">【고려】 망이·망소이의 난</td><td></td><td colspan="2"></td></tr>
<tr><td>1179년</td><td colspan="2">【고려】 도방 설치</td><td></td><td colspan="2"></td></tr>
<tr><td></td><td colspan="2"></td><td>1192년</td><td colspan="2">【일본】 가마쿠라바쿠후 수립</td></tr>
<tr><td>1196년</td><td colspan="2">【고려】 봉사십조 건의</td><td></td><td colspan="2"></td></tr>
<tr><td>1197년</td><td colspan="2">【고려】 국순전 지음</td><td></td><td colspan="2"></td></tr>
<tr><td>1198년</td><td colspan="2">【고려】 만적의 난</td><td>1198년</td><td colspan="2">【교황청】 교황권 전성기</td></tr>
<tr><td></td><td colspan="2"></td><td>1204년</td><td colspan="2">【교황청】 십자군의 콘스탄티노플 약탈</td></tr>
<tr><td></td><td colspan="2"></td><td>1206년</td><td colspan="2">【몽고】 몽고 통일</td></tr>
<tr><td>1210년</td><td colspan="2">【고려】 지눌 생애</td><td>1215년</td><td colspan="2">【프랑스】 파리대학교 설립</td></tr>
<tr><td></td><td colspan="2"></td><td>1215년</td><td colspan="2">【잉글랜드】 마그나카르타를 제정</td></tr>
<tr><td></td><td colspan="2"></td><td>1220년</td><td colspan="2">【인디오】 아스텍제국 건설</td></tr>
<tr><td>1231년</td><td colspan="2">【고려】 몽고의 1차 침입</td><td></td><td colspan="2"></td></tr>
<tr><td>1234년</td><td colspan="2">【고려】 상정고금예문 편찬</td><td></td><td colspan="2"></td></tr>
<tr><td>1237년</td><td colspan="2">【고려】 동국이상국집 간행</td><td></td><td colspan="2"></td></tr>
<tr><td>1241년</td><td colspan="2">【조선】 이규보 생애</td><td></td><td colspan="2"></td></tr>
<tr><td></td><td colspan="2"></td><td>1248년</td><td colspan="2">【신성로마제국】 쾰른 대성당 건설 시작</td></tr>
<tr><td>1250년</td><td colspan="2">【고려】 한림별곡 지음</td><td></td><td colspan="2"></td></tr>
<tr><td>1250년경</td><td colspan="2">【고려】 고려양 유행</td><td></td><td colspan="2"></td></tr>
<tr><td>1270년</td><td colspan="2">【고려】 삼별초의 난</td><td></td><td colspan="2"></td></tr>
<tr><td></td><td colspan="2"></td><td>1271년</td><td colspan="2">【원】 원의 성립</td></tr>
<tr><td></td><td colspan="2"></td><td>1273년</td><td colspan="2">【오스트리아】 합스부르크 왕가 등장</td></tr>
<tr><td>1274년</td><td colspan="2">【고려】 결혼도감 설치</td><td></td><td colspan="2"></td></tr>
<tr><td>1275년</td><td colspan="2">【고려】 국자감을 국학으로 개칭</td><td></td><td colspan="2"></td></tr>
<tr><td>1279년</td><td colspan="2">【고려】 도평의사사로 개칭</td><td></td><td colspan="2"></td></tr>
<tr><td>1280년</td><td colspan="2">【고려】 정동행성 설치</td><td></td><td colspan="2"></td></tr>
<tr><td></td><td colspan="2"></td><td>1284년</td><td colspan="2">【잉글랜드】 캠브리지대학 설립</td></tr>
<tr><td>1285년</td><td colspan="2">【고려】 삼국유사 완성</td><td></td><td colspan="2"></td></tr>
<tr><td></td><td colspan="2"></td><td>1286년</td><td colspan="2">【이탈리아】 최초로 안경 생산</td></tr>
<tr><td>1287년</td><td colspan="2">【고려】 제왕운기 편찬</td><td></td><td colspan="2"></td></tr>
<tr><td>1289년</td><td colspan="2">【고려】 일연 생애</td><td></td><td colspan="2"></td></tr>
<tr><td>1295년</td><td colspan="2">【탐라】 탐라에서 제주로</td><td></td><td colspan="2"></td></tr>
<tr><td></td><td colspan="2"></td><td>1299년</td><td colspan="2">【오스만투르크】 오스만투르크제국 건국</td></tr>
<tr><td></td><td colspan="2"></td><td>1299년</td><td colspan="2">【이탈리아】 마르코폴로의 동방견문록 발간</td></tr>
<tr><td></td><td colspan="2"></td><td>1302년</td><td colspan="2">【프랑스】 신분제 의회 성립</td></tr>
<tr><td></td><td colspan="2"></td><td>1303년</td><td colspan="2">【프랑스】 아나니 사건</td></tr>
<tr><td>1308년</td><td colspan="2">【고려】 전민변정도감 설치</td><td></td><td colspan="2"></td></tr>
<tr><td></td><td colspan="2"></td><td>1309년</td><td colspan="2">【프랑스】 아비뇽유수</td></tr>
<tr><td></td><td colspan="2"></td><td>1321년</td><td colspan="2">【이탈리아】 신곡 발표</td></tr>
<tr><td></td><td colspan="2"></td><td>1338년</td><td colspan="2">【영국, 프랑스】 백년 전쟁 발발</td></tr>
<tr><td></td><td colspan="2"></td><td>1347년</td><td colspan="2">【유럽】 페스트 발생</td></tr>
<tr><td></td><td colspan="2"></td><td>1351년</td><td colspan="2">【원】 홍건적의 난</td></tr>
<tr><td></td><td colspan="2"></td><td>1353년</td><td colspan="2">【이탈리아】 데카메론 발표</td></tr>
<tr><td></td><td colspan="2"></td><td>1358년</td><td colspan="2">【신성로마제국】 한자 동맹 완성</td></tr>
<tr><td></td><td colspan="2"></td><td>1358년</td><td colspan="2">【프랑스】 자크리의 난</td></tr>
<tr><td>1359년</td><td colspan="2">【고려】 홍건적의 침입</td><td></td><td colspan="2"></td></tr>
<tr><td>1363년</td><td colspan="2">【고려】 문익점이 목화씨를 들여 옴</td><td></td><td colspan="2"></td></tr>
<tr><td>1365년</td><td colspan="2">【고려】 승려 신돈 등장</td><td></td><td colspan="2"></td></tr>
</table>

<table>
<tr><th colspan="2" align="center">한국사</th><th colspan="2" align="center">세계사</th></tr>
<tr><th align="center">연도</th><th align="center">내　용</th><th align="center">연도</th><th align="center">내　용</th></tr>
<tr><td>1366년</td><td>【고려】 전민변정도감 설치</td><td></td><td></td></tr>
<tr><td>1367년</td><td>【고려】 이제현 생애</td><td></td><td></td></tr>
<tr><td></td><td></td><td>1368년</td><td>【명】 명 건국</td></tr>
<tr><td>1374년</td><td>【고려】 공민왕 생애</td><td></td><td></td></tr>
<tr><td>1376년</td><td>【고려】 최영 장군의 왜군 격파</td><td></td><td></td></tr>
<tr><td>1377년</td><td>【고려】 직지심경 간행</td><td></td><td></td></tr>
<tr><td>1377년</td><td>【고려】 화통도감 설치</td><td></td><td></td></tr>
<tr><td></td><td></td><td>1381년</td><td>【영국】 와트타일러의 난 발생</td></tr>
<tr><td>1388년</td><td>【고려】 위화도 회군</td><td></td><td></td></tr>
<tr><td>1388년</td><td>【고려】 최영 생애</td><td></td><td></td></tr>
<tr><td>1389년</td><td>【고려】 대마도 섬 정벌</td><td></td><td></td></tr>
<tr><td>1392년</td><td>【고려】 고려멸망</td><td></td><td></td></tr>
<tr><td>1392년</td><td>【조선】 조선건국</td><td></td><td></td></tr>
<tr><td>1392년</td><td>【조선】 활인서 설치</td><td></td><td></td></tr>
<tr><td>1392년</td><td>【조선】 정몽주 생애</td><td></td><td></td></tr>
<tr><td>1393년</td><td>【조선】 국호를 조선으로 개칭함</td><td></td><td></td></tr>
<tr><td>1394년</td><td>【조선】 한양천도와 정도전의 등장</td><td></td><td></td></tr>
<tr><td>1395년</td><td>【조선】 경복궁 창건</td><td></td><td></td></tr>
<tr><td>1395년</td><td>【조선】 최무선 생애</td><td></td><td></td></tr>
<tr><td>1398년</td><td>【조선】 국보 1호 숭례문 완성</td><td></td><td></td></tr>
<tr><td>1398년</td><td>【조선】 1차 왕자의 난</td><td></td><td></td></tr>
<tr><td>1398년</td><td>【조선】 문익점 생애</td><td></td><td></td></tr>
<tr><td>1398년</td><td>【조선】 정도전 생애</td><td></td><td></td></tr>
<tr><td>1399년</td><td>【조선】 개경 환도</td><td></td><td></td></tr>
<tr><td>1400년</td><td>【조선】 제2차 왕자의 난</td><td></td><td></td></tr>
<tr><td>1401년</td><td>【조선】 신문고 설치</td><td></td><td></td></tr>
<tr><td>1402년</td><td>【조선】 호패법 실시</td><td></td><td></td></tr>
<tr><td>1402년</td><td>【조선】 혼일강리역대국도</td><td></td><td></td></tr>
<tr><td>1403년</td><td>【조서】 주자소 설치</td><td></td><td></td></tr>
<tr><td>1405년</td><td>【조선】 한성으로 재천도</td><td></td><td></td></tr>
<tr><td></td><td></td><td>1407년</td><td>【이탈리아】 대중은행 설립</td></tr>
<tr><td></td><td></td><td>1407년</td><td>【명】 영락대전 편찬</td></tr>
<tr><td>1408년</td><td>【조선】 태조 생애</td><td></td><td></td></tr>
<tr><td>1410년</td><td>【조선】 시전을 정함</td><td></td><td></td></tr>
<tr><td>1413년</td><td>【조선】 태조실록 지음</td><td></td><td></td></tr>
<tr><td>1416년</td><td>【조선】 도첩제 실시</td><td></td><td></td></tr>
<tr><td>1418년</td><td>【조선】 집현전 설치</td><td></td><td></td></tr>
<tr><td>1422년</td><td>【조선】 태종 생애</td><td></td><td></td></tr>
<tr><td>1423년</td><td>【조선】 족보</td><td></td><td></td></tr>
<tr><td>1428년</td><td>【조선】 오가작통법</td><td></td><td></td></tr>
<tr><td>1429년</td><td>【조선】 농사직설 편찬</td><td>1429년</td><td>【프랑스】 잔 다르크 등장
【이탈리아】 르네상스</td></tr>
<tr><td>1433년</td><td>【조선】 향약집성방 편찬</td><td></td><td></td></tr>
<tr><td>1434년</td><td>【조선】 자격루 제작</td><td></td><td></td></tr>
<tr><td>1434년</td><td>【조선】 6진 설치</td><td></td><td></td></tr>
<tr><td>1435년</td><td>【조선】 비격진천뢰 발명</td><td></td><td></td></tr>
<tr><td>1438년</td><td>【조선】 흠경각 완성</td><td></td><td></td></tr>
</table>

한국사		세계사	
연도	내　　　　　용	연도	내　　　　　용
		1439년	【잉글랜드】 스카치 위스키 생산
1440년	【조선】 주문공가례 편찬		
1441년	【조선】 측우기 설치 사용	1450년	【중동】 커피의 발견
1445년	【조선】 용비어천가 편찬	1455년	【신성로마제국】 구텐베르크의 금속활자 발명
		1455년	【잉글랜드】 장미전쟁
1446년	【조선】 훈민정음 반포		
1447년	【조선】 몽유도원도 그림		
1448년	【조선】 연분9등법 실시		
1449년	【조선】 고려사 제작 시작		
1450년	【조선】 장영실 생애		
1450년	【조선】 세종 생애		
1451년	【조선】 고려사 편찬		
1452년	【조선】 고려사절요 발간		
1452년	【조선】 황희 생애		
1453년	【조선】 계유정란		
1453년	【조선】 김종서 생애		
1456년	【조선】 사육신 처형		
1456년	【조선】 성삼문 생애		
1457년	【조선】 단종사망		
1458년	【조선】 박연 생애		
1464년	【조선】 대립제 실시		
1466년	【조선】 직전법 실시		
1466년	【조선】 소격서 설치		
1467년	【조선】 이시애의 난		
1468년	【조선】 세조 생애		
1469년	【조선】 경국대전		
1472년	【조선】 삼성사 설치		
1481년	【조선】 동국여지승람 완성		
1483년	【조선】 창경궁 창건		
		1485년	【이탈리아】 비너스의 탄생
		1488년	【포르투갈】 희망봉 발견
		1492년	【에스파냐】 아메리카 신대륙 발견
		1492년	【이탈리아】 레오나르도 다빈치
1485년	【조선】 동국통감 편찬		
1493년	【조선】 악학궤범 발간		
1498년	【조선】 무오사화		
1498년	【조선】 상평창 설치	1498년	【포르투갈】 바스코다가마가 인도 항로 개척
		1499년	【스위스】 스위스 독립
		1500년	【포르투갈】 브라질의 발견
		1502년	【페르시아】 사파비 왕조 시작
1504년	【조선】 갑자사화		
1506년	【조선】 중종 반정		
		1508년	【교황청】 미켈란젤로천장화 제작
1510년	【조선】 삼포왜란		
1512년	【조선】 임신조약		
		1513년	【이탈리아】 마키아 벨리가 군주론 저술

한국사		세계사	
연도	내　　　용	연도	내　　　용
1519년		1517년	【에스파냐】 발보아, 태평양 발견 【신성로마제국】 마틴 루터의 종교개혁
	【조선】 기묘사화	1519년	【에스파냐】 마젤란의 세계일주 항해
1519년	【조선】 조광조 생애		
1527년	【조선】 작서의 변	1526년	【무굴】 무굴제국 성립
		1532년	【스페인】 잉카제국 정복
		1532년	【유럽】 담배가 소개됨
		1534년	【영국】 수장령 공포
		1536년	【영국】 수도원 해산
		1541년	【프랑스】 칼빈의 종교개혁
1543년	【조선】 백운동 서원	1543년	【폴란드】 지동설 발표 【벨기에】 해부학의 창시
1545년	【조선】 을사사화	1545년	【교황청】 트리엔트공의회
1546년	【조선】 서경덕 생애		
1547년	【조선】 정미사화		
1547년	【조선】 정미약조		
1551년	【조선】 신사임당		
		1554년	【오스만투르크】 최초의 카페 카네스
		1555년	【신성로마제국】 아우크스부르크화의
1557년	【조선】 김홍도 생애		
		1558년	【영국】 무적함대 격파
1559년	【조선】 임꺽정		
1560년	【조선】 도산서원	1560년경	【명】 일조편법 실시
1561년	【조선】 토정비결 지음		
		1562년	【프랑스】 위그노 전쟁
		1568년	【네덜란드】 네덜란드 독립전쟁
		1571년	【스페인】 무적함대 등장과 사라짐
1570년	【조선】 이황 생애	1582년	【교황청】 그레고리력 사용
1584년	【조선】 이이 생애	1590년	【일본】 일본 통일
1592년	【조선】 임진왜란	1592년	【이탈리아】 오페라 탄생
1592년경	【조선】 납속책		
1593년	【조선】 정철 생애		
1594년	【조선】 속오군 창설		
		1595년	【잉글랜드】 셰익스피어 4대 비극 탄생
1598년	【조선】 이순신 생애	1598년	【프랑스】 낭트 칙령
1599년	【조선】 권율 생애		
		1600년	【영국】 동인도회사 설립
		1603년	【일본】 에도바쿠후 성립
1604년	【조선】 서산대사 생애		
1607년	【조선】 허균, 홍길동전 지음		
1607년	【조선】 유성룡 생애		
		1605년	【스페인】 돈키호테 출판
1608년	【조선】 대동법 실시		
1609년	【조선】 기유조약	1609년	【독일】 최초의 정규 신문 릴레이션지 발행
1610년	【조선】 동의보감 완성	1610년	【이탈리아】 지동설 주장

<table>
<tr><th colspan="2">한국사</th><th colspan="2">세계사</th></tr>
<tr><th>연도</th><th>내　　　용</th><th>연도</th><th>내　　　용</th></tr>
<tr><td>1610년</td><td>【조선】 유정 생애</td><td></td><td></td></tr>
<tr><td>1615년</td><td>【조선】 허준 생애</td><td></td><td></td></tr>
<tr><td></td><td></td><td>1616년</td><td>【후금】 후금의 건국</td></tr>
<tr><td>1617년</td><td>【조선】 곽재우 생애</td><td></td><td></td></tr>
<tr><td>1618년</td><td>【조선】 이항복 생애</td><td>1618년</td><td>【신성로마제국】 30년전쟁 시작</td></tr>
<tr><td>1618년</td><td>【조선】 허균 생애</td><td></td><td></td></tr>
<tr><td>1623년</td><td>【조선】 인조반정</td><td></td><td></td></tr>
<tr><td>1624년</td><td>【조선】 이괄의 난</td><td></td><td></td></tr>
<tr><td></td><td></td><td>1625년</td><td>【네덜란드】 국제법의 아버지 그로티우스</td></tr>
<tr><td>1627년</td><td>【조선】 정묘호란 발생</td><td>1628년</td><td>【영국】 권리 청원 제출</td></tr>
<tr><td>1628년</td><td>【조선】 이수광 생애</td><td></td><td></td></tr>
<tr><td></td><td></td><td>1630년</td><td>【인도】 타지마할 건립</td></tr>
<tr><td></td><td></td><td>1631년</td><td>【명】 이자성의 난 발생</td></tr>
<tr><td>1636년</td><td>【조선】 병자호란 발생</td><td>1636년</td><td>【청】 청의 건국</td></tr>
<tr><td></td><td></td><td>1637년</td><td>【네덜란드】 튤립 버블파동</td></tr>
<tr><td></td><td></td><td>1640년</td><td>【영국】 청교도 혁명</td></tr>
<tr><td>1641년</td><td>【조선】 광해군 생애</td><td></td><td></td></tr>
<tr><td></td><td></td><td>1642년</td><td>【이탈리아】 갈릴레이 죽음</td></tr>
<tr><td></td><td></td><td>1647년</td><td>【프랑스】 진공의 존재 주장</td></tr>
<tr><td></td><td></td><td>1648년</td><td>【신성로마제국】 베스트팔렌조약 체결</td></tr>
<tr><td></td><td></td><td>1650년</td><td>【프랑스】 데카르트 죽음</td></tr>
<tr><td>1651년</td><td>【조선】 나선정벌</td><td>1651년</td><td>【영국】 항해조례 발표</td></tr>
<tr><td>1653년</td><td>【조선】 하멜, 제주도에 도착</td><td></td><td></td></tr>
<tr><td>1658년</td><td>【조선】 김육 생애</td><td></td><td></td></tr>
<tr><td>1660년</td><td>【조선】 1차예송</td><td></td><td></td></tr>
<tr><td></td><td></td><td>1661년</td><td>【프랑스】 베르사유 궁전을 건립 시작</td></tr>
<tr><td></td><td></td><td>1662년</td><td>【청】 문자의 옥</td></tr>
<tr><td></td><td></td><td>1664년</td><td>【잉글랜드】 뉴욕 탄생</td></tr>
<tr><td></td><td></td><td>1665년</td><td>【잉글랜드】 만유인력의 법칙 발견</td></tr>
<tr><td></td><td></td><td>1672년</td><td>【프랑스,네덜란드】 프랑스와 네덜란드전쟁</td></tr>
<tr><td>1673년</td><td>【조선】 유형원 생애</td><td>1673년</td><td>【청】 삼번의 난</td></tr>
<tr><td></td><td></td><td>1675년</td><td>【영국】 그리니치 천문대</td></tr>
<tr><td>1677년</td><td>【조선】 공명첩</td><td></td><td></td></tr>
<tr><td>1678년</td><td>【조선】 경신환국</td><td>1678년</td><td>【프랑스,네덜란드】 네이메헌 화약</td></tr>
<tr><td></td><td></td><td>1682년</td><td>【프랑스】 베르사유 궁전으로 정부 이전</td></tr>
<tr><td></td><td></td><td>1688년</td><td>【영국】 명예혁명</td></tr>
<tr><td></td><td></td><td>1688년</td><td>【네덜란드】 하멜의 조선표류조난기 간행</td></tr>
<tr><td>1689년</td><td>【조선】 기사환국</td><td>1689년</td><td>【청】 네르친스크 조약</td></tr>
<tr><td></td><td></td><td>1689년</td><td>【영국】 권리장전 제정</td></tr>
<tr><td>1694년</td><td>【조선】 갑술환국</td><td></td><td></td></tr>
<tr><td>1697년</td><td>【조선】 장길산 봉기</td><td></td><td></td></tr>
<tr><td>1701년</td><td>【조선】 장희빈 죽음</td><td>1701년</td><td>【영국, 프랑스】 스페인 왕위계승전쟁</td></tr>
<tr><td></td><td></td><td>1707년</td><td>【영국】 대영제국 성립</td></tr>
<tr><td>1712년</td><td>【조선】 백두산 정계비 건립</td><td></td><td></td></tr>
<tr><td></td><td></td><td>1713년</td><td>【네덜란드】 위트레흐트 조약</td></tr>
<tr><td></td><td></td><td>1720년</td><td>【영국】 남해회사 버블 사건</td></tr>
<tr><td></td><td></td><td>1721년</td><td>【프랑스】 미시시피 계획 버블</td></tr>
</table>

한국사		세계사	
연도	내　　용	연도	내　　용
		1723년	【프랑스】 로코코 양식
		1727년	【영국】 뉴턴의 생애
1728년	【조선】 이인좌의 난		
		1740년	【오스트리아】 오스트리아 계승 전쟁
1751년	【조선】 균역법 실시	1751년	【프랑스】 몽테스키외 법의 정신 저술
		1757년	【오스트리아】 7년전쟁 시작
1758년	【조선】 신윤복 생애		
1759년	【조선】 정선 생애	1759년	【영국】 대영박물관 창설
		1760년경	【청】 공행
1762년	【조선】 사도세자 죽음	1762년	【프랑스】 루소 사회계약론 저술
1763년	【조선】 이익 생애		
		1765년	【프랑스】 레스토랑 등장
		1769년	【영국】 산업혁명
		1773년	【미국】 보스턴 차사건
		1775년	【독일】 괴테의 젊은 베르테르의 슬픔
1776년	【조선】 규장각 완성	1776년	【미국】 미국독립선언 전쟁 【영국】 스미스의 국부론 출간
		1778년	【프랑스】 루소 생애
		1779년	【네덜란드】 광합성 작용 발견
1770-1800	【조선】 춘향전	1781년	【독일】 칸트의 순수 이성비판 완성
		1783년	【미국】 독립승인을 인정받음
1785년	【조선】 장용영 설치		
1787년	【조선】 홍대용 생애		
		1789년	【미국】 초대 대통령 워싱턴 선출
		1789년	【프랑스】 프랑스 혁명
1791년	【조선】 신해박해		
1791년	【조선】 안정복 생애		
		1796년	【영국】 종두법 개발
1799년	【조선】 채제공 생애	1799년	【이집트】 로제타석 발견
1800년	【조선】 정조 생애		
1801년	【조선】 신유박해 발생		
		1804년	【프랑스】 나폴레옹 1세 즉위
1805년	【조선】 박지원 생애		
		1806년	【프랑스】 베를린 칙령 발표
		1807년	【프로이센】 피히테의 독일국민에게 고함
1811년	【조선】 홍경래의 난 발생	1811년	【영국】 러다이트 운동
1812년	【조선】 홍경래 생애	1812년	【프랑스】 통조림 발명 【프랑스】 러시아 원정 실패
		1815년	【프랑스】 100일 천하
1818년	【조선】 목민심서 완성		
		1823년	【미국】 먼로주의 선언
		1826년	【프랑스】 최초의 사진
		1835년	【덴마크】 안데르센의 안데르센 동화집
1832년	【조선】 영국,통상요구		
1836년	【조선】 정약용 생애		
		1837년	【프로이센】 최초로 유치원 설립
		1838년	【영국】 차티스트 운동

한국사		세계사	
연도	내　　　　　용	연도	내　　　　　용
		1842년	【영국, 청】 아편전쟁 발발
1845년	【조선】 서유구 생애		
1846년	【조선】 김대건 신부 순교		
1847년	【조선】 프랑스와 첫 외교문서 교환		
		1848년	【프로이센】 마르크스와 엥겔스의 공산당선언 발표
		1848년	【미국】 골드러시
		1850년	【청】 태평천국의 난
		1853년	【러시아】 크림전쟁 발발
1856년	【조선】 김정희 생애	1856년	【프랑스】 파리 조약
		1858년	【인도】 세포이의 항쟁
		1859년	【영국】 다윈의 종의 기원
1860년	【조선】 동학 창시		
1861년	【조선】 대동여지도 완성	1861년	【미국】 남북전쟁 발발
		1863년	【영국】 세계 최초의 지하철
1864년	【조선】 김정호 생애	1864년	【스위스】 국제 적십자사 창설
1864년	【조선】 최제우 생애		
		1865년	【러시아】 전쟁과 평화 출간
1866년	【조선】 병인양요 발생	1866년	【오스트리아】 멘델의 유전 법칙 발견
		1867년	【스웨덴】 노벨이 다이너마이트를 발명함
		1868년	【일본】 메이지 유신 단행
		1869년	【이집트】 수에즈 운하 개통
		1870년	【청】 양무운동
1871년	【조선】 신미양요 발생		
		1873년	【독일】 3제동맹 체결
1874년	【조선】 한국교회사 발간		
1875년	【조선】 운요호 사건		
1876년	【조선】 강화도조약	1876년	【미국】 전화기 발명
1876년	【조선】 통리기무아문		
		1877년	【러시아, 투르크】 러시아·투르크 전쟁
		1878년	【미국】 에디슨, 백열등 발명
1879년	【조선】 최한기 생애		
1881년	【조선】 별기군 창설		
1881년	【조선】 신사유람단 파견		
1881년	【조선】 영선사 파견		
1882년	【조선】 조·미수호통상조약 체결	1882년	【프랑스】 병원체 발견
1882년	【조선】 임오군란 발생		
1882년	【조선】 제물포조약		
1882년	【조선】 태극기 사용		
1883년	【조선】 조영, 조독 수호통상조약 조인		
1883년	【조선】 전환국 설치		
1883년	【조선】 당오전 주조 유통		
1884년	【조선】 우정국 설치	1884년	【영국】 그리니치 자오선
1884년	【조선】 갑신정변 발발		
1885년	【조선】 거문도 사건		
1885년	【조선】 최초의 감리교회 정동교회 창립		
1886년	【조선】 육영공원 설립	1886년	【미국】 코카콜라 탄생

<table>
<tr><th colspan="2" style="text-align:center">한국사</th><th colspan="2" style="text-align:center">세계사</th></tr>
<tr><th>연도</th><th>내　　용</th><th>연도</th><th>내　　용</th></tr>
<tr><td>1886년</td><td>【조선】한불수호조규 조인</td><td></td><td></td></tr>
<tr><td>1887년</td><td>【조선】새문안교회 창립</td><td></td><td></td></tr>
<tr><td>1887년</td><td>【조선】최초로 전기점등</td><td></td><td></td></tr>
<tr><td></td><td></td><td>1888년</td><td>【독일】3B 정책</td></tr>
<tr><td>1889년</td><td>【조선】방곡령 실시</td><td>1889년</td><td>【영국】3C 정책</td></tr>
<tr><td>1889년</td><td>【조선】유길준의 서유견문록</td><td></td><td></td></tr>
<tr><td></td><td></td><td>1890년</td><td>【유럽】메이데이</td></tr>
<tr><td>1894년</td><td>【조선】동학 혁명</td><td>1894년</td><td>【프랑스】드레퓌스 사건</td></tr>
<tr><td>1894년</td><td>【조선】갑오개혁</td><td>1894년</td><td>【일본, 청】청일전쟁</td></tr>
<tr><td>1894년</td><td>【조선】홍범14조 제정</td><td></td><td></td></tr>
<tr><td>1894년</td><td>【조선】집강소 설치</td><td></td><td></td></tr>
<tr><td>1895년</td><td>【조선】을미사변 발생/민비시해</td><td></td><td></td></tr>
<tr><td>1895년</td><td>【조선】을미개혁</td><td></td><td></td></tr>
<tr><td>1895년</td><td>【조선】홍범14조 반포</td><td></td><td></td></tr>
<tr><td>1895년</td><td>【조선】전봉준 생애</td><td></td><td></td></tr>
<tr><td>1896년</td><td>【조선】아관파천</td><td>1896년</td><td>【그리스】제1회 올림픽대회　개최</td></tr>
<tr><td>1896년</td><td>【조선】광무개혁</td><td></td><td></td></tr>
<tr><td>1896년</td><td>【조선】독립신문 창간</td><td></td><td></td></tr>
<tr><td>1896년</td><td>【조선】독립협회 설립</td><td></td><td></td></tr>
<tr><td>1896년</td><td>【조선】김홍집 생애</td><td></td><td></td></tr>
<tr><td>1897년</td><td>【대한제국】대한제국</td><td>1897년</td><td>【독일】브라운이 브라운관을 발명함</td></tr>
<tr><td>1898년</td><td>【대한제국】최초의 영화상영</td><td>1898년</td><td>【영국, 프랑스】파쇼다사건</td></tr>
<tr><td>1898년</td><td>【대한제국】한성전기회사 설립</td><td>1898년</td><td>【청】변법 자강운동</td></tr>
<tr><td>1898년</td><td>【대한제국】황국중앙총상회 결성</td><td></td><td></td></tr>
<tr><td>1898년</td><td>【대한제국】흥선대원군 생애</td><td></td><td></td></tr>
<tr><td>1899년</td><td>【대한제국】활빈당 활동</td><td>1899년</td><td>【청】의화단 사건</td></tr>
<tr><td>1899년</td><td>【대한제국】대한국 국제 반포</td><td></td><td></td></tr>
<tr><td>1899년</td><td>【대한제국】경인선 철도 완성</td><td></td><td></td></tr>
<tr><td>1900년</td><td>【대한제국】한강철교 준공</td><td></td><td></td></tr>
<tr><td>1900년</td><td>【대한제국】장충단 설치</td><td></td><td></td></tr>
<tr><td>1901년</td><td>【대한제국】이재수의 난</td><td>1901년</td><td>【스웨덴】노벨상</td></tr>
<tr><td>1901년</td><td>【대한제국】증산교 창시</td><td></td><td></td></tr>
<tr><td></td><td></td><td>1902년</td><td>【러시아】시베리아 철도 개통</td></tr>
<tr><td>1903년</td><td>【대한제국】황성기독교청년회 발족</td><td>1903년</td><td>【미국】라이트 형제</td></tr>
<tr><td>1904년</td><td>【대한제국】한일의정서 조인</td><td>1904년</td><td>【일본, 러시아】러일전쟁</td></tr>
<tr><td>1904년</td><td>【대한제국】제1차 한일 협약</td><td></td><td></td></tr>
<tr><td>1905년</td><td>【대한제국】일본, 독도를 강점</td><td></td><td></td></tr>
<tr><td>1905년</td><td>【대한제국】화폐개혁</td><td></td><td></td></tr>
<tr><td>1906년</td><td>【대한제국】통감부 설치</td><td>1906년</td><td>【중국】삼민주의</td></tr>
<tr><td>1906년</td><td>【대한민국】최익현 생애</td><td></td><td></td></tr>
<tr><td>1907년</td><td>【대한제국】정미7조약</td><td></td><td></td></tr>
<tr><td>1907년</td><td>【대한제국】국채보상운동</td><td></td><td></td></tr>
<tr><td>1908년</td><td>【대한제국】동양척식회사설립</td><td></td><td></td></tr>
<tr><td>1908년</td><td>【대한제국】최초 월간 종합지 '소년' 창간</td><td>1908년</td><td>【영국】보이스카우트 창립</td></tr>
<tr><td>1909년</td><td>【대한제국】안중근, 이토히로부미 암살</td><td></td><td></td></tr>
<tr><td>1909년</td><td>【대한제국】대종교 창시</td><td></td><td></td></tr>
<tr><td>1909년</td><td>【대한제국】간도협약</td><td></td><td></td></tr>
</table>

<table>
<thead>
<tr><th colspan="2">한국사</th><th colspan="2">세계사</th></tr>
<tr><th>연도</th><th>내 용</th><th>연도</th><th>내 용</th></tr>
</thead>
<tbody>
<tr><td>1910년</td><td>【일제강점기】대한제국 멸망,한일합병</td><td></td><td></td></tr>
<tr><td>1910년</td><td>【일제강점기】조선총독부 설립</td><td></td><td></td></tr>
<tr><td>1910년</td><td>【일제강점기】안중근 생애</td><td></td><td></td></tr>
<tr><td>1911년</td><td>【일제강점기】신민회 105인 사건 발생</td><td></td><td></td></tr>
<tr><td>1911년</td><td>【일제강점기】조선 교육령 공포</td><td></td><td></td></tr>
<tr><td>1911년</td><td>【일제강점기】열하일기</td><td></td><td></td></tr>
<tr><td></td><td></td><td>1912년</td><td>【노르웨이】인류 최초 남극점 도달</td></tr>
<tr><td></td><td></td><td>1912년</td><td>【중국】신해혁명과 중화민국 성립</td></tr>
<tr><td></td><td></td><td>1912년</td><td>【발칸】발칸 전쟁</td></tr>
<tr><td>1913년</td><td>【일제강점기】흥사단 조직</td><td>1913년</td><td>【중국】중화민국 정부 승인</td></tr>
<tr><td>1914년</td><td>【일제강점기】유길준 생애</td><td>1914년</td><td>【오스트리아】제1차세계대전 발발</td></tr>
<tr><td>1914년</td><td>【일제강점기】주시경 생애</td><td></td><td></td></tr>
<tr><td>1915년</td><td>【일제강점기】대한광복회 결성</td><td>1915년</td><td>【중국】중국의 5·4 운동</td></tr>
<tr><td>1915년</td><td>【일제강점기】유인석 생애</td><td></td><td></td></tr>
<tr><td>1916년</td><td>【일제강점기】원불교 창시</td><td>1916년</td><td>【독일】아인슈타인이 상대성이론 발표</td></tr>
<tr><td>1917년</td><td>【일제강점기】한강대교 준공</td><td>1917년</td><td>【러시아】러시아 10월혁명</td></tr>
<tr><td></td><td></td><td>1917년</td><td>【네덜란드】마타하리 사망</td></tr>
<tr><td>1918년</td><td>【일제강점기】무오독립선언서 발표</td><td></td><td></td></tr>
<tr><td>1919년</td><td>【일제강점기】2·8 독립선언, 3·1 독립운동</td><td>1919년</td><td>【이탈리아】베르사유조약</td></tr>
<tr><td>1919년</td><td>【일제강점기】임시정부수립</td><td>1919년</td><td>【독일】바이마르 헌법</td></tr>
<tr><td></td><td></td><td>1919년</td><td>【독일】나치스 창당</td></tr>
<tr><td>1920년</td><td>【일제강점기】월간종합지 개벽 창간</td><td>1920년</td><td>【스위스】국제연맹 창립</td></tr>
<tr><td>1921년</td><td>【일제강점기】장지연 생애</td><td>1922년</td><td>【영국】영국 성립</td></tr>
<tr><td>1922년</td><td>【일제강점기】월간 문예지 백조 창간</td><td>1922년</td><td>【중국】무협소설 강호기협전 연재</td></tr>
<tr><td></td><td></td><td>1922년</td><td>【러시아】소비에트 사회주의 공화국연방</td></tr>
<tr><td>1923년</td><td>【일제강점기】조선물산장려회 창립</td><td>1924년</td><td>【영국】댄스스포츠</td></tr>
<tr><td>1923년</td><td>【일제강점기】형평사 설치</td><td></td><td></td></tr>
<tr><td>1926년</td><td>【일제강점기】유한양행 설립</td><td></td><td></td></tr>
<tr><td>1927년</td><td>【일제강점기】최초의 마라톤 공인기록</td><td></td><td></td></tr>
<tr><td>1927년</td><td>【일제강점기】신간회창립</td><td></td><td></td></tr>
<tr><td>1927년</td><td>【일제강점기】이상재 생애</td><td></td><td></td></tr>
<tr><td>1928년</td><td>【일제강점기】이동휘 생애</td><td></td><td></td></tr>
<tr><td>1929년</td><td>【일제강점기】여의도비행장 개장</td><td>1929년</td><td>【미국】세계 대공황 시작</td></tr>
<tr><td>1929년</td><td>【일제강점기】이재용 생애</td><td></td><td></td></tr>
<tr><td>1930년</td><td>【일제강점기】김좌진 생애</td><td></td><td></td></tr>
<tr><td>1930년</td><td>【일제강점기】이승훈 생애</td><td></td><td></td></tr>
<tr><td>1932년</td><td>【일제강점기】윤봉길 생애</td><td>1932년</td><td>【중국】만주사변</td></tr>
<tr><td></td><td></td><td>1932년</td><td>【이탈리아】베네치아 영화제</td></tr>
<tr><td>1934년</td><td>【일제강점기】진단학회 설립</td><td></td><td></td></tr>
<tr><td>1935년</td><td>【일제강점기】한국국민당 조직</td><td></td><td></td></tr>
<tr><td>1935년</td><td>【일제강점기】심훈의 상록수 발표</td><td></td><td></td></tr>
<tr><td>1935년</td><td>【일제강점기】목포의 눈물 발표</td><td></td><td></td></tr>
<tr><td>1935년</td><td>【일제강점기】애국가 발표</td><td></td><td></td></tr>
<tr><td>1936년</td><td>【일제강점기】신채호 생애</td><td></td><td></td></tr>
<tr><td>1937년</td><td>【일제강점기】수양동우회 사건</td><td></td><td></td></tr>
<tr><td>1938년</td><td>【일제강점기】안창호 생애</td><td></td><td></td></tr>
<tr><td>1939년</td><td>【일제강점기】창씨 개명</td><td></td><td></td></tr>
</tbody>
</table>

한국사		세계사	
연도	내　　　용	연도	내　　　용
1940년	【일제강점기】 국민학교로 명칭 변경	1940년	【프랑스】 마지노선 붕괴
1941년	【일제강점기】 설을 폐지함	1941년	【일본, 미국】 태평양전쟁 발발
1942년	【일제강점기】 조선어학회 사건		
1943년	【일제강점기】 홍범도 생애	1943년	【독일】 독일의 소련 침공 실패 【이탈리아】 이탈리아 항복
		1943년	【미국, 영국, 중국】 카이로 회담 【미국, 영국, 소련】 테헤란 회담
1944년	【일제강점기】 한용운 생애	1944년	【프랑스】 노르망디 상륙작전 성공
1945년	【대한민국】 일본 항복	1945년	【미국, 영국, 소련】 얄타회담 【독일】 독일 항복
1945년	【북한】 조선노동당 창립	1945년	【미국, 영국, 소련, 중국】 포츠담선언
1945년	【대한민국】 조선의 신탁통치 결정	1945년	【국제연합】 국제연합 발족
1945년	【대한민국】 송진우 생애		
1946년	【대한민국】 조선정 판사 위폐사건	1946년	【베트남】 베트남전쟁
1946년	【대한민국】 육군사관학교 개교		
1946년	【대한민국】 좌측통행 실시		
1946년	【대한민국】 공창제폐지령 공포		
1947년	【대한민국】 여운형 생애	1947년	【미국】 트루만 독트린 발표
1948년	【대한민국】 4·3 제주항쟁		
1948년	【대한민국】 대한민국 국호 결정		
1948년	【북한】 조선민주주의인민공화국 정부의 정강		
1949년	【대한민국】 김구 생애	1949년	【유럽】 북대서양조약기구 탄생 【중국】 중화인민공화국 정부 수립
1949년	【대한민국】 학도호국단 설치		
1950년	【대한민국】 6·25 사변 발발	1950년	【미국】 한국전쟁에 군대파병
1950년	【대한민국】 여군 창설		
1950년	【대한민국】 조만식 생애		
1950년	【대한민국】 김규식 생애		
1951년	【대한민국】 1·4 후퇴		
1951년	【대한민국】 거제도 포로수용소 폭동		
1952년	【대한민국】 근로기준법 제정		
1953년	【대한민국】 제1차 통화개혁	1953년	【영국】 힐러리와 셸파 텐진이 최초로 에베레스트 등정
1953년	【대한민국】 정전협정		
1954년	【대한민국】 한미간의 상호방위조약	1954년	【스리랑카】 콜롬보 회의
1954년	【대한민국】 자유부인 파동		
1954년	【대한민국】 김상정 생애		
1955년	【대한민국】 김성수 생애	1955년	【미국】 수소폭탄 실험 성공
1955년	【대한민국】 사사오입 개헌	1955년	【독일】 아인슈타인 사망
1955년	【대한민국】 박인수 여인농락 사건	1955년	【인도네시아】 반둥 회의
1955년	【대한민국】 박헌영 생애		
1956년	【대한민국】 증권거래소 개장		
1957년	【대한민국】 동성동본 금혼		
1957년	【대한민국】 가짜 이강석 사건		
1958년	【대한민국】 조소앙 생애	1958년	【프랑스】 낭트칙령
1958년	【대한민국】 김원봉 생애		
1958년	【대한민국】 대종상		
1959년	【대한민국】 사라호 태풍		

한국사		세계사	
연도	내　　　　용	연도	내　　　　용
1959년	【대한민국】 조봉암 생애		
1960년	【대한민국】 3·15부정선거		
1960년	【대한민국】 4·19 혁명		
1960년	【대한민국】 경무대를 청와대로 개칭		
1960년	【대한민국】 제1공화국 붕괴와 제2공화국 성립		
1960년	【대한민국】 제2공화국 붕괴		
1960년	【대한민국】 김두봉 생애		
1961년	【대한민국】 5·16 군사 정변	1961년	【프랑스】 경제협력개발기구 설립
1962년	【대한민국】 공용연호로 서기 사용	1961년	【러시아】 최초로 유인 인공위성 비행
1962년	【대한민국】 제1차 경제개발5개년계획 성안	1962년	【미국】 미국의 쿠바봉쇄
1963년	【대한민국】 청룡영화상		
1964년	【대한민군】 베트남전 참전		
1964년	【대한민국】 3분사건	1964년	【영국】 4인조 보컬그룹 비틀즈 등장
1965년	【대한민국】 한일기본조약 체결		
1965년	【대한민국】 김기수 세계 제패		
1965년	【대한민국】 안재홍 생애		
1965년	【대한민국】 이승만 생애		
1967년	【대한민국】 광부 양창선씨 구출		
1968년	【대한민국】 1·21 사건 발생	1967년	【아랍】 3차 중동전쟁
1968년	【대한민국】 국민교육헌장 발표		
1969년	【대한민국】 3선개헌		
1970년	【대한민국】 새마을 운동 시작	1969년	【미국】 아폴로 11호, 최초 달표면에 착륙
1970년	【대한민국】 경부고속도로 개통		
1970년	【대한민국】 장발족 단속		
1971년	【대한민국】 대연각 호텔 화재		
1972년	【대한민국】 7·4남북 공동 성명		
1972년	【대한민국】 10월 유신		
1973년	【대한민국】 한국방송공사(KBS)창립		
1973년	【대한민국】 탁구 사라예보 세계 대회 금메달	1973년	【아랍】 제4차 중동전쟁과 전세계 석유 파동
1973년	【대한민국】 포항제철 준공		
1973년	【대한민국】 소양강 다목적댐 준공		
1973년	【북　　한】 평양에 지하철 개통		
1974년	【대한민국】 영부인 육영수 여사 사망		
1974년	【대한민국】 서울 지하철 개통	1974년	【미국】 워터게이트 사건
1975년	【대한민국】 YH 무역 농성사건		
1976년	【대한민국】 박동선 로비 사건		
1976년	【대한민국】 판문점 도끼 만행사건		
1976년	【대한민국】 양정모 최초로 금메달 획득		
1977년	【대한민국】 고상돈 최초 에베레스트 등정		
1977년	【대한민국】 수출 100억불 달성		
1978년	【북　　한】 평양 원산간 고속도로 개통		
1979년	【대한민국】 10·26 사태 박정희 사망	1978년	【영국】 세계최초로 시험관아기 탄생
1979년	【대한민국】 12·12 사태	1979년	【미국】 스리마일 섬 원전사고
1979년	【대한민국】 박정희 생애		
1980년	【대한민국】 5·18 광주 민주화 항쟁		
1980년	【대한민국】 언론기관 통폐합		
		1980년	【이란】 이란 이라크 전쟁

한국사		세계사	
연도	내　　용	연도	내　　용
1982년	【대한민국】 프로야구출범	1981년	【미국】 콜롬비아호 유인궤도 비행 성공
1983년	【대한민국】 KAL 기 피격		
1983년	【대한민국】 미얀마 아웅산 묘소 폭발		
1983년	【대한민국】 이웅평 귀순		
1983년	【대한민국】 조치훈 일본 바둑계 평정		
1983년	【대한민국】 청소년 축구 대표 4강		
1984년	【북　　한】 합영법 제정		
1984년	【대한민국】 이재서 생애	1984년	【인도】 유니언 카바이드사가스 누출
1987년	【대한민국】 베니스 영화제 여우주연상 수상	1986년	【소련】 체르노빌 원자로 사고
1987년	【대한민국】 6·29 선언		
1988년	【대한민국】 제24회 서울올림픽 개최		
1988년	【대한민국】 5공비리 청문회 시작		
1989년	【대한민국】 전국교직원노조 결성		
1991년	【대한민국】 낙동강 페놀 유출사건	1990년	【독일】 독일 통일
1991년	【대한민국】 남북한 유엔 동시 가입	1991년	【중국】 천안문 사건
1992년	【대한민국】 통일국민당 창당	1991년	【소련】 소비에트연방 해체
1992년	【대한민국】 황영조 올림픽 마라톤 우승		
1992년	【대한민국】 중국과 국교 수립		
1992년	【대한민국】 과학인공위성 우리별 1호 발사		
1994년	【대한민국】 김일성 사망	1993년	【미국】 데밍 생애
1994년	【대한민국】 성수대교 붕괴	1994년	【우루과이】 우루과이 라운드 타결
1994년	【대한민국】 김일성 생애		
1995년	【대한민국】 쓰레기 종량제 실시		
1995년	【대한민국】 지방자치제 실시	1995년	【미국】 윈도95 출시
1995년	【대한민국】 삼풍백화점 붕괴	1995년	【스위스】 세계무역기구 발효
1995년	【대한민국】 씨프린스호 원유 누출		
1996년	【대한민국】 세계 최초로 1기가 D램 개발		
1996년	【대한민국】 국보 거북선별황자총사기 사건	1996년	【영국】 최초의 유전자 복제 양 '둘리' 탄생
1996년	【대한민국】 OECD 가입	1996년	【국제】 ISO 14001 환경경영시스템 규격제정
1997년	【대한민국】 IMF에 차관요청		
1997년	【대한민국】 박찬호 메이저 리그 첫승		
1998년	【대한민국】 정주영 소 500마리 몰고 방북		
1998년	【대한민국】 박세리LPGA 동양인 최초우승	1998년	【미국】 비아그라 시판
1999년	【대한민국】 영화 '쉬리' 600만 명 돌파		
1999년	【대한민국】 무기징역수 신창원 검거	1999년	【유럽】 유로화 채택
1999년	【대한민국】 의약 분업 실시		
2000년	【대한민국】 남북 정상회담		
		2000년	【일본】 선사시대 연대 조작 사기
		2001년	【미국】 필립 크로스비
2002년	【대한민국】 월드컵 4강 진출	2001년	【미국】 9·11 테러
2003년	【대한민국】 노무현 제16대 대통령 취임	2002년	【프랑스】 프랑스가 징병제를 모병제로 전환
2004년	【대한민국】 노무현 대통령 탄핵 소추안 국회 통과	2003년	【미국】 컬럼비아 우주왕복선 폭발 【프랑스】 콩코드 운항 중단
2005년	【대한민국】 낙산사 전소		
2006년	【대한민국】 철도노조 총파업		
2007년	【대한민국】 세종대왕함 진수	2006년	【프랑스】 명왕성이 왜소행성으로 바뀜
2008년	【대한민국】 국보 1호 숭례문 방화	2007년	【미국】 애플사 아이폰 출시

한국사		세계사	
연도	내　　　용	연도	내　　　용
	【대한민국】이명박 대통령 17대 대통령 취임		【중국】창어 1호 발사
2009년	【대한민국】용산 철거민들 사망	2008년	【미국】조셉 쥬란 생애
2010년	【대한민국】김연아 동계올림픽 피겨 금메달 【대한민국】천안함 사건 【대한민국】G20 서울 정상회의 개최	2009년	【미국】동성결혼 허용 【미국】마이클 잭슨 생애
2011년	【북 한】김정일 사망	2010년	【독일】신 태양계 발견 【미국】위키리스크 외교문서 공개
		2011년	【중국】중국항공모함 시험 항해 【리비아】카다피 사살
		2011년	【일본】대지진 쓰나미 【일본】후쿠시마 제1원전 폭발 사고

	한국사 연표별 정리
연도	**내 용**
BC 10,000년	**【한반도】 한반도 형성** 빙하기에 해면이 낮아져 중국 대륙과 한반도, 일본열도가 육지로 이어졌다는 설이 있고 오늘날의 지형과 기후, 동식물 분포는 1만년 전에 형성되었다고 추정함. 우리 민족은 황인종으로 알타이어 어족이며 만주 지역및 한반도 중심으로 신석기에서 청동기 시대를 거치면서 이루어졌음.
BC 70만년~ BC 4000년	**【한반도】** BC 70만년 **구석기 전기 흔적** 단양 상시리 금굴 유적(인골), 평남 상원 검은모루 동굴(주먹도끼, 포유동물 뼈) BC 10만년 **구석기 중기 흔적** 함북 웅기 굴포리(패총) BC 4만년 **구석기 후기 흔적** 공주석장리, 단양수양개(슴베찌르게: 사냥용 창이나 가죽에 구멍을 뚫는 연장) BC 1만년 **중석기 문화 흔적** 통영 상도대도(조개더미), 거창 임불리, 홍천군 하화계리 BC 8000년 **신석기 전기 문화 흔적** 무늬없는토기(부산 동삼동, 통영 연대도, 울산 신암이) BC 4000년 **신석기 중기 문화 흔적** 빗살(즐문)무늬토기 사용(서울 암사동, 웅기 굴포리, 부산 동삼동) BC 2000년 **신석기 후기 문화 흔적** 변형빗살토기(암사동, 부산 다대동) 석기 시대는 돌을 어떻게 이용했는지에 따라 구분된다. 구석기: 돌을 깨거나 떼어내서 도구를 만들어 사용. 중석기: 돌을 깨었을때 나온 얇고 날카로운 잔돌을 이용하여 도구를 만든다. 신석기: 돌을 갈아서 도구나 토기를 만든다.
BC 2333년	**【고조선】 고조선 건국** 단군왕검(檀君王儉)은 천제(환인)의 아들인 환웅의 아들로, 아사달(阿斯達: 평양성)에 도읍을 정함. 삼국유사에 의하면 "환웅이 세상을 구하고자 하니 환인이 천부인(天符印: 청동 검, 청동거울, 청동곡옥)을 주며 세상을 다스리라"하여 태백산의 신단수(神壇樹)에 내려왔음. 사람이 되고자 하는 곰과 범에게 쑥 한 줌과 마늘 20쪽을 주면서 100일 동안 햇빛을 보지 않으면 사람이 된다고 일렀다. 범은 못 견디고 곰은 참아 여자의 몸인 웅녀(熊女)가 되어 환웅과 혼인하여 단군 왕검(단군은 제사장, 왕검은 정치권력자를 의미)을 낳음. 웅녀신화는 몽골 족 계통의 곰 숭배사상의 하나로 간주됨. 단군이 평양성에 도읍을 정하고 조선이라 하였으며 위만조선을 포괄하여 고조선(이씨 조선과 구분하기 위해)이라고 함. 단군이 하늘에 제사를 지내기 위해 쌓은 참성단은 강화군 마니산 꼭대기에 있음. 현재, 북한 평양시 강동군에 있는 대박산 기슭에 단군릉이 조성되어 있음(남한의 사학계에서는 단군의 실재 능이라는데 회의적인 시각이 있음).
BC 1122년	**【고조선】 팔조금법(八條禁法)제정** 은(殷) 나라의 기자(箕子)가 들여옴. 3개조 만이 '한서 지리지'에 소개됨(사람을 죽인 자는 사형, 상해를 입힌 자는 곡물로 배상, 물건을 훔친 자는 노비로 삼거나 1인당 50만 전(錢)을 내야 함).
BC 1100년	**【고조선】 기자조선(箕子朝鮮: BC1100~195) 건국** 고조선의 하나로, 은나라의 충신인 기자가 단군조선을 이어 BC1100년경에 평양을 도읍으로 하여 건국하였으며, 이후 BC195년 위만에 멸망함. 기자는 주 나라의 무왕으로부터 조선의 제후에 봉해졌는데, 조선에 대해 범금팔조와 시서예악(詩書禮樂) 등을 통해 교화하였으며, 길쌈과 농사 짓는 법을 가르쳤다고 함. 한국사에서의 기자조선은 ≪삼국유사≫에서는 단군조선과 구분하지 않고 고조선에 포함시켰으며, ≪제왕운기≫에서는 후조선(後朝鮮)으로 표현하고 있음. 조선왕조는 기자와 같은 중국의 현인이 조선왕조와 국호가 같았던 고조선에 와서 백성을 교화한 사실을 명예스러운 일이었다고 하여 기자동래 설이 긍정적으로 수용되었고, 기자릉에 대한 제사도 국가적 차원에서 거행하였으나 근대 이후의 역사 연구에서는 (1) 기자동래 설의 모순을 지적하고, 기자조선의 대두는 토착사회 내에서의 세력 교체현상으로서 한반도 서북지방을 중심으로 한씨조선(韓氏 朝鮮)이 성립되었다는 견해 (2) 기자의 동래는 부인하나, 기자를 조상신으로 섬기는 기자 족의 평양지역 이동설로써 기자조선의 존재를 부인하지는 않는 견해 (3) 기자조선은 중국의 소국인 기자 국으로 정치 격변기에 동으로 이동하여 고조선과 경계를 접하였고, 이를 위만이 멸망시킨 것이라는 견해 등이 있음.
BC 1000년	**【청동기】 청동기 문화 흔적** 비파 형 동검 사용, 거석문화(지석묘)무문토기, 홍도, 흑도 사용. 한반도 각지에서 농경문화를 영위하기 시작함(유적지: 광주 풍덕리, 부산 농포동, 안남동 패총, 석탄리 제 1, 2기 문화 층, 북제주 북촌리 등) * 청동(靑銅): 주석(Sn)과 구리(Cu)의 합금
BC 400년	**【철기】 철기문화 시작** 연맹왕국출현, 세형동검, 철제무기, 한문 전래, 명도전 제작(칼 모양의 돈으로 표면에 明이라는 글자가 있음).

한국사 연표별 정리

연도	내 용
BC 300년	【고조선】 **공후인(箜篌引) 지음** 한국 문학사상 가장 오래된 작품으로 백발노인이 물에 빠져 죽자 그 부인도 함께 죽는 것을 본 뱃사공 곽리자고가 자기 부인인 여옥에게 전하자 그 여인의 슬픔을 표현한 노래를 지어 공후(箜篌서양의 하프와 유사)에 맞추어 부른 것 공무도하(公無渡河) 공경도하(公竟渡河) 타하이사(墮河而死) 공장내하(公將奈何) 당신은 물을 건너지 말아요, 당신이 물을 건너다가 물에 빠져 죽으면 당신은 어이하십니까 『공무도하가(公無渡河歌)』라고도 함. 최 표의 『고금주(古今註)』에 한역으로 실려 있음.
BC 1, 2세기	【옥저】 **옥저성립(沃沮: 옥저는 삼림이라는 의미)** 부여계열 예맥 족(濊貊 族)의 부족사회로 함흥 지역에 위치. 정치 형태는 왕이 없고 각 읍락에 삼로(三老)가 있어 이들이 다스림. 민며느리 제(매매혼으로 여자 나이 10세때 약혼시켜 시댁에 보내져 생활하게 하다가 성인이 되면 다시 친정으로 보낸 후 남자 측에서 대가를 지불하면 정식으로 시집을 보냄) 56년경 고구려에 병합.
BC 1, 2세기	【동예】 **동예(東濊)성립** 2세기 후반에서 3세기까지 고조선의 한 부족으로 원산에서 강원도 영덕지역에 거주하였으며 스스로 고구려와 같은 족속이라고 생각함. 실제로 의복만 약간 달랐을 뿐, 풍속과 언어는 고구려와 같음. 3세기에도 읍락(邑落)이 산과 하천을 경계로 구분되었으며, 함부로 다른 구역으로 들어갈 수 없었고 다른 읍락민이 구역 내로 침범하면 소·말을 물리는 책화(責禍)를 하거나 생구(生口: 노예)가 되어야 했음. 이는 공동체 단위의 생활을 중요하게 생각하고 강력한 대군장이 출현하지 못하고, 단지 후(侯)·읍군(邑君)·삼로(三老)가 각 읍락을 다스렸다. 2세기 후반 이후 고구려 지배하에 있다가, 245년 위(魏)의 관구검이 고구려를 침입할 때 낙랑군의 공격을 받고 그 지배하에 들어갔다가 313년 낙랑군이 멸망된 뒤부터 다시 고구려의 지배를 받았고, 광개토대왕 대에 대부분 고구려 영역으로 편입되고 일부는 신라에 병합되었다. 풍속: 무천(10월의 제천행사). 책화(공동체지역의 경계 침범시 소, 말로 배상하는 범칙), 족외혼 풍습이 있음.
BC 1, 2세기	【삼한】 **삼한(三韓)성립** 마한·진한·변한을 말하며. 본래 이 지역에는 목지국 군장의 세력하에 진국(辰國)이라는 부락연맹체가 자리잡고 있었고, 고조선의 준왕과 그 주민이 위만에게 나라를 빼앗겨 남으로 망명하여 정착한 곳으로 준왕 이래로 스스로 한(韓)이라 부르며 목지국의 우두머리인 진왕의 보호와 지배하에 있었다. 낙랑의 한인들은 이를 진한(辰韓)이라 불렀다. 그런 이후로 진한과 아울러 마한(馬韓)·변한(弁韓)이 성립됨. 마한의 마(馬)는 본래 족명(族名)인 개마(蓋馬)에서 온 것이며 변한의 변(弁)은 그들이 사용한 관모(冠帽)에서 나온 것이다. 관련근거: ≪삼국지≫ 위서 동이전. **마한(백제)** 경기, 충청, 전라지역, **진한(신라)** 대구, 경주지역, **변한(가야)** 김해, 마산지역 삼한 사회는 철기문화를 바탕으로 하는 농경사회이며, 제정분리사회로 1. 소도 설치: 제사를 지내는 곳으로 죄인이라도 잡아가지 못함. 2. 두레: 벼농사의 발달로 성인 남자들의 작업공동체임. 3. 독무덤: 항아리 안에다 사람을 넣어서 묻어줌. 4. 상달고사: 해마다 씨를 뿌리고 난 뒤인 5월과 곡식을 거두어들이는 10월에 계절제를 열어 하늘에 지내는 제사. 삼한사회는 철제 농기구의 사용으로 농경이 발달하여 벼농사를 지었고 특히,변한에서는 철이 많이 생산되어 낙랑, 왜 등에 수출을 하였으며,철은 교역에서 화폐처럼 사용되기도 하였다.
BC 194년	【고조선】 **위만조선(衛滿朝鮮) 수립** 중국의 진·한 교체기의 혼란을 피해 연 나라에서 살던 위만이 왕검성(지금의 평양)을 공격하여 준 왕을 몰아내고 왕이 됨. 중국계 유민과 토착민이 연합된 국가로 고조선의 역사상 가장 융성했던 시기이며 철기문화와 중국문물을 받아들이고 위만의 손자 우거 왕 때는 남쪽의 진국(辰國)을 비롯한 여러 나라가 한(漢)과 직접 통교하는 것을 가로막고 중계무역으로 이익을 차지하였음. 위만이 고조선으로 들어올 때에는 상투를 틀고 조선인의 옷을 입고 있었고 나라 이름도 조선이라 하였으므로 단군의 고조선을 계승한 것으로 볼 수 있음.

한국사 연표별 정리

연도	내 용
BC 108년	**【고조선】 고조선 멸망** 위만 조선의 우거왕이 한(무제)나라에 살해되며 아들 장(長)마저 투항하여 고조선이 망하고 한사군이 설치됨: 낙랑군(樂浪郡: 대동강유역)·임둔군(臨屯郡: 함남북부-강원도)·현도군(玄菟郡: 압록강 중류)·진번군(眞番郡: 황해도). 진번군과 임둔군은 BC 82년에 낙랑군과 현도군에 합쳐지고 현도군은 BC 75년에 서북지역으로 축출되었다. 낙랑군은 313년에 고구려에 의해 소멸되었다.

【부여】 부여건국(BC 1, 2세기경부터~494) 지금의 북만주인 농안(農安)·장춘(長春) 일대에 웅거한 부족 국가로 북부여라고도 한다. 고구려와 백제는 부여로부터 기원한 국가로 추정됨.

북부여 중국 사마천이 쓴 ≪사기≫에서 처음 언급되었으며, ≪삼국사기≫에는 부여의 역사가 해부루왕부터 등장하며, 해모수가 천제의 아들이라 칭하며 북부여를 건국했다 하고, 또 ≪삼국유사≫에는 해모수가 기원전 59년 북부여를 건국하였다고 함.

동부여 해부루왕이 아란불의 권고로 가섭원으로 수도를 옮긴 후부터는 동부여라고 칭하였다. 가섭원은 ≪삼국사기≫를 근거로 하여 지금의 강원도 강릉이라는 설, 중국의 지린성[吉林省] 훈춘[琿春]이라는 설 등이 있지만 확실하지 않음. 추측하건데, 원래 부여가 있었고 거기서 독립해 나온 집단이 동부여를 건국했으며, 북부여라는 명칭은 동부여와 구분하기 위해 붙여진 이름이라고 추정됨. 동부여는 고구려 광개토대왕 때 멸망. 북부여는 494년 물길(말갈족, 여진족으로 금·청왕조를 세운 퉁구스족을 말함)이 압박하자 왕실이 고구려에 항복(고구려 문자왕)하여 멸망 함. 해부루(解夫婁)가 아들이 없어 산천에 기도하여 아들 금와(金蛙)를 얻었다. 금와왕은 태백산 남쪽에서 하백(물의 신이라는 의미)의 딸 유화를 만났고 유화가 말하기를 천제의 아들 해모수(解慕漱)가 자기를 유인하여 사통(私通)하고는 돌아오지 않자 부모에게 쫓겨나 살고 있다 하므로, 금와왕은 유화를 데려다 궁중에서 살게 하였다. 어느날 유화는 햇빛을 받고 임신하여 알 하나를 낳았고 그 알에서 태어난 이가 곧 주몽(朱蒙)이다. 주몽이 영특하고 총명하자 금와왕의 장자 대소등 7왕자 등이 시기하여 죽이려 하자 주몽은 졸본부여(卒本夫餘)로 피신하였으며, 후에 거기에서 고구려의 시조가 되었다.

졸본부여(卒本夫餘)는 ≪삼국사기≫가 기록하는 고구려의 도읍지 명칭이며, 졸본 부여의 왕이 주몽을 사위로 삼아 그로 하여금 왕위를 계승케 했다는 설과 졸본 지방의 유력자 연타취발이 주몽을 사위로 삼고, 주몽이 그 집안의 세력과 자신의 능력을 기반으로 하여 그 지방의 다른 부족들을 제압하면서 고구려를 세우고 왕위에 올랐다고도 함. 따라서 졸본부여라는 이름은 고구려가 부여계의 국가임을 알 수 있는 증거가 됨.

남부여 남부여는 백제 성왕이 지정한 국호로서 건국 신화, 무덤 양식 등을 보면 백제는 부여로부터 갈라져 나왔고 이를 계승했음을 알 수 있다.

부여의 정치: 신분계급은 왕과 그 밑에 마가·우가·저가·구가등 4가(四加)와 대사, 사자등의 지배층, 그 밑에 하호(下戶)라고 불리던 농노·노예로 구성됨.

행정 구획: 4출도(四出道)라 하여 수도를 중심으로 지방을 동·서·남·북 4개 구역으로 나누고 부족장인 제가(諸加)가 관할하였다. 큰 부족으로는 가축의 이름을 딴 마가·우가·저가·구가 등이 있다.

사회와 문화: 살인자는 사형에 처하고 그 가족은 노비로 삼으며, 남의 물건을 훔쳤을 때에는 물건 값의 12배를 배상(일책십이법)하게 하고, 간음한 자와 투기가 심한 자는 사형에 처하였음. 이는 고조선의 8조법과 비슷하며 일부다처제였음. 흰옷 과 임금이 죽으면 함께 묻는 순장의 풍습이 있고 '영고(迎鼓)'라는 제천 행사가 음력 12월마다 열렸다. 길흉을 판단하는 우제점법(소를 죽여 굽이 벌어지면 흉, 합치면 길한 것으로 생각)도 전해 내려옴.

(위 내용은 BC 100년 항목임)

【신라】 신라 건국 고조선의 유민이 경상도에 6마을을 이루며 살던 중. 고허촌장 소벌공이 양산(楊山) 밑 우물 곁에서 말이 알려준 큰 알에서 어린아이를 얻었는데 알이 매우 크고 박과 같다 하여 성을 박(朴), 세상을 밝게 다스린다는 혁 거세(赫居世)라 함. 13세때, 마을의 왕으로 삼고 국호를 서라벌(徐羅伐)이라 했다. 왕비(알영부인(閼英夫人)는 용이 알영정(閼英井)에 나타나 갈비뼈에서 계집아이를 낳았고, 우물 이름을 따서 알영이라 하였다 함(삼국사기). '신라(新羅)'는 '왕의 덕업이 날로 새로워져서 사방을 망라한다'라는 의미임.

신라의 역사는 ≪삼국사기≫에 따르면 상대·중대·하대로 나눔.

상대(시조~28대 진덕여왕)는 성골이 왕위를 독점하던 시기로 골품 제도가 성립되었으며 성골 왕실이 확립된 것은 상당히 후대의 일이었음. 원시 부족 국가·씨족 국가를 거쳐 고대 국가로 발전하여 골품 제도가 확립되는 단계

중대(29대 무열왕~36대 혜공왕)는 무열왕계 왕실의 시기로 삼국을 통일하고 전제왕권이 확립되어 문화의 황금기.

하대(37대 선덕왕~56대 경순왕)는 무열왕계 왕실이 끊어지고 내물왕계 진골 왕실이 성립된 시기로 골품제도가 붕괴되고, 왕권의 쇠퇴로 호족세력이 등장하고 멸망한 시기.

(위 신라 내용은 BC 57년 항목임)

한국사 연표별 정리

연도	내 용
BC 37년	**【고구려】 고구려 건국** 주몽(朱蒙: 성은 고(高), 주몽은 부여 속어로 활을 잘 쏜다라는 뜻: 주몽의 아버지는 천제의 아들 해모수(解慕漱), 어머니는 하백의 딸 유화임. 금와왕 7명의 왕자로부터 시기를 받자 압록강 유역의 졸본(卒本: 현재의 쑤이펀강[綏芬河] 남서 지방)으로 피신하여 고구려를 세움(실제 건국은 삼국에서 가장 **빠르다**고 함). 특징: 제가회의(귀족합의제), 10월의 제천의식인 동맹(東盟), 서옥제(신랑이 신부 집 뒤쪽에서 살다 아이를 낳으면 아내를 데리고 신랑집으로 감)
BC18년	**【백제】 백제건국** 온조(溫祚)가 하남 위례성에 도읍을 정함(지금의 경기도 광주군 남한산성을 포함한 일대). 삼국사기에 의하면 주몽의 세 아들인 비류, 온조, 유리(북 부여에서 낳음)중 유리에게 왕을 물려주자 비류와 온조가 백성을 끌고 남하함. 비류는 미추홀(지금의 인천)에 정착하고 온조는 하남 위례에 도읍을 정해 국호를 십제(十濟)라 했고 비류가 정착에 실패하자 그를 따르던 인민들과 합쳐 국호를 백제라 함. 백제 수도는 온조왕(18년) 위례성(서울)→문주왕(475년) 웅진성(공주)→성왕(538년) 사비성(부여)으로 옮김.
28년	**【신라】 도솔가 지음** 해가 둘이 나타나서 열흘 동안 없어지지 않으므로 월명사가 이 노래를 지어 부르자, 괴변이 곧 사라졌다 함 ≪삼국유사≫에 전함. 향가의 해석에 도움이 됨. 도솔은 미륵을 지칭하며 찬불가(讚佛歌)임.
32년	**【신라】 추석 한가위 놀이 시작** 음력 8. 15일 한가위 가배(嘉俳) 놀이가 시작됨. **중앙관제를 만듦** 유리 이사금은 사로 6촌을 행정구역인 6부로 개편하고 17관등의 관제를 확립함.
32년	**【고구려】 낙랑 일부 정복** 고구려 대무신왕 15년에 호동왕자의 활약으로 낙랑지역 일부를 정복.
42년	**【금관가야】 금관가야 건국** 하늘에서 내려온 알에서 깨어났다고 알려진 김수로가 변진구야의 9간의 추대를 받아 금관가야를 건국(경남 김해 구지봉, 경남 김해 대성동에 유적이 있음) 전기 2, 3세기 경(금관 가야 주축) 후기 5세기 이후(대가야로 중심 이동)→6세기(법흥왕에 금관가야, 진흥왕에 대가야 멸망) 문화 철기 문화 발달, 토기(일본 스에키에 영향) **가야의 건국** 후한 광무제 때에 가락(駕洛) 지방이 9간이 무리를 이끌고 귀지봉에 올라가 귀가(龜歌)를 부리니 6개의 알이 든 금합자가 붉은 줄에 매달려 하늘로부터 내려와 이것을 아도간의 집에 안치해 두었더니 다음 날 6명의 동자가 나오고 10여일 후에는 어른이 되어 3월 보름날에 왕위에 올랐는데 처음으로 나타난 동자를 수로왕이라 부르고 그의 나라가 곧 금관가야이며 나머지 다섯 사람은 5가야의 왕이 되었다고 한다.(삼국유사)
132년	**【백제】 북한산성 쌓음** 고구려의 남진을 막기 위해 개로왕 때 축조. 475년 고구려 장수 왕이 함락시키고, 555년 신라 진흥왕이 함락시킨 후 진흥왕순수비를 세움. 현재 산성은 조선 숙종 때 쌓은 것이 대부분임. 13개 성문, 12개 사찰, 26개 저수지, 99개 우물이 있었다.
157년	**【신라】 연오랑 세오녀 설화가 등장** 신라에서 살던 부부가 일본에 건너가 왕과 왕비가 되자 신라에서 해와 달이 빛을 잃게 됨. 이에 신라왕이 사신을 보내 그들을 찾자, 못 오는 대신에 세오녀가 짠 비단을 주어 제사를 지내게 하니 해와 달이 다시 회복되었다는 설화(제사를 지낸 곳이 지금의 경북 영일(迎日)임.
194년	**【고구려】 진대법 실시** 춘궁기에 곡식을 빌려 주었다가 수확기에 갚게 하는 제도로 고국천왕이 을파소의 건의로 펼친 정책. 이는 고려 태조 때 흑창(黑倉), 고려 성종때 의창(986년), 성종때 상평(993년), 환곡(還穀)으로 제도가 이어짐.
200년	**【고대국가】 고대국가 특징** 고구려(태조왕), 백제(고이 왕), 신라(내물왕)의 삼국시대와 통일시대까지를 말하며 특징으로는 1) 중앙집권제, 2) 율령반포, 3) 영토확장, 4) 불교 수용 중앙집권제 율령반포시기 영토확장 불교수용 고구려: 태조왕(2C) 소수림왕(373년) 광개토대왕, 장수왕 소수림왕(372년) 백 제: 고이왕(3C) 고이왕(262년) 근초고왕 침류왕(384년) 신 라: 내물왕(4C) 법흥왕(520년) 진흥왕 법흥왕(572년) 고대 문화의 성격 **고구려**는 중국문화를 비판적으로 수용: 패기와 정열 **백제**는 중국문화를 적극적으로 수용: 우아, 세련 **신라**는 소박한 전통을 강조: 조화미 **통일신라**는 삼국문화를 종합하고 당과 서역문화를 수용하여 발전시킴 **발해**는 고구려 전통에 당문화를 가미한 독자적 문화

한국사 연표별 정리

연도	내 용
209년	**【고구려】 환도성으로 천도** 15대 산상왕은 지금의 퉁거우 지안현으로 수도를 옮김
244년	**【고구려】 관구검 침공** 위나라 관구검이 고구려를 침공하여 환도성이 함락
260년	**【백제】 6좌평 16관품 제정** 고이왕때 최고 귀족회의체인 6좌평(내신, 내두, 내법, 위사, 병관, 조정)정치 제도를 갖춤. 공복제도(公服制度: 관복으로 등급을 결정)를 실시
285년	**【백제】 논어를 일본에 전함** 백제 학자 아직기가 일본에 왕인을 추천하여 왕인은 논어 10권과 천자문 1권을 가지고 일본에 건너가 일본 왕의 태자 토도치랑자의 스승이 되었다. 이 사실은 일본서기와 고사기를 비롯한 일본 기록에 있음.
300년	**【고구려】 서안평 점령** 고구려 미천왕은 5호 16국으로 분열된 혼란을 틈타 서안평을 점령하고 낙양을 공략함.
307년	**【신라】 국호를 계림에서 신라로 고침.**
313년	**【고구려】 낙랑군 멸망** 미천왕이 낙랑군을 멸망시켜 한사군을 소멸시키고 고조선의 중심지를 되찾음.
330년	**【백제】 벽골제(碧骨堤)쌓음** 최대 저수지로 이는 벼농사가 널리 보급되었음을 알려주는 증거로서 제천의 의림지, 밀양의 수산지, 상주의 공검지, 의성의 대제지 등이 있음.
372년	**【고구려】 불교 공인** 고구려 소수림왕이 불교를 공인, 백제는 384년 침류왕때, 신라는 572년, 법흥왕때 공인.
372년	**【고구려】 태학(太學) 설립** 소수림왕 2년(372)에 설치된 국립교육기관. 고구려는 중국의 대륙문화 영향을 받아서 한자 사용이 건국 초부터 있었으므로 학교 설립도 이와 비슷한 시기에 이루어졌을 것으로 추정되지만, 기록상으로는 태학의 설립이 건국 후 400여 년이 지난 뒤인 소수림왕 때에 이루어진 것으로 되어 있다. 소수림왕은 중국과 적대관계를 중단하고 전진(前秦)과 우호관계를 맺으면서 대륙문물을 수용하고 국가체제를 정비하는 등 국력을 배양하는 데 힘썼다. 이에 따라 불교를 수용하고 국립교육기관으로 태학을 설립하게 되었음. 태학은 귀족자제의 교육기관으로 유교의 경전과 문학·무예 등을 교육하였으며 당시 경당(扃堂)이 사립교육기관으로서 지방에도 설치되었던 것에 비하여, 태학은 서울에 설치된 국립학교로 기록이 전하는 우리나라 최초의 학교임.
375년	**【삼국】 삼국역사서 편찬** 375년 백제의 고흥이 지은 <서기>, 545년 신라 거칠부의 <국사>, 600년 고구려 이문진의 <신집> **백제**는 삼국 중 제일 먼저 근초고왕 때 <서기>를 편찬하였다. <일본서기>에 보면 <백제기> <백제본기> 등의 역사책이 있다고 하나, 현존하지 않음. **신라**는 진흥왕 때 <국사>는 5~6세기 이사부의 활발한 영토팽창이 반영된 산성축조기사를 중심으로 한 기록으로 보기도 하고, 김씨왕실의 정통성과 유교적 정치이념에 입각한 국가의 위엄을 과시하려는 의도를 가졌다고 함. **고구려**는 역사서인 유기(留記)를 편찬하였다. 삼국사기 <고구려본기>에 의하면 제26대 영양왕은 태학박사 이문진에게 명하여 고사(古史)를 줄여 신집 5권을 만들게 하였다. 이는 고구려가 한문을 사용하기 시작한 이후로 누군가가 사실을 기록한 자료 100권(유기)을 태학의 교재로 사용하기 위해 신집 5권으로 정리한 것으로 보인다. 현재 전해지지는 않는다.
400년경	**【신라】 천마총·금관총·황남대총 등 고분 형성** 경주 적석목곽분(지상에 설치한 목곽(木槨) 위에 사람 머리 크기의 강자갈을 덮고 다시 그 위에 점토 따위의 흙을 입혀 다진 무덤으로 신라 특유의 것임)형태를 보임. 천마총은 장신구류 8,766점, 무기류 1,234점, 마구류 504점, 그릇 류 226점, 기타 796점으로 모두 1만 1500여 점의 유물이 출토됨. 금관은 국보 제 188호로 지정되었고 천마도장니는 천마총 출토품 가운데 세상을 가장 놀라게 한 유품이다. 장니란, 말 양쪽 배에 가리는 가리개로, 흙이나 먼지를 막는 외에 장식물로도 사용되었음. 자작나무 껍데기를 여러 겹으로 겹쳐서 누빈 위에 하늘을 나는 천마를 능숙한 솜씨로 그렸는데, 지금까지 회화 자료가 전혀 발견되지 않았던 고 신라의 유일한 미술품이라는 데 의의가 있다.

연도	내 용
414년	**【고구려】 광개토대왕비 건립** 장수왕이 아버지의 비를 세움. 국내성(현재 중국 집안(集安))에 위치하고 높이 6.3m, 1775자로 건국신화(주몽의 출생담과 광개토대왕의 업적)정복활동, 묘지기에 대한 기록이 있음. 일본 군인이 발견하고 비문의 일부에서 일본이 신라 백제를 지배했다는 '임나 본부설'해석을 하여 한반도 침략의 근거로 내세우기도 함. **광개토대왕릉비 내용** 1.은혜로운 혜택을 하늘에서 받으시어 / 위엄있는 무력을 사해에 떨쳤노라 / 나쁜무리들을 쓸어서 제거하시니 / 뭇 백성이 편안히 생업에 종사하도다 / 나라가 부유해지고 백성이 잘 살아 온갖 곡식이 풍성하게 익었도다. 2.신묘년 기사를 둘러싼 공방(임나일본부설의 진상논쟁) [百殘新羅 舊是屬民 由來朝貢 而倭以辛卯年來 渡海破 百殘□□□羅 以爲新民] ① 일본의 해석 백제와 신라는 본래 우리(고구려)의 속민으로 옛부터 조공을 해 왔다. 그런데 왜가 신묘년(391년)에 바다를 건너 백제□□(가야?) 신라를 파하여 신민으로 삼았다. ② 정인보의 해석 백제와 신라는 본래 우리 고구려의 속민으로 옛부터 조공해 왔다. 왜가 신묘년에 왔는데 이에 (고구려가) 바다를 건너 (왜를) 격파하였다. 한편 백제가 (왜와 연결하여) 신라를 침략하여 그의 신민으로 삼았다.
427년	**【고구려】 평양으로 천도** 장수왕이 귀족들의 세력을 약화시키고 국왕의 권력을 강화하기 위해 추진함. 당시 천도한 평양은 지금의 평양보다 6km 떨어진 대성산성과 안학궁임. 현재 평양은 평원왕(567년)때 이루어졌음.
433년	**【신라·백제】 나제동맹성립**(433~553년) 신라와 백제는 고구려의 천도에 위협을 느껴 동맹을 결성하였으나 신라 진흥왕이 한강 유역을 점령함으로써 깨짐.
475년	**【백제】 웅진(지금의 공주)천도** 개로왕이 고구려의 침략으로 죽임을 당하고 수도가 함락되자 아들 문주가 신라의 도움을 얻어 웅진으로 도읍을 정함. 문주왕은 2년만에 자객에 의해 살해됨.
479년	**【신라】 방아타령 지음** 경주의 가난한 백결 선생(옷을 100군데 기워입었다 하여 붙여진 이름)이 설에 집집마다 떡방아를 찧는 소리를 듣고 탄식하는 부인을 위로하기 위하여 거문고로 떡방아 소리를 내었다는 고사(故事)에서 유래되었다고 하나 근거가 확실하지 아니함.
490년	**【신라】 경시 개설** (490년, 신라 소지왕 2)에 경주에 상설시장인 경시(京市)가 처음으로 개설되었으며 지방에도 향시(鄕市)가 있어, 교환경제가 이루어졌다. 교환의 매개물, 즉 물품화폐로서 생활필수품인 쌀·포백(布帛)이 주로 사용되었다. 신라때 수입된 중국의 화폐는 있었으나 유통되지는 않았다. 신라에서 금은으로 전(錢)을 삼았다는 기록이 있다.
502년	**【신라】 순장 금지령** 왕이 죽으면 5명을 산 채로 사람을 매장하는 제도를 지증왕이 폐지하고 제사를 지냄(가야고분에서 많이 발견). 농업을 권장하고 우경법(농사지을때 소를 이용하라는 것을 권장함)사용.
503년	**【신라】 국호를 '신라'로, 왕호를 '왕'으로 정함** 신라의 왕호는 거서간(태양, 1대 박혁거세)→차차웅(제사장, 2대 남해)→이사금(나이가많은사람, 3대 유리)→마립간(우두머리, 17대 내물)→왕(22대 지증왕)으로 변천함.
513년	**【백제】 일본에 유학 전파** 일본이 요청하여 오경박사(五經博士 시경, 서경, 역경, 예기, 춘추에 능통한 사람) 단양이(段楊爾)를 파견하여 유학을 가르침. 그 후 백제인의 왕래가 많아짐.

<table><tr><td colspan="2" align="center">한국사 연표별 정리</td></tr></table>

연도	내 용
520년	**【신라】 골품제도 법제화** 골품제도는 신분제도로서 6세기 초에 법제화되어 신라가 멸망한 10세기 초까지 약 400여 년 동안 신라사회를 규제하는 큰 틀로서의 역할을 하였음. 관등(官等)에서부터 혼인·가옥·의복·우마차 등 사회생활 전반에 걸쳐 특권과 제약의 기준이 된 제도이다(인도의 카스트제도와 비교 됨). 골품제도는 신라가 정복 및 병합하는 지방의 족장세력을 경주에 이주시키고 그들을 중앙지배체제 속에 흡수하여 등급이나 서열을 정하기 위해 만들었음. 골품제는, 성골과 진골 및 6개의 두품을 포함한 8개의 신분계급으로 나누어졌음. 특징으로는 성골 - 부모가 모두 성골이어야 하며 왕이 될 자격을 가짐. 진골 - 비단 장식한 수레를 탈 수 있고, 말도 보유가능하며 집 크기는 사방 24자로 제한. 6두품 - 수레를 탈 수 있지만, 왕골로 된 휘장을 써야 하고 말은 5필까지만 허용되며 집 크기는 사방21자로 제한. 5두품 - 수레는 탈 수 없고 말은 3필까지, 집 크기는 사방18자로 제한. 4두품 - 말 2필까지이며 집 크기는 사방15자로 제한(4두품 이상만이 관료가 될 수 있음). 3~1두품 - 일반 백성으로 집의 크기나 기를 수 있는 말의 수는 4두품과 같음. **골품제도 특성** 신분에 따라 유능한 인재라도 출세에 제한을 받았고, 의·식·주의 일상생활도 차별을 두었기에 혼인도 같은 골품끼리하는 것이 상례였음. 만약 다른 골품과 결혼하면 그 소생은 어머니의 골품으로 전락하였기에 골품을 유지하기 위하여 근친결혼이 유행하였음. 골품제도의 모순에 불만을 가진 계층은 특히 6두품과 당나라 유학생들로 반골품적 입장을 취하면서 지방 호족들과 결부하여 반사회적 행동을 하기도 함.
525년	**【백제】 무녕왕릉 축조** 공주 송산리에 위치한 고분으로 3000여 점의 풍부하고 화려한 유물이 발견됨. 출토된 유물은 한 개의 뿔을 가진 철제 석수(石獸), 청자육이호, 무령왕 부부임을 밝히는 각자석판(刻字石板)등이 나옴. 관에 사용된 목재가 일본에서 가져온 것이 확인되어 교류가 활발함을 입증.
528년	**【신라】 이차돈의 순교와 불교 공인** 법흥왕이 귀족들의 반대로 불교를 진흥시키지 못하자 신하인 이차돈이 죽음(527년)을 자청함. 처형 시 피가 젖빛 같고 꽃 비가 내렸다 함.
531년	**【신라】 상대등 제도 도입** 법흥왕은 귀족회의의 대표자로 상대등 제도를 실시.
532년	**【신라】 금관가야 신라에 투항** 여러 가야국이 신라, 백제에 투항하거나 점령당하자 금관가야는 나라의 보물을 들고 신라에 투항하여 멸망함.
538년	**【백제】 사비(지금의 부여)로 천도** 성왕은 웅진을 벗어나 사비로 천도하고 한때 국호를 '남부여(南扶餘)'라 하고 부여족 계통임을 강조하기도 함.
545년	**【신라】 국사(國史) 편찬** 삼국사기에 의하면 거칠부가 편찬한 역사서로 율령을 반포하고 제도를 정비한 후 국가의 위신을 과시하기 위해 지은것으로 추정하나 현재 전해지지는 않음.
546년	**【신라】 미실 등장(546-612 추정)** 미실은 화랑세기 필사본(김대문이 화랑과 낭도들의 삶을 기술한 것으로 진본이 아닌 필사본이 1982년 발견되었으나 위서일 가능성이 있음)에만 등장하는 인물로 미실은 2세 풍월주(화랑도의 수장) 미진부의 딸로서 진흥왕의 배다른 동생인 세종전군과 결혼하였으나, 진흥왕의 잉첩(정부인과 첩의 중간지위)이 되어 권력을 행사함. 진흥왕이 죽자 왕비로 삼겠다는 약속을 받고 진지왕을 즉위시켰으나, 진지왕이 약속을 어기자 진골귀족세력과 함께 진지왕을 폐위시키고 진평왕을 왕으로 만듦. 진평왕대에는 사도태후(진흥왕비), 만호태후(진평왕의 어머니), 미실 세 사람의 여인이 정국을 이끌었음. 미실은 화랑도의 여인(사다함, 세종, 설원랑의 아내)으로 화랑도를 장악하고 진흥왕, 진지왕, 진평왕대에 최고 권력자로 군림함. 외모와 지략, 문장에도 능하나 작품은 전해지지 않음. 말년에는 진흥왕과 사도태후의 뒤를 좇아 출가하였고 외증조부인 1세 위화랑을 시작으로 남편, 동생, 정부, 아들, 손자 등이 화랑도 풍월주의 지위에 올랐으니 32명의 풍월주 중 25명이 미실과 직간접적 혈연관계가 있음. 선덕여왕이 된 덕만이와는 시대적으로 대립관계라 보기 어려움.
551년	**【신라】 팔관회 개최** 진흥왕대에 시작된 호국적 성격의 불교의식이나 고려 때 정기행사가 됨. 고려의 태조 왕건이 훈요십조에 남겨 그 중요성을 강조하였으나 숭유억불정책을 편 조선 때 중단됨.(최승로의 건으로 987년 성종 때) **【가야】 가야금 제조** 우륵이 가실왕의 명령을 받아 1년이 12달임을 감안하여 가야금을 만들고 12곡(당시 대가야의 군, 현의 명칭을 곡이름으로 정함. 충주의 탄금대등의 이름이 우륵에게서 유래되어 민요연구에 귀중한 자료가 됨)을 지음. 우륵은 신라로 망명한 후 진흥왕에 의해 가야금곡이 궁중음악이 되고 185곡의 가야금곡을 남김.
552년	**【신라】 임신서기석(壬申誓記石, 보물 제1411호)세움** 신라 두 청년이 유교 경전을 습득하고 실행할 것을 맹서한 비석. 비석에는 나라에 충성하고 학문연마를 위해 노력할 것을 다짐하고, 나라가 편안하지 않고 세상이 어지러우면 충도를 지킬 것이며 시경·상서·예기·춘추전을 열심히 공부하며, 만일 이 서약을 어기면 하늘에 크게 죄를 짓는 것이라는 내용이 담겨 있다.

한국사 연표별 정리

연도	내 용
553년	【신라】 **황룡사를 짓기 시작**(~569) 신라 제일의 사찰로 진흥왕이 새로운 대궐을 짓다가 황룡이 나타나 이를 불사로 고쳐 황룡사라 함. [유적 현황] 면적은 약 2만5000여 평, 신라삼보(新羅三寶: 황룡사 장륙존불, 황룡사 구층탑, 진평왕 천사옥대) 중에서 2개가 있음, 솔거의 금당벽화도 이곳에 있었음. [구층목탑] 645년에 공사를 착수하여 이듬해에 완성된 신라 최대의 목조건축물로서 당나라에서 귀국한 자장이 권유하여 건립함. 높이 67.6m로 국력과 왕권을 상징적으로 과시함, 백제의 아비지가 건축하고, 용춘이 일을 주관함. 이 탑은 698년에 벼락을 맞고 불탄 이래 다섯 차례의 중수를 거듭하였으나, 1238년에 몽고군에 의해 소실뒤 중수되지 못함. [범 종] 성덕대왕신종(에밀레종)보다도 4배나 더 크고 17년 앞서서 주조된 종이 있었다는 기록이 ≪삼국유사≫에 전하지만, 이 종도 몽고군의 병화 때 없어진 것으로 추정.
553년	【신라】 **나제동맹 깨짐** 진흥왕은 백제와의 동맹을 깨고 한강유역의 땅을 점령함. 신라의 배신에 분개한 백제 성왕이 신라를 공격하였으나 관산성(충북 옥천) 전투에서 패하고 목숨을 잃음.
555년	【신라】 **북한산에 진흥왕순수비를 세움** 왕이 민심을 살피고 나라에 충성한 신하를 포상하고 경하하기 위해 세움. 현재 4개 발견됨(561년 창녕비, 568년 황초령비, 568년 마운령비), 당시 제도 연구에 크게 기여함.
562년	【신라】 **대가야(大伽倻)를 멸함** 진흥왕이 백제와의 전쟁에서 승리하고 이어 대가야를 합병시킴.
576년	【신라】 **원화(源花)제도 시작** 화랑도의 전신인 원화제도는 청소년 수련단체로 인재를 양성하기 위해 추진했으나 원화들간의 시기로 사망사건이 발생하여 해체된 후 진흥왕 때 화랑제도로 재 제정함. 사다함(대가야 정벌)관창(황산벌전투), 김유신 등의 인재 배출. 세속오계는 화랑도의 지침으로, 진평왕 때 승려인 원광이 수나라에서 수행을 하고 돌아와서 귀산과 추항의 요청으로 내린 다섯 가지 계율이다. 사군이충(事君以忠): 충성으로써 임금을 섬기어야 한다. 사친이효(事親以孝): 효로써 부모를 섬기어야 한다. 교우이신(交友以信): 믿음으로써 벗을 사귀어야 한다. 임전무퇴(臨戰無退): 싸움에 나가서 물러남이 없어야 한다. 살생유택(殺生有擇): 살아있는 것을 죽일 때에는 가림이 있어야 한다.
586년	【고구려】 **고구려 천도** 평양의 대성산(大城山)에서 장안성(長安城)으로 천도.
579년	【신라】 **화백(和白)회의 실시** 국가정책을 결정하던 귀족 대표 기관. 일이 있으면 여럿이 의논하여 결정하는데 이를 화백(화합하여 아뢴다라는 의미)이라 하고 한사람이라도 반대하면 성립되지 않는다는 기록이 있음. 고구려에는 제가회의, 백제는 정사암 회의가 있음.
590년	【고구려】 **바보 온달이야기**(~590) 삼국사기에 의하면 고구려 평원왕 딸(평강공주)은 울보라서 늘 바보 온달에게 시집보낸다 놀림 받았으나 그 말을 진실로 믿고 온달에게 시집가서 온달을 훌륭한 장수로 만들었다 함. 온달은 후주의 한무제가 침략시 공을 세워 출세하였으나 신라와의 전쟁에서 전사함.
598년	【고구려】 **고구려와 수와의 전쟁** 고구려 영양왕은 중국을 통일한 수나라가 고구려 침공 계획을 알고 말갈병 1만명을 동원하여 요서지역을 공격하자 수나라 문제가 고구려를 침공. 1차(598년): 양량과 왕세적이 30만명을 동원하여 고구려 정벌을 시도하나 7월 장마와 전염병, 식량부족으로 퇴각. 2차(612년): 수 양제 원정군이 요동성을 공격하였으나 실패하고 우중문이 평양성을 공격했으나 실패. 3차(613년): 수 양제는 요동성을 공격했으나 무기 부족, 사기 저하 및 수나라 내부반란(양현감의 반란)으로 퇴각. 4차(614년): 내호아가 이끄는 수군으로 비사성을 공격했으나 실패하고 고구려가 곡사성을 내주자 돌아감. 결과적으로 고구려는 수나라의 침공을 잘 막았으나 이로 인해 국력 소모가 커서 수나라와 화친하고 영양왕이 명목적인 항복 의사 표명으로 전쟁이 종료됨. 수나라도 이 전쟁으로 중앙정부 세력이 약화돼 당나라에 멸망함.
612년	【고구려】 **살수 대첩 승리** 을지문덕은 수나라의 우중문과 우순술이 이끄는 별동대 30만을 격파하여 수를 멸망케 한 전쟁. 우중문을 5언시(五言詩: 신통한 계책은 천문을 헤아리며 묘한 꾀는 지리를 꿰뚫는구나. 싸움마다 이겨 공이 이미 높았으니 족한 줄 알아서 그만둠이 어떠하리)로 희롱하여 수군 철수를 유도하고 청야전술((淸野戰術: 주변에 적이 사용할 만한 군수물자와 식량 등을 없애 적군을 지치게 만드는 전술)로 살수(청천강)에서 공격하여 전멸시킴.

<table><tr><td colspan="2" align="center">한국사 연표별 정리</td></tr><tr><td>연도</td><td align="center">내 용</td></tr></table>

630년경

【신라】서동요(薯童謠)지음 한국 최초의 4구체 향가. 백제의 서동(백제 무왕의 어릴 때 이름)이 신라 진평왕 때 지었다는 민요로, 무왕이 어릴 때 진평왕의 셋째딸인 선화공주가 예쁘다는 소문을 듣고 중으로 변장하고 경주에 와서 성 안의 아이들에게 선심을 쓰며 이 노래를 지어 부르도록 하였다. 내용은 선화공주가 밤마다 몰래 서동의 방을 찾아간다는 것이었는데, 이 노래가 대궐 안에까지 퍼지자 왕은 마침내 공주를 귀양 보내게 되었고 이에 서동이 길목에 나와 기다리다가 함께 백제로 돌아가서 그는 임금이 되고 선화는 왕비가 되었다는 이야기이다.

향가(鄕歌)는 삼국시대 말엽에 발생하여 통일신라시대 때 성행하다가 말기부터 쇠퇴하기 시작, 고려 초까지 존재하였던 한국 고유의 정형시가임.

향가의 뜻은 사뇌가(詞腦歌)·도솔가(兜率歌) 또는 국풍(國風)·자국지가(自國之歌), 즉 국가(國歌), 신라시대 고유의 노래, 동방 고유의 노래이며, 좁은 뜻으로는 신라의 가요 또는 고향의 노래로 해석하기도 한다.

향가는 현존하는 작품으로는 ≪삼국유사≫에 14수, ≪균여전≫에 11수 도합 25수이다. 그것을 형식면에서 구분하여 보면 4구체·8구체·10구체의 세 가지로 나눌 수 있다. 4구체로 된 작품은 비교적 원시적인 형태에 가까운 것으로 ≪서동요≫ ≪풍요(風謠)≫ ≪헌화가(獻花歌)≫ ≪도솔가≫ 등 4수가 있다.

향찰과 이두, 구결 및 향가의 차이점

1. 향찰-우리말을 한자의 음과 뜻을 빌려 표기한 문자 체계. 예)처용가의 셔블 밝기 달에=東京明期月朗(동경명기월랑) 여기서 동경명월은 한자의 뜻이고 기랑은 한자의 음을 사용한 것입니다.
2. 이두-우리말을 한문으로 적으면서 조사와 어미만 한자의 음과 뜻을 빌려 적은것을 이두라고 한다. 대명률직해의 무릇 성이 같고(이고)=凡同姓是遣(범동성시견) 여기서 우리말 -이고를 한자 是遣로 썼으니 是는 뜻을 사용하고 遣은 음을 사용했다.
3. 구결-우리말 적기와 별개로 한문에다가 우리말을 토를 붙였는데 한글로 안 붙이고 한자로 붙인 것이다.

631년

【고구려】천리장성을 쌓음 당나라의 침략을 막기 위해 연개소문대에 16년간에 걸쳐 만들어졌음. 만리장성처럼 성벽들이 연결되어 있는 것이 아니라 성들이 독립적으로 연결이 되어 그 모양이 장성같다고 하여서 붙여진 이름으로 방어가 용이하도록 되어 있음. 북쪽의 부여성(농안)에서 남쪽의 비사성(대련)에 이름.

642년

【고구려】연개소문 정변 연개소문이 10월 영류왕과 귀족을 군대열병식에 초대하여 왕과 신하 180여 명을 시해하고 보장왕을 옹립한 후 스스로 대막리지가 되어 정권을 장악함. 당 태종의 4차례 침입을 모두 막아내고 강경한 대외정책과 독단적인 정치 운영은 귀족세력의 분열과 이탈을 가져와 고구려의 멸망요인이 됨.

645년

【고구려】고구려와 당나라 전쟁

1차(644년) 당태종이 출전하여 10개성을 함락시켰지만 안시성 함락에 실패하고 장기간 전투와 추운 날씨로 퇴각
2차(655년, 659년) 설인귀의 침략, 661년 재공격하였으나 연개소문이 활약으로 당나라 군대 퇴각.
3차(667년) 40여개 성이 함락되고 668년 평양성이 함락되어 보장왕이 항복 선언함.

647년

【신라】첨성대 건축 동양에서 현존하는 가장 오래된 천문대(국보 31호)로 돌이 362개. 27단으로 6.25 전쟁 때 탱크가 지날 때도 끄덕 없었을 정도로 튼튼히 축조됨. 별들의 운행, 일식·월식 등의 천문을 관찰, 길흉화복의 점, 농사일에도 도움이 되었다 함.

654년

【백제】사택지적비(砂宅智積碑)세움 백제의 고위관료인 사택지적이란 사람이 늙어가는 것을 탄식하여, 불교에 귀의하고 불당을 건립했다는 내용. '사택'이란 성은 백제의 최고 귀족임을 말해줌. 문체는 중국 육조시대의 사륙변려체이며, 자체는 구양순체로서 문장이나 자체가 모두 세련되어 있다. 당시의 백제의 유학과 노장사상의 이해수준을 알 수 있으며 한문학의 수준이 뛰어났음을 입증함.

660년

【신라】백제 멸망 신라와 당나라 연합군이 백제를 공격하자 의자왕이 항복함. 계백은 신라와의 '황산벌'전투에서 가족을 죽인 뒤 500명의 결사대로 4전 전승을 하였으나 신라의 화랑인 반굴, 관창의 죽음에 따라 상황이 반전되어 패함.

웅진도독부(熊津都督府) 설치 백제를 멸망시킨 뒤 백제를 다스리기 위해 둔 당나라 행정관청. 처음에 오도독부를 두었다가 개편하여 웅진도독부를 최고통치부로 하고, 백제 왕자 부여융을 도독으로 임명하여 백제 유민을 무마하려 하였다. 그러나 신라의 신속한 백제 점령으로 곧 없어짐.

663년

【신라】계림도독부(鷄林都督府)설치 신라 때 나·당 연합군이 백제를 멸망시킨 뒤, 당나라가 신라를 영토화하려고 설치한 기관. 문무왕을 계림주 대도독으로 임명하였으나, 신라는 이것을 무시하여 고구려·백제의 유민과 함께 당나라의 세력을 물리치고 국토를 통일하였다.

이 도독부 제도는 당나라가 다른 나라에 침입하면 설치하던 기관으로, 당시 백제에는 웅진도독부를, 고구려에는 안동도호부를 설치하였음.

한국사 연표별 정리

연도	내 용
668년	**【신라】 고구려 멸망** 연개소문이 죽고 맏아들 남생이 대막리지(행정과 군사권을 장악한 최고 관직)에 오르면서 동생들인 남건, 남산과 불화를 일으켜 지도층이 분열되니 연대소문의 아우 연정토가 12성을 가지고 신라에, 남생은 당나라에 투항함. 신라(김인문)와 당나라(이적·설인귀)군이 평양성(승려 신성이 성문을 이적에게 열어줌)을 함락시키자 보장왕이 항복함. 당은 평양에 안동도호부(669년, 정치와 군대를 다루기 위한 기관)를 설치함.
674년	**【신라】 안압지 완성** ≪삼국사기≫에 궁성 안에 못을 파고 산을 만들어 화초를 기르고 동물을 양육하였다고 함. 동서 200m, 남북 180m로, 크고 작은 3개의 섬이 배치되었음. 신라문화재의 주종을 이루던 금관, 또는 장신구 등의 궁중용품과는 달리, 화덕·장군(물·술·간장 등의 보관용기)·목선·승마장비·쇠망치·도끼 등 생활용품이 많음.
676년	**【신라】 삼국통일** 신라는 당나라의 설인귀를 금강하류 기벌포에서 격파하고 삼국통일 완성. 대동강에서 원산만까지의 불완전한 통일을 이룸. 의의: 외세(당나라)를 통해 통치하여 자주성 훼손, 영토의 불완전한 통일이었으나 후에 당세력을 축출하여 자신의 힘으로 통일, 고구려, 백제의 문화전통을 수용하여 민족문화 발전의 토대가 됨. 통치전략: 왕권을 강화하고 시중(현재 대통령비서실장)이 귀족보다 권한이 강화됨. 녹읍(귀족에게 일정지역을 조세, 노동력 등의 지배권부여)을 폐지하고 관료전(조세만 권리가 있고 퇴직시 반납)을 지급함. 이는 신라 중대 말기, 전제왕권이 약화되면서 폐지됨. 6두품제, 유학의 충(忠) 사상을 강화함.
681년	**【신라】 김흠돌 반역** 신문왕의 장인인 김흠돌이 귀족들과 함께 반역을 일으켰으나 실패함. 반란의 원인으로 그의 딸이 아들을 낳지 못해 폐위되었기 때문 이라는 견해와 문무왕대의 왕권 강화정책에 대한 일부 귀족세력의 반발로 보는 견해가 있다. 이를 계기로 왕권이 강화됨.
682년	**【신라】 국학(國學) 설치** 고대 신라의 최고 교육기관으로 ≪삼국사기≫에 따르면 신문왕 2년(682)에 설치했고, 경덕왕 대학감(大學監), 혜공왕 때 국학으로 되돌렸음. 입학할 수 있는 신분은 육두품 또는 4두품까지 가능하며 신분에 따라 배우는 과목이 달랐다는 주장이 있음. 국학의 설립 목적은 관료 선발로 신라 중대 왕권이 유학적 지배체제를 지향하면서 유가(儒家) 윤리의 확대·재생산을 이루는 제도적 장치로서 국학을 설치했다고 보기도 한다.
685년	**【신라】 전국 행정 재편성** 통일 전 5주 2소경을 9주 5소경으로 재편하여 왕권강화와 백제, 고구려 반란을 무마하기 위함. 상수리제도(지방 세력가들을 교대로 경주에 머무르게 한 제도-지방호족 견제책) 고려 때의 기인제도(호족의 자재를 중앙에 인질로 함)와 유사함.
698년	**【발해】 발해(渤海)를 세움** 고구려 장군 대조영이 말갈족(걸사바우를 따르던 유민)과 당나라에 대항하다 동모산(현재 만주 지린성(吉林省) 둔화현)에 진(震)나라를 세우고 713년 당나라로부터 발해군왕의 칭호를 받으면서 발해로 바꿈. 2대 무왕은 일본에 보낸 외교문서에 '고려국왕'이라는 명칭을 사용하여 고구려 계승을 엿볼 수 있음. 요동을 제외한 고구려의 옛 영토를 지배함. 지배층은 고구려인이고 피지배층은 말갈인이었음. 거란의 지배자인 야율아보기에 멸망(926년).발해 관련 기록은 중국의 <구당서>, <신당서>, 일연의 <삼국유사>, 유득공의 <발해고>에서 찾아 볼 수 있음.
727년	**【신라】 왕오천축국전 지음** 혜초가 고대 인도 및 서역((西域: 현재 중국 신장웨이우월 지치구)에서 돌아와 종교, 풍속, 문화 등을 기술한 왕오천축국전을 저술함. 파리 국립도서관에 있음.
751년	**【신라】 불국사 석굴암 창건** 김대성이 전세의 부모를 위하여 석굴암(국보 24호)을, 현세의 부모를 위하여 불국사를 창건하였다고 하였으며, 김대성이 완성하지 못하고 국가에 의해 완성(30여 년 소요-삼국유사). 불국사 경내에는 다보탑(국보 20호), 석가탑(무영탑, 국보 21호), 연화교·칠보교(국보 22호), 청운교·백운교(국보 23호), 금동비로자나불좌상(국보 26호), 금동아미타여래좌상(국보 27호), 사리탑(보물 61), 무구정광대다라니경(국보126호, 통일신라 때 간행된 세계에서 가장 오래된 불경 인쇄본) 등 많은 문화재가 잔존함. 1995년 세계문화유산으로 등록됨.
768년	**【신라】 대공의 난 발생** 각간의 벼슬에 있던 대공이 아찬 벼슬에 있던 그의 동생 대렴과 함께 반란을 일으켜 왕궁을 33일 동안이나 포위하였음. 이는 어린 나이로 즉위한 혜공왕을 대신하여 수렴청정으로 정사를 처리한 어머니 경수태후의 실정에 대항, 진골귀족과 다른 귀족들 사이의 알력으로 발생. 왕군이 진압하여 대공의 9족을 죽이고 재산을 몰수함.
771년	**【신라】 성덕대왕신종(에밀레종)주조** 경덕왕이 돌아가신 아버지(성덕왕)를 기리기 위하여 구리 12만근을 모아 종을 만들려다 완성하지 못하고 아들인 혜공왕이 완성(34년 소요). 벌건 쇳물에 어느 여인의 갓난아이를 던져 넣고서야 종이 완성되었고 그후 종을 칠 때마다 어머니를 원망하는 듯한 아기의 울음소리와 같은 '에밀레'라는 소리가 들렸다는 슬픈 전설이 내려옴. 종이 힘들게 완성되었음을 의미하는 전설일 듯.

한국사 연표별 정리

연도	내 용
788년	【신라】 **독서삼품과 설치** 신라의 관리선발제도로 유교정치사상에 입각한 정치운영을 목적으로 국학의 학생들을 독서능력에 따라 상·중·하로 구분하는 졸업시험으로 관리 임용에 활용. 골품제라는 신분에 의존하던 기존의 불합리한 관리선발방식을 지양하게 되었으며, 유학에 대한 이해를 높여 유능한 유학자를 많이 배출하는 데 크게 기여했고 고려, 조선시대의 과거제도로 연결됨.
828년	【신라】 **장보고의 청해진 대사임명** 해적들의 인신매매를 근절시키려고 청해(지금의 완도)에 진을 설치하고 청해진 대사로서 해적을 완전 소탕함. 장보고는 해상권을 장악하고 중앙정치에도 관여하여 민애왕을 죽이고 딸을 문성왕의 차비(次妃)로 세우려다 진골의 반대로 무산되자 반기를 들었으나 염장에게 살해당함. 일본 및 당나라에 무역사절을 보내어 삼각무역을 했음.

연도	내 용
900년	**【후백제】 후백제 건국** 상주 농민 출신 신라 장군 견훤은 국정이 문란한 틈을 타 무진주(현재 광주), 완산주(지금의 전주)까지 점령, 백제 의자왕의 숙원을 풀어준다고 선언하고 후백제를 건국함. 중국의 오·월과 통교를 하는 한편 영토를 확장하였고 경주를 공격하여 경애왕을 죽이고 경순왕을 세움. 넷째아들 금강에게 왕위를 물려주려 하자 장남인 신검등이 견훤을 금산사에 가두고 금강을 죽인 다음, 신검이 왕위에 오르자 금산사를 탈출하여 고려로 망명.
901년	**【후고구려】 후고구려 건국** 궁예(弓裔)는 제47대 헌안왕(48대 경문왕이라고도 함)과 궁녀사이에서 태어남. 나면서부터 이빨이 있었고, 태어나는 날 지붕 위에 상서롭지 못한 광채가 있어 앞날을 예언하는 일관(日官)이 그를 죽이도록 주청하고, 왕이 사신을 보내 그를 죽이려고하니 어머니가 그를 담장 밖으로 던졌는데 지나가던 계집종이 그를 받아(잘못받아 손가락으로 눈을 건드려 애꾸눈이 됨), 영월 부근으로 도망가 살았다. 궁예는 양길의 부하가 되어 강원도 각지를 공략하여 독자적 기반을 닦아 898년에는 송악(지금의 개성)에서 자립함. 이 무렵 왕건(고려 태조)이 궁예의 휘하로 들어왔고 양길에게 대항하게 하여 그 땅을 빼앗고 901년 스스로 왕이라 칭하며 국호를 고려라 하였다. 905년 수도를 송악에서 철원으로 옮기고 스스로를 미륵보살이라 칭하고 상대방의 마음을 읽는 '관심법'으로 충성스런 신하와 아내 자식까지 죽임. 민심이 이탈하자 측근자들(홍유·배현경·신숭겸·복지겸)이 왕건을 새 왕으로 추대하고 궁예를 쫓아냈고 궁예는 그 후 백성들에게 살해됨.
918년	**【고려】 고려 건국** 왕건이 궁예를 몰아내고 국호를 고려, 연호를 천수(天授)라 함. 신라에는 화친정책, 백제에는 견제책을 씀. 왕건은 송악의 호족세력과 예성강의 해상세력을 기반으로 고려를 건국하고, 대민 정책으로 조세를 경감하고 노비를 다시 양민이 되게 하여 농민을 정착시켰음. 후삼국의 통일은 실질적인 우리 민족의 통일이며 발해 유민을 받아들이고 영토를 북으로 넓히며 자체적으로 통일을 성취한 의의가 있다. 고려시대를 중세로 보는 이유는 정치면: 호족이라는 지배계층이 생기고 유교가 정치이념 경제면: 양인(양인에는 양반 중인 상민)의 수가 늘고 지대가 1/10로 결정. 사회면: 과거제 실시, 신분보다 능력중시 문화면: 민족의식이 성장하고 지방호족의 등장으로 지방문화의 수준이 향상되었음.
919년	**【고려】 송악으로 천도** 궁예의 기반인 철원에서 왕건의 기반인 송악으로 천도. 태조의 정책 1) 민심 안정책: 조세 완화, 흑창설치(빈민구제). 2) 호족세력통합: 혼인정책(왕건은 29명의 지방호족의 딸을 부인으로 삼음), 공신에게 역분전 지급. 3) 지방세력견제: 기인제도(지방 호족 견제를 위해 호족자제를 인질로 수도에 거주케하여 관직을 줌. 사심관제도(지방의 호족을 사심관으로 임명하여 신분의 구별, 부역의 공평, 풍속의 교정(矯正) 등 업무로 호족을 견제함) 실시. 4) 북진정책: 서경(평양)을 전진 기지로 삼아 청천강~영흥 확보
926년	**【발해】 발해(渤海) 멸망** 거란의 지배자인 야율아보기에 의해 부여성이 정복된 후 홀한성(상경 용천부)이 포위된 지 3일 만에 멸망(926년)
935년	**【신라】 신라 멸망** 신라 경순왕이 고려에 항복의사를 전함. 왕건은 경순왕을 경주의 사심관으로 임명하고 맏딸 낙랑공주와 혼인시켜 사위로 삼음. 마의태자는 고려에 항복하자는 국론에 반대하여 개골산(금강산)으로 들어감.
936년	**【고려】 후삼국 통일** 태조 왕건이 후백제 신검을 일리천(구미시 선산읍)에서 격파하고 후삼국 통일
943년	**【고려】 태조의 훈요십조**(후대 왕들이 지켜야 할 지침)를 내림 ① 불교를 숭상할 것 ② 사찰을 쟁탈하거나, 많이 짓지 말 것 ③ 왕위계승의 적자적손(嫡者嫡孫) 원칙 ④ 거란과 같은 야만국의 풍속을 배격할 것 ⑤ 서경을 중시할 것 ⑥ 연등회·팔관회 등을 소홀히 다루지 말 것 ⑦ 조세를 가볍게 할 것 ⑧ 차현(車峴: 차령) 이남 사람을 등용하지 말 것 ⑨ 관리의 녹봉은 직무에 따라 제정할 것 ⑩ 경사를 읽어 고인의 말을 거울삼을 것 주요정책: 중앙집권(혼인정책), 북진정책(평양에 서경설치)

한국사 연표별 정리

연도	내 용
943년	**고려의 지배체제를 위한 정책** **태조 왕건의 정책** - 정략결혼 정책: 호족들의 딸을 왕비로 맞아들여 호족들과 연합 - 지방자치의 허용: 수도 거주 공신을 지방 관리로 임명하고 자식은 수도에 볼모로 잡아 두어 호적을 견제함. - 억압정책에도 불구하고 호족세력은 여전히 힘을 발휘 - 태조는 고려의 통치체제를 완전히 세우지 못하고 훈요십조를 남김 **광종의 왕권강화책** - 노비안검법 실시: 호족세력 견제, 재정의 기반 마련 - 과거제도 실시: 학문 성적에 따라 뽑고 신·구 세력 교체 - 공복을 제정, 황제 사용, 불교적극지원 **성종의 유교 정치** 새로운 정치이념을 확립하기 위해 최승로 건의를 받아들임.
945년	**【고려】 왕규의 난 발생** 혜종2년 왕위 계승권을 둘러싸고 외척인 왕규가 난을 일으키자 서경을 지키는 장군 왕식렴과 결탁하여 왕제 요가 왕규를 죽이고 정종으로 등극함. 정종은 거란족의 침입에 대비해 광군(光軍: 평소는 생업을 하고 전쟁시 지방군으로 활동. 현재의 예비군 성격)을 조직함.
949년	**【고려】 광종의 개혁 실시** 태조가 죽은 후 29명의 부인들과의 왕권 쟁탈이 일자 왕권강화의 정책을 폄. **노비 안건법(956년)** 신라말, 고려초기에 양인신분이었으나 노비가 이들을 본래의 신분으로 되돌린 정책(호족의 사병화를 막기 위한 정책으로 호족의 반발이 심화됨). **과거제도 실시(958년)** 유학을 익힌 신진 인사등용을 통해 왕권 강화를 목적으로 한 제도. 음서제(5품 이상의 관료에게 공직기회를 부여, 조선시대에는 문음제)를 견제하기 위한 의도가 있음. **공복제도 실시** 직급에 따라 관복을 차이나게 함. **칭제건원** 왕을 황제라 칭하고 연호를 제정하는 것으로 중국과 대등함을 알리는 주체성확보 의지
973년	**【고려】 균여(923~973년)** 고려시대의 승려로서 불교의 교리를 담은 보현십원가(향가)를 지어 대중에 전파하는 데 힘쓰고 불교계의 종파 통합에도 노력하여 종파간의 분쟁을 종식시키는 데 기여하였다. 보현십원가는 11수의 십구체 향가(삼국유사에 수록) 1. 예경제불가(禮敬諸佛歌): 부처님을 공경하고 예배하는 노래. 2. 칭찬여래가(稱讚如來歌): 여러가지 공덕을 칭송하는 노래. 3. 광수공양가(廣修供養歌): 부처님을 공양하고 공덕을 닦는 노래. 4. 참회업장가(懺悔業障歌): 참회하고 죄를 짓지 않겠다는 노래. 5. 수희공덕가(隨喜功德歌): 다른 사람의 공덕을 자신의 공덕으로 여기고 기뻐하는 노래. 6. 청전법륜가(請轉法輪歌): 법륜을 돌려 부처님의 말씀을 청하는 노래. 7. 청불주세가(請佛住世歌): 부처님이 중생을 구제해 주기를 기원하는 노래. 8. 상수불학가(常隨佛學歌): 부처님의 고행을 따르고 칭송하는 노래. 9. 항순중생가(恒順衆生歌): 항상 중생의 뜻을 생각하고 따르겠다는 노래. 10. 보개회향가(普皆廻向歌): 자신의 공덕으로 중생을 이롭게 하겠다는 노래. 11. 총결무진가(總結无盡歌): 보현행원을 행하겠다는 노래.
976년	**【고려】 전시과 실시** 경종이 관직에 따라 전토(田土)와 시지(柴地)를 18등급으로 나누어 지급하므로서 왕권 지배체제를 확립함. 전시과는 목종, 현종 등을 거치며 문종대 정비됨.
982년	**【고려】 성종의 유교정치 실현** 성종은 최승로의 '시무 28조'를 받아들여 국가체제를 정비 함: 현재 22개조만 남아 있고 숭유억불, 노비환천법(노비안검법으로 해방된 노비를 다시 노비로 되돌리게 한 법: 귀족무마책), 지방관 파견 주장 등. 고려의 중앙관제는 2성6부제 운영: 2성은 중서문화성(정책기획, 왕명출납)과 상서성(행정부), 6부로는 이부, 병부, 호부, 형부, 예부, 공부를 둠, 그 외 도병마사(국방과 대외문제), 식목도감(式目都監: 법과 격식), 중추원(왕명출납, 군사기밀) 삼사(곡식과 화폐출납) 어사대(감찰)가 있음.

한국사 연표별 정리

연도	내 용
992년	**【고려】국자감 창립** 고려시대 국립교육기관으로 창설 연대가 분명하지 않음. 고려 건국 직후부터 이미 신라의 국학(國學)에 해당하는 국립대학이 설립되어 있었다고 봄. 992년에 학교를 재편 정비하면서 국자감이라 이름하지 않았나 추정됨. 국자감은 1275년에 국학(國學), 1308년에 성균관(成均館)으로 개칭하여 조선으로 이어짐. 1109년(예종 4): 교과 과정을 체계화하기 위해 국자감 안에 7재(七齋)를 설치. 7재는 7개의 전문 강좌로, 주역을 공부하는 여택재, 상서를 공부하는 대빙재, 모시를 공부하는 경덕재, 주례를 공부하는 구인재, 대례를 공부하는 복응재, 춘추를 공부하는 양정재, 그리고 무학을 공부하는 강예재로 구성되었음. 고려시대의 과거제도에서 무과(武科)가 없었다는 사실을 감안하면, 이 가운데 강예재가 포함되었다는 점이 주목된다. 아마도 당시 여진과의 관계가 긴박했기 때문에 설치되었으리라 여겨진다. 그렇지만 1133년(인종 11) 문신들의 반대로 무학재는 폐지되고 말았음. 인종은 그 동안 형부에 예속되어 있던 율학을 국자감으로 옮겨 국자학, 태학, 사문학, 율학, 산학, 서학의 경사6학을 설치하였음. 국자감의 입학 자격: 국자학은 3품 이상, 태학은 5품 이상 사문학은 7품 이상의 자손이 입학할 수 있도록 규정되었고 그리고 기술학부에는 8품 이하의 관리나 서민의 자제가 입학하도록 규정되어 있음.
993년	**【고려】거란(요)의 침입** 1차는 소손녕이 송(宋)과의 외교를 단절하고 고구려땅을 반환하라고 하자 서희가 여진이 가로막아 외교 관계를 맺을수 없으니 여진을 물리쳐 달라고 소손녕을 설득하여 전쟁없이 침입을 막고 강동6주를 얻음(최대의 외교 치적임). 2차(1010년): 고려가 송과의 관계를 유지하자 40만 대군을 이끌고 다시 침입해와 왕이 나주까지 피난을 감. 양규가 강화를 맺고 돌아가는 거란군을 크게 격파. 거란의 3차 침입(1018년)고려가 거란의 강동 6주 반환 요구를 거절하자 소배압이 10만 대군을 이끌고 침입, 강감찬(20만)이 귀주(현재 평북 구성에서 크게 물리침(귀주대첩: 일반적 전술은 지형을 이용한 게릴라전이거나 성을 이용한 공성전이 많았으나 귀주는 병력의 우세와 뛰어난 작전으로 정면승부를 해서 이긴 전투임).
996년	**【고려】건원중보(建元重寶) 주조** 성종 때 주조된 한국 최초의 화폐(동전과 철전 2종류). 당나라 숙종의 건원 연간을 모방하여 앞면에는 '건원중보' 뒤면에는 '동국'이라 표기함. **화폐변천사** 고대화폐는 BC 957년 기자조선에서 자모전(子母錢: 철전), 신라때 금은 무문전을 사용하였다는 등의 기록은 있으나 실물은 없다. 고려시대에는 996년 건원중보를 주조하였고 1097년에 유문전(有文錢)을 관리들에게 나누어 주어 시장에서의 유통을 권장하였다. 해동중보·삼한통보·삼한중보·동국통보·동국중보 등이 그것이다. 1101년에는 은 병모양의 은화(은병전)도 주조되었으며, 1102년에는 보조화폐인 해동통보(海東通寶)가 주조되었다. 1391년에는 송나라의 회자와 원나라의 지원보초를 모방한 한국 최초의 지폐인 저화(楮貨)를 만들어 통용하게 하였다. 저화 1장에 쌀 한 되, 저화 40장에 정포(正布) 1필로 교환되었다. 1423년에는 당나라의 개원통보를 모방한 조선통보가 주조되었다. 1464년에는 절폐(節幣)가 주조되었으나 통용되지는 못했다. 1633년에는 상평청에서 상평통보(常平通寶)를 주조하였고 이를 유통시키기 위해 조세 중에서 현물(대동미 등)대신 전납(錢納)을 허용하였다. 1866년 대원군 집정시 군비확충과 경복궁 건축을 위한 비용 조달을 위해 당백전(當百錢)을 주조하였다. 이것은 실질가치가 명목가치의 20분의1도 못 되어 물가가 폭등하는 등 부작용이 심해 1869년 당백전의 통용을 금지하고 무상으로 강제 회수하였다. 1883년에 강화조약 이후 누적된 재정난을 타개하기 위하여 1전(錢)이 상평통보 엽전 5문(文)에 해당하는 당오전(當五錢)을 지방에서 유통시켰으나 당백전보다도 더 가치가 낮아 물가만 폭등시켰다. 이보다 앞선 1882년에는 최초의 서양식 화폐인 대동은전(大東銀錢)이 등장하였다. 1902년 일본 제일은행의 제일은행권이 발행되었고, 1905년 1차 화폐개혁에서 백통화는 갑·을·병 3종으로 분류, 갑종만을 정화(正貨)로서 인정하였다. 그 후 1909년에 조선은행의 설립으로 조선은행권이 발행되어 일제강점기에 유통되었고, 8.15 광복 후에는 한국은행권이 발행되어 현재에 이른다.
1101년	**【고려】의천(義天 1055~1101)** 천태종을 창시한 고려의 승려. 숙종의 동생으로 송나라에서 화엄과 천태교리를 배운 뒤 교종과 선종을 통합해 천태종을 창시, 숙종의 왕권강화를 뒷받침했으며 국가경제의 강화를 위해 숙종에게 화폐사용도 건의했음. 각국의 불경을 모아 「속장경」을 간행. 아버지는 고려 제11대 왕인 문종임.
1011년	**【고려】1차 대장경 조판 시작** 고려대장경은 3가지가 있음 1. **초조대장경**: 현종때 시작 선종4년(1087)에 완성. 약 6천여 권으로 대구 부인사에 보관하다가 몽고 침입으로 소실. 2. **속장경**: 대각국사 의천이 각국의 불교서적을 수집, 보완하고 주석서까지 포함시켜 증보하였음(숙종6년에 완성): 몽고 침략시 소실 3. **팔만대장경**(국보32호, 세계문화유산으로지정)은 1237년~1248년에 완성. 강화도에서 판각을 한 후 경판을 해인사에 보관. 판수가 8만여 개에 8만 4천 법문을 실었다고 함. 대장경은 경(經)·율(律)·논(論)의 삼장(三藏)을 말하며, 불교경전의 총서를 가리킨다.

<table>
<tr><th colspan="2">한국사 연표별 정리</th></tr>
<tr><th>연도</th><th>내 용</th></tr>
<tr><td>1018년</td><td>【고려】5도양계의 지방조직 구축 현종때 양광도(경기도), 경상도, 전라도, 교주도(강원도), 서해도(황해도), 동계(함경도), 북계(평안도) 그외 3경: 개경(개성), 서경(평양) 동경(경주), 고려후기에는 동경 대신 남경(한양)이 포함됨.</td></tr>
<tr><td>1031년</td><td>【고려】강감찬(姜邯贊 948~1031) 거란의 대군을 귀주에서 크게 무찌른 고려의 명장. 993년 고려를 침공했던 거란은 서희의 담판으로 물러난 뒤 1011년 조공관계를 요구하며 다시 침공했고 1018년에는 소배압이 10만 대군을 이끌고 쳐들어왔으나 강감찬은 이들을 맞아 흥화진에서 일대 타격을 가했고 개경을 노리다 퇴각하는 거란군을 귀주에서 섬멸시켰음. 이후 고려는 거란과 화친관계를 맺고 동북아 평화체제를 구축, 번영을 구가했음. 본관은 금주(衿州). 경주에서 금주로 이주해 호족으로 성장한 여청(餘淸)의 5대손이며, 아버지는 삼한벽상공신(三韓壁上功臣)궁진(弓珍)이다.</td></tr>
<tr><td>1033년</td><td>【고려】천리장성 축조시작 거란, 여진족 등의 침입을 막기 위해 덕종이 유소에 지시하여 압록강부터 함경남도 도련포(현재: 광포)에 이르는 석축성임.</td></tr>
<tr><td>1068년</td><td>【고려】최충(崔沖 984~1068) 고려의 학자이자 재상. 고려의 숭불정책으로 유학이 부진하고 관학인 국자감의 교육이 쇠퇴하자 사학(私學)인 구재학당을 세워 유학 보급과 인재양성에 힘쓴 인물. 그 결과 많은 제자들이 관직에 진출했음. 유학진흥의 공로로 해동공자로 불렸고, 목종 이후 4대에 걸쳐 관직에 올라 서북지방 백성들을 편안케 했으며 동여진의 국경침입에도 대비하였음. 본관은 해주(海州). 호는 성재(惺齋)·월포(月圃)·방회재(放晦齋). 아버지는 온(溫)이다. 사학십이도의 하나인 문헌공도의 창시자이다.</td></tr>
<tr><td>1073년</td><td>【고려】둔전(屯田)설치 고려·조선 시대에 군대의 경비를 충당하기 위하여 변경이나 군사 요지에 설치한 토지나 후에 지방관청의 경비로 사용되어 당초의 목적에 변질되기도 함.</td></tr>
<tr><td>1083년</td><td>【고려】문종(文宗 1019~1083) 고려 제11대 왕. 고려 전기 제반 문물제도를 정비했으며 불교와 유교를 진흥, 발전시키고 미술 공예 등도 장려해 문화전반에 큰 발전을 이룩했음. 송나라와 친선을 도모, 문물교류를 확대해 고려의 안정과 번영을 구가했음. 이름 향(珦). 자 휘지(輝之). 시호 공순(恭順). 세종의 맏아들. 어머니는 소헌왕후 심씨, 비(妃)는 권전의 맏딸 현덕왕후. 김오문의 딸과 첫 번째 혼인을 하였으나 자질 부족으로 김씨가 폐출되었으며, 봉여의 딸과 두 번째 혼인을 하였으나 봉씨가 동성애에 빠져 폐출되었다.</td></tr>
<tr><td>1092년</td><td>【고려】상피제(相避制) 권력의 집중·전횡을 막기 위하여 본족·처족·모족의 4촌 이내와 그 배우자는 같은 관청에서 근무할 수 없고, 특히 권력의 핵심인 정조와 대성에는 사돈간에도 적용됨. 1092년(선종 9) 오복친제에 바탕을 두고, 송나라의 제도를 참작하여 실시하였고 조선시대까지 운영됨.</td></tr>
<tr><td>1107년</td><td>【고려】윤관의 여진 정벌 기마병 중심의 별무반(기병-신기군, 보병-신보군, 승병-항마군으로 편성)을 설치하여 여진의 135곳을 격파하고 6성을 쌓음.</td></tr>
<tr><td>1111년</td><td>【고려】윤관(尹瓘 ?~1111) 고려 중기 여진족을 무찌른 장군이자 재상. 태조의 건국을 도운 삼한공신 윤신달의 자손으로 숙종의 왕권강화 노력을 도운 핵심 측근. 그는 1104년 여진 정벌에 실패했으나 별무반이라는 특수부대를 조직, 1107년 동북지역에 진출해 이듬해 여진을 크게 무찌르고 함흥 일대에 9성을 쌓았음. 본관은 파평(坡平). 자는 동현(同玄).</td></tr>
<tr><td>1112년</td><td>【고려】혜민국(惠民局) 설치 서민의 질병 치료를 위하여 설치한 의료기관으로 조선시대에는 혜민서로 바뀜.</td></tr>
<tr><td>1115년</td><td>【고려】김부식(金富軾 1075~1151) 고려의 유학자이자 정치가. 그는 보수적이고 특권적인 고려 문벌귀족의 대표적 인물로 서경 출신 신진관료들의 서경천도론을 배격하고 묘청의 난을 진압했음. 그는 또 신화적 세계관을 배격하고 유교적 윤리관과 합리주의에 입각해 고대사서 「삼국사기」를 편찬하였음. 본관은 경주(慶州). 자는 입지(立之). 호는 뇌천(雷川).</td></tr>
<tr><td>1119년</td><td>【고려】양현고(養賢庫) 설치 국학에 설치된 장학재단. 예종이 국자감을 국학으로 고치면서 개혁을 단행해 재정적 뒷받침을 위해 설치하여 교육 진흥을 꾀함. 조선시대에는 유생의 양식(糧食)을 맡아보는 복지 후생 재단. 고종31년에 폐지됨.</td></tr>
<tr><td>1126년</td><td>【고려】이자겸의 난 이자겸은 예종의 장인으로 인종을 등극시키는 등 80여년간 권력을 독점하며 권세를 누림. '십팔자득국'(十八子得國: 곧 이(李)씨가 나라를 얻음)이라는 도참설(세운과 인사의 미래를 예언하는 설)을 내세워 척준경과 더불어 인종의 폐위를 시도하자 인종이 척준경을 설득하여 이자겸을 진압시킴.</td></tr>
<tr><td>1135년</td><td>【고려】묘청의 난 이자겸의 난으로 외척을 배척하고 왕권을 강화하고자 서경으로 천도하자는 의견을 김부식(개경파) 등이 반대하자 난을 일으켰으나 김부식에 의해 1년만에 진압됨.
개경(개성)파 특징: 보수적, 합리적, 유교중시, 신라계승, 사대정책(금의 계승)
서경(평양)파 특징: 자주적, 전통적, 불교중시, 고구려계승, 북진정책(금의 정복)</td></tr>
</table>

한국사 연표별 정리

연도	내 용
1135년	**【고려】 묘청(妙淸 ?~1135)** 고려의 승려이자 정치가. 개경 문벌귀족들의 전횡과 금나라에 대한 저자세에 반발, 정지상 백수한 등 서경출신의 신진관료들과 풍수도참설을 활용해 서경 천도와 칭제건원을 주장하다 1134년 서경에서 난을 일으켰으나 김부식 등 개경세력에 의해 진압됨. 자신의 부하 조광에게 피살되어 개경에 효시되었음. 뒤에 이름을 정심(淨心)이라 고쳤다.
1145년	**【고려】 삼국사기 편찬** 인종의 명을 받아 김부식이 기전체(역사적 인물의 전기(傳記)를 중심으로 기술)로 씀, 현존하는 가장 오래된 역사서로서, 신라·고구려·백제의 정치적 흥망을 기술한 역사서임. 경주시 옥산서원에있는 판본이 보물 525호(9책50권), 조병순 소장본이 보물 723호(50권), 경주부간본 보물 722호(1책 44~50권)이 전해짐.
1150년	**【고려】 고려청자 제조** 고려청자는 문종 전후에 송나라의 영향을 받았으며 약 300년 존속되었음. 초기의 청자는 소박하였으나 기술이 숙련됨에 따라 예종·인종 때에 이르러 이른바 비색청자시대를이루며 고려청자의 진면목을 보이기 시작함. **고려청자의 특징** 1. 푸른 창공을 나는 학무늬가 있다. 2. 변화 무쌍한 구름무늬가 있다. 3. 부드러운 허리 곡선으로 되어 있다. 4. 규칙적인 잎무늬로 안정된 하부이다. 5. 고려청자의 색은 은은한 비취색이다. **고려청자 종류** 순청자: 상감이나 다른 물질에 의한 장식무늬가 들어가지 않는 청자. 상감청자: 상감기법(금속공예에 사용되던 기법)으로 문양을 낸 청자로 도자기에 상감기법을 응용한 것은 우리만의 독특한 기법임. 회청자: 순청자에 산화철 안료로 문양을 나타낸 청자. 분청사기: 회색 또는 회흑색의 태토 위에 백토(白土)를 입히고 그 위에 투명한 유약을 씌운 회청색의 사기.
1170년	**【고려】 무신정권 수립** 묘청의 난 이후 무신을 경시(김부식의 아들인 김돈중이 정종부의 수염을 촛불로 태우고, 젊은 문신 한뢰가 대장 이소응의 뺨을 때림)하자 정중부와 이의방 등이 반란을 일으켜 문신을 살해하고 무신정권을 수립함(경인의 난), 약 100간 지속. 제1기는 정중부·이의방의 30년간, 2기는 최충헌 가문 60년간, 제3기는 임연·임유무 부자가 10년을 유지하였으나 원과의 전쟁이 마무리 되고 환도 관련하여 문신세력에 의해 몰락함. **시대별 주도 세력의 변화** 시기　　　주도세력　　　　　특 징 10세기　호족　　　　독자적 통치자로 실무 행정의 향리 역할 11세기　문벌귀족　공음전과 음서제로 신분을 세습하고 가문 권위에 의존함. 12세기　무신　　　무신 정변 이후 집권하여, 중방·도방·정방 정치를 실시 13세기　권문세족　친원파, 음서제로 관직에 입문, 대농장 소유, 도평의사사 지배, 친불교적 성향을 나타냄. 14세기　신진사대부　친명파로 과거제로 등용되었으며, 지방의 향리 출신의 중소 지주이며 성리학자임.
1173년	**【고려】 계사(癸巳)의 난** 김보당이 의종 때 최윤의 등을 탄핵하다가 좌천되자 집권무신에 대한 반감이 생겨 무신정권에 항거하고 의종을 복위시키려 반란을 일으켰으나 이의민에게 진압당함.
1176년	**【고려】 망이·망소이의 난** 무신정권기에 사회질서가 문란하고 관리들이 부패하자 공주의 천민 부락에 살던 망이 망소가 공주, 서산, 익산, 아산 등을 점령하였으나 관군에 진압당함.
1179년	**【고려】 도방(都房) 설치** 무신정권기에 조직된 사병 집단. 정중부를 제거한 경대승이 자신의 신변을 보호하기 위해 설치(경대승은 30세에 병사함). 무신 정권 유지 수단이 됨.
1119년	**【고려】 봉사십조(封事十條)건의** 최충헌이 국왕에게 올린　시무책(時務策: 시급히 해결해야 할 정책) ① 국왕의 정전(正殿) 사용, ② 함부로 설치된 관직의 정리, ③ 탈점된 토지의 환수, ④ 불법적 조세 과징의 억제, ⑤ 안찰사의 진상 중지, ⑥ 승려의 정치 관여 금지, ⑦ 향리에 대한 적정한 관리, ⑧ 관직의 사치풍조 억제와 검소한 기풍 진작, ⑨ 비보사찰(풍수지리설에 입각하여 세운 절)외의 남설된 원찰(죽은자의 영혼을 빌기 위해 세운 사찰) 정리, ⑩ 대간의 활성화에 의한 언론 소통 등을 건의

한국사 연표별 정리

연도	내 용
1196년	**최씨정권의 권력기반** 1. 정치적: 교정도감설치하여 정적감시, 숙청, 정방설치로 인사권장악 2. 경제적: 농장확대, 식읍지급하여 전시과를 붕괴시킴 3. 군사적: 도방설치로 개인의 신변보호를 목적, 삼별초는 대몽고 항전 4. 사상적: 조계종의 선종 중심으로 교종 통합
1197년	【고려】 **국순전 지음** 임춘이 술을 의인화한 풍자 작품.
1198년	【고려】 **만적의 난** 최충헌의 사노비 만적이 중심이 된 노비 해방운동. 무신집권기에 신분해방을 목표로 일어난 천민반란의 가장 대표적 난. '왕후장상(王侯將相)의 씨가 따로 있나 각자 상전을 죽이고 노예의 문서를 불살라 우리도 높은 벼슬자리 꿰차자'라고 선동. 최충헌에 진압당함.
1210년	【고려】 **지눌(知訥 1158~1210)** 고려 불교의 혁신과 통합운동을 전개하고 조계종을 개창한 승려. 무신정권하에서 중앙 불교계가 타락하자 이를 비판하며 송광산 수선사를 중심으로 결사운동을 전개, 침체된 선(禪)을 부흥시키고 9산 선문을 조계종으로 통합하는 등 불교 개혁에 앞장섰음. 성은 정씨. 자호는 목우자(牧牛子). 지눌은 법명. 황해도 서흥(瑞興) 출신.
1231년	【고려】 **몽고의 1차 침입** 몽고는 7차(30년간)에 걸쳐 침략함. 1차(1231년) 여진족이 몽고와 고려의 싸움을 부추기려고 몽고의 사신 저고여를 살해하자 살리타이가 침입하여 귀주성까지 왔으나 김경손이 물리치고 화친을 함. 2차(1232년) 장기항전을 위해 강화도로 수도를 옮기자 살리타이가 다시 공격하였으나 김윤후에게 피살되자 퇴각. 3차(1235년) 경주까지 진격하여 황룡사 9층탑, 대구 부인사의 대장경판 등 문화재의 손실이 컸음. 무신정권의 최우가 암살 당하자 문신들이 몽고와 강화를 맺음. 4차(1249년) 몽고 적장 야굴이 충주성을 2개월간 공략하지 못하자 왕자라도 보내면 철군하겠다고 하여 왕자 창을 보내자 몽고군 철수(충주성의 성부는 김윤후임). 5차(1254년) 몽고 적장 차라대가 다시 충주성을 공격했으나 실패하고 20만 명의 백성을 포로로 하여 돌아감. 6차(1254년) 가장 큰 피해를 입은 침입은 3차와 6차임. 7차(1258년) 최씨 정권이 몰락하자 몽고와 강화. **몽고의 침입에 따른 고려의 항쟁** ① 강화도 천도(1232년): 해전에 약한 몽고에 끝까지 대항하기 위해 강화 천도를 함. ② 의병의 조직: 일반 백성들도 의병을 조직하여 곳곳에서 몽고군에게 대항함. ③ 삼별초의 항쟁: 몽고와 화의를 하고 수도를 개경으로 옮기려 하자 삼별초는 이에 반대하고 끝까지 싸울 것을 주장함. 배중손의 지휘 아래 강화도→진도→제주도로 옮겨가며 4년 동안 항전함. ④ 공민왕의 자주 운동 : 몽고식 풍습을 고려 풍습으로 바꾸려고 노력하고, 원나라에 충성하는 무리를 내쫓음.
1234년	【고려】 **상정고금예문 편찬** 최윤의가 고금(古今)의 예문을 모아 50권으로 편찬하였다 하나 전해지지 않음. 이규보가 엮은 동국이상국집에 금속활자로 찍어냈다는 기록이 있어, 세계 최초로 추정됨.
1237년	【고려】 **동국이상국집(東國李相國集)간행** 이규보의 시문집으로 53권 13책으로 이루어짐. 내용중에 <동명왕편(東明王篇)>은 고구려 건국의 신화를 웅장하게 서술함. 국선생전은 술을 의인화하여 이상적인 인간상을 제시하였고, 청강사자현부전은 어부에게 사로잡힌 거북을 통하여 인간사의 흥망성쇠를 다루었음. 이들은 가전체문학의 대표작임. 팔만대장경의 판각 연혁, 금속활자의 사용 등 역사적사실도 많이 실려 있음. **패관문학** 패관(稗官)이란 옛날 중국에서 임금이 민간의 풍속이나 정사를 살피기 위하여 거리의 소문을 모아 기록시키던 벼슬 이름인데, 이 뜻이 발전하여 이야기를 짓는 사람도 패관이라 함. 이규보의 국선생전이나 이곡의 죽부인전이 여기에 해당됨.
1241년	【조선】 **이규보(李奎報 1168~1241)** 고려 무신정권 하에서 문학적 영예와 관료로서의 명예를 함께 누린 고려의 대표적인 문인. 그의 문학은 자유분방하고 웅장한 것이 특징이며, 대몽 항쟁기에 민족적 자부심을 드높이기 위해 대서사시 「동명왕편」을 지었고 그밖에 「동국이상국집」 「백운소설」 등의 작품이 있음. 본관은 황려(黃驪). 자는 춘경(春卿), 호는 백운거사. 만년에는 시·거문고·술을 좋아해 삼혹호선생(三酷好先生)이라고 불렸다.
1250년	【고려】 **한림별곡 지음** 한림학사들이 무신들 전횡으로 현실 도피적, 향락적, 풍류적인 생활감정을 표현한 것으로 경기체가(景幾體歌: '경기하여(景幾何如)' 또는 '경(景) 긔 엇더ᄒ니잇고'라는 구절이 반복된다. <죽계별곡>, <상대별곡> 등이 있음.

한국사 연표별 정리

연도	내 용
1250년경	**【고려】 고려양** 유행 13세기 중엽 이후 중국 원나라에서 유행한 고려의 풍습. 특히 고려의 복식(의복·신발·모자)·음식(만두·떡) 등의 생활양식을 말함. 고려의 역대 왕들은 왕세자 때 원나라에 살면서 원나라 공주와 혼인하였으며, 두 나라는 물물교류 및 정치·사회·문화 교류가 활발하였다. **【고려】 속요(俗謠)** 조선 중기 이후 일반 민중 사이에서 불리던 가요이나, 국문학상으로는 보통 고려시대의 속요를 지칭하기도 함 <쌍화점> <청산별곡> <서경별곡> <만전춘> <가시리> 등이 있고, 백제가요인 <정읍사>, 조선시대에는 <권주가> <매화가>, 구전된 것으로는 <춘향가> <부용가> 등이 있음.
1270년	**【고려】 삼별초의 난** 강화도에서 몽고군에 대항해 싸운 순위병의 특수 부대임. 몽고와 결탁한 개경파(무신들에 대항하고자 하는 유생파)에 반기를 들고 제주도까지 밀려 싸우다 결국 1273년 함락됨.
1274년	**【고려】 결혼도감 설치** 몽고에서 요구하는 여자를 뽑기 위해 설치된 관청. 공민왕 때까지 80년간 유지됨.
1275년	**【고려】 국자감을 국학으로 개칭** 조선시대까지 이어졌고 후에 성균관으로 개칭함.
1279년	**【고려】 도평의사사로 개칭** 원(元)나라의 압력으로 관제가 개편됨에 따라 도병마사가 도평의사사로 같이 개편됨. 모든 국사를 합의·시행하는 최고 정무기관으로 상설되어 조선 개국 초까지 존속하다가 1400년 의정부로 개편됨.
1280년	**【고려】 정동행성(征東行省) 설치** 원나라에 의해 일본 원정을 위한 전방사령부로 두 차례 원정을 시도하였으나 태풍(카미카제)으로 실패함. 후에 고려의 내정 간섭 기구로 활용됨.
1285년	**【고려】 삼국유사(三國遺事)완성(국보 306 호, 5권3책):** 승려 일연이 삼국, 고조선 등 고대 국가의 흥폐·신화·전설·신앙 및 역사, 불교에 관한 내용을 기록함. 원판은 없고 1512년에 재간된 것만 전한다. ≪삼국사기≫가 본사라면 ≪삼국유사≫는 야사에 해당됨. 그 이유는 ≪삼국사기≫에 채 실리지 못한 단군조선, 가야 등의 기록과 많은 불교 설화 및 향가(이두로 쓴 14수)를 기록했기 때문. 전체 5권으로 이루어져 있으며 주요 내용은 권1 왕력 제1: 신라, 고구려, 백제, 가야 및 고려 태조에 의한 후삼국시대의 통일기까지를 기록한 연대표 권1 기이 제1: 고조선, 위만조선, 삼한, 낙랑군, 북대방, 남대방, 말갈·발해, 오가야, 부여, 이서국, 고구려, 백제 등 고조선으로부터 남북국시대 이전까지 다룸 권2 기이 제2: 통일신라의 이후 역대왕들.　특히 신라왕에 대한 이야기가 전체의 반을 차지할 정도로 방대함 권3 흥법 제3: 삼국에 불교가 처음 전래되고 흥성하는 과정을 기록. 권3 탑상 제4: 불교의 흥성에 따라 삼국(특히 신라)에 주목할 만한 사탑이나 불상을 조성했던 사실을 기록 권4 의해 제5: 신라의 고승들이 보여주었던 뛰어난 행적을 통해 그들의 신앙심을 천명함. 권5 신주 제6: 신라 밀교계통 고승들의 기이한 행적을 통해 불교와 무속의 융합 및 호국 불교의 모습 소개. 권5 감통 제7: 불심이 남달랐던 일반 신자와 승려들의 기적 체험을 통해 부처님의 가피력을 천명함. 권5 피은 제8: 구도 과정에서 세상을 등지고 홀로 불법을 닦은 승려들의 행적. 권5 효선 제9: 세속적 윤리인 효와 불교적 윤리(윤회, 인과응보)의 결합을 통해 신라인의 효행 사례 기록.
1287년	**【고려】 제왕운기(帝王韻紀) 편찬** 이승휴가 저술한 역사 서사시로 단군을 민족의 공동 시조로 삼음. 중국과 한국의 역사를 역사시로 쓴 것으로, 상하 1권으로 출간됨. 1360년과 1413에 각각 다시 간행되었다.
1289년	**【고려】 일연(一然 1206~1289)** 대선사. 국사의 지위에까지 오른 승려이자 100여권의 저서를 남긴 학자. 그의 「삼국유사」는 「삼국사기」와 함께 우리 고대 역사서의 쌍벽이다. 「삼국유사」는 각종 문집과 금석문 외에 민간설화와 전설까지도 수집하여 「삼국사기」가 유교적 합리주의를 내세워 축소시켰던 고대사와 불교사 전통문화를 복원시켜 몽고의 압력에 대항할 민족의 저력을 부각시킨 명저다. 경주(慶州) 김씨. 첫 법명은 견명(見明). 자는 회연(晦然)·일연(一然), 호는 목암(睦庵). 법명은 일연(一然). 경상도 경산 출신.
1295년	**【탐라】 탐라를 제주로**　제주의 옛명칭은 도이(島夷), 섭라(涉羅), 탐모라(耽牟羅), 탁라(乇羅) 등으로 '섬나라' 라는 뜻이다. 3성(三姓)신화에 의하면 태고에 '고을나(高乙那)', '양을나(良乙那)', '부을나(夫乙那)' 라고 하는 삼신인(三神人)이 한라산 북쪽 삼성혈 이라는 땅 속에서 솟아나와 사냥을 하며 살다가 '벽랑국(碧浪國)' 에서 오곡의 씨앗과, 망아지 등을 갖고 목함을 타고 온 삼공주를 맞아 혼례를 올린후　함께 살기 시작했다함 .그후 '고을나'의 15대 후손 3형제 (후, 청, 계)가 신라에 입조(入朝)하여 '탐라'라는 국호를 갖게 되었고, 삼국시대에는 독자적으로 혹은 그에 예속되어 있으면서 외교관계를 맺어왔다.1105년에는 고려의 행정구역인 탐라군으로 바뀌었고 고려 고종년대(1192~1259) 탐라군을 제주로 개편하였음.
1308년	**【고려】 전민변정도감 설치** 공민왕이 권세가들이 탈점한 토지나 노비를 반환받기 위해 설치한 관청으로 신돈을 등용하여 추진하려 했으나 실패하고 이성계의 위화도회군 개혁파들의 몫이 됨.
1359년	**【고려】 홍건적의 침입** 원 말기에 한산동, 유복통 등이 중심이 된 한족의 반란군으로 몽고의 통치하에 중국을 장악한 송나라를 세우고 고려를 2차에 걸쳐 침입하였으나 최영, 이성계에 의해 쫓겨남.

한국사 연표별 정리

연도	내 용
1363년	【고려】 **문익점이 목화씨를 들여 옴** 원에서 덕흥군을 지지하다 파직되고 장인 정천익(물레 개발)과 함께 진주에서 3년만에 목화 재배해 성공.
1365년	【고려】 **승려 신돈 등장** 공민왕이 '청한거사'라 하고 사부로 삼아 개혁(전민변정도감)을 추진하다 권문세족의 견제로 개혁은 실패하고 권력에서 멀어지자 역모를 꾸미려다 반역혐의로 유배 및 처형당함.
1366년	【고려】 **전민변정도감(田民辨正都監)을 설치**, 신돈(辛旽)을 판사(判事)로 함.
1367년	【고려】 **이제현(李齊賢 1287~1367)** 고려말의 정치가이자 성리학자. 백이정에게서 성리학을 배우고 원나라 만권당에서 중국학자들과 교유하면서 성리학의 대가로 성장, 성리학 발전에 큰 역할을 하였음. 1344년 충목왕에게 국정 전반에 걸친 개혁안을 제출하기도 하였음. 본관은 경주(慶州). 자는 중사(仲思), 호는 익재(益齋)·역옹(櫟翁). 고려 건국 초의 삼한공신 금서의 후예.
1374년	【고려】 **공민왕(恭愍王 1330~1374)**고려 제31대 국왕. 원나라 연호의 사용을 중지하고 정치적 간섭을 배제했으며 철령 이북의 땅을 수복하는 한편, 친원세력을 숙청하는 등 개혁 정책을 단행해 고려의 자주성을 회복했다. 그림에도 뛰어난 화가여서 「천산대렵도」 등을 그렸다. 이름은 전(顓).
1376년	【고려】 **최영 장군의 왜군 격파** 신돈에 의해 좌천되기도 하였으나 요동 정벌을 준비하다 이성계의 위화도 회군 후 처형당함. '황금보기를 돌같이 하라'하여 청렴하게 지냈음. 풀이 나지 않은 적분(赤墳)묘, 무속신앙의 대상이 되기도 함.
1377년	【고려】 **직지심경 간행** 현존하는 최고의 금속활자본으로 직지심체요절이라고도 하며 경한(景閑)이 부처와 조사(祖師)의 게송(偈頌)·법어(法語) 등에서 선(禪)의 요체를 깨닫는 데 필요한 내용을 뽑아 엮은 책. 현재 프랑스 국립도서관에 있다가 한국에 영구임대 되었음.
1377년	【고려】 **화통도감 설치** 최무선이 화통도감을 설치하고 화약과 화포를 제작하여 왜구 격퇴에 사용하였으나 1389년 창왕 때 폐지됨.
1388년	【고려】 **위화도 회군** 명나라가 철령위(鐵嶺衛)를 설치하겠다고 통보하자 우왕이 최영과 함께 요동 정벌 계획을 추진함. 최영을 팔도도통사, 조민수를 좌군도통사, 이성계를 우군도통사로 임명하여 출정하나 이성계가 요동정벌 시 4불가론 내세워 위화도에서 회군한 후 반대파인 최영을 유배시키고 조선 건국의 기틀을 이룬 사건 **4 불가론** 1. 이소역대(以小逆大) 소국이 대국을 거역할 수 없다. 2. 하월발병(夏月發兵) 여름철에 군대를 일으킬 수 없다. 3. 거국원정 왜승기허(擧國遠征 倭乘其虛) 거국적으로 원정하면 왜구가 그 틈을 노릴 것이다. 4. 시방폭서 노궁해교 대군질역(時方暑雨 弩弓解膠 大軍疾疫) 덥고 비가 많아 활이 눅고 질병에 시달릴 것이다.
1388년	【고려】 **최영(崔瑩 1316~1388)** 고려 말의 내우외환 속에 외적의 방어에 힘쓰고 고려 왕조의 수호에 진력하다 이성계에 의해 숙청된 고려 최후의 명장. 여러 차례의 왜구 토벌로 두각을 나타낸 그는 공민왕의 반원정책에 따라 압록강 서쪽지역을 공략해 옛 영토를 회복했고, 1361년 홍건적이 개경을 함락하자 이를 격퇴했음. 이어 1363년 김용 일당의 공민왕 시해음모를 분쇄해 정계의 실력자로 부상했고 한때 신돈에 의해 유배되기도 했으나 그의 실각 후 다시 군문에 복귀해 홍산전투에서 왜구를 섬멸하고 군비를 튼튼히 해 외적 방어에 힘썼음. 1388년 명나라가 철령위를 설치하고 북변 일대를 요동으로 귀속시키려 하자 요동정벌을 추진, 압록강까지 진격토록 했으나 이성계의 위화도 회군으로 수포로 돌아가고 그는 이성계에 의해 처형됐음. 본관 창원(昌原)
1389년	【고려】 **대마도(쓰시마) 섬 정벌** 13~ 16세기까지 중국과 한국을 침략하던 일본인 해적인 왜구의 본거지인 대마도를 정벌한 사건으로 1차: 박위가 병선 100척을 이끌고 대마도를 공격하여 왜선 300척을 불사르고 포로 남녀 100여 명을 찾아옴. 2차: 1396년 김사형이 오도병마처치사가 되어 대마도를 정벌. 3차: 1419년에 다시 정벌, 원정군은 대마도 전체를 토벌할 수 없었으나, 큰 타격을 주고 그해 6월에 회군함.

한국사 연표별 정리

연도	내 용
1392년	**【고려】 고려멸망** 고려 중 후반 원나라와의 40년간의 전쟁을 거치면서 국력은 약해지고 원의 지배하에 놓이면서 권력은 부패해지면서 민심을 잃고 많은 민란이 일어났다. 또한 홍건적과 왜구의 잦은 침입으로 신흥무인세력이 성장한다. 그 중심인 이성계는 급진파 신진사대부와 결합하여 위화도 회군을 통해 우왕을 몰아내고 당시 실력자인 최영을 실각시킴과 동시에 온건파 사대부의 수장 정몽주를 암살함으로서 고려는 멸망하고 조선왕조가 세워짐. 고려멸망의 길 우왕(32대) 우왕은 공민왕이 후사가 없을때 신돈의 집에 행차해 시비(반야)와 상관해서 낳은 아들이다. 우왕은 명나라에서 철령위의 설치를 일방적으로 통고해 오자, 최영의 주장에 따라 요동정벌을 단행하였으나 이성계의 위화도 회군으로 실패. 이성계 등은 우왕이 공민왕의 아들이 아니라 신돈의 아들이라고 주장하면서 우왕과 그 아들 창왕을 폐하고 공양왕을 옹립하는 명분으로 삼았다. 창왕(33대) 아버지는 우왕이며 위화도 회군 후 이성계에 의해 우왕이 강화로 추방되자 9세에 즉위함. 전왕인 우왕과 최영을 귀양보냄. 이성계 등이 우왕과 창왕이 왕씨(王氏)가 아니고 신씨(辛氏)라 해 두 왕 모두 폐위를 시킴. 공양왕(34대) 신종(20대)의 7대손, 어머니는 국대비 왕씨. 이성계에 의해 창왕이 폐위되자 왕위에 올랐다. 즉위 후, 이성계일파의 압력과 간섭을 받아 우왕을 강릉에서, 창왕을 강화에서 각각 살해하였다. 이성계일파를 반대한 정몽주가 살해되자, 조준·정도전이 이성계를 왕으로 추대하고 공양왕은 폐위되어, 고려왕조는 끝이남. 1392년 조선이 건국되자 원주로 방치되었다가 간성으로 추방되면서 공양군으로 강등되었고, 1394년 삼척으로 옮겨졌다가 사사되었다.
1392년	**【조선】 조선건국** 이성계는 신진 개혁파와 함께 권문세족의 권력기관인 도평의사사를 장악하고 과전법을 실시하여 경제력을 장악하며 조선 건국을 달성함.역성혁명(易姓革命)성공 **배경** 공민왕의 개혁 실패와 사대부 분화(온건파와 혁명파) **위화도 회군** 이성계와 혁명파가 권문세족과 온건파 사대부를 제거하고 과전법을 실시한 후 이성계 추대 **체제 정비** 국호(조선), 수도(한양), 외교(사대교린: 세력이 강한 나라는 섬기고 이웃과는 대등하게 사귀는 것)
1392년	**【조선】 활인서(活人署)설치** 조선시대 도성 내의 환자를 치료하는 업무를 관장하던 관서. 1392년 7월에 고려의 제도에 따라서 동·서대비원을 두어 병자와 갈 곳이 없는 사람을 수용하여 구활하였고, 1414년 9월에 불교식 명칭을 벗고 동·서 활인원으로 개칭.
1392년	**【조선】 정몽주(鄭夢周 1337~1392)**고려 왕조에 충절을 바친 성리학자이자 정치가. 고려말 이색에게서 성리학을 배운 신진사대부의 대표적 인물 가운데 한 사람. 정도전 등과 함께 이성계를 도와 공양왕을 옹립하고 권문세가의 전횡을 개혁하는 데는 동참했으나 고려왕조에 대한 충절을 지켜 끝내 조선왕조 개창에는 반대하다 선죽교에서 이방원의 자객에 의해 목숨을 잃음. 본관은 영일(迎日). 출생지는 영천(永川). 호는 포은(圃隱). 추밀원지주사(樞密院知奏事)습명(襲明)의 후손으로 아버지는 운관(云瓘)이다. 어머니 이씨(李氏)가 난초화분을 품에 안고 있다가 땅에 떨어뜨리는 꿈을 꾸고 낳았기 때문에 초명을 몽란이라 했다. 뒤에 몽룡으로 개명하였고 성인이 되자 다시 몽주라 고쳤다.
1393년	**【조선】 국호를 조선(朝鮮)으로 개칭함**
1394년	**【조선】 한양천도와 정도전의 등장** 민심을 수습하기 위해 수도를 옮기고 조선왕조의 기틀을 다지는 제도 개혁 추진. 숭유억불주창, 요동정벌추진. 방석의 왕위 계승을 지지하다가 방원에 의해 살해됨. 「조선경국전」「불씨잡변」을 편찬 조선의 통치제제 **의정부** 고려 때 도평의사사를 개명한 합의체 기구로 삼정승(영의정, 좌, 우의정)의 합의를 통해 국정을 총괄. 산하에 6조(이, 호, 예, 병, 형, 공조)를 둠. **승정원** 고려 때 왕명의 출납을 맡아 보았던 중추원의 후신 **의금부** 고려 전기 순군부의 후신으로, 왕명을 받들어 죄인을 추국하던 기구. **사헌부** 고려 때 어사대의 후신으로 백관을 규찰하고, 기강과 풍속을 바로잡으며, 사법권을 가짐. **사간원** 고려시대 중서문하성기능. 첫째, 국왕에 대한 간쟁, 신료에 대한 탄핵, 당대의 정치·인사 문제 등에 대한 언론을 담당, 둘째, 국 경연(經筵)·서연(書筵)에 참여, 셋째, 의정부 및 6조와 함께 법률 제정에 대한 논의에 참여, 넷째, 5품 이하 관료의 인사 임명장과 법제 제정에 대한 서경권(署經權)을 행사.

한국사 연표별 정리

연도	내 용
1394년	**홍문관** 경서(經書)·사적(史籍)의 관리, 문한(文翰)의 처리 및 왕의 자문에 응함.사헌부,사간원과 함께 3사라 함. **한성부** 수도 한양의 일반 행정을 맡아보던 관아로서, 수장인 한성부윤은 지금의 서울시장에 해당함. **춘추관** 고려시대부터 있었던 기관으로 시정의 기록을 맡아보던 관청 **성균관** 고려 충렬왕 때 국자감을 대신한 조선 최고의 학부 **관찰사** 외관직으로 감사라고도 하였으며 각 도에 1명씩 관하의 수령을 지휘 감독. **지방행정조직** 8도로 나누고 부. 목. 군. 현을 두고 군, 현아래 면, 리를 둠. **지방 통제 조직** 유향소(덕망있는 인사로 구성된 향촌자치기구), 경재소(지방과 정부간 연결담당) **군사제도** 양인개병(양인은 모두 군인이 되며 노비는 제외), 농병일치 중앙군(5위)지방군(영, 진군)진관체계. **과거제도** 문과(3년마다 실시, 소과와 대과로 나뉨, 잡과(기술관 선발) 관직임명시 왕의 권한을 견제하는 간쟁: 왕의 과오나 비행을 비판하던 일 봉박: 왕의 지시가 합당하지 못할 경우, 이를 봉함하여 되돌려 공박하는 것. 서경: 관직은 왕의 재가 후에도 대간의 서명을 받아야 함 대간은 당사자의 재능 및 3대의 가세(家勢)를 심사하여 관직수행에 문제가 있다고 판단될 경우는 3 종류로 인사에 반영 첫째 작불납(作不納): 서명하지 않고 '작불납(作不納)'이라고 쓰면 관직을 받을 수 없었고, 둘째 정조외(政曹外): 당사자의 관직 진출은 인정하지만 인사권을 행사하는 직무에는 등용할 수 없음. 셋째 한품자(限品者): 일정 품관 이상 승진할 수 없음.
1395년	【조선】 **경복궁(景福宮)** 창건(태조 4년) 경복은 정도전이 시경(詩經)에 나오는 '군자의 만년 빛나는 복을 빈다'는 뜻의 시구를 따서 지음. 임진왜란으로 불탄 이후 정사업무를 창덕궁에 넘겨주었다가 고종때 흥선대원군의 명으로 중건됨. 선조가 피란시 난민들이 노비문서와 노략의 흔적을 없애기 위해 경복궁·창덕궁·창경궁의 궁궐들을 난민들이 불태웠다고 전해짐. **광화문(光化門)** 경복궁의 남쪽 문으로 원래의 이름은 '정문'이었으나, 세종때에 와서 광화문으로 바뀜. '왕의 큰덕이 온 나라를 비춘다'는 의미. **건춘문(建春門)** 경복궁의 동문.'동쪽은 봄에 해당한다'는 의미. 주로 왕족, 척신(임금과 성이 다르나 일가인 신하), 상궁이 드나들었던 문. **영추문(迎秋門)** 경복궁의 서문. '서쪽은 가을에 해당하여 가을을 맞이한다'는 의미 **신무문(神武門)** 경복궁의 북문. '북쪽을 관장하는 현무'에서 따와 신무문이라 지음. 임금이 경무대에서 거행되는 과거장에 행차할 때만 열었음. **근정전(勤政殿)** 경복궁에서 국가 의식을 거행하고, 외국 사신을 접견하던 곳. 현존하는 한국 최대의 목조 건축물임. **사정전(思政殿)** 왕이 나랏일을 보던 편전의 중심 건물임. 좌우에 천추전, 만춘전이 있어 편전을 이룸 **천추전(千秋殿)** 왕과 신하가 학문을 토론하던 장소. **만춘전(萬春殿)** 왕이 신하들과 나랏일을 의논하거나 연회를 베풀던 편전 가운데 하나. **내전(內殿)** 왕과 왕비가 거처하던 곳으로 왕의 침소인 강령전과 왕비의 침소인 교태전이 연결되어 있음. **강령전(康寧殿)** 왕이 거처하던 침전(寢殿)으로 정면 11칸, 측면 5칸 규모이며 왕의 침전이므로 용마루가 없고, 화재시를 대비하여 굴뚝을 멀리 강령전 뒷편의 교태전으로 가는 양의문 좌우에 붙여지었다. **교태전(交泰殿)** 왕비의 침전으로, 교태란 양과 음이 교류한다는 뜻으로 주역에 있는 괘 이름임. 건물 뒷편에는 정원인 아미산이 있는데 아미산을 볼 수 있도록 후면동쪽에 마루와 방으로 연결된 건순각을 배치하였다. 강령전과 마찬가지로 용마루가 없는 것이 특징임. **아미산(峨嵋山)** 경회루의 연못을 판 흙을 쌓아 돋운 작은 가산(假山)이며 이 가운데 보물 811호인 아미산 굴뚝이 있다. 아미산 굴뚝은 왕비의 침전인 교태전의 온돌방과 연결된 굴뚝임. **자경전(慈慶殿)** 왕이 세상을 떠나면 교태전에 있던 왕비는 대비로 높여져 교태전에서 옮겨와 주로 머물던 곳 **경회루(慶會樓)** 경복궁에 있는 누각으로 나라의 경사가 있을 때 연회를 베풀던 곳임. **수정전(修政殿)** 왕이 나랏일을 보던 편전으로 추정되며, 원래 이 자리엔 세종대왕 때 훈민정음 창제의 산실이었던 집현전이 있었음. 수정전은 지금은 홀로 남아 있지만 서쪽에는 궁중의 경서, 문서 등을 관리하고 왕의 자문에 응하였던 옥당, 역대 왕들이 쓴 글과 옥새를 보관하고 서적의 수집과 출판을 담당한 검서청 등이 있었고 남쪽으로는 비변사의 당상관 등 신하들이 나랏일을 의논하던 빈청과 왕명 출납을 담당하던 승정원 등의 건물 등이 있었음. 수정전 좌측 앞에는 장영실이 자격루를 세웠던 곳이라는 표식이 세워져 있음.

<table>
<tr><td colspan="2" align="center">한국사 연표별 정리</td></tr>
<tr><td align="center">연도</td><td align="center">내 용</td></tr>
<tr><td>1395년</td><td>건청궁(乾淸宮) 임금의 초상화등을 보관할 목적으로 지어졌다가 을미왜변 직전 고종과 명성황후 거처로 사용됨.
향원정(香遠亭) 경복궁 후원에 있는 누각.
집옥재(集玉齋) 고종이 개인 서재 겸 전용 도서실로 사용하던 건물임. 경복궁의 다른 전각들과 달리 중국식 양식.
태원전(泰元殿) 왕의 비빈들이 살던 곳으로, 태조의 어진이 봉안됐던 곳이자, 명성황후의 빈소로도 활용되었음.
자선당(資善堂) 세자와 세자빈의 거처.
비현각(조顯閣) 크고 밝은 전각이란 뜻으로 세자가 스승을 모시고 학문을 연마하던 곳.</td></tr>
<tr><td>1395년</td><td>【조선】 최무선(崔茂宣 ?~1395) 고려 말의 장군으로 화약 제조법을 배워 왜구의 격퇴에 큰 공을 세운 인물. 원나라 사람 이원에게서 염초제조법을 배우고 조정에 건의해 화통도감을 설치, 화포 석포 화전 등 각종 화기와 전함을 만들었고, 1380년에는 금강 어귀에서 화포 화통 등을 처음 사용하여 왜구의 배 500 여척을 전멸시키는 등 왜구 격퇴에 큰 공을 세웠음.</td></tr>
<tr><td>1398년</td><td>【조선】 국보 1호 숭례문(崇禮門: 남대문) 완성 서울도성을 둘러싸고 있던 성곽의 정문으로 남쪽에 있다고 해서 남대문이라고도 함. 이 건물은 세종 29년(1447)에 고쳐 짓고 성종 10년(1479)에도 큰 공사가 있었음. 『지봉유설』에 '숭례문'이라고 쓴 현판을 양녕대군이 썼다고 함. 지어진 연대를 정확히 알 수 있는 서울 성곽 중에서 제일 오래된 목조 건축물임.

숭례문 방화 화재: 2008년 2월 10일~2월 11일 숭례문 건물이 방화로 완전히 타 버림. 현재 복구공사 중임.</td></tr>
<tr><td>1398년</td><td>【조선】 1차 왕자의난(무인정사, 정도전의난) 이성계의 다섯째 아들인 방원은 이성계가 일곱번째 방석을 세자로 책봉하고 정도전, 남은 등의 공신들이 이를 지지하자 방석 방번 형제와 이들을 살해함.

태조는 한씨(신의왕후) 소생 6왕자(방우, 방과(정종), 방의, 방간, 방원(태종), 방연과 경신, 경선: 6남 2녀)와 계비 강씨(신덕왕후) 소생 2왕자(방번, 방석)중 강씨의 뜻에 따라 제8왕자인 방석을 세자로 삼고 정도전이 이를 지지하자, 방원이 불만을 품고 정도전 등이 태조의 병세가 위독하다고 속이고 왕자들을 궁중으로 불러들여 죽이려 했다고 트집잡아, 사병을 동원하여 정도전 등을 습격하여 모두 죽이고, 세자 방석도 귀양보내는 도중에 죽이고, 방번까지도 살해하였다. 이것이 제1차 왕자의 난이다. 방원은 정치적 관계를 고려해 태조의 제2왕자인 방과에게 양보하여 정종을 즉위하게 하였음.</td></tr>
<tr><td>1398년</td><td>【조선】 문익점(文益漸 1329~1398) 고려 말의 학자이자 문신. 원나라에 사신으로 갔다가 수출금지품이던 목화씨를 몰래 들여와 장인 정천익과 함께 재배에 성공했고, 몽고 승려에게서 씨아와 물레 만드는 법을 배워 면포 생산을 가능케 해, 우리민족의 의생활에 혁명적인 변화를 가져왔음. 문신이던 그는 공양왕 때 개혁파 사대부 세력의 토지제도 개혁에 반대하다 버슬에서 쫓겨났음. 1440년(세종 22) 영의정이 추증되고 강성군으로 추대됨.</td></tr>
<tr><td>1398년</td><td>【조선】 정도전(鄭道傳 1337~1398) 고려말과 조선초의 정치가이자 학자로 조선왕조 건국의 일등공신. 그는 고려말 이색에게서 성리학을 배운 신진 사대부세력의 대표적 인물로 권문세족의 전횡과 농장확대로 인한 고려사회의 혼란을 수습하기 위해 이성계를 도와 조선왕조를 건국하고 새 왕조의 이념과 제도의 기틀을 놓았음.
성리학적 소양을 갖춘 사대부가 「민본」의 유교이념에 따라 백성을 다스려 국가를 안정시켜야 한다면서 이를 위한 기반으로 토지제도의 개혁을 단행했고, 왕이 관료를 통해 백성들을 직접 다스리는 중앙집권적 관료체제의 정비를 역설하여 조선 통치구조의 기본 틀을 정했음. 그는 왕위 계승을 둘러싼 분쟁 속에 방석의 편에 섰다가 태종이 된 방원에 의해 숙청됐음. 본관은 봉화(奉化). 호는 삼봉(三峯). 출생지는 충청도 단양 삼봉(三峯)</td></tr>
<tr><td>1399년</td><td>【조선】 개경 환도 형제들간의 살육(1차 왕자의 난)에 질린 정종이 한양에서 개경(개성)으로 다시 도읍을 옮김.</td></tr>
<tr><td>1400년</td><td>【조선】 제2차 왕자의 난(방간의 난, 박포의 난이라도 함) 방간과 방원의 세력 다툼 사건. 정종이 정안왕 후 사이에 소생이 없고 후궁에서만 서자가 있자 세자 책봉과 관련하여 방원과 방간이 미묘한 갈등이 있을때 공신책정에 불반을 품은 박포(1차왕자의 난의 공신)가 방간과 협력하여 방원세력을 제거하고자 무력충돌 하였으나 방원이 승리하여 세자가 되고 박포는 처형, 방간은 유배됨.</td></tr>
<tr><td>1401년</td><td>【조선】 신문고 설치 대궐 문에 북을 매달아 억울한 자가 호소할 수 있도록 한 제도. 이 제도는 의정부나 사헌부에서 거절한 사건인 경우에만 해당되었고 절차도 복잡하고 자칫하면 처벌을 받을 수도 있어 효용성이 높지 않았음.</td></tr>
<tr><td>1402년</td><td>【조선】 호패법 실시 세금부과, 군역, 공사동원에 필요한 16세 이상의 남자의 수를 파악하기 위한 제도. 양반은 상아(관직 기록), 일반은 잡목(얼굴특징기록)으로 제조. 이 제도는 일반 백성들에게는 부담이 너무 커서 도망치거나 부잣집의 노비가 되기도 하였음.</td></tr>
<tr><td>1402년</td><td>【조선】 혼일강리역대국도 좌정승 김사형, 우정승 이무와 이회가 만든 동양에서 가장 오래된 세계지도.
세로 148cm, 가로 164cm의 대형 지도로 아시아·유럽·아프리카를 포함하는 구대륙 지도이다. 이 지도의 원본은 전하여지는 것이 없고, 사본이 일본 경도에 있는 류코쿠대학 도서관에 있음. 임진왜란을 전후하여 또는 일제 강점기에 건너간 것으로 추정됨.</td></tr>
</table>

한국사 연표별 정리

연도	내 용
1403년	【조서】 **주자소 설치** 활자를 만드는 주자소를 설치하여 조선 최초의 금속활자인 계미자(癸未字)를 만듦.
1405년	【조선】 **한성(한양, 지금의 서울)으로 재천도** 한성은 조선의 공식명칭임. 한양(한강의 북쪽이라는 의미)은 고려조에서는 수도인 개성, 서경(西京)인 평양, 동경(東京)인 경주와 함께 4대도시로서 이름이 높았음. 창덕궁 창건: 창덕궁(昌德宮)은 사적 122호로 경복궁의 동쪽에 있어 창경궁과 더불어 동궐(東闕)이라 불리움. 창덕궁 후원은 1997년에 유네스코가 지정한 세계문화유산으로 등록. 창덕궁은 태종이 개경에서 한양으로 환도하면서, 정궁인 경복궁을 비워두고 궁궐을 새로 지어 '창덕궁'이라 이름 지음. 고려시대 궁궐의 전통을 이어받아 무질서 한 것처럼 보이지만 자연 지형에 맞추어 산자락에 지어진 것이 특징임. 건국 직후 왕위 계승권을 둘러싼 왕자와 공신 세력 사이의 갈등 및 왕자의 난 등으로 살생이 있어 많은 조선왕들이 경복궁을 기피하여 창덕궁에서 정사를 돌보았음. 또 전조후침(前朝後寢)의 원칙에 따라 궁궐 앞에는 공적인 공간으로 궁궐의 으뜸 건물인 인정전(仁政殿: 어진 정치를 하라는 의미), 임금의 집무실인 선정전, 임금을 보좌하는 여러 관청이 있고, 뒷부분에는 임금과 왕실의 사적인 공간인 임금과 왕비의 처소가 외부에서 침입하기 어렵도록 여러 겹의 건물과 마당으로 사방을 에워싼 소위 '구중궁궐'(九重宮闕)의 모습을 보임. 돈화문(敦化門)은 창덕궁의 정문으로 왕의 출입이나 국가의 큰 행사 때 사용 금호문(金虎門)은 신하들이 사용 경추문(景秋門)은 군사 동원시에만 사용함. 의장고(儀仗庫)는 의식에 쓰이는 물건이나 병장기를 보관하는 곳이며, 무비사(武備司)는 궐내 순찰을 담당한다 위장소(衛將所), 남소(南所) 궁내 순시,조정의 연회 행사시 정렬하는 오위장이 숙직하는 곳 훈국군파수직소(訓局軍把守直所) 훈련도감의 군사들이 숙직하는 곳 전설사(典設司)는 나라의 제사 때 필요한 장막을 공급하는 일 돈화문 주변 회화나무(천연기념물 472호),구선원전 부근 향나무(천연기념물 194호),후원 뒷편 다래나무(천연기념물 251호)
1408년	【조선】 **태조(太祖 1335~1408)** 고려말 왜구와 홍건적을 무찌른 장군이자 조선왕조를 개창한 조선 초대 국왕. 고려 말 위화도 회군으로 권력을 장악하고 1392년 정도전 등 개혁파 사대부 세력과 연합해 「역성혁명」(易姓革命)으로 조선왕조를 개창해 조선시대를 열었다. 수도를 한양으로 옮기고 사대교린의 외교정책을 채택하는 한편, 유교적 이상국가를 표방하며 고려말의 여러 폐단을 개혁하는 등 일대 쇄신책을 단행했다. 본명은 이성계(李成桂).
1410년	【조선】 **시전(市廛)을 정함** 서울의 일정한 장소에서 영업을 하도록 하는 상설 점포. 동대문 남대문 등에서 비단, 무명을 판매(이들의 조합을 육의전이라 함)
1413년	【조선】 **태조실록(太祖實錄)지음** 조선왕조 실록(국보151호)은 태조부터 조선 철종까지 25대 472년간의 역사적 사실을 연월일순에 따라 편년체(編年體)로 기술한 역사서로서, 정치, 외교, 군사, 제도, 법률 등 각 방면의 역사적 사실을 망라하고 있음. 태조강헌대왕실록이라고도 하며 하륜, 변계량 등이 작성함. 1997년 유네스코에 세계기록유산으로 등록. 총 1,893권 888책으로 구성됨. 고종과 순종의 실록은 일제 강점기에 일본인 시각에 입각해 만들어져서 사관이 작성해야하는 원칙에 맞지 않아 포함시키지 않는 경우가 많음. 실록은 반드시 해당 왕의 사후에 작성되었으며, 왕은 어떠한 경우에도 실록을 열람할 수 없었음. 보관 장소로는 4곳을 지정(춘추관, 충주, 전주, 성주)하였으며 임진왜란시 전주사고만이 보존됨. 일제 강점기에 정족산 및 태백산 사고의 실록은 조선총독부에, 적상산 사고의 실록은 이왕직장서각에 옮겼으며 이는 한국전쟁시 부산으로 옮겼으나 화재가 난 다음 행방이 묘연함, 오대산 사고의 실록은 도쿄 제국대학(東京帝國大學)에 가져다 두었는데 오대산본은 1923년 관동 대지진시 타버리고, 일부만 보존되었다가 서울대학교에 기증. 정족산본과 태백산본은 1930년 규장각 도서와 함께 경성 제국대학으로 옮겨졌고 해방 이후 서울대학교에 도서관에 보존됨. 현재까지 온전히 남아 있는 실록은 서울대학교 중앙도서관에 보관되어 있는 정족산본과 태백산본 정도임.
1416년	【조선】 **도첩제(度牒制) 실시** 승려들의 신분증명서로 승려들이 각종 의무를 저버리고 입산하는 폐단을 막기 위한 것으로 중국 당나라에서 시작되었으며, 고려부터 시행되어, 조선 태조 때 더욱 강화되었음. 이는 숭유억불(유교를 숭상하고 불교를 억제하는 조선의 정책) 정책의 하나임.

한국사 연표별 정리

연도	내 용
1418년	**【조선】 집현전 설치** 학자양성과 학문연구를 위한 기관으로 경연(經筵: 왕과 유신이 경서와 사서를 강론하는 자리로 국왕의 유교적 교양을 키우고)과 서연(書筵: 왕이 될 세자를 교육)을 담당함, 세종 20년대부터 정치적인 역할도 하며, 편찬사업으로는 **고려사** 1392년부터 1451년까지 59년 동안 조선 태조, 태종, 세종, 문종에 이르기까지 만들고 수정한 고려 시대에 대한 역사서로서, 기전체(紀傳體)로 된 고려 왕조의 정사이다. 각종 사건과 인물에 대한 내용을 담았으며 단순한 기록이라기보다는 후세에 지침이 될 만한 정치적 근거로서 조선을 건국한 주도 세력인 사대부들의 역사관을 담고 있다. 체제는 사마천(司馬遷)의 ≪사기(史記)≫를 본떠 세가(世家)·지(志)·표(表)·열전(列傳)의 4항목으로 나누어 기전체로 서술하였다. 집현전에서는 다음과 같은 서적을 편찬, 간행하여 한국문화사상 황금기를 이룸. **농사직설** 농사의 개설을 해설하여 놓은 농서(農書) 중 현존하는, 가장 오래된 책이다 **오례의** 오례(길례(吉禮), 흉례(凶禮), 군례(軍禮), 빈례(殯禮), 가례(嘉禮))에 관한 책.. **용비어천가 (龍飛御天歌: 보물1463호)** 최초의 한글 문헌, 조선이 하늘의 명에 따라 건국되었고 목조·익조·도조·환조·태조·태종 등 6대에 걸친 사적을 노래함. **석보상절(釋譜詳節)** 석가모니 일대기 기술.소헌왕후의 명복을 기원하기 위하여 세종의 명으로 수양대군이 만든 책 **월인천강지곡(月印千江之曲)** 석보상절을 보고, 그 대목대목을 한글로써 가사를 지음. "월인천강"이란 달이 하늘의 강을 비춘다는 뜻으로서 부처의 본체는 하나이나 모든 나라에 현신하여 교화함을 비유한 말.그 외에 의방유취(醫方類聚) 등의 많은 서적을 편찬·간행하여 한국 문화사상 황금기를 이룸.
1422년	**【조선】** (59) 태종(太宗 1367~1422) 조선의 제3대 국왕. 태조 이성계의 다섯째 아들로 그를 도와 조선 건국에 핵심 역할을 한 인물. 두차례 왕자의 난을 통해 집권, 지방제도를 정비하고 국왕이 직접 행정권을 장악하는 6조 직계제를 실시하는 등 왕권중심의 중앙집권체제를 확립했다. 이름은 방원(芳遠).
1423년	**【조선】 족보(族譜)** 같은 동족(성과 본관이 같은 남계 친족)의 시조로부터 족보 편찬 당시의 자손까지 계보를 기록한 것임. 족보는 중국 한나라 때부터 있었다고 하며, 우리나라에서는 고려 때 족보가 등장하고 있다. 족보가 처음 출현한 것은 1423년(세종 5)으로 이때 간행된 문화유씨의 ≪영락보≫가 최초의 족보로 알려져 있다. 현존하는 최고(最古) 족보는 문화유씨의 두번째 족보인 1562년 간행 ≪가정보≫ 10책으로 알려져 왔으나, 1476년 발간의 ≪안동권씨세보≫가 현존하는 최고의 족보임이 확인되었다.
1428년	**【조선】 오가작통법(五家作統法)** 조선시대 다섯 집을 하나의 통(統)으로 묶어 서로 돕도록 한 연대 책임제도. 강도와 절도 방지를 위하여 다섯 집을 한 통으로 조직하여 각 통 안에서 강도·절도를 은닉하는 것이 발각되면 통 전체를 변방으로 이주시킬 것을 정하였으며, 오가작통법 시행의 표면적인 이유는 농경을 서로 도우며, 환란을 상호 구제하는 데 있었지만, 실제로는 유민의 발생을 규제하고 각종 조세의 납부를 독려하는 것이었다.
1429년	**【조선】 농사 직설 편찬** 농사에 관한 기술을 담은 가장 오래된 책(목판본)으로 정초·변효문 등이 세종의 지시로 중국에서 전해진 방법이 아닌 농민이 직접 경험한 내용을 토대로 농사방법을 기술한 책임.
1433년	**【조선】 향약집성방 편찬** 우리 풍토에 맞는 약재를 이용하기 위해 세종 때 권채, 유효통 등이 편찬
1434년	**【조선】 자격루(自擊漏: 물시계, 국보 제229호) 제작** 장영실은 중국계 귀화인 아버지와 기생사이에 태어나 노비로 있다가 세종에게 발탁되어 궁중 기술자가 되어 만들었으며(현존하는 자격루는 중종 때 개량한 것임), 앙부일구(해시계: 강문수 제작), 금속활자와 인쇄기 등을 만드는데도 참여한 위대한 과학자임.
1434년	**【조선】 6진(鎭) 설치** 여진족의 침입을 막기 위해 김종서의 지휘로 동성, 온성, 회령, 경원, 경흥, 부령에 설치하고 4군(여연, 자성, 무창, 우예)도 설치하여 우리 영토를 압록강과 두만강 영역으로 확대시킴.
1435년	**【조선】 비격진천뢰 발명(보물 제 860호)** 이장손이 인마살상용(人馬殺傷用) 폭탄으로 만들어 임진왜란 때 경주 부윤이었던 박의장이 사용하여 경주성 탈환에 사용됨.
1438년	**【조선】 흠경각 완성(欽敬閣)** 천체의 움직임을 관찰하기 위해 여러 가지 천문 기구를 간직했던 곳. 장영실이 제작
1440년	**【조선】 주문공가례**(남송의 주희가 편찬한 관·혼·상·제 의례서)에 따라 남자 16세 여자 14세 이상이면 혼인을 허락함.
1441년	**【조선】 측우기(測雨器) 설치 사용** 강우량을 측정하던 기구로서, 세계 최초의 강우량 측정기임. 세종 때 처음 만들어졌으며, 현재는 1837년 충청감영(공주)에서 제작된 금영측우기(보물 561호)만이 있음. 서울과 각 도의 군현에 설치. 유럽은 1639년 이탈리아의 B. 가스텔리가 처음으로 측우기로 강우량을 관측함.
1445년	**【조선】 용비어천가 편찬** 권제와 정인지 등이 조선건국과 관련한 6대의 행적을 노래(조선의 건국이 하늘의 뜻임을 강조)한 최초의 한글 시가임. 한문으로도 주석을 달아 여민락(與民樂)이라는 음악으로 연주됨.

한국사 연표별 정리

연도	내 용
1446년	**【조선】 훈민정음(訓民正音)반포** '백성을 가르치는 바른 소리'라는 의미로 세종이 창제함. 1910년 주시경이 '한글'이라는 이름을 붙임. 훈민정음의 판본에는 해례본(한문본), 언해본, 예의본이 있음. 이 가운데 완전한 책의 형태를 지닌 것은 해례본이다. **훈민정음 해례본(국보 제70호)** 1940년 안동, 2008년 상주에서 발견된 것 2부가 존재함. 1997년 10월 유네스코 세계기록유산으로 등록. 세종의 어제 서문과 본문에 해당하는 <예의(例義)>및 <해례(解例)>, 그리고 정인지가 쓴 <서(序)>로 구성되어 있음. **훈민정음 예의본** 예의(例義) 부분만 들어 있는 것을 예의본이라 부름. **훈민정음 언해본** 해례본의 한 종류이나 편의상 따로 언해본으로 불린다. 한문(해례본/원본)으로 되어 있던 것이 1459년 간행된 ≪월인석보≫에 실린 훈민정음의 어제 서문과 예의(例義) 부분이 한글로 번역되어 <세종어제훈민정음(世宗御製訓民正音)>으로 합본되어 있음. 이 책은 한글의 창제 원리, 중세 한국어의 모습을 알 수 있음. ≪해례본≫에 포함되어 있는 예의(例義)는 창제 당시의 자체(字體)를 그대로 보이고 있어서 가장 높이 평가됨. 또한 오랫동안 문제로 삼던 글자의 기원 등 여러 가지의 의문점을 밝혀 주고 있음.
1447년	**【조선】 몽유도원도(夢遊桃源圖) 그림** 안평대군이 꿈에서 본 신선의 세계를 안견에게 말하여 그리게 한 것으로 일본 덴리[天理]대학 중앙도서관에 있음.
1448년	**【조선】 연분9등법 실시** 1년 농사의 풍흉을 9등급으로 나누어 실제 세액을 결정함(조세에 대한 평가). <전분6등법>: 토지의 비옥도를 6등급으로 평가함.
1449년	**【조선】 고려사 제작 시작** 조선 초기 1392년부터 1451년까지 59년 동안 만들고 수정한 고려 시대에 대한 역사서로서, 체제는 사마천(司馬遷)의 ≪사기(史記)≫를 본떠 세가(世家)·지(志)·표(表)·열전(列傳)의 4항목으로 나누어 기전체(紀傳體 기: 왕의 연대기, 전: 신하의 전기 표: 연표나 인명도, 지: 본기와 열전 외의 중요사항)로 된 고려 왕조의 정사이다. 현존하지 않음.
1450년	**【조선】 장영실(蔣英實1390년? ~ 1450년?)** 조선 전기의 관료이며 과학자, 기술자 또는 발명가. 중국계 귀화인과 기녀 사이에서 태어났으나 타고난 재능과 기술로 조선 전기 과학기술 수준을 비약적으로 끌어올린 인물. 1433년 천문관측기구인 혼천의를 완성했고 이듬 해 자동시보 물시계인 자격루를 만들어 표준시간을 운용했음. 이밖에도 각종 해시계를 완성하고 금속활자의 제작 등을 감독했으며 1441년 측우기와 하천 수위 측정기인 수표를 완성해 농업발달에 크게 공헌했음.
1450년	**【조선】 세종(世宗 1397~1450)** 조선왕조의 문물제도를 정비하여 유교국가의 기틀을 마련한 조선의 제4대 국왕. 그의 통치 목표는 「위민」(爲民)을 핵심으로 하는 유교정치의 이상을 실현하고 백성들의 삶을 안정시키기 위해 조세제도를 합리적으로 운영했고 농업생산을 장려했음. 농사에 중요했던 천제관측과 강우량 측정을 위한 혼천의, 측우기 발명은 권농정책의 산물임. 이와 함께 「삼강행실도」「주자가례」 등을 보급해 사회적으로 유교질서를 내면화하려 했음.한글창제도 백성들을 유교적으로 교화시키고자 하는 의욕의 산물이었으며, 집현전을 설치하여 학문을 장려하고 각종 문화유산을 정리하여 유교적 문치주의의 토대를 마련했음.
1451년	**【조선】 고려사(高麗史)편찬** 조선 초기 김종서, 정인지 등이 세종의 교지를 받아 만든 고려시대의 역사서. 세가(世家) 46권, 지(志) 39권, 연표 2권, 열전 50권, 목록 2권 총 139권으로 되어 있음. 본기(本紀)라 하지 않고 세가(世家)라 함은 명분이 중요함과, 거짓 왕인 신우 부자를 열전에 내림으로써 분수 넘치는 것을 엄하게 처벌하고 충직하고 간사함을 명확히 구분한다 하였으며, 제도를 나누고 문물을 헤아려서 비슷한 것끼리 모음으로써 계통이 흐트러지지 않게 하고, 연대를 헤아릴 수 있게 하며, 사적을 상세하게 하는 데 힘을 다하고, 빠지고 잘못된 것을 메우고 바르게 하려 하였다는 편찬의 방침이 제시되고 있다. 이 방침은 다시 범례에서 각 항목별로 체계적으로 정리되고 있다. 먼저 세가에 관한 것을 보면, 왕기는 세가라 하여 명분을 바르게 하고, 분수를 넘는 칭호도 그대로 써서 사실을 보존하며, 일상적인 일은 처음과 왕이 직접 참여할 때만 쓰고 나머지는 생략하며, 고려사는 실록에 있는 3대 추증 사실을 기본으로 삼는다 하였다. 또한 우왕·창왕을 거짓 왕조로 규정하여 열전에 강등시켰으며, 이전부터 내려오던 이제현 등의 평론을 그대로 실을 뿐, 따로 작성하지 않도록 하였다. 세가에서는 32왕의 왕기가 46권에 수록되어 전체 분량의 약 3분의 1에 해당된다.

연도	내 용
1451년	서술 방식은 첫머리에 왕의 출생, 즉위에 관한 것을 쓰고 끝부분에 사망, 장례 및 성품에 관한 것을 썼음. 세가 다음에는 지(志)를 두었는데, 천문·역지·오행·지리·예·악·여복·선거·백관·식화·병·형법 등 총 12지 39권으로 되어 있다. 실록 등이 없어져서 **빠진** 곳은 ≪고금상정례≫ ≪식목편수록≫ 여러 사람의 문집 등으로 보충하였음. 고려의 제도는 당나라 것을 기본으로 삼고 송나라 것이 덧붙여지고 있었으며 그 아래에는 고유의 전통(연등회·팔관회)지의 맨 첫머리에는 편찬자의 서문이 놓여 있는데, 대개 일반론과 실제 사실에 대한 개설적인 설명이 이루어지고 있다. 사실 설명의 큰 줄기는 태조 이후 문종 때까지의 고려 전기를 제도가 정비되고 국세가 번창한 시기로 보고, 무신란 이후 몽골 간섭기에 들어서는 제도가 문란하여 나라가 쇠망한 것으로 설정하고 있다. 이어 본문에서는 먼저 연월일이 없는 일반 기사를 쓰고 그 뒤에 연대가 있는 구체적 사실을 열거하였다. 세가·지 다음으로 표가 들어 있는데, 실제 본문에서는 연표라 하여 하나의 표로 되어 있다. 이것은 ≪삼국사기≫를 따랐다. 제일 위에 간지를 쓰고 그 아래 중국과 고려의 연호를 썼으며, 고려 난에는 왕의 사망과 즉위 및 중국과의 관계 등 중요한 일이 간략하게 기록되어 있다. 표에 이어 마지막으로 열전을 두었는데, 후비전(后妃傳)·종실전(宗室傳)·제신전(諸臣傳)·양리전(良吏傳)·충의전·효우전·열녀전·방기전(方技傳)·환자전(宦者傳)·혹리전(酷吏傳)·폐행전(嬖幸傳)·간신전·반역전(叛逆傳) 등 총 50권, 1,009명으로 되어 있다. 열전의 구성은 역시 ≪원사≫를 모방하였지만, 그 서문은 이제현이 쓴 제비전(諸妃傳)이나 종실전의 서문처럼 이미 있던 자료를 이용하였다. 그 내용 중 반역전에 우왕 부자를 넣어 조선 건국을 정당화하고 있고, 문신 위주, 과거 위주로 인물을 선정하여 조선 유학자의 입장이 나타나고 있으며, 흥망사관에 입각하여 개국공신의 입장을 보여주고 있다. 그렇지만 개별인물에 대한 평가는 이전부터 있던 자료를 적극적으로 이용하여 비교적 공정하게 쓰려고 한 흔적을 보여주고 있다. 이러한 여러 차례의 개찬과정을 거치는 동안에 종래의 편년체의 역사서술에서 기전체로 편찬된 ≪고려사≫는 원칙으로 볼 때 첫째, 고려 전기는 긍정적, 후기는 부정적으로 기술하여 조선 건국을 긍정적으로 파악하려 하였음. 둘째, 무인을 천하게 보는 관점과 무신정권을 부정적으로 쓰고 있으며, 셋째, 원나라를 섬긴 부분에 대하여 대명관계가 확립된 시기에 해당하는 고려사 편찬자는 부정적으로 쓰고 있고, 그 이전 시기에 기록은 긍정적으로 쓰여 있다. 넷째, 고려 말 개혁론자의 견해를 비판하지 않고 그대로 받아들인 부분에서 고려 당시의 사실과 다른 점이 생기게 되었다.
1452년	**【조선】 고려사절요(高麗史節要) 발간** 김종서 등이 편찬한 고려시대 편년체(編年體) 역사서로서 35권 35책의 활자본이다. 현존하지 않지만 세종 때 윤회가 편찬한 ≪수교고려사≫와 권제의 ≪고려사전문≫을 참조하고, 1451년 완성된 ≪고려사≫의 내용을 축약하여 5개월만에 편찬하였음. ≪고려사≫만큼 내용이 풍부하지는 못하나 ≪고려사≫에 누락된 연대가 밝혀져 있는 것도 있어 상호 보완적인 사료적 가치가 있음. ≪고려사절요≫는 ≪고려사≫를 편찬한 사람들이 주축이 되어 발간하였기 때문에 국가의 치란흥망(治亂興亡)에 관계된 기사로서 왕이 주관한 제사, 외국의 사신 관련 기사, 천재지변에 관한 기사, 왕의 수렵활동, 관료의 임명과 파면 관련 내용, 정책에 받아들여진 상소문 등 군주에게 교훈을 주기 위한 내용들이 기록되어 있음. 직접 편찬에 참여한 사람들의 사론(史論)은 기술하지 않았으나 고려시대 사신(史臣)과 이제현·정도전·정총 등의 사론은 모두 108편을 기록하였다. 초판본은 1453년 갑인자(甲寅字)로 출판되었는데, 이때 발간된 책의 완질(完帙)이 일본 나고야의 호사문고[蓬左文庫]에 있으며, 서울대학교의 규장각에는 그 일부인 24책이 낙질본으로 소장되어 있다. 이후 중종 때 을해자(乙亥字)로 다시 간행되었는데, 이때의 발간본은 규장각에 소장되어 있다. **고려사와 고려사절요 비교** 공통점: 성리학적 사관을 기본으로 하여 북진정책을 지향하며 고려의 정치와 문화를 정리했으며. 차이점: 고려사는 왕의 역할을 중심점에 놓고 서술한 반면, 고려사 절요는 재상 및 관료의 역할을 강조했음. 이로 인해 정도전과 김종서는 똑같이 재상의 실권을 강화하려고 노력하다가 왕권을 중시한 태종과 세조에게 각각 목숨을 잃게 되었다. 따라서 역대 왕들은 ≪고려사절요≫보다는 ≪고려사≫를 더 많이 보급하였음.

한국사 연표별 정리

연도	내 용
1452년	**【조선】황희(黃喜 1363~1452)** 18년간 영의정을 지냄. 높은 정치적 식견과 인품으로 조선 건국 초의 험난한 정국 속에서 왕권과 신권의 조화에 힘썼고 농민경제의 안정과 국방에 진력했음. 청렴하여 청빈한 생활을 마다지 않아 조선조 관리의 모범이 되었기에 세종은 몇 차례 탄핵에 의한 파면 후에도 후임자를 내지 않기도 함. 그의 업적으로 농사의 개량, 예법의 개정, 천첩소생의 천역 면제, 국방강화(야인과 왜 방어책), 4군6진 개척, 문물제도의 정비·진흥 및 국가의 법이 혼란스러운 것을 수정 보완하여 ≪경제육전(經濟六典)≫을 간행. **일화** 어린 종 둘이 다투다가 그 중 하나가 상대방이 잘못했다고 이르자 황희는, "그래, 네 말이 옳구나." 하고 다독거리고 다른 종이 자신의 변명을 늘어놓자 "그렇다면 네 말도 맞구나."하고 둘을 타일러 돌려보냈다. 이를 지켜보던 부인이 "아니, 대감께서는 이 놈도 옳다, 저 놈도 옳다 하시니 어찌 그러십니까?"하고 말하자 "맞소. 부인 말씀도 참으로 맞소."하고 답하였다 한다. 남원에서 도교의 이치를 따라 ≪춘향전≫의 무대가 되는 광한루를 만들기도 하였음. 본관은 장수(長水). 호는 방촌. 개성 가조리(可助里)에서 출생.
1453년	**【조선】계유정란** 수양대군(세조)이 안평대군 중심으로 김종서와 황보인을 역모로 죽이고 정권을 잡음. 이에 김종서의 심복인 이징옥이 함길도 종성에서 난을 일으켜 대금 황제를 칭하다 사형됨.
1453년	**【조선】김종서(金宗瑞 1390~1453)** 조선초 세종 문종 단종 대의 재상. 함길도 절제사로 여진족을 물리치고 6진을 설치, 국경을 두만강 유역까지 넓혔음. 그 공로로 중용되기 시작 해 「세종실록」 편찬의 총재관이 됐고 「고려사절요」의 편찬도 담당했던 문무겸전의 재상이며 문종으로부터 단종 보호의 유촉을 받고 그의 왕위를 지키다 두 아들과 함께 수양대군에 의해 죽임을 당함. 본관은 순천(順天). 호는 절재(節齋)
1456년	**【조선】사육신(死六臣)처형** 단종복위를 주장한 성삼문, 하위지, 이개, 유성원, 박팽년, 유응부가 처형당함. 성삼문·박팽년·유응부·이개는 작형(灼刑: 단근질)으로 처형당하였고, 하위지는 참살, 유성원은 잡히기 전에 자기 집에서 아내와 함께 자살하였다. 세조는 후세에는 충신이라 평가하고 숙종 때 관직을 복직시킴. 사육신의 대칭으로 생육신이라 하는데, 김시습·원호·이맹전·조려·성담수·남효온이다. 이들은 살아 있으면서 귀머거리나 소경인 체, 또는 방성통곡하거나 두문불출하며 단종을 추모하였다.
1456년	**【조선】성삼문(成三問 1418~1456)** 단종 복위를 꾀하다 죽은 사육신의 한사람으로 조선의 대표적인 절신(節臣)이자 학자. 집현전 학사로 정인지 신숙주 등과 함께 음운연구를 해 한글창제에 큰 공헌을 했음. 그가 죽은 후 신원을 위해 많은 사람들이 노력, 숙종17년에 관작이 회복되었음. 본관은 창녕(昌寧). 호는 매죽헌(梅竹軒). 충청남도 홍성 출신.
1457년	**【조선】단종사망** 8살때 세손이 되어 13세때 왕위에 오른후 3년만에 숙부인 수양대군에 왕위를 빼았기고 단종복위사건으로 강원도 영월로 유배되어 노산군으로 강등됨. 수양대군의 동생이며 노산군의 숙부인 금성대군이 다시 복위를 도모하다가 발각되어 사사(賜死)되자 다시 서인(庶人)이 되었으며 영월에서 사약을 먹고 죽음. 숙종때 단종으로 복위됨.
1458년	**【조선】박연(朴堧 1378~1458)** 피리의 명수였던 세종 때의 음악가. 소리를 듣는데도 뛰어났던 그는 편종과 편경을 새로 만드는 등 아악을 정확한 음으로 연주하도록 정리했고, 궁중음악과 종묘악을 새로 정비해 음악 발전에 크게 공헌했음. 왕산악 우륵과 함께 우리나라 3대 악성으로 불리움. 초명은 연(然). 자는 탄부(坦夫), 호는 난계(蘭溪). 충청북도 영동에서 출생.
1464년	**【조선】대립제(代立制) 실시** 15세기 조선시대의 군사제도로 1464년에 보법(保法)이 시행된 후, 서울에 머무르는 지방군사의 수가 늘어나 보인(정군을 경제적으로 지원하는 자)으로부터 받아온 면포를 서울에 사는 사람에게 주고 대신 입역을 부탁하는 제도. 대립제와 대립가의 과도한 징수는 족징·인징과 함께 조선 전기의 군사제도의 붕괴를 촉진시킴.
1464년	**【조선】방군수포제(放軍收布制)** 서울에 복무하는 지방의 군사를 돌려보내고 대가를 베로써 거두어들인 제도.
1466년	**【조선】직전법 실시** 조선 초기에 관리들에게 과전법(관리가 퇴직 후 국가에 반납되지 않아)을 현직관리에게만 토지를 분배해주는 직전법으로 변경함.
1466년	**【조선】소격서(昭格署)설치** 도교의 보존과 도교 의식을 위하여 예조에 소속된 기구 태종 이전에는 소격전이라 하여 하늘과 별자리, 산천에 복을 빌고 병을 고치게 하며 비를 내리게 기원하는 국가의 제사를 맡았는데, 1466년 관제개편 때 소격서로 개칭. 도교를 배척하는 유신들과 조광조의 폐지 주장에 따라 1518년 폐지됨. 1525년 복설(復設)되었으나, 1592년 임진왜란 뒤 다시 폐지. 소격서는 후한 말 장릉이 발전시킨 도교가 고려에 전래되어 예종이 도교의 기도 대상인 천존상을 옥촉정에 모셔 제사를 지낸 데서 유래한 것으로, 처음에는 신격전이라 하였음.
1467년	**【조선】이시애의 난** 함경도 양반들의 등용이 적고 세금 징수가 과하자 회령부사 이시애가 난을 일으킴. 4개월간 저항하다 진압됨. 이후 함경도를 좌우도를 나누어 통제를 강화함.

연도	내 용
1468년	**【조선】 세조(世祖 1417~1468)** 조선 제7대 국왕. 조선왕조의 기틀이 될 「경국대전」의 편찬을 시작하고 변방에 성을 쌓는 등 문무제도의 정비에 주력하고 왕권의 확립을 위해 힘썼다. 집권 과정에서 단종, 안평대군 등의 많은 종친과 김종서 성삼문 등 세종 이래의 명신들을 죽였다. 본관은 전주(全州). 자는 수지(粹之). 세종의 둘째 아들이고 문종의 아우이며, 어머니는 소헌왕후 심씨(昭憲王后沈氏)이다.
1469년	**【조선】 경국대전(經國大典)** 조선통치의 기틀이 된 기본 법전. 조선 건국 전후부터 1484년까지의 왕명, 교지, 조례 중 영구히 준수 할 것을 모아 엮음. 세조의 명으로 시작되어 성종 때 완성되었으며 현존 경국대전은 을사대전을 수정한 것으로 1485년 개수해 최종본을 반포함.
1472년	**【조선】 삼성사(三聖祠)설치** 황해도 구월산에 있는 한인·한웅·한검(단군)의 삼신을 모신 신묘(神廟). 본래 삼성당으로 불려오다가 1472년 삼성사로 개칭. 이승휴 ≪제왕운기≫에 의하면 삼성사가 건립된 것은 고려 이전으로 추정됨. 1916년 대종교 제1대 교주인 나철이 이곳에서 마지막으로 제천의식을 올리고, 스스로 숨을 거두어 일제의 탄압에 항의하였다. 그러자 일본이 민심의 동요를 막기 위하여 삼성사를 헐어버렸음.
1481년	**【조선】 동국여지승람 완성** 조선 성종 때의 지리서로. 명나라의 ≪대명일통지(大明一統志)≫를 참고로, 세종 때의 ≪신찬 팔도지리지≫를 대본으로 왕이 노사신·양성지·강희맹에게 명하여 도의 연혁, 궁궐 등을 내용으로하는 지리서를 편찬케 하여 50권을 완성하였고, 성종때 다시 증산·수정하여 35권을 간행. 1530년에 이행(李荇) 등의 증보판으로 신증동국여지승람을 간행함.
1483년	**【조선】 창경궁(昌慶宮) 창건** 사적123호. 성종때(1483년) 창건, 광해군(1615년)때 재건 됨. 원래 이름은 수강궁으로 세종이 상왕인 태종을 모시기 위하여 지은 것이며 그 후 성종이 세 대비를 위하여 새로 중건하고 이름을 창경궁으로 바꿈. 창경궁은 숙종이 인현왕후를 저주한 장희빈을 처형한 일과 영조가 사도세자를 뒤주에 가두어 죽인 일 등 크고 작은 궁중 비극이 일어난 곳이기도 함. 일제강점기에 순종 황제의 마음을 달랜다는 이유로 내부 궁문, 담장, 많은 전각들을 훼손하고 궁 안에 일본식 건물을 세우고, 동물원과 식물원을 만들어 유원지로 조성하고 이름도 '창경원'으로 격하되는 등 수난을 겪었다 1983년에는 동물원과 식물원을 서울대공원으로 옮기고 이름도 창경궁으로 되찾았다. 창경궁은 왕궁 가운데 유일하게 동향으로 지어졌다. 그 이유는 이 궁이 별궁으로 조성되었기 때문으로 여겨지며, 지형상으로도 동향이 적합하였음. 현재 창경궁에는 조선시대 건물로는 정전인 명정전(국보 제226호), 침전인 통명전(보물 제818호), 정문인 홍화문(보물 제384호), 숭문당·함인정·환경전·경춘전·양화당·집복헌·영춘헌·관덕정·월근문·선인문·명정문과 명정전 회랑(보물 제381호)이 있고, 석조물로는 옥천교(보물 제386호), 풍기대(보물 제846호), 관천대(보물 제851호), 창경궁내 팔각칠층석탑(보물 제1119호)이 있다. 현 낙선재(樂善齊) 지역은 원래 창경궁에 소속되었으나 지금은 창덕궁 경내에 있다. 숭문당 임금의 경연이나 태학생들을 접견하여 주연을 베풀었던 곳. 영조가 현판의 글을 직접 썼음. 양화당 왕비의 생활 공간 영춘헌 왕의 침전으로 정조가 거처했음 대온실 '식물원'이라는 명칭으로 잘 알려짐. 순종(1907년)때 기공하여 1909년에 준공. 등록문화재 제83호로 지정 관천대 천문 관측대.관천대 위에는 별을 관측하는 기구인 소간의(小簡儀)가 놓였으나, 현재는 남아 있지 않다. 집춘문 성균관과 창경궁 사이에 있으며 옛날 조선시대에 왕이 여러번 이 문을 거쳐 성균관으로 행차하였다. 과학문 박정희 대통령의 지시로 지어졌으며, 박정희 대통령의 친필이 걸려있다. 월근문 정조가 어머니인 혜경궁 홍씨가 사도세자의 사당인 경모궁을 쉽게 가도록 하기위해 세움. **화재사건** 2006년 4월 창경궁 문정전에 불을 질렀으나 다행히 문짝만 타는데 그쳤다. 이 사건의 피의자는 2008년 2월에 숭례문에도 불을 질렀음.

한국사 연표별 정리

연도	내 용
1485년	**【조선】동국통감(東國通鑑)편찬** 성종 때 서거정 등이 편찬한 단군 조선에서 고려 말에 이르는 역사를 56권 28책으로 만듦. **편찬경위** 세조는 우리나라 역사가 갖추어지지 못하였으니, 삼국사와 고려사를 모아 편년체 사서를 편찬토록 명하면서 작업이 시작되었으나, 결실을 보지 못하자 다시 최항·양성지 등에게 편찬을 맡기고, 신숙주·권람은 감수를 맡았으며, 이파는 출납을 맡았다. 동시에 동국통감청을 설치하고 당상과 낭청을 두었다. 1466년(세조 12)에는 최항·김국광·한계희·노사신 등에게 재차 편찬을 명하였으나, 편차 사목을 조정하지 못하고 1469년(예종 원년) 최숙정의 건의를 받아들여 다시 《동국통감》의 편찬을 시작했다가 이듬해 예종의 승하로 중단되었다. 이후 《동국통감》은 1483년(성종 14)에 편찬을 시작하여 이듬해 11월에 완성하였는데, 이미 《삼국사절요》와 《고려사절요》가 있었기에 빠르게 편찬이 가능하였으나 성종은 이때 만든 《동국통감》에 대하여 만족하지 못하고 사론을 중심으로 재편을 명하여 《신편동국통감》이 탄생하였고 이것이 1485년(성종 16)에 최종 완성된 《동국통감》이다. 382편의 사론 중에 178편은 이왕의 사서에서 추리고 나머지는 편찬자들이 작성하였는데 그 중 118편은 최보(崔溥)의 것으로 알려져 있다. **체 제** 《동국통감》은 외기·삼국기·신라기·고려기 등 4부분으로 구성되어 있는데, 각각 단군 조선에서 삼한까지, 삼국의 건국에서 신라 문무왕(669년)까지, 문무왕에서 고려 태조(935년)까지, 이후 고려 말까지를 서술하고 있다. 단군조선에서 삼한까지를 외기로 한 것은 자료가 부족하여 왕대별 서술이 불가능하였기 때문이었음. 삼국기는 삼국을 대등하게 보아 《자치통감강목》의 예에 따라 무정통시대로 서술한 점은 《동국사략》의 신라 중심 서술과 차이가 있다. 또 연대 표기도 당시의 사실대로 즉위년칭원법을 채택하여 사실을 온전히 보전하자는 입장에 서 있다. 범례에 따르면 조선 초기, 특히 세종대에 연구가 활발했던 《자치통감》과 자치통감강목의 영향이 그대로 반영되어 있으며, 즉 강목의 규례에 따라 강령을 제시하고 다음으로 사실을 서술하였다. 편찬자들의 면모를 보면 세조대 훈신과 성종대에 등장하기 시작한 신진 사림들이 함께 참여한 양상을 보이고 있음. 훈신: 고려시대 급진 개혁파로서, 새왕조를 세우자고 주장하고 조선을 세우는데 도움을 준 공신세력들. 척신: 왕의 외가 출신 관료들 사림: 지방에 근거를 둔 중,소지주층 사대부
1493년	**【조선】악학궤범(樂學軌範) 발간.** 성종의 명에 따라 예조판서 성현을 비롯하여 유자광·신말평·박곤·김복근 등이 엮은 9권 3책으로 된 악규집(樂規集)이다. 이 책에는 《동동》 《정읍사》 《처용가》 《여민락》 등의 가사가 한글로 실렸으며, 궁중의식에서 연주하던 아악·당악·향악에 관한 사항을 그림으로 풀어 설명하고, 그 밖에도 악기·의상·무대장치 등의 제도, 무용의 방법, 음악이론 등을 자세히 적고 있다.
1498년	**【조선】무오사화** 훈구파(유자광)가 사림세력을 대거 숙청한 사건. 김종직(김일손의 스승)의 '조의제문(단종을 죽인 세조를 비판한 것)'을 김일손이 사초에 포함시키려 하자 이를 연산군에게 고자질하여 사림파를 제거하여 사화(士禍:4차례 모두 선비(士)들이 피해를 입었다하여 사화라 함)를 초래함. 1차 무오사화 연산군(1498)→김종직의 사초(조의제문)문제 2차 갑자사화 연산군(1504)→폐비윤씨 사건 3차 기묘사화 중 종(1519)→조광조의 개혁정치 반발로 기인 4차 을사사화 명 종(1545)→왕의 외척(소윤과 대윤)간의 다툼 **조선시대 12사화** (단종부터 경종까지에 일어난 12 사화) 계유정란, 병자사화, 무오사화, 갑자사화, 기묘사화, 신사무옥, 을사사화, 정미사화, 기유사화, 계축사화, 기사사화, 신임사화
1498년	**【조선】상평창 설치** 곡물가격 조절을 위해 설치. 풍년 때 가격이 떨어지면 국가가 사들이고 흉년 때 곡가의 폭등 시 방출하여 가격을 조정함.
1504년	**【조선】갑자사화** 연산군의 생모 윤씨 복위문제로 관련된 선비를 숙청한 사건. 폐비윤씨의 생모 신씨가 폐비의 경위를 임사홍에게 알리고 그가 연산군에게 밀고하면서 관련된 사람들이 화를 입음. 임사홍은 무오사화 때 당한 원한을 갚기 위해 연산군비 신씨의 오빠인 궁중세력의 신수근을 끌어들여 부중세력의 훈구파와 무오사화 때 남은 선비들을 제거하기 위해 옥사를 꾸밈.
1506년	**【조선】중종 반정(中宗反正)** 연산군이 폐위되고 중종이 왕이된 사건. 연산군이 사화를 일으켜 선비들을 제거하고 성균관을 오락장소로, 원각사를 기생 양성소로 하고 자신을 비방하는 한글투서가 발견되자 한글사용을 금지하기도 하는등 비정상적인 국정을 운영하자 파직된 전 이조참관 성희안이 지순왕대비의 하명을 받고 자고 있는 연산군을 습격해 옥새를 빼앗아 연산군을 폐하고 진성대군을 왕으로 옹립함. 연산군은 강화도로 귀양을 가 3개월 후인 12월에 사망함.
1510년	**【조선】삼포왜란(경오의 난)** 사회 문제를 일으키는 일본인에 대한 통제를 강화하자 3포(부산포, 내이포, 염포)의 일본인 5천여명이 쓰시마 일본인의 지원으로 폭동을 일으킴.

<table>
<tr><td colspan="2" align="center">한국사 연표별 정리</td></tr>
<tr><td align="center">연도</td><td align="center">내 용</td></tr>
<tr><td>1512년</td><td>【조선】 임신조약(壬申條約) 일본과 임신조약을 체결하여 세견선(歲遣船) 및 세사미(歲賜米)를 반감함.</td></tr>
<tr><td>1519년</td><td>【조선】 기묘사화 훈구파가 사림파를 숙청한 사건. 중종이 훈구파를 견제하기 위해 조광조(사림파)를 지원하여 위훈삭제(공이 없이 공신에 책봉된 사람들을 훈적에서 삭제)로 훈구파를 제거하자 훈구파가 주초위왕(走肖爲王: 조광조가 왕이 된다)이라는 글자를 나뭇잎에 새겨 왕이 보게 함으로써 중종의 마음을 움직여 사림파를 제거한 사건.</td></tr>
<tr><td>1519년</td><td>【조선】 조광조(趙光祖 1482~1519) 성리학자이자 도학정치를 주장한 정치가. 김굉필에게 성리학을 배운 신진사림의 대표 인물. 도덕적 이상정치를 꿈꾸며 영남 사림을 이끌고 정계에 진출, 중종의 총애하에 훈구세력의 비리를 공박하며 중종에게 급진적인 정치개혁을 요구하다 중종 및 훈구세력의 미움을 사 처형당함. 그의 도학정신은 조선 유학의 기본성격을 생성하기도 하였음. 본관은 한양(漢陽). 자는 효직(孝直), 호는 정암(靜菴). 한성 출생</td></tr>
<tr><td>1527년</td><td>【조선】 작서(灼鼠)의 변(變)발생 중종때 장경왕후 윤씨가 세자를 낳고 산후병으로 죽자, 왕의 총애를 받은 경빈 박씨가 자기 소생인 복성군을 세자로 책봉할 야망을 품고 세자(뒤의 인종) 생일에 쥐를 잡아 동궁에 걸어 세자를 저주한 사건. 이로 인해 경빈과 복성군이 사약을 받고 이 사건을 조작한 자가 김안로의 아들 김희라는 것이 밝혀져, 경빈과 복성군은 후에 신원됨.</td></tr>
<tr><td>1543년</td><td>【조선】 백운동 서원(소수서원: 사적 55호, 경북 영주시)을 설립 풍기군수 주세붕이 고려때 안향(성리학의 시조)의 사묘(祠廟)를 세우고 학사(學舍)를 만든 것이 서원의 시초임. 명종이 풍기군수 이황의 요청에 따라 소수서원(紹修書院)이라는 명종 친필로 명명(서원 소속의 토지 및 노비에 대한 면세·면역의 특권 부여)을 내려 공인된 사학(私學)이 됨. 대원군의 서원철폐 때에도 철폐를 면한 47서원 가운데 하나임.</td></tr>
<tr><td>1545년</td><td>【조선】 을사사화 외척세력이 다른 외척세력을 숙청한 사건. 인종(장경왕후 윤씨 소생)의 즉위로 대윤파(윤임: 장경왕후 아우)가 유리하였으나 재위한지 8개월 만에 승하하여 명종(문정왕후 윤씨 소생)이 즉위하자, 소윤파(윤원형: 문정왕후 아우)가 득세하여 대윤파를 숙청함.

예조참의 윤원형은 대윤파와 사감(私感)이 있던 정순명, 병조판서 이기, 호조판서 임백령, 공조판서 허자등 심복과 자신의 첩인 정난정으로 하여금 문정대비와 명종을 선동케 하여 형조판서 윤임 및 그 일파인 이조판서 유인숙, 영의정 유관등을 죽임. 을사년에 일어난 화옥이지만 이 여파는 그 후 5~6년에 걸쳐 거의 100명이 죽었음.

연산군 이래의 큰 옥사이며 이는 모후 및 외척이 정권을 전횡하는 길을 열어 놓았으며, 사화에서 일어난 당파의 분파는 후기 당쟁의 원인이 되기도 함.</td></tr>
<tr><td>1546년</td><td>【조선】 서경덕(徐敬德 1489~1546) 독자적인 기일원론(氣一元論)의 철학체계를 완성해 조선 성리학을 철학적으로 심화시킨 성리학자. 그는 기를 능동적이고 불멸하는 실체로 보고 만물의 근원과 운동변화를 기로 설명했음. 그의 학설은 이이 등 주기론자들에게 큰 영향을 미쳤음.

평생 관직에 나가지 않고 송도에 머무르며 학문 연구와 교육에만 전념하여 황진이(黃眞伊), 박연폭포(朴淵瀑布)와 함께 '송도 3절(松都三絶)'로 불리기도 함. 본관은 당성(唐城). 자는 가구(可久), 호는 복재(復齋)·화담(花潭). 개성 출신.</td></tr>
<tr><td>1547년</td><td>【조선】 정미사화(丁未士禍): 을사사화(乙巳士禍)의 여파로 1547년(명종 2)에 일어난 사화이며 윤원형 일파가 대윤 세력(인종의 외삼촌 윤임 일파)을 숙청하기 위해 만들어낸 사건. 부제학 정언각과 선전관 이로가 경기도 과천 양재역에서 '여왕이 집정하고 간신 이기 등이 권세를 농락하여 나라가 망하려 하니 이것을 보고만 있을 수 있는가'라고 쓴 벽서를 발견하여 임금에게 보고하자 섭정을 하던 문정왕후가 명종에게 지시하여 윤임의 일파를 숙청하게 함. '벽서(壁書)의 옥(獄)'이라고도 부름.</td></tr>
<tr><td>1547년</td><td>【조선】 정미약조 왜인과 무역을 공식화한 정미약조가 체결됨. 삼포왜란 이후 임신약조를 체결하여 왜인의 행동을 제약하였으나, 544년 왜구들이 20여 척의 배를 이끌고 다시 경상도 사량진(통영군 원량면 진리)을 침범, 약탈하자 조정은 임신약조를 파기하고 일본과의 국교를 단절하였음.

이후 일본의 간청과 국왕사 내왕에 따른 왜인의 현실적인 조선 출입현상을 인정, 1547년 정미약조를 맺어 일본의 내왕·무역을 허용하였다.

이 조약의 성립으로 비록 일본과 통교가 다시 이루어졌지만 이후에도 왜구의 불법적인 침범은 계속되었음.</td></tr>
<tr><td>1551년</td><td>【조선】 신사임당(申師任堂 1504~1551) 조선시대 여류 문인이자 서화가. 시 그림 글씨 등에 뛰어난 재능을 보였고, 특히 안견의 영향을 받은 그림은 부드럽고 세밀해 조선 제일의 여류화가로 꼽힘. 자녀교육에도 남다른 노력을 기울인 현모양처의 귀감으로 율곡 이이의 어머니. 본관은 평산(平山). 남편이 증좌한성 이원수이고, 사임당은 당호이며, 시임당(媤任堂)·임사재(妊思齋)라고도 하였다. 당호는 최고의 여성에게 주는 칭호로 주나라 문왕의 어머니인 태임(太任)에서 유래됨. 강릉 북평촌 출생</td></tr>
</table>

한국사 연표별 정리

연도	내 용
1557년	【조선】 **김홍도(金弘道 1745~1557)** 조선 제일의 풍속화가. 조선의 미술과 풍토, 정취가 넘치는 독창적인 그림세계를 열어 중국 그림의 모방을 일삼던 조선화단에 새로운 화풍을 일으켰음. 자유로운 예술혼을 타고난 그는 특히 조선 후기 서민들의 약동하는 삶과 정서를 해학과 익살로 형상화시켜 풍속화의 새로운 경지를 개척했으며 영조와 정조의 어진도 그의 작품임. 본관은 김해(金海). 자는 사능(士能), 호는 단원(檀園)·단구(丹邱)·서호(西湖)·고면거사(高眠居士)·취화사(醉畵士)·첩취옹(輒醉翁).
1559년	【조선】 **임꺽정(林巨正)의 난** 백정 출신 의적 임꺽정은 황해도·경기도 일대에서 관아를 습격하고 관리를 살해하여 창고를 털어 빈민에게 양곡을 나누어 주었음. 관군이 토벌시 백성들의 도움으로 이를 피했으나 1562년에 관군의 대대적인 토벌작전으로 황해도 구월산으로 철수하여 항전하다가 잡혀서 사형되었음. 조선의 3대 도적으로 홍길동(1440~1510: 허균의 소설 주인공으로 서자 출신), 장길산(조선 숙종 때 구월산을 중심으로 전국적으로 활동한 도둑)이 있음.
1560년	【조선】 **도산서원(陶山書院) 세움** 이황이 유생을 가르치고 학덕을 쌓던 곳으로, 선조의 사액(賜額)을 받음으로써 영남 유학의 산실이 되었음.
1561년	【조선】 **토정비결 지음** 조선 선조때의 학자 토정(土亭) 이지함의 도참서(圖讖書 예언을 믿는 사상서-도참은 세운(世運)과 인사(人事)의 미래를 예언하는 것으로 중국 주나라 말기, 천하가 오래도록 혼란에 빠지게 되자, 사람들이 평화를 갈구하며 살길을 찾아 방황할때 민중의 욕구에 호응하여 일어난 것이 도참사상임) 1년 열두달의 운수를 말해주는 책으로 그 내용은 주역의 괘로써 풀이한 것이지만 주역과는 차이가 있음≪주역≫의 괘는 64괘인데 이 책은 48괘이며, 주역은 하나의 괘에 본상이 하나, 변상이 여섯, 도합 일곱 상으로 총 424개의 괘상인데, 이 ≪토정비결≫은 144괘이다. 셋째, 괘를 만드는 방법도 연·월·일·시 중에서 생시가 제외됨. ≪토정비결≫은 4언시구(四言詩句)로 되어있고 그 밑에 한줄로 번역되어 읽기 쉽게 되었으며 비유와 상징적인 내용이 많음. "북쪽에서 목성을 가진 귀인이 와서 도와주리라"는 희망적인 구절이 많고, 좋지 않은 내용도 "화재수가 있으니 불을 조심하라"는 식으로 되어 있어 경각심과 절망에 빠진 사람도 희망을 갖도록 하며 모든 일에 최선을 다하고 조심하며 생활하도록 독려한 것으로 평가됨. 이지함(李之菡)은 궁핍한 백성들을 가엽게 보고 선정을 베풀었으며 아산 현감으로 있을 때에 걸인청을 설치하여 흉년에 극빈자를 수용하는 등 기민(飢民) 구제 정책에 전념하였고. 청렴한 생활을 미루어 보면 이 책의 저작 동기와 성격을 짐작할 수 있게 함.
1570년	【조선】 **이황(李滉 1501~1570)** 조선 성리학을 발전시킨 대학자. 그의 성리학의 핵심은 이(理)의 역할을 보다 풍부하게 독자적으로 발전시킨 주리론적 이기이원론(理氣二元論). 원리적이고 본질적인 문제를 추구했던 그는 이(理)를 모든 존재의 생성과 변화를 주재하는 최종적 본체로 규정했음. 이런 그의 사상은 영남학파의 이론적 토대가 되어 영남과 기호 남인 실학자들의 철학적 바탕이 됐고, 일본 주자학의 성립에도 큰 영향을 미쳤음. 본관은 진보(眞寶). 자는 경호(景浩), 호는 퇴계(退溪)·퇴도(退陶)·도수(陶叟)
1584년	【조선】 **이이(李珥 1536~1584)** 조선 성리학을 철학적으로 심화시킨 대학자이자 국가와 사회체제의 일대 개혁을 주장한 정치가. 그는 이황과 달리 주기론(主氣論)의 입장에서 일원론적 이기이원론(理氣二元論)을 펴 경험적 현실세계를 존중하는 새로운 철학체계를 수립했다. 또 이런 철학적 입장하에 과감한 사회개혁론을 전개했음. 그는 16세기 후반 동요하기 시작하는 조선의 국가체제와 사회질서를 성리학적 세계관에 입각해 새롭게 안정시키려 했으며, 이를 위해 정부기구 간소화와 낭비 근절을 통해 국가재정을 넉넉히 하고 백성들의 세금부담을 줄여 공평하게 하려 했음. 이와 함께 각 지방에 향약을 보급, 유교 윤리와 가치관을 주입시켜 양반중심의 향촌 질서를 유지해야 한다고 주장. 그는 양반사회가 동인과 서인으로 분열하자 서인편에 섰지만 시시비비를 가려 함께 국사와 민생문제 해결에 힘쓸 것을 강조했다. 주기적(主氣的)인 그의 사상은 이후 서인, 노론계열에 의해 계승되었다. 강원도 강릉 출생. 본관은 덕수(德水). 자는 숙헌(叔獻), 호는 율곡(栗谷)·석담(石潭)·우재(愚齋). 아명을 현룡(見龍)이라 했는데, 어머니 사임당이 그를 낳던 날 흑룡이 바다에서 집으로 날아 들어온 꿈을 꾸었다 하여 붙인 이름이다.
1592년	【조선】 **임진왜란(壬辰倭亂)** 4월 13일 일본이 700여척의 배와 21만 병력으로 부산포에 상륙하여 7년간 조선 국토를 유린한 전쟁. 피해규모는 사망자 18만명에서 1백만명으로 추산되며 경복궁의 파괴, 불국사, 화엄사가 불타고 문화재가 약탈당함.

한국사 연표별 정리

연도	내 용
1592년	• 원인: 일본은 100여 년간의 내란후 도요토미히데요시에 의해 통일 후 명나라를 공격하는 길을 비켜달라는 구실로 조선을 침략함. 조정은 일본에 통신사를 파견하여 진의를 파악하였으나 서인을 대표한 황윤길은 '반드시 병화(兵禍)가 있을 것'이라고 하고, 동인을 대표한 김성일은 '그러한 조짐이 없는데, 황윤길이 민심을 동요시킨다'고 주장하여 동인이 주도한 집권세력에 의해 일본의 침략의지를 무시함. • 경과: 왜군들이 서울까지 진입하고 평양과 함경도 지방으로 북상하여 한반도 전체를 장악하려 했으나 이순신 장군과 의병(곽재우, 조헌, 고경명, 사명당, 서산대사 등)등의 활약으로 승리함. • 결과: 노비문서와 주요 문화재가 소실되거나 약탈되었고 조선의 도공이 일본으로 잡혀가서 일본의 도자기 문화를 발전시켰고 활자와 서적을 약탈해서 일본의 활자문화도 발전시킴. 조선왕조실록에서는 제1차 침략을 임진왜란, 1597년의 제2차 침략을 **정유재란**(일본과 명나라와의 화의가 실패하자 일본이 20만명으로 재침하였으나 명량해전의 패전으로 전세가 약화된 일본은 토요토미히데요시가 죽자 철수하여 전쟁이 종료됨)이라고 구분해서 부름. **임진왜란 3대 대첩** 1. 한산도 대첩(1592. 7. 8-7. 9): 이순신 장군이 왜적선 70여 척을 한산도 앞 바다에서 학익진(학의 날개 형태)전법으로 전멸시킨 대첩 2. 진주대첩(1592.10. 5): 경상우도 병마절도사 김시민과 의병대장 곽재우와 진주성에서 3천명으로 3만명의 왜군을 물리친 1차 진주 싸움을 말함. 2차 진주대싸움: 1차 싸움에서 참패한 왜군이 1593.6월 재침공하여 진주성을 함락함. 왜군이 남강 촉석루에서 축하연을 벌일때 논개(경상우도 병마절도사 최경회의 후처-관기)는 최경회가 전사하자 복수하기 위해 왜군 장수 게야무라 로구스케를 끌어안고 남강에 투신함. 3. 행주 대첩(1593.2) 전라도 순찰사 권율이 수원에 진을 치고 있다가 왜군이 점령한 한양을 되찾기 위해 행주산성에 집결하였다. 이에 왜군 3만여 명이 쳐들어왔으나 군관민(특히 행주치마를 사용하여 돌멩이를 날랐던 부녀자의 힘이 결정적이었음.)까지 동원하여 왜군을 무찌르니, 왜군은 이 이후에 한양에서 퇴각하게 되었음. **임진왜란 3대 해전** 1. 한산도 해전(한산도 대첩) 2. 명량해전: 이순신장군은 울돌목의 조류와 쇠사슬을 설치해서 12척의 군함으로 왜군함 133척을 침몰시킴. 3. 노량해전: 명나라와의 합동 작전으로 400여척의 왜군을 격파하고 임진왜란을 승리로 이끌고 이순신 장군이 전사한 마지막 해전. **세계 4대 해전** 1. B.C. 480년 그리스의 데미스토클레스제독의 살라미스(Salamis) 해전 2. 1588년 영국 하워드제독의 칼레(Calais) 해전 3. 1597년 명량해전(한산대첩을 4대해전으로 포함한 경우도 있음) 4. 1805년 영국 넬슨 제독의 트라팔가(Trapalgar) 해전
1592년경	【조선】 **납속책(納粟策)** 조선시대 군량 등 부족한 재정을 보충하거나 또는 흉년·기근이 들었을 때 굶주린 백성을 구제할 목적으로 백성에게서 곡물과 돈을 받고 국가가 납속에 응한 자에게 일정한 특전을 부여한 정책. 납속은 조선 전기부터 있었지만 대상은 노비에게만 국한되었고, 그 액수도 후기에 비해 상당히 많은 액수였고 공식적으로 제도화되지는 못하였다. 납속이 제도화된 것은 임진왜란 당시 군량미를 모으는 과정에서였다.
1593년	【조선】 **정철(鄭澈 1536~93)** 조선 중기의 정치가이자 문인. 강직하고 청렴했으나 동서 붕당의 와중에서 서인으로 정치적 사건에 연루돼 유배생활을 자주 했으나 그런 생활 속에 문학적 재능을 발휘, 우리말의 아름다움을 살린 뛰어난 국문시가를 남겨 우리문학의 발전에 크게 기여했음. 본관은 연일(延日). 자는 계함(季涵), 호는 송강(松江). 서울 종로구 청운동 출생
1594년	【조선】 **속오군 창설** 조선 후기 양인과 공사 천인으로 조직된 혼성군으로, 다섯사람을 기본 단위로 묶은 지방군의 하나임. 임진왜란이 소강상태였던 1594년 조정은 무너진 지방군의 재건에 착수하기 위해 중국의 속오법에 따라 황해도부터 시작하여 1596년 말에는 거의 전국적으로 조직이 완성되었다. 속오군은 1년치 쌀을 내고 역을 면하는 경우도 있으나, 고을에서 일정기간 병역과 훈련을 쌓아 유사시에 대비하였다. 영조 중엽부터는 속오군의 구성에 양인은 제외되고 점차 천인으로 채워져, 이후 속오군은 본역과 속오역을 지는 일신양역의 부담을 안고, 결국 군의 기능을 상실한 채 포만 바치는 수포군화(收布軍化)됨으로써 유명무실하게 되었다.

<table>
<tr><td colspan="2" align="center">한국사 연표별 정리</td></tr>
<tr><td>연도</td><td align="center">내 용</td></tr>
<tr><td>1598년</td><td>

【조선】 **이순신(李舜臣 1545~1598)** 임진왜란의 위기에서 나라를 구한 명장. 전라좌도 수군절도사로 왜적의 침략을 예측하고 전쟁에 대한 만반의 준비를 갖춰 전란 초반부터 적 수군을 궤멸시킴으로써 전쟁을 사실상 승리로 이끈 주역. 특히 세계 최초의 철갑선인 거북선을 만들고 각종 화포를 정비해 우세한 화력 하에 뛰어난 전법을 구사, 개전 초부터 일본 수군을 완전히 제압했다.

한산도대첩으로 왜군의 보급로를 차단했고 거제도 서쪽의 제해권을 장악해 전라도지역을 왜적의 침공으로부터 안전하게 지켰다. 연이은 전공으로 삼도수군통제사가 됐으나 모함에 휘말려 하옥돼 권율의 휘하에서 백의종군하다 원균의 대패 후 다시 수군통제사로 임명됐음. 불과 12척의 전함을 수습해 서해로 진출하려는 적선 200여척을 명량에서 저지함으로써 왜군의 서해진출을 결정적으로 막아 전쟁의 국면을 반전시키는 계기를 마련했다.

도요토미 히데요시가 죽자 총퇴각하는 왜군을 노량에서 맞아 총력전을 펼치던 끝에 진중에서 적탄을 맞고 전사했다. 그의 사후 1643년 충무(忠武)라는 시호가 추증됐고 1706년 유생들의 발의로 아산에 현충사가 세워졌다. 그는 뛰어난 전공과 함께 일관된 우국충정과 고결한 인격으로 겨레의 사표가 되고 있음. 본관은 덕수(德水). 자는 여해(汝諧). 서울 건천동(현재 중구 인현동 부근) 출생.

</td></tr>
<tr><td>1599년</td><td>

【조선】 **권율(權慄 1537~1599)** 임진왜란 때 행주대첩을 승리로 이끈 명장. 광주목사였던 그는 전라도 군대를 모아 왜군의 전라도 진출을 저지하고 북으로 진군, 행주산성에 진을 치고 왜적을 크게 물리침. 그 뒤 도원수가 돼 전군을 지휘, 임진왜란을 승리로 이끌었음. 본관은 안동(安東). 자는 언신(彦愼), 호는 만취당(晩翠堂)·모악(暮嶽). 이항복(李恒福)의 장인

</td></tr>
<tr><td>1604년</td><td>

【조선】 **서산대사(西山大師 1520~1604)** 조선의 승려이자 의병장. 임진왜란이 일어나자 73세의 나이에 전국의 승려로 의병을 일으켜 명군과 함께 서울을 탈환했고, 그 뒤 사명당에게 승병을 맡기고 묘향산에 은거하여 선종과 교종의 통합에 노력했음.
3세 되던 해 사월초파일에 아버지가 등불 아래에서 졸고 있는데 한 노인이 나타나 "꼬마스님을 뵈러 왔다."고 하며 아이를 안아 들고 주문을 외우며 아이의 이름을 '운학'이라 지었다 함.

완산 최씨. 이름은 여신(汝信), 아명은 운학(雲鶴), 자는 현응(玄應), 호는 청허(淸虛). 별호는 백화도인(白華道人) 또는 서산대사(西山大師)·풍악산인(楓岳山人)·두류산인(頭流山人)·묘향산인(妙香山人)·조계퇴은(曹溪退隱)·병로(病老) 등이고 법명은 휴정이다. 평안도 안주 출신.

</td></tr>
<tr><td>1607년</td><td>

【조선】 **허균, 홍길동전 지음** 실존 인물인 홍길동은 연산군 때 사람이나 허균은 소설의 배경을 세종 때로 설정하였음. 세종 때 좌의정 홍문의 서자로 태어난 홍길동은 무예와 도술을 익혔으나 서자로 태어나 자신의 뜻을 다 펴지 못함을 한탄하다, 홍 대감의 또 다른 첩이 보낸 자객에게 살해당할 위기를 모면한 길동은 집을 떠나 도적의 소굴로 가서 우두머리가 되어 '활빈당'이라 자칭하고 탐관오리나 패악한 승려를 징벌함. 조정은 홍길동을 잡기 위해 아비인 홍 대감을 회유하여 길동을 병조판서에 재수하려 하니 불러들이라 한다. 임금 앞에 나타난 길동은 병조판서 직을 사양하고 무리를 이끌고 나라를 떠날 것을 알리고 공중으로 몸을 띄워 홀연히 사라진다. 이후 길동은 노비인 어머니만 모신 채 수하들을 이끌고 율도국(현재 일본 오키나와섬으로 일본내에서 유일하게 된장을 담고 김치를 제조하는 비법을 갖고 있음)으로 건너가 나라를 세운다는 이야기를 그림.

</td></tr>
<tr><td>1607년</td><td>

【조선】 **유성룡(柳成龍 1542~1607)** 도제찰사로 임진왜란의 전쟁을 총지휘한 명재상. 이황의 제자인 그는 임진왜란이 일어나자 영의정으로 선조와 함께 의주로 파천했고 도제찰사로서 군사에 관한 일을 맡아 군비 확충에 힘을 기울여 이순신 권율 등 뛰어난 장수들을 도와 전쟁을 승리로 이끌었음. 상비군을 키우기 위해 훈련도감을 설치하고 병법서인 「기효신서」도 풀이했음. 본관은 풍산(豊山). 자는 이현(而見), 호는 서애(西厓). 의성 출생.

</td></tr>
<tr><td>1608년</td><td>

【조선】 **대동법(大同法)실시** 지방의 특산물로 바치던 공물을 쌀로 통일하여 바치게 한 세금 제도.
임진왜란 이후 지방의 특산물을 바치던 공납제도가 현지에서 생산되지 않는 물품을 공납으로 부과하자, 지방관리가 대신 납부하고 농민에게 높은 대가를 받아 농민의 부담이 늘어난 반면 국가의 수입은 감소되자 광해군이 선혜청을 두어 대동법을 실시하였음.

경기도부터 시작하여, 공물을 호(戶) 단위로 징수하던 것을 대동미, 곧 1결당 쌀 12말수로 환산하여 걷었음. 이로 인해 국가의 수입이 증대되었고, 공납을 호구 수가 아닌 토지를 기준으로 부과하였기 때문에 농민의 부담이 크게 줄었음. 또한 전에는 물품을 직접 부담하던 것을 공인이 대동미를 사용하여 구매하는 과정에서 상업이 활발해지고 자본이 발달하는데 기여함. 산간지방이나 불가피한 경우에는 쌀 대신 베·무명·돈(大同錢)으로 대납할 수도 있었음.

</td></tr>
<tr><td>1609년</td><td>

【조선】 **기유조약** 임진왜란이후 단절된 국교를 일본의 요청에 의해 13조항의 기유조약을 맺고 국교재개함으로써 무역이 활성화됨

</td></tr>
</table>

연도	내 용
1610년	【조선】 동의보감(東醫寶鑑) 완성. 허준이 저술한 의학서적으로, 선조의 왕명에 의해 시작되어 허준·양예수·이명원등이 한(漢)나라 때에 체계화를 이룬 한의학을 중심으로 민족의학을 정립시키고자 하였으나 정유재란으로 일시 중단되자, 허준이 14년간 일생 사업으로 추진하3여 1613년 11월에 개주갑인자로 인쇄, 간행됨. 이 책은 내과에 관계되는 내경편 4권, 외과에 관한 외형편 4권, 유행성병·급성병·부인과·소아과 등을 합한 잡병편 11권, 약제학·약물학에 관한 탕액편 3권, 침구편 1권, 목차편 2권, 계 25권으로 구성됨. 한국의 7번째 세계기록유산이며, 의학서적으로는 처음으로 등재됨.
1610년	【조선】 유정(惟政 1544~1610) 서산대사의 제자로 임진왜란 당시의 승병장. 임진왜란이 일어나자 서산대사의 격문을 받고 거병, 평양성 탈환작전과 한양 부근의 전투에서 활약했으며, 1604년 일본에 건너가 강화를 맺고 포로로 잡혀갔던 조선인 3000여명을 데리고 귀환했음. 호는 사명당(四溟堂). 본관은 풍천. 속명은 임응규(任應奎). 자는 이환(離幻), 호는 사명당(四溟堂) 또는 송운(松雲), 별호는 종봉(鍾峯). 법명은 유정(惟政). 경상남도 밀양 출신
1615년	【조선】 허준(許浚 ?~1615)조선 최고의 한의학자. 임진왜란 후 질병이 만연하자 일반 백성들이 손쉽게 치료할 수 있는 의학서적 보급에 힘썼고, 또 조선사람의 병은 조선 땅에서 나오는 약재로 치료해야 한다는 신념으로 의학 연구에 몰두, 17년만에 「동의보감」을 완성해 조선의학을 집대성했음. 내의원 어의로 왕실 진료에도 많은 공을 세웠음. 임진왜란 때 선조를 피난지인 의주까지 끝까지 모셔 호종공신(扈從功臣)이 되었다. 본관은 양천(陽川). 자는 청원(清源), 호는 구암(龜巖). 김포 출신.
1617년	【조선】 곽재우(郭再祐 1552~1617) 임진왜란 때의 유생 출신 의병장. 왜군이 침입해오자 경상도 의령에서 의병을 일으켜 의령 합천 창녕 영산 등 여러 고을을 수복했으며 정암진 싸움에서 왜군의 호남진출을 저지했다. 정유재란 때는 경상좌도 방어사로 화왕산성에서 왜군을 막았다. 전후 관직에 나갔다가 정치가 어지러워지자 다시 낙향했다. 홍의를 입고 싸워서 「홍의장군」으로 불리움. 본관은 현풍(玄風). 자는 계수(季綏), 호는 망우당(忘憂堂). 경상남도 의령 출신.
1618년	【조선】 이항복(李恒福 1556~1618) 임진왜란 극복에 활약한 조선의 명재상. 임진왜란이 일어나자 선조를 의주까지 호위했고 명나라에 신속한 구원 요청을 주장했음. 병조판서로 군의 정비에 나서 전란 극복을 이끌었고 광해군 때 인목대비 폐모를 반대하다 귀양지에서 병사했음. 본관은 경주(慶州). 자는 자상(子常), 호는 필운(弼雲)·백사(白沙)·동강(東岡).
1618년	【조선】 허균(許筠 1569~1618) 조선 중기의 정치가이자 뛰어난 문인. 봉건사회의 신분차별과 빈부 격차에 대해 비판의식이 강렬했던 지식인이며, 그가 지은 「홍길동전」은 그런 비판정신과 개혁사상을 반영한 한글소설임. 일찍이 관직에 나갔으나 서얼 출신들과 자주 어울려 국가변란죄로 참수됐음. 허균은 9세 때에 시를 지었으며 학문은 유성룡에게, 시는 삼당시인(三唐詩人)의 하나인 이달에게 배웠다. 본관은 양천(陽川). 자는 단보(端甫), 호는 교산(蛟山)·학산(鶴山)·성소(惺所)·백월거사(白月居士).
1623년	【조선】 인조반정 서인 일파가 광해군 및 대북파를 몰아내고 능양군 종(倧: 인조)을 왕으로 옹립한 사건. 대북파의 도움으로 왕위에 오른 광해군은 당론의 폐해를 없애기 위해 노력하였으나, 이이첨·정인홍 등 대북파의 무고로 친형 임해군과 영창대군을 죽였으며, 또 계모인 인목대비를 유폐하는 패륜을 자행하자 서인인 이귀·김자점·이괄 등이 반정을 모의하여 궁궐을 점령하고 인목대비의 윤허를 얻어 능양군을 왕으로 추대함. 광해군은 서인이 되어 강화도로 유배되고 대북파 이이첨 등은 처형당함. 반정후 논공행상(論功行賞)이 공평하지 못하다 해서 1년 후에 이괄의 난이 일어나게 됨.
1624년	【조선】 이괄의 난 평안병사 이괄이 인조반정의 논공행상에 불만을 품고 반란을 일으킴. 반정계획에 늦게 참여하였다는 이유로 2등 공신으로 대우 받자 반란군을 이끌고 한성을 점령함. 인조는 공주로 피난갔으며 이괄은 선조의 열 번째 아들 흥안군 제(瑅)를 왕으로 추대하였으나 장만이 반란군을 한성 근교의 안령에서 대파하였음. 이괄은 경기도 이천으로 달아났으나 이괄의 부하 기익헌·이수백 등은 자기들의 목숨을 보전하기 위해 이괄·한명련 등 9명의 목을 베어 관군에 투항하여 반란은 평정됨
1627년	【조선】 정묘호란 발생 후금(청)이 조선에 침입하자 인조가 강화로 피신. 인조가 향명배금(명나라를 향하고 금나라를 배척하는 정책)을 추진하자 금나라가 3만명의 병력으로 조선을 침공하고 형제관계의 예를 요구하는등 5개 조항에 합의하고 화의함.
1628년	【조선】 이수광(李秀光 1563~1628) 조선의 학자이자 정치가. 임진왜란 때 왜적과 싸웠으며 주청사로 명나라에 가서 마테오리치의 「천주실의」를 들여와 처음으로 서학을 소개했음. 또 일종의 백과사전인 「지봉유설」을 저술해 사변적인 학문경향을 비판하고 실학적인 학풍을 추구하였음. 본관 전주(全州). 자 윤경(潤卿). 호 지봉(芝峰). 시호 문간(文簡)

한국사 연표별 정리

연도	내 용
1636년	【조선】 **병자호란 발생** 1636년 12월~1637년 1월에 청나라의 제2차 침략 전쟁. 누루하치는 후금을 청으로 바꾸고 1차 침입(정묘호란) 후 양국관계를 형제지국에서 군신지의(君臣之義)로 고칠 것과 황금·백금 1만 냥, 말 3, 000필, 군사 3만을 요구하였으나 조선이 이를 거절하자 10만 대군으로 침공. 인조와 소현세자가 남한산성으로 피신하였으나 혹한과 추위로 군사력이 고갈되어 삼전도(三田渡)에 설치된 수항단(受降壇)에서 태종에게 굴욕적인 항복. **청의 요구사항** ① 청나라에게 군신의 예를 지킬 것, ② 명나라와의 관계를 끊을것 ③ 조선 왕의 장자와 대신의 자제를 선양에 인질로 보낼 것, ④중국황제, 황후·황태자의 생일, 경조 등에 사절을 보낼것, ⑤ 명나라를 칠 때 군사를 보낼것, ⑥ 청나라 군이 돌아갈 때 병선 50척을 보낼 것, ⑦ 양국간 대신들의 혼인을 통해 화의를 굳게 할 것, ⑧ 성을 신축하거나 성벽을 구축 말 것 ⑨ 기묘년(1639)부터 일정한 세폐(歲幣)를 보낼 것 등. 이는 청·일전쟁에서 청나라가 일본에 패할 때까지 계속됨. 10년의 볼모생활 후 환국한 봉림대군은 인조의 뒤를 이어 효종이 되어 볼모생활의 굴욕을 되새기며, 북벌계획을 추진하였으나 사망하여 뜻을 이루지 못함.
1641년	【조선】 **광해군(光海君 1575~1641)** 조선 제15대 국왕. 임진왜란 때 세자로 책봉돼 전란 수습에 힘썼고 즉위 뒤 대동법 실시, 일본과의 국교정상화 등 전후 재건에 나섰으며 명과 후금에 대한 양면외교로 전란 방지에 주력했음. 왕위를 둘러싼 권력투쟁으로 많은 희생을 초래해 폐위됐다. 이름은 혼(琿).
1651년	【조선】 **나선정벌** 조선 효종 때 흑룡강 방면으로 남하하는 러시아 세력을 청나라 군사와 함께 정벌한 일. 나선(羅禪)은 러시아(Russia)를 말함, 러시아가 자원이 많은 흑룡강 지역을 획득하기 위해 청나라와 충돌하게 되자, 청나라는 무기수준이 높은 조선총수병을 요청하였다. 그 결과 조선은 7일만에 적군을 패퇴시켰고. 2차 나선정벌은 흑룡강과 송화강이 만나는 지점에서 '스테파노프'의 러시아 군사와 접전을 벌여 10여 척의 배를 앞세우고 공격해 오는 러시아군에 총과 화전으로 맞서 싸워 대승을 거두었다. 이것이 제2차 나선정벌이다. 나선정벌에 투입된 조선군대는 청나라를 정벌하기 위한 군대이었으나 청나라를 돕는데 활용된 역사의 아이러니적 사건이다.
1653년	【조선】 **하멜, 제주도에 도착** 네덜란드 동인도 회사 소속으로 일행 36명이 제주에 도착하여 억류생활을 하다 일본으로 탈출한 후 14년간 생활을 『하멜표류기』에 저술. 유럽에 조선의 지리, 풍속, 교육, 교역 등을 소개
1658년	【조선】 **김육(金堉 1580~1658)** 현실감각과 개혁정신을 겸비하여 경제정책에 뛰어난 식견을 발휘한 조선 후기의 정치가이자 학자. 나라경제의 형편을 감안, 효종의 북벌정책을 반대하고 대동법 실시를 통한 민생안정을 역설했음. 또 청나라의 수레와 화폐의 이점을 배워 경제를 윤택하게 할 것도 주장함. 본관은 청풍(淸風). 자는 백후(伯厚), 호는 잠곡(潛谷)·회정당(晦靜堂)
1660년	【조선】 **1차예송(禮訟)** 조선 현종 때 궁중의례의 적용문제, 특히 복상(服喪)기간을 둘러싸고 서인과 남인 사이에 크게 논란이 벌어진 두 차례의 사건. 1차 예송(기해예송: 1660년): 효종이 죽자 대왕대비 조씨의 상복문제를 두고 논란이 발생. 효종이 장자인가 차자인가에 따라 상복을 입는 기간이 다르므로 서인은 1년, 남인은 3년복을 주장하다 결국 서인의 주장이 받아들여짐. 2차 예송(갑인예송: 1674년): 효종의 비인 인선왕후가 죽자 다시 대왕대비 조씨의 상복이 문제가 됨. 1차 예송에서 효종의 장자·차자 문제가 애매하게 처리되었으나, 인선대비가 죽으면서 이 문제가 다시 표면으로 떠오름. 효종을 장자로 인정한다면 인선대비는 장자부이므로 대왕대비는 기년복(1년)을 입어야 하고, 효종을 차자로 볼 경우 복제는 대공복(大功服: 9개월)이 되어야 하므로 예조에서는 처음에 기년복으로 정하였다가, 다시 꼬리표를 붙여서 대공복으로 복제를 바꾸어 올렸다. 현종은 예조에서 대공복제를 채택한 것은 결국 효종을 차자로 보고 있음을 의미하는 것이라 하여 잘못 적용된 예제로 판정하고 이후 송시열계의 서인세력이 축출되면서 남인정권이 들어서는 계기가 됨.
1673년	【조선】 **유형원(柳馨遠 1622~1673)** 조선후기 실학자. 임진왜란 이후의 사회적 격변 속에서 동요하는 조선사회를 농민층의 안정을 위해 전면적으로 개혁할 것을 주장한 개혁사상가. 그의 개혁사상은 국가의 세금, 과거, 교육, 군사, 신분제도 등에 걸친 방대한 것이었으나 핵심은 땅없는 농민들에게 땅을 나누어 줄 것을 제안한 균전론(均田論)이었음. 그의 사상은 이익, 정약용 등에게 계승,발전되어 조선후기 실학의 학풍을 이루었음. 본관은 문화(文化). 자는 덕부(德夫), 호는 반계(磻溪)
1677년	【조선】 **공명첩(空名帖)** 실제 역할에 대한 직은 주지 않고 명목상으로만 벼슬을 주던 임명장. 명고신첩이라고도 한다. 나라의 재정이 곤란할 때, 관청에서 돈이나 곡식 등을 받고 부유층에게 관직을 팔 때 관직명·성명을 기입하여 발급하던 일종의 매관직첩이다. 이러한 방법으로 임명된 사람은 실무(實務)는 보지 않고 명색만을 행세하게 하였다. 1677년 이후 큰도 진휼책으로, 임진왜란과 병자호란으로 국가재정이 탕진된 데다 당쟁의 폐해로 국가기강이 문란하였고, 또 흉년이 자주 들어서 많은 백성들이 굶주리게 되자 나라에서는 이를 구제하기 위하여 명예직을 주고 그 대가로 많은 재정을 확보하게 한 것이었다.

연도	내 용
1678년	**【조선】 경신환국(庚申換局)** 남인이 실각하고 서인이 정권을 잡은 사건. 2차 예송에서의 승리로 정권을 장악한 남인은 청남·탁남으로 갈라져 싸우자 염증을 느낀 숙종으로부터는 신임을 얻지 못한 가운데 유악사건으로 남인이 대거 축출된 사건. 유악 사건이란, 허적(남인의 총수)의 조부 허잠의 시호를 맞이하는 잔치를 연날에 숙종의 허락도 없이 군사 용품인 천막(유악油幄; 비가 새지 않도록 기름을 칠한 천막)을 빌려가자 숙종이 분노하여 군권을 남인에서 서인으로 대거 교체함. 이때 서인 중 김석주 등은 허적의 서자인 허견 등이 역모한다고 고발하여 옥사가 일어나는데, 이를 '삼복의 변'(인조의 손자이며 숙종의 5촌인 복창군·복선군·복평군 3형제가 허견과 결탁하여 역모에 가담)이라 함.
1689년	**【조선】 기사환국(己巳換局)** 서인에서 남인으로 정권이 바뀜. 아들이 없었던 숙종은 남인 세력인 장소의(장옥정)가 왕자 윤을 낳자 곧 원자로 삼고 장소의를 희빈으로 책봉하려 하자 송시열 등 서인들이 왕비 민씨가 아직 젊으니 후일까지 기다리자고 주장함. 숙종은 이미 원자의 명호가 결정되었는데 그런 말을 한다는 것은 잘못이라 하여 분하게 여기던 차, 남인 이현기 등이 송시열의 상소를 반박하여 왕의 의견을 좇으니 송시열을 파직시키고 제주도에 유배시킨 후 사사(賜死)하였다. 이 사건 후 갑술옥사 때까지 남인이 정권을 잡았다.
1694년	**【조선】 갑술환국(甲戌換局, 갑술옥사)** 기사환국으로 집권한 남인이 물러나고, 소론과 노론이 다시 장악한 정국. 숙종 20년(1694) 소론의 김춘택 등이 숙종의 폐비 민씨를 복위하기 위한 운동을 일으키자, 이를 계기로 남인의 민암 등이 소론 일파를 제거하려다가 실패하여 화를 당한 사건. 이 사건을 계기로 소론 정권이 성립되고, 남인계는 세력을 잃어 그 뒤 만회하지 못함. 이 사건의 뒷처리 결과 환국 계획에 중인·상인층의 자금이 뇌물 수수의 방법으로 이용된 것이 밝혀졌기에 사회 경제의 영향이 중앙 정치에 영향을 미침을 보여 주는 사례가 됨.
1697년	**【조선】 장길산 봉기** 황해도지방의 구월산을 중심으로 전국적으로 활동한 광대 출신의 도둑. 장길산은 서자, 승려 세력과 함께 봉기하여 거사를 도모하려고 했다. 이는 어지러워진 사회 속에서 사회 하층민들이 새로운 사회를 희구하는 욕망과 맥을 같이 한 사건으로 볼 수 있음. 홍길동, 임꺽정과 달리 장길산은 체포되었다는 기록은 없음.
1701년	**【조선】 장희빈 죽음(~1701)** 본명은 장옥정. 어머니가 여종으로 천인(賤人)의 신분임. 남인의 추천으로 궁에 들어가 숙종의 마음을 사로잡았지만 그 사실이 발각되어 궁에서 쫓겨나게 됨. 명성왕후가 죽자 장옥정은 다시 입궐하여 후궁이 되었으며 인현왕후 민씨와 갈등하게 되었다. 당시 장옥정은 남인 세력이었고 인현왕후는 서인을 대표하였기에 정치적 적대관계였음. 숙종이 장씨와 사이에서 왕자 윤을 낳고 원자로 책봉하자 세자책봉은 불가하다고 상소한 서인의 거두 송시열을 유배시키고 사사(賜死)함. 이로인해 남인이 정권을 잡게 됨(기사환국). 숙종은 인현왕후를 폐출하고 희빈 장씨를 왕비로 올리자 서인들이 이를 반대하는 상소를 올렸다가 참혹한 형벌을 받음. 서인의 김춘택 등이 다시 서인의 집권을 위해 남인들을 역모로 고발하였고 마침내 갑술환국(甲戌換局)으로 서인들이 정권을 잡았다. 숙종은 인현왕후를 복위시키고 장씨를 희빈(후궁)으로 강등시킴. 1701년(숙종 27) 인현왕후가 35세로 요절하자 희빈 장씨가 자신의 거처인 취선당에 신당을 차려 놓고 인현왕후를 저주(왕비의 초상화에 화살을 쏘아 저주한 일화)한 것이 원인이라고 지목되어 사약을 받아 죽음.
1712년	**【조선】 백두산 정계비 건립** 백두산 남동방 4km, 해발 2, 200m에 조선과 청나라 경계를 구분하기 위해 청나라가 경계비를 건립. 백두산이 청조(淸朝) 발상의 영산(靈山)이라 하여 그 귀속을 주장하던 청은 오라총관 목극등을 보내어 국경문제를 해결하자는 연락을 해왔고 조선측의 접반사는 산정에 오르지도 못하고 목극등 자신이 산정에 올라가 일방적으로 정계비를 세웠음. 이 비는 만주사변(滿洲事變) 때 일제가 철거함.
1728년	**【조선】 이인좌의 난** 남인 이인좌를 중심으로 일부 남인 세력과 소론세력이 연합하여 영조를 축출하고 밀풍군을 왕으로 추대하려는 반란이 일어남. 한때 청주성을 장악했으나 안성 일대에서 진압당함. 이 사건을 계기로 영조는 탕평책을 본격화하였음.
1751년	**【조선】 균역법(均役法) 실시** 조선시대 군역(軍役)의 부담을 경감하기 위하여 만든 세법. 종래에 인정당 2필의 군포를 1필로 줄이고 이를 뒷받침하기 위해 어전세·염세·선세 등을 균역청에서 관장하여 보충한다는 등의 균역법이 제정되어 공포되었다. 숙종 때에는 인정 단위로 하지 않고 가호(家戶) 단위로 하여 양반에게도 징포하자는 호포론, 군포를 폐지하고 토지에 부가세를 부과하여 그 비용을 충당하자는 결포론, 양반자제 및 유생에게도 징포하자는 유포론, 군포를 폐지하고 매인당 전화로 징수하자는 구전론(口錢論)과 군문(軍門)의 축소로 군사비를 감축하자는 등 논의가 분분하여 가호당의 호포제와 가호단위의 호전제(戶錢制)가 유력하였다. 그러나 양반층의 강경한 반대로 실현을 보지 못하고, 군포를 반으로 줄이자는 감필론이 대두하였다. 이렇게 하여 군포 1필이 감해졌으나, 군포의 근본적인 성격에는 변동이 없었으므로 군역대상자의 도망은 여전하였으며, 도망자·사망자의 군포가 면제되지 않아 이를 다른 양인이 2중·3중으로 부담함으로써 군포감필 정책은 실효를 거두지 못하였다. 이에 양인들은 계속되는 무거운 군역에 불만을 품고, 철종 때는 농민반란으로 발전하게 되었다.

한국사 연표별 정리

연도	내 용
1758년	【조선】 **신윤복(申潤福 1758~?)** 조선 후기의 새로운 시대 풍경을 담아낸 대표적인 풍속화가. 김홍도의 영향을 받았지만 그와는 달리 가늘고 유연한 필체와 아름다운 색채로 감각적이고 선정적인 그림을 많이 그렸음. 특히 한량과 기녀들의 연정과 같은 남녀간의 애정문제를 주된 소재로 삼았음. 대표작으로는 <미인도>와 ≪풍속화첩≫이 있는데, ≪풍속화첩≫에 수록된 작품으로 <단오도>·<연당의 여인>·<무무도>·<산궁수진>·<선유도> 등이 있음. 본관은 고령(高靈). 자는 입부(笠父), 호는 혜원(蕙園).
1759년	【조선】 **정선(鄭敾 1676~1759)** 조선 산수화의 새로운 경지를 개척한 화가. 중국 산수화를 모방하던 화단의 관행을 깨고 우리 자연을 자신의 눈으로 재구성해 독특한 조선의 아름다움으로 형상화해낸 진경산수의 대가. 대상을 기하학적으로 재구성하고 흑백의 강한 대조를 통한 조화 속에 그 실체가 여실히 드러나도록 한 「인왕제색도」와 「금강전도」는 그의 화풍의 백미임. 본관은 광산(光山). 자는 원백(元伯), 호는 겸재(謙齋)·겸초(兼艸)·난곡(蘭谷).
1762년	【조선】 **사도세자 죽음** 영조의 둘째 아들로 큰 아들 경의군이 10세때 죽자 세자로 책봉되었음. 정치적으로 소론(세자의 장인인 영의정 홍봉한의 세력을 축출하기 위해 영조의 후궁 문씨와 노론의 강경파들이 모함-세자의 비행 10가지를 영조에게 고자질 함)하여 왕세자의 체통을 지키지 못했다 하여 서인으로 폐하고 뒤주에 가두어 죽게 함.
1763년	【조선】 **이익(李瀷 1681~1763)** 조선후기 실학의 학풍을 크게 일으킨 대학자. 그는 지주들의 토지소유를 제한해 빈한한 농민들의 생활을 안정시키고, 봉건적인 신분제도의 족쇄를 철폐할 것을 주장하여 수직적인 봉건사회를 수평적인 사회로 전환하고자 하였음. 또 이중환 안정복 권철신 등 많은 후학들을 길러내 조선후기 실학이 역사학 지리학 경세론 등으로 폭넓게 발전할 수 있는 터전을 마련했다. 본관은 여주(驪州). 자는 자신(自新), 호는 성호(星湖).
1776년	【조선】 **규장각 완성** 정조가 궐내에 설치, 역대 국왕의 시문, 친필의 서화·고명·유교·선보, 보감 등을 보관 관리하던 곳. 규장각은 갑오개혁 때 궁내부에 두었다가 1895년 규장원, 1897년 다시 규장각으로 이름을 환원시킴. 1910년 국권피탈로 이름이 없어지고, 소장된 1911년 조선총독부 취조국으로 넘어감(5, 353부 10만 187책, 각종 기록은 1만 730책). 1912년 총독부의 참사관실로 이관, 1922년 학무국으로 이관되었다가 경성제국대학으로 이관됨(15만 1519권). 광복 후 서울대학교에서 인수하여 관리하고 있음. 【조선】 **영조(英祖 1694~1776)** 조선의 제21대 국왕. 탕평책을 실시하여 당쟁의 폐단을 막고자 했으며 신문고를 부활하고 균역법을 실시해 백성들의 조세부담을 줄이는 등 위민정치를 실현했음. 학문을 좋아해 많은 서적을 편찬토록 했고 문화·예술을 진흥시켰다. 성은 이씨. 이름은 금(衿), 자는 광숙(光叔), 호는 양성헌(養性軒)
1770년~ 1800년	【조선】 **춘향전** 영조·정조 전후의 작품으로 추측되며 작자·연대는 미상이다. 춘향전은 처음에 판소리로 나온 것이 나중에 소설로 정착되었음. 내용은 남원부사의 아들 이몽룡과 퇴기 월매의 외동딸 춘향이 서로 사랑에 빠졌을 때 이도령의 아버지가 서울로 가면서 두 사람은 이별을 하고, 새로 부임한 남원부사 변학도가 수청을 들지 않는다는 이유로 춘향을 옥에 가두었을 때, 서울로 간 이몽룡이 과거에 급제하여 암행어사가 되어 변학도 생일 잔칫날에 어사 출도를 하여 부사를 파직시키고 춘향을 구해내어 백년을 해로한다는 이야기임. 이몽룡이 변학도 생일날 읊은 시 금준 미주(金樽美酒)는 천인혈(千人血)이요, 금동이의 아름다운 술은 일만 백성의 피요 옥반 가효(玉盤佳肴)는 만성고(萬姓膏)라. 옥소리반의 아름다운 안주는 일만 백성의 기름이라. 촉루 낙시(燭淚落時) 민루낙(民淚落)이요, 촛농이 떨어질 때 백성의 눈물이 떨어지고, 가성 고처(歌聲高處) 원성고(怨聲高)라. 노래소리 높은 곳에 원망 소리 드높더라.
1785년	【조선】 **장용영(壯勇營) 설치** 조선시대 왕의 호위를 맡아보던 숙위소를 폐지하고 개편한 국왕 호위 군대이다. 영조가 붕당정치기 서인들에게 빼앗긴 병권을 되찾기 위해 홍복영의 역모사건이 일어나자 왕의 호위를 강화하기 위한 구실로 무사들을 흡수하여 장용위(후에 장용영으로 변경)를 설치하고 병권을 장악하고자 만들었음.
1787년	【조선】 **홍대용(洪大容 1731~1787)** 조선후기 실학자의 한사람으로 특히 천문학 등 자연과학에 조예가 깊었음. 청국을 통해 과학지식을 배워 이미 지구 자전을 알고 있었고, 또 노론 가문 출신이었지만 박지원 박제가 등과 실학사상을 연구, 균전제의 실시를 통한 농민생활의 안정을 주장했으며 신분철폐와 학식과 재능에 따른 직업선택, 교육의 보편화 등 혁신적인 사회개혁론을 제기하였음. 본관은 남양(南陽). 자는 덕보(德保), 호는 홍지(弘之). 담헌(湛軒)이라는 당호(堂號)로 알려짐.
1791년	【조선】 **신해박해(信解迫咳)** 한국 천주교회 역사 최초의 탄압으로 전라도 진산군의 천주교도 윤지충이 그의 외종형 권상연과 같이 부모의 신주를 태운 사건이 발단이 되어 조문 왔던 친척들에 의해 고발됨. 그의 주장은 첫째, 신주는 목수가 만든 나무조각에 불과하고 둘째, 죽은 사람을 위해 음식을 바치는 것은 비논리적이며, 주무시는 동안도 음식을 드리지 않는데 하물며 죽음이라는 긴 잠을 드신 분들에게 음식을 드리는 것은 허례허식이기 때문이라 하였다. 형조는 이들의 죄목에 마땅히 벌줄만 한 법조문이 없어 신주를 불사른 것은 무덤을 파헤친 발총죄에 해당하고 요사스런 글과 사악한 술수로 천주교를 전한 것은 무당의 사술과 같은 사무사술에 해당한다 하여 사형을 선고함. 이는 천주교 탄압을 주장하는 노론벽파의 주장에 힘을 실어주어 천주교도들은 옥에 갇히는 박해를 받음.

한국사 연표별 정리

연도	내 용
1791년	**【조선】안정복(安鼎福 1712~1791)** 조선후기 실학자. 특히 역사연구에 치중했던 그의 저술「동사강목」은 철저한 사실 고증을 바탕으로 우리 역사의 계통을 정통론에 입각해 독자적인 체계로 구성한 조선 후기 대표적인 사서 가운데 하나임. 그는 점진적인 사회개혁론도 제기하였음. 본관은 광주(廣州). 자는 백순(百順), 호는 순암(順庵)·한산병은(漢山病隱)·우이자(虞夷子)·상헌(橡軒). 충북 제천 출신
1799년	**【조선】채제공(蔡濟恭 1720~1799)** 정조의 개혁정치를 보필했던 조선 후기의 명재상. 영조 때에는 노론의 공격으로부터 사도세자 보호에 진력했고, 정조가 즉위하자 그를 도와 왕권 강화를 뒷받침했던 남인계의 거두. 노론세력과 시전상인간 정경유착의 고리를 끊고 자유상업을 허용하기 위해「신해통공」을 실시했으며 천주교에 대해 온건정책을 취해 박해가 확대되지 않도록 막았음. 본관은 평강(平康). 자는 백규(伯規), 호는 번암(樊巖)·번옹(樊翁)
1800년	**【조선】정조(正祖 1752~1800)** 조선 제22대 국왕으로 치열한 당쟁 속에 왕권을 확립하고 민의 지위를 향상시킨 계몽군주. 당쟁의 폐해를 뼈저리게 느껴 탕평책을 추진하는 한편 자신이 직접 백성들의 여론을 청취하고 서얼차별의 폐지와 노비해방을 추진하는 등 혁신적인 개혁정책을 폈음. 또 우리 문화에 대한 자각 속에 각종 서적을 발간하고 학문을 장려해 문화 예술이 크게 발전하는 문예부흥기를 이루었음. 이름은 산, 호는 홍재(弘齋)
1801년	**【조선】신유박해 발생** 천주교도 300여명이 처형되고 400여명이 유배됨. 정조는 생전에 남인과 노론 중 시파를 중용하였고 천주교에 대해서 관대한 정책을 펼쳤으나 정조가 승하하고 순조가 어린 나이에 왕위를 계승하자 할머니(영조의 후비인 정순왕후)가 수렴청정함. 정순왕후는 노론벽파 계열이므로 남인과 시파에 대한 탄압을 추진하기위해 서학에 심취한 사람이 많았으므로 공격 대상을 천주교도로 잡았음. 천주교의 4대 박해 신유박해(1801) 노론 벽파에 의한 대대적 정치적 박해. 정약종, 이승훈, 주문모 순교, 정약용, 정약전 유배 기해박해(1839) 샤스탕, 앙베르, 모오방 프랑스 선교사 순교 병오박해(1846) 김대건 신부 순교 병인박해(1866) 최대 규모의 박해. 9명의 프랑스 선교사와 8000여명 순교. 이는 병인양요의 원인이 됨. 박해의 원인은, 첫째, 사상적으로 유교사상(나라에 충성, 신분중시)과 그리스도교 평등 사상의 충돌 둘째, 사회적으로 조선의 전통적인 예절인 조상의 제사를 거부했다는 것 셋째, 정치적으로 당파 싸움의 방편과 서양 세력의 진출에 대한 거부감
1805년	**【조선】박지원(朴趾源 1737~1805)** 양반사회의 허례허식을 통렬하게 풍자하며 조선사회의 개혁을 주창한 실학자. 양반가문 출신이었지만 형식에 얽매이지 않는 분방한 생활을 하며 고루한 양반들의 세계를 비판하고, 이용후생의 생산발전에 나설 것을 역설. 특히 청나라를 오랑캐로 멸시하는 고루한 생각을 버리고 그 우수한 문물을 수용하자는 북학론을 제기했으며 신분차별의 철폐와 민생안정을 위한 토지제도의 개혁 주장. 본관은 반남(潘南). 자는 미중(美仲) 또는 중미(仲美), 호는 연암(燕巖) 또는 연상(煙湘)·열상외사(洌上外史).
1811년	**【조선】홍경래의난 발생** 몰락한 양반출신 지식인인 홍경래가 우군칙 등을 중심으로 평안도에서 일으킨 농민 반란. 정부에 대항하는 농민군을 이끌어 정주성을 비롯하여 서북 지방 상당수를 지배하고 세력이 최고조에 이르렀을 때는 청천강 이북을 거의 지배했음. 표면적인 이유로는 서북인을 문무 고관에 등용하지 않았다는 것으로, 격문에서 홍경래는 "임진왜란 때 재조(再造)의 공이 있었고, 종묘의 변에는 양무공(정봉수)과 같은 충신이 있었다. 돈암(선우협)·월포(홍경우)와 같은 재사가 나도 조정에서 이를 돌보지 않고, 심지어는 권문세가의 노비까지 서북인을 평한(平漢)이라고 멸시하니 분개하지 않을 수 없다. 국가 완급(緩急)의 경우에는 서북인의 힘을 빌리면서도 4백 년 동안 조정에서 입은 것이 무엇이냐?"라고 주창하여 난을 일으킴. 5개월만에 정부군에 의해 진압되어 홍경래는 총에 맞아 죽고 2,983명이 체포되어 여자와 소년을 제외한 1,917명 전원이 즉석에서 처형되었다. 홍경래의 난은 피폐한 조선 말기의 생활불안과 억울한 감정에서 오는 위정자에 대한 반항이라는 평가도 있음. 1. 배경: 세도정치, 서북인 차별대우, 가뭄과 기근 2. 주도: 몰락양반, 몰락농민, 중소상인, 광산 노동자의 지지 3. 경과: 세도정치와 지주제의 모순 비판→청천강 이북 지역 장악 4. 의의: 19세기 최초의 민란

한국사 연표별 정리

연도	내 용
1812년	**【조선】 홍경래(洪景來 1771~1812)** 평안도 농민전쟁의 지도자. 몰락양반 출신의 지식인으로 세도정권의 전횡과 조선사회의 봉건적 속박을 벗어나기 위해 농민봉기를 일으켜 한때 평안도 일대를 장악했다. 그는 평안도 일대의 지식인, 부호, 지방관리, 농민들을 규합해 변란을 일으켰으나 농민들의 요구를 수렴할 새로운 세상에 대한 비전을 제시하지 못하고 진압됨. 본관은 남양(南陽). 용강(龍岡) 출신.
1818년	**【조선】 목민심서(牧民心書)완성** 정약용이 우리나라와 중국의 역사서중에서 치민(治民)을 관련된 자료를 모아 관리들의 폐해 방지 및 행정 쇄신을 위해 지음. 《목민심서》는 지방관의 윤리적 각성과 농민 경제의 발전을 다룬 것으로, 강진에 귀양 가 있는 동안 저술한 책. 내용은 모두 12편으로 나누고, 각 편을 6조로 나누어 모두 72조로 되어 있다. 제 1편 부임(赴任): 임명을 받음, 부임하는 행장 꾸리기, 조정에 하직하기, 부임 행차, 취임업무를 시작함. 제 2편 율기(律己): 바른 몸가짐, 청렴한 마음, 집안을 다스림, 청탁을 물리침, 씀씀이를 절약함. 제 3편 봉공(奉公): 교화를 펼침, 법도를 지킴, 예의있는 교제, 보고서, 공물 바치기, 차출되는 일. 제 4편 애(愛): 노인 봉양, 어린이를 보살핌, 가난한 사람를 구제함, 상을 당한 자를 도움, 병자를 돌봄, 재난을 구함. 제 5편 이전(吏典): 아전 단속, 관속들을 통솔함, 사람 쓰기, 인재의 추천, 물정을 살핌, 고과제도. 제 6편 호전(戶典): 전정, 세법, 환곡의 장부, 호적, 부역을 공평하게 운영하고, 권농, 흥산에 힘씀. 제 7편 예전(禮典): 제사, 손님접대, 백성을 가르침, 교육을 진흥시킴, 신분 구별, 과거공부를 힘쓰도록 함. 제 8편 병전(兵典): 병역의무자 선정, 군사훈련, 병기 수선, 무예 권장, 변란에 대응하는 법, 외침을 막아내기 제 9편 형전(刑典): 송사 심리, 형사사건의 판결, 형벌의 신중, 백성간 폭력을 금함, 도적의 피해 제거. 제10편 공전(工典): 《경국대전》의 6전을 기준으로 지방관이 실천해야 할 정책을 논함.
1832년	**【조선】 통상요구** 영국 상선 로도 아마스트호, 몽금포(夢金浦) 앞바다에 나타나 외교사상 처음 통상을 요구.
1836년	**【조선】 정약용(丁若鏞 1762~1836)** 조선후기 실학을 근대사회를 향한 개혁사상으로 집대성한 조선시대 최대의 개혁사상가. 그는 무너져 내리는 조선 봉건사회의 모순들과 그 속에서 새롭게 싹트는 시대적 요구를 통찰하여 정치 경제 사회 전반에 걸친 조선사회의 개혁방안을 제시하였음. 그의 개혁사상의 핵심은 신분 제도 철폐에 의한 평등사회 실현과 지주제도 개혁에 의한 농민층 육성에 있었음. 이는 시대적 제약을 뛰어넘어 새로운 사회에 대한 방향과 청사진을 제시하는 것으로서 조선사회가 자생적으로 근대사회로 전환할 수 있는 사상적 토대였다는 점에서 역사적 의미가 큼. 남인계열의 학자인 그는 이익(李瀷)을 사숙함으로써 실학의 학풍을 배웠으며 관료로서 정조의 개혁정치에도 참여하였음. 그러나 정조가 죽자 노론세력으로부터 천주교도로 몰려 강진에 유배되었고, 18년 동안의 유배생활 속에서 자신의 개혁사상을 학문적으로 정리한 「목민심서」「흠흠신서」「경세유표」 등 방대한 연구업적을 남겼음. 본관 나주(羅州). 호는 다산(茶山). 자는 미용(美鏞). 호는 다산(茶山)·사암(俟菴)·여유당(與猶堂)·채산(茶山). 근기(近畿)
1845년	**【조선】 서유구(徐有榘)** 정약용과 함께 조선후기 실학계열의 농업개혁론을 대표하는 학자. 몰락농민의 균산과 안정을 위해 국영농장을 설치하자는 둔전론 등 사회전반의 개혁론을 제시했음. 농촌경제에 대한 깊은 연구 끝에 조선 후기 최대의 농서인 「임원경제지」를 저술. 본관은 달성(達城). 자는 준평(準平), 호는 풍석(楓石)
1846년	**【조선】 김대건 신부 순교** 김대건은 충남 당진에서 출생. 양반집안이었으나 증조부가 천주교를 믿다가 사형을 당하여 산속에서 숨어 살게 되었음. 16살에 프랑스의 모방 신부에게 영세를 받음. '대건'이라는 이름은 마카오에서 유학을 하면서부터 불렸던 이름. 페레올 주교와 함께 귀국한 김대건은 1846년 황해도 연평도로 가라는 주교의 명을 받고 연평도에 도착했으나 신분이 노출되어 포졸들에게 붙잡히고 그해 9월 16일 서울 한강가의 새남터 형장에서 25세의 나이로 순교했고 미사리에 안장됨. 1984년 내한한 교황 요한 바오로 2세가 시성(諡聖: 교회가 공식적으로 어떤 영웅적인 덕행을 보인 그리스도인에게 성인의 칭호를 부여하는 것)을 부여 함. 본관은 김해(金海). 세례명은 안드레아. 초명은 재복(再福), 보명(譜名)은 지식(芝植).
1847년	**【조선】 프랑스와 첫 외교문서 교환** 프랑스 군함 글로아르호는 세실 소장이 전한 국서에 대한 답을 받고자 서해안으로 들어오다가 고군산열도에서 좌초되었으나 정부는 청나라를 통해 그 답신을 전달(서양과의 첫 외교문서)함.
1856년	**【조선】 김정희(金正喜 1786~1856)** 조선 최고의 서예가이자 학자. 청나라에서 금석학을 접하면서 글씨란 옛 비석의 졸박(拙朴)한 맛이 있어야 한다는 서예론을 수용하고 조선 선비 특유의 문기(文氣)를 가미해 독창적인 추사체를 완성해 조선 서예의 극치를 이룸. 매화와 난을 치는데도 능했던 경학과 금석학의 대가로 「실사구시」의 학문 자세를 견지했음. 예산 출신. 본관은 경주. 자는 원춘(元春), 호는 추사(秋史)·완당(阮堂)·예당(禮堂)·시암(詩庵)·노과(老果)·농장인(農丈人)·천축고선생(天竺古先生) 등 503여 종에 이른다.

한국사 연표별 정리

연도	내 용
1860년	**【조선】 동학(東學)창시** 경주출생이며 유학자인 최제우가 창도한 신종교. 유교·불교의 부패와 새로 들어온 서학(천주교)의 세력이 날로 팽창하여 우리의 전통과 충돌하자 이에 대처하여 민족의 주체성과 도덕관을 바로 세우고자 뜻을 품고 양산 천수산의 암굴 속에서 수도하다 수년 만에 '한울님'의 계시를 받아 '동학'이라는 큰길을 깨달음. 동학은 서학에 대응할 만한 동토(東土) 한국의 종교라는 뜻으로, 풍수사상과 유·불·선(仙: 道敎)의 교리를 토대로 하여, '인내천(人乃天) 천심즉인심(天心卽人心)'의 사상에 두고 있음. 여기에는 종래의 유교적 윤리와 퇴폐한 양반사회의 질서를 부정하는 반봉건적이며 혁명적인 성격이 내포되어 있었음. 최제우가 '한울님'으로부터 받았다는 계시는 '동학'이란 교명과 영부(靈符)와 주문(呪文)으로, 영부란 백지에 한울님의 계시에 따라 그린 일종의 부적이며 궁을형(弓乙形)으로 되어 있고. 주문은 13자로 된 시천주조화정 영세불망만사지(侍天主造化定 永世不忘萬事知)의 본주(本呪)와 8자로 된 지기금지 원위대강(至氣今至願爲大降)이라는 강령주(降靈呪) 등이 있음. 영부와 주문은 포교할 시 사용되었는데 예를 들어 주문을 외면서 칼춤을 추고 영부를 불에 태워, 그 재를 물에 타서 마시면 빈곤에서 해방되고, 병자는 병이 나아 장수한다 하였음. 동학은 신분·적서(嫡庶)제도 등을 비판하여 대중적인 호응을 얻어 삼남지방(충청도, 전라도, 경상도)에서 신속히 전파되자 조정에서는 동학도 서학과 마찬가지로 불온하고 민심을 현혹시킨다 하여 1863년에 최제우를 비롯한 20여 명의 동학교도들을 혹세무민(惑世誣民)의 죄로 체포하고 최제우를 사형시킴. 2세 교조 최시형은 경전을 간행하여 교리를 확립하고 교단의 조직을 강화하였고 동학 탄압에 분개하여 동학 농민운동을 배후에서 조종하다 체포되어 처형당함. 3세 교주 손병희(소파 방정환의 장인)는 동학을 천도교(天道敎)로 개칭하여 교세확장에 힘씀. 동학의 한 분파로 시천교(侍天敎: 이용구가 주도)가 있음.
1861년	**【조선】 대동여지도 완성** 김정호(金正浩)의 대동여지도(大東輿地圖) 완성·간행
1864년	**【조선】 김정호(金正浩 ?~1864)** 평생을 조선의 지도제작에 바친 지리학자. 가난 속에 갖은 역경을 딛고 지도제작에 전념, 조선 팔도 전국 방방곡곡의 지형과 거리를 세밀하게 압축시킨 「대동여지도」를 완성하여 조선 지리학계에 가장 큰 유산을 남겼음. 이런 그의 업적은 조선의 수준높은 지도제작 기술을 종합함으로써 가능했던 것. 대동여지도를 만들기 전에 1834년의 한반도지도인 「청구도(보물 1594년)를 만듦. 본관은 청도(淸道). 일명 정호(正?). 자는 백원(伯元)·백온(伯溫)·백지(伯之), 호는 고산자(古山子).
1864년	**【조선】 최제우(崔濟愚 1824~1864)** 동학의 창시자. 몰락한 양반의 후예로 조선 말기의 사회혼란 속에 도탄에 빠진 민중을 구제코자 유교 불교 선교를 통합하여 민족 고유종교인 동학을 창시. '사람이 곧 한울님'이라는 교리하에 양반 상민 구별없는 평등의식을 포교해 상민과 천민 사이에 신도들이 급격히 늘어났으며 이에 당황한 조선정부는 그를 혹세무민의 죄목으로 경상감영에서 처형. 본관은 경주(慶州). 초명은 복술(福述)·제선(濟宣). 자는 성묵(性黙), 호는 수운(水雲)·수운재(水雲齋). 경주 출신.
1866년	**【조선】 병인양요(丙寅洋擾)** 1866년 대원군의 천주교도 학살·탄압에 대항하여 프랑스함대가 강화도에 침범한 사건. 대원군은 병인년(1866)에 천주교 금압령을 내려, 프랑스 선교사 9명과 한국인 천주교도 8,000여 명을 학살하였다. 1월 7일 프랑스 해병 160명은 대령 올리비에의 지휘로 정족산성을 공략하려다가 잠복·대기 중인 양헌수가 이끈 500명 사수들에게 일제히 사격을 받아 사망 6, 부상 30여 명의 손실을 입고 패주하였다. 11월 11일 프랑스군은 1개월 동안 점거한 강화성을 철거하면서, 장녕전(長寧殿) 등 모든 관아에 불을 지르고 앞서 약탈한 은금괴와 대량의 서적·무기·보물 등을 가지고 중국으로 떠났다. 대원군은 이를 계기로 전국에 척화비(斥和碑)를 세우는 등 쇄국양이(鎖國攘夷)정책을 더욱 굳히고, 천주교 박해에도 박차를 가하였다.
1871년	**【조선】 신미양요 발생** 제너럴셔먼호 사건(1866년 대동강을 거슬러 평양까지 올라온 미국 상선 제너럴 셔먼 호를 태워버린 셔먼호사건)을 빌미로 조선에 통상관계를 강요하기 위해 미국 함대가 강화도에 침범함. 함대 사령관인 로저스 제독은 대원군과 교섭이 결렬되어 철수하고 돌아감.
1874년	**【조선】 한국교회사 발간** 프랑스 신부 달레가 최초의 ≪한국교회사≫를 발간함.
1875년	**【조선】 운요호(雲揚號)사건** 일본 군함 운요호가 통상조약체결을 위해 불법으로로 강화도에 침입하여 측량을 구실로 정부동태를 살피다 수비대와 전투를 벌인사건. 문호개방에 미온적인 조선을 자신들이 개항을 강요당했던 그 수법을 조선에 적용 하고자 했음. 포격전의 책임을 조선에 돌리며 개항을 강요하여 결국 강화도 조약을 맺게 한 계기가 됨.

한국사 연표별 정리

연도	내 용
1876년	**【조선】 강화도조약** 조선이 외국과 맞은 최초의 근대적 조약이자 불평등 조약임. 한일수호조약, 병자수호조약 등으로 부르기도 함. 일본은 운요호 사건을 핑계로 조선에 군함과 함께 대사를 보내 1. 조선 정부의 사죄 2. 조선 영해의 자유항행 3. 강화 부근 지점의 개항을 요구함. 고종이 개항을 결정한 이유로는 (1) 세계흐름상 개국을 해야만 할 객관적 조건이 성숙했으며, (2) 일본의 무력시위가 국내의 척화론(명나라와 친하고 청나라를 배척해야 한다는 주장)보다 강력히 작용했고 (3) 쇄국은 민씨파의 실각과 흥선대원군의 득세를 가져오며 (4) 청나라의 개국을 찬성 **강화도 조약은 전문(前文)과 12관의 조목으로 구성됨.** 1. 제1조: 조선은 자주국으로서 일본과 동등한 권리를 가진다(조선에 대한 청나라의 종주권을 부정함으로써 일본의 조선침략을 쉽게 하기 위함). 2. 3개의 항구를 개방, 거류지를 제공(일본은 어떠한 의무도 지지 않음) 3. 일방적인 영사 파견의 권리와 영사 재판권의 설정(일본이 행동에 대해 간섭, 처분할 수 없다는 의미). 4. 일본이 조선의 연해를 자유로이 측량(조선의 바다, 항구 등 침략가능) **의의** 1. 최초의 근대적 조약: 조선이 외국과 체결한 최초의 근대적 조약임. 2. 불평등 조약: 일본의 강압에 의해 체결되어, 조선이 일방적으로 불이익을 당할 수밖에 없는 불평등 조약이었음. 3. 조약 체결 후, 서양 문물의 수입이 활발해졌으나 일본의 간섭이 심해졌음.
1876년	**【조선】 통리기무아문(統理機務衙門)** 조선 후기 군국기밀(軍國機密)과 일반 정치를 총관하던 관청. 영선사, 신사유람단을 청과 일본에 파견하고, 별기군을 창설였으며 미국과 통상수교조약을 체결하였다. 임오군란 결과 대원군이 재집정하면서 통리기무아문은 폐지되고 그 기능은 삼군부(三軍府)로 이관되었다. 대원군이 실각 후 기무처가 되었다가 갑오개혁 때는 외무아문이라는 부서만이 남게 되었다. 동학혁명시 농민들의 개혁 요구와 일제의 내정개혁 강요에 의해 1894년 설치된 관청이 교정청이고, 일제는 친일정부가 들어서자 내정개혁을 담당하고 추진할 부서로 군국기무처를 설치함. 통리기무아문은 교정청과 함께 공존했고 국군기무처는 교정청의 바로 뒤에 들어선 기관임.
1879년	**【조선】 최한기(崔漢綺 1803~1879)** 조선말기의 실학자. 조선 후기의 실학사상을 계승·발전시켜 근대적 개화사상으로 연결시킨 인물. 천문 지리 농학 의학 수학 등 학문 전반에 걸쳐 박식했으며 서양학문과 과학기술 도입에 적극적이었음. 외국과 왕래하면서 그 나라의 문물제도를 취사선택해 문명을 이룩해야 한다는 것이 그의 주장이었으며, 특히 상공업의 발전을 역설하였음. 본관은 삭녕(朔寧). 자는 지로(芝老), 호는 혜강(惠岡)·패동(浿東)·명남루(明南樓)·기화당(氣和堂) 등의 당호도 있다.
1881년	**【조선】 별기군(別技軍)창설** 조선 후기에 두었던 신식군대. 1881년 신체 강건한 80명의 지원자를 특선하여 무위영에 소속케 하고, 그 이름을 별기군이라 하였으며, 이는 중앙에 최초로 창설된 신식군대였음. 교관으로는 일본 공사관 소속 공병소위를 초빙하였음. 이들 별기군은 급료나 피복 지급 등 모든 대우가 구식군대보다 월등하였으므로 당시 사람들은 이들을 왜별기(倭別技)라고 비판하고 이러한 차별대우는 임오군란 발생요인이 됨.
1881년	**【조선】 신사유람단(紳士遊覽團) 파견** 강화도 조약 체결후 수신사 김홍집은 서양의 근대 문명과 일본의 문물제도를 배워야 한다고 주장하여 일본에 파견된 문물 시찰단. 박정양, 조병직, 민종묵 등이 약 3개월 정도 도쿄, 오사카를 방문하여 문교·내무·농상·외무·군부 등 각 성의 시설과 세관·잠업 등을 시찰함. 일본은 이를 계기로 수신사를 매수하여 친일파로 활용함.
1881년	**【조선】 영선사(領選使) 파견** 청나라에 병기 제조와 군사훈련에 대한 자문과 지원을 받기 유학생을 파견하였고 그 인솔자를 영선사(김윤식)라함. 각종 현대 기계와 과학 기술 서적의 유입으로 1883년 삼청동에 근대 병기공장인 기기창을 설치함. **영선사와 수신사 및 신사유람단 비교** **영선사** 　-중 심 인 물: 김윤식 　-파견된 연도: 1881년 　-시 찰 내 용: 청나라 신식병기의 제조 및 사용법을 배우기 위해서 2팀(학도, 공장)으로 구분되어 학도는 화학·전기·제도·외국어 등 이론적인 것을, 공장은 제련·기계조작과 기계모형의 제조법 등을 배웠다.

연도	내 용
1881년	**신사유람단** - 중 심 인 물: 박정양, 엄세영, 강문형, 조병직, 민종묵, 조준영, 심상학, 어윤중, 홍영식, 이원회, 김용원, 이헌영 - 파견된 연도: 1881년 - 시 찰 내 용: 도쿄, 오사카에서 문교, 내무, 농상, 외무, 대장, 군부 등 각 관서의 시설 시찰과 세관, 조폐 등의 중요 부문, 제사, 잠업등의 산업시찰 **수신사** - 중 심 인 물: 1876년 김기수, 1880년 김홍집 - 파견된 연도: 1876년, 1880년 - 시 찰 내 용: 일본의 근대화된 시설, 육해군의 훈련상황, 박물관, 소방훈련상황, 경시청등 방문
1882년	**【조선】 조·미수호통상조약(5월)체결** 조선의 신헌, 김홍집과 미국의 로버트 윌리엄 슈펠트 간에 체결됨. 이 조약은 구미 국가와 맺은 최초의 수호 통상 조약임. 미국은 일본을 통하여 수호 조약을 맺고자 하였으나 여의치 않았고, 청나라 이홍장의 도움과 김홍집을 비롯한 원로대신의 의견이 반영되어 통상 조약을 체결함. 이후의 다른 구미 국가와의 통상 조약 내용도 이것과 비슷하며 최혜국 조항, 치외법권 인정 등의 모순점도 보이지만 상당히 우호적인 점도 있음. 이 조약에 따라서 초대 미국 전권공사(全權公使) 푸트(H. Foote)가 인천에 도착하여 조약에 비준하였고 정부에서도 민영익을 전권대신에 임명하고 부관 홍영식·서광범 등을 미국에 파견하게 됨.
1882년	**【조선】 임오군란(壬午軍亂: 7월)발생** 강화도조약 후 일본의 후원으로 조직한 별기군과의 차별 대우, 봉급미 연체, 불량미 지급에 대한 불만으로 옛 훈련도감 소속 군인들이 일으킨 병란. 우발적인 이 사건으로 흥선대원군이 민씨 정권을 무너뜨리려 하자 민씨가 청나라를 끌어들여 진압함. 이는 대외적으로는 청나라와 일본의 조선에 대한 개입을 확대시키는 국제문제로 변하였고 대내적으로는 갑신정변의 바탕되기도 함. 일본과는 임오군란의 뒤처리로 손해배상금을 주 내용으로 하는 제물포 조약을 체결함으로써 자주권을 잃게 되고 청나라는 원세개의 군대가 조선 군대를 훈련시키고, 마건상과 묄렌도르프를 고문으로 파견하여 조선의 내정과 외교에 깊이 간여하며 조·청상민수륙무역장정(朝淸商民水陸貿易章程)을 체결하여 청나라 상인의 통상 특권을 규정하고, 경제적 침투에 적극적으로 나섬.
1882년	**【조선】 제물포조약(8월 30일)** 임오군란의 사후 처리를 위해 조선과 일본 제국 사이에 체결된 불평등 조약이다. 조약 내용: 50만 원 배상, 일본공사관에 일본경비병 주둔, 공식 사과를 위한 수신사 파견, 주모자 처벌, 일본인 피해자 유족에게는 위문금 지불 등 개화파의 친일화: 일본은 수신사인 박영효, 김만식, 군왕의 밀명을 띤 민영익, 김옥균 등 15명을 극진히 대우하고 당대의 철학자 후쿠자와 유키치와 접촉하게 하여 그의 해박한 근대 지식으로 개화파를 친일 성향으로 만들고 귀국 후 이들이 일본식의 개화와 정치개혁을 단행하고자 갑신정변을 일으킴.
1882년	**【조선】 태극기 사용** 1882. 9. 25 제물포 조약의 사후처리로 일본으로 가는 박영효 일행에게 고종이 조선을 표시할 수 있는 국기모형을 창안하라하여 메이지마루(明治丸)호에서 그린 태극기를 고오베 니시무라야 여관 옥상에 첫 게양 1882. 10. 2 일본에서 발행한 시사신보에 수신사 일행이 가져온 조선왕국의 '조선국기'를 보도 1883. 3. 6 고종황제 '조선국기'를 정식 국기로 선포 1942. 3. 1 대한민국 임시정부에서 국기 이름을 처음으로 '태극기'로 표현함. 1948. 7. 12 제헌국회에서 태극기 국기 채택 통과 1949. 10. 15 대한민국 국기를 결정하고 '국기제작법'을 문교부고시 제2호 발표 1950. 1. 25 국기제작법 제정(문교부 고시 제3호) • 태극기 전체 의미: 평화. 단일. 창조. 광명. 무궁. 조화. 평등을 상징한다. • 흰색 바탕: 평화, 태극원형: 단일, 태극음양: 창조, 건곤: 무궁, 건: 하늘, 곤: 땅), 리감: 광명(이: 태양, 감: 달) • 괘의 3효(爻): 조화 • 태극과 4괘: 평등을 의미함.
1883년	**【조선】 조영(朝英)수호통상 조약, 조독(朝獨)수호통상조약 조인.**
1883년	**【조선】 전환국(典圜局) 설치** 당면한 재정위기를 보완하고 문란해진 통화정책을 정비할 목적에서 독립된 상설조폐기관인 전환국을 서울에 설치함. 21년 동안 주조한 화폐총액은 18,960,658원 87전인데 그 중 백동화는 16,743,522원 65전으로서 주조총액의 88%를 차지함. 백동화의 남발과 위조, 일본에서의 밀수입 등으로 국내의 통화량이 급증, 화폐가치가 폭락하고 물가가 폭등하는 등 국가재정과 경제를 병들게 하였음. 그럼에도 불구하고 전환국의 설립은 조선사회에 근대적 화폐제도를 도입하는데 선구적 역할을 하였음. 1904년 일본인 재정고문 메가타 다네타로에 의해 폐지됨.

한국사 연표별 정리

연도	내 용
1883년	**【조선】 당오전(當五錢)주조 유통** 구리로 만들어졌으며, 엽전 100푼이 당오전 5푼에 해당되는 조선시대 사용되던 화폐. 국가재정의 궁핍을 구하고자 주조하였으며, 1894년 군국기무처에서 새로 화폐를 제정할 때까지 사용됨. 동전으로 앞면에는 상평통보(常平通寶) 뒷면에는 당오라고 표시됨. 발행 후 인플레이션이 초래됨.
1884년	**【조선】 우정국 설치** 한국 최초의 우편행정관서로서, 종래 역참제(몽골 초원에서 말을 탄 전령이 이웃 역까지 소식을 전하는 것이 발전 된 것)를 탈피하여 근대적 통신제도를 도입함. 병조참판 홍영식이 총판(總辦)에 임명됨. 조선정부는 처음으로 일본·영국·홍콩 등 외국과 우편물교환협정을 체결하고, 11월 17일 역사적인 근대적 우편제도의 사무를 서울과 인천에서 개시함. 그러나 12월 4일 우정총국 청사의 개업축하연에서 벌어진 갑신정변으로 12월 9일 폐쇄되었으며, 1895년 우체사가 설치될 때까지 10년 동안은 다시 역참에 의한 통신방법이 계속되었음.
1884년	**【조선】 갑신정변(甲申政變) 발발** 급진 개화파(김옥균, 박영효등)가 청에 의지하는 민씨 정권을 타도하고자 우정국 연회장에서 정변을 일으켰으나 청의 공격으로 실패. 3일 천하라고도 함. **배경** 1. 당오전 발행으로 인플레이션이 되고 경제가 혼란, 2. 청나라가 프랑스에 패배하여 청나라가 조선을 돌볼 여유가 없을 것이라고 믿고 3. 일본 공사의 지원약속으로 혁신정부 수립을 계획함. 추진: 우정국 개국 축하 만찬회시 민씨 정권(사대당 이라고도 함) 요인들을 암살하려 했으나, 민영익에게 중상을 입혔을 뿐 계획은 실패함. 김옥균·박영효 등이 고종에게 사대당과 청국군이 변을 일으켰다고 거짓으로 보고하고, 사대당 일파를 죽이고 각국 공사 및 영사에게 신정부의 수립을 통고하고 14개조 혁신정강을 발표함. 1. 청에 잡혀간 대원군을 조속히 귀국시키고 청에 대한 조공 허례를 폐지할 것. 2. 문벌을 폐지하고 백성의 평등권을 제정하여 재능에 따라 인재를 등용할 것. 3. 전국의 지조법(토지에 부과하는 조세로 곡물로 바침- 수확의 10분의 1)을 개혁하고 관리의 부정을 근절하며 빈민을 구제하고 국가재정을 충실히 할 것. 4. 내시부를 폐지하고 재능 있는 자만을 등용할 것. 5. 부정한 관리중 죄가 심한자는 처벌할 것. 6. 각 도의 환상미(還上米)는 영구히 면제할 것. 7. 규장각을 폐지할 것. 8. 시급히 순사를 설치하여 도적을 방지할 것. 9. 혜상공국(전국 보부상 총괄하던곳)을 폐지할 것. 10. 전후의 시기에 유배 또는 금고된 죄인을 다시 조사하여 석방시킬 것. 11. 4영을 합하여 1영으로 하고, 영 가운데서 장정을 뽑아 근위대를 급히 설치할 것. 육군대장은 왕세자로 할 것. 12. 일체의 국가재정은 호조에서 관할하고 그 밖의 재정 관청은 금지할 것. 13. 대신과 참찬의 날을 정하여 의정부에서 회의하고 정령을 의정, 집행할 것. 14. 정부 6조 외에 불필요한 관청을 폐지하고 대신과 참찬으로 하여금 이것을 심의 처리하도록 할 것. **실패** 민씨 측은 청나라 원세개에게 지원 요청하여, 혁신정강 공포전에 개화파와 일본군을 진압함. 정부는 이를 역모로 규정하여 관련자 처벌함. **결과** 사대당 정부는 더욱 보수적이 되었고 청의 세력이 커지고 청·일 두 나라의 조선 쟁탈전은 더욱 격화되며, 일본의 조선 침략이 본격화됨. 갑신정변을 선동한 일본은 1885년 4월 천진조약을 맺고 청·일 양군의 공동 철병을 결정하여 일본은 병사 150명을 철수, 청나라 병사 3천 명을 철병하여 일본에 유리하도록 함. 일본에 망명한 갑신정변 주역 중 김옥균은 암살. 박영효 서광범, 서재필은 미국으로 망명함.
1885년	**【조선】 거문도 사건** 영국이 러시아의 조선 진출을 막기 위한 명분으로 동양함대에 명하여 거문도를 점령한 사건. 청의 교섭으로 러시아의 조선 불침을 약속받고 철수하였으나 이를 계기로 청나라의 내정 간섭의 빌미가 됨.
1885년	**【조선】 최초의 감리교회 정동교회(貞洞教會) 창립**. 미국인 선교사 헨리 아펜젤러가 1885년 10월 11일에 정동에 있는 자신의 사택에서 한국인 감리교 신자들과 함께 예배를 한 것을 정동제일교회의 시초로 삼고 있다. 정동교회의 벧엘예배당은 1897년에 건축되어 사적 제256호로 지정되었다. 정동에는 초기 개신교 학교인 배재학당과 이화학당이 설립되어 개화기 신교육의 발상지가 되기도 했다. 1919년에는 담임목사 이필주와 전도사 박동완이 민족대표 33인으로 참여하면서 3·1 운동에 적극적으로 동참했다. 3·1 운동에 참가했다가 체포되어 옥사한 이화학당 학생 유관순도 정동교회 신자였다.

한국사 연표별 정리

연도	내 용
1886년	**【조선】 육영공원 설립** 서양제도와 문물을 받아들이기 위한 영어 교습을 목적으로 설립한 최초의 근대적 관립학교. 조미수호통상조약 체결로 인해 영어를 구사하는 지식인이 필요해진 상황과 관련 하여 민영익의 건의와 미국 공사관 포크중위의 알선으로 설립. 육영공원은 좌원(左院)과 우원(右院)으로 나누어, 좌원에는 현직 관리, 우원에는 명문가 자제들을 입학시킴. 영어를 위주로 세계사와 지리, 수학 등 신학문을 가르쳤다. 학교 운영 비용은 인천 등 항구에서 받는 해관세로 충당됨. 초기에는 기숙사 생활을 하였으며, 무료로 운영됨. 3년마다 치루는 시험에 합격해야 졸업을 하게 되고, 학생선발의 제한성, 운영비, 재정 등이 어려워지자 영어학교로 바꿔고 영국인 허치슨(W. F. Hutchison)에게 넘기면서 1894년 폐교되었다. 배재학당(1885년)설립: 미국 목사인 아펜젤러가 세운 한국 최초의 근대식 학교로 그 명맥이 배재중·고등학교 및 배재대학교로 이어짐. 경신학교(1885년)설립: 미국 선교사인 언더우드가 '언더우드학당'이라 하여 무료로 학생을 가르쳤고 현재 경신 중·고등학교의 전신임. 이화학당(1886년): 최초의 사립 여학교로 미국 선교사 스크랜턴이 설립. 고종황제가 [이화학당] 명칭을 하사함.
1886년	**【조선】 한불수호조규(韓佛修好條規) 조인**
1887년	**【조선】 최초로 전기점등(3월)** 경복궁 건천궁에 우리나라 최초로 전기가 들어와 점등됨.
1887년	**【조선】 새문안교회 창립** 한국 최초의 장로교회로 선교사 언더우드(H. G. Underwood)가 정동 자택에서 시작되었으며, 1886년 5월에는 교회 내에 경신학교의 전신인 고아학교 언더우드학당을 설립하여, 독립운동가이며 민족지도자인 송순명, 안창호, 김규식 등을 배출하였다. 1887년 광화문 서편의 돈의문(敦義門), 즉 새문안(新門內)에 있다는 의미에서 새문안교회라고 하였다. 1904년 10월 손순명이 장로가 되면서 한국교회 최초의 당회(堂會)가 구성되었으며, 이때 최초의 한국인 목사 서경조가 협동 목사로 있었고, 1920년 12월 차재명이 한국인 최초의 당회장 목사가 되었다. 1972년 11월 26일 현 위치에 예배당을 신축하였다.
1889년	**【조선】 방곡령(防穀令)실시** 곡물이 타지방이나 외국으로 반출되는 것을 막기 위한 경제정책. 가뭄이나 수해, 민란이나 병란으로 인해 농작물 생산량이 줄어들어 곡식의 가격이 오르는 것을 방지하기 위해 함경도 관찰사 조병식이 한일통상장정 제37관을 근거로 콩의 유출을 1년간 금지시킴. 간혹 장시의 곡물 가격이 외국 상인이 사들이는 가격보다 너무 싸서 장시에 곡물이 풀리지 않을 때에 방곡령이 시행되기도 하였음. 조선 말기에 방곡령은 십여 회에 걸쳐 시행됨.
1889년	**【조선】 유길준의 서유견문록(西遊見聞錄)** 유길준은 일본 미국에서 개화사상을 접하고 귀국하자 김옥균 등과의 친분으로 인해 개화당으로 몰려 구금당하면서 구금기간에 ≪서유견문≫을 집필함. 서양의 근대문명을 소개하고 조선의 실정에 맞는 자주적 '실상개화(實狀開化)'를 주장하였으며, 정부의 역할을 중시한 개혁론을 전개하여 갑오개혁의 이론적 배경을 제시하였음.
1894년	**【조선】 동학(東學)혁명(~1895)** 동학농민운동은 "반봉건적, 반외세적 농민항쟁"이며 지배계층에 대한 항쟁임. 청나라와 일본의 개입으로 결국 실패했으나 후에 3. 1운동으로 계승됨. 제1차봉기: 전라도 고부군수 조병갑이 농민에게 부당한 세금징수(저수지를 만들고 물값징수 등)를 하자 전봉준 등이 관아를 습격하여 징수한 세곡을 빈민에게 돌려주었음. 신임 군수 원명의 무마책에 따라 해산하였으나 안핵사(按覈使: 민란 조사자)인 이용태가 이를 동학도의 반란으로 규정하고 관련자들을 역적죄로 몰자 전봉준과 농민들이 무장을 갖추고 봉기한 것이 '제1차 동학 농민 운동'임. 동학군은 고부→정읍→흥덕→고창→무장→전주성에 입성하고 다음과 같은 '폐정개혁 12개조'를 조정에 요구함. 1. 동학교도와 정부는 원한을 씻고 모든 행정에 협력한다. 2. 탐관오리는 그 죄상을 조사하여 엄히 처벌한다. 3. 횡포한 부호는 엄히 처벌한다. 4. 불량한 유림과 양반의 무리는 벌한다. 5. 노비문서는 불태워버린다. 6. 천인차별을 개선하고, 백정이 쓰는 모자는 없앤다. 7. 젊어서 과부가 된 여자의 재혼을 허용한다. 8. 명분이 없는 세금은 폐지한다. 9. 관리 채용에 지연을 타파하고 인재를 등용한다.

한국사 연표별 정리

연도	내 용
1894년	10. 일본과 내통하는 자는 엄히 처벌한다. 11. 모든 공사채(公社債) 빚은 무효로 한다. 12. 토지는 균등하게 나누어 경작하게 한다. 동학군은 6월 11일 정부와 강화를 맺은 뒤 대부분의 농민은 철수했으나 교세 확장을 구호로 집강소를 설치하고 폐정 개혁에 착수함 **제2차 봉기** 조선 조정이 청나라 및 일본에 군대를 요청하자 일본이 이를 빌미로 조선왕궁을 점령했고 이에 분개한 전봉준, 김개남 등이 다시 봉기를 일으킴. 2차 봉기는 척왜(斥倭)를 구호로 내걸었음. 전봉준이 4천 명의 농민군을 이끌고 삼례에서 일본군을 몰아내고 그동안 전봉준의 봉기에 반대 입장을 보였던 손병희가 충청도 농민군이 합류하자 조선 조정과 일본군은 연합하여 동학군과 대치함. 동학군은 공주의 우금치 전투에서 조일 연합군에 패하고 음력 11월에 전봉준은 순창에서 체포되어 서울에서 사형당함. 동학농민전쟁은 거병한지 1년 만에 실패로 끝남.
1894년	【조선】 **갑오개혁(갑오경장)** 1894. 7~1896. 2월까지 3차로 추진된 개혁운동. 을미사변을 계기로 추진된 제3차 개혁을 따로 분리하여 '을미개혁'이라고도 함. **배경** 일본은 청일전쟁 승리 후 침략정책 추진을 위해 대원군을 앞세워 민비세력을 축출하고, 김홍집을 중심으로 친일정부를 수립하여 국정개혁을 단행함. 제1차 개혁: 대원군의 섭정과 제1차 김홍집내각이 군국기무처라는 임시 합의기관을 설치함. 　군국기무처는 개혁의 주체세력으로 정치제도의 개혁을 단행, 개국기원을 사용하여 청나라와 대등한 관계를 나타냈고, 중앙관제를 의정부와 궁내부로 구별하고 종래의 6조(六曹)를 8아문(八衙門)으로 개편하고 국왕의 인사권·재정권·군사권 등을 박탈 및 축소하고, 과거제 폐지, 일본식 관료제도를 도입함. 　재정의 일원화, 은본위제도 채택, 조세의 금납화, 도량형 개편. 문벌·반상제도, 문무존비 구별의 폐지, 노비매매 금지, 연좌율 폐지, 조혼금지, 과부 재가 허용 등 조선사회의 폐단이었던 여러 제도와 관습에 대해서도 개혁함. 제2차 개혁: 의정부를 내각이라 고치고 7부를 둠. 인사제도는 문무관을 개편하고 월봉제도를 수립, 지방행정구역은 8도를 23부 337군으로 개편, 지방관으로부터 사법권과 군사권을 박탈하여 지방행정체제를 중앙에 예속시키는 근대 관료체제를 갖춤. 　사법제도는 행정기구에서 분리시켜 재판소를 설치하고 2심제 채택. 1심 재판소로서 지방재판소와 개항장재판소를, 2심 재판소로는 고등재판소와 순회재판소를 설치, 왕족에 대한 형사재판을 위해서 특별법원을 둠. 서울에 치안담당을 위해 경무청을 두고 지방은 각 도 관찰사 아래 경무관을 배치하여 행정과 경찰권을 구분함. 그러나 제2차 개혁은 개혁을 추진하던 박영효가 반역음모 혐의로 정계은퇴 후 일본에 망명하면서 끝남. 제3차 개혁(을미개혁): 1985년 김홍집의 친일내각이 추진 평가: 갑오개혁은 일본의 지원으로 추진되었으나 이를 추진한 개화파 관료들이 외교사절단원이나 유학생으로 외국에 있으면서 세계정세를 익히고 일본과 청나라의 개혁 등을 살핀 후 조선에 필요한 개혁방안을 실천에 옮긴 것이므로 자율적인 개혁 의미도 있음. 갑오개혁의 정신은 독립협회운동과 계몽운동으로 이어져 한국의 근대화에 기여하기도 함.
1894년	【조선】 **홍범14조 제정** 갑오경장(갑오개혁) 후 정치 제도의 근대화와 관제의 개혁을 위해 제정된 기본법으로 우리나라 최초의 근대적 헌법임. 이 법은 청으로부터의 독립, 의정부 및 각 아문의 직무·권한의 명백한 규정, 납세법에 의한 조세의 징수, 지방관리의 권한 제한, 민·형법의 제정을 통한 인민의 생명과 재산 보호 등 14개 조항으로 구성되어 있음. 【조선】 **김옥균**(金玉均 1851~1894) 한말 갑신정변을 일으킨 개화운동가. 자본주의 열강의 침략 앞에 나라를 부강하게 하기 위해서는 일본의 메이지유신과 같은 근대화를 추진해야 한다는 생각에서 박영효 서광범 등과 갑신정변을 감행하여 정권을 장악했음. 그러나 청국과 수구세력의 반격으로 삼일천하로 막을 내렸다. 그가 추구했던 근대화는 소수 개화파 관료들이 일본의 힘을 빌어 위로부터 추진하려 했던 것으로 민중의 지지를 받지 못하고 실패로 끝났다.
1894년	【조선】 **집강소(執綱所) 설치** 1894년 동학농민운동 때 농민군이 호남지방의 각 군현에 설치하였던 농민 자치기구. 원래 집강소는 지방행정을 원활히 수행하려고 수령의 보조기구로서 면리 단위에 근원을 두었던 집강에서 유래한 것이지만 이후의 집강소는 농민군의 지방 통치조직으로 한시적이기는 하지만 당시 농민의 계급적 입장을 대표하면서 폐정개혁의 실시를 지향하였다.

한국사 연표별 정리

연도	내 용
1895년	**【조선】을미사변 발생/민비시해** 일본공사 미우라가 친러 성향의 명성황후(민비)를 경복궁에서 일본군과 낭인을 시켜 살해한 사건. **배경** 청일전쟁의 승리자인 일본이 승리 대가로 차지한 중국영토(랴오둥반도, 타이완, 펑후섬)중 랴오둥반도를 러시아·프랑스·독일이 간섭하여(삼국간섭) 반환하므로서 국제적으로 위축되자 조선에서의 세력을 상실하지 않기 위해 정부 실세이며 친러 세력인 명성황후를 살해하고 세력을 만회하려고 한 사건임. 미우라는 황후시해를 위한 음모를 "여우사냥"이라고 불렀으며, 명성황후와 궁녀를 살해한 자들은 데라자키 다이키치(寺崎泰吉)등의 낭인(일정한 직업이 없이 지내는 자)과 미야모토 소위 등 일본 군인들임. 미우라는 황후의 시체를 직접 확인하고 나서 증거를 인멸하기 위해 시신을 화장시킴. 1897년 11월 22일 명성황후는 청량리 홍릉에 안장됨. 이 사건으로 목숨에 위협을 느낀 고종은 러시아 공사관으로 피신(아관파천)하고, 항일의병봉기 및 대한제국 성립의 한 요인으로 평가함.
1895년	**【조선】을미개혁** 을미사변 직후 성립한 김홍집 내각이 전개한 개혁운동. 을미사변을 성공시킨 일본은 고종을 위협하여, 친일파인 김홍집을 중심으로 한 친일내각을 구성하고. 조선의 사회체제를 일본과 동일하게 만들고자 의도함. 주요 개혁내용은 태양력 사용, 종두법 시행, 우체국, 소학교 설치, 1세 1원(一世一元)의 연호 사용(1896년 1월 1일부터 '건양'/建陽이라는 연호 사용), 군제 개혁, 단발령 등이다. 고종이 아관파천 후 김홍집 등 친일파를 파면하고 친러파를 각료로 임명하므로써 친일파 내각이 붕괴되면서 을미개혁 역시 중단됨.
1895년	**【조선】홍범14조 반포** 제2차 갑오개혁 후 고종이 선포한 정치혁신의 기본강령으로 자주독립의 뜻을 담은 우리나라 최초의 헌법이라고 할 수 있다. 그 내용은 다음과 같다. 제1 청나라에 의존하는 생각을 끊고 자주독립의 기초를 확립한다. 제2 왕실규범을 제정하여 왕위 계승은 왕족만이 하고 왕족과 친척과의 구별을 명확히 한다. 제3 임금은 각 대신과 의논하여 정사를 행하고 종실, 외척의 내정간섭을 허용하지 않는다. 제4 왕실 사무와 국정사무를 분리하여 서로 혼동하지 않는다. 제5 의정부 및 각 아문의 직무 권한을 명백히 규정한다. 제6 납세는 법에 의하여 규정하고 함부로 세금을 징수하지 못한다. 제7 조세의 징수와 경비지출은 모두 탁지아문의 관할에 속한다. 제8 왕실의 경비는 솔선하여 절약하고 이로써 각 아문과 지방관의 모범이 되게 한다. 제9 왕실과 관부의 1년간의 비용을 예정하여 재정의 기초를 확립한다. 제10 지방관제를 개정하여 지방관리의 권한을 제한한다. 제11 우수한 젊은이들을 파견시켜 외국의 학술·기예를 받아들인다. 제12 장교를 교육하고 징병을 실시하여 군제의 기초를 확립한다. 제13 민법·형법을 제정하여 인민의 생명과 재산을 보호한다. 제14 문벌을 가리지 않고 널리 인재를 등용한다. ≪홍범14조≫를 통해 청나라에 대한 의존적 태도를 버리고 자주독립의 국가체제를 갖추었으나. 일본의 한국침략 수단으로 사용되었으며, 이후 일본의 내정간섭은 더욱 심화되었다.
1895년	**【조선】전봉준(全琫準 1854~1895)** 근대민족운동의 발전에 큰 족적을 남긴 혁명가. 외세의 침략과 사회적 모순이 극에 달했던 19세기 말의 민족적 위기 속에 보국안민(保國安民)의 기치 아래 농민군을 이끌고 일어나 반봉건 투쟁의 거대한 봉우리를 이루었다. 고부농민들의 항쟁을 전국적인 농민전쟁으로 발전시켜 전주성까지 점령했지만 끝내 일본군과 개화파 정부군의 무력 앞에 패배하여 형장의 이슬로 스러졌다. 녹두장군이라고 불리웠음.
1896년	**【조선】아관파천(俄館播遷)** 명성황후가 시해된 을미사변이후 신변에 위협을 느낀 고종과 왕세자가 1년간 왕궁을 버리고 러시아 공관으로 옮겨 거처한 사건.명성황후의 시해와 단발령의 실시로 전국에서 의병항쟁이 일어나자 이를 진압하기 위해 친위대가 지방으로 이동한 틈을 타 이범진·이완용등 친러파 세력이 자신들의 세력만회와 신변에 불안을 느끼고 있던 고종의 희망에 따라 러시아 공사 베베르와 협의하여 정동에 있던 러시아 공관으로 이동함. 고종은 친일파인 김홍집등 내각을 없애고, 친러 친미파로 내각을 구성함. 신정부는 의병항쟁을 불문에 부치고, 죄수들을 석방하는 등 민심수습에 힘쓰는 한편, 친일정권하에서 일본식으로 개혁하였던 '내각'제도를 '의정부'제로 환원함. 러시아는 이를 계기로 압록강 연안과 울릉도의 삼림채벌권, 경원·종성의 광산채굴권, 경원전신선을 시베리아 전선에 연결하는 권리 등의 이권을 가져감. 이에 구미열강도 동등한 권리를 요구하여 경인 및 경의선 철도부설권 등 중요 이권이 값싼 조건으로 외국에 넘어갔음. 1897년 2월 25일, 고종은 러시아의 영향에서 벗어나라는 내외의 압력에 따라 덕수궁으로 환궁하고 국호를 대한제국(大韓帝國), 연호를 광무(光武)로 고치고, 황제 즉위식을 하여 독립제국임을 내외에 선포함.

한국사 연표별 정리

연도	내 용
1896년	**【조선】 광무개혁(光武改革)** 1896년 아관파천 직후부터 1904년 러일전쟁이 일어나기 전까지 주로 보수파에 의하여 추진된 개혁. **배경** 광무개혁은 주로 윤용선, 박정양, 민영환 등 국왕의 측근으로서 보수적인 인물이 추진하였음. **내용** 구본신참(舊本新參),즉 옛날 것으로 본을 삼고 신식을 참고한다는 복고주의적인 내용이 있음. 단발령의 취소, 23부(府)가 13도(道)로, 내각이 의정부로 환원됨. 복고주의는 왕권의 강화로 이어져 1899년 대한국제(大韓國制)가 제정, 반포되고 국가의 자주독립을 내외에 천명함. 그리고 왕실재정이 악화되자 홍삼의 제조, 백동화 주조의 특허, 수리·관개 및 광산사업을 통하여 재정수입을 증대시키고자 하였다. 군사력에서 서울의 친위대가 개편되어 2개 연대로 증강되고, 시위대가 창설되었으며, 호위군도 호위대로 개편되었다. 외교적인 노력으로 블라디 보스토크·간도지방으로 이주한 교민들을 보호하기 위하여 해삼위통상사무·북간도관리가 설치되었고, 북간도의 영토편입을 시도하며 청나라와 통상조약을 체결하였음. 양전사업(量田事業)이 전후 두 차례에 걸쳐서 전국 토지의 약 3분의 2에 달하는 218개 군을 대상으로 추진되었다. 양전사업이 시작되면서 지계(地契) 발급사무도 시작되었다. 이 지계는 입안제도(立案制度)를 근대적 소유권 제도로 발전되었다. 상공업 진흥정책으로, 정부 스스로가 제조공장을 설립하거나 민간제조회사의 설립을 지원하는 것, 유학생을 해외에 파견하거나 기술교육기관을 설립하여 근대적 기술을 습득하게 하거나 기술자 장려책을 폈음. 또 경제생활의 기준이 되는 도량형제도를 제정, 실시되었다. 각 지역간의 거리를 단축시키고 그 장벽을 무너뜨리는 통신·교통시설도 개선했다. 서울·인천·평양·개성 등지에 전화가 개설되었고 외국 자본과 기술에 의존하여 경인선·경부선·경의선 등의 철도가 개통되었다. 사회적인 면에서는 호적제가 시행되고 순회재판소가 설치되었으며, 종합병원인 제중원, 구휼기관인 혜민원 등이 들어섰다. 또 관원들은 관복으로 양복을 입게 되었으며, 1902년에는 단발령이 다시 내려져 관원·군인·경찰 등을 대상으로 상투를 잘랐다. 광무개혁의 취약점으로는 정부와 대립세력인 독립협회의 시정개선 건의를 수렴하지 못한 것, 재정적 뒷받침 없이 개혁을 추진한 것, 민중의 경제생활과 국가재정을 희생시키고 부정부패를 조장시키는 가운데 왕실재정을 개선한 것, 철도의 부설 등이 외국인에게 특허되어 그 기술과 자본에 의하여 이루어졌다는 것 등이다. 왕권의 전제화를 예외로 한다면, 국가의 자주독립과 근대화를 지향하여 비교적 외세의 간섭을 받음이 없이 자주적으로 추진되었으며, 갑오·을미개혁의 방향을 대체로 계승하였다는 점에 주목할 필요가 있다. 이러한 점이 광무개혁의 역사적 의의를 설명해 줌과 동시에, 앞서 이루어진 갑오개혁과 을미개혁을 긍정적으로 평가할 수 있는 논거를 제시해 준다.
1896년	**【조선】 독립신문창간(1896. 4. 7~1899. 12. 4)** 우리나라 최초의 민간 신문. 서재필 창간, 한글을 전용함 **한국 신문 역사** 　15세기경　'조보'또는 '기별'이라는 관보성격(국왕동정, 관리임면)의 필사신문이 있었음 　한성순보　1883년 10월 31일 창간, 1884년 중단 　　　　　　　한국 최초의 근대신문, 박문국에서 발간, 개화파들이 해외 동향 보고, 한문으로만 기사 작성 　독립신문　1896년 4월 7일 창간, 1899년 폐간: 언론계는 ≪독립신문≫창간일인 4월 7일을 **신문의 날**로 정함. 　황성신문　1898년 창간, 1910년 폐간 　서울신문　1904년 창간, 창간 당시 제호는 ≪대한매일신보≫ 　경성일보　1905년 창간, 1945년 폐간 　조선일보　1920년 3월 5일 창간, 1945년 복간 　동아일보　1920년 4월 1일 창간, 1945년 복간 　경향신문　1946년 창간, 1960년 복간 　한국일보　1954년 창간 　중앙일보　1965년 창간 　한 겨 레　1988년 창간 　국민일보　1988년 창간 　세계일보　1989년 창간

한국사 연표별 정리

연도	내 용
1896년	**【조선】독립협회 설립** 한국 최초의 근대적인 사회정치단체. 외세에 의존하는 정부 정책에 반대하는 지식층이 참여하여 자주독립과 내부개혁을 표방하고 활동하면서, ≪독립신문≫을 발간하여 대중계몽에 나섰다. 서재필, 이상재·이승만·윤치호 등이 참여하였으며, 발족 당시에는 이완용 등 정부 인사도 참여하였다. 초기에는 민중계몽에 힘쓰다 정치문제에 관심을 갖고 활동하였으며, 영은문(迎恩門) 자리에 독립문을 세워 독립정신의 상징으로 삼기도 하였고 1898년 만민공동회를 개최하여 시국에 대한 '6개조 개혁안'을 고종에게 주청하였으나 정부 요원이 "독립협회가 황제를 폐하고 공화제를 실시하려 한다"고 모함하고 이상재 등 협회 간부를 체포하고 어용단체인 황국협회를 시켜 부보상 수천 명을 동원해 협회 회원들에게 테러를 가하게 하여 유혈사태를 빚었다. 이에 흥분한 민중은 고관의 집을 습격하는 등 소란을 일으키게 되자, 고종은 내각을 개편하고 양 협회 대표자에게 그들의 요구를 모두 수용할 것을 약속하고 해산을 명하였다. 이로써 협회는 해산되었으나, 그 후 만민공동회라는 이름으로 존속하다가 1898년 말 해산하였고, 그 후 대한자강회와 대한협회로 그 정신이 이어졌다.
1896년	**【조선】김홍집(金弘集 1842~1896)** 한말의 정치가. 개항 이후 외교관계를 담당했던 관료출신으로 갑오개혁 때에는 친일내각의 총리대신으로서 근대화정책을 추진했던 핵심인물. 을미 사변 후 단발령 시행 등 과격한 개혁정책을 실시하다 아관파천으로 실각했고 성난 군중에 의해 살해됐음.
1897년	**【대한제국】대한제국(大韓帝國)** 1897년 10월 12일부터 1910년 8월 29일까지 존속하였던 조선왕조의 국가. **성립과정** 갑오경장으로 집권한 개화파는 중국 연호 폐지, 조선왕조의 개국기년 사용, ≪홍범14조≫를 통해 조선국왕은 중국황제와 대등한 지위임을 공포하고 국호를 대조선국(大朝鮮國)으로 개칭을 추진하였으나 아관파천이 일어나 중단됨. 고종의 환궁 뒤 개화파와 수구파들이 칭제건원(稱帝建元)을 다시 추진하여 1897년 8월 16일 건양을 광무(光武)로 고쳐 건양 2년을 광무 원년으로 고치고 원구단에서 1897년 10월 12일 황제즉위식을 거행하고 조선의 국호를 대한제국으로 고쳐 내외에 선포하여 자주독립국가임 천명함. **체재 논쟁** 대한제국의 성립 후 개화파인 독립협회는 입헌대의군주제를 주장하고 집권한 친러 수구파는 전제군주제 유지를 주장하였으나 고종은 전제군주제를 입헌대의군주제로 개혁하면 군권이 감소된다는 수구파의 주장에 설득당하여 전제군주제 주장을 지지함. **대한제국의 국제** 수구파 정부는 독립협회를 해산한 뒤 ≪대한국국제(大韓國國制)≫를 제정, 공포했음. 전문 9조의 내용은 '대한제국'은 자주독립국가이며, 황제가 무한한 군권을 가지는 전제군주제을 밝힘. 황제는 육해군 통수권, 입법·행정·사법권 등 모든 권한을 장악하며, 황제권을 제한할 수 있는 어떠한 조항도 두지 않음. **대한제국의 정책** 정책방향은 구본신참(옛 제도를 근본으로 하고 새로운 제도를 참작). 중점은 황제권을 강화하고, 국방보다는 황실 호위병력의 증가에 군사정책을 집중했고, 경제면에서는 광산·철도·홍삼제조·수리관개사업의 수입을 정부예산과 분리하여 황제의 수입으로 삼았음. 상업과 공장설립은 정부 승인 제도로 운영하여, 민간산업을 억제하고 황실직영 업종을 지정함. **대한제국 해체** 수구파 정부가 친러적인 성향을 띠자 일본은 러시아와의 전쟁을 선포하고 서울을 점령한 후 대한제국을 위협하여 한일의정서를 체결하였음. 이를 시작으로 1904.7월에는 군사경찰훈령을 만들어 치안권을 빼앗고 8월 22일에는 한일외국인고문용빙에 관한 협정서로 재정권을 빼앗아갔고, 1905년 11월 17일에는 을사조약을 체결하여 외교권을 강탈하였음. 1910년 8월 22일 한일병합조약이 강제 체결되고, 같은 해 8월 29일 공포됨으로써 대한제국은 사라짐.
1898년	**【대한제국】최초의 영화상영** 미국인 이스트 하우스가 남대문에서 프랑스 파테사의 단편영화 '가스등'을 상영
1898년	**【대한제국】한성전기회사 설립** 이근배, 김두승 이름으로 한성전기회사 설립(지금의 한국전력공사)
1898년	**【대한제국】황국중앙총상회 결성** 경성의 각 시전 상인들이 회원이 되어 외국상인의 침투에 대항하여 민족적 권익을 수호하여, 그 안에서 상인의 이익을 확보하기 위한 단체
1898년	**【대한제국】흥선대원군(興宣大院君 1820~1898)** 고종의 생부로 나이 어린 고종을 대신하여 10년 동안 집권하며 안동김씨 세도정치 타파, 탐관오리 척결, 서원 철폐 등 과감한 개혁정치로 조선말의 어지러운 정국을 혁신시킨 정치가. 쇠약해진 왕실의 부흥과 민생 안정이 그의 정책의 핵심. 또 대외적으로 쇄국정책을 취해 서양의 침략을 격퇴했으나 서구문물 수용과 근대화에는 장애를 초래함.

<table>
<tr><th colspan="2" align="center">한국사 연표별 정리</th></tr>
<tr><td align="center">연도</td><td align="center">내 용</td></tr>
<tr><td align="center">1898년</td><td>

대원군의 개혁 왕실의 권위 회복과 왕권중심의 봉건체제를 안정시키는데 목적
1. 비변사를 폐지하고 의정부의 기능 부활
2. 경복궁 중건하였고 이를 위해 원납전 징수, 당백전 발행
3. 삼군부를 설치하여 국방력 강화
4. 서원을 철폐 하여 600여개를 없애고 47개소만 남음.
5. 삼정개혁: 문란해진 삼정을 개혁함.
    전정 토지대장을 정리하여 숨겨진 토지를 찾아내어, 지주들의 세금 탈루를 회수하였으며
    군정 군역의 의무를 양반한테도 적용하는 호포제를 시행하여 일반 백성의 부담을 줄여주었으며
    환곡 국가가 부패하게 운영한 환곡제를 향촌의 덕망있는 사람이 운영하는 사창제로 실시함.
</td></tr>
<tr><td align="center">1899년</td><td>

【대한제국】 **활빈당 활동(1899년~1904년)** 남부지방에서 일어난 가장 강력한 농민군 집단 세력.
동학 농민 전쟁 후 일부 농민군들이 을미사변때 의병 운동에 가담했고 이후에 독립협회와 만민공동회의 운동에 참여하다가 실패하자 허균의 소설 『홍길동전』을 사상배경으로 결성하여 남부지방에서 부호의 재물을 탈취하여 빈민에게 나누어 주는 활빈(活貧) 투쟁을 함. 활빈당 운동은 1905년 이후의 의병운동에 연결되어 의병으로 흡수되었음.
</td></tr>
<tr><td align="center">1899년</td><td>

【대한제국】 **대한국 국제(大韓國國制)반포** 1899년(광무 2년) 8월 14일에 반포된 한국 최초의 근대적 헌법임. 대한제국이 수립된 이후 황권을 강화하고 통치권을 집중하기 위해, 법규교정소 총재 윤용선 등이 전문 9조의 국제를 기초하여 황제의 재가를 받아 확정함. 이에 따르면, 황제는 무한 불가침의 군권을 향유하여 입법·사법·행정·선전(宣戰)·강화·계엄·해엄에 관한 권한을 가지는 것으로 규정하고 있다.
대한국 국제의 전문내용
제1조　대한국은 세계 만국에 공인되온 바 자주 독립하온 제국이니라.
제2조　대한제국의 정치는 이전부터 오백년간 전래하시고 이후부터는 항만세 불변하오실 전제 정치이니라.
제3조　대한국 대황제께옵서는 무한하온 군권을 향유하옵시느니 공법에 이르는 바 자립 정체이니라.
제4조　대한국 신민이 대황제의 향유하옵시는 군권을 침손할 행위가 있으면 그 행위의 사전과 사후를 막론하고 신민의 도리를 잃어버린 자로 인정할지니라.
제5조　대한국 대황제께옵서는 국내 육해군을 통솔하옵셔서 편제를 정하옵시고 계엄·해엄을 명령하옵시니라.
제6조　대한국 대황제께옵서는 법률을 제정하옵셔서 그 반포와 집행을 명령하옵시고 만국의 공공한 법률을 효방하사 국내 법률로 개정하옵시고 대사·특사·감형·복권을 명하옵시느니 공법에 이른바 자정율례이니라.
제7조　대한국 대황제께옵서는 행정 각 부부(府部)의 관제와 문무관의 봉급을 제정 혹은 개정하옵시고 행정상 필요한 칙령을 발하옵시느니 공법에 이른바 자행치리이니라.
제8조　대한국 대황제께옵서는 문무관의 출척·임면을 행하옵시고 작위·훈장 및 기타 영전을 수여 혹은 체탈하옵시느니 공법에 이른바 자선신공이니라.
제9조　대한국 대황제께옵서는 각 국가에 사신을 파송 주찰(駐紮)케 하옵시고 선전·강화 및 제반약조를 체결하옵시느니 공법에 이른바 자견사신이니라.
</td></tr>
<tr><td align="center">1899년</td><td>

【대한제국】 **경인선 철도 완성(9월 18일)** 대한민국 최초로 만들어진 철도임. 서울시 구로역과 인천시 중구의 인천역까지의 총 연장 27km의 노선을 뜻함. 1897. 3. 22에 미국인 J. R. 모스가 부설권을 얻어 인천 우각현에서 착수하였으나 자금부족으로 중단된 후 일본회사가 공사를 완공하여 개통됨. 최초 개통시 노선은 현재의 노량진역에서 제물포역이었으며, 현재의 제물포역과 개통 당시의 제물포역은 전혀 다른 역이며, 현재의 도원역 인근이다. 구로역 이북은 경부선에 포함됨.
</td></tr>
<tr><td align="center">1900년</td><td>

【대한제국】 **한강철교 준공** 서울 용산구 이촌동과 동작구 노량진동을 연결하는 철도교. A·B·C의 3개선으로 이루어져 있다. 길이는 A선(가운데 다리)1, 110.25m, A선은 한강에 놓인 최초의 다리로 1897년 3월에 착공하여 1900년 7월에 준공, B선(1911년 7월~12년 9월 준공), C선(1930년대 초~1944년 6월 준공). 6·25전쟁시 1950년 6월 3선이 모두 폭파된후 1957년 7월에 C선을 복구하고, 1969년 6월에는 3선이 완전 복구됨.
</td></tr>
<tr><td align="center">1900년</td><td>

【대한제국】 **장충단(獎忠壇) 설치** 고종이 을미사변 때 순국한 훈련대 연대장 홍계훈 이하 여러 장병들의 제사 단(壇)을 설치하여 연 2회 제사를 지냄. 1908년 이후에는 제사가 폐지되고 제단도 6·25전쟁 때 소실되었으며 지금은 순종의 친필인 '獎忠壇'이라는 비석이 남아 있음. 일본이 민족정신 말살정책에 의해 벚꽃 등을 심어 장충단을 공원화함.
</td></tr>
<tr><td align="center">1901년</td><td>

【대한제국】 **이재수의 난(제주민란)** 일본 수산업자측과 결탁한 이재수 등이 프랑스 선교인 및 천주교도와 결탁한 정부 관리간의 과도한 세금징수와, 무리한 선교활동에 반발하여 난을 일으킴. 수백명의 교인을 죽였으나 정부에 진압당하여 사형당함. 천주교인은 황사평에 안장되어 있음, 프랑스의 반발로 배상금을 지급하였음.
</td></tr>
</table>

한국사 연표별 정리

연도	내 용
1901년	【대한제국】 **증산교(甑山敎) 창시** 강일순(호: 증산)이 전라도 정읍에서 창시. 신과 인간은 서로 다른 존재가 아님을 주장하였으며 저서로 ≪현무경≫이 있음. 동학농민운동이 실패로 끝난 뒤 강일순은 구세제민(救世濟民)에 뜻을 두고 전국을 떠돌던 중, 1901년 김제 모악산 대원사에서 깨달음을 얻음. 증산교의 기본 교리로는 천상의 신명세계를 통일하기 위한 신도공사(神道公事), 땅의 기운을 통일하기 위한 지운통일공사(地運統一公事), 새로운 세계질서를 세우기 위한 세운공사(世運公事), 새로운 통일종교의 출현을 위한 도운공사(道運公事)로 세분됨. 39살의 나이로 죽은 뒤 그의 부인 고판례가 1911년 흩어진 교인들을 모아 정읍 대흥리에서 증산교라는 공식 교단을 출범시킴. 일제의 탄압과 1936년의 유사종교 해산령으로 인해 해산된 후 일부가 지하로 들어가 활동하였고 대표적인 교단으로는 증산도·대순진리회·태극도 등이 있음.
1903년	【대한제국】 **황성기독교청년회(YMCA, Young Men's Christian Association)발족** 언더우드. 아펜젤러 등과 이상재, 윤치호 등이 참여. 2. 8독립선언의 산실로 독립운동에 큰 영향을 미침. 1955년 대한기독교 청년회로 개칭(YMCA)됨. YMCA는 1844년 런던 상점의 점원인 조지 윌리엄스가 12명의 청년들과 함께 산업혁명 직후의 혼란한 사회 속에서 젊은이들의 정신적·영적 상태의 개선을 도모하고자 설립하였음
1904년	【대한제국】 **한일의정서(2. 23일) 조인** 일제의 식민지화 1단계 조치로 일본군의 군사상 편의시설을 제공 등의 내용이 포함됨. 일본은 러일전쟁때 긴 병참보급 문제 해결과 대한제국의 친러적 정부 성향을 타파하기 위해 황성을 점령하고 한국을 일본의 군사기지로 제공하도록 강요한 조약 한일의정서 조약전문 제1조　한·일은 항구불역할 친교를 보지(保持)하고 동양의 평화를 확립하기 위하여 한국은 일본정부를 확신하고 시정의 개선에 관하여 그 충고를 들을 것. 제2조　일본정부는 대한제국의 황실을 확실한 친의(親誼)로써 안전·강녕(康寧)하게 할 것. 제3조　일본정부는 대한제국의 독립과 영토보전을 확실히 보증할 것. 제4조　제3국의 침해나 혹은 내란으로 인하여 대한제국의 황실안녕과 영토보전에 위험이 있을 경우에는 일본정부는 속히 임기응변의 필요한 조치를 행할 것이며, 그리고 대한제국정부는 일본정부의 행동이 용이하도록 충분히 편의를 제공할 것. 일본정부는 전항(前項)의 목적을 성취하기 위하여 군략상 필요한 지점을 임기 수용할 수 있을 것. 제5조　한·일정부는 상호의 승인을 경유하지 아니하고 후래(後來)에 본 협정의 취지에 위반할 협약은 제3국간에 정립(訂立)할 수 없을 것. 제6조　본협약에 관련되는 미비한 세조(細條)는 대한제국외부대신과 대일본제국대표자 사이에 임기협정할 것.
1904년	【대한제국】 **제1차 한일 협약(8월 22일)** 정식 명칭은 '한일 외국인 고문 용빙에 관한 협정서'로 **협약내용은** 1. 대한 정부는 대일본 정부가 추천하는 일본인 1명을 재정 고문으로 하여 대한 정부에 용빙하고, 재무에 관한 사항은 일체 그의 의견을 물어 실시할 것. 2. 대한 정부는 대일본 정부가 추천하는 외국인 한명을 외무 고문으로 하여 외부에 용빙하고, 외교에 관한 요무는 일체 그 의견을 물어 실시할 것. 3. 대한 정부는 외국과의 조약 체결이나 기타 중요한 외교 안건, 즉 외국인에 대한 특권 양여와 계약 등의 처리에 관해서는 미리 대일본 정부와 토의할 것.
1905년	【대한제국】 **일본, 독도(獨島)를 강점(1905. 2. 22) 다케시마(竹島)로 명명.**
1905년	【대한제국】 **화폐개혁(貨幣改革)** 정책적 혹은 경제적 목적을 달성하기 위해 인위적으로 화폐가치를 조절하는 것. 우리나라는 4차례 화폐개혁이 있었음. 1차 화폐개혁(1905년) 일본이 조선에 대한 경제침탈을 목적으로 행해진 개혁사업 2차 화폐개혁(1950년) 1950년 6월 설립된 한국은행이 1950년 7월 피난지인 대구에서 처음으로 한국은행권을 발행하였다. 한국은행권은 조선은행권과 함께 사용되고 있던 가운데 전쟁 중 불법으로 발행된 화폐의 남발과 북한 화폐의 유통으로 경제가 혼란스럽게 되자 정부는 대통령 긴급명령 제10호로 「조선은행권 유통 및 교환에 관한 건」을 공포하여 조선은행권의 유통을 금지하고 이를 한국은행권으로 등가교환하였음. 교환대상액 777억 원 중 720억 원의 조선은행권이 한국은행권으로 교환됨. 3차 화폐개혁(1953년 2월 17일) 이 화폐개혁은 한국전쟁 중 남발된 통화와 그에 따른 인플레이션을 수습하기 위해 실시되었다.

<table>
<tr><td colspan="2" align="center">한국사 연표별 정리</td></tr>
<tr><td align="center">연도</td><td align="center">내 용</td></tr>
<tr><td align="center">1905년</td><td>주요 내용은
첫째, 화폐단위를 원(圓)에서 환(圜)으로 변경(100원→1환)하고 환표시의 은행권 및 주화만을 법화로 인정.
둘째, 원표시의 은행권과 전표시의 조선은행권 등 구화폐의 유통을 금지한다. 1953년 2월 17일부터는 다섯 종류의 새로운 한국은행권이 발행되면서 우리나라 화폐의 완전한 독자성이 확보되었다.

4차 화폐개혁(1962년 6월 10일) 이 화폐개혁은 외국원조가 줄어들자 자립경제 확립을 위해 1962년 발표된 「경제개발 5개년계획」을 효과적으로 달성하기 위해서 긴급금융조치를 단행하였다. 긴급통화조치에서는 환(圜)표시의 화폐를 원(圓)표시로 변경(10환→1원)하고 환의 유통과 거래를 금지하였으며, 또한 구권과 구권으로 표시된 각종 지급수단을 6월 17일까지 금융기관에 예입토록 하고 후속조치로 금융기관의 신규예금은 물론 기존예금에 대해서도 봉쇄계정에 동결토록 하였다.</td></tr>
<tr><td align="center">1906년</td><td>【대한제국】 통감부 설치 1906.2~1910.8까지 일제가 한국을 완전 합병할 목적으로 설치한 감독기관으로 정부조직의 행정기구가 아니면서 한국 정치에 간섭하고 감독하는 우월적 기구(초대 통감 이토우 히로부미(伊藤博文))임. 1907년 6월에는 헤이그 특사사건을 계기로 고종황제를 퇴위시키고 순종을 즉위시킴. 이완용의 친일내각을 위협하여 한일신협약을 체결하고, 그에 따라 일본인 차관을 각부에 배치하여 외교와 내정을 통감이 자의적으로 지휘할 수 있도록 차관정치(次官政治)를 시행하였음. 결국 한국은 외국인에 의한 반식민지화가 됨. 이어서 한국 군대의 강제 해산, 사법권 및 감옥사무를 빼앗았으며 이어 경찰권마저 박탈함. 통감부는 한국의 모든 자주권을 도절(盜竊)하는 역할을 5년간 자행하였음.</td></tr>
<tr><td align="center">1906년</td><td>【대한민국】 최익현(崔益鉉 1833~1906) 외세 침략에 위정척사(衛正斥邪)로 일관한 한말의 유학자이자 의병장. 이항로의 제자로 개항을 극력 반대하는 상소를 올렸고 단발령에도 반대하다 투옥됨. 을사조약이 체결되자 전라도에서 의병을 일으켰으나 체포돼 유배지 대마도에서 단식끝에 아사함. 본관은 경주(慶州). 자는 찬겸(贊謙), 호는 면암(勉菴). 경기도 포천 출신.</td></tr>
<tr><td align="center">1907년</td><td>【대한제국】 정미7조약(3차 한일협약, 7월 24일) 일본이 한국을 강점하기 위한 예비조처로 체결한 7개 항목의 조약. 을사조약에 의하여 외교권을 박탈하고 통감부를 설치하여 여러 가지 내정을 간섭해오던 일본은 헤이그특사 파견사건을 계기로 하여 사건의 책임을 고종에게 물어 퇴위시키고 순종이 즉위하자 한국군대의 해산, 사법권의 위임, 일본인 차관(次官)의 채용, 경찰권의 위임 등을 골자로 하는 협약을 요구함.
조약의 내용은
제1조 한국정부는 시정개선에 관하여 통감의 지도를 받을 것.
제2조 한국정부의 법령제정 및 중요한 행정상의 처분은 미리 통감의 승인을 거칠 것.
제3조 한국의 사법사무는 보통 행정사무와 이를 구분할 것.
제4조 한국고등관리의 임면은 통감의 동의로써 이를 행할 것.
제5조 한국정부는 통감이 추천하는 일본인을 한국관리에 용빙할 것.
제6조 한국정부는 통감의 동의없이 외국인을 한국관리에 임명하지 말 것.
제7조 1904년 8월 22일 조인한 한일외국인 고문용빙에 관한 협정서 제1항을 폐지할 것.
이 조약은 을사조약보다 강력한 통감의 권한과 일본인 관리의 채용(일본의 차관정치) 등을 강요하는 한국의 내정에 관한 모든 국권을 일본에게 넘겨준 것으로 한국은 사실상 일본의 식민지화되었으며, 군대해산에 따라 각지에서 무장 항일운동이 전개되었음.

정미칠적(丁未七賊) 조인에 찬성한 내각 대신으로 내각총리대신 이완용, 농상공부대신 송병준, 군부대신 이병무, 탁지부대신 고영희, 법부대신 조중응, 학부대신 이재곤, 내부대신 임선준</td></tr>
<tr><td align="center">1907년</td><td>【대한제국】 국채보상운동 대구에서 시작된 국권회복운동. 일본에 대한 국채(1300만원)를 갚아 경제적으로 독립하자는 운동. 금연 전개, 비녀 가락지 등을 팔아 250만원을 모금하기도 함. 한국의 외교권을 박탈한 일본이 반강제적인 차관을 제공하므로서 한국의 경제를 일본에 예속시키고자 하였음. 이 운동이 전국적으로 확산되자 일본은 이를 반일운동으로 취급하여 일진회를 조종하여 방해하고 그 주도자인 양기탁을 구속하므로서 실패함.</td></tr>
<tr><td align="center">1908년</td><td>【대한제국】 동양척식회사설립 일본이 설립한 국책회사로 한국의 토지와 자원을 수탈할 목적으로 설치한 식민지 착취기관으로서 영국의 '동인도주식회사'를 모방함. 한국정부로부터 토지를 출자받거나 헐값으로 매입한 후 토지를 소작인에게 빌려주어 50%가 넘는 소작료를 징수하고, 일본인 이주자에게 싼값으로 양도하여 한국 침략의 담당자로 활용함. 1927년 1월 의열단원 나석주가 회사를 기습하여 폭탄을 투척하였음.</td></tr>
<tr><td align="center">1908년</td><td>【대한제국】 최초 월간 종합지 소년 창간 독립선언서를 기초한 육당 최남선이 창간</td></tr>
<tr><td align="center">1909년</td><td>【대한제국】 안중근, 이토히로부미 암살 1908년 10월에 안중근은 하얼빈 역에서 이토히로부미를 사살한 다음 러시아 경찰에 체포된 후 이듬해 여순 감옥에서 사형당함.</td></tr>
</table>

한국사 연표별 정리

연도	내용
1909년	**【대한제국】 대종교 창시** 나철이 민족 시조인 단군을 받드는 대종교를 창시. 초기에는 '단군교'(檀君敎)로 불렸음. 일본이 대종교를 종교단체로 위장한 독립운동 단체로 규정하여 탄압이 심해지자 만주 화룡현 청파호로 총본사를 옮기고 서일, 박찬익 등과 함께 민족교육과 독립운동가를 양성하였고, ≪신단실기(神檀實記)≫, ≪신단민사(神檀民史)≫ 등의 책을 편찬하였는데, 이는 대한민국 임시정부의 국사 교과서로 지정되기도 하였음.

| 1909년 | **【대한제국】 간도협약** 일본이 한국의 간도 영유권을 중국에 넘겨준 협약. 일본이 대륙침략의 발판으로 남만주 철도 부설권과 무순 탄광권을 얻는 대신 간도를 청나라에 넘겨줌.
협약 내용
1. 한·청의 국경을 확정
2. 용정촌, 국자가, 두도구, 백초구에 일본의 영사관이나 영사관 분관을 설치
3. 도문강 이북의 간지에 있어서 한국민 거주를 승준
4. 간도 지방 거주 한민족은 청나라의 법권 관할
5. 간도 거주 한국인의 재산은 청국인과 동등하게 보호
6. 일본은 길회선(연길~회령 간 철도) 부설권 획득
7. 청은 간도에 설립한 통감부 등을 철수하고 일본은 영사관을 설치 |

| 1910년 | **【일제강점기】 대한제국 멸망. 한일합병 조약(경술국치, 을사조약, 8월 22일)** 한국통치권을 일본 황제에 양도하는 한일합병조약으로 대한제국이 멸망하고 일제강점기가 시작됨. 이완용과 경쟁관계에 있는 송병준이 일본에 건너가 매국흥정을 하며 정권을 잡고자 하자 이를 두려워한 이완용이 서둘러 조약을 추진함. 순종의 비준서는 존재하지 않음. |

합병조약 전문
한국 황제 폐하와 일본국 황제 폐하는 두 나라 사이의 특별히 친밀한 관계를 고려하여 상호 행복을 증진시키며 동양의 평화를 영구히 확보하자고 하며 이 목적을 달성하고자 하면 한국을 일본국에 합병하는 것이 낫다는 것을 확신하고 이에 두 나라 사이에 합병 조약을 체결하기로 결정하였다.

이를 위하여 한국 황제 폐하는 내각 총리 대신 이완용을, 일본 황제 폐하는 통감인 데라우치 마사타케를 각각 그 전권 위원으로 임명하는 동시에 위의 전권 위원들이 공동으로 협의하여 아래에 적은 모든 조항들을 협정하게 한다.

1. 한국 황제 폐하는 한국 전체에 관한 일체 통치권을 완전히 또 영구히 일본 황제 폐하에게 넘겨준다.
2. 일본국 황제 폐하는 앞조항에 기재된 넘겨준다고 지적한 것을 수락하는 동시에 완전히 한국을 일본 제국에 병합하는 것을 승락한다.
3. 일본국 황제 폐하는 한국 황제 폐하, 태황제 폐하, 황태자 전하와 그들의 황후, 황비 및 후손들로 하여금 각각 그 지위에 따라서 적당한 존칭, 위신과 명예를 받도록 하는 동시에 이것을 유지하는 데 충분한 연금을 줄 것을 약속한다.
4. 일본국 황제 폐하는 앞의 조항 이외에 한국의 황족 및 후손에 대하여 각각 상당한 명예와 대우를 받게 하는 동시에 이것을 유지하는 데 필요한 자금을 줄 것을 약속한다.
5. 일본국 황제 폐하는 공로가 있는 한국인으로서 특별히 표창하는 것이 적당하다고 인정되는 경우에 대하여 영예 작위를 주는 동시에 은금(恩金)을 준다.
6. 일본국 정부는 앞에 지적된 병합의 결과 전 한국의 통치를 담당하며 이 땅에서 시행할 법규를 준수하는 한국인의 신변과 재산에 대하여 충분히 보호해주는 동시에 그 복리의 증진을 도모한다.
7. 일본국 정부는 성의있게 충실히 새 제도를 존중하는 한국인으로서 상당한 자격이 있는 자를 사정이 허락하는 범위에서 한국에 있는 제국(帝國)의 관리에 등용한다.
8. 본 조약은 한국 황제 폐하와 일본국 황제 폐하의 결재를 받을 것이니 공포하는 날로부터 이 조약을 실행한다. 이상의 증거로써 두 전권 위원은 본 조약에 이름을 쓰고 조인한다.

경술국적 한일합병에 찬성한 사람으로 내각총리대신 이완용, 시종원경 윤덕영, 궁내부대신 민병석, 탁지부대신 고영희, 내부대신 박제순, 농상공부대신 조중응, 친위부장관 겸 시종무관장 이병무, 승녕부총관 조민희 등 8명의 친일파 대신을 말함.

대한민국과 일본은 1965년 한일기본조약에서 한일병합조약을 포함하여 대한제국과 일본제국 간에 체결된 모든 조약 및 협정이 이미 무효임을 한 번 더 확인하였음.

<table>
<tr><td colspan="2" align="center">한국사 연표별 정리</td></tr>
<tr><td align="center">연도</td><td align="center">내 용</td></tr>
<tr><td align="center">1910년</td><td>

일제강점기(日帝强占期) 우리나라가 일본에 국권을 강제로 빼앗기고, 식민정책에 의해 지배당한 시기.

1. 일제강점기의 식민정책
   일제는 프랑스형을 모방하여 직접통치(영국형은 간접통치) 방식으로 사회·경제적 수탈에 그치지 않고, 이민족을 소멸시켜 종속신분으로 만드는 식민 정책임.
2. 시기구분
   1단계 무단통치기(1910.8.29~1919.3.1운동) 일본은 한일합병후, 한국의 국호를 조선으로 고치고, 조선총독부를 설치하여 조선을 통치하고 한국인의 생사여탈을 자의로 결정할 수 있게 되었음.
   2단계 민족분열회책기(1919.3.1~1931.9.18만주사변) 3·1운동 후 일제는 무단통치 방식을 소위 '문화통치'로 바꾸어 한국인과 세계여론을 무마하고, 한국인 지도층을 매수하여 친일세력으로 만들어 한국민족 내부를 분열시킴.
   3단계 민족말살기(1931.9.18~1945.8.15 광복) 만주사변 이후 군대를 증강하고 한반도를 대륙침략의 병참기지로 만들어 한국의 인적·물적자원을 최대한 수탈하였음.

</td></tr>
<tr><td align="center">1910년</td><td>

【일제강점기】 조선총독부(朝鮮總督府) 설립 1910년부터 1945년 8·15년까지 한국의 식민통치 및 수탈기관. 을사조약 때 외교권을 장악한 일제는 통감부를 설치하였고 한일합병이후 보다 강력한 통치기구를 두기 위해 조선총독부설치령을 공포하였음.

초대 총독은 육군대장 데라우치 마사타케가 취임. 조선총독부의 최고통치기구로서 한반도를 통괄한 총독은 일본 왕에 직속되어 조선 주둔 일본 육·해군을 통솔하고 조선의 방위를 맡으며, 모든 정무를 총괄하여 내각총리대신을 경유해서 일본왕에게 재가를 받을 권한이 있었음.

중앙행정의 조직은 관방 및 총무·내무·탁지·농상공·사법의 5부로 구성되고, 그 밑에 9국을 설치하였다. 이 밖에 기능별 관서로서 취조국·경무총감부·재판소·감옥·철도국·통신국·전매국·임시토지조사국 등이 있었음.
지방은 경기, 충청남·북, 전라남·북, 경상남·북, 강원, 황해, 함경남·북, 평안남·북의 13도로 나누고, 도 밑에는 부·군·면을 두었음.

조선총독부 말기에는 내선일체화(內鮮一體化)로 일본식 성명강요, 한민족의 황국신민화(皇國臣民化)라는 명분 아래 한민족의 전통·풍습·언어 등을 말살하는 정책을 추진하다 1945년 8월 15일 일본의 항복과 더불어 해체되었음.

</td></tr>
<tr><td align="center">1910년</td><td>

【일제강점기】 안중근(安重根 1879~1910) 일제의 침략 원흉 이토 히로부미를 사살한 애국의사. 을사조약으로 일제의 침략이 노골화되자 연해주에서 의병을 조직하여 두만강 유역에서 직접 일본군과 독립전쟁을 전개하기도 했다. 을사조약을 강압했던 이토가 1909년 하얼빈에 올 것을 탐지하고 하얼빈 역에서 그를 사살했다. 1910년 여순감옥에서 순국. 본관은 순흥(順興). 황해도 해주 출신. 아내는 김아려(金亞麗). 어려서는 응칠(應七)로 불렸고 해외생활 중에도 응칠이라는 이름을 많이 사용해 자(字)가 되었다.

</td></tr>
<tr><td align="center">1911년</td><td>

【일제강점기】 신민회 105인 사건 발생 신민회는 상동교회 부설 공옥학교의 교사들을 중심으로 기독교 이념을 바탕으로 조직된 민족 운동을 위한 항일 비밀결사단체로서 1906년 이회영, 이동녕, 안창호, 양기탁 등 중심으로 조직되었음.

평북에서 안중근의 사촌인 안명근이 데라우치 마사타케 총독을 암살하려다가 실패한 사건을 구실삼아 일본은 신민회가 배후조정했다 하여 105명을 기소한 사건임. 2심에서 99명이 무죄, 6명(윤치호, 안태국, 이승훈, 임치정, 옥관빈, 양기탁)이 주모자로 징역 4년 선고. 안명근이 암살계획을 빌렘신부에게 고해성사 한 내용을 뮈텔신부에게 보고하자 뮈텔 주교가 조선총독부에 제보를 하여 발각된 것으로 <뮈텔 주교 일기>에 기록되어 있음.

</td></tr>
<tr><td align="center">1911년</td><td>

【일제강점기】 조선 교육령 공포 한국인 교육방침 규정으로 일본어 교육과 일본화를 촉진시키는 내용
일제 강점기의 초기의 교육정책은 총독 데라우치의 실용주의로, 총독 사이토는 문화정책을 추진한 뒤 내선일체(內鮮一體)·동조동근(同祖同根) 등을 내세워 한글을 폐지하고자 하였으며, 마침내 군국주의적 교육을 지향하고 황국신민의 배양을 교육목표로 내걸게 됨.

1. 제1차 조선교육령 시행기(1910. 8~1922. 2)
2. 제2차 조선교육령 시행기(1922. 2~1938. 3)
3. 제3차 조선교육령 시행기(1938. 3~1943. 3)
4. 제4차 조선교육령 시행기(1943. 3~1945. 8)

</td></tr>
</table>

연도	내 용
1911년	**【일제강점기】 열하일기(熱河日記)** 박지원(朴趾源)이 청 건륭제의 칠순연을 축하하기 위해 1780년 그의 피서지인 열하(熱河·현재 하북성 승덕)를 다녀온 것을 기록한 여행기이다 .내용26권 10책. 간본(刊本)으로는 1901년 김택영이 ≪연암집 燕巖集≫ 원집에 이어 간행한 동 속집 권1·2(고활자본)에 들어 있고, 1911년 광문회(光文會)에서 A5판 286면의 활판본으로 간행하였다.
1913년	**【일제강점기】 흥사단(興士團)조직(5월 13일)** 안창호가 미국 샌프란시스코에서 조직한 민족운동단체. 무실, 역행, 충의, 용감을 4대 기본이념 삼음. 단체의 상징은 기러기. 흥사단의 결성은 105인 사건으로 신민회가 해체되자 무장항쟁파인 김좌진, 이시형은 만주로 이동하고, 실력양성론자인 안창호 계열은 흥사단을 조직함. 흥사단이라는 명칭은 유길준이 1907년에 설립한 동일한 명칭의 단체에서 따온 것임. 흥사단은 1937년 수양동우회 사건을 계기로 해산됨. 해방이후 1948년에는 본부를 국내로 옮기고 재조직되었음. 잡지 ≪새벽≫을 발간.
1914년	**【일제강점기】 유길준(俞吉濬 1856~1914)** 한말의 개화운동가이자 정치가. 갑오개혁의 근대화정책을 입안한 핵심인물로 지주, 부르주아에 의한 위로부터의 근대화를 추진했음. 일찍이 일본 및 미국에 유학, 개화의 필요성을 절감하고 귀국후 서양사정을 소개하는「서유견문」을 써서 개화를 역설했고, 아관파천이 일어나자 일본에 망명했다가 1907년 귀국했으나 그 이후엔 일제에 순응하는 자세를 보이기도 하였음. 서울 계동 출생. 본관은 기계(杞溪), 자는 성무(聖武), 호는 구당(矩堂)
1914년	**【일제강점기】 주시경(周時經 1876~1914)** 한글연구로 민족의식을 일깨운 국어학자.「독립신문」을 순한글로 발간해 민중계몽에 노력했고, 말과 글이 나라 독립의 근간이라고 생각해 한글 연구에 몰두하여 1910년「국어문법」, 1914년「말의 소리」등을 지어 한글을 체계화 하였음. 또 조선광문회에서 국어사전 편찬 작업을 시작했으며 최현배 신명균 권덕규 등 후진을 양성해 조선어학회의 뿌리를 만들었음.
1915년	**【일제강점기】 대한광복회 결성** 경상북도 풍기에서 의병이 주축이 된 광복단과 대구에서 계몽주의적 인물이 주축이 된 조선국권회복단의 일부 인사가 통합하여 대한광복회를 결성함. 국권 회복과 공화제 실현을 목적으로 ① 부자들의 기부 및 일본인이 불법징수하는 세금을 압수하여 무장화 ② 만주에 사관학교를 설치하여 독립군 양성 ③ 중국·러시아 등에 의뢰하여 무기 구입 ④ 무력이 준비되는 대로 일본인 섬멸전을 단행하여 목적 달성한다는 강령을 내세움. 1918년 초 전국의 조직망이 발각되어 주요 인물이 검거, 사형당해 조직이 파괴되었으나 조직 일부는 만주에서 의열단에 가담하여 독립운동을 계속함.
1915년	**【일제강점기】 유인석(柳麟錫 1842~1915)** 한말의 성리학자로 서양문물과 일제침략에 철저히 저항했던 의병장. 1876년 개항에 반대해 유생들을 이끌고 반대상소를 올렸고, 민비시해와 단발령에 저항해 의병을 일으킴. 이후 연해주에서 13도의군 총재로 독립군을 양성하고 결사보국의 포고문을 발표함. 본관 고흥(高興). 자 여성(汝聖). 호 의암(毅菴). 강원도 춘천 출생.
1916년	**【일제 강점기】 원불교(圓佛敎) 창시** 전라도 영광 출신인 박중빈(朴重彬)이 창시한 신불교로 유·불·선 및 그리스도교를 섭렵한 후 근본 진리는 불법(佛法)이 제일이라 생각하며 우주의 근본원리인 일원상(一圓相, 0의 모습)진리와 생활불교(시주가 아닌 직업에 종사하며 교화사업 추진), 대중화를 표방함.
1917년	**【일제강점기】 한강대교 준공** 서울 용산구~동작구 노량진 사이의 한강인도교. 총연장 1,005m. 일제 총독부가 1916년 3월~ 1917년 10월에 준공. 1950년 6월 28일 파괴 후 1958년 5월 15일에 준공. 서울의 인구와 교통량이 크게 증가되어 1979년 1월 착공하여 1981년 12월 준공되었고, 종전의 폭을 20m에서 40m로 확장하고 한강인도교에서 한강대교로 개칭함. **한강에 있는 다리** 1. 팔당대교(경기도 하남시 창우동~남양주시 조안면) 2. 미사대교(경기도 하남시~남양주시 와부읍) 서울~춘천간 고속도로 상에 놓여지는 다리 3. 강동대교(강동구 강일동~경기도 구리시 토평동) 4. 광진교(광진구 광장동~강동구 천호동) 5. 천호대교(광진구 광장동~강동구 천호동) 6. 올림픽대교(광진구 구의동~송파구 풍납동) 7. 잠실철교(광진구 구의동~송파구 신천동), 지하철 2호선 강변~성내역을 잇는 다리 8. 잠실대교(광진구 자양동~송파구 잠실동) 9. 청담대교(광진구 노유동~강남구 청담동) 복층교라고 하여, 위층은 도로로 사용하고 아래층은 지하철 7호선이 통과 10. 영동대교(성동구 성수동~강남구 청담동) 11. 성수대교(성동구 성수동~강남구 압구정동) 12. 동호대교(성동구 옥수동~강남구 압구정동) 지하철 3호선과 도로가 나란히 있음. 13. 한남대교(용산구 한남동~강남구 신사동) 14. 반포대교(용산구 서빙고동~서초구 반포동) 지하철 4호선과 도로가 나란히 있음, 반포대교 아래에는 잠수교가 있음

<table>
<tr><td colspan="2" align="center">한국사 연표별 정리</td></tr>
<tr><td>연도</td><td align="center">내 용</td></tr>
<tr><td>1917년</td><td>15. 한강대교(용산구 한강로 3가~동작구 본동)
16. 한강철교(용산~노량진역) 지하철 1호선이 다님
17. 원효대교(용산구 원효로4가~영등포구 여의도동)
18. 마포대교(마포구 마포동~영등포구 여의도동)
19. 서강대교(마포구 신정동~영등포구 여의도동)
20. 당산철교(당산역~합정역을 잇는 철교) 지하철 2호선이 다님
21. 양화대교(마포구 합정동~영등포구 당산동)
22. 성산대교(마포구 망원동~영등포구 양화동)
23. 가양대교(강서구 가양동~마포구 망원동)
24. 방화대교(강서구 개화동 ~북로 분기점을 잇는 다리) 인천국제공항고속국도상에 놓여져 있는 한강 교량
25. 행주대교(경기도 고양시 덕양구 행주동~서울시 강서구 개화동)
26. 김포대교(경기도 김포시 고촌면 신곡리~고양시) 서울외곽순환고속도로 상에 놓여져 있는 다리
27. 일산대교(경기도 김포시 걸곶동~고양시 현천동)
28. 동작대교(서울시 용산구 이촌동~동작구 동작동)
29. 마곡철교(서울시 강서구 마곡동~경기도 고양시 현천동)</td></tr>
<tr><td>1918년</td><td>【일제강점기】 무오독립선언서 발표 1918년 음력 11월 중국지린성에서 발표됨. 이 독립선언서(작성자 조소앙)는 한국에서 발표된 최초의 독립선언서로 3. 1운동 때 선포한 '기미독립선언서'보다 1년 앞선 것임. 내용은 한국이 완전한 자주독립국이고 민주의 자립국이라는 것을 선언하고, 한일합병은 일본이 우리나라를 사기와 강박 그리고 무력 등의 수단을 동원하여 강제로 병합한 것이므로 무효라고 주장함. '섬은 섬으로 돌아가고, 반도는 반도로 돌아오게 할 것'을 요구하면서 우리의 영토를 지키기 위하여 무력의 사용도 불사한다는 것을 선언하고, 동포들에게는 맨몸으로라도 항쟁하여 독립을 되찾을 것을 주장.
이 독립선언서에 서명한 사람은 김교현·신규식·박은식·안창호·김동삼·이시영·이동녕·신채호·유동열·김좌진·김규식·이승만 등 39인으로 당시 해외에 나가 있던 한국의 저명인사가 거의 망라되어 있음.</td></tr>
<tr><td>1919년</td><td>【일제강점기】 2. 8 독립선언, 3. 1 독립운동 시작 2월 8일 도쿄유학생 600여명이 기독교청년회관에 모여 조선청년독립단 명의로 독립선언문을 발표하고 3월 1일 황제의 국장을 계기로 3·1독립운동이 일어남. 손병희를 비롯한 민족대표 33인의 이름으로 서울 탑골공원에 모여 독립선언서를 발표(미국 대통령 윌슨의 민족자결주의에 영향을 받음)하고 중국 상하이에서 대한민국임시정부를 수립함. 국호를 대한민국으로 정하고 임시헌장 10개조 발표. 이승만을 국무총리로 정부를 구성.</td></tr>
<tr><td>1919년</td><td>【일제강점기】 임시정부수립 3·1운동 이후 임시정부로는 블라디보스토크에서 조직한 '노령정부', 상하이에서 조직한 '대한민국임시정부' 서울에서 조직된 '한성임시정부' 등이 있음. 1919년 4월 초에 상하이에서는 서울에서 한성정부 수립이 추진되고 있다는 소식에 13도 대표로 임시의정원을 구성하고, 4월 13일 대한민국임시정부를 수립 선포함. 1919년 9월 6일 상하이에서 상하이임시정부, 한성정부, 노령정부 세 곳이 통합하는 절차를 거치고. 개헌형식을 통해 대통령중심제를 채택하고, 국호는 상하이정부에서 사용한 대한민국을 사용하기로 하였으며, 정부조직은 한성정부의 것을 채택하기로 하여. 집정관총재 이승만·국무총리총재 이동휘·외무총장 박용만·내무총장 이동녕·군무총장 노백린·재무총장 이시영·법무총장 신규식·학무총장 김규식·교통총장 문창범·노동국총판 안창호·참모부총장 유동열 등을 임명함.</td></tr>
<tr><td>1920년</td><td>【일제강점기】 월간종합지 개벽 창간(7월 13일) 고원훈·김성수 등이 조선체육회 창립. 7월 25일, 오상순 등에 의해 ≪폐허≫ 창간. 10월 20일, 김좌진·지청천(휘하의 북로군정서군이 청산리에서 대승, 청산리대첩). 윤심덕(尹心悳), 일본에서 한국인 최초로 레코드 취입.</td></tr>
<tr><td>1921년</td><td>【일제강점기】 장지연(張志淵 1864~1921) 한말의 언론인이자 계몽운동가.「황성신문」의 주필과 사장으로 민중계몽을 위한 논설을 집필했고, 을사조약이 체결되자「시일야 방성대곡」을 발표해 전민족의 울분을 격동시켰음. 대한자강회에 참여했고 한때 연해주에서「해조신문」의 주필이 되기도 하였음. 본관은 인동(仁同)이며 호(號)는 위암(韋庵), 숭양산인(嵩陽山人)이다. 초휘(初諱)는 지윤(志尹), 자(字)는 순소(舜韶)이다. 경상북도 상주 출생</td></tr>
<tr><td>1922년</td><td>【일제강점기】 월간 문예지 백조(白潮) 창간.한국 최초의 비행사 안창남, 도쿄~오사카 간 비행 성공.</td></tr>
<tr><td>1923년</td><td>【일제강점기】 조선물산장려회 창립 조만식 등 카톨릭계 지도자들이 민족자본을 육성하고 경제적 ,목적으로 평양에서 창립. 국산품 장려. 소비절약, 금연, 금주 등의 운동을 벌여 전국적인 지지가 있었음.</td></tr>
<tr><td>1923년</td><td>【일제강점기】 형평사(衡平社)설치 1923년 4월 진주에서 백정을 주축으로 한 천민계급이 조직하여 1930년대 중반까지 활동한 단체. 1936년 대동사로 개명하고 회원의 경제생활 개선으로 사회적 지위향상을 얻기 위하여 자본금을 모아 피혁회사를 만들었다. 이후 이 단체는 정치적 색채를 띤 사회혁신운동에서 순수한 지위향상을 모색하는 본연의 모습으로 돌아갔다.</td></tr>
</table>

한국사 연표별 정리

연도	내 용
1926년	【일제강점기】 **유한양행 설립** 유일한(柳一韓)이 설립하여 운영. 9세 때 미국으로 건너가 미시간대학교를 졸업, 스탠포드대학원에서 법학을 공부. 전자회사 사원으로 근무하다가 1922년 자립하여 숙주나물을 취급하는 라초이식품(주)을 설립하였음. 1926년 귀국하여 제약회사인 유한양행을 설립. 1939년 한국 최초로 종업원지주제를 실시, 1969년 사업 일선에서 물러나면서 혈연관계가 전혀 없는 조권순에게 사장직을 물려줌으로써 전문경영인 등장의 길을 열음. 서재필 박사가 준 버드나무 목각화(서재필의 딸이 제작)가 현재 회사의 마크임. 【일제강점기】 **박은식**(朴殷植 1859~1926) 독립운동가이자 사학자. 한말 「황성신문」과 계몽운동 단체를 통해 민족의식의 계몽에 힘썼고 합병 후 중국으로 망명, 독립전쟁 기관으로 신한혁명단을 조직했으며 1925년 분열된 상해임정을 수습하고 대통령에 취임했다. 또 민족혼을 일깨우기 위한 역사연구에도 매진하여 「한국 통사」「민족운동지혈사」 등을 저술, 민족주의역사학을 발전시켰음. 호는 백암(白巖). 평양 출생
1927년	【일제강점기】 **마봉옥 한국 최초의 마라톤 공인기록(3시간 29분 37초) 수립**
1927년	【일제강점기】 **신간회창립** 이상재를 포함한 민족주의자와 사회주의자가 제휴한 항일단체. 140개 지부와 4만 여명의 회원 확보. 정강정책은 ① 조선민족의 정치적·경제적 해방의 실현, ② 전민족의 현실적 공동이익을 위하여 투쟁함, ③ 모든 기회주의 부인 등이었다. 내부적으로 좌우익의 갈등은 있었지만, 신간회는 민족적·정치적·경제적 예속의 탈피, 언론·집회·결사·출판의 자유의 쟁취, 청소년·여성의 평형운동 지원, 파벌주의·족보주의의 배격, 동양척식회사 반대, 근검절약운동 전개 등을 활동목표로 삼아 전국에 지회와 분회를 조직하며 세력을 확장해 나갔다. 1929년 11월 광주학생운동이 일어나자 신간회는 진상조사단을 파견하고 일제에 대해 학생운동의 탄압을 엄중 항의했다. 또한 이를 계기로 독립운동을 지향한 민중대회를 열 것을 계획했다가, 조병옥·이관용, 이원혁 등 주요 인사 44명이 체포되었다. 표면적으로 좌우익 세력이 합작하여 만든 단체였지만, 민족주의 진영에게 주도권을 빼앗긴 데 대해 사회주의 진영의 불만이 높았다. 이들은 신간회의 주요 간부들이 투옥된 사이를 이용하여 해산운동을 벌였으며, 1931년 5월 조선중앙기독교청년회에서 대의원 77명이 참석한 가운데 해산를 결의함으로써 발족한 지 4년만에 해체되었다.
1927년	【일제강점기】 **이상재**(李商在 1850~1927) 한말 일제하의 민족운동가. 독립협회운동을 주도하다 투옥, 옥중에서 기독교로 개종해 기독교청년운동에 헌신. 조선기독교청년연합회(YMCA)를 조직해 청년들의 민족정신을 고취하고 1920년에는 조선교육협회를 창립했으며 신간회의 초대 회장이었음. 본관은 한산(韓山) 자는 계호(季皞호는 월남(月南). 충청남도 서천 출신.
1928년	【일제강점기】 **이동휘**(李東輝 1873~1928) 무관 출신으로 무장투쟁노선을 견지한 독립운동가. 합병 후 연해주로 망명해 한국인 최초로 한인사회당을 결성했음. 상해임정의 국무총리가 됐으나 무장투쟁을 주장하며 임정에서 탈퇴, 상해파 고려공산당을 지도하여 민족혁명의 무장투쟁을 추구하다 병사. 아호는 성재(誠齋)로 함경남도 단천 출신
1929년	【일제강점기】 **여의도비행장 개장** 1929년 4월 1일, 여의도비행장 개장.
1929년	【일제강점기】 **이재용**(李載瑢 1929. 9. 25 ~) 충남 당진 출생(음력 1929년 8. 23일생), 이엽의 7남2녀 중 3남으로 6·25 참전 용사. 대전중학교 서무과장 역임. 청념결백한 공직업무를 수행하였음. 부인 김순희(金順姬) 여사와 슬하에 2남2녀(윤용, 상용, 정용-정영학, 성희-한국희)를 두었음. 호는 인담(仁淡)
1930년	【일제강점기】 **김좌진**(金佐鎭 1889~1930) 청산리전투를 승리로 이끈 독립운동가. 만주에서 북로군정서를 조직, 독립군 양성에 힘써온 그는 1920년 홍범도부대와 연합한 2000여 병력으로 항공기까지 동원한 2만여명의 일본 정규군을 맞아 6일간의 격전 끝에 대승리를 거둠. 그 뒤 독립운동기관인 신민부와 한족연합회 등을 통해 항일역량 강화에 힘쓰다 정체불명의 괴한에게 피살당함. 본관은 안동(安東). 자는 명여(明汝), 호는 백야(白冶). 충청남도 홍성 출신.
1930년	【일제강점기】 **이승훈**(李昇薰 1864~1930) 교육자이자 독립운동가. 유기상으로 큰 재산을 모았던 그는 민족교육을 위해 오산학교를 세웠음. 105인 사건으로 옥고를 치렀고 3·1운동에는 민족대표로 활약. 1920년대에는 물산장려운동에도 참여하는 한편 이상촌운동을 전개하기도 했음. 본관은 여주(驪州). 아명은 승일(昇日), 본명은 인환(寅煥). 호는 남강(南岡). 평안북도 정주 출신
1932년	【일제강점기】 **윤봉길**(尹奉吉 1908~1932) 민족해방을 위해 일신을 초개같이 내던진 독립운동가. 1932년 상해 홍구공원에서 일본 요인들을 폭사시켜 한민족의 독립혼을 드날렸고, 사분오열된 독립전선이 단결하는 계기가 됐음. 이로부터 중국에서의 독립운동은 중국정부의 후원을 받아 활발해짐. 본관은 파평(坡平). 본명은 우의(禹儀). 호는 매헌(梅軒). 충청남도 예산 출신

한국사 연표별 정리

연도	내 용
1934년	【일제강점기】 **진단학회(震壇學會) 설립** 한국과 인근 지역의 역사와 문화를 연구할 목적으로 설립한 학술단체 '진단'은 단군의 나라라는 의미로 식민지 사관에 의한 역사 기록을 배제하기 위해 조직되고 활동함(이은상, 최현배 등). 1940년 해체되나 1945년 재건.
1935년	【일제강점기】 **한국국민당 조직** 김구가 임시 정부를 옹호하기 위해 중국 항주에서 조직한 독립운동 정당. 중국에 있던 독립운동 7개의 단체 중 공산주의 전선인 조선민족혁명당, 조선민족해방동맹, 조선민족전위동맹, 조선혁명자연맹을 제외한 민족운동 진영의 한국국민당, 한국독립당, 조선혁명당만이 한국독립당으로 통합하였음.
1935년	【일제강점기】 **심훈의 상록수 발표** 동아일보 창간 15주년 기념 현상공모에 당선 연재됨. 대한민국 중학교 7차국어 교과서 2학년에 일부 수록되어 있음. 주인공인 채영신은 전도사이자 농촌 운동가인 최용신을 본보기로 하였음. 실천하는 농촌 운동가들의 삶을 채영신과 박동혁 그리고 박동혁의 동지들을 등장시켜서 있는 그대로 묘사했고 백현경과 강기천으로 상징되는 얼치기 지식인들과 고리대금업자들을 고발하고 있음.
1935년	【일제강점기】 **'목포의 눈물' 발표** 손목인 작곡, 문일석 작사, 이난영이 노래를 함. 무명 시인인 문일석은 1935년 조선일보가 오케레코드와 함께 향토 신민요 노랫말을 공모하자 <목포의 사랑>이라는 제목으로 응모하여 1등에 당선됨. 오케레코드의 사장 이철이 제목을 <목포의 눈물>로 바꾸고 작곡가 손목인의 곡을 입혀 대히트를 기록했다. '목포의 애국가'로 불리기도 함. 유달산 입구에 노랫말을 적은 노래비가 세워져 있음.
1935년	【일제강점기】 **애국가 발표** 안익태 작곡, 작사는 1900년대에 지어졌고 작사자는 미상(윤치호와 안창호 중 윤치호 설이 우세)임. 처음에 스코틀랜드 민요인 <올드 랭 사인(Auld Lang Syne)>곡에 의해 불리워 졌고 안익태가 1935년 11월 사장조로 작곡하여 1940년경 상하이 임시정부에 전함. 1942년 8월 29일에 개국한 미국의 소리 한국어 방송은 애국가 1절을 매일 방송했고 1948년 8월 15일 대한민국 정부가 세워지면서 국가로 사용함.
1936년	【일제강점기】 **신채호(申采浩 1880~1936)** 민족주체의식의 확립과 민족해방을 위해 싸운 역사가이자 독립투사. 한말 이래 일제의 침략에 대해서 뿐만 아니라 민족 내부의 타협적인 세력에 대해서도 가차없는 비판을 가한 민족지성의 사표였음. 상해 임정에서 이승만의 외교노선과 위임통치 청원을 통박하며 임정을 박차고 나온 일은 유명하며 또 나라를 되찾는 길은 민족정신의 확립에 있다고 생각한 그는 역사연구에 몰두해 근대적인 역사관과 역사방법론을 수립하고 일제의 식민사관을 분쇄할 민족주의 역사학의 기틀을 마련했다. 「조선혁명선언」에서 우리가 세워야 할 나라는 「고유적 조선의 자유적 조선 민중의 나라」임을 천명한 그의 투철한 시대정신은 우리사회의 지표가 되고 있다. 본관은 고령(高靈). 호는 일편단생(一片丹生) 혹은 단재(丹齋). 필명은 금협산인(錦頰山人)·무애생(無涯生)·열혈생(熱血生)·한놈·검심(劍心)·적심(赤心)·연시몽인(燕市夢人), 가명은 유맹원(劉孟源). 충남 대덕군 산내 출생 【일제강점기】 **마라톤우승과 일장기 말소 사건** 제11회 베를린 올림픽 마라톤(8월 10일)에서 세계신기록(2시간29분19.2초)으로 손기정(아돌프히틀러가 금메달 수여, 남승룡 3위)이 우승하고 월계수로 일장기를 가렸음. 조선중앙일보가 손기정의 일장기를 지운사진을 1면(8월 13일)에 실었으나 사진품질이 나빠 총독부의 검열을 통과하고, 8월 25일 동아일보에 실은 사진은 검열에 걸렸음. 동아일보(이길용 기자 주도)는 무기 정간(1936. 08. 29~1937. 06. 02), 조선,중앙일보는 사주(社主)의 의지가 아닌 기자의 의견이라 하여 정간에서 해제됨.
1937년	【일제강점기】 **수양동우회 사건** 독립운동가들을 친일로 전향시키기 위해 일제가 주도적으로 일으킨 대표적인 사건. 흥사단 계열의 서북지역 단체(평안, 함경, 황해 지역)로 회원의 다수가 변호사, 의사, 교육인, 목회자, 기업인과 같은 지식인으로 구성됨. 이상촌을 건설하는 농촌 운동 전개, 부르조아적 사회 운동을 추진했고, 독립에 대해서는 이광수를 중심으로 자치론적 입장에 동조함. 이승만의 흥업구락부(경기, 충청, 호남 지역 위주의 회원)와 경쟁 관계에 있었음. 1937년 중일 전쟁 발발 시점에 전쟁의 당위성을 위해 양심적 지식인 및 부르조아 집단을 포섭할 필요가 있던 일제가 수양동우회와 흥업구락부를 표적 수사하여 모두 181명을 치안유지법 위반 혐의로 체포하여 41명을 기소함. 이 사건으로 회원들은 강제로 전향한 뒤 일제에 협력하게 됨. 작곡가 홍난파, 장로교 목사 정인과, 의사인 이용설과, 이광수와 주요한은 특히 친일 행적을 보임. 1937년 해산.
1938년	【일제강점기】 **안창호(安昌浩 1878~1938)** 청년학우회, 흥사단, 수양동우회 등을 조직해 문명개화와 민족정신의 고취에 힘쓴 민족운동 지도자. 우리 민족의 독립은 항일투쟁을 통해서가 아니라 자본주의 문명을 발달시킬 수 있는 실력이 있어야 가능하다는 것이 그의 신념. 그래서 민족 모두가 자기 직분에 충실하는 무실역행의 점진주의를 민족운동 노선으로 채택. 주로 미국과 중국에서 활동했다. 호는 도산(島山) 평안남도 강서 출생
1939년	【일제강점기】 **창씨 개명(創氏改名)공포** 조선총독부가 식민지 동화정책으로 호주의 성을 일본식 성으로 개명하라는 내용. 개명하지 않은 자에게 학업제한, 징집 등의 차별을 통해 322만 가호 약 80%가 개명함. 1946년 조선 성명 복구령이 내려져 무효화 됨.
1940년	【일제강점기】 **국민학교로 명칭 변경** 조선교육령을 개정하여 '소학교'를 국민학교로 개칭

한국사 연표별 정리

연도	내 용
1941년	【일제강점기】 **설(구정: 舊正)을 폐지함** 총독부가 양력을 시행하면서 양력 1월 1일인 신정에 빗대어 구정이라고 부르기도 하나, 신정과 구정 모두 일본식 한자어이며 "설날"이 바른 표현임.
1942년	【일제강점기】 **조선어학회 사건** 국학연구에 대한 탄압으로 함흥 영생고등학교 학생들의 증언을 빌미로 조선어학회 관계자를 '독립운동단체'라 하여 투옥, 고문을 가함.
1943년	【일제강점기】 **홍범도(洪範圖 1868~1943)** 포수 출신의 의병장이자 봉오동-청산리전투를 승리로 이끈 독립운동가. 1907년 차도선 등과 포수,농민들을 모아 갑산에서 의병을 일으켜 일본군을 격파하고 만주로 망명. 대한독립군 총사령으로 봉오동전투와 청산리전투에서 일본 정규군을 차례로 섬멸함. 일명 범도(範道)라고도 하며, 호는 여천(汝千) 평안북도 자성 출생
1944년	【일제강점기】 **한용운(韓龍雲 1879~1944)** 승려로서 시인이자 독립운동가. 3·1운동에 불교계 대표로 참여했고 불교의 대중화와 불교청년운동을 벌임. 신간회에도 참여했던 그는 시집「님의 침묵」을 발표해 뜨거운 민족애를 서정적으로 노래함. 일제말까지 지조를 굽히지 않고 저항. 본관 청주(淸州), 호 만해(萬海·卍海), 속명 유천(裕天), 자 정옥(貞玉), 계명 봉완(奉玩). 충청남도 홍성 출생
1945년	【대한민국】 **일본 항복(8월 15일)** 2차 세계대전은 일본이 항복하므로서 종결되고 한국은 광복을 맞이함. 맥아더는 북위 38선 경계로 미. 소 양군의 한반도 분할 점령을 발표
1945년	【북한】 **조선노동당 창립(10월 10일)** 김일성은 서울에 결성된 조선공산당(당수 박헌영)을 의식하여 평양에서 '서북 5도 당 책임자 및 열성자 대회'를 열고 '조선공산당 북조선분국(북조선 공산당)이라는 명칭을 사용함. 북한은 이날을 노동당 창당 기념일로 하여 역사적 가치를 부여하고 있음. 1945년 11월 3일 평양에서 조만식이 이끄는 조선민주당이 창당됐고 30만명의 당원을 보유하였으나 모스크바 3상회의의 신탁통치안을 거부하면서 조만식은 소련에 의해 연금됐고 조선민주당 인사들은 대거 월남하므로서 쇠락. 1946. 2월에 김두봉이 중국계 공산주의자들과 함께 조선신민당을 창당했으나 소련 측이 북조선공산당과의 합당을 적극적으로 추진하여 1946년 8월 두 당이 합당하면서 북조선노동당이 창당됨. 이는 조선신민당이 북조선공산당으로 흡수되는 의미가 있음. 1949년 6월 북조선노동당(김일성)과 남조선노동당(박헌영)은 합당해 조선노동당으로 출범했는데, 사실상 북로당이 남로당을 흡수한 것임(위원장 김일성).
1945년	【대한민국】 **조선의 신탁통치 결정(12월 27일)** 모스크바 3상회의(미, 영, 소의 외무장관 회의로 일본 점령지구에 대한 관리 문제 다룸)에서 5년간 신탁통치할 것을 결정. 국민적 거부로 실시되지 못하고 좌우익 대립이 심화됨. 이승만, 김구의 대립과 좌익의 김일성은 소련의 지령에 의해 신탁통치를 찬성함.
1945년	【대한민국】 **송진우(宋鎭禹·1889~1945)** 민족운동가이자 정치가. 3·1운동 준비에 참여했다가 옥고를 치렀으며 1921년 이후 동아일보 사장 등으로 민족언론을 이끌었고 물산장려운동, 민립대학 기성운동 등 민족주의 운동에도 주도적 역할을 하였음. 해방후 한민당을 결성해 수석총무로 정치활동에 나섰으나 암살당함. 본관은 신평(新平). 호는 고하(古下). 전라남도 담양 출생.
1946년	【대한민국】 **조선정 판사 위폐사건** 광복 직후 혼란을 틈타 조선공산당은 남한의 경제를 교란시키고 당비를 조달할 목적으로 조선정 판사에 위조 지폐 제작을 맡겨 1300만원의 위조지폐를 유통시켰다가 경찰에 발각됨. 이를 계기로 미군정은 공산주의자에 대해 강경책을 펴게 됨.
1946년	【대한민국】 **육군사관학교 개교(5월 1일)** 육군사관학교의 모체인 조선경비사관학교가 태릉에서 개교함. 6. 25전쟁시 임시 휴교한후 1951. 10. 31 경남 진해에서 4년제 정규사관학교로 재개교. 1954. 6. 21 현재 화랑대 위치로 복귀. 1998. 3. 1 여성최초 입교 허용(58기)
1946년	【대한민국】 **좌측통행 실시** 사람의 좌측 보행원칙은 일제시대인 1921년부터 만들어진 것이고, 자동차의 우측 통행은 미 군정청에 의해 1946년 결정됐음. 서울 지하철 1호선이 좌측 통행인 것은 구한말 일본 방식이며 2호선부터는 미국식을 따른 것임. 또 빌딩의 회전문이나 에스컬레이터는 미국식인 우측통행임.
1946년	【대한민국】 **공창제폐지령(公娼制廢止令) 공포(5. 17)** 미군정시 하지 중장은 '부녀자의 인신매매 및 매매계약금지' 법령을 공포함. 공창제는 1916년 3월 일제가 '유곽업창기취체규칙'을 제정하면서 합법화 되었으나 여성운동계의 반발이 심하자 폐지령을 공포함. 법령은 공포되었으나 공창제 자체를 폐지하는 것이 아니었고 자발적 매춘은 허용되었기에 공창의 수는 줄지 않음. 1948년 군정청법률 제7호 공창제폐지령이 공포되면서 실질적인 결실을 보게 됨.
1947년	【대한민국】 **여운형(呂運亨 1885~1947)** 민족운동지도자. 민족의 해방을 위해서는 사상과 종교의 차이를 떠나 온 겨레가 대동단결해야 한다는 신념으로 독립운동에 헌신했으며 일제 패망 즉시 건국준비위원회를 결성해 건국사업에 나섰고, 한반도를 둘러싼 미,소의 대립을 극복하는 길은 좌우합작에 의한 통일정부 수립에 있음을 역설하고 이의 실현에 매진하다 극우파 한지근에 의하여 암살 당함. 본관은 함양(咸陽). 아호는 몽양(夢陽). 경기도 양평 출생

한국사 연표별 정리

연도	내 용
1948년	【대한민국】 **4·3 제주항쟁** 3.1독립운동 28주년이 되는 1947년 3·1절 기념식에서 "3·1혁명 정신으로 한국통일독립을 쟁취하자", "미국은 남한에서 물러가라"는 구호를 외치고 가두시위 하던 중 경찰의 발포로 7명의 시민이 사망하자 이를 기점으로 하여 1948년 4월 3일 발생한 봉기사태와 그로부터 1954년 9월 21일까지 제주도에서 발생한 무력충돌과 진압과정에서 양민들이 희생당한 사건. 제주 4·3 사건은 8·15광복 이후 남한에서의 단독정부 수립을 위한 5·10 총선에 반대하기 위해 시작되었는데, 1948년 4월 3일 새벽 2시, 남로당 제주도당 당원 김달삼 등 350여 명이 무장을 하고 제주도 내 24개 경찰지서 가운데 12개 지서를 일제히 급습하면서 시작되었다. 이 과정에서 경찰과 서북청년단, 민족청년단, 독립촉성중앙회 등 극우단체 회원들이 희생되었고, 이에 분노한 극우 세력은 극우 세력대로 살상을 자행했다. 여기에 서북청년단을 비롯한 극우단체의 횡포에 대한 제주도민들의 반감도 터져나와 유혈사태는 크게 번져나갔다. 1949년 3월 25일 정부의 1,667명 인명손실 발표와는 달리 한국편람에서 4만 명, 1960년 국회의원 김성숙이 제출한 '제주도 양민학살 조사 건의안'에 5만 명, 그리고 1963년 제주도 당국이 발행한 '제주도' 8월 호에는 8만 65명의 희생자를 냈다고 기록되고 있다.
1948년	【대한민국】 **대한민국(大韓民國) 국호 결정** 5. 10일 국회의원 선거 후 제헌 국회에서 국호 결정 및 헌법을 제정하고 원내 선거로 초대 대통령에 이승만, 부통령에 이시영을 선출. 1919년. 4월 10일 상해 임시정부에서 정부정체성을 민주주의로 채택하고 민주주의 국가라는 의미로 대한제국에서 대한민국(제안자 신석우)으로 결정함. 대한(大韓)은 삼한(三韓)을 하나로 통일한 의미로 사용. **국호(國號)** 나라의 명칭인 국호는 보통 왕조의 발상지 이름이나 부족명에서 시작한 것이 많다. 고구려는 한사군 중 현도군 안에 있는 고구려현에서 연유되었고, 백제는 마한의 여러 부족중 백제부족이 발전하여 국호로 정해졌으며, 신라는 진한 12국 중 '사로(斯盧)'라는 부족국가가 발전하여 서라벌(徐羅伐)이라 하였다. 부여는 그 어원이 '사슴'을 뜻하는 만주어 'puhu'에서 유래되었다. 고려는 고구려의 계승을 의미하며, 조선이라는 이름은 단군이 세운 국호로서 후에 은나라 기자가 조선왕이 되었다는 전설에서 택하여 명나라의 허락을 받았다. 현재의 국호인 대한(大韓)은 고종 때 청나라의 영향에서 벗어나서 제국으로 발전한다는 의미로 옛 삼한(三韓)의 이름을 따서 지은 것인데 3·1운동 때 '대한민국(大韓民國)'이라고 하여 민주정체를 표시하였고, 1948년 정부 수립과 아울러 정식 국호로서 사용하고 있다.
1948년	【북조선】 **조선민주주의인민공화국 정부의 정강(1948. 9. 10)** 첫째, 공화국 정부는 전체 조선 인민을 정부의 주위에 튼튼히 단결시켜 조국통일을 위한 투쟁에 동원할 것이며 국토완성과 민족통일의 선결조건으로 되는 소·미 양국 군대의 동시 철거에 관한 소련 정부의 제의를 실현시키기 위하여 모든 힘을 다할 것입니다. 둘째, 공화국 정부는 우리 나라의 정치, 경제, 문화 생활에서 일제통치의 악독한 결과를 숙청하기 위하여 온갖 필요한 대책들을 취할 것이며 조선 인민의 이익을 배반하고 일본제국주의자들에게 적극적으로 협력한 친일파, 민족반역자들을 공화국의 법령으로 처벌할 것입니다.(중략) 셋째, 조선민주주의인민공화국 정부는 과거 일본 제국주의자들이 만들어 놓은 모든 법률과 괴뢰정부의 온갖 반 민주주의적, 반 인민적 법령들을 무효로 선포할 것입니다.(중략) 넷째, 조선을 부강한 민주주의 독립국가로 건설하기 위하여 공화국 정부는 우리 경제의 식민지적 예속을 청산하며 외래 제국주의자들의 경제적 예속화정책을 반대하고 조선 인민의 복리를 부단히 향상시키며 우리 조국의 독립과 번영을 보장할 수 있는 자주적 민족경제를 건설할 것입니다.(중략) 다섯째, 정부는 교육, 문화, 보건 사업의 발전에 커다란 힘을 돌릴 것입니다.(중략) 여섯째, 공화국 정부는 각급 인민정권기관들을 백방으로 공고 발전시킬 것입니다.(중략) 일곱째, 대외정책에 있어서 공화국 정부는 우리 나라가 세계민주주의 진영의 동등한 성원으로써 우리 민족의 자유와 독립을 존중히 하며 평등한 입장에서 우리를 대하는 여러 자유애호국가들과 친선적 관계를 맺도록 하기 위하여 노력할 것입니다.(중략) 여덟째, 외래 침략세력으로부터 국토를 보위하며 북조선에서 이미 쟁취한 민주개혁의 성과를 보위하기 위하며 정부는 인민군대를 백방으로 강화할 것입니다.
1949년	【대한민국】 **학도호국단 설치(9월 28일)** 중, 고등, 대학교에 설치 4.19 혁명 후 폐지되었다가 베트남 패망후 재설치됨. 1985년 학생회 활동으로 대체됨.

한국사 연표별 정리

연도	내 용
1949년	【대한민국】 **김구(金九 1876~1949)** 독립 쟁취와 민족분단의 저지에 평생을 바친 독립운동가.「나의 소원은 첫째도 둘째도 셋째도 우리나라의 완전한 자주독립」을 주장했다. 조국의 분단을 막기 위해 남북정치협상을 추진하다 안두희의 총탄에 쓰러졌다. 그가 독립운동 전선에서 두각을 나타낸 것은 1932년 그의 지휘로 윤봉길 의거가 성공하면서부터다. 이를 계기로 임시정부는 중국정부의 지원을 받아 광복군을 조직해 일제와 싸울 태세를 갖추었다. 그러나 그는 진보세력과의 대동단결에 소극적이었고, 해방정국 속에서도 우파 세력의 일각을 이루었다. 민족의 완전한 통일독립을 추구했던 그의 족적은『마음속의 38선이 무너지고야 땅 위의 38선도 철폐될 수 있다』고 했다. 호는 백범(白凡). 백범(白凡) 황해도 해주 출신. 김구의 3가지 암살배후설 1. 안두휘는 1992년 "특무대장 김창룡의 지시로 백범을 암살했다"고 증언. 김창룡(일본 헌병대 출신으로 독립운동가를 잔인하게 고문해 악명을 떨침) 2. 안두휘는 미국방첩대(CIC) 대령이 "서북청년단 사무실에서 '블랙타이거'를 제거하라는 언질을 주었다"고 밝힘. 블랙타이거란 CIC가 김구를 지칭하는 은어. 안두희는 당시 CIC정보요원이었음이 밝혀져 김구 암살에 미국이 개입된 증거로 제시됨. 3. 안두희가 가입한 극우테러 단체인 백의사(단장 염동진)가 단독정부를 지지하지 않은 정치지도자에 대한 청부 암살이라는 설.
1950년	【대한민국】 **6.25 사변 발발(1950. 6. 25~1953. 7. 27)** 북한공산군이 새벽4시 242대의 전차로 군사분계선인 38선을 넘어 남침. UN 군이 참전하고 정부가 대전으로 이전(6/27). 서울 함락(6/28), 새벽3시 한강인도교 폭파. 낙동강 철교 폭파(8/3). 워커라인 구축(미8군 사령관 워커가 왜관에서 영덕에 이르는 방어진을 구축하고 '다부동전투'에서 승리하여 반전의 기회를 갖게됨). 인천상륙작전(9/15), 맥아더의 지휘로 한미 해병대가 월미도에 상륙 2시간 만에 점령하고, 인천, 서울을 수복(9/28). 1953. 7. 27일 휴전 협정. **피해** 대한민국 군인15만여명 전사,민간인 37만여명 사망 총계 190여만명 사상, 유엔군 군인 339명 전사 **남침 배경** 1. 딘 애치슨 국무장관이 미국의 방위선에서 한반도와 대만을 제외시킴. 2. 미군철수 3. 중국(모택동) 소련(스탈린)의 북한지원 4. 이승만의 북진통일론에 대한 대응 5. 38선에서의 남북한 분쟁(874회)등으로 추정 **UN 참전 16개국** 미국(1,789,000명), 영국, 캐나다, 터어키, 프랑스, 필리핀, 태국, 네덜란드, 그리스, 남아공, 뉴질랜드, 룩셈부르크, 벨기에, 이디오피아, 콜롬비아, 호주 **의료지원단 4개국** 노르웨이, 덴마크, 스웨덴, 이태리
1950년	【대한민국】 **여군 창설(9월 6일)** 임시 수도 부산에서 여자의용군교육대가 발족됨으로써 창설됨. 그 후 1951년 11월 여자의용군교육대는 해체되고 육군본부 고급부관실 여군과로 편입. 1955년 7월에 여군훈련소를 설치, 1959년 1월 육군본부 여군처로 개편, 1970년 12월 여군단으로 승격하여 현재에 이름.
1950년	【대한민국】 **조만식(曹晩植 1882~1950)** 교육가이자 독립운동가. 오산학교에서 오랫동안 민족교육에 헌신했고 3·1운동에 참여해 옥고를 치렀다. 1920년대 평양지역에서 물산장려운동과 민립 대학설립운동을 이끌었으며 신간회에도 참여했다. 해방 후 북한에서 조선민주당을 결성, 반탁운동을 전개함. 본관은 창녕(昌寧). 호는 고당(古堂). 평안남도 강서 출신.
1950년	【대한민국】 **김규식(金奎植 1881~1950)** 민족의 통일단결을 위해 헌신한 독립운동가이자 정치가. 1919년 파리 강화회의에 탄원서를 제출, 한민족의 독립의지를 세계에 알렸다. 임시정부의 요직을 맡았던 그는 해방후 좌우합작운동과 민족 분단을 막기 위한 남북협상에 온 힘을 기울였다. 6·25때 납북. 본관은 청풍(淸風). 교명(敎名)은 요한(Johann), 아호는 우사(尤史). 부산 동래 출신
1951년	【대한민국】 **1. 4후퇴** 중공군 6개군단이 남진하고 정부가 부산으로 이전, 맥아더가 서울을 수복(3/14)하고 38선 이북을 진격하자 트루먼이 맥아더를 해임.
1951년	【대한민국】 **거제도 포로수용소 폭동(2월)** 17만명의 공산군 포로들이 일으킨 소요 사건으로 포로교환 협상을 유리하게 하기 위한 공산측 음모로 반공포로와 친공포로 간의 유혈 사태로 106명이 살해됨. 유엔군 측은 자유 의사 방식, 공산군 측은 북한 공산군과 중공군 포로는 무조건 각기의 고국에 송환되어야 한다고 주장함, 결국 자유의사에 의한 포로교환이 시작됨(48,000명이 북으로 미귀환).
1952년	【대한민국】 **근로기준법 제정(8/13)**
1953년	【대한민국】 **제1차 통화개혁**(100대 1로 인하). 원(圓)을 환으로 개칭.
1953년	【대한민국】 **정전협정(7월 23일)** 1951년 7월부터 정전 협상이 시작되면서도 제한적인 전쟁이 계속되었고 소련의 참여가 부분적으로 이루어져 3차 세계대전으로 번질 가능성이 있자 유엔군과 공산군은 서둘러 정전을 추진함. 이승만은 아이젠하워에 한미 상호방위조약을 요구함.

한국사 연표별 정리

연도	내 용
1954년	【대한민국】 **대한민국과 미합중국간의 상호방위조약**(1953. 10. 1 워싱톤에서 서명, 1954. 11. 18일 발효) 본 조약의 당사국은 모든 국민과 모든 정부와 평화적으로 생활하고자 하는 희망을 재확인하며 또한 태평양지역에 있어서 평화기구를 공고히 할 것을 희망하고, 당사국 중 어느 일국에 태평양지역에 있어서 고립하여 있다는 환각을 어떠한 잠재적 침략자도 갖지 않도록 외부로부터의 무력공격에 대하여 그들 자신을 방위하고자 하는 공통의 결의를 공공연히 또한 정식으로 선언할 것을 희망하고, 또한 태평양지역에 있어서 더욱 포괄적이고 효과적인 지역적 안전보장조직이 발달될 때까지 평화와 안전을 유지하고자 집단적 방위를 위한 노력을 공고히 할 것을 희망하여 다음과 같이 동의한다. 제 1 조 당사국은 실현될지도 모르는 어떠한 국제적 분쟁이라도 국제적 평화와 안전과 정의를 위태롭게 하지 않는 방법으로 평화적 수단에 의하여 해결하고 또한 국제관계에 있어서 국제연합의 목적이나 당사국의 국제연합에 대하여 부담한 의무에 배치되는 방법으로 무력의 위협이나 무력의 행사를 삼갈 것을 약속한다. 제 2 조 당사국 중 어느 일국의 정치적 독립 또는 안전이 외부로부터의 무력공격에 의하여 위협을 받고 있다고 어느 당사국이든지 인정할 때에는 언제든지 당사국은 서로 협의한다. 당사국은 단독적으로나 공동적으로나 자조와 상호원조에 의하여 무력공격을 방지하기 위한 적절한 수단을 지속하며 강화시킬 것이며, 본 조약을 실행하고 그 목적을 추진할 적절한 조치를 협의와 합의하에 취할 것이다. 제 3 조 각 당사국은 타 당사국에 행정 지배하게 있는 영토와 각 당사국이 타 당사국의 행정지배하에 합법적으로 들어갔다고 인정하는 금후의 영토에 있어서 타 당사국에 대한 태평양지역에 있어서의 무력공격을 자국의 평화와 안전을 위태롭게 하는 것이라고 인정하고 공통한 위험에 대처하기 위하여 각자의 헌법상의 수속에 따라 행동할 것을 선언한다. 제 4 조 상호적 합의에 의하여 미합중국의 육군, 해군과 공군을 대한민국의 영토 내와 그 부근에 배치하는 권리를 대한민국은 이를 허여하고 미합중국은 이를 수락한다. 제 5 조 본 조약은 대한민국과 미합중국에 의하여 각자의 헌법상의 수속에 따라 비준되어야 하며 그 비준서가 양국에 의하여 워싱턴에서 교환되었을 때에 효력을 발생한다. 제 6 조 본 조약은 무기한으로 유효하다. 어느 당사국이든지 타 당사국에 통고한 후 1년에 본 조약을 중지시킬 수 있다. 이상의 증거로서 아래 전권위원은 본 조약에 서명한다. 본 조약은 1953년 10월 1일 워싱턴에서 한국문과 영문으로 두벌로 작성됨. 대한민국을 위해서　　변 영 태 미합중국을 위해서　　존 포스터 덜레서
1954년	【대한민국】 **자유부인 파동** 정비석의 작품으로 1954년 1월부터 8월까지 서울신문에 연재된 소설. 국문학 교수인 장태연의 부인 오선영이 친구의 권유로 동창회에 나갔다가 외부세상에 동요되어 양품점에 취직한다. 남편의 제자인 신춘호와 춤추러 다니며 가정 파탄의 위기에 처한다. 한편 장교수는 타이피스트 박은미에게 접근하나 그녀가 결혼함으로써 헛꿈이 사라진다. 신춘호는 오선영의 오빠의 딸과 결혼하여 미국유학을 간다. 선망·질투·울분으로 탈선과 좌절·실의에 빠지는 오선영은 장태연의 이해와 아량으로 서로 과오를 뉘우치고 가정으로 돌아간다는 이야기다. 6·25전쟁 직후의 퇴폐풍조와 전쟁미망인의 직업전선 진출 등 당시의 절실한 사회 단면을 파헤침으로써 지성의 힘을 각성시킬 의도로 쓴 소설이다. 성윤리에 대한 논란이 벌어지기도 했다.
1954년	【대한민국】 **김상정**(金商玎 1875년~1954년) 독립운동가. 본관은 경주(慶州). 자는 명옥(明玉), 호는 한월당(寒月堂).고종황제의 승하에 혈서로 '대명의리(大明義理)'를 기(旗)에 쓰고 대성통곡 하였고,1919년에 왼손가락을 잘라 태극기를 그리며 군중을 지휘·선동하였다. 3·1운동때 왜경이 조선의 합병은 조선의 요청에 의한 것이라며 협조하라고 회유하자, 왜경을 몽둥이로 구타하여 구속되어 옥고를 치렀다. 1922년 호별세 통지서가 전달되자 남의 나라를 빼앗은 놈들이 세금까지 내라고 하냐며 노발대발 하였고, 손가락을 찢어 혈서로 왜왕(倭王) 대정(大正)과 총독을 꾸짖는 한시를 썼다. 그는 나라 잃은 슬픔에 늘 상복을 입고 있었다. 1982년 대통령 표창과,1990년에는 애족장이 추서되었다
1955년	【대한민국】 **김성수**(金性洙 1891~1955) 일제하 민족의식의 발전에 힘쓴 민족운동가이자 정치가. 1919년 경성방직을, 1920년에는 동아일보 등을 설립해 민족자본과 민족언론을 육성했고, 보성전문(고려대 전신)을 세워 인재양성에도 앞장섰음. 해방 후 한민당을 창당하여 대한민국 정부 수립에 앞장섰고 제2대 부통령에 당선됐으나 이승만의 독재에 반발해 사임했다. 본관은 울산(蔚山). 호는 인촌(仁村). 전라북도 고창 출신
1955년	【대한민국】 **사사오입 개헌**(1954. 11. 29) 초대 대통령에 한해 3선 제한 철폐를 주요골자로 하는 개헌안이 국회에서 출석의원 203명 중 가135, 부 60, 기권 7로 부결이 선언되자 이승만은 의원 총회를 소집하여 "국회의원 제적 203명의 3분의 2는 135.333... 인데, 0.333...이라는 숫자는 1인의 인간이 될 수 없으므로 사사오입하면 203명의 3분의 2는 135명이 된다"라는 억지 주장으로 이미 부결된 개헌안을 번복하여 통과시킨 사건.
1955년	【대한민국】 **박인수 여인농락 사건** 1950년대 중반 현역 해군 헌병대위 박인수가 **70**여명의 여성들과 무분별한 성관계를 가졌던 성추문 사건. 사건 초기 일부 여성들은 자신들이 피해자라 주장하였으나 쌍방 합의에 의한 간통으로 드러났다. 박인수는 1명의 여성만이 처녀라며 '순결의 확률이 **70**분의 1이다'라는 유행어를 낳았다.

한국사 연표별 정리

연도	내 용
1955년	【대한민국】 박헌영(朴憲永 1900~1955) 사회주의 운동가이자 정치가. 일제하에서 조선공산당을 조직해 지하에서 항일운동을 전개했으며 해방후 조선공산당을 재건하고 극좌노선에 입각하여 남로당을 이끌었음. 월북해서 북한정권의 부수상을 지냈으나 6·25 이후 미국의 간첩혐의로 숙청. 본관은 영해(寧海). 충청남도 예산 태생.
1956년	【대한민국】 증권거래소 개장(3월) 현대적인 의미의 증권거래소가 개장되었으며, 한전주와 시중은행주 등 12개사의 주식이 상장됨. 1932년 조선 취인소는 일본인에 의해 설립되어 주로 일본주식을 거래함. 조준호는 주식왕으로 3000억 벌음. 1968년 12월 <자본시장 육성에 관한 특별법>이 제정되어 공개기업에 혜택을 주어 증권시장 정착에 기여 1970년 5월에는 투자신탁회사가 설립되어 기관투자가 시대가 시작됨. 1973년 <기업공개 촉진법>을 제정하여 반 강제적으로 공개정책을 시행하여 1978년에 상장기업이 356개사로 증가됨.
1957년	【대한민국】 동성동본 금혼 1957년 국회에서 채택되었으며 1997년 7월 16일 헌법재판소에서 '동성동본 금혼'에 대해 헌법 불합치 판정을 내리고 2005년 3월 2일 민법개정안이 통과되어 동성동본 금혼이 해제됨. 직계: 부모와 그 자녀와의 관계. 방계: 형제자매와의 관계 존속: 부모님이나 할아버지 할머니와 같은 손윗사람을 의미 비속: 자녀나 손자녀처럼 손아래사람을 의미
1957년	【대한민국】 가짜 이강석 사건 국회의장 이기붕의 장남이며 이승만의 양자인 이강석을 사칭한 강성병이 경주에 나타나 이강석 행세를 하여 경북지역 관가를 발칵 뒤집은 사건. 경주서장은 그를 최고급 숙소에 경주시내 관광지를 안내하고 영천 경찰서장의 극진한 환대, 안동 지방유지들은 여비와 수재의연금(태풍 아그네스)명목으로 거액의 돈까지 제공하였음. 대구에서는 그를 도지사 관사에서 묵게 했으나 그를 미심쩍어하던 경북 도지사가 이강석과 동기동창인 아들을 불러 확인한 결과 가짜임이 확인됐다. 강성병은 징역 10월을 선고 받음.
1958년	【대한민국】 조소앙(趙素昻 1887~1958) 삼균주의를 제창한 독립운동가이자 정치가. 임정의 국무위원으로 활동했으며 한독당을 창당하고 삼균주의를 제창해 대한민국 임시정부 건국강령의 기반을 마련했다. 해방후 단독정부 수립에 반대, 남북정치협상에 참여했고 2대 국회에 진출했으나 6·25때 납북. 본관은 함안(咸安). 본명은 용은(鏞殷), 자는 경중(敬仲), 소앙(素昻)은 호이다. 경기도 파주 출생 삼균주의 민족의 문제 해결을 위해 개인간의 균등은 정치·경제·교육의 균등을 통하여 이룰 수 있고, 민족간의 균등은 민족자결을 통하여 이룰 수 있으며, 국가간의 균등은 식민정책과 자본제국주의를 부정하고 침략전쟁 행위를 금지함으로써 이룰 수 있으며 이는 종국적으로는 사해일가(四海一家)·세계일원(世界一元)이라는 완전평등이 국제생활을 이룰 수 있다는 것이다. 이 사상은 임시정부의 '대외선언'에서 체계가 정립되었다. 1941년 11월 충칭[重慶]의 대한민국 임시정부는 대한민국 건국강령에서 임시정부의 기본이념 및 정책노선으로 이를 확정, "삼균주의로써 복국(復國)과 건국을 통하여 일관한 최고공리인 정치·경제·교육의 균등과 독립·자주·균치(均治)를 동시에 실시할 것"을 명시하였고, 임시정부의 기초정당인 한국독립당과 독립군의 강령이 되었다. 이 사상은 한말에서 광복 후까지도 민족진영의 지도이념으로서의 역할을 하였으나 남북분단으로 좌절되었음.
1958년	【대한민국】 김원봉(金元鳳 1898~1958년) 독립운동가이자 정치가. 1919년 의열단을 조직해 일제에 대한 테러 활동을 전개하고 1920년대엔 후반 사회주의 사상에 공감, 민족혁명당과 조선의용대를 조직해 항일투쟁을 함. 해방후 민전 의장을 지내고, 민족분단을 반대해 남북정치협상에 참여한 뒤 북한에서 활동. 호는 약산(若山). 경상남도 밀양 출생
1958년	【대한민국】 대종상(大鐘賞) 대한민국의 영화상 중 하나로서 대한민국 정부가 주관하는 유일한 영화상으로1958년 당시 문교부에서 "국산 영화상"이 제정되었고 1961년 대종상으로 이름을 바꾼 후 1962년 제1회 시상식이 있었다. 제12~17회까지는 문공부와 영화진흥공사가 공동주최했고, 18~24회까지는 영화진흥공사 단독으로 행사를 주최했다. 제25회 때는 다시 영화인협회와 영화진흥공사가 공동주최했으며, 이때부터 영화인협회의 본격적인 참여가 이루어졌다. 최우수작품상(감독)　　남우주연상　　　여우주연상 제1회 1962년　　연산군(신상옥)　　신영균(연산군)　　최은희(상록수)
1959년	【대한민국】 사라호 태풍 9월 12일 괌에서 발생하고 9월 15일 일본 미야꼬 섬을 거쳐 한반도에 9월 17일(추석) 중심기압 945hPa / 최대풍속 55m/s(기상 관측 사상 최강)로 남부지방을 강타함. 강풍보다는 호우와 해일에 의해 피해가 발생함. 사망·실종 850명, 이재민 37만 여명, 재산 피해 2800억여 원(2006년 기준)

한국사 연표별 정리

연도	내 용
1959년	【대한민국】 **조봉암(曺奉岩 1898~1959)** 사회주의 운동가이자 정치가. 일제하에서 조선공산당원으로 민족해방 운동을 했으나 해방후 전향, 초대 농림부장관과 국회부의장을 지냈음. 1952년과 1956년 대통령후보로 출마해 이승만에 도전했고 대중정당인 진보당을 결성했다가 간첩혐의로 처형됨. 본관은 창녕(昌寧). 호는 죽산(竹山). 경기도 강화 출생
1960년	【대한민국】 **3.15부정선거** 대통령 및 부통령선거에서 이승만 대통령(호는 우남. 양녕대군 18대손), 이기붕 국무총리가 당선되었지만 부정선거로 4.19 혁명의 자유당 이승만(대통령후보),이기붕(부통령후보) 후보와 민주당 조병옥,장면 후보간의 선거전서 유력한 대통령후보인 조병옥이 하와이에서 귀국 중 돌연 사망하여 이승만 단독 후보가 되었으며 고령인 이승만이 유고시 부통령이 승계되므로 이기붕을 당선시키기 위해 ① 사전투표율 40% 완료, ② 3인조에 의한 반공개 투표, ③ 자유당의 완장부대 동원으로 유권자 위협, ④ 야당참관인 축출, ⑤ 유령 유권자의 조작과 기권강요 및 기권자의 대리 투표, ⑥ 내통식 기표소의 설치, ⑦ 투표함 바꿔치기, ⑧ 개표 때의 혼표와 환표, ⑨ 득표수의 조작 발표 등 부정선거를 자행함. 선거후 3.15일 마산에서 시위가 발생하고 4월에 마산 앞바다에 마산상고 김주렬 학생의 눈에 최루탄이 박힌 채 주검으로 발견되어 4.19 혁명을 촉발하게 됨.
1960년	【대한민국】 **4. 19 혁명** 부정선거에 항의하는 학생중심의 시민혁명. 4월 18일 고려대생들이 총궐기 선언문을 발표 후 세종로에서 가두 시위를 하자 유지광의 정치 폭력 깡패들이 기습, 폭행하여 수십 명의 사상자 및 부상자가 발생(이는 곽영주와 임화수의 지시로 밝혀져 이들은 사형당함). 4월 19일 수 천명의 학생 시민이 대통령 관저인 경무대로 몰려가 시위하자 경찰이 발포하여 183명 사망, 6000명의 사상자 발생. 정부는 계엄령을 선포. 주한 미국대사인 W. P. 매카나기가 대통령의 하야를 종용하자 이승만은 4월 26일 하야 성명을 발표하고 하와이로 망명(1965년 7월 19일 91세로 사망). 이기붕의 장남 이강석 소위(이승만의 양자) 4월 28일 새벽 0시경에 아버지 이기붕, 어머니 박마리아, 남동생 이강욱을 총으로 쏴 죽이고, 자신도 자살함. 이를 수습하기 위해 외무부장관으로 임명된 허정이 수석 국무위원이 되어 내각 수반으로 하는 과도 정부가 구성됨.
1960년	【대한민국】 **경무대(景武臺)를 청와대(靑瓦臺) 개칭**
1960년	【대한민국】 **제1공화국 붕괴와 제2공화국 성립** 이승만의 하야로 제1공화국이 붕괴되고 허정내각은 대통령 중심제에서 의원내각제(양원제)로 개헌 후 1960년 7월 29일 국회의원 선거를 실시함. 민주당이 과반수를 획득하여 장면을 총리로 임명 하였고 국회의원들이 8월 12일 윤보선을 대통령으로 선출하므로서 제2공화국이 탄생함.
1960년	【대한민국】 **제2공화국 붕괴** 대한민국 역사상 유일의 내각제 기반 공화체제로 정치적 실권은 국무총리, 대통령은 국가원수로서만의 기능을 가졌음. 2공화국 헌법은 국민 기본권 보장의 강화, 지방자치제도의 시행, 양원제의 특징을 가지고 있었으며 4·19혁명에 따른 국민의 개혁적 요구를 민주당정부가 수용하지 못하고 장면의 민주당 신파와 윤보선의 민주당 구파가 나뉘어 파벌간의 갈등으로 정치적 기반이 약화되어 이승만 자유당정권의 청산도 미흡했고 4·19 혁명의 이념도 제대로 실천되지 못하므로 1961년 5월 16일 박정희 소장중심의 군사 쿠데타로 붕괴됨.
1960년	【대한민국】 **김두봉(金枓奉 1889~1960)** 국어학자이자 독립운동가 북한정치가. 주시경 밑에서 한글을 연구하고 광문회에서 조선어사전 《말모이》 편찬 사업에도 참여. 3·1운동 후 망명해 상해임정에 참여했고, 1942년 연안에서 조선독립동맹의 주석에 추대됨. 해방후 북한에서 활동, 북로당 중앙위원장으로 남북정치협상에 나섰고 북한정권 수립에 참여하여 북조선노동당 위원장이 됨. 김일성종합대학교 초대 총장이었으나 남북한 노동당이 합당하여 조선노동당으로 개편되면서 축출당해 농장의 노동자로 쫓겨나 중노동을 하다 사망. 호는 백연(白淵). 경상남도 동래군 출생
1961년	【대한민국】 **5. 16 군사 정변** 새벽 3시 2군 부사령관 박정희소장, 김종필 중령 등 육사 8기생을 중심으로 제6군단 포병대, 해병대, 제1공수특전단 등을 동원해 제2공화국을 무너뜨리고 정권을 장악한 군사정변. 5. 16 군사 정변의 명분으로는 민주당의 신·구파간의 갈등으로 인한 정국 불안정, 미국의 요청으로 추진된 감군, 고급 장성의 부정 부패와 승진의 적체현상 등을 들 수 있음. 초기에 미8군 사령관 C. B. 매그루더, 야전군 사령관 이한림 등의 반대로 잠시 난관에 부딪히지만 미국 정부의 신속한 지지 의사 표명, 장면 내각의 사퇴, 대통령 윤보선의 묵인 등에 의하여 성공함. 장면 총리는 카르멜 수도원에 피신하였다가 5월 18일에 하야 선언. 5월 16일에 군사혁명위원회가 설치되면서 박정희가 부의장으로 취임하고 육군참모총장이던 장도영을 의장으로 추대함. 5월 20일에는 군사혁명위원회가 국가재건최고회의로 개편되고 입법·사법·행정 3권을 장악한 최고통치기구였으며 1963년 12월 17일 제3공화국이 수립되면서 해체되었다. 또한 핵심권력기구로서 중앙정보부를 설치하고 민주공화당을 조직해 대통령제 복귀와 기본권 제한, 국회에 대한 견제를 골자로 하는 헌법개정으로 장기집권을 획책함.

한국사 연표별 정리

연도	내 용
1962년	【대한민국】 **공용연호로 서기(西紀)를 사용**(1962년 1월 1일) 단기(檀紀)는 한민족의 기년으로 단군조선이 세워진 기원전 2333년을 단기1년으로 함(단기 = 서기 + 2333년). 단기는 고려말 공민왕 때의 백문보가 제안했으며 1948년 9월 25일 '연호에 관한 법률'에서 "대한민국의 공용 연호는 단군기원으로 한다"고 하여 사용되다가 5·16 군사정부가 폐지 법령을 선포하여 서기를 공용 연호로 쓰게 됨.
1962년	【대한민국】 **제1차 경제개발5개년계획 성안** 3월 19일, 원자력연구소 원자로에 첫 점화. 3월 22일, 윤보선 대통령 사임. 3월 24일, 박정희 최고회의 의장, 대통령권한대행. 5월 31일, 증권시장, 약 500억 환의 5월분 수도결제 불이행(증권파동). 6월 10일, 제2차 통화개혁(10대 1로 평가절하, 환을 원으로 변경). 12월 17일, 헌법개정안 국민투표에서 가결. 12월 27일, 박정희 최고회의 의장, 민정이양절차 발표.
1963년	【대한민국】 **청룡영화상(靑龍映畵賞)**은 1963년, 한국 영화의 진흥을 위하여 조선일보주최로 시작되었다. 1973년 영화법 개정으로 인하여 스크린쿼터제가 도입되고, 한국영화의 질이 상당수준 떨어졌다고 판단하여 폐지되었다. 1990년에 스포츠조선이 주최하고 조선일보후원으로 부활하였다. 최우수 작품상(감독)　남우주연상　여우주연상 제1회 1963년　혈맥(김수용)　김승호(혈맥)　황정순(혈맥)
1964년	【대한민군】 **베트남전 참전** 1964년 비전투부대인 의료 지원단과 태권도 교관단 파병을 시작으로 전투부대인 청룡 부대. 맹호 사단, 백마 사단을 파병하였으며 철수하던 1973년 3월까지 연인원 32만명 파병, 5000여명의 전사자, 150,000여명의 고엽제(미군이 살포한 제초제로서 다이옥신이 함유되어있어 암과 신경계 마비 현상)환자 발생. 1964년 8월 미해군 구축함 매독스호가 통킹만에서 북베트남에 의해 공격을 받아 베트남 전쟁이 일어남. 박정희 정부는 차관 마련 등의 군사, 경제적인 이유로 파병제안을 했으나, 미국은 북한의 도발, 중국, 소련 등의 반발을 고려하여 거절하나 동남아시아조약기구의 도움을 받지 못하자 1964년 5월 9일 남베트남 지원을 공식요청하여 한국이 참전함.
1964년	【대한민국】 **3분사건(三粉事件)** 밀가루·설탕·시멘트관련 기업들(제일제당, 동양시멘트, 대한양회)이 가격조작과 세금포탈로 취한 폭리를 묵인해 주는 대가로 공화당에 정치자금을 제공한 사건.
1965년	【대한민국】 **한일기본조약(한일협정) 체결** 한일간 일반적 국교관계를 규정하기 위해 6월 22일에 조인한 조약. 외무장관 이동원, 한일회담 수석대표 김동조와 일본 외무장관 시이나 에쓰사부로, 수석대표 다카스기 신이치 사이에 조인된 '대한민국과 일본국 간의 기본관계에 관한 조약'과 이에 부속된 4개의 협정 및 25개의 문서(협정부속서 2, 교환공문 9, 의정서 2, 구술서 4, 합의의사록 4, 토의기록 2, 계약서 2, 왕복서간 1)의 총칭이다. 부속협정은 ① 어업에 관한 협정, ② 재일교포의 법적 지위 및 대우에 관한 협정, ③ 재산 및 청구권에 관한 문제의 해결과 경제협력에 관한 협정, ④ 문화재 및 문화협력에 관한 협정 등이다. 제1차 회담(1952. 2. 15~4. 21) 연합군의 시볼드의 중개로 이승만정부와 요시다시게루 내각과의 회담은 결렬됨. 제2차 회담(1953. 4. 15~7. 23) 평화선문제, 재일교포의 강제퇴거문제 등으로 결렬 제3차 회담(1953. 10. 6~10. 21) 일본 수석대표가 일본의 한국통치는 한국인에게 유익했다는 망언으로 결렬. 제4차 회담(1958. 4. 15~4. 19) 재일교포의 북송문제에다 4·19혁명에 의한 이승만 정권의 붕괴로 중단. 제5차 회담(1958. 10. 25~1961. 5. 16) 장면 내각이 한일회담 재개를 추진하였으나 5·16군사정변으로 중단 제6차 회담(1961. 10. 21~1962. 11. 12) 중앙정보부장 김종필과 도쿄에서 외무장관 오히라 마사요시와 회담, 대일 청구권문제와 평화선, 법적 지위문제에 합의. 1965년 2월 20일 일본 외무장관 시이나가 방한하여 기본조약의 가조인을 함. 그러나 청구권문제·어업문제·문화재반환문제 등에서 한국측의 양보가 한일회담 반대운동 이어짐. **한일 청구권 문제 타결** 김종필과 오히라간에 무상3억달러, 차관3억 달러에 합의(이승만정권은 20억 달러 요구함).
1965년	【대한민국】 **김기수 세계 제패** 김기수는 1966년 6월 25일 장충체육관에서 이탈리아의 니노 벤베누티를 판정승으로 꺾고 세계복싱협회(WBA) 주니어 미들급 챔피언에 오름. 이후 1968년 5월 이탈리아에서 열린 3차 방어전에서 산드로 마징가에게 패해 타이틀을 잃음. 간암으로 세상을 떠남.
1965년	【대한민국】 **안재홍(安在鴻 1892~1965)** 좌우합작에 의한 민족연합전선을 위해 분투한 민족운동가이자 정치가. 일제하에 조선일보 주필, 사장으로 좌우익세력의 단결에 의한 신간회 결성과 활동에 노력. 해방후 국민당을 조직하여 신민족주의와 신민주주의 이념 아래 좌우합작 운동을 전개했다. 또 신민족주의 사관에 입각해 「조선상고사감」을 저술하는 등 역사연구에 몰두한 사학자임. 본관은 순흥(順興). 호는 민세(民世). 경기도 평택 출신

한국사 연표별 정리

연도	내 용
1965년	【대한민국】 **이승만(李承晩 1875~1965)** 해외에서 독립운동에 참여했고 해방후 단독정부 수립에 앞장섰으며 대한민국의 1~3대 대통령을 지낸 독립운동가이자 정치가. 일찍이 독립협회운동에 참여했던 그는 미국에서 활동하다 3·1운동 직후 국제연맹의 위임통치를 청원해 물의를 일으켰고, 상해 임정의 대통령에 추대됐으나 결국 이 문제로 탄핵당해 대통령직에서 물러나야 했다. 이후 자신의 지론인 외교노선에 의한 독립을 표방하며 미주에서 활동했다. 해방후 좌우대립 속에 남한만의 단독정부 수립을 선도하며 반공국가 수립에 앞장섰고, 대한민국 정부 수립과 함께 대통령이 돼 영구집권을 획책하다 4·19혁명으로 망명했다. 독립운동에 헌신한 애국자라는 평가와 함께, 독선과 권력욕의 화신으로 민족분단을 초래한 독재자라는 평가도 받고 있음. 본관은 전주(全州), 호는 우남(雩南), 초명은 승룡(承龍)이다 황해도 평산 출산
1967년	【대한민국】 **광부 양창선씨 구출** 충남 청양군 구봉광산 갱도(125m지하)에서 15일 9시간(368시간)만에 구출됨(당시 세계최장기록).기네스북에 따르면 1979년 오스트리아의 안트레아 마하베츠(18세)군이 세운 18일이 최고 기록임.
1968년	【대한민국】 **1·21사건 발생** 북한의 특수부대인 124군부대 소속 31명이 청와대 습격과 정부요인 암살지령을 받고, 휴전선을 넘어 서울 세검정고개의 자하문을 통과하려다 경찰의 불심검문을 받자 수류탄과 기관단총으로 대응하고 시내버스에도 수류탄을 던져 많은 시민들이 살상당함. 군·경이 출동, 28명을 사살하고 1명을 생포함. 2명은 도주. 생포된 김신조는 그동안 김일성의 허위선전에 속아 살아왔음을 깨닫고 한국으로 귀순함. 이 사건을 계기로 북한의 비정규전에 대비하기 위한 향토예비군이 창설됨. 남한도 특수부대인 684부대(실미도부대)를 조직하여 북한에 대한 보복성 공격을 계획하였으나, 남북이 화해 분위기로 바뀌어감에 따라 공격명령은 무산됨.
1968년	【대한민국】 **국민교육헌장 발표** 국민의 윤리와 정신적인 기반을 확고히 하기 위하여 1968년 12월 5일 대통령에 의하여 반포된 헌장으로 각 학교 교과서의 첫머리에 인쇄되는 등 새마을 운동과 함께 20여 년간 적극적으로 보급되었으나, 1994년에 사실상 폐기되었음. 국민교육헌장 전문 우리는 민족 중흥의 역사적 사명을 띠고 이 땅에 태어났다. 조상의 빛난 얼을 오늘에 되살려, 안으로 자주독립의 자세를 확립하고, 밖으로 인류 공영에 이바지할 때다. 이에, 우리의 나아갈 바를 밝혀 교육의 지표로 삼는다. 성실한 마음과 튼튼한 몸으로, 학문과 기술을 배우고 익히며, 타고난 저마다의 소질을 개발하고, 우리의 처지를 약진의 발판으로 삼아, 창조의 힘과 개척의 정신을 기른다. 공익과 질서를 앞세우며 능률과 실질을 숭상하고, 경애와 신의에 뿌리박은 상부상조의 전통을 이어받아, 명랑하고 따뜻한 협동 정신을 북돋운다. 우리의 창의와 협력을 바탕으로 나라가 발전하며, 나라의 융성이 나의 발전의 근본임을 깨달아, 자유와 권리에 따르는 책임과 의무를 다하며, 스스로 국가 건설에 참여하고 봉사하는 국민 정신을 드높인다. 반공 민주 정신에 투철한 애국 애족이 우리의 삶의 길이며, 자유 세계의 이상을 실현하는 기반이다. 길이 후손에 물려줄 영광된 통일 조국의 앞날을 내다보며, 신념과 긍지를 지닌 근면한 국민으로서, 민족의 슬기를 모아 줄기찬 노력으로, 새 역사를 창조하자. 1968. 12. 5 대통령 박정희
1969년	【대한민국】 **3선개헌 대통령** 3번 연임을 위한 개헌으로 투표율 77. 1%찬성으로 가결됨, 가정의례 준칙 발표, 김수환 대주교가 추기경에 임명됨, 경인고속도로 개통(7월)
1970년	【대한민국】 **새마을 운동 시작(4월 22일)** 박정희 대통령에 의해 제창된 '잘 살기 위한' 운동으로 근면·자조·협동을 기본 정신하며 농촌의 근대화, 지역의 균형적인 발전, 의식개혁을 목표로 하였음. 1972. 4. 21에 새마을 노래를 직접 작사, 작곡함. 세계적으로는 농촌 개발의 모델로서 긍정적인 평가를 받음. 1988년 5공비리 청문회에서 새마을운동중앙본부(회장 전경환)와 관련된 비리가 폭로되어 새마을 운동이 침체됨.
1970년	【대한민국】 **경부고속도로 개통** 부산시 금정구를 기점으로, 서울시 서초구를 종점으로 총연장 428km의 왕복4차선 고속도로임. 1968년 2월 1일에 착공, 1970년 7월 7일에 준공. 전국의 1일 생활권화, 한일기본조약에서 얻은 차관, 베트남전쟁 파병의 대가, 독일 광부 수출로 인한 자금지원 등으로 추진. 429억 원이 투입, 연인원 892만 8천명과 165만대의 장비가 투입되고 77명이 건설과정에서 사망함.
1970년	【대한민국】 **장발족 단속(8월 28일)** 긴머리를 한 청소년들을 히피족, 미풍양속을 해치는 장발족이라며 단속을 실시, 677명을 적발하고, 408명의 머리를 깎았다.
1971년	【대한민국】 **대연각 호텔 화재(12월. 25일)** 중구 충무로에 있는 대연각 호텔에서 커피숍 주방의 LP가스 폭발로 163명사망, 63명부상, 재산피해 838,200천원.

한국사 연표별 정리

연도	내 용
1972년	【대한민국】 7. 4남북 공동 성명 이후락 중앙정보부장과 박성철 부수상간의 비밀접촉 후 성사됨. 남북한 간의 주요 합의 내용 1972. 7. 4 **남북 공동 성명** 닉슨 독트린 발표에 따른 미국 중국간 긴장 완화와 평화 공존의 국제 정세에 따라 남북한이 자주, 평화, 민족적 대단결의 3대 통일 원칙을 합의하고 남북 조절 위원회를 구성함. 1991. 12. 13 **남북합의서** 남북 관계를 국가와 국가관계가 아닌 잠정적 특수 관계로 규정하고 1민족 2 체제 2정부의 논리를 인정함. 남북 화해와 불가침, 남북 교류의 활성화, 남북한 정부 당사자 간에 공식 합의된 최초의 문서. 1993년 북한이 핵확산금지조약(NPT)에서 탈퇴한 이후 남북 관계가 경색되면서 합의서 내용은 무용지물 됨. 2000. 6. 15 **공동선언** 김대중 정부의 햇볕 정책으로 남북교류의 경제 협력 활성화, 남한의 '연합제'안과 북한의 낮은 단계의 '연방제'안의 공통점을 살리는 방향으로 통일문제 논의. 성과로는 경의선 복구 사업, 개성공단 설치, 이산가족 상봉 및 면회소 설치 등 남북 교류가 활성화됨. **7·4 남북공동 성명서** 1. 쌍방은 다음과 같은 조국통일 원칙들에 합의를 보았다. 　첫째, 통일은 외세에 의존하거나 외세의 간섭을 받음이 없이 자주적으로 해결하여야 한다. 　둘째, 통일은 서로 상대방을 반대하는 무력행사에 의거하지 않고 평화적 방법으로 실현해야 한다. 　셋째, 사상과 이념, 제도의 차이를 초월하여 우선 하나의 민족적 대단결을 도모하여야 한다. 2. 쌍방은 남북사이의 긴장상태를 완화하고 신뢰의 분위기를 조성하기 위하여 서로 상대방을 중상, 비방하지 않으며 크고 작은 것을 막론하고 무장도발을 하지 않으며 불의의 군사적 충돌 사건을 방지하기 위한 적극적인 조치를 취하는 데 합의하였다. 3. 쌍방은 끊어졌던 민족적 연계를 회복하여 서로의 이해를 증진시키고 자주적 평화통일을 촉진시키기 위하여 남북 사이에 다방면적인 제반 교류를 실시하는 데 합의하였다. 4. 쌍방은 지금 온 민족의 거대한 기대 속에 진행되고 있는 남북적십자 회담이 하루 빨리 성사되도록 적극 협조하는 데 합의하였다. 5. 쌍방은 돌발적 군사사고를 방지하고 남북사이에 제기되는 문제들을 직접 신속 정확히 처리하기 위하여 서울과 평양사이에 상설 직통전화를 놓기로 합의하였다. 6. 쌍방은 이러한 합의사항을 추진시킴과 동시에 남북쌍방의 제반 문제를 개선 해결하여 또 합의된 조국통일 원칙에 기초하여 나라의 통일문제를 해결할 목적으로 이후락 부장과 김영주 부장을 공동위원장으로 하는 남북조절위원회를 구성하기로 합의하였다. 7. 쌍방은 이상의 합의사항이 조국통일을 일일천주로 갈망하는 온 겨레의 한결같은 염원에 부합된다고 확인하면서 이 합의 사항을 성실히 이행할 것을 온 민족 앞에 엄숙히 약속한다.
1972년	【대한민국】 **10월 유신** 박정희 대통령은 국가긴급권을 발동하여 국회를 해산하고 비상계엄령을 선포한 뒤 개헌을 추진하여 국민투표에서 압도적 찬성(투표율 91.9%, 찬성 91.5%)으로 확정시킴. 그 주요 내용은 1. 대통령 직선제의 폐지 및 통일주체국민회의에서 대통령을 간접 선거. 2. 국회의원의 1/3을 대통령 추천으로 통일주체국민회의에서 선출. 3. 대통령에게 헌법 효력까지도 일시 정지시킬 수 있는 긴급조치권 부여. 4. 국회 해산권 및 법관 임면권을 대통령이 갖도록 하여 대통령이 3권 위에 군림할 수 있도록 보장. 5. 대통령의 임기를 6년으로 연장하고 연임 제한을 철폐하여 종신 집권 가능 유신헌법은 박대통령의 장기집권을 위한 개헌으로, 국민의 기본권 침해, 대통령 권한의 강화로 독재를 가능하게 한 헌법으로 국민적 저항을 받음.
1973년	【대한민국】 **한국방송공사(KBS)창립** 1927년 라디오 방송을 시작한 이후로 텔레비전 방송을 개국(1961년)하고 한국방송공사를 창립함. MBC창립 1961년 MBC 라디오 방송 시작, 1969 텔레비전 방송 개국 SBS 창립 1990. 11. 4(주)태영을 민영 방송 주체자로 선정 서울방송(SBS) 설립. 라디오 개국(1991. 3. 20), 텔레비전 개국(1991. 12. 9)
1973년	【대한민국】 **탁구 사라예보 세계 대회 금메달** 1973년 4월 제32회 사라에보(유고슬라비아) 세계대회에서 여자단체전(이에리사, 정현숙, 박미라, 김순옥)우승, 구기종목 사상 첫 세계제패
1973년	【대한민국】 **포항제철 준공** 1968년 4월 1일 창립하여 1970년 4월 1일 1기설비 착공한 후 1973년 7월 3일 준공함(조강 연산 103만톤).1985년 3월 5일 광양제철소 1기 설비 착공 후 1987년 5월 7일 준공(조강 연산 1, 180만톤)함.

한국사 연표별 정리

연도	내 용
1973년	**【대한민국】소양강 다목적댐 준공** (1967. 4~1973. 12) 북한강 유역, 높이123m, 길이530m, 체적960만m³, 20만kW의 발전시설과 29억m³ 용량의 사력댐. **한국의 주요 다목적댐** 섬진강 다목적 댐(1961. 8~1965. 12) 섬진강 유역, 높이 64m, 길이344. 2m, 체적 41만m³, 저수용량 4억6600만톤의 콘크리트 중력식댐 안 동 다목적 댐(1971. 4~1977. 5) 낙동강 유역, 높이 83m, 길이612m, 체적4, 014천m³, 저수용량 12억4천8백만톤의 사력댐. 국내최초 양수겸용 발전소임. 대 청 다목적 댐(1975. 3~1981. 6) 금강 유역, 높이 72m, 길이 495m, 체적123만4천m³, 저수용량 14억 9000만톤 콘크리트댐과 사력댐의 복합 댐. 충 주 다목적 댐(1978. 6~1986. 10) 남한강 유역, 높이 97. 5m, 길이 447m, 체적 90만2천m³, 저수용량 27억5천만톤의 국내 최대 콘크리트 중력식댐. 합 천 다목적 댐(1982. 4~1989. 12) 낙동강 유역, 높이 96m, 길이 472m, 체적 90만m³, 저수용량 7억9천만톤의 콘크리트 중력식댐. 임 하 다목적 댐(1984. 12~1992. 6) 낙동강 유역, 높이 73m, 길이 515m, 저수용량 5억9천5백만톤의 사력댐. 주 암 다목적 댐(1984. 9~1992. 12) 섬진강 유역 높이 58m, 길이 330m, 저수용량 4억5천7백만톤의 사력댐.
1973년	**【북한】평양에 지하철 개통(9월 5일)** 제 1단계 천리마선(6개역, 12km)이 개통, 후 제2단계 혁신선(9개역, 20km)이 78년 9월에 완공됐고 3단계로 천리마선 봉화역에서 연장한 만경대노선(2개역, 2km)이 87년 9월 완공. 방공호로 이용하기 위해 지하 150~160미터에 건설
1974년	**【대한민국】영부인 육영수 여사 사망(8월 15일)** 광복절 기념식 때 국립중앙극장에서 조총련(재일본조선인총연합)계 문세광에게 피살.
1974년	**【대한민국】서울 지하철 개통** 지하철 1호선이 1971. 4. 12 서울역~청량리 구간으로 연장9. 54km, 정차장 9개소로 1974년 8월 15일 개통. 국가로는 세계22번째, 도시단위로는 세계49번째임
1975년	**【대한민국】YH 무역 농성사건(8월 9일)** 서울 면목동에 있는 가발제조업체인 YH무역의 부당한 폐업에 항의하기 위해 200여명이 신민당사에서 농성을 벌인 사건. 경찰이 투입되어 노조 집행위원장인 김경숙이 사망, 172명의 여성 근로자와 신민당 당원 26명이 강제 연행됨. 배후 조종한 혐의로 문동환·인명진등이 구속되고 신민당 총재 김영삼(金泳三)이 의원직에서 제명되는등 한국 노동운동사에 한 획을 그은 사건임
1976년	**【대한민국】박동선 로비 사건(코리아게이트)** 박동선이 미국 의회에 로비자금을 제공한 사실을 ≪워싱턴 포스트지≫에 보도됨으로써 시작된 한·미 간의 외교마찰사건. 술집을 운영하는 박동선이 양곡수입권을 받아내어 이익금을 친한파 의원을 확보하기 위한 자금으로 사용함. 미국은 패스만의원과 해너 의원 등 3명의 민주당 의원을 징계함.
1976년	**【대한민국】판문점 도끼 만행사건(1976년 8월 18일)** 연합군측 초소의 시야를 가리는 미루나무 가지 치는 한국인 작업자를 지휘·경호하는 미군 장교 2명을 도끼로 살해한 사건. 사건 직후 한미군은 '데프콘 3호'(경계상태 돌입)를 발령하고 항공모함 미드웨이호와 B-52 폭격기를 출동시키자 북한 김일성이 유감의 뜻을 표명하는 사과문을 국제연합군측에 전달함으로써 사건은 일단락됨. 그리고 9월부터는 판문점 공동경비구역이 남과 북의 분할경비로 됨.
1976년	**【대한민국】양정모 최초로 금메달 획득** 1976년 제21회 몬트리올 올림픽에서 레슬링의 양정모가 자유형 페더급(62kg) 최종 등위 결정전에서 몽고의 오이도프 선수에게 패했지만 7전 6승 승자승 원칙에 따라 대망의 금메달을 획득.
1977년	**【대한민국】고상돈 한국최초로 히말라야 에베레스트 등정(9월 15일)**: 고상돈(1948년생)이 세계에서 56번째, 국가로는 8번째로 등정에 성공함.
1977년	**【대한민국】수출 100억불 달성(12월 22일)** 철강 전자 선박 금속 기계류 등 중화학 제품 수출과 중동건설 경기 붐으로 목표보다 4년 앞당겨 달성. 서독이 수출 10억 달러에서 100억 달러를 달성하는 데까지 11년, 일본이 16년 걸린 데 비해 한국은 7년 만에 돌파함.
1978년	**【북한】평양 원산간 고속도로 개통**
1979년	**【대한민국】10. 26사태 박정희 대통령 사망** 중앙정보부 안가에서 중앙정보부 부장 김재규가 대통령 박정희와 경호실장 차지철등을 살해함. 그 배경으로는 10월 16일 부산 마산에서 민주항쟁(김영삼 당시 신민당 총재가 국회의원직에서 제명된 것에 대한 항의로)이 발생하고 그 처리 방안에 대해 실세인 경호실장 차지철의 강경노선이 채택되면서 경쟁관계에 있는 김재규의 위기감에 따른 행동이라는 설이 가장 유력함. 김재규는 재판 과정에서 민주화에 대한 열망으로 대통령을 살해했다고 주장함. 이 사건으로 유신체제가 무너졌으며 전두환 정권이 수립되는 계기가 됨.

한국사 연표별 정리

연도	내 용
1979년	【대한민국】 **12. 12. 사태** 전두환·노태우 등 '하나회' 중심의 신군부세력이 일으킨 군사반란사건으로 계엄사령관인 정승화가 10. 26 사건 수사비협조와 김재규로부터 돈을 받았다고 주장하면서 강제 연행함. 국방장관 노재현을 포섭하여 최규하 대통령이 총장연행을 재가하게 설득함. 이후 신군부세력은 제5공화국의 중심세력으로 등장함.
1979년	【대한민국】 **박정희(朴正熙 1917~1979)** 한국의 군인, 정치가. 사범학교를 졸업하고 보통학교 교사였다가 만주군관학교와 일본육사를 졸업하고 만주군 중위가 되었음. 해방후 한국군 소장이 되어 5·16군사정변을 주도하였고 1963년 제5대 대통령이 되어 경제개발을 단행하여 국가발전의 기틀을 마련하였음. 1967년 재선된 후 장기집권을 위하여 1969년 3선 개헌을 통과시켰고 제3공화국 재임동안 '한·일국교정상화'와 '월남파병문제'를 강행하였으며 1972년 국회 및 정당해산을 발표하고 전국에 계엄령을 선포한 후 '통일주체국민회의'에서 대통령으로 선출되었음. 유신 초기에는 새마을운동의 전국민적 전개로 농어촌의 근대화에 박차를 가하였고, 제5차 경제개발계획의 성공적 완성으로 국민들의 절대적 빈곤을 해결하는 데 상당히 기여했으나 상대적 빈곤의 심화와 장기집권에 따른 부작용, 국민들의 반유신 민주화운동으로 그에 대한 지지도가 약화되자 긴급조치를 발동하여 정권을 유지하려고 하였음. 1974년 8월에는 영부인 육영수가 북한의 지령을 받은 조총련계 문세광에게 저격당했고 이러한 정권의 위기는 결국 '부마민주항쟁'을 야기시켰으며, 1979년 10월 26일 궁정동 안가 만찬석상에서 중앙정보부장 김재규의 저격으로 서거하였음. 본관 고령(高靈). 호는 중수(中樹). 경상북도 선산군 구미면 상모리에서 빈농인 아버지 성빈(成彬)과 어머니 백남의(白南儀) 사이에서 5남2녀의 막내
1980년	【대한민국】 **5. 18광주 민주화 항쟁** 12. 12사태이후 국민들의 민주 정권 수립 요구가 이뤄지지 못하자 전남 및 광주시민들이 신군부의 퇴진과, 계엄령 해제, 김대중, 김영삼, 김종필 등의 재야, 야당인사를 감금해제 등을 요구하면서 일어난 사건임. 시위 시민들에게 공수부대를 투입하여 민주화 운동을 유혈 진압함으로써 사망자가 163명, 행방불명자가 166명, 부상후 숨진자 101명, 부상자가 3, 139명, 구속등의 피해자 1, 589명, 미연고 희생자 5명 등 총 5189명으로 확인됨. 1997년 대법원은 전 대통령 및 다른 피의자들이 "반란수괴, 반란모의참여, 반란중요임무종사, 불법진퇴, 지휘관계엄지역수소이탈, 상관살해, 상관살해미수, 초병살해, 내란수괴, 내란모의참여, 내란중요임무종사, 내란목적살인, 특정범죄가중처벌등에 관한 법률위반"과 같은 범죄를 저지른 것으로 판결함. 이에 따라 전두환은 무기징역에 추징금 2205억 원, 노태우는 징역 17년 추징금 2628억 원을 선고받음. 이후 징역형은 사면되었으나, 추징금은 현재까지 내고 있음.
1980년	【대한민국】 **언론기관 통폐합(11월 14일)** 한국신문협회와 한국방송협회의 결의에 따라 실시된 신문·통신의 통폐합과 방송의 공영화 조치. 신군부 세력이 제5공화국의 출범 전에 새로운 언론풍토를 조성한다는 명분 아래 전국 64개 신문·방송·통신사 중에서 신문사 11개, 방송사 27개, 통신사 6개 등 44개로 통폐합되고, MBC·KBS체제의 공영방송 구조가 됨. 지방신문은 1개도 1개지 원칙, 통신사로는 연합통신을 새로이 발족시킴. 1987년 8월 신문사의 주재기자제가 부활되고, 폐간된 중앙지와 일간지가 다수 복간됨.
1982년	【대한민국】 **프로야구출범(12월 11일)** 6개구단인 삼성 라이온즈, 롯데 자이언츠, MBC 청룡, OB 베어스, 해태 타이거즈, 삼미 슈퍼스타즈를 회원으로 하는 프로 야구 창립 총회가 열림. 1982년 3월 27일 서울동대문운동장에서 MBC 청룡과 삼성 라이온즈의 개막 경기, 전두환 대통령의 시구. 원년우승은 OB 베어스, 박철순투수는 22연승 기록 달성.
1983년	【대한민국】 **KAL 기 피격** 9. 1일 뉴욕을 출발하여 앵커리지를 경유하여 서울로 향한 대한항공 007편 보잉476이 소련 전투기의 미사일 공격을 받아 169명 전원이 사망.
1983년	【대한민국】 **미얀마 아웅산 묘소 폭발(10월 9일)** 북한이 버마(현재는 미얀마)의 아웅산 묘소에서 전두환 대통령 및 수행원들을 대상으로 자행한 테러 사건(서석준 부총리 등 17명 사망, 14명 중경상). 김정일의 지령으로 정찰국 소속 진모(某) 소좌, 강민철대위, 신기철대위 등이 미얀마 주재 북한 참사관 전창휘의 집에 은거한 후, 전두환 대통령 일행이 버마에 도착하기 하루 전 아웅산 묘소로 잡입하여 지붕에 2개의 폭탄을 설치한 것으로 밝혀짐. 미얀마는 북한과 국교를 단절함.
1983년	【대한민국】 **이웅평 귀순(2월 25일)** 이웅평(상위)은 한미 합동 스피리트 훈련중 평안남도 개천비행장을 이륙한 미그 19기 편대를 이탈해 서해 연평도 북방한계선을 넘어 귀순함. 이웅평은 귀순 후 한국 공군에서 1996년 대령으로 진급하였고, 공군대학교 교관으로 근무하다가 2002년 5월 4일 간기능부전증으로 사망함.
1983년	【대한민국】 **조치훈 일본 바둑계 평정** 조치훈은 1983년 3월에 기성(棋聖)을 제패함으로써 명인, 혼인보 3대 타이틀을 석권하여 일본 바둑계를 평정함.
1983년	【대한민국】 **청소년 축구 대표 4강** 1983년 멕시코에서 개최된 세계청소년축구선수권대회(20세 이하)에서 박종환 감독의 청소년 축구팀이 4강에 진출하고 '붉은 악마'라는 명칭을 얻음.

한국사 연표별 정리

연도	내 용
1984년	【북한】 **합영법 제정** 북한이 외국인의 북한투자를 활성화하게 한 법제. 일본조총련를 주축으로 한 해외동포의 대북투자를 제외하고는 서방국가의 투자를 끌어오는 데는 실패하였다.
1984년	【대한민국】 **이재서(李載瑞**1911. 1. 17~1984. 12. 26) 1980부터 성균관장을 3차례 연임하였고 유도(儒道)의 부흥 발전을 추진하였음. 동성동본금혼법 개정 움직임에 대해 "남편의 정자는 곧 씨이며 아내의 피는 밭이다. 식물의 예를 보아도 같은 씨를 교배하면 나쁜종자가 나온다. 동성동본 불혼는 윤리이며 학설"이라고 주장하였으며, 호주제 폐지 반대 의견으로 "사람의 몸에도 머리가 있고 발이 있으며, 과거에도 남편이 왕이면 아내는 왕후요 남편이 정승이면 아내는 정경부인, 또 남편이 바깥일을 관장하고 아내는 집안일을 주장해 서로 지나치게 간섭하지 않는 등 남녀 사이에 구별은 있으되 차별은 없었다"고 주장함. 그러나 친족의 범위와 부모의 동등한 친권행사, 시집간 딸에게도 상속권을 주자는 의견에는 동의함. 당진군 송악면 가학리에서 출생하였으며 호는 취암(醉嵓)
1987년	【대한민국】 **베니스 영화제 여우주연상 수상** 강수연이 임권택 감독의 '씨받이'로 44회 베니스 영화제에서 최초로 여우 주연상을 받음. **세계 3대 영화제** 베니스(이탈리아, 1932년), 칸(프랑스, 1946년), 베를린(독일, 1951년)
1987년	【대한민국】 **6·29 선언** 전국민의 민주화 항쟁 직후인 6월 29일 민주정의당 대통령 후보자인 노태우가 직선제 개헌요구를 받아들여 발표한 특별선언. **주요내용** 대통령직선제 개헌을 통한 1988년 2월 평화적 정권이양, 김대중의 사면복권과 시국관련사범들의 석방 인간존엄성 존중 및 기본인권 신장, 자유언론의 창달, 지방자치 및 교육자치 실시, 정당의 건전한 활동 보장, 과감한 사회정화조치를 단행함. **결 과** 6·29 선언으로 제9차 개정헌법이 발의되어 1987년 10월 27일 총 유권자중 93. 1%가 찬성. 새 헌법에 따라 대통령 선거가 치뤄졌으며 노태우가 통일민주당의 김영삼, 평화민주당의 김대중, 신민주공화당의 김종필 등 '1노3김'을 물리치고 제13대 대통령에 당선.
1988년	【대한민국】 **제 24회 서울올림픽 개최** 서독 바덴바덴에서 일본 나고야를 52:27로 이겨 올림픽 개최지 확정(1981. 9. 30). 9. 17~10. 2일 까지160개 IOC 회원국에서 1만 3626 명의 선수단 참가함, 한국은 금12개로 종합4위(1위 소련, 2위 동독 3위 미국), 마스코트는 호돌이(HODORI)
1988년	【대한민국】 **5공비리 청문회 시작(11월 2일)** 국회에서 일해재단(현 세종 연구소)관련 비리 조사 청문회가 시작되고 11월 23일 전두환은 재임 중 일어난 비리를 시인·사과하고 재산을 국가에 헌납하기로 발표 후 이순자와 백담사 은둔
1989년	【 대한민국】 **전국교직원노조 결성(5월 28일)** 교직원들의 지위 향상과 권리 획득 및 교육 여건의 개선을 도모하려는 노동조합으로 1987년 9월 27일 전국교사협의회(전교협)가 출범한 후 1998년에 교원노조법이 국회에 상정되고 1999년 1월 6일 이 법이 국회를 통과함에 따라 전교조의 합법화가 실현됨.
1991년	【대한민국】 **낙동강 페놀 유출사건(3월 16일)** 대구 두산 전자에서 지하 페놀 라인으로 30톤이 유출되어 수돗물에서 악취가 발생한 사건. 이 사고로 대구지방 환경청 공무원 7명과 두산전자 관계자 6명이 구속되고, 관계 공무원 11명이 징계당함. 두산 제품 불매운동이 확산되기도 함. 두산전자는 조업정지(30일) 처분을 받았으나 4월 22일 페놀탱크 송출 파이프의 이음새 부분이 파열되어 또다시 페놀원액 2톤이 낙동강에 유입되는 2차 사고가 발생되어 두산그룹 회장, 환경처 장차관이 인책, 경질됨. 이후, 환경범죄의 처벌에 관한 특별조치법이 제정되고 공장 설립시의 환경 기준이 강화되었으며 전국 4대 강을 수계별로 관리하도록 하는 유역별 환경관리위원회가 구성됨.
1991년	【대한민국】 **남북한 유엔 동시 가입** 9월 17일 한국은 대한민국(ROK)로 북한은 조선 인민민주주의 인민공화국(DPRK)로 동시에 유엔 가입
1992년	【대한민국】 **통일국민당 창당** 현대 그룹 회장인 정주영이 정치 참여 후 대통령 출마 16.3% 득표로 3위.
1992년	【대한민국】 **황영조 올림픽 마라톤 우승** 25회 스페인 바르셀로나 올림픽에서 일본의 모리시타 선수와 막판까지 경쟁하다가 몬주익 언덕에서 모리시타를 따돌려 우승함. 그래서 황영조를 몬주익 영웅이라고도 불리움.
1992년	【대한민국】 **중국과 국교 수립(8월 24일)** 70년대초 미-중화해무드가 조성될 때 한국은 1973년 6·23선언을 통해 비적대적인 국가에 문호를 개방하겠다고 선언함. 이어 1978년 중국이 제 11기 제 3차 전인대에서 개혁실용주의를 채택하고 대외개방정책을 추진함으로써 한국과 중국관계의 우호가능성이 싹트기 시작하였다. 1983년 5월 중국민항기가 공중피랍돼 한국의 춘천에 불시착하는 사건이 발생 후 양국 정부관계자들이 접촉하게 됐고 한-중간 최초의 공식대면이 됐다. 1986년 서울 아시아경기대회와 1988년 서울올림픽, 1990년 북경 아시아경기대회시 선수단 교류로 분위기가 조성되자 1992년 8월 24일 베이징에서 한중수교 공동성명에 서명함.

한국사 연표별 정리

연도	내 용
1992년	【대한민국】 **과학인공위성인 우리별 1호 발사(8월 11일)** 한국과학기술원(KAIST) 인공위성연구센터와 한국항공우주연구소가 영국 서리 대학의 기술지원을 받아 제작한 한국 최초의 소형 실험 위성인 우리별 1호가 8월 11일 남아메리카의 기아나 쿠루 기지에서 발사. 미국의 해양관측위성인 토펙스(TOPEX) 위성의 보조위성으로 프랑스의 보조위성 S80/T와 함께 아리안 V52 발사체에 의해 고도 1,300km, 궤도 경사각 66.042°의 우주궤도상에 올려짐. 무게 48.6kg, 크기 35.2×35.6×67cm, 수명이 5년으로 축적 및 전송통신실험, 지구표면 사진촬영 실험(해상도 2km, 400m), 우리말 방송실험, 그리고 우주방사선실험 등을 수행할 수 있는 장치를 탑재
1994년	【대한민국】 **김일성 사망(1912. 4. 15~1994. 7. 8)** 김일성 주석이 심근경색과 심장마비로 사망. 김일성의 주검은 방부 처리가 되어 금수산기념궁전 유리관에 안치. 북한은 김일성의 사망을 애도하기 위해 모란봉구역에 추모탑을 세워놓고 김일성이 태어난 날을 '태양절'이라고 부르도록 함.
1994년	【대한민국】 **성수대교 붕괴(10월 21일)** 1994년 10월 21일 오전 7시 38분경에 제10·11번 교각 사이 상부 트러스 48m가 붕괴되 버스 1대, 승합차 1대, 승용차 4대 등 모두 6대의 차량과 49명의 탑승자가 추락했고 이중 32명이 사망함. 1995년 4월 26일부터 현대건설이 새로 건설하기 시작해, 1997년 7월 3일에 완성되어 차량통행이 재개됨.
1994년	【대한민국】 **김일성(金日成 1912~1994)** 항일투사이자 북한을 통치해온 정치가. 청년기 항일 빨치산으로 만주 일대에서 항일투쟁을 전개한 그는 해방후 북한에서 북한 정권을 수립, 50년간 북한 사회주의 체제를 이끌며 분단 체제의 한 축을 이루었으며 1970년대 들어 주체사상을 지배이념으로 유일지배 체제를 확립한 그는 북에서는 어버이 수령으로 남에서는 붉은 독재자로 평가됨. 본명은 성주(成柱). 평양시 만경대에서 아버지 김형직과 어머니 강반석의 장남
1995년	【대한민국】 **쓰레기 종량제 실시(1월 1일)** 환경부는 건물면적, 재산세 등으로 징수하던 쓰레기 처리비용을 실제 배출량으로 수수료를 부과하는 종량제로 전환하여 1994년 4월 일부 지역에서 시범 실시하자 쓰레기 발생량이 30~40%나 줄고 재활용품 수거는 2배 이상 늘어남. 따라서 1995년 1월 1일부터 전국적으로 확대시행함.
1995년	【대한민국】 **지방자치제 실시(6월 27일)** 1995년 6월 27일 처음으로 15개 시도지사를 민선으로 선출하는 지방자치제 실시.
1995년	【대한민국】 **삼풍백화점 붕괴(6월 29일)** 오후 6시경 서울시 서초동에 있던 삼풍백화점이 무너지면서 1천여 명 이상의 종업원과 고객들이 다치거나 사망했음. 사망자 501명, 부상자 937명, 실종 6명, 피해액은 약 2700여억 원. 피해자들 중 최명석은 11일, 유지환은 13일, 박승현은 16일간 갇혀있다가 구조됨.
1995년	【대한민국】 **씨프린스호 원유 누출(7월 23일)** 전남 여천군 남면 소리도 앞바다에서 태풍 '페이'로 인해 호남해운 소속 14만5천 t급 유조선 '씨 프린스'호가 좌초, 유출된 기름 7백t이 남해안 전역을 덮쳐 양식장 1만ha를 황폐시켜 1천5백억원의 피해를 냈음.
1996년	【대한민국】 **삼성전자 세계 최초로 1기가 D램 개발**
1996년	【대한민국】 **국보 274호 거북선별황자총통(龜艦別黃字銃筒) 사기 사건(1992. 8월)** 해군의 이충무공 해저유물발굴단은 경남 통영시 한산도 앞바다에서 거북선에 장착한 무기인 '거북선별황자총통'을 발굴하고 3일 만에 국보 274호로 지정하였으나 4년 후 진급에 눈이 먼 황 모대령이 골동품상과 꾸민 사기극으로 밝혀져 1996. 6. 30일 국보에서 해제됨.
1996년	【대한민국】 **OECD(Organization for Economic Cooperation and Development,경제협력개발기구) 가입(12월)** 1961년 9월 30일미국 등 선진국 중심의 세계적 경제협력기구로 김영삼정부가 신경제 5개년 계획에 따라 1995년 3월에 가입 신청서를 제출하여 12월에 29번째로 회원국이 됨.
1997년	【대한민국】 **IMF(국제통화기금)에 차관요청** 1997년 12월 3일 외환 부족으로 IMF에 자금지원 양해각서를 체결한 사건. IMF의 요구 조건을 수행하기 위해 많은 회사들의 부도, 대량 해고 등으로 온 국민이 큰 어려움을 겪음. 1달러당 2000원선, 총외채 1, 569억, 순외채 555억달러에 이름. 이후 김영삼 정부는 대선에서 패하여 정권교체가 되고 2001. 8. 23 김대중정부는 IMF가 지원한 195억달러를 전액 상환하여 IMF 관리 체제를 졸업(1998년 금모으기 운동으로 3달만에 금 235톤(22억 달러)이 모아짐).
1997년	【대한민국】 **LA 다저스박찬호 메이저 리그 첫승(4월 7일)** 94. 1. 17 LA 다저스에 입단(120만 달러 연봉). 1996. 4. 7일 시카고 컵스와의 원정경기에서 2회초 구원투수로 등판해 4이닝 동안 3안타 4사사구 7삼진 무실점으로 메이저리그 7번째 등판에서 대망의 첫 승을 올림.
1998년	【대한민국】 **정주영 소 500마리 몰고 방북(6월 1일)** 정주영 현대회장이 1998. 6월(1차) 소떼 방북이 2003. 10월(4차)까지 총 1601 마리를 북한에 제공. 어릴적 아버지의 소 한 마리 판값 70원을 가지고 무작정 상경했던 정 회장이 1천마리 소로 불려 그 빚을 갚으러 귀향길에 오름. 남북한 민간간교류의 시발점으로 금강산관광이 현실화됨.

<table>
<tr><th colspan="2">한국사 연표별 정리</th></tr>
<tr><th>연도</th><th>내 용</th></tr>
<tr><td>1998년</td><td>【대한민국】 박세리 LPGA 동양인 최초로 우승 1997년 미국 LPGA 입문후에 1998년 맥도널드 LPGA 챔피언십과 US 오픈(7. 7일) 우승
PGA 그랜드슬램 마스터즈대회·US오픈대회·브리티시오픈대회·PGA 챔피언십대회
LPGA 그랜드슬램 US여자오픈, 크래프트나비스코 챔피언십, LPGA 챔피언십, 여자 영국오픈
그랜드 슬램(Grand slam) 테니스나 골프에서 한 해에 4대 메이저대회를 모두 석권하는 일. 야구에서는 만루 홈런을 의미하며 원래 카드놀이인 브리지게임에서 패 13장 전부를 따는 '압승'을 뜻하는 용어에서 나옴.</td></tr>
<tr><td>1999년</td><td>【대한민국】 영화 '쉬리' 600만명 돌파 강제규 감독은 한국 최초로 블록버스터 영화인 쉬리(Swiri: 한반도의 맑은 물에만 사는 토종 담수어로, 극중에서는 한국에 침투한 북한 특수부대의 작전명임)로 흥행에 성공. 2000 기네스 월드 레코드 선정 "최고 흥행 영화"로 선정됨</td></tr>
<tr><td>1999년</td><td>【대한민국】 무기징역수 신창원 검거(7월 16일) 신창원은 1997년 1월 부산교도소의 화장실 쇠창살을 절단하고 탈출한 후 97차례 강, 절도. 경찰은 13번을 눈앞에서 놓친 후 전남 순천의 아파트에서 가스관 수리공의 제보로 검거.</td></tr>
<tr><td>1999년</td><td>【대한민국】 의약 분업 실시 1999. 12. 7 약사법 개정안이 통과되어 의약 분업이 실시됨. 주요 내용은 의료기관에서 진료받은 외래환자는 원내에서 조제·투약을 받을 수 없고 원외의 약국에서 조제·투약받아야 하며, 약국은 의사의 처방전에 의해서만 약품을 조제하여야 함.</td></tr>
<tr><td>2000년</td><td>【대한민국】 남북 정상회담(6. 13~6. 15) 분단후 처음으로 평양에서 김대중과 김정일이 정상 회담을 하고 6·15 남북 공동선언이 발표됨. 이후로 이산가족 상봉, 금강산 관광, 남북한 스포츠 교류등의 이루어짐. 김대중은 정상회담과 햇볕정책을 통한 한반도 평화증진 공로로 2000년 노벨 평화상을 받음.</td></tr>
<tr><td>2002년</td><td>【대한민국】 월드컵 4강 진출 제17회 한일 월드컵에서 히딩크(네덜란드)감독이 이끄는 한국팀과 '붉은 악마'의 길거리 응원으로 4강 신화 달성. FIFA(국제축구연맹) 월드컵 사상 최초로 공동 개최, 마스코트는 상상 세계의 동물로 '아토(Ato: 코치)', '니크(Nik: 선수1)', '캐즈(Kaz: 선수2)'임.</td></tr>
<tr><td>2003년</td><td>【대한민국】 노무현 제16대 대통령 취임(2월 27일) 인권변호사 출신 국회의원으로 5공비리특별위원회 위원시 '청문회 스타'로 활약. 해양수산부 장관을 거쳐 새천년민주당의 대통령 후보로 대통령에 당선. 퇴임 후 고향인 봉하마을에 귀향하였으나 재임중 친인척 비리로 조사를 받다가 2009년 5월 23일 사저 뒷산의 부엉이바위에서 투신, 서거하였음.</td></tr>
<tr><td>2004년</td><td>【대한민국】 노무현 대통령 탄핵 소추안 국회 통과(3월 12일) 새천년민주당의 조순형 대표와 한나라당은 대통령의 선거중립의무 위반과 측근비리 등에 사과를 요구하였으나 대통령이 이를 거부하자 대한민국 헌정 사상 최초의 탄핵소추안을 가결 시킴. 5월 14일 헌법재판소가 탄핵소추안 기각 결정을 내림으로써 두 달 동안 계속된 대통령의 권한정지는 자동적으로 해소되고, 탄핵사태는 종결되었음.
【대한민국】 한국고속철도(Korea Train eXpress; KTX) 개통 KTX는 2004년 4월 1일 개통되었으며 처음에 프랑스 알스톰 사의 기술로 개발 제작되었고 현대로템에서 라이선스 계약을 하여 조립 생산하였으며 이후 국산화를 하여 운행하고 있음. 최고속도는 300km/h이상 이며 2007년 4월에는 KTX의 탑승객 수가 1억명을 돌파하였음.</td></tr>
<tr><td>2005년</td><td>【대한민국】 낙산사 전소(4월 5일) 강원도 양양군 역에 산불이 일어나 낙산사가 불에 탔음.</td></tr>
<tr><td>2006년</td><td>【대한민국】 철도노조 총파업(3월 1일) 노조의 요구안으로는 공공철도건설, 구조조정저지, 비정규직차별철폐, 해고자원직복직, 외주화철회 공공축소할인반대 등이었으며 중앙노동위원회 직권중재거부로 인하여 새벽1시를 기해 총파업투쟁. 서울메트로 지하철 파업은 새벽4시 예정되었으나 2시10분에 파업 철회하였음.</td></tr>
<tr><td>2007년</td><td>【대한민국】 세종대왕함 진수(5월 25일) 대한민국 해군이 도입한 첫 번째 이지스 구축함으로 2007년 5월 25일 1번함인 DDG-991 세종대왕이 진수되었고, 2번함은 DDG-992 율곡 이이로 2010년 9월 진수, 3번함은 DDG-993 서애 류성룡으로 2011년 3월 진수하였다.
이지스(Aegis)는 그리스 신화에서 군사를 담당하는 여신 아테나가 들고 다니는 제우스의 방패 이름이다. 이 방패에는 페르세우스가 잘라낸 메두사(Medusa)의 목이 달려 있어 눈이 마주친 적을 돌로 바꾸는 힘이 있다고 한다. 미 해군의 함대방공시스템을 이지스 시스템이라 한다.</td></tr>
<tr><td>2008년</td><td>【대한민국】 국보 1호 숭례문 방화(2월 10일) 2008년 2월 10일, 2월 11일에 채종기가 방화 하여 숭례문의 누각 2층 지붕이 붕괴하였고 이어 1층에도 불이 붙어 화재 5시간 만인 오전 1시 54분 석축을 제외한 건물이 모두 붕괴되었음. 방화 동기는 자신이 소유하고 있던 토지 보상문제에 불만을 품어 범행을 자행했으며, 2006년 창경궁도 방화하였음(징역 10년 선고받음).
【대한민국】 이명박 대통령 17대대통령 취임(2월 25일) 학생운동가, 기업인 출신 정치인이며 박정희 정권의 한일협정에 반대하여 6·3 시위를 주도하기도 했으며 현대건설에 입사하여 평사원 출신으로 현대건설 회장을 지냈다. 14대, 15대 국회의원과 32대 서울특별시 시장을 지냈음. 일제강점기 오사카 부에서 출생하였으며 광복 직후(당시 만 3세) 귀국하여 경북 포항에 살았음.</td></tr>
</table>

한국사 연표별 정리

연도	내 용
2009년	【대한민국】 **용산 철거민들 사망(1월 20일)** 서울시의 도시정비사업의 일환으로 용산4구역 재개발 사업을 추진 중 토지보상법에 규정된 주거이전비가 너무 적다며 반발해 시위를 해온 세입자들(약 100여 명)을 강제로 철수시키는 과정에서 철거민과 전국 철거민 연합회 회원 등 약 30여 명이 6층짜리 남일당 상가 건물 옥상을 점거하였으며, 경찰은 경비 병력으로 3개 중대 300여 명을 투입하였다 사망자 6명(시민 5명, 경찰특공대 대원 1명), 23명 부상(경찰 16명, 농성자 7명)
2010년	【대한민국】 **김연아 동계올림픽 피겨 금메달** 김연아 선수가 2010년 동계 올림픽 피겨 스케이팅 여자 싱글에서 총합 228. 56점으로 역대 최고점수로 금메달을 획득함. 【대한민국】 **천안함 사건(3월 26일)** 백령도 해상에서 해군 2함대 소속 1, 200톤 급 초계함 천안함이 북한 어뢰의 공격으로 침몰하여 46명 사망함. 【대한민국】 **G20 서울 정상회의 개최(5차, 11월 11일)** G20은 G7인 미국, 일본, 영국, 프랑스, 독일, 캐나다, 이탈리아에 한국, 중국, 호주, 인도, 브라질, 멕시코, 인도네시아, 아르헨티나, 러시아, 터키, 사우디아라비아, 남아공 그리고 EU 의장국으로 구성되며. 아시아 금융 위기 이후 금융, 외환 등에 관련된 국제적 위기 대체 시스템의 부재가 문제점으로 지적되면서, 1999년 9월 IMF 연차총회 당시 개최된 G8 재무장관회의에서 G8 국가와 주요 신흥시장국이 참여하는 G20 창설에 합의하였다. 【대한민국】 **황장엽 사망(黃長燁, 1923. 2. 17~2010. 10. 10)** 평안남도 강동군 출생. 북한의 주체사상 이론가. 노동당 비서, 김일성대 교수, 최고인민회의 의장으로 1997년 한국으로 망명하였다. 북한 권력 서열 13위
2011년	【북 한】 **김정일 사망(12월 17일)** 북한 조선중앙통신은 "정신적 육체적 과로로 지난 17일오전 8시30분에 야전열차 안에서 중증급성 심근경색이 발생되고 심장성 쇼크가 합병됐다"고 보도했다.

	광복 후의 대한민국 역사
1945년	【대한민국】 8월 15일 일본 무조건항복. 9월 1일 조선국민당 결성. 9월 2일 연합군최고사령부, 북위 38도선을 경계로 미·소 양군의 한국분할점령 방안 공표. 9월 7일 미국 극동군사령부, 남한 군정시행을 선포. 9월 9일 총독부, 항복문서에 조인. 9월 11일 군정장관에 아놀드 소장 취임. 9월 16일 한국민주당 결성. 10월 10일 김일성, 조선공산당 북조선 분국 설치(46년 7월 북조선노동당으로 개편한 뒤 49년 6월 남조선노동당을 흡수해 조선노동당으로 확대)
1946년	【대한민국】 1946년 1월 2일 조선공산당, 신탁통치 지지 선언. 2월 1일 비상국민회의 결성. 2월 8일 독립촉성중앙협의회·반탁국민총동원중앙위, 대한독립촉성국민회로 통합(총재 이승만) 평양에서 북조선임시인민위원회 발족(위원장 김일성, 부위원장 김두봉). 3월 5일북조선임시인민위, 토지개혁을 단행. 3월 20일 제1차 미소공동위원회 소집.
1947년	【대한민국】 1947년 2월 11일 공민증제도 시행. 3월 1일 좌우 진영, 3·1절 행사를 따로 거행, 남대문 앞에서 양 세력 충돌. 4월 19일, 서윤복, 보스턴마라톤대회서 우승. 5월 21일 제2차 미소공동위(미 대표 브라운 소장, 소 대표 스티코프 중장) 개최. 6월 3일 군정청, 한국정치기구를 남조선 과도정부로 호칭. 7월 18일 여운형 피살. 8월 6일 조선임시정부 약헌(約憲), 입법회의에서 통과.
1948년	【대한민국】 1948년. 1월 7일 초등교육 의무교육 실시. 2월 26일 유엔 소총회, 유엔한국위원회의 접근가능지역(남한)에서만의 총선거안 가결. 3월 16일 북한·중공, 비밀군사협정 체결. 4월 3일 제주도에서 4·3사태 시작. 4월 19일 김구·김규식 방북, 남북대표자 연석회의 참석. 5월 10일 유엔감시하에 남한총선거 실시(좌익계·남북협상파 불참). 5월 14일 북한, 남한 송전 중단, 남북협상 결렬.
1949년	【대한민국】 1949년 1월 8일 반민족행위 특별조사위원회 발족. 5월 20일 남로당 국회프락치사건 적발. 미국 국무부, 미군철수 발표. 6월 21일 정부 농지개혁법 공포. 6월 29일 김구 피살 7월 5일 김구 국민장 거행(최초의 국민장). 8월 6일 장개석 자유중국 총통 내한, 진해에서 대통령 이승만과 정상회담.
1950년	【대한민국】 1950년 1월 12일 미 국무장관 애치슨, 애치슨라인 발표. 1월 26일 한·미 상호방위원조협정 조인. 2월 16일 이대통령, 맥아더 초청으로 일본 방문. 3월 13일 국회 제1차 개헌안(내각책임제) 부결. 3월 27일 남로당 총책 김삼룡·이주하 검거. 4월 12일 한국, 보스턴마라톤대회 1~3위 제패. 4월 24일 제1회 국전개최. 5월 30일 제2대 국회의원 선거. 6월 1일 6년제 의무교육 실시. 6월 12일 한국은행 발족. 6월 25일 한국전쟁: 북조선 공산군, 38선 전역에서 남침 개시. 6월 28일 서울이 공산군에 함락. 7월 20일 대한민국 정부, 부산에 임시수도를 둠. 8월 28일 한국은행, 1차 화폐개혁 단행. 9월 6일 여군 창설. 9월 15일 06시에 인천 월미도로 인천 상륙 작전을 개시. 9월 16일 국군과 유엔군, 낙동강 전선서 조선민주주의인민공화국 조선인민군에 총반격 시작. 9월 28일 서울 탈환, 이승만 대통령은 한국군에 38선 이북 진격명령. 10월 1일 국군 3 사단 26연대, 강원도 양양군서 한국전쟁 발발 후 최초로 38선 넘어 북진. 10월 4일 주한 미군방송 라디오, 서울서 첫 전파 발사. 10월 7일 국제연합 총회, 유엔군의 38선 이북 진격과 한국통일부흥위원단(UNCURK) 설치 결의. 10월 9일 북조선의 주요 기관과 단체 등을 평양에서 철수하면서 임시 수도를 강계로 정함. 10월 12일 북조선의 김일성의 평양철수. 10월 19일 국군이 평양을 탈환. 11월 6일 맥아더, 중국 월경 성명. 12월 14일 흥남 철수작전 개시.
1951년	【대한민국】 1951년 1월 1일, 중공군 6개 사단, 압록강 건너 남진 시작. 1월 4일 국군이 서울에서 퇴각. 1월 17일 중국군과 북조선의 인민군이 서울을 함락. 2월 1일 유엔 총회가 중국을 침략자로 선언. 2월 7일 대한민국 국군, 군종제도 실시. 2월 11일 거창 양민학살사건 발생. 3월 14일 국군이 서울을 회복. 4월 11일 트루먼 미국 대통령이 더글러스 맥아더 장군의 권한 정지. 7월 10일 개성시에서 휴전 회담 개시. 8월 16일 서울 부산간 전화 개통. 9월 4일 유엔군, 한국전쟁에 소련군이 참전했다고 발표. 9월 20일 이승만 대통령, 중공군 철수 등 4개항의 6·25 휴전 조건 제시. 10월 6일 대한민국과 일본, 도쿄서 해방 후 첫 한일회담 예비회의 열림.
1952년	【대한민국】 1952년 1월 18일, 국회, 제2차 개헌안(대통령직선제: 양원제, 정부안) 부결. 이승만 대통령, 평화선 선포. 2월 15일, 제1차 한일회담 개최. 2월 18일, 거제도포로수용소에서 좌익계 폭동 발생. 4월 17일, 국회의원 123명, 내각책임제의 제3차 개헌안 제출. 4월 20일, 장면 국무총리직 사임. 동양통신 창립. 5월 6일, 장택상, 국무총리에 임명됨. 5월 7일, 거제도포로수용소의 공산포로들 폭동.
1953년	【대한민국】 1953년 1월 5일이승만 대통령 일본 방문 요시다 총리와 회담. 2월 15일 긴급통화조치령 발표, 제1차 통화개혁(100대1로 인하. 원을 환으로 개칭). 2월 23일 휴전회담 재개. 6월 8일 포로교환협정 조인. 6월 18일 반공포로 석방 단행. 7월 27일 휴정협정 조인.
1954년	【대한민국】 1954년 1월 9일, 국방대학원 창설. 1월 18일 독도에 영토 표지판 설치. 1월 21일 반공포로 인수. 5월 20일 제3대 민의원 선거 실시(의장 이기붕). 6월 15일 진해에서 제1회 아시아민족대회 개최. 11월 14일 수복지구 행정권 인수받음. 불교의 대처승과 비구승 간 분쟁 격화.

<table>
<tr><td colspan="2" align="center">광복 후의 대한민국 역사</td></tr>
<tr><td>1955년</td><td>【대한민국】1955년 2월 18일, 김성수 국회부의장 사망. 8월 8일 증권시장 개장. 8월 16일 의친왕 이강 죽음. 9월 13일, 대구매일 학생정치도구화 반대 사설을 게재로 필화. 9월 18일 호헌동지회의 자유민주파, 민주당 창당(대표 최고위원 신익희). 10월 1일 광복10주년기념 산업박람회 개최. 10월 26일, 중공군 6개 사단 철수 완료.</td></tr>
<tr><td>1956년</td><td>【대한민국】1956년 1월 2일 제2여당으로 민정당 발기(최고위원 이범석·장택상). 3월 30일에 공화당으로 발족. 3월 30일, 김창룡 육군특무대장 피살. 2월 27일, 김창룡 저격범 허태영 대령 등 구속. 5월 5일, 신익희 민주당 대통령 후보, 유세중 이리에서 급서. 5월 12일 첫 텔레비전방송국(호출부호 HLKI) 개국. 5월 15일 제3대 정·부통령선거 실시. 대통령에 자유당 이승만, 부통령에 민주당의 장면</td></tr>
<tr><td>1957년</td><td>【대한민국】1957년 1월 11일 유엔총회, 유엔 감시하의 남북한 총선거 결의. 1월 14일 유도회 분규 격화. 5월 5일, 어린이헌장 선포. 5월 25일, 야당 주최 장충단 시국강연회장에서 테러단 난동(12. 5. 주범 유지광 체포됨). 8월 가짜 이강석사건 발생. 10월 9일 우리말큰사전 30년 만에 완간. 국회, 동성동본(同姓同本)과 8촌 이내 인척의 결혼금지안 채택</td></tr>
<tr><td>1958년</td><td>【대한민국】1958년 1월 13일 진보당사건 발생. 위원장 조봉암 등, 간부 7명 간첩혐의로 구속(59. 2. 27 대법에서 조봉암 사형 확정). 3월 3일 북한, 김두봉 숙청, 천리마운동 시작. 5월 2일, 4대민의원 선거 실시(자유당 126, 민주당 79, 무소속 27석).</td></tr>
<tr><td>1959년</td><td>【대한민국】1959년 1월 5일 보안법 반대데모 전국으로 확산. 12월 13일 정부, 재일교포 북송문제와 관련, 국제사법재판소에 제소를 일본에 제의(일본은 거부). 12월 14일 교포북송 제1진 975명, 일본 니가타를 출항, 청진 도착.</td></tr>
<tr><td>1960년</td><td>【대한민국】1960년 2월 5일 조병옥, 민주당 대통령 후보 미국 월터리드 육군병원에서 죽음. 2월 28일 대구에서 반독재 학생데모 일어남. 3월 15일 제5대 정·부통령 선거 실시. 대통령 이승만, 부통령 이기붕 당선. 마산에서 부정선거 규탄 데모. 4월 6일 민주당·민총·공명선거위원회 등 3개단체가 합동, 3·15부정선거 규탄 데모. 4월 11일 피살된 김주열의 시체인양 계기로 제2마산 데모 발생.</td></tr>
<tr><td>1961년</td><td>【대한민국】1961년 2월 3일 대일정책결의안(선국교·후경제 등) 채택. 5월 16일 군사정변. 군사혁명위원회 발족(의장 장도영·부의장 박정희). 5월 18일, 장면내각 총사퇴. 혁명위, 국가재건최고회의로 개편. 5월 20일 최고회의 내각 조직(내각수반에 장도영 의장 겸임). 7월 1일 서울국제방송국(HLCA) 개국. 7월 2일 최고회의 의장에 박정희 소장 취임. 7월 3일 반공법 공포. 7월 22일 경제재건 5개년계획 발표. 8월 10일 한국표준시가 동경 135도를 기준으로 30분 앞당겨짐. 8월 12일 국가재건최고회의 박정희 의장, 1963년 여름에 민정이양 약속. 8월 15일 중소기업은행 발족. 8월 15일 대한민국, 농업협동조합 발족 8월 16일 한국경제인협회(전국경제인연합회의 전신), 이병철을 회장으로 발족. 8월 30일 한국노동조합총연맹 결성. 9월 12일 대한민국 언론인들의 자율심의기구인 한국신문윤리위원회 발족.</td></tr>
<tr><td>1962년</td><td>【대한민국】1962년 1월 1일, 공용연호를 서력으로 변경. 1월 13일, 제1차 경제개발5개년계획 성안. 3월 19일, 원자력연구소 원자로에 첫 점화. 3월 22일, 윤보선 대통령 사임. 3월 24일, 박정희 최고회의 의장, 대통령권한대행. 5월 31일 증권시장, 약 500억 환의 5월분 수도결제 불이행(증권파동). 6월 10일 제2차 통화개혁(10대 1로 평가절하, 환을 원으로 변경). 12월 17일 헌법개정</td></tr>
<tr><td>1963년</td><td>【대한민국】1963년 2월 18일 박정희 최고회의 의장 2·18성명(민정 불참선언 및 정국수습 9개 방안 제시) 발표. 2월 21일 민주공화당 창당. 3월 16일 박정희 최고회의 의장 3·16성명 발표. 5월 14일 민정당 창당, 대통령후보에 윤보선 지명. 7월 27일 박정희 최고회의 의장, 민정이양일정 발표. 10월 10일 서울가정법원 개원. 10월 15일 대통령선거 실시(박정희 당선).</td></tr>
<tr><td>1964년</td><td>【대한민국】1964년 1월 18일 제주도 일원 첫 통금해제. 5월 2일 민주·자민·국민당 통합 선언. 6월 3일 6·3사태 발생. 서울에 비상계엄령 선포. 8월 2일 언론윤리위법안 국회 통과. 8월 17일 한국기자협회 발족. 10월 31일 한·월남, 월남지원을 위한 국군 파견에 관한 협정 체결.</td></tr>
<tr><td>1965년</td><td>【대한민국】1965년 1월 8일, 국무회의, 비전투병력 2, 000명 월남파병 의결. 3월 1일 충북지역 야간 통금 해제. 3월 22일 단일변동환율제실시. 3월 24일 비둘기부대 제1진 사이공 도착. 5월 3일, 민정·민주 양당, 민중당 창당. 6월 22일 한·일협정 조인, 국교 정상화. 7월 2일 국무회의, 1개 전투사단 월남파병 의결. 7월 17일 이승만 하와이서 사망. 9월 18일 경인선(영등포-인천) 복선 개통. 9월 21일 베트남 전쟁, 대한민국 최초의 월남파견 전투부대인 청룡부대 결단식 포항서 열림</td></tr>
<tr><td>1966년</td><td>【대한민국】1966년 2월 4일 과학기술연구소(KIST) 발족. 3월 1일, 국세청·수산청 발족. 3월 30일, 신민당 창당. 6월 25일 김기수, 세계주니어미들급 챔피언이 됨. 7월 9일 한·미행정협정 조인. 7월 29일 국무회의, 제2차 경제개발5개년계획 공표. 9월 5일 백마부대 제1진 월남 상륙. 10월 31일 존슨 미국 대통령 한국 방문. 11월 1일 한·미정상회담, 2일 공동성명 발표</td></tr>
<tr><td>1967년</td><td>【대한민국】1967년 1월 1일 대구 서문시장에 큰불. 2월 7일 민중·신한당 통합, 신민당 창당. 3월 22일 북한 중앙통신 부사장 이수근, 판문점서 위장귀순. 3월 30일 과학기술처 신설, 원자력원을 청으로 개칭. 5월 3일 제6대 대통령 선거(공화당 박정희 후보 당선, 7. 1. 취임). 6월 8일 제7대 국회의원 선거. 8월 9일 제1차 한·일각료회담 개최(도쿄).</td></tr>
</table>

	광복 후의 대한민국 역사
1968년	【대한민국】 1968년 1월 21일, 1·21사태, 북한 무장공비 31명 서울 침입. 1월 23일 미 정보함 푸에블로호, 원산 앞바다서 북한에 피랍. 2월 7일 경전선 개통. 4월 1일 향토예비군 창설. 5월 27일 제1차 한·미국방장관회의(워싱턴). 7월 15일 문교부, 중학입시제도 폐지 발표. 9월 9일, 제1회 한국무역박람회 개막. 10월 5일 자연보호헌장 선포 10월 14일, 문교부, 대학입시 예비고사제 실시 발표.
1969년	【대한민국】 1969년 3월 1일 국토통일원 개원. 3월 3일 가정의례준칙 발표. 3월 28일 김수환 대주교, 추기경에 서품. 6월 17일 3선개헌반대 학생 데모 시작. 7월 21일 경인고속도로 개통. 9월 7일 신민당, 대통령 탄핵소추결의안 국회에 제출. 9월 14일 3선개헌안·국민투표법안 국회서 변칙 통과. 10월 17일 개헌안 국민투표 실시. 12월 24일 국제통화기금, 한국을 특별인출권(SDR)통과공여국으로 지정.
1970년	【대한민국】 1970년 4월 8일 서울 와우시민아파트 붕괴. 사망 33명. 5월 16일 서울대교 개통. 5월 18일 금산 인공위성지구국 우주통신 중계 개시. 6월 2일 특수층의 부정부패를 풍자한 【오적(五賊)】 필화사건으로 김지하 구속. 7월 1일 우편번호제 실시. 7월 7일, 경부고속도로 개통. 8월 15일 서울 남산 제1호터널 개통. 8월 28일 김민기 <아침 이슬> 발표. 10월 31일 국토종합개발 10개년계획 확정.
1971년	【대한민국】 1971년 2월 9일 제3차 경제개발5개년계획 발표. 3월 19일 원자력발전소 기공(경남 동래). 3월 31일 서울 부산 간 자동전화 개통. 4월 27일 제7대 대통령선거 실시(박정희 후보 당선). 5월 25일 제8대 국회의원 선거. 7월 8일 충남 공주에서 백제 무령왕릉 발굴. 9월 20일 남북적십자, 이산가족찾기 예비회담 판문점서 첫 개최. 10월 15일 유신체제, 서울특별시에 위수령이 발동되고, 10개 대학에 무장군인이 진주. 12월 25일 서울 대연각호텔 화재 사고 발생.
1972년	【대한민국】 1972년 5월 29일 프랑스 파리에서 세계 최고의 고려금속활자로 인쇄된 ≪직지심경(直指心經)≫ 발견. 8월 3일 박정희 대통령, 경제안정과 성장에 관한 긴급명령 발표(기업사채 동결). 8월 30일 남북적십자사, 첫 본회담 평양에서 개막. 10월 17일 계엄사, 포고 제1호로 대학휴교, 신문·통신 사전검열제 실시. 11월 21일 유신헌법에 대한 국민투표.(투표율 91.9%, 찬성률 91.5%) 11월 30일 재단법인 국기원 설립 12월 27일 유신헌법 발표 **72년생 연예인** 1월 13일 박진영, 2월 14일 이윤석, 2월 15일 서경석, 2월 21일 서태지, 3월 7일 장동건, 3월 13일 배기성, 6월 9 김원희, 8월 14일 유재석, 8월 29일 배용준, 9월 23일 심은하, 10월 8일 김명민. 10월 24일 김지수, 12월 29일 이휘재.
1973년	【대한민국】 1973년 2월 27일, 제9대 국회의원선거 실시. 3월 3일 한국방송공사 발족. 4월 10일, 한국 여자탁구팀 세계 제패(유고 사라예보). 5월 5일, 어린이 대공원 개원. 5월 27일, 소련, 한국인(유덕형)에 첫 입국허가. 중앙선 전철 개통(청량리~제천 간). 8월 8일, 김대중피랍사건 발생(일본 도쿄)
1974년	【대한민국】 1974년 1월 8일 박정희 대통령, 긴급조치 1호(개헌논의 금지)·2호(비상군법회의 설치) 선포. 1월 14일 국민생활 안정을 위한 긴급조치 3호 선포. 8월 15일 광복절기념식장서 박정희 대통령 저격미수사건 발생. 대통령부인 육영수 피격 서거. 8월 15일, 서울시지하철(서울역~청량리역 간) 개통. 경부선 새마을호 운행 개시. 9월 6일 반일데모대, 일본대사관 침입. 9월 13일 대한민국, 국립천문대(현재 한국천문연구원) 발족 9월 23일 천주교 정의구현전국사제단 발족 11월 15일 제1땅굴 발견. 11월 26일 오리온 초코파이 첫 출시.
1975년	【대한민국】 1975년: 2월 12일 유신헌법 찬반 국민투표 실시(찬성 73. 11`%). 9월 1일 여의도에 새 국회의사당 준공. 9월 15일, 조총련계 재일교포 700여명 추석성묘차 모국 방문. 9월 22일, 민방위대 발대식. 10월 14일, 영동·동해고속도로 개통.
1976년	【대한민국】 1976년 6월 18일 경제기획원 제4차 경제개발 5개년계획 발표. 8월 1일 양정모 몬트리올 올림픽경기대회 레슬링 자유형 페더급에서 첫 금메달 획득. 8월 18일 북한군 판문점 공동경비구역 내에서 집단 도끼만행으로 미군 장교 2명 살해. 10월 11일 전남 신안 앞바다에서 송·원대의 유물 대량 인양.
1977년	【대한민국】 1977년 6월 19일, 국내 최초로 고리원자력 1호 발전기 점화. 7월 1일, 부가가치세제 실시. 11월 11일, 이리역 화약운송열차 폭발로 참사 발생.
1978년	【대한민국】 1978년 1월 1일 동력자원부 발족. 4월 14일, 세종문화회관 개관. 4월 21일, 대한항공 B707여객기, 소련 무르만스크 남쪽 200마일 지점에 강제 착륙. 6월 30일 한국정신문화연구원 개원. 7월 6일 제2기 통일주체국민회의 대의원집회에서 박정희후보 제9대 대통령 당선. 11월 7일 한·미연합사령부 발족. 12월 12일 제10대 국회의원선거 실시.
1979년	【대한민국】 1979년 6월 29일 카터 미국 대통령 내한. 8월 11일 경찰, 신민당사에서 농성 중인 YH무역 여공 200여명 강제 해산. 10월 4일 국회, 김영삼의원 제명. 10월 18일 정부, 학생시위로 부산에 비상계엄령 선포. 10월 20일 마산·창원에 위수령 선포. 10월 26일 마산·창원에 위수령 선포. 충남 삽교호방조제 준공. 박정희 대통령 김재규 정보부장에 의해 피격 사망(10·26사태).
1980년	【대한민국】 1980년 2월 18일, 최규하 대통령, 각계 원로·중진 23명으로 국정자문회의 구성. 5월 17일 정부, 전국에 비상계엄 확대. 5월 18일 광주학생·시민대규모 데모. 5월 27일 계엄군 개입으로 진압. 5월 31일 정부 계엄하의 대통령 자문보좌기관으로 국가보위비상대책위 신설(의장 최규하 대통령, 상임위원장 전두환 중앙정보부장서리). 7월 31일 계엄사 김대중 등 37명을 내란음모의로 기소, 9월 17일, 김대중 사형선고.

<table>
<tr><th colspan="2" style="text-align:center">광복 후의 대한민국 역사</th></tr>
<tr><td>1981년</td><td>【대한민국】1981년 1월 15일 민주정의당 창당(총재 전두환). 1월 17일 민주한국당 창당(총재 류치송). 1월 24일, 정부, 비상계엄 전면 해제. 2월 11일, 대통령선거인단 선거. 2월 25일 전두환대통령, 제12대 대통령 당선. 3월 25일, 제11대 국회의원 선거. 4월 20일, 국정자문회의 발족(의장 최규하). 5월 6일, 공정거래위원회 발족. 9월 30일, 제84차 IOC총회, 제24회 하계올림픽경기대회 서울 개최 의결.</td></tr>
<tr><td>1982년</td><td>【대한민국】1982년 1월 1일, 문교부, 중고생 교복과 머리형 자율화하기로 결정. 1월 5일, 정부, 야간통금 전면해제.</td></tr>
<tr><td>1983년</td><td>【대한민국】1983년 1월 1일, 공직자윤리법(고위공직자의 재산등록)발표. 6월 30일 KBS 이산가족찾기 생방송 시작. 1만 189명 혈육 상봉. 9월 1일, 소련 전투기, 사할린 부근서 KAL기 격추. 10월 9일, 미얀마 양곤의 아웅산묘소서 북한 공작원이 장치한 폭탄 폭발, 참배 준비 중이던 서석준 부총리 등 한국 고위관리 17명 순국. 11월 13일 미국 대통령 레이건 내한</td></tr>
<tr><td>1984년</td><td>【대한민국】1984년 1월 10일, 미국 대통령 레이건 한반도 안정위해 남북한과 미·중국의 4자회담 제의. 4월 2일 안기부, 78년 홍콩서 실종된 영화배우 최은희, 감독 신상옥의 북한 납치사실 발표. 5월 1일, 서울대공원 개원. 5월 3일, 교황 바오로 2세 방한</td></tr>
<tr><td>1985년</td><td>【대한민국】1985년 2월 12일, 제12대 국회의원선거 실시. 5월 17일 전국 80개 대학 3만 8000여명, 광주사태 진상규명 요구 시위. 6월 17일, 김영삼·김대중 회동, 민주화요구 공동발표문 채택. 7월 19일 부산 지하철 1호선 1단계 구간(범어사~서면) 개통. 8월 17일, 고대 의대, 냉동정액을 이용한 수정으로 임신된 아기가 국내에서 처음 탄생했다고 발표. 9월 20일 남북한 고향방문단 서울과 평양 도착</td></tr>
<tr><td>1986년</td><td>【대한민국】1986년 3월 13일, 납북된 최은희·신상옥, 오스트리아 빈에서 미국 대사관으로 탈출. 3월 26일, 재무부, 덤핑방지관세제 실시. 8월 21일, 새 국립중앙박물관, 구 중앙청청사를 개조해 개관. 9월 20일, 제10회 서울아시아경기대회 개막(~10월 5일). 10월 6일,(주)삼성전자 문태원 연구원, 세계 최초로 초소형 4mm VTR개발.</td></tr>
<tr><td>1987년</td><td>【대한민국】1987년 1월 14일 서울대생 박종철군, 경찰고문으로 사망. 3월 6일, 서울시교위, 시위전력의 교육대학 졸업생 12명 교사임용 제외. 6월 10일 민정당, 노태우 대표위원을 대통령후보로 선출. 6월 24일, 전두환대통령·김영삼 민주당총재 회담. 6월 25일, 경찰 김대중 민추협 공동의장에 대한 연금해제.</td></tr>
<tr><td>1988년</td><td>【대한민국】1988년 1월 16일, 대한상의, 공산권 경제단체와는 처음으로 헝가리 상공회의소 경제협력확대를 위한 업무협조협정 체결. 2월 12일 교통부, 금호그룹에 제2민간항공인가. 2월 22일 보사부, 국내 첫 AIDS환자 발생 발표. 2월 25일 노태우 대통령 당선자, 제13대 대통령 취임. 새 헌법 발효. 제6공화국 출범. 4월 26일 제13대 국회의원선거 실시.</td></tr>
<tr><td>1989년</td><td>【대한민국】1989년 2월 1일, 헝거리와 국교 수립(공산권 국가로는 처음). 3월 26일, 문익환 목사, 북경을 경유 평양에 도착, 김일성과 회담. 4월 13일, 귀국, 공안합수부에 체포됨. 6월 30일, 북한의 중앙방송, 전대협대표 임수경이 세계청년학생축전에 참가하기 위해 평양에 도착했다고 보도. 8월 31일, 동아건설, 세계 최대규모인 리비아 2차대수로공사를 수주(53억달러). 12월 31일, 전두환 전 대통령, 국회 5공특위·광주특위</td></tr>
<tr><td>1990년</td><td>【대한민국】1990년 1월 22일, 노태우 대통령·김영삼 민주당 총재·김종필 공화당 총재, 청와대에서 3당 통합을 선언. 2월 9일, 3당합당 의결, 당명 민주자유당(민자당). 2월 21일, 외무부, 모스크바주재 영사처 개설을 발표. 5월 17일, 교통부, 수도권 신공항입지를 영종도로 확정. 6월 5일, 노태우 대통령·코르바초프 소련 대통령, 샌프란시스코에서 정상회담. 한·소간 조속한 수교에 합의하고 상호 교환방문하기로 합의.</td></tr>
<tr><td>1991년</td><td>【대한민국】1991년: 1월 15일, 정부, 걸프전의 군의료진지원조사단 26명 사우디에 파병. 1월 22일, 한국의료지원단 현지로 출발. 1월 30일, 군수송단 파견. 3월 26일, 시·군·구의회의원선거 실시. 4월 19일 고르바초프 대통령, 소련국가원수로는 처음으로 한국(제주도) 방문. 6월 20일, 광역의회의원선거 실시. 9월 28일, 유엔총회, 남북한유엔가입안을 만장일치로 통과. 12월 9일, 새 민방 서울방송(SBS) 개국.</td></tr>
<tr><td>1992년</td><td>【대한민국】1992년 1월 6일, 노태우 대통령과 부시 미국 대통령, 정상회담에서 미국측의 대북한 직접협상을 배제하고 한반도핵문제는 당사자끼리 해결해야 하며, 북한은 조기에 핵안전협정에 서명하고 국제사찰을 받아야 한다는 입장을 재확인. 2월 8일, 통일국민당 창당대회(대표최고위원 정주영). 2월 8일, 남북한, 두만강개발회담 실무접촉에서 나진·선봉지구개발에 공동보조하기로 합의.</td></tr>
<tr><td>1993년</td><td>【대한민국】1993년 2월 9일, 정주영 국민당 대표, 대표최고위원직 사퇴하고 정계은퇴. 2월 25일, 김영삼, 제14대 대통령 취임. 3월 12일, 북한, 핵확산금지조약(NPT)탈퇴 선언. 3월 14일, 정부, 북한의 NPT탈퇴 해결 때까지 남북대화 중단. 3월 28일, 부산행 무궁화호 열차가 구포역 입구에서 지반붕괴로 전복(68명 사망, 124명 중경상).</td></tr>
<tr><td>1994년</td><td>【대한민국】1994년 1월 11일, 영남지역 악취수돗물 파동. 1월 24일, 서울지검, 장영자를 107억원을 편취하고 37억원의 당좌수표 중 5억원을 부도낸 혐의로 재구속. 4. 22. 김영삼 대통령과 이희창 국무총리, 통일안보정책조정회의의 갈등으로 국무총리 사표 제출. 7월 9일, 평양방송, 김일성 사망(8일)을 보도.</td></tr>
<tr><td>1995년</td><td>【대한민국】1995년 1월 9일, 정부, 부동산실명제를 7월 1일부터 실시하기로 확정발표. 2월 21일, 자유민주연합(자민련) 공식 출범(총재 김종필). 3월 1일, 케이블TV 27개채널 본방송 개시. 4월 28일, 대구지하철 공사장에서 가스폭발사고 발생. 5월 26일, 정부, 북한에 조건없이 곡물을 제공할 용의가 있음을 밝히고 남북 대표회담개최 제의.</td></tr>
</table>

	광복 후의 대한민국 역사
1996년	【대한민국)1996년 1월 30일 일산선 지축~대화 개통 서울 지하철 3호선 연장 구간, 1월 31일 서태지와 아이들 공식 은퇴. 6월 1일, 4월 11일 대한민국 15대 총선 실시, 5월 31일, 2002 월드컵을 대한민국과 일본이 공동개최. 7월 26일 경기. 강원 집중호우로 연천수력댐이 붕괴되어 사망 실종 29명, 이재민 1만 7천명, 재산피해액 4,274억 원. 8월 4일 애틀랜타 올림픽 폐막. 대한민국 종합 10위 기록.
1997년	【대한민국】1997년 1월 23일, 한보철강 부도 2월 12일, 황장엽 조선민주주의인민공화국 노동당 국제담당 서기 망명, 2월 15일, 황장엽 전 북한노동당 비서이자 방송PD인 이한영이 피습당하여 사망, 7월 15일 울산시가 울산광역시로 승격. 8월 6일, 대한항공 801편이 괌에서 추락하여 228명이 죽음. 8월 15일, 대한민국, 김영삼 대통령, 광복절 기념사서 한반도 평화정착 위한 4대원칙 발표.
1998년	【대한민국】1998년, 2월 25일, 김대중, 제15대 대통령으로 취임. 햇볕정책 발표, 3월 24일, 남성그룹 '신화' 데뷔, 5월 12일 여성그룹 '핑클' 데뷔, 7월 7일, 서태지의 첫 번째 솔로앨범 Take one 발매, 8월 4일, 현대그룹, 북한과 금강산 유람선 관광사업을 위한 합영회사 설립 계약 체결.
1999년	【대한민국】1999년 2월 12일 복제 소 영롱이가 탄생. 4월 19일 서울지하철공사 노조가 파업을 벌여 1주일간 지하철 교통이 마비. 4월 19일, 영국 여왕 엘리자베스 2세가 대한민국을 방문. 5월 11일, MBC 본사에서 주조정실 난입 방송사고 발생.(만민중앙교회). 6월 15일, 서해에서 남북 경비정 간에 총격전(서해 교전, 제1연평해전). 6월 30일, 경기도 화성시 소재 씨랜드 청소년수련원 화재사건
2000년	【대한민국】2000년 1월 20일 새정치국민회의가 새천년민주당으로 이름 변경. 1월 30일 민주노동당 창당. 4월 1일 수도권 전철 노선 통합. 이때부터 철도청 소속 국철 노선들은 모두 서울 지하철 노선명을 따르게 됨. 4월 13일 16대 총선 한나라당 133석, 새천년민주당 115석, 자민련 17석. 6월 13일, 남북 정상 회담 개최. 8월 1일, 대한민국, 의약 분업 본격 시행.
2001년	【대한민국】2001년 1월 1일 축구 국가대표팀 감독에 거스 히딩크(네덜란드)가 선임. 3월 29일 인천 국제공항이 개항. 8월 5일, 박세리, 김미현 미국 LPGA투어 브리티시 여자 오픈에서 1, 2위. 8월 9일 김현곤, 한국인 최초로 단독 태평양 요트 횡단 성공.
2002년	【대한민국】2002년 2월 2일 가수 유승준, 미국 시민권 취득에 따른 병역기피 의혹으로 입국이 거부. 2월 25일 철도, 가스, 발전공동파업 요구안 민영화저지, 3조2교대제 쟁취, 해고자 복직 5월 31일 대한민국, 일본에서 제 17회 FIFA 월드컵 개막. 대한민국이 2002년 FIFA 월드컵 D조 첫 경기에서 황선홍의 선제골과 유상철의 추가골로 폴란드에 2 : 0으로 승리. 이탈이아 꺽고 4강 진출
2003년	【대한민국】2003년 2월 18일 대구 지하철 화재사고 발생. 192명 사망. 148명 부상. 2월 25일 노무현 대한민국 제16대 대통령 취임. 2월 27일 고건 국무총리 취임. 6월 6일 노무현 대통령, 일본 공식 방문. 6월 28일 한국철도 산업노동조합 파업 시작. 철도공사법 저지를 목표로 함. 8월 4일 정몽헌 현대아산 이사회장 투신 자살 사건 발생 (대북 송금 사건). 8월 5일 현대자동차, 주5일 근무실시. 8월 29일 국회, 주5일 근무제의 근로기준법 개정안 국회 통과. 9월 27일 러시아 플레세츠크 우주 기지에서 한국의 첫 과학기술위성 1호 발사 성공.
2004년	【대한민국】2004년 1월 1일 한국철도시설공단 출범. 3월 1일 SBS 목동 신사옥 이전. 3월 12일 노무현 대통령 탄핵 소추안이 국회를 통과. 4월 1일 한국고속철도(KTX)가 개통. 4월 15일 17대 총선 실시. 4월 22일 룡천 열차폭발 사고, 조선민주주의인민 공화국 평안북도 용천에서 가연성 물질을 싣고가던 열차가 폭발. 3000여 명의 사상자를 낸 것으로 추정.
2005년	【대한민국】2005년 1월 20일 수도권 전철이 천안시까지 개통. 2월 3일 헌법 재판소가 호주제에 대해 헌법 불합치 판결. 3월 30일 경부선 전철화 천안~조치원 32.7km 충북선 전철화 조치원~봉양간 111.5km 개통 4월 5일 강원도 양양군 지역에 산불이 일어나 낙산사가 불에 탔음.
2006년	【대한민국】2006년 1월 2일 새 5000원권이 통용. 3월 1일 철도노조 총파업(요구안: 공공철도건설, 구조조정저지, 비정규직차별철폐, 해고자원직복직, 외주화철회 공공축소할인반대 등) 중앙노동위원회 직권중재거부로 인하여 새벽1시를 기해 총파업투쟁 서울메트로 지하철 파업 새벽4시를 돌입예정이었던 새벽2시10분 파업 철회 서울지 하철은 정상운행
2007년	【대한민국】2007년 1월 22일 대한민국에서 새 10000원권, 1000원권이 통용. 1월 23일 인민혁명당 사건에 대해 무죄가 선고. 5월 17일 경의선과 동해선의 운행이 끊긴지 각각 56년과 57년 만에 휴전선을 넘어 시험 운행되었 음. 5월 25일 대한민국 해군소속의 이지스함 제1번함인 세종대왕함이 진수. 9월 2일 2007년 탈레반 한국인 납치 사건, 탈레반에 납치됐던 나머지 인질 19명이 인천국제공항을 통해 귀국.
2008년	【대한민국】2008년 1월 7일 이천 냉동창고에서 화재가 발생하여 40여명이 사망. 삼성특검실시. 2월 10일 국보 1호 숭례문이 방화 사고로 인해 2층 목조 건물이 전소. 2월 21일 이명박 당선인의 여러 의혹을 수사해 온 정호영 특별검사가 수사 결과를 발표(이명박 당선인 무혐의 판명) 2월 25일 이명박 17대대통령 취임.
2009년	【대한민국】2009년 1월 3일 김형오 국회의장이 민주당과 민주노동당의 국회농성을 진압하기 위해 국회 경위 투입. 1월 20일 서울 용산에서 철거민들과 경찰과 대치, 6명이 사망하고 17명 부상. 1월 24일 연쇄 살인범 강호순 검거(실종 부녀자 7명을 죽였다고 자백) 2월 10일 경상남도 창녕군 화왕산 정상에서 억새태우기 행사를 하다, 4명이 사망.

<table>
<tr><td colspan="2" align="center">광복 후의 대한민국 역사</td></tr>
<tr><td>2010년</td><td>【대한민국】 2010년 2월 18일, 서울 지하철 3호선의 연장 구간인 수서역에서 오금역까지 연장 개통. 2월 26일, 김연아 선수가 2010년 동계 올림픽 피겨 스케이팅 여자 싱글에서 총합 228. 56점으로 역대 최고점수로 금메달. 3월 2일, 교원평가제가 처음으로 시행. 3월 26일, 백령도 해상에서 해군 2함대 소속 1, 200톤 급 초계함 천안함이 북한 어뢰의 공격으로 침몰하여 46명 사망. 8월 2일, 창군 이래 처음으로 여성 학군사관후보생(ROTC)을 선발하기로 결정. 9월 25일, 2010년 FIFA U-17 여자 월드컵에서 대한민국이 우승하고 여민지 선수가 골든 부트, 골든 볼, 대회 MVP 등 3관왕 차지. 11월 11일, 제5차 G20 서울 정상회의가 개최. 11월 23일, 북한이 연평도에 해안포 포격을 가함. 12월 13일, 부산광역시와 경상남도 거제시를 잇는 거가대교 개통. 12월 15일, 경전선 삼랑진역~마산역 복선전철이 개통. 12월 21일, 경춘선 상봉역~춘천역간 복선전철이 개통. 12월 29일, 인천국제공항철도 2단계 구간(서울역~김포공항)이 개통.</td></tr>
<tr><td>2011년</td><td>【대한민국】 2011년 1월 31일 순천완주고속도로의 순천~서남원구간 개통. 3월 9일 여성 학군사관후보생(ROTC) 제도를 해·공군으로 확대. 3월 24일 대한민국 해군의 세 번째 이지스함인 서애 류성룡함의 진수식 거행. 3월 29일 엔씨소프트의 프로야구 제9구단 가입 승인. 3월 30일 부산 도시철도 4호선이 개통.
3월 31일 헌법재판소가 동성 군인간의 성적 행위를 처벌하도록 규정한 '군형법 92조'에 대해 합헌 결정. 5월 4일 한국·유럽연합(EU) 자유무역협정(FTA) 비준 동의안 통과. 5월 17일 국제과학비즈니스벨트의 거점지구로 대전(신동·둔곡 지구)이 선정. 5월 25일 5·18 광주 민주화 운동 관련 기록물과 조선 왕조 후기 임금의 일기인 일성록이 유네스코 세계기록유산에 등재(총 9건의 세계기록유산보유). 5월 27일 1866년 병인양요 때 프랑스군에 약탈되었던 297책의 외규장각 의궤가 반환됨. 7월 1일 충청남도 당진군이 당진시로 승격. 10월 28일 신분당선이 개통. 11월 29일 줄타기, 한산모시짜기 유네스코 세계무형유산으로 선정(한국은 인류무형유산을 모두 14건 보유). 12월 16일 거금대교 개통. 12월 17일 조선민주주의인민공화국의 김정일 국방위원장이 오전 8시 30분 열차에서 급성 심근경색, 심장마비로 사망.</td></tr>
</table>

세계사 연표별 정리	
연도	내　　　　　　용
BC 150억년경	**【지구】 우주의 탄생** **빅뱅이론**(The Big Bang Theory 우주가 어떤 한 점에서부터 탄생하여 초밀도 물질이 순식간에 팽창함에 따라 그 공간이 채워지면서 우주는 서서히 식고 초기성 가스(수소, 헬륨)의 바다가 된 후 10억년 후에 은하 형태의 우주가 탄생함. **두 가지 논점** 우주는 한 시점에서 생겨났다는 이론과 우주는 원래 있었다라는 주장이 있음. 1. 우주는 원래 있었다라는 이론을 정상우주론, 연속창조설 등이라 불리며 1948년 영국천문학자 프레드 호일(Fred Hoyle) 등이 주장. 이 이론은 우주의 밀도는 어디서든지 균일하며, 변화가 없고, 계속 팽창한다고 하는데 이는 물리학의 기본적인 법칙인 질량, 에너지 보존의 법칙에 어긋나게 되어 인정받지 못함. 2. 우주는 한 시점에서 생겨났다는 빅뱅이론은 영국의 스티븐 윌리엄 호킹(Stephen William Hawking)이 주장하여 현재 가장 강력한 지지를 받게 되나 완벽한 입증은 어려운 상태임.
BC 46억년경	**【지구】 태양계 탄생(수성, 금성, 지구, 화성, 목성, 토성, 천왕성, 해성)** 에너지가 소용돌이 치는 은하계의 중심에서 벗어난 안정된 지역에서 형성됨.
BC 45억년경	**【지구】 달의 탄생** 지구에 유성(流星)이 충돌하여 떨어져 나간 조각들이 하나로 뭉쳐져 달을 형성함.
BC 39억년경	**【지구】 생명의 기원** 진화론과 창조론이 대립되어 있음. **진화론** 하등한 생물에서 부터 고등한 생물체로, 단순한 구조에서 복잡한 구조로 발전하여 왔다는 주장. **창조론** 절대자에 의하여 생물종이 처음부터 현재와 같거나 거의 비슷하게 형성되었다는 주장 **진화론 이론들** **자연발생설** 생물이 어미가 없이도 생길 수 있다는 학설. 예컨대 썩은 고기에서 구더기가 생기고, 축축한 땅에서 개구리나 쥐가 생기는 현상을 말함. 　예 밀러의 실험: 원시 대기물질을 밀폐된 플라스크에 넣고 전기방전, 냉각, 가열을 1주일간 계속유지 하면 아미노산과 유기산등 유기물이 생성되었다. **심해열수구설** 최초의 생명체는 수소, 이산화탄소, 질소, 황하수소와 같은 기체로 부터 태어났으며, 여기에 필요한 에너지는 벌집 모양같은 미세한 구멍들이 서로 연결되어 있는 특수한 종류의 심해열수구에서 일어난 지구 화학적 물질 대사를 활용한 것이라는 주장. 미세한 구멍이 지질과 단백질, 뉴클레오티드 등 최초의 세포를 탄생시켰을지도 모르는 성분을 만들어 낸다는 사실을 발견하였다 **우주기원설** 우주로부터 날아온 운석에서 지구에는 없는 DNA구성 물질과 함께 세포 호흡에 관여하는 분자들도 발견, 지구초기 생명체 성분 가운데 최소한 일부가 운석을 통해 이루어졌다는 설. **물질진화론** 생물은 생활환경에 적응하면서 단순한 것으로부터 복잡한 것으로 진화하며, 생존경쟁에 적합한 것은 살아남고 그렇지 못한 것은 도태된다는 학설. 다윈의 진화론과 J. B. 라마르크가 주장 **창조론 이론들** **진행적 창조론** 조물주가 진화과정을 통해 천지를 창조하고, 필요에 따라 진화를 중단시키고, 직접 개입하여 신종을 만든다는 설. **유신론적 진화론** 조물주가 자연적 생명의 발생여건을 만들어 무에서 유를 창조한다는 설. 진화자체가 조물주가 만든 법칙이라 주장 **지적 설계론** 조물주가 자연적인 방법과 초자연적 방법에 의해 설계되어 있다는 주장
BC 1500만년경	**【지구】 인류기원설** 현생 인류가 어디에서부터 왔는가하는 것은 아프리카에서 기원했다는 설과 여러 지역에서 동시에 기원했다는 설로 구분된다. **아프리카 기원설(Out of Africa)** 대부분의 과학자들 주장. 미국의 유전학자들은 1987년 사람의 미토콘드리아 DNA (mtDNA)가 모계를 통해서만 전해진다는 사실로부터 출발, 현인류의 가계도를 거슬러 올라가 보니 현대인의 근원지는 아프리카 대륙이었으며 어느 한 여성(미토콘드리아 이브)이 인류의 공통조상이 된다는 것. 이 설에 따라 인류의 가계도를 그리면 모양이 마치 노아의 방주 앞부분을 닮았다고 해서 아프리카설은 일명 '노아의 방주' 모델로 불리운다. **다지역기원설(multiregional continuity model)** 일부 과학자들의 주장. 호모 에렉투스가 아프리카를 떠나온 것을 계기로 유럽과 아시아 여러 지역에서 인류가 독자적으로 발전해왔다고 주장한다. 흔히 '촛대형 모델(candelabra model)'로 불린다. 끝이 여러 갈래로 나눠진 촛대처럼 아득한 옛날 인류는 한 뿌리에서 자라났지만, 현생 인류 이전에 여러 갈래로 나눠져 세계 곳곳에서 발달했다는 설명이다.
BC 1500만년경	**【지구】 라마피테쿠스 출현** 아시아, 아프리카, 유럽각지에 살았을 것으로 추정되는 화석영장류가 처음 출연, 이는 원숭이에서 사람으로 진화하는 첫 과정으로 최초의 유인원(類人猿). 인도에서 발견되었으며 오스트랄로피테쿠스 이래 현재까지 이어지는 인간류의 직접적 조상임.

<table>
<tr><td colspan="2" align="center">세계사 연표별 정리</td></tr>
<tr><td align="center">연도</td><td align="center">내   용</td></tr>
<tr><td align="center">BC 300만년경</td><td>【아프리카】 오스트랄로피테쿠스 출현 최초의 인간으로 추정(직접적인 현생 인류의 조상은 아님)

인류의 진화과정
1.오스트랄로피테쿠스(남쪽의 원숭이란 뜻, 두개골용적 508cm^3)
2.호모 에렉투스(BC50만년경, 직립한 인간 베이징인, 자바인, 하이델베르크인, 두개골용적 1000cm^3)
3.호모 사피엔스(BC10만경,슬기로운인간 로디지아인, 네안데르탈인, 두개골용적 1422cm^3)
4.호모 사피엔스 사피엔스(BC4만년경,더 슬기로운인간 크로마뇽인,그리말디인,상동인,두개골용적 1500cm^3)
인류의 특징은 1) 직립보행 2) 불의 사용 3) 도구 사용 4) 언어 사용</td></tr>
<tr><td align="center">BC 250만년경</td><td>【지구】 구석기시작 두발로 서서 활동하는 직립원인(直立猿人)이 도구를 사용해 식량을 얻음.</td></tr>
<tr><td align="center">BC 50만년경</td><td>【프랑스】 자바인 출현 네덜란드 뒤부아가 인도네시아 자바섬 트리닐에서 발굴

【중국】 베이징인(北京原人)출현 북경 교외의 주구점(周口店)에서 화석 발견

【독일】 하이델베르크인 출현 하이델 베르크 남동쪽 마우워의 큰 모래 구덩이에서 발견</td></tr>
<tr><td align="center">BC 10만년경</td><td>【독일】 네안데르탈인 출현 뒤셀돌프의 네안더 계곡의 동굴에서 발견</td></tr>
<tr><td align="center">BC 4만년경</td><td>【프랑스】 크로마뇽인 출현 크로마뇽인은 매우 호전적이어서 온화한 네안데르탈인을 무력으로 학살하여 멸족시켰다는 설이 있음.

【아프리카】 그리말디인 출현 그리말디 동굴에서 발견된 화석으로 흑인종의 특징을 보임.

【중국】 상동인 출현 중국 주구점(周口店) 부근의 작은 석회암 동굴에서 발견된 화석 인류로 동굴 아래층에서 베이징 원인이 발굴되었음.</td></tr>
<tr><td align="center">BC 2만년경</td><td>【스페인】 알타미라 동굴벽화 에스파냐 북부, 산탄데르 주에 있는 구석기 시대의 동굴 유적으로 인류의 역사상 가장 오래된 동물 벽화가 음영법으로 그려졌고 크로마뇽인 작품으로 추정.</td></tr>
<tr><td align="center">BC 1만5천년경</td><td>【지구】 농경시작 유랑생활을 청산하고 한 지역에 정착하는 부족이 생김.</td></tr>
<tr><td align="center">BC 1만년경</td><td>【지구】 빙하기 끝남 지구가 온난화 되면서 거대 포유동물이 소형화 또는 멸종되고 인류가 활약하는 시기로 수렵, 채집에서 재배, 사육으로 기술의 진보가 진행됨.</td></tr>
<tr><td align="center">BC 7500년경</td><td>【지구】 신석기 시대 시작 농경 문화의 시작으로 간석기와 토기를 사용하는 신석기 시대가 시작됨. 정착문화 제도의 발전으로 가족, 종교, 국가의 형태를 갖추기 시작</td></tr>
<tr><td align="center">BC 4000년~2500년경</td><td>【지구】 세계 4대문명 발생 1. 메소포타미마 문명 2. 이집트 문명 3. 황화문명 4. 인더스문명
강유역에서 문명이 발생한 이유로는 1) 관개농업이 가능하여 농업생산량이 증대되고 2) 치수(治水)를 위해 많은 사람들이 모이면서 도시가 형성되었으며 3) 강이 적의 공격으로부터 방어 역할을 해 주기 때문임.

인류 문명의 발생 요소로는 첫째 물을 이용한 관개농업의 발달. 둘째, 청동기문화를 통해 농업생산도구들이 제작. 셋째 문자의 사용과 도시및 국가의 형성 등을 들 수 있다.</td></tr>
<tr><td align="center">BC 4000년경</td><td>【메소포타미아】 메소포타미아 문명 발생 티그리스강과 유프라테스강 유역(현재 이라크지역)에서 수메르인이 성벽을 쌓고 최고(最古)도시 국가를 건설함(우르, 우라크 등), 성경에 나오는 '노아의 방주'의 대상 도시가 우르크임. 노아의 방주는 당시 커다란 홍수가 발생한 홍수 전설에서 기인한 것이라 추측됨. 메소포타미어는 그리스어로 '강 사이의 땅'이라고 함.</td></tr>
<tr><td align="center">BC 3500년경</td><td>【이집트】 이집트 문명 발생 이집트인은 매년 같은 시기(6월 중순 ~10월 하순)에 오는 비를 이용해 관개 사업을 실시하고 곡식을 재배하며 노모스(부족집단에서 시작되는 사회단위)를 만듦. 역사가인 헤로도투스는 '이집트는 나일강의 선물이라고 함'.
금보다 은 고대 이집트에서 은이 금보다 3배 이상의 가치가 있었다. 그 이유는 금은 사금(砂金)의 형태로 자연에서 그대로 얻을 수 있지만 은(銀)은 광석을 제련해야만 하기 때문에 은이 금보다 희소성이 있었음.</td></tr>
<tr><td align="center">BC 3200년경</td><td>【세계】 문자의 발명 우르의 수메르인어 숫자나 사물, 또는 생각들을 상징하는 최초의 문자인 쐐기 문자(점토판에 말린 갈대 줄기로 그린 모양이나 선으로 쐐기 모양을 함)는 생산물의 양이나 땅의 크기, 상업적 계약용으로 활용하였음. 이집트에는 신성문자(神聖文字, 히에로클리프), 중국의 갑골 문자가 있음.</td></tr>
<tr><td align="center">BC 3100년경</td><td>【중국】 황하문명 발생 황화 유역에서 발생한 문명으로 대표적인 유적지로 허난성의 앙소(仰韶: 양사오), 산둥성의 용산(龍山: 룽산)이 있음. 채도 토기사용, 원시 종교를 갖고 씨족 단위로 취락생활을 함.</td></tr>
</table>

세계사 연표별 정리

연도	내용
BC 3000년경	【중구】 **실크로드** 실크로드란 이름의 어원은 독일의 지리학자인 리히트호펜이 중국에서 중앙아시아, 인도로 이어지는 교역로를 그 주요 교역품이 비단인 것에 착안, 그의 저서 'China' 라는 책에서 '자이덴 슈트라쎄(Seiden strasse)' 라고 명명한 것에서 나왔음. 오늘날에는 동서의 교역로를 3가지로 나눈다. 1. 비단길(Silk-road) 장안에서 출발하여 돈황~천산산맥~타클라마칸사막~파미르고원~중앙아시아~지중해까지의 길 개척: 전한 무제 때 장건 교류 내용: 중국의 비단, 화약, 나침반, 제지술의 서방 전파, 헬레니즘 문화, 이란 문명, 불교 이슬람교 등이 중국에 유입 2. 초원길(Steppe Route): 유라시아 대륙의 북방 초원지대를 동서로 횡단하는 교통로 임. 개척: 선사 시대의 북아시와 남러시아의 유목 민족 교류 내용: 스키타이의 청동기 문화 전파, 5호의 중국 침입, 훈족의 서진, 부투의 유럽 원정로로 이용 3. 바닷길 개척: BC 2세기경 개척, 로마의 홍해 지배 이후 번창 교류 내용: 동남 아시아의 불교 전파, 이슬람 상인들이 중국과의 무역 활동으로 이용
BC 3000년경	【메소포타미아, 이집트】 **빵의 제조** 고대사의 라이벌인 메소포타미아와 이집트 중 메소포타미아가 먼저 밀을 재배하여 빵을 만들어 먹었지만 이집트에 빵이 전해지면서 발효기술을 이용한 빵이 만들어졌다. 빵의 기술이 이집트에 의해 발전된 것은 메소포타미아는 점토의 산지이고 이집트는 돌이 풍부하여 맷돌을 이용해 밀을 곱게 제분하는 기술이 발달한 배경임.
BC 2850년경	【이집트】 **이집트 통일** 나르 메르왕이 나일강 유역의 상이집트와 나일강 삼각주의 하이집트를 통일. 제1왕조로서 멤피스(현재 카이로이며 이집트라는 말은 근사한 도시로 평판 받는 멤피스가 있는 지역이라는 뜻임)에 도읍을 정해 적의 공격을에 대비해 멤피스(흰색성벽)를 쌓음.
BC 2772년경	【이집트】 **태양력 사용** 이집트는 나일강의 범람이 시작되고 끝나는 것을 관측하여 1년을 365일로 정함.
BC 2572년경	【이집트】 **피라미드 건설** 태양신 숭배 신앙의 융성을 의미, 계단식 피라미드는 왕이 죽은 뒤 하늘로 오르기 위한 계단으로 여겨지며 직선형 피라미드는 태양의 햇살을 상징. 제4조 왕조의 쿠푸왕의 피라미드부터 거대하게 축조됨, 밑변 233m, 높이 146m로 10만명이 3개월씩 기초공사에 10년, 본공사에 20년 소요되었다 함. 피라미드는 농한기에 공공사업으로 진행되었으며 파라오에 대한 존경심으로 주민의 자발적 참여로 진행되었다고 함. 노동 후 충분한 휴식과 보상이 이루어 졌으며 식품중에 마늘을 통해 비타민 공급도 충분했음.
BC 2500년경	【인도】 **인더스 문명 발생** BC 2500년에서 BC 1500년 무렵까지 인도의 인더스 강 유역에서 번영하였던 문명. 모헨조다로, 하라파가 대표적인 유적지로. 포장된 도로·벽돌집·공중목욕탕을 구비한 계획도시였음.
BC 2333년	【고조선】 **고조선 건국** 단군왕검이 아사달에 도읍을 정함.
BC 2000년~ BC 1500년	【중국】 **하(夏)나라 창건** 사마천의 사기에 의하면 양사오 문화때 전설의 5제(황제, 전욱 제곡, 요, 순)가 있고 은나라 전에 중국 최초의 통일 왕조인 하나라가 있다 하나 미 증명됨. 문헌상으로 기록된 중국의 첫 국가이기도 하다. 고고학적으로 그 존재 자체가 의심스러웠으나, 1980년대부터 2000년대까지 꾸준히 발굴작업이 진행중인 이리두 유적의 발굴 작업과 사료 확인을 통해 중국 사학계에서는 하나라의 존재가 널리 인정되고 있다. 은나라(상나라)의 탕왕에게 멸망했다.
BC 2000년경	【이집트】 **파피루스 발명** 이집트 나일강변의 파피루스 줄기를 잘라 만든 용지에 문자를 기록
BC 1848년경	【영국】 **스톤헨지(Stonehenge) 건축** 영국 월트셔주 솔즈베리평원에 있는 고대의 거석기념물로 신석기 이주민의 시장이나 회합장소로 이용됨. 지름 114m의 도랑과 도랑 안쪽에 만들어진 제방에 둘러싸여 2중의 고리 모양으로 세워진 82개의 입석(立石)이 있으며 중심부에는 2중으로 환상열석과 말발굽 모양의 열석이 둘러쳐 있다. 바깥 도랑과 제방 그리고 힐스톤은 방사성탄소 연대측정으로 BC 1848±275년에 건조되었고, 입석류는 BC 1700~BC 1600년, 중앙의 석조물은 BC 1500~BC 1400년 건조된 것으로 추정되고 있음.
BC 1750년	【메소포타미아】 **함무라비법전 편찬** 바빌론 제6대왕으로 메소포타미아로부터 아시리아까지 지배하며 이를 통치하기 위한 법(일종의 보복법으로 '눈에는 눈, 이에는 이'라는 원칙적용). 전문 282조, 높이 2.5m둘레 1.8m의 둥근 기둥탑에 새겨진 것을 말함. 프랑스 탐험대가 발견하여 루브르 박물관이 소장함. 오랫동안 세계 최고(最古)의 법전이라 일컬어 왔지만 우르남무법전, 리피트이슈타르법전(함무라비보다 1세기전)이 발견되어 최고가 아님이 밝혀짐.
BC 1700년	【중국】 **은(殷)왕조 창건(BC 1700~BC1027년)** 탕왕이 박(亳)지역에서 은왕조를 창건함. 은허(殷墟)의 발견으로 은나라 존재가 입증됨. 신정정치(제정일치 사회), 왕위 세습(형제 상속, 부자상속)을 하였으며, 조상 숭배 풍속이 있었고, 갑골문자, 달력을 사용함. 은나라를 상(商)이라고도 함.

세계사 연표별 정리

연도	내　　용
BC 1600년경	**【에게 문명】 에게문명시작** 크레타 섬의 크노소스에서 '미노아 문명', 미케네에서 '미케네 문명'이 발달하여 에게 문명을 이룸. 도시 및 초기 형태의 문자(선문자,그리스어의 초기 형태임)를 사용함. **성　격** 　청동기 해양 문명: 크레타, 미케네, 트로이 중심 　과도기적 문명: 오리엔트 문화를 그리스에 전달 **발　전** 　크레타 문명: 해양 문명으로 크노소스 궁전이 대표적이며 　미케네 문명: 크레타 문명에 대륙적, 상무적 요소를 가미한 것이 특징임. **멸　망** 기원전 1200년경 뒤늦게 남하해 온 도리아 인에게 멸망
BC 1400년경	**【히타이트】 철기 사용** 인도 유럽 어족계인 히타이트 왕국은 제철 기술의 발달로 철기 문화를 꽃 피움. 철기를 이용하여 메소포타미아를 멸망시킴.
BC 1200년	**【페니키아】 알파벳의 기원** 시리아 연안 지방의 페니키아인이 이집트의 상형문자와 수메르 문자를 응용하여 22개 알파벳으로 만들었고 후에 그리스인이 받아들여 여러나라들이 사용하게 됨. **【트로이】 트로이 전쟁** 그리스 원정군이 목마를 만들어 트로이 성 외곽에 놓아 두어 호기심 많은 트로이 군이 성내부로 목마를 옮기자 목마 안에 잠복한 그리스인이 성문을 열어 원정군과 함께 트로이군을 함락시킨 전쟁(호메로스의 작품 일리아드와 오디세이 작품에 나온 서사시로 실존 여부가 불투명한 그리스의 전설을 독일인 슐리만이 유적을 발견하여 사실로 인정 받음). 트로이 전쟁은 트로이 왕자가 그리스의 스파르타를 방문했을 때 왕비 헬레네를 유혹해 데리고 돌아간 것이 계기가 됨.
BC 1027년	**【주】 주(周)왕조 성립** 은에 속해 있던 주의 무왕이 은나라 왕인 주왕신의 폭정에 못이긴 제후의 요청으로 은나라를 함락시킴. 성왕 때는 왕족을 각지에 보내 봉건제도를 시작했다고 하며, BC771년 견웅의 공격을 받아 유왕이 살해되고 아들 평왕이 도읍을 성주(成周: 지금의 낙양로 정했음. **정치** 봉건제도, 천명사상에 의한 덕치주의 성립 **사회** 종법(큰아들이 아버지의 지위를 이어받아 대종이 되고 다른 아들들은 분봉되어 소종이 되도록 규정한 제도), 예법, 장자 상속제 성립, 정전제(토지공유)
BC 1000년경	**【인도】 4 베다(veda) 성립** 베다는 '지식'이라는 뜻으로 제사의식에 관한 지식을 의미하며 후에 브라만교의 성전(聖典)을 뜻함. 리그베다(신에대한 찬가의 집성), 아타르바베다(주문방법의 집성), 야주르베다(제사노래의 집성), 시마베다(노래하기의 집성). 이는 인도-아리아인의 철학과 종교사상의 원천연구에 중요한 자료임. **아리아 인의 생활** 　아리아 인의 이동: BC1500년경 인더스 강 상류에서 BC 1000년경 갠지스 강 유역까지 진출, 철기 사용, 도시 국가 건설 　자연 숭배의 다신교: '베다'성립 　브라만 교: 브라만을 중심을 의식 정리, 계급 차별
BC 955년	**【이스라엘】 솔로몬왕 즉위**(~BC 935) 다윗의 아들이며 이집트 왕의 딸을 왕비로 맞아 왕국의 전성기를 이룸, 그가 죽은 후 왕국이 이분화되어 북의 10부족은 이스라엘(BC 933~722: 아시리아에 멸망)로 남의 2부족은 유대(BC933~586: 신바빌로니아에 멸망)로 분열됨.
BC 900년경	**【인도】 카스트 제도 성립** 카스트 제도는 브라만의 우위를 유지하기 위해 만든 계급 제도로 4계급으로 분류: 브라만(승려), 크샤트리아(귀족, 무사), 바이샤(평민), 수드라(수공업자, 노동자)
BC 800년경	**【그리스】 일리아스, 오디세이 저술** 시인인 호메로스는 일리아스(10년간에 걸친 그리tm군의 트로이 공격때 일어난 사건을 노래한 것)와 오디세이(트로이를 공략한 영웅 오디세이의 10년간 걸친 바다에서의 모험과 귀국에 관한 이야기)를 각각 24권으로 저술. 후세의 문학, 교육, 사상에 영향을 미치고 서사시의 규범이 됨.
BC 776년	**【그리스】 올림픽 경기시작** 전쟁에 죽은자를 애도하기 위해 개최함, 개최연도는 불명확하나 승자의 기록이 남아 있음, BC 776년 부터 4년마다 개최됨. 처음에는 지방행사였지만 그리스인이 것이 된 후에 마케도니아 및 로마인도 참가했으며 경기도중에 일체의 전쟁도 중지됐다. 고대 올림픽 경기는 남자들만이 참가(여자는 참가뿐만 아니라 관전조차 금지되었다.)할 수 있었으며, 모든 선수들이 벌거벗은 채로 경기를 벌였다고 한다. 기원전 431년 펠로폰네소스 전쟁으로 말미암아 주최국 엘리스의 정치적 중립이 깨지면서부터 올림픽 조직은 붕괴되기 시작하였다. 그러다가 393년 제293회 대회를 마지막으로 중지되었다가 쿠베르탱이 근대 올림픽을 설립하면서 다시 시작됨.

세계사 연표별 정리

연도	내　　　　　용
BC 700년경	【인도】 **우파니샤드 철학이 대두** 우파니샤드란 '가까이 앉다'라는 뜻으로 스승 곁에 가까이 받드는 제자에게 깊은 뜻을 전수한다는 의미로 베다의 사상을 계승하고 제식만능주의의 폐해를 배제함. 철학적인 진리 탐구를 추구하였으며 유물론, 운명론, 회의론들을 낳으며 후에 불교, 자이나교에 영향을 미침.
BC 688년	【아시리아】 **오리엔트 통일** 셈 족계통의 아시리아(지금의 이란-페르시아인)은 철제 무기와 전차 기병 등으로 이집트와, 메소포타미아, 인더스강 유역에 이르는 최초의 세계제국 통일을 이룸.
BC 605년	【신바빌로니아】 **바빌론 유수** 네부카네자르 2세가 이집트를 격파하고 시리아를 손에 넣으며 예루살렘을 함락시켜 유대인을 바빌론에 유수(幽囚: 잡아가둠)하고 '바벨탑'과 함께 세계7대 불가사의 하나라고 하는 '공중정원'을 세움. **고대 세계7대불가사의** 1. 이집트 기자에 있는 쿠푸왕의 피라미드(Pyramid) 2. 알렉산드리아의 파로스 등대 3. 메소포타미아 바빌론의 세미라미스 공중 정원 - Hanging Gardens of Babylon 4. 에페수스(Ephesus)의 아르테미스(Artemis) 신전 5. 그리스 올림피아에 있는 제우스 신상 6. 그리스의 할리카르나소스에 있는 마우솔로스(페르시아 총독임)무덤기념물 7. 그리스의 로도스 항구의 거상 **신 세계7대불가사의** 1. 중국의 만리장성(오랑케 침공을 막기 위해) 2. 페루 잉카제국의 비밀 공중도시, 마추픽추(나이든 봉우리의 의미) 3. 브라질의 거대 예수상(프랑스에서 만들어 브라질로 옮겨짐) 4. 중앙 아메리카 유카탄 반도에 있는 신들의 놀이터, 치첸이사 5. 로마시대의 격투장인 콜로세움. 6. 인도의 아그라에 베굼공주를 기리기 위하여 건축한 기념비인 타지마할 7. 요르단에 있는 장미빛의 붉은도시, 페트라
BC 600년	【로마】 **로마 건국** 전설에 의하면 쌍둥이 형제 로물루스와 레무스는 엄마가 죽어 강가에 버려져 여우 젖을 먹고 자라던 중 양치기가 이들을 데려다 키웠으며 테베레 강가에 도시를 건설했고 로물로스가 동생 레무스를 살해한 후 초대 왕이 되어 자신의 이름(루마-Ruma)을 붙였다 함. **로마의 역사** **귀족 공화정** 에트루리아인 왕을 추방하고 성립.모든 관직을 귀족이 독점하고 원로원(약300명의 종신 귀족으로 구성된 최고 의결 기관)과 집정관(최고 행정관으로 원로원에서 선출)제도 운영 **민주화의 진전** 호민관 제도: 원로원 의결에 대한 거부.12동판법: 로마 최초의 성문법, 평민 권리 보호. 리키니우스. 섹스티우스법: 집정관 한 명은 평민에서 선출, 귀족의 대토지 소유제한.호르텐시우스법: 평민회 의결이 원로원의 승인 없이 효력 발생, 귀족, 평민의 동등화 **로마의 변화** 이탈리아 반도 통일(BC 275),포에니 전쟁:카르타고를 격파하여 서부 지중해를 장악함. 동부 지중해에 진출하여 마케도니아, 시리아, 그리스 등 정복 **사회적 변동** 신흥 지배층 등장: 별족(부유한 평민+귀족), 기사(상공업자, 징세 청부업자 등), 자영농 몰락: 농지 황폐화, 값싼 곡물유입 등으로 몰락, 라티푼디움 발생: 유력자의 대토지 소유, 노예 이용. 사회는 빈부 격차, 사치 유행, 노예 반란 등으로 혼란해짐 **공화정의 종말** 그라쿠스 형제의 개혁: 토지 재분배를 통한 자영농 육성을 시도했으나 실패함. 공화정의 변질: 군인 정치가 등장하여 1차,2차 삼두 정치가 이루어짐 **로마의 제정** 원수정: 옥타비아누스의 통치, 실질적인 제정의 시작,5현제 시대(96~180): 로마의 전성기, 정치적 안정, 최대 영토 확보, 상업과 교역의 발달, 로마 문화의 보급 **로마의 쇠퇴** 군인 황제 시대(235~285) 군단의 사령관을 황제로 추대하였고 50년간 28명의 황제가 즉위. 이민족의 침입: 게르만 족, 사산 조 페르시아. 　전제 군주 정치: 중흥을 위한 노력 시도.디오클레티아누스:전제 군주제 수립, 제국을 4분 통치(황제권 계승 분쟁을 막기 위해), 직업과 신분을 고정하여 중과세로 인한 이탈을 막았음. 콘스탄티누스: 비잔티움(콘스탄티노플) 천도, 크리스트교 공인, 전제 군주제 완성. 테오도시우스 황제 사후 동·서 로마로 분열 **로마 멸망** 서로마 제국: 게르만 대장 오도아케르에게 멸망(476), 동로마 제국: 오스만 투르크에게 멸망(1453)

세계사 연표별 정리

연도	내　　　　　용
BC 600년	**로마 문화 특징** 그리스, 오리엔트, 헬레니즘 문화를 융합하여 고대 문명을 완성함. 실용적이며 실제적 문화로서 법률, 건축, 토목 분야 등 다방면에서 이루어짐.법률은 로마 문화의 최대 유산으로 관습법에서 시민법으로, 만민법에서 자연법으로 발전. 로마법 대전은 비잔틴 제국의 유스티니아누스 대제 때 편찬하였음.토목은 통치, 군사, 교역을 위해 도로와 수도를 건설함. 건축은 콜로세움, 개선문, 판테온 신전 등이 남아 있음.예술은 그리스, 헬레니즘 계승하고 철학은 스토아 철학이 유행 함. 역사는 리비우스의 로마 건국사, 폴리비우스의 세계사, 타키투스의 게르마니아, 카이사르의 갈리아 전기가 있고 문학에서는 플루타르크의 영웅전.과학은 프롤레마이오스의 천문학 집성(천동설)이 대표적임 **크리스트 교의 성장**: 예수 크리스트 출현과 제자들이 로마 각지에서 활동함.로마는 초기에는 박해(황제 숭배 거부가 주원인)를 했으나 밀라노 칙령으로 공인함. 교리의 확립과 발전으로 니케아 공의회에서 아타나시우스 파의 3위 일체설을 채택했고 테오도시우스 황제가 국교로 인정하였음 교부 철학으로는 아우구스티누스의 신국론이　있음
BC 563년경	【인도】 **석가모니 탄생**(~BC 483) 불교의 창시자로 마가다 왕국의 변방인 왕후국에서 태어났으며 성은 고타마(Gotama), 이름은 싯다르타(Siddharta), 샤캬모니라고도 하는데 샤카족의 성자란 의미임. 29세때 고(苦)의 본질과 해탈을 얻고자 출가함. 후에 깨달음을 얻어 붓다(Buddha)라 불리움.
BC 552년	【노나라】 **공자의 탄생**(~BC 479) 노나라에서 태어나 관직에 있었으나 왕이 그의 생각을 받아들이지 않자 제자들을 이끌고 위, 진, 채, 초 등을 돌아다님. 주공(周公)의 정치를 이상으로 삼고 예악(禮樂)과 인(仁)을 중시함. 그의 가르침을 유교(儒敎)라 하여 중국, 한국, 일본의 실천도덕의 기본으로 삼음. 논어는 제자들이 집대성한 그의 언행록임. **유교의 전개 과정** 춘추전국시대: 공자, 맹자의 인의예지 사상전파 진나라: 유학의 공백기였으며, 분서갱유(법치를 위해서), 법가와 병가의 부국강병책이 지배함. 한나라: 유학을 국학으로 지정, 음양오행,경학(유교 경전의 발굴)과 훈고학(유교경전의 해석)의 발달 당나라: 국학의 지위를 누림(도가와 불교를 비판) 송나라: 성리학(도학사상: 도가+불교) ＝ 주자학 명나라: 왕수인의 양명학 청나라: 고증학(주자학과 양명학을 공리공론으로 배척하고 실사구시, 경세치용 등 현실문제해결에 역점을 둠)
BC 551년	【페르시아】 **조로아스터(BC 628~)사망** 페르시아의 종교가로 '조로아스터교'의 창시자임, 선의 신 아후라 마즈다와 악의 신 아흐리만, 곧 빛과 어둠의 싸움이라는 이원론을 설파하며 선의 신이 악의 신을 이긴다는 교의를 설교, 경전인 '아베스타'는 없고 벤디다드 1권이 존재함. 불을 숭배해서 배화교(拜火敎)라고도 함.
BC 492년	【페르시아】 **페르시아전쟁(~ BC 479) 시작** 페르시아가 그리스 아테네를 점령하고자 3차례 공격했으나 아테네에 패함. 이 전쟁은 오리엔트 세계와 그리스세계와의 중요한 일전이었으며 **'마라톤 전쟁'**이라고도 함 (전쟁의 승전보를 알리고자 쉬지 않고 달리다 죽은 병사를 기리기 위해 마라톤이 시작됨).
BC 478년	【아테네】 **델로스동맹(Delian League)** 페르시아 전쟁 후 그리스의 도시 국가가 단결하여 페르시아의 재침에 대비하여 맺은 군사 동맹. 아테네가 맹주가 되어 군선 대신에 군비를 납부하도록 하여 탈퇴하지 못하도록 하였으므로, 동맹군은 아테네에 예속국이 되어 갔다. 아테네는 이 기금을 유용하였기 때문에 당시의 아테네를 '아테네 제국주의'라고도 한다.
BC 460년	【그리스】 **히포크라테스 활동(BC 460~BC370)** 그리스의 의사이고, 의학의 아버지라고 부름. 모든 병은 자연적 원인에 의해 일어난다는 것을 의학 원리로 세워 과학적인 의학을 창시했으며 히포크라테스 총서에서, 질병은 인체와 직결된 요인뿐만 아니라, 계절의 변화 같은 환경 요인에서도 비롯되므로 병의 진단시에는 주위 환경도 고려되어야 한다는 점에 착안하여 기후와 지형, 인종과 문화, 심지어 법률과 관습 등에 관해서도 연구해야 한다고 주장 함. "인생은 짧고, 예술(art)은 길다." 라는 말은 히포크라테스 총서의 전문에 나오는 말로 "인생은 짧고, 기술(art)은 길다"의 오역으로 보기도 함. **히포크라테스 선서** 이제 의업에 종사할 허락을 받음에 나의 생애를 인류 봉사에 바칠 것을 엄숙히 서약하노라. 나의 은사에 대하여 존경과 감사를 드리겠노라. 나의 양심과 위엄으로써 의술을 베풀겠노라. 나는 환자의 건강과 생명을 첫째로 생각하겠노라. 나는 환자가 알려준 모든 내정의 비밀을 지키겠노라. 나는 의업의 고귀한 전통과 명예를 유지하겠노라.

<table>
<tr><th colspan="2">세계사 연표별 정리</th></tr>
<tr><th>연도</th><th>내　　　　용</th></tr>
<tr><td>BC 460년</td><td>나는 동업자를 형제처럼 여기겠노라.
나는 인종, 종교, 국적, 정당 정파 또는 사회적 지위 여하를 초월하여 오직 환자에 대한 나의 의무를 지키겠노라.
나는 인간의 생명을 수태된 때로부터 지상의 것으로 존중하겠노라.
나는 비록 위협을 당할지라도 나의 지식을 인도에 어긋나게 쓰지 않겠노라.
이상의 서약을 나는 나의 자유의사로 나의 명예를 받들어 하노라.

이는 히포크라테스가 직접 지었는지 여부는 불확실하며, 히포크라테스 저술집에 들어 있기 때문에 '히포크라테스 선서'라고 부르며, 현재의 히포크라테스 선서는 1948년에 세계 의사협회에서 제정한 수정판인 '제네바 선언'이다.</td></tr>
<tr><td>BC 451년</td><td>【로마】 12동판법 공포 최초의 성문법으로서 관습법이 귀족에게 유리하고 서민에게 불리하게 되어있어 성문법의 필요성 제기 되어 10인의 위원이 선출되어 법을 제정함. 평민의 권리가 신장되는 계기가 됨.</td></tr>
<tr><td>BC 438년</td><td>【로마】 파르테논 신전 완성 조각가 페이디아스의 총 지휘 아래 공사는 칼리크라테스가 진행함. 아테네의 수호여신에게 바치기 위해 파르테논 신전을 BC447 시작하여 BC 438년에 완성함.</td></tr>
<tr><td>BC 431년</td><td>【아테네, 스파르타】 펠로폰네스 전쟁 시작(~BC 403) 아테네가 델로스 동맹간의 교역을 금지시키자 이에 불만인 폴리스와 스파르타간에 펠로폰네스 동맹을 맺고 아테네와 전쟁을 함. 3기에 걸쳐 전쟁을 하였으며 아테네의 지도자 페리클레스가 전쟁중에 '페스트'로 죽자 전쟁이 기울어져 결국 스파르타에 항복하고 민주정치도 중지됨.</td></tr>
<tr><td>BC 403년</td><td>【춘추전국】 춘추시대(BC 771~BC 403) 전국시대(BC 403~BC221) 시작 주나라가 낙양으로 도읍을 옮기면서 진이 통일을 하기까지의 500년간의 기간을 말함. 전반을 춘추시대라 하고 '한' '위' '조' 3국이 독립한 이후를 전국시대라 함, 제자백가(諸子百家,많은 선생)가 활약함. 공자의 인, 맹자의 성선설, 순자의 성악설, 법가 등이 활약함. 법가는 후에 진시황의 정치 이념이 되기도 함.

이시대의 주요 키워드로 현재까지 활용되는 4자 성어로는
　관포지교(管鮑之交): 관중과 포숙아의 우정을 의미
　와신상담(臥薪嘗膽): 월왕 구천이 오왕 부차에게 나라를 빼앗기고 괴롭고 어려움을 극복하고 나라를 되찾은 일로 섶에 누워 쓸개를 맛본다는 고사성어
　오월동주(吳越同舟): 서로 적의를 품고 사는 사람들이 공통의 곤란, 이해에 대해 협력하는 일
　청출어람(靑出於藍): 쪽에서 나온 물감이 쪽보다 더 푸르다라는 말로 제자가 스승보다 뛰어나다는 의미

춘추시대 공자가 쓴 <춘추>에서 유래된 이름. 춘추시대의 대표국가는 춘추 오패라고 하는데 제(濟), 진(秦), 초(楚), 오(吳), 월(月)
전국시대 한나라 때 유향이 쓴 <전국책(戰國策)>에서 유래되었음. 주나라 왕실을 무시하는 가신과 제후들이 왕실에 하극상을 보이는 시기이기도 약육강식이 대표되기도 하는 시기임. 제후들이 제자백가를 등용해서 군현제와 관료제 중심의 정책을 펼쳤고 농경에 큰 변화가 생겨서 사농공상(士農工商) 계층이 뚜렷했음.

춘추전국시대
성립: 견융족 침입으로 왕실이 약화되고 제후들의 독립성이 강화되어 제후들간 세력 경쟁과 약육 강식의 혼란시대, 하극상 풍조 유행
정치: 읍락국가에서 영토국가로 발전. 봉건제도의 붕괴로 군현제, 관료제가 이루어져 중앙집권국가가 등장함.
사회: 생활권의 확대-양쯔강, 라오허 강 유역까지 확대. 신분제의 동요-능력을 중시하여 세습 귀족은 몰락하고 선비계층이 중용됨.
경제: 철제 농기구 사용으로 농업 생산 증대, 우경에 의한 심경, 경지면적의 확대. 토지 사유제가 등장하여 정전제가 붕괴되고, 자작농이 출현하여 대토지를 소유하는 경향을 보임. 상업의 발달, 농산물의 상품화, 전매제(소금, 철)로 화폐가 사용됨.
유가: 인간 존중을 바탕으로 한 인위적 질서 주장
공자: 인, 효, 제
맹자: 성선설, 왕도정치
순자: 성악설, 법가사상에 영향을 줌.
도가: 노자, 장자, 무위자연사상
법가: 상앙, 한비자, 이사, 강력한 법치주의
묵가: 묵자. 겸애(박애)설, 근검, 평화강조</td></tr>
</table>

연도	내　　　　　용
BC 400년경	【중국】 **산해경(山海經) 저술** 하나라 우왕 또는 백익의 작품으로 전해지는 중국에서 가장 오래된 지리서임. 원래는 23권이 있었으나 전한(前漢) 말기에 유흠이 교정한 18편만 남아 있음. <오장산경>에서는 천하의 명산을 산맥을 따라 기술하고 <해외경(海外經)>에서는 먼 나라의 주민과 그에 관한 신화·전설이 기록되어 있어 고대 중국의 자연관을 아는 데 중요한 자료가 됨.
BC 400년경	【예루살렘】 **모세5경(Five Books of Moses)완성** 구약성서의 맨 앞에 있는 ≪창세기≫ ≪출애굽기≫ ≪레위기≫ ≪민수기≫ ≪신명기≫등 5종의 책을 말하며 모세가 쓴 것으로 추정되나 최근에는 몇 사람이 편집한 것으로 알려짐. **창세기** 하나님이 세상을 창조하는 내용으로 시작하여 이스라엘 민족이 이집트로 이주하는 시기까지의 역사를 다루고 있으며, 하나님이 세상과 첫 인간인 아담(Adam)과 이브(Eve)를 창조하는 이야기부터 시작됨. **출애굽기**((出埃及記, 탈출기) 신이 모세를 통해 이집트에서 노예로 살던 이스라엘 민족을 구해 가나안 땅으로 인도하는 내용으로 출애굽(出埃及)이라는 명칭은 '이집트에서 나옴'을 의미함. **레위기** 이스라엘 민족들이 하나님의 자녀로서 지켜야 할 종교, 생활, 관습, 제사의식 등 율법에 대한 내용으로, 레위기는 제사와 종교를 관장하는 레위인의 이름을 따서 지어졌음. **민수기** 이스라엘 민족들이 시나이산을 떠나 모압평원에 이르기까지 겪었던 광야에서의 일을 담고 있으며 민수기라는 이름은 내용 중에 인구조사의 내용에서 유래됨. **신명기** 이스라엘인들이 가나안 땅에 도착하기 전, 모세가 하나님의 가르침을 마지막으로 전하고 죽기까지의 내용을 담고 있으며 대부분 출애굽기, 민수기 등에 등장했던 가르침이 반복되므로 신명기라 함. 신명기를 모세5경중 하나로 보지만, 모세의 죽음에 대한 언급이 있기 때문에 신명기의 저자는 모세가 아닐 것으로 추정할 수 있음.
BC 400년경	【인도】 **산스크리트(Sanskrit)어** 인도·유럽 어족의 일파인 인도·이란 어파에 속하는 인도의 고어. 넓은 뜻으로는 베다에 쓰인 베다어와 B.C. 4세기경의 문법가 파니니 등에 의하여 정리된 고전 산스크리트를 포함하나 일반적으로는 후자를 지칭한다. 이 말은 힌두교의 문헌에 널리 사용되어 왔으나 불교·자이나교의 경전에도 쓰였고 특히 문학 작품으로는 귀중한 것이 많다. 한국·중국·일본에서는 범어(梵語)라고도 한다.
BC 399년	【아테네】 **소크라테스의 죽음**(BC 469~BC399) 대화를 통해 인간의 마음을 끌어내는 산파술(어머니가 산파였음)을 활용함. 당시 아테네 중심세력인 수구파가 청년들에 용기를 주며 개혁에 앞장서라고 설득하는 소크라테스를 '신을 믿지 않고 청년들을 타락시킨다'고 고소하여 독배(독이든 당근 주스)를 마시고 죽게 함. '악법도 법이다'라는 명언을 남겼고 악처인 크산티페와 살고 제자로는 플라톤이 있었고 플라톤은 아리스토텔레스를 제자로 두었음. **산파술이란** 산파는 아이 낳을 때 옆에서 도와주는 할머니를 말하는데, 소크라테스는 사람들이 깨달음(아이)을 얻는 걸 도와주는 역할을 했다. 예를 들면 소크라테스는 광장에 나가서 똑똑해 보이는 청년을 골라 조용한 뒷골목으로 데리고 가서 질문을 한다. 소크라테스: **민중**이란 누구인가? 청년: 가난한 사람들을 말합니다. 소크라테스: 가난한 사람이란 어떤 이들이지? 청년: 항상 돈에 쪼들리는 사람들을 말합니다. 소크라테스: 부자들도 늘 돈이 부족하다고 하는데 그러면 부자도 가난한 사람 아닐까? 청년: 당황하며 그렇게 볼 수 있겠지요. 소크라테스: 그러면 '민중이 주체가 된다'하는 민주주의는 가난한 사람들의 정체(政體)인가, 부자들의 정체인가? 이렇게 소크라테스는 상대방이 당연하다고 믿었던 자신의 논리가 따라갈수록 모순이 있다는 사실을 깨닫게 해주므로서 자신의 무지를 알도록 도와주는 산파 역할을 하였음.
BC 367년	【로마】 **리키니우스. 섹스티우스법 제정** 호민관인 리키니우스와 섹스티우스가 평민의 권익 보호를 위하여 제출한 법으로, 두 사람의 집정관 가운데 한 사람은 평민에서 뽑을 것과 한 사람이 점유할 수 있는 공유지 면적을 500유게라(125만 평방m²)로 제한하는 등 로마의 신분 투쟁 역사에서 중요한 의미를 갖고 있는 법임.
BC 337년	【마케도니아】 **그리스 정복** 필립2세왕이 카이로네이아 결전에서 그리스 연합군을 물리치고 승리함으로써 그리스의 각 도시국가는 명목상의 자치만을 인정받았으며 그리스 특유의 폴리스체제는 막을 내림.

세계사 연표별 정리

연도	내　　　　　용
BC 334년	**【마케도니아】 알렉산더대왕 동방원정** 페르시아 제국을 무너뜨리고 이집트 인도까지 영역을 확장함. 페르시아 공주와 결혼하고, 병사들이 아시아 여인과의 혼인을 허가하는 등 헬레니즘 문화(그리스 문화와 오린엔트 문화를 융합)를 탄생시키므로서 로마를 통해 유럽문화의 근간이 됨. 어릴 때 아리스토텔레스의 교육을 받기도 하고 32세에 요절함.
BC 287년	**【로마】 호르텐시우스법 제정** 호르텐시우스가 귀족과 평민간의 채무문제가 발생하자 '평민회의 의결'은 국법으로 귀족은 물론 모든 로마 시민에게 구속력이 있다는 법을 제정하므로서 평민의 신분 투쟁에 종지부를 찍음.
BC 268년	**【인도】 아소카(마우리 왕조 3대왕)가 즉위** 인도 남부를 제외한 전국을 지배하여 전성기를 이룸. 칼링가 정복 후 불교에 전념. 벽에 새긴 마애법령, 석주 법령이 인도의 역사 미술 언어 이해에 도움이 됨.
BC 264년	**【로마】 포에니 전쟁 시작** 로마와 카르타고와의 전쟁으로 100년간 3차례 일어남. 1차(BC 264~241년) 로마승리: 시칠리아 섬 획득 2차(BC 218~210년) 로마승리: 카르타고의 한니발이 선전했으나 자마전에서 스키피오에 패함, 스페인 얻음. 3차(BC 149~146년) 로마승리: 카르타고 재기를 막고자 재공격하여 멸망시킴. 세계제국이 되는 분기점이 됨. **라티푼디움(latifundium)** '광대한 토지'를 의미하는 라틴어. 실제로는 고대 로마시대의 대토지소유제도를 말한다. 이탈리아반도의 정복과정에서 정부 유력자가 국유지를 점유하여 사유화함으로써 이것이 대토지소유제로 발전되었다. 더욱이 장기간의 전쟁으로 토지가 황폐하고, 이농으로 인하여 중·소농민층이 몰락하였으며, 로마가 지중해 세계를 평정함으로써 노예공급원이 개척되기에 이르자 BC 2세기경부터 유력자의 토지겸병이 크게 늘어 공화정치 말기에는 노예제에 의한 대규모 경영을 중심으로 하는 대토지소유제가 이탈리아에서 크게 발전·확대되어 갔다.
BC 221년	**【진】 진의 통일** 진의 시황제(BC 259~210)는 왕 대신 황제라는 칭호 사용(전설상의 3황 5제보다 우월하다는 자신감으로). 진(秦)은 중국의 영어 China의 어원이 됨. 진나라 통일과 멸망 1. 통일의 요인 　- 법가사상에 의한 부국강병책 　- 흉노로부터 기마전과 철제 무기 수용 　- 농업 기술 발달로 농업 생산력 증가 　**만리장성축조**는 흉노족(훈족)의 유럽 이동의 계기가 되고 이는 게르만족을 위협하고 게르만족이 로마로 이동하여 로마제국의 멸망으로까지 이어진 결과를 가져옴. 현재의 만리장성은 명나라때 개축된 것임. 2. 정치 　- 군현제의 실시로 중앙 집권적 전제 정치가 확립되었고 　- 사상통제 수단으로 분서갱유를 단행하고 법가사상을 채택하여 법치주의를 실현 　- 도로정비, 화폐, 도량형 및 문자를 통일하여 실질적인 중국의 통일을 이룸. 　- 대외적으로 흉노정벌을 위해 만리장성을 쌓고, 남으로 베트남까지 확장하여 현재의 중국 영토를 이룸. 3. 진의 멸망(BC 207년) 　- 대규모 토목 공사와 계속되는 원정으로 국민을 지치게 하고 진승, 오광의 난으로 쇠망 　- 급진적 통일 정책으로 유학자들이 반발하였고 복고주의가 대두됨. 　**분서갱유(焚書坑儒)** 민간인 서적중 의학, 농업, 임업 등을 제외하고는 모두 불태우고 국가의 명을 거역하고 황제의 통일 정책을 비판하거나 국법을 어긴 자 460명을 수도 함양에 묻어 죽이고 이를 온 천하에 알렸음. 　**진승오광의 난** 진나라 말기의 농민 반란으로 이들이 병사로서 징발되어 북방을 수비하러 가는 도중에 큰비로 인해 기일까지 목적지에 도착할 수 없게 되어 법에 따라 죽임을 당할까 두려워 "죽임을 당할 바에는 나라를 세우고 죽자"하여 불평하는 농민들을 규합하여 진(陳)을 공격하여 점령한 뒤, 이곳을 본거지로 삼아 진승이 왕위에 올라 진왕(陳王)이라 칭하고, 국호를 장초(張楚)라고 하였다. 진승은 6개월 만에 살해당하고 농민 정권은 무너져 버렸으나 혁명의 불길이 전국에 퍼져나가고 결국 진나라를 타도하는 계기가 됨. 이는 중국 역사상 최초의 농민 봉기 지도자로서 후세에 높이 평가됨.
BC 212년	**【인도】 마누(Manu)법전 성립** 마누는 인도 신화에서 인류의 시조임. 12장 2,700조로 이루어져 있으며 힌두 법전으로 카스트제도에 기초를 두고 있으며 힌두교도의 생활, 권리, 의무들을 상세히 규정함.

세계사 연표별 정리

연도	내용
BC 202년	**【한】 한(漢)의 중국 통일(BC 202~220)** 유방이 초나라 항우와 함께 진나라를 멸망시킨 후 해하 전투에서 항우를 격파하고 한나라를 세움. 한은 진의 국가체제인 군현제를 계승했지만 통일과정에서 여러 제후들의 도움을 받았으므로 군현제와 봉건제가 병립된 군국제를 채택하여 통치함. 7대 황제인 무제는 유학자인 동중서를 기용하여 유학을 국학으로 삼고 전성기를 이룸. 왕망이 세운 신(新)나라에 의하여 잠시의 중단이 있었고, 그 이전에 장안(長安)을 수도로 하였던 한을 전한(前漢: 西漢), 낙양(洛陽)에 재건된 한을 후한(後漢: 東漢)이라고 한다. **한의 건국과 발전** 한고조 · 건국: 항우를 무찌르고 장안에 도읍 · 군국제 실시: 군현제와 봉건제 융합 무제의 치적 · 중앙 집권 체제 완성-경제 때 일어난 제후들의 반란인 오·초 7국의 난 진압, 군현제 확대 · 통제 경제 정책(중농 억상책) 　목적: 대외 원정으로 인해 생긴 재정 결손 보충 　내용: 전매제, 균수법, 평준법 시행, 오수전 주조 · 유교 국교화: 동중서의 건의로 유교가 국가와 사회의 지도 이념으로 확립됨 · 비단길 개척: 장건을 대월지에 파견하여 흉노족을 견제했으나 실패했고 동서 교통로를 개척했음. · 영토 확장: 흉노 정벌, 하서 4군, 한 4군 설치
BC 154년	**【한】 오초7국(吳楚七國)의 난** 중국 전한시대에 제후국인 오나라 외 6국이 일으킨 반란. 한나라 유방의 치세 하에서 오나라 유씨족들이 세력을 키우자 제6대 경제(景帝)는 이에 위협을 느끼고 조조(晁錯)를 등용하여 제후 세력을 통제하기 위한 정책으로 '추은(推恩)의 영(令)'을 시행하여 오, 초, 조 나라의 영토 삭감을 도모하자 이에 반발하여 반란을 일으킴. 한나라는 주아부와 난포를 파견하여 난을 진압하려 하였으나 실패하자 회유책으로 조조를 처형하고. 결국 주아부가 주동세력인 오왕을 물리침으로써 반란을 진압하였고 이로 인하여 중앙정부의 권한이 강화되었다.
BC 97년	**【한】 사마천의 사기 완성** 5제부터 한무제까지의 역사를 적은 것으로 본기12권, 연표10권, 서8권, 세가30권, 열전70권 모두130권 52만 6천 5백자에 이르며 중국 역사서중 기전체(紀傳體, 인물위주의 기록)의 효시가 됨. 사기의 구성은 모두 우주와 관련되어 있으며 실제로 <천관서>에는 천문의 대변화 주기에 따라 인간의 역사도 변한다는 관념이 엿보이고, 인간이 역사를 창조한다고 생각하여 신비하고 이상한 전설과 신화의 자료는 배제하고 유가 경전을 기준으로 합리적이며 신뢰할 수 있는 자료만 취했으며, 시와 산문의 이상적 결합으로 평가되는 문장을 통하여 글자 하나에도 치밀한 의미를 부여하여 무한한 감동을 주는 위대한 역서로 평가받음. **사마천:** 섬서성 하양에서 출생, 부친 사마담(태사령: 천문 역법을 관장)이 죽으면서 자신이 시작한 《사기》의 완성을 부탁하자 그 유지를 받들어 본인이 태사령이 되면서 자료 수집을 시작하였음. 그러다 흉노족에게 투항한 친구 이릉장군을 변호하다 무제의 노여움을 사서 48세에 치욕스러운 궁형(宮刑, 생식기를 제거하는 형벌)을 받고 수감되었지만 옥중에서 저술을 계속하였음. BC 95년 황제의 신임을 회복하여 환관의 최고직인 중서령이 되었으나 환관의 신분이기에 일부 사대부들의 멸시를 받기도 했으며 이러한 어려움 속에서도 《사기》를 완성하였다. 사마천은 사기가 완성된 2년 후에 사망하였기에 그가 사기를 쓰기 위해 혼신의 노력을 기울였음을 알 수 있다.
BC 60년	**【로마】 삼두정치(三頭政治, triumvirate) 시작** 3인의 거두가 제휴해 원로원 세력에 대항한 정치 체제임. 1회(BC 60~53년) 카이사르(시저), 크라수스, 폼페이우스 - 시저가 독점하여 끝남. 2회(BC 43~36년) 안토니우스, 레피투스, 옥타비아누스 - 옥타비아누스가 독점하여 끝남.
BC 58년	**【로마】 시이저의 갈리아 원정** 시이저가 갈리아(프랑스 지역)를 정복하고 명성이 높아지자 폼페이우스가 원로원과 결탁하여 군대 해산을 명하나 시이저는 '주사위는 던져졌다'며 이탈리아의 루비콘 강을 건너 로마로 진격하여 정권을 잡음. 폼페이우스는 이집트로 도망갔으나 아간 로마장교에 의해 살해됨. 이집트의 왕위 계승싸움에 관여하여 클레오 파트라를 왕위에 오르게 함. 그 뒤 원로원 옹호파인 브루투스에 암살당함. **시이저와 부르투스 관계** 시이저는 폼페이우스 부하인 브루투스를 전투에서 생포하였으나 브루투스의 어머니와 연인관계가 있어 아들처럼 돌보았다.그러나 브루투스는 항상 전투시 로마에 남아서 뒤를 돌보라는 지시에 서서히 관계에 금이 가고 시이저에 원한을 품은 의형제 카시우스가 선동하자 시이저를 살해함. 그의 마지막 말인 "브루투스, 너마져?"란 말은 셰익스피어의 희곡 "줄리어스 시저"에서 나온 대사임.

세계사 연표별 정리

연도	내용
BC 45년	**【로마】 태음력을 태양력으로 채택함**(1년의 최초를 1월 1일로 함). 이를 '율리우스 력'이라고 하며 1582년 교황 그레고리 13세가 다시 고쳐 현재 사용하는 그레고리력이 됨.
BC 31년	**【로마】 악티움 해전** 옥타비아누스(후에 '아우구스투스-존엄한자'라 칭함)가 안토니우스와 클레오파트라의 연합 함대를 무찌르고 로마의 패권을 잡음. 헬레니즘 시대가 막을 내리고, 내정을 충실히 하여 로마를 재정비하고 로마의 평화와 라틴 문학의 황금시대를 이룸. **클레오파트라** 이집트 프톨레마이오스의 셋째딸, 18살에 15세의 남동생 프톨레마이오스 13세와 결혼, 공동 파라오가 되었고 또 다른 남동생인 프톨레마이오스 14세 때 권력에서 물러난 뒤 폼페이우스와 권력투쟁을 벌이다가 이집트에 온 율리우스 카이사르와 협상하여 다시 파라오 자리에 복귀함. 카이사르가 암살당한 후에는 마르쿠스 안토니우스와 협력하고 결혼도 하였음. 권력구조의 변화로 옥타비아누스 그리고 레피두스와의 삼두정치가 깨지자 명분상 자신에게 선전포고한 옥타비아누스에 대항하여 안토니우스와 함께 악티움 해전을 결행했으나 패전한 후 자살함(뱀에 물려 자살한 것으로 알려져 있으나, 옥타비아누스가 죽여놓고 뱀에 물려 자살했다고 하는 설도 있음). 지식인인 블레즈 파스칼은 그녀의 코가 조금만 낮았어도 역사가 바뀌었다고 할 정도로 남성들에게 성적인 관점에서 평가받았으나 그녀의 매력은 그리스어 등 많은 나라의 언어를 구사한 이지적인 능력을 갖추었기 때문임.
BC 27년	**【로마】 로마제정의 시작** 옥타비아누스는 원로원으로부터 아우구스투스라는 칭호를 받고 로마 최초의 황제로 즉위하여 명목상 공화정이지만 실질적으로 황제가 전권을 장악함.
연도 표기	**【국제】 서기(西紀)사용** 서력기원(西曆紀元)의 준말로 예수가 태어난 것을 기점으로 하는 연도계산 방식으로 서기는 0년이 존재하지 않으며, 그레고리력의 1년을 시작하는 해로 삼는다. 영어 약어로 기원전 BC(Before Christ)는 예수 탄생전의 의미이며, 기원후 AD(Anno Domini: 애노다미나이)는 'in the year of our Lord'로 우리 주님의 해라는 뜻임.
4년	**【이스라엘】 예수 그리스도의 탄생**(BC 8년 또는 BC 4년 설도 있음) 30년 로마 총독 빌라도에 의해 십자가에 못 박혀 죽음. 예수의 혈액형은 AB형이라 함. 현재 토리노 성당에 보관된 예수의 유품(성해포: 예수의 몸을 감싼 천)의 혈흔 분석결과가 있으나 이 성애포의 제조 시기가 가짜라는 설도 있음.
9년	**【신】 신(新) 건국(9년~24년)** 황실의 외척인 왕망은 9살의 평제를 옹립한 후 곧 그를 죽인 다음 2세의 영(嬰)을 세워 스스로 섭정을 했다. 8년에는 전한을 무너뜨리고 신나라를 세움. 왕망은 복고주의를 내세워 주례(周禮) 등 유교경전을 근거로 하는 개혁정치를 단행하였다. 정전법(井田法)으로 대토지 소유를 금지하는 왕전제를 실시하여 토지를 국가 소유로 하여 매매를 금지시켰다. 그리고 노비의 매매도 금지시켰음. 국가 권력에 의해서 물가의 균형책과 전매제도(專賣制度)를 강화하여 상업을 통제하였고 또한 화폐를 개주(改鑄)하기도 하였다. 그러나 개혁정책이 실패하여 사회는 혼란에 빠졌고 흉노를 비롯한 대외정책도 실패하여 농민반란이 각지에서 발생하였고 지방의 호족도 이에 호응하여 후한의 광무제에게 멸망하였다.
25년	**【후한】 광무제 즉위** 유방의 9세 손으로 적미의 난을 평정하고, 전한을 멸망시킨 왕망의 군대를 격파하고 즉위함. 유교를 중시함. **적미의 난**(赤眉―亂) 왕망이 세운 신(新)나라 말기에 일어난 농민반란. 유교적인 이상으로 개혁을 시도하던 왕망의 정치는 오히려 사회적 혼란과 기근이 겹쳐서 농민들이 반란이 일어나게 된다. 지금의 산동성에서 번숭이나 역자도 등이 눈썹을 붉게 칠한 것으로 자기편의 표지를 삼고 농민 수십만 명으로 한나라의 혈통을 이은 소년 유분자(劉盆子)를 황제로 내세워 장안을 함락시켰다. 그러나 이와 같은 농민 세력은 호족들이 용인할 수 없는 것이었으므로 유수(劉秀, 광무제) 등의 세력과 대결하게 되어 27년 항복하므로 진압되었다.
54년	**【로마】 황제 네로(37~68) 즉위** 어머니 아그리피나는 아들을 황제로 삼기 위해 남편과 이혼하고 숙부인 클라우디우스 황제와 재혼하고 클라우디스딸 옥타비아와 결혼시킨 후 클라우디스를 독살했다. 후에 네로는 어머니, 아내 등을 독살시켰음. 로마에 방화한 후 기독교인에게 책임을 전가하여 박해하기 시작했고 결국 내란이 발생하여 자살함.
70년	**【로마】 콜로세움 착공** 원형극장으로 플라비우스왕조의 베스파시아 황제 때 착공하여 8년 공사 끝에 티투스 황제 때 완성. 4층 높이 48m, 둘레 500m이며 5만명을 수용하며 하수도가 구비됨. 네로 황제의 황금 궁전(도무스 아우레스)의 정원에 있던 인공 호수를 메운 자리에 세워짐. 티투스가 유대독립전쟁을 진압하고 포로 중 4만 명을 동원하여 건축했다는 설이 있음. 콜로세움은 검투사들끼리의 싸움이나 맹수들과의 싸움을 시민들에게 구경시킴으로써 국민의 일체감과 애국심을 높이고, 다른 한편으로는 공포심을 심어주기 위한 정치적인 목적으로 건립되었음.

세계사 연표별 정리

연도	내　　　용
79년	【로마】 **폼페이(Pompeii) 매몰** 이탈리아 나폴리만에 있던 항구도시로 로마인의 휴식지였으나 베수비오산의 화산폭발로 매몰됨. 인구는 2만~5만에 이른 것으로 추정되며 화산폭발로 2000여명이 사망함. 전성기에 갑자기 멸망하였으므로, 당시 로마인이 상당히 쾌락적이고 향락적인 도시 생활을 하고 있었음을 알려주는 자료가 많이 발굴됨. 폼페이의 많은 벽화를 통하여 유품이 적은 헬레니즘 회화도 확인할 수 있고 건축물로는 약 30여채의 빌라 루스티카(별장)가 발견되었음.
100년경	【로마】 **성서(聖書, Bible)성립** 그리스도교의 정전(正典)으로, Bible은 '책들'이라는 그리스어 '비블리아(biblia)'에서 유래되었고 구약(舊約)을 의미하나 현재는 경전 전체를 뜻하기도 함. 성서는 구약성서(Old Testament)와 신약성서(New Testament)로 구분되고 '구(舊)'는 그리스도 이전, '신(新)'은 그리스도 이후의 내용이며, '약(約)'은 인간에 대한 신의 구원의 계약을 뜻하며, 라틴어 'testamentum'는 '언약(covenant)'의 의미로 사용됨. 구약은 모세를 중심으로 이스라엘 백성에게 주어진 신의 약속이며, 신약은 그리스도의 복음을 통하여 주어진 신의 약속임. **구약성서** 구약성경은 원래 유대인의 경전인 타나크로(BC1500~400년대 바빌로니아, 팔레스티나, 이집트 등의 지역에서 낱권들로 기록된 경전들을 모아 놓은 것으로서, 총 24권으로 구성)를 기독교에서 받아들여 개신교의 경우 총 39권, 로마 가톨릭 교회는 46권으로 분류하고 있음. 구성으로는 율법서(창세기, 출애굽기, 레위기, 민수기, 신명기 등 모세 오경), 예언서(이스라엘 민족의 예언을 기록한 책으로 여호수아/여호수아서 사사기, 사무엘서 열왕기 등), 성문서(율법서, 예언서를 제외한 문서, 유대교 및 개신교에서는 이를 외경으로 구분함), 역사서 등이 있음. **신약성서** 신약성경은 4복음서와 사도들의 활동을 적은 사도행전을 비롯하여 사도들이 예수를 믿는 작은 집단에 보낸 편지와 그리고 종말에 대한 사도 요한의 예언서인 묵시록을 한데 모아 놓은 것을 말함. **복음서(福音書)란** 그리스어의 '좋은 소식'이라는 '에우앙겔리온'(Euangelion)의 한자어로, 문서나 구전 형태로 내려오던 예수전승(Jesus Traditional)을 복음서 저자들이 자신들의 그리스도론과 역사 상황 속에서 기술한 문서를 의미함. **4복음서** 1. 마가복음서(67년~70년) 예수의 행적과 가르침을 담은 복음서로 마르코가 개종한 이교도와 로마 교회 신자를 위하여 쓴 복음서임. 복음서 가운데 맨 먼저 쓰여져 다른 복음서들이 이를 참조한 것으로 추측됨. 내용은 예수의 전도 전야부터 시작하여 그가 부활하는 아침까지를 다루고 있으며 특징은 마태오·요한과는 달리 예수탄생은 물론 그의 설교내용도 일체 쓰지 않고, 오직 '하느님의 아들'로서 예수의 업적만을 묘사하였음. 2. 누가복음서(70년 이후) 루가가 이방인 초신자를 진정한 신앙인이 되도록 가르치기 위하여 예수의 일생을 기록한 복음서로, 우리는 잃은 양과 잃어버린 동전, 탕자의 이야기, 선한 사마리아인 등의 비유를 통해 빈부와 남녀노소, 유대인과 이방인, 하인과 자유인을 구별하지 않은 예수의 인류를 향한 연민과 인간미를 엿볼 수 있음.이 복음서는 이방인에 의한, 이방인을 위한 복음이자 가난한 자, 죄인, 약자에게 관심을 둔 사회적 복음이고 여성과 어린이의 복음으로, 인간의 개성과 그리스도의 인성 및 성령과 기도에 대하여 특별히 강조하고 있음. 3. 마태복음서(80년~90년) 사도 마태오가 쓴 것으로 여겨져 왔으나 최근 그 설이 번복됨. 내용은 예수의 계보로부터 시작하여 탄생, 세례 요한의 출현과 요한에 의한 수세(受洗), 광야에서 마귀로부터의 유혹, 산상수훈(山上垂訓), 예수의 갈릴리에서의 선교활동과 가르침이 제목별로 다루어져 있음. 특징은 예수를 구약 예언의 완성자이자 이스라엘의 왕, 즉 메시아(구세주)로 보고 유대인에 대한 예수의 사명을 강조한 점이며 세계전도의 필요성과 세계전도명령을 다룸. 4. 요한 복음서(90년~100년경) 12사도 중 요한이 쓴 것으로 이 복음서는 기적과 표적이 하느님의 아들 예수라는 증거로서, 그리스도교 교리와의 유기적 또는 상징적인 연관성에 관해서 해설하고 있으며 다른 복음서에 비해서 생명이나 사랑이 강조되고 있어 '사랑의 복음서'라고도 함. 　**사도행전** [使徒行傳, Acts of the Apostles] 예수가 승천한 뒤 사도들이 성령의 인도로 널리 복음을 전한 행적을 기록한 책으로, 신약성서 가운데 유일한 역사문서로 평가되며 그 내용은 거의 전부가 베드로와 바울로 대표되는 초대 그리스도교 사회의 활동에 관한 것으로, 성령의 인도로 복음이 예루살렘으로부터 로마까지 전파되는 역사를 기록하였음.
105년	【후한】 **종이 발명** 환관(宦官) 채륜이 나무껍질, 삼베, 어망들을 재료로 목간, 죽간 등을 대신하여 쓸 수 있는 종이를 만들어 사용함. 당나라때 전쟁포로에 의해 이슬람 및 유럽에 전파됨.

세계사 연표별 정리

연도	내　　　　　　용
166년	**【후한】당고(黨錮)의 옥** 후한 말기에 관료와 환관이 충돌하여, 환관세력이 관료를 금고(禁錮)에 처한 탄압사건. 10대 황제 환제는 외척 양기를 제거하기 위해 환관을 이용했다. 이를 계기로 환관이 내정에 간섭하고 세를 불리자 당시 호족이나 관료들과 사이가 벌어졌다. 지방관과 태학의 학생들이 진번·이응 등을 옹립하고 시정을 비판하였다. 이때 이응이 환관과 친히 지내던 장성의 아들을 살인죄로 처형하자, 이에 앙심을 품은 장성은 환관과 결탁하여 이응을 무고(誣告)하여 환제로 하여금 이응 등 관료 200여 명을 체포하고 이어 종신금고(관리의 신분을 빼앗아 서인 이하의 신분으로 내리는 것)에 처하였다(1차 당고). 환제가 죽고 외척 두무가 영제를 옹립하여 세력을 잡자 진번·이응 등을 중임하며 환관세력을 제거하려고 하였으나 오히려 환관세력에게 역습을 당하여 진번이 살해되고 두무는 자살하였다. 이를 계기로 이응·두밀 등 100여 명이 살해되고, 700여명의 관료파 당인들이 금고형에 처함(2차 당고). 두 차례의 탄압으로 관료층이 동요한데다가 환관들이 정치를 농락하여 부패가 극심하여, 184년 지방에서 황건적의 난이 일어났고 결국 후한은 멸망의 길을 가게 되었다. 당고의 옥은 진 시황제의 분서갱유에 필적하는 탄압으로 평가받음.
184년	**【후한】황건적의 난 발생**(184~204년경) 후한(後漢) 타도를 외치며 일어난 농민반란. 머리에 누런 수건을 써서 자신의 편임을 표시하는 수단으로 사용하였음. 장각이 순제 때의 우길의 가르침과 민간의 신앙 등을 종합하여 태평도라는 종교를 주창하여, 죄에 대한 반성과 참회로 질병을 치유하고 태평성대를 이룰 수 있다고 포교하자, 많은 하급관리와 빈민이 동조하여 신도가 약 1만 명으로 커져 후한 왕조의 위협이 되었다. 조정은 조조를 통해 이를 진압하였지만 각지에서 농민이 봉기하여 후한은 서서히 멸망함.
208년	**【후한】적벽대전(赤壁大戰)** 유비, 손권의 연합군(5만)이 조조의 군사 20만(혹은 80만)을 양쯔강 중류 적벽에서 물리친 전쟁, 손권의 부하 황개가 위장 항복하여 화공(火攻)으로 조조의 수군을 격파하므로써 후한이 위, 촉, 오 삼국으로 정립된 계기가 됨.
220년	**【위, 촉, 오】삼국시대개막** 위나라(魏220~265) 조조의 아들 조비가 낙양에 도읍을 정하고, 촉(蜀 221~263)은 유비가, 오(吳222~280)는 손권이 지금의 남경에 도읍을 정하여 삼국시대가 열림.
226년	**【페르시아】사산왕조 페르시아 성립** 조로아스터교의 제주인 사산(Sassan)에서 이름이 유래했으며 발상지는 파르스 지방임, 사산왕조는 국가체계가 잘 정비되어 있어 후세의 무굴제국과 이슬람 국가들에 계승됨. 조로아스터교의 성전인 '아베스타'완성(232년). 나중에 그리스도교인 비잔틴제국(동로마)과 배화교 이념을 바탕으로 한 페르시아와 충돌하였고 비잔틴제국의 헤라클리우스에 의해 651년 사산왕조가 멸망함. **건국**: 아르다시르 1세가 건국, 페르시아 제국의 부흥을 시도 **발전** 샤푸르 1세 때 강력한 중앙 집권 국가를 건설하고 호스르1세 때(6세기)극성, 동서 교통로를 확보함. **멸망** 이슬람 침입으로 멸망(651) **문화** 특징: 페르시아 문화를 기초로 하여 인도 문화와 그리스 문화를 융합 **종교** 국교는 조로아스터 교, 마니 교가 성립함. **문화 전파** 유럽과 수, 당의 중국에 영향을 끼침.궁전 건축과, 금 은 유리 세공의 공예 등이 발달
230년	**【후한】화타(華陀) 전신마취 실시** 중국의 전설적인 명의로, 마비산을 사용해 환자를 전신마취시킨 뒤 위장 절제수술을 해 완치시켰다고 함. ≪삼국지연의≫에는 조조가 두통을 앓을 때 간단한 침구 치료로 큰 효과를 보자 그를 시의(侍醫)로 삼고자 하였으나, 조조 한 사람만을 위해 의원 노릇을 하기 싫어, 아내가 아프다는 핑계를 대고 집으로 돌아갔다가 거짓이 탄로나 조조의 부하에게 살해되었다는 이야기도 전해짐. 손권 요청으로 생명이 위독한 주태를 수술해서 완치시켰고, 독화살이 박힌 관우의 어깨도 뼈의 일부분을 긁어내는 시술로 독을 제거하는데 성공했다 함. 그가 지은 청낭서를 옥에 갇혔을때 잘 대해준 옥졸(간수)에게 맡겼으나 그 아내가 남편이 화타처럼 죽는걸 원치 않아 그 책을 불 태워버렸기 때문에 전해지지 않음.
250년	**【위진】죽림칠현 활동**(노장 사상) 귀족정치에 불만을 품은 지식인이 정치적 논의보다 철학적 논의만 몰두하는 풍조의 주요7인(완적, 혜강, 산도, 향수, 원삼, 유령, 왕융)을 말함. 현대의 히피족과 같은 개념임.
285년	**【진】삼국지 지음** 중국의 위·촉. 오 3국의 정사(正史)로, 진나라의 진수가 편찬. ≪사기(史記)≫ ≪한서(漢書)≫ ≪후한서(後漢書)≫와 함께 중국 전사사(前四史)로 불린다. 위서(魏書) 30권, 촉서(蜀書) 15권, 오서(吳書) 20권, 합계 65권으로 되어 있으며 위나라를 정통 왕조로 보고 위서에만 <제기(帝紀)>를 세우고, 촉서와 오서는 <열전(列傳)>의 체제를 취했으며 내용은 매우 근엄하고 간결하여 역사서 중 최고라 꼽히지만 내용이 간략하고 인용한 사료도 절략하여 누락된 것이 많았다. 송나라 문제는 배송지에게 명하여 주(註)를 달게 하였음. 위서 동이전(東夷傳)에는 부여·고구려·동옥저·마한·진한·변한·왜인 등의 전(傳)이 있어, 동방의 고대사를 연구하는 데 유일한 사료가 됨.

세계사 연표별 정리

연도	내용
313년	【로마】 **그리스도교를 국교로 정함** 로마를 동서로 나누어 통치하던 콘스탄티누스 1세와 리키니우스가 밀라노에서 공동으로 발표한 칙령으로 그리스도교 신앙의 자유와 빼앗은 교회 재산의 반환 등을 밝힘. 밀라노 칙령은 그리스도교든 다른 종교든 모든 사람이 자신이 원하는 종교를 믿는 자유를 허용하였고 특별히 그리스도교도 그러한 자유를 지닌다고 강조하여 각 지역의 총독들에게 박해의 중지를 지시하였음. 콘스탄티누스 1세는 밀라노 칙령을 계기로 자신의 정치적 정당성을 확보하고 기반을 넓히기 위해 그리스도교를 장려하여 교회와 성직자들에게 각종 특권을 주었고, 교회 설립을 지원하였으며 325년에 니케아공의회를 열어 교리를 체계화하였음.
316년	【진】 **5호16국(五胡十六國) 시대 열림** 304년 흉노족의 유련이 한을 점거하면서부터 시작되어 북위가 중국 북부를 통일하기까지 135년간 존속 함. 중국 북부에서 흥망했던 5호(흉노(匈奴)·갈(羯흉노의 별종)·선비(鮮卑: 터키계라는 설)·저(氐티베트계)·강(羌: 티베트계)가 세운 13국과 한족이 세운 3국의 왕조를 말함. 이민족에 의한 중국지배의 최초의 형태가 되었음.
317년	【중국】 **동진의 성립(~419)** 진나라는 북쪽 호족의 침입으로 316년에 멸망하고 그중 사마예가 양쯔강 이남을 영토로 하고 건업(현재의 남경)에 도읍을 정해 동진이라 함. 419년 군벌 유유에게 제위를 빼앗겨 멸망함.
320년	【인도】 **굽타왕조 성립(Gupta dynasty~550)** 찬드라 굽타1세가 북인도를 통일하여 지배한 왕조로 인도 문화의 최고 전성기를 이룸. 찬드라굽타 1세는 명문가인 리차비와 혼인관계를 맺고 처음으로 '대왕(大王) 중의 왕(마하라 지아디라자)'이라 칭하면서 갠지스강 중류지역에 세력을 확장했으나, 북인도 통일은 스스로 '모든 왕의 정복자'라고 호언한 사무드라굽타에게 인계되었고 그 내용이 알라하바드 석비에 기록되어 있음.
325년	【로마】 **니케아 종교회의** 로마 황제 콘스탄티누스1세가 니케아에서 소집한 세계교회 회의로서 그리스도는 신이 아니다라는 아리우스파와 아타나시우스파인 알렉산드로스 주교 등과 논쟁을 벌인 끝에 결국 아리우스파는 이단시 되어 추방됨. 아타나시우스는 예수는 성신, 성령과 일치된다는 3위일체설로 '정통신앙의 아버지'로 추앙을 받고 후에 아우구스투스가 3위일체설을 확립함. 이 회의는 분열된 교회를 통일시키고 로마 제국의 안정을 가져왔으나 나중에 동·서로마사이의 이질감을 심화시켜 결국 종교문제에 황제가 개입하게 만든 계기가 됨.
330년	【로마】 **비잔틴제국 성립** 동로마 제국의 별칭으로 비잔티움은 고대 그리스가 세운 식민지였는데 콘스탄티누스 황제가 수도를 비잔티움으로 옮기고 콘스탄티노플이라 개칭함. **비잔틴 제국의 흥망** 관료제를 바탕으로 황제권의 강화와 둔전병제와 군관구제에 의한 국방력 강화, 자영농 육성, 상공업과 도시의 발달로 콘스탄티노플이 번성하였으며 전성기는 6세기 유스티니아누스 대제 때 반달 왕국, 동고트 왕국을 정복하여 로마의 옛 땅을 되찾아 한때 지중해를 통일함. 내부 성과로는 로마 법 대전 편찬과 성 소피아 성당을 건립하였으며 쇠퇴요인으로는 대토지 소유제의 발달과 봉건 귀족 세력의 강화로 자영농이 몰락하고 황제권이 약화되었으며 상공업의 침체로 볼 수 있다, 외부요인으로는 이민족(사산 조 페르시아, 셀주크 투르크)의 침입이 계속되어 결국 오스만 투르크의 침입으로 멸망함(1453). **비잔틴 문화 특색**은 그리스·헬레니즘 문화를 계승하고, 그리스 정교와 결합하여 독자적인 문화를 형성하였으며 헬레니즘 문화의 영향으로 현세적인 아름다움을 추구하였고 종교는 그리스 정교에 의한 종교적 통일과 황제를 교회의 수장으로 하는 황제 교황주의가 확립되었음. 학문적으로 그리스 고전의 연구와 유스티니아누스 황제에 의한 로마법이 집대성되었음. 예술적인 측면에서는 그리스 고전 미술의 전통 속에 오리엔트 미술을 흡수하여 그리스 정교 미술로 통일하였으며 성 소피아 성당(웅장한 돔과 모자이크 벽화)이 대표적인 건축물이다. **비잔틴 문화가 서유럽에 미친 영향** 그리스 고전의 연구와 비잔틴 제국 멸망 후 많은 고전 학자가 이탈리아로 이주하여 르네상스를 이룸. **동유럽에의 영향** 슬라브 족에게 비잔틴 문화와 그리스 정교를 전파하였고 키예프 공국은 비잔틴 문화를 적극 수용하게 되었음.
353년	【동진】 **왕희지(王羲之, 307~365)체 완성** 중국 최고의 서예가로 해서·행서·초서의 각 서체를 완성함으로써 예술로서의 서예의 지위를 확립하였음. 산동성 출신이며 일곱 번 째 아들 왕헌지와 함께 '이왕(二王)'이라 불리움. 회계의 난정에서 있었던 연회에 참석하여 41인 명사들의 시를 모아 만든 책에 서문인 ≪난정서(蘭亭序)≫는 최대의 걸작으로 꼽히고 일본의 국보로 되어 있는 '상난첩' 등의 작품이 있음. 당 태종이 왕희지의 글씨를 사랑하여 남아 있는 그의 붓글씨와 한 조각의 글씨까지도 자기의 관에 넣어 묻게 하였기 때문에 남아 있는 육필(肉筆)작품이 많지 않음.
375년	【유럽】 **게르만족의 대이동** 아시아 기마민족 훈족(흉노)의 침입에 따라 스칸디나비아 반도의 남부에서 유틀란트 반도와 북독일에 걸친 게르만족이 흑해에서 라인강 유역까지 3그룹(북게르만: 덴마크인, 노르만인, 서게르만: 앵글색슨, 프랑크인, 동게르만: 동·서고트인, 반달인, 부르군트인)으로 갈라져 로마 및 유럽으로 200년간 이동하여 유럽의 주도권을 쥠.

<table>
<tr><th colspan="2">세계사 연표별 정리</th></tr>
<tr><td>연도</td><td>내　　　　　　용</td></tr>
<tr><td>392년</td><td>【로마】 로마, 그리스도교를 국교로 인정 테오도시우스1세는 밀라노 칙령으로 공인한 그리스도교를 로마제국의 국교로 공식 선포함. 그는 기독교에 귀의하고 이교를 배척하였으며 여러 신전을 파괴하라고 해 사라페움 신전이 파괴됨. 파르테논 신전도 파괴시키려 했지만 왕비 아테나이스가 자신의 이름과 인연이 있는 신전이라 하여 기독교 교회로 개축하여 보전됨.</td></tr>
<tr><td>395년</td><td>【로마】 로마제국의 동서 분열 테오도시우스는 로마제국을 두 아들에게 물려주면서 서로마제국(~476년)과 동로마제국(~1453)으로 분리됨.</td></tr>
<tr><td>405년</td><td>【동진】 귀거래사(歸去來辭)지음 도연명이 41세 때 80일간의 공직(팽택현의 지사직) 생활을 그만두고 고향으로 가는 심경을 노래한 시. 귀향한 본인은 전원생활을 그리 즐기지도 못하고 빈곤하게 살다 죽음.

이 작품은 4장으로 되어 있으며 제1장은 관리생활을 그만두고 전원으로 돌아가는 심경을 정신 해방으로 간주하여 읊었고, 제2장은 그리운 고향집에 도착하여 자녀들의 영접을 받는 기쁨을 그렸으며, 제3장은 세속과의 절연 선언을 포함, 전원생활의 즐거움을 담았으며, 제4장은 전원 속에서 자연의 섭리에 따라 목숨이 다할 때까지 살아가겠다는 뜻을 담고 있음.

작품 동기는 누이동생의 죽음을 슬퍼하여 관직을 버리고 고향으로 돌아간다고 했으나 감독관(향리)의 순시 때 향리의 소인에게 허리를 굽혀 영접할 수 없다 하여 사직하였다고도 함.</td></tr>
<tr><td>414년</td><td>【동진】 불국기(佛國記: 法顯傳) 저술 법현이 인도에서 돌아와 중국인이 쓴 최고의 인도 기행문임. 승려 10여 명과 함께 399년 장안(長安)을 출발하여 중앙아시아를 경유, 인도로 들어가 약 15년간 불교 유적지를 순례하고 그동안에 지나온 30여 개국에 대한 견문기로, 현장법사의 여행기인 ≪대당서역기(大唐西域記)≫와 더불어 당시 인도의 불교·풍속 등을 아는 데 귀중한 자료임.

법현의 여행은 현장법사보다 200여 년이나 앞섰고 인도의 굽타왕조 불교예술의 최성기였으므로 이 ≪불국기≫와 ≪서역기≫의 두 여행기를 함께 읽으면 인도 역사의 변천을 알 수 있음.</td></tr>
<tr><td>476년</td><td>【서로마】 서로마제국 멸망 게르만족 용병대장 오도아케르가 로물루스 아우구스툴루스를 폐위하고 황제위를 상징하는 표장을 동로마황제에게 반환하고 서쪽의 총독으로 임명받음.</td></tr>
<tr><td>484년</td><td>【동로마】 동서교회 분리 그리스 정교와 로마카톨릭의 분리(~518)</td></tr>
<tr><td>486년</td><td>【프랑크】 프랑크왕국 성립 클로비스가 스와송 전투에서 로마 총독 시아그리우스를 격파하고 프랑크 왕국을 건립함. 프랑스, 독일서부, 이탈리아북부에 걸치는 서유럽 지역을 통합한 최초의 그리스도교 국가임.

843년 메르센 조약에 의거 동프랑크는 독일, 서프랑크는 프랑스, 중프랑크는 이탈리아로 분할됨.</td></tr>
<tr><td>494년</td><td>【중국】 3대 불교 석굴 착공 중국의 3대 석굴 불교 유적인 용문석굴 착공(494~756,하남성 낙양현). 나머지는 천불동(3~14 세기 둔황시에 있으며 막고굴이라고도 함), 운강석굴(455-494, 산서성 대동)임.</td></tr>
<tr><td>500년</td><td>【유대】 탈무드(Talmud) 완성 이 책은 유대교의 율법, 전통적 습관, 축제·민간전승·해설 등을 총망라한 유대인의 정신적·문화적인 유산으로 유대교에서는 ≪토라(Torah)≫라고 하는 '모세의 5경' 다음으로 중요시하고 있음. 팔레스타인에서 나온 것(4세기 말경에 편찬)과 메소포타미아에서 나온 것(6세기경까지의 편찬)의 두 종류가 있는데, 전자는 '팔레스타인 탈무드' 혹은 '예루살렘 탈무드'라 부르며, 후자는 '바빌로니아 탈무드'라고 부른다.

【인도】 힌두교 창시 힌두(Hind)는 인더스강의 산스크리트 명칭 신두(Sindhu: 大河)에서 유래한 것으로, 아리안 계통의 바라문교가 인도 토착의 민간신앙과 융합하고, 불교 등의 영향을 받으면서 발전한 신앙으로 윤회와 업, 해탈과 도덕적 행위가 중시되며 경전으로는 베다·우파니샤드가 있음.</td></tr>
<tr><td>516년</td><td>【북위】 고승전 발간 승려 혜교가 고승들의 전기를 집성한 문헌들 중에서 가장 오래된 것.</td></tr>
<tr><td>521년</td><td>【양】 천자문(千字文) 완성 무제가 왕자들을 가르치기 위해 왕희지 글씨 1000자를 모아 둔 것을 사형선고를 받은 주흥사에게 문장화하면 살려 주겠다 하여 주흥사가 하룻밤 사이에 완성했다 함. 그가 하루 동안에 머리가 하얗게 쉬어 백수문(白首文)이라고도 함.</td></tr>
<tr><td>529년</td><td>【동로마】 유스티니아누스법전(또는 로마법대전) 편찬 유스티니아누스 일세가 트리보니아누스 등의 법학자에게 명하여 황제 입법을 집대성한 로마 법전. 이는 과거 로마제국과의 연속성을 강조하고 자신의 위신과 절대권을 강화하기 위한 시도로 계획되었음. 공법과 사법을 분리하여 근대법 정신의 원류가 되었다. 529년에서 534년까지 편찬됨.</td></tr>
</table>

세계사 연표별 정리

연도	내 용
579년	**【이슬람】마호메트 탄생** 이슬람교의 창시자 마호메트가 메카에서 출생(~632) 25세 때 45세의 하디자와 결혼함. 610년에 헤라 산에서 알라신의 계시를 받고 이슬람 교를 창시. 유일신인 알라 앞에 인간의 평등을 주장하는 새로운 도덕과 사회제도 및 사회관행의 확립을 목표로 함. 이슬람은 종교인 동시에 사회조직체계이므로 정치 사회적 영향력이 큼. 신의 계시를 받아 한 말인 '코란'은 650년경에 완성. 코란에는 일상생활의 규범이 많음. 코란 4장에 부인을 4명까지 둘 수 있으며 자신도 10명의 부인을 두었으며 돼지고기. 왼손식사, 여성의 얼굴을 남편 이외에 보이는 것 등을 금지하는 계율이 있음.
589년	**【수】수(隋)의 중국통일** 581년 수(隋)를 일으킨 양견이 남조의 진을 멸하고 중국을 통일함. 수나라는 38년간 유지된 단명한 왕조이나 남북으로 갈라진 중국을 통일시킨 의의가 있음. 양견은 북주의 정제로부터 양위받아 나라를 개창하고, 589년 남조인 진(陳)을 멸망시켜 중국의 통일왕조를 이룩하였다. 양견은 북주 황실과 인척관계(양견의 처는 북주의 주국이던 독고 신의 딸. 처의 언니는 북주 명제의 황후, 자신의 딸은 북주 선제의 황후). 그는 사위인 선제로부터 선양이라는 형식으로 쉽게 북주를 빼앗아 수를 개창하였다. 양견(문제)은 강릉(江陵: 湖北省)에 도읍을 정하고, 내정에 힘을 쏟아 긴축정책을 취하고 대외적으로는 장성을 축조하여 터키계 돌궐의 침입에 대비하였다. 문제의 장남 용이 황태자가 되었으나, 진을 토벌하는 데 큰 공을 세운, 동생 광이 용을 대신해 황태자가 되고 뒤에 즉위하여 양제(煬帝)가 되었다. 문제는 아들 양제에 의하여 살해되었다고 한다. 양제는 남북을 잇는 대운하를 완성하고, 남북의 통일을 추진하여 동도를 낙양(洛陽)에 조성하고, 토욕혼(吐谷渾)과 돌궐을 토벌하였다. 양제는 돌궐과 손을 잡을 우려가 있었던 고구려에 3차에 걸쳐 원정을 시도하였으나 실패하였다. 양제는 대대적인 토목공사와 원정을 추진하면서 백성들의 원성을 샀다. 제2차 고구려 원정 도중에 일어났던 양현감의 반란이 있은 후 수나라는 분열되기 시작했고 산서성(山西省)의 이연은 내란이 격화되자 호족들을 모아 군사를 일으켜 장안(長安)을 탈취하고 양제의 손자인 유(공제)를 옹립하였다. 양제가 강도에서 살해되자, 이연이 공제로부터 양위를 이양 받아 즉위하여 당나라를 창건함으로써 수나라는 멸망하였다.(617년)
604년	**【수】운하 건설** 양제가 즉위하여 황화와 회수를 연결하는 통제거(通濟渠: 운하)를 만들고 608년 황화와 탁군(지금의 북경)을 연결하는 영제거(永濟渠)를 뚫음, 100만명의 인력이 동원되었음, 고구려도 3차례 침략하였으나 크게 패하고 병사에게 살해되어 수가 멸망함.
618년	**【당】당의 건국** 수나라 양제가 죽은 뒤, 이연이 전국군웅을 제압하고 황제 자리에 올라 당나라를 세움. 이연의 세 아들들 간에 후계자 싸움에서 둘째인 세민이 형과 아우를 살해(현무문의 난)하고 2대 황제인 태종이 됨. 태종은 돌궐 및 주변여러 종족을 평정하였고, 내치에도 힘을 써서 '정관의 치'라고 하는 태평성대를 이루었음. '조용조'를 시행하여 균등하게 세금과 부역을 부과하였으며, 토지제도로는 균전제, 군사제도로는 특정 지역에서 병사를 선발하는 부병제를 실시했고 3성과 6부를 두어 통치의 효율을 꾀하고, 법률을 정비하였음. 태종이후 고종은 말년에 황후를 폐하고 태종의 궁인이었던 무씨를 황후(측천무후)로 세움. 무후는 고종에 이어 즉위한 자기 아들인 중종과 예종을 폐하고 즉위하여 국호를 주(周)로 개칭하고 공포정치를 실시함. 쿠데타로 황제에 복위한 중종은 국호를 당으로 환원시켰으나 황후 위씨가 다시 실권을 잡고 중종을 독살한 후 무후시대를 재현하였다. 위씨를 무너뜨리고 예종을 복위시킨 자는 이융기, 즉 현종이다. 그는 정치를 쇄신하고 사회안정에 힘써서 '정관의 치'에 비길 만한 '개원의 치'를 열어 당의 최성기를 이루었다. 정치에 권태를 느낀 현종은 양귀비를 얻어 정사에 소홀하고 양귀비의 오빠인 양국충을 재상으로 삼아 국사를 맡기자 절도사인 안녹산이 양국충의 제거를 명분으로 반란을 일으켜 장안을 점령하였음. 현종은 쓰촨에 피란하고 양귀비는 살해되었음. 안녹산과 부장 사사명에 이어진 이 반란으로 당조의 정치, 경제, 사회적 변화가 일어나 체제도 일변하였다. 반란에 가담한 부장들은 절도사의 지위를 갖고 전국 곳곳에 절도사를 두는 번진체제(몇 개의 군을 관할하는 절도사)를 두었다. 현종 때 모병제가 실시되자 병사를 마음대로 모집하여 강력한 세력을 가지게 조정의 명을 거역하기도 하였다. 현종은 절도사의 권한을 축소하여 중앙집권에 성공하였으나, 조세의 중앙집중은 농민뿐만 아니라 지주층에게도 고통을 주고 번진병사의 대우를 악화시켜 절도사와 병사간 분쟁 및 지주·농민·유민을 주체로 한 반항은 859년 구보의 난을 일으켰고, 868년의 방훈의 난에 이어 황소의 난을 겪으며 국가재정의 타격과, 중앙통제력도 약화되었다. 조정은 환관파와 재상파로 갈려져 각기 외부의 번진을 세력으로 끌어들여 싸우던 중 재상파와 상통한 주전충(황소의 난에 참가한 부장이 중앙정부에 투항한 후 난을 평정함)이 장안에 들어가 소종을 살해한 다음 애종을 폐위시키고, 907년 스스로 즉위하므로써 당은 약 290년 만에 멸망함.

<h1 align="center">세계사 연표별 정리</h1>

연도	내　　　용
622년	【이슬람】 **이슬람교 원년**(622년 7월 16일) 마호메트가 메카에서 박해를 받자 야스리브(메디나)로 탈출하여 처음으로 종교 국가를 세움. 이것을 '헤지라'라고 부르고 이슬람교를 회교라고 하는 것은 회흘족에 의해 중국에 전래되었기 때문이라 함. 이슬람이란 뜻은 "하나님의 뜻에 복종한다"는 것이고, 이슬람교를 믿는 신도를 무스림(Moslem, 또는 Muslim)이라고 하는데 이는 "복종하는 사람"이라는 의미로 사용됨.이시기에 아라비아 숫자가 서방에 전파됨.
627년	【당】 **정관의 치(治) 시대** 태종이 과거제도 정착, 직업군인제 도입, 교육기관인 국가감 설치, 지방행정제도 정비 등 중국 역사상 가장 위대한 황제로 평가받았던 시대를 말함.
645년	【일본】 **다이카개신(大化改新)** 나카노오에 황자(中大兄 皇子)와 나카토미 가마타리(中臣鎌足)가 소가씨(蘇我氏) 가문에 대항하여 쿠테타를 일으키고 당나라의 율령제를 모방하여 개혁을 실시한 것으로, 호족의 토지를 국가 소유로 하는 등 천황을 중심으로 하는 중앙집권제를 실시하여 메이지 유신보다 치밀하게 기획되어 성공한 것으로 평가받음.
646년	【당】 **대당서역기(大唐西域記) 저술** 현장법사가 16년 동안 인도 여행을 하며 기록한 지지(地誌). 현장이 말한 내용을 제자인 변기가 정리한 것으로 구법여행(求法旅行) 동안에 투르키스탄·아프가니스탄·파키스탄·인도 등 138개국의 풍토·산물·정치·풍속·전설이 전해지고, 불사(佛寺)·불승의 수, 불탑·성적(聖蹟)의 유래 등이 기록되어 있음.
664년	【영국】 **휘트비 종교회의** 로마의 카톨릭 교회가 켈트계 기독교에 승리를 거두고 영국의 정식 국교로 결정된 회의.
710년	【당】 **무위의 화** 고종의 왕후인 측천무후(중국역사상 유일한 여제로 사회적 지휘와 관계없이 인재를 등용함)는 중종이 즉위하자 폐위시키고 동생 예종을 황제로 즉위시키며 정권을 장악함. 690년 국호를 **주(周)**로 하여 16년간 재위했으나 말년에 정치가 문란해짐. 재상 장간지가 중종을 복위시켜 다시 국호를 당이라 함.
712년	【당】 **개원의 치**(713~741) 이융기가 아버지 예종으로부터 황제를 선양받아 즉위(현종) 하여 관료제도를 효율적으로 운용하고, 세수확보, 운송시설 개선 등의 업적을 이룸. 후에 현종은 아들의 비(妃)인 양귀비를 56세때 자신의 비(당시 22세)로 삼고 정사를 돌보지 않고 도교(道敎)에 빠지기도 하였음.
713년	【당】 **도교 성전 편찬** 현종이 도장 377권을 편찬함. 도교는 유교, 불교와 함께 중국 3대 종교로 도교의 근원은 고대 애니미즘으로 현세의 행복과 불로 장생을 바라는 것이 목적으로 노자를 도교의 교조로 하고 있음.
722년	【당】 **모병제 실시** 병농일치의 부병제가 폐지되고 모병제가 실시되어 왕실과 수도 경비에 활용됨.
733년	【일본】 **도다이사 법화당(삼월당)건축** 쇼무 천왕에 의해 나라에 세워진 불교사원, 일본 황실이 불교를 국교로 채택하므로써 건립, 1180년 소실되었으나 18세기에 복원됨.
760년	【일본】 **최초의 금화인 개기승보를 발행**
762년	【당】 **이백**(701~762) 자는 태백 또는 청련거사라 함. 두보와 함께 중국 최고의 고전 시인으로 솔직, 유쾌, 호방한 기상으로 '촉도난' '장진주' '청평조사' 등의 작품이 유명
771년	【프랑크】 **프랑크 왕국 통일** 카를대제가 통일하며 프랑크 르네상스(768~814)가 시작됨. 고대 그리스 로마 및 비잔틴 문화의 복원을 추진하여 복원된 성베드로 성당과 팔라티노 예배당 등이 있음. 프랑크왕국은 서유럽 최초의 그리스도교적 게르만 통일국가로서 그리스도교 문화 및 중세 여러 제도의 모체가 됨과 동시에, 독일·프랑스·이탈리아 등의 국가가 그 분열·붕괴의 과정 속에서 탄생하였음. 프랑크왕국은 지배왕조에 의해서 전반의 메로빙거왕조 시대와 후반의 카롤링거왕조 시대로 나뉘어짐.
8세기경	【노르만】 **노르만족(바이킹) 대이동 시작** 북쪽사람이란 뜻의 노르만은 스칸디나비아 반도에서 덴마크에 이르는 지역에 사는 거주자로 8세기부터 11세기에 걸쳐 해상으로 유럽, 러시아을 침입함. 이동의 원인은 인구증가로 인한 토지 부족, 한랭하고 메마른 땅에서 온난하고 비옥한 토지를 얻기 위함. **게르만 족의 이동**(4~6세기) 발트 해 연안의 북유럽 지역의 게르만 족은 수렵, 농경, 목축에 종사하며 계급 사회(왕, 수장, 귀족, 자유민, 노예)를 이룸. 게르만 족의 이동은 인구 증가로 인한 경작지의 부족과 동방으로부터 서진한 훈 족의 압박이 원인이 되었다. 그 결과 서로마 제국이 멸망(476)하고 유럽 중세가 시작되며, 게르만 족의 왕국이 건설됨(프랑크 왕국 발전). **게르만 족의 발전 과정**: 갈리아 지방에 정착하여 로마 문화를 수용하고, 카톨릭으로 개종함. 1. 메로빙거 왕조 ① 클로비스-메로빙거 왕조 창건. 카톨릭의 개종 ②카롤루스 마르텔-투르. 프와티에 싸움에서 이슬람군을 격퇴하여 프랑크 왕국과 크리스트 교를 수호 2. 카롤링거 왕조 ① 피핀-카롤링거 왕조 창조, 롬바르디 왕국을 정벌하여 라벤나를 교황령으로 기증하여 교황령의 시초가 됨. ② 카롤루스 대제는 영토를 확장하여 옛 서로마 제국 영토의 대부분을 통일함. 학문을 장려하여 카롤링거 르네상스를 이루고 카톨릭을 보급함

세계사 연표별 정리

연도	내　　　　　용
8세기경	3. 분열-카롤루스 대제 사후 내분과 분할 상속제에 기인 　(1) 베르됭 조약(843)　동프랑크, 서프랑크, 중프랑크로 분열 　(2) 메르센 조약(870)　동프랑크, 서프랑크, 이탈리아로 분열 **노르만 족의 활동(8~9세기)** 스칸디나비아 반도와 덴마크 해안을 근거로 활동하다 잉글랜드를 침입하여 윌리엄을 정복(노르만 왕조 세움), 프랑스에 침입하여 센강 하류에 노르망디 공국 건설. 지중해 연안을 침입(양 시칠리아 왕국), 러시아 침입(노브고르트로 공국 건설), 키에프로 천도하여 러시아의 기원이 되었다. 원주지의 노르만은 노르웨이, 스웨덴, 덴마크를 건국했고 아이슬란드, 그린란드를 거쳐 북아메리카에 진출한다. 이는 하천과 해로를 통한 내륙 교통로를 개척했고 카롤루스 대제에 의해 이룩된 유럽의 질서와 안정이 파괴되어 유럽의 봉건화가 촉진되는 계기가 되었다.
8세기경	**【유럽】 삼포제(8세기~19세기) 실시** 중세의 개방 경지 제도에 있어서의 농지 경작법의 한 형태. 동곡과 춘곡과의 윤작과 정기적인 휴경을 결합시켰다는 점과 경작지 전체를 대략 3등분하여 이 세 방법을 순환시킨 데서 이름지어짐.
802년	**【웨식스】 앵글로 · -색슨 왕조 시작** 5세기 부터 노르만 정복시기까지 잉글랜드를 지배하던 게르만족의 일파로 '잉글랜드인'을 뜻하는 말로도 사용함. 8세기말부터 영국 색슨족과 유럽대륙에 살던 색슨족과 구별하기 위한 용어임.
832년	**【프랑크】 로마네스크 양식 등장** 로마 멸망 후 수도원 제도가 발전한 결과로 생겨남. 10세기 후반에서 12세기에 고딕양식으로 발전한 유럽건축양식으로 돔식에 반원형아치를 겸한 천장 형식과 석조 부조로 외벽을 장식하고 있으며 모든 건물은 규칙적이고 대칭적인 평면을 가지며 전체적인 외관은 고딕 건축에 비교하면 단조로워 보임. 밀라노의 산비첸초인 플라트사원, 프랑스 아젤리드 성단, 생에티엔 사원등의 대표적 건축물이 있음.
843년	**【프랑크】 베르됭조약 체결** 루도비쿠스 경건왕의 세 아들이 프랑크왕국을 셋으로 나눈 조약. 루도비쿠스 경건왕이 죽자, 독일왕 루도비쿠스가 카롤루스 대머리왕과 손을 잡고 로타리우스 1세와 싸워 퐁트누아 전투에서 로타리우스 1세를 격파하고, 슈트라스부르크 서약으로 동맹을 맺음. 국내 귀족층, 특히 성직자들이 내란 종결을 바라고 중재에 나섰기 때문에 로타리우스 1세는 이에 응하여 베르됭에서 왕국의 3분을 약정하였음. 이 결정에 따라 로타리우스 1세는 중부제국(이탈리아의 모체), 독일왕 루도비쿠스는 동프랑크왕국(독일의 모체), 카롤루스 대머리왕은 서프랑크왕국(프랑스의 모체)을 지배함.
862년	**【러시아】 러시아 건국** 유럽 동부에서 시베리아에 걸쳐 사는 슬라브 민족을 중심으로 노브고로트 공국이 성립하여 러시아가 시작됨.
870년	**【프랑크】 메르센조약(Treaty of Mersen)성립** 서프랑크의 카를 2세가 카롤링거 왕통이 끊어짐을 틈 타 로트링겐을 합병하자 동프랑크 루트비히2세가 반발하여 전쟁 직전까지 갔으나 이 조약으로 중프랑크 영토가 로트링겐과 프리슬란트를 분할하여 동쪽은 동프랑크, 서쪽은 서프랑크가 차지함.
875년	**【당】 황소(黃巢)의 난** 당의 멸망을 가져온 난으로 당나라 말기 사회불안정이 심화되고 소금세가 높아지자 소금 밀매업자의 두령이었던 왕선지가 난을 일으키고, 얼마 후 산동성의 소금 밀매업자의 두령인 황소가 왕선지와 합류하여 하남성과 산동성 일대를 점령함. 왕선지가 관군에게 죽은 후 황소는 대장군이 되어 60만 대군으로 낙양과 장안 등을 함락시키고 장안에 정권을 세우며 국호를 대제(大齊), 연호를 금통(金統)이라 하였음. 경제적 기반이 없어서 당나라 왕조를 돕는 투르크계 이극용 등 토벌군에게 격파되었으며 황소는 산동의 태산 부근에서 자결함.
907년	**【당】 후양 건국** 주전충(황소의 난 잔당을 평정하여 화북지역의 실력자가 됨)이 환관의 횡포에 못이긴 소종의 부름으로 700여명의 환관을 죽이고, 소종도 죽이며 13세의 애종을 즉위시킨 후 3년 후에 황제를 물려받아 당을 멸하고 후양(後梁)을 세움. 이후 5대 10국 시대가 시작됨.
916년	**【거란】 요(遼) 건국(~1125)** 내몽골 자치구 사라무젠 강 유역의 거란족이 수, 당 나라의 영향을 받아 발전하면서 당나라가 쇠퇴하자 야율아보기가 요를 세우고 스스로 황제로 즉위함.
960년	**【송】 송(宋) 건국** 후주의 세종이 죽자 장군이던 조광윤이 근위병의 추대로 송을 건국. 무인을 억제하고 문관에 의한 관료정치를 실행하며 군사력보다는 경제력을 장악하고 발전함. 첫 도읍지는 개봉이었으나 정강의 변(1126년)으로 강남의 임안(현재 항주)으로 천도했는데 개봉 시대를 북송, 임안 시대를 남송이라 하며 사상적으로는 주자학이 생기고 시, 회화, 도자기도 발달하였음. 원풍의 관제개혁으로 재상의 권한이 강화되어 남송시대에는 진회·한탁주·사미원·가사도 등이 전권을 휘둘렀고, 천자의 권력은 형식화되어 통제력을 잃어 관기가 문란해지자 몽골군이 침입하여 멸망함.

세계사 연표별 정리

연도	내 용
962년	【신성로마】 **신성로마제국 성립**(~1806) 오토1세가 교황 요하네스 12세로부터 황제의 관을 받으므로 성립됨. 옛 로마의 전통 보존자인 그리스도 교와 한 몸이라는 의미에서 신성(神聖)이란 말이 덧붙여짐. 나폴레옹 1세에게 해체될 때까지 1000년 동안 유지됨.
979년	【송】 **송, 중국 통일** 5대 10국 시대가 끝남. 송 태종 조광의가 오월의 항복을 받고 북한(北漢)을 평정하며 중국을 통일함. 전국의 주를 중앙에 직속시키고 전운사를 배치, 지방관의 권한을 분산, 억제하고 재정의 중앙집권화를 실현하고 문치주의를 확립함. 군사력의 약화로 대외관계는 수세에 있었다.
1023년	【송】 **교자(交子), 회자(會子) 발행** 북송 민간 금융업자가 발행하는 어음의 일종으로 특히 사천 지방에서 유통되었다. 교자는 1023년 이후, 회자는 1160년 이후에는 얼마 동안 정부 발행 지폐와 같이 유통됨.
1032년	【서유럽】 **로마네스크 건축양식(11~12세기)이 성립** 로마네스크란 로마풍, 환상적이라는 의미로 프랑스 학자인 코몽이 명명함. 비잔틴(동로마)미술과 동방의 장인들과 접촉했던 북이탈리아 룸바르디아 지방이 발상지로 프랑스의 아젤리드 성당, 스페인 리폴 수도원성당 등이 대표적임.
1050년	【잉글랜드】 **웨스트민스트 성당 착공** 영국 왕실과 인연이 깊은 대성당으로 역대 제왕의 묘소는 거의 이곳에 있고 또 윌리엄 1세의 대관 이후로는 대관식장으로서도 알려져 있음. 저명인사의 묘도 많아 초서, 스펜서, 테니슨 등 많은 대시인들의 무덤이 있고 현재의 대성당은 건축이나 미술에 의욕적이던 헨리 3세가 1245년에 착공한 것으로 북프랑스 고딕양식을 계승하였고 수직식 장식으로 알려진 헨리 7세의 예배당이나 영국의 대건축가 C. 렌의 탑 등도 있다.
1054년	【교황청】 **동서교회 분열** 로마 교황이 콘스탄티노플 총주교를 파문하여 동·서교회(그리스정교와 로마카톨릭)가 결정적으로 분열됨. 로마 교황이 카톨릭의 수장으로 인정받는 이유는 예수가 신약성서에서 "너는 베드로(그리스어로 반석)다. 나는 이 반석위에 내 교회를 지으리라"하였으며 당시 로마 주교인 베드로가 네로 황제에게 핍박받아 순교하였기에 때문에 로마 주교가 카톨릭의 수장으로 인정받게 됨.
1063년	【이탈리아】 **피사의 대성당(Duomo di Pisa) 착공**(~1272) 이탈리아 피사에 있는 로마네스크 양식의 성당으로 부스케투스가 설계하였음. 피사 대성당 동쪽에 있는 '피사의 사탑'은 대리석의 원통형 8층 탑으로 높이는 58.36m이며 294개의 계단으로 되어 있고 중심축으로부터 약 5.5° 기울어져 있으며 1173년 착공되어 1372년까지 3차례에 걸쳐 약 200년 동안 공사가 진행되었음. 피사 출신 교수인 갈릴레이가 이곳에서 무게가 다른 두개의 공(1파운드, 10파운드 또는 쇠와 나무공이라고도 함)을 떨어뜨려 낙하실험을 한 후 '같은 높이에서 자유 낙하하는 모든 물체는 질량에 무관하게 동시에 떨어진다'는 내용의 낙체법칙을 발견했다는 일화가 전하기도 하지만, 실제로 이 실험은 1586년 네덜란드의 물리학자인 시몬 스테빈이 한 것으로 알려짐. 이전에는 낙체의 속도가 물체의 질량에 비례한다는 아리스토텔레스의 생각이 지배적이었음.
1066년	【잉글랜드】 **노르만, 영국 정복** 노르망디공 기욤은 에드워드가 죽고 해럴드2세가 왕위에 오르자 왕위 계승권을 주장하며 헤이스팅스전투에서 해럴드 2세를 격파하고 잉글랜드 왕으로 즉위하여 윌리엄 1세가 되어 노르만왕조가 성립됨(~1154년)
1069년	【북송】 **왕안석의 개혁실시** 실용주의자로 균수법(정부의 소비경제 합리화와 운송 부담 경감), 청묘법(지주의 고리대금에 시달리지 않도록 하고) 시역법(저리자금 융자) 보갑법(병농일치의 징병제) 모역법(조세관리를 희망자에게 급료지불하여 맡김)등 개혁을 시도하여 어느 정도 성공했지만 구법당의 정권 장악으로 시법이 폐지됨. 당·송 8대가로 문장가, 사상가로 명성이 높음.
1077년	【신성로마제국】 **카노사의 굴욕** 하인리히4세가 성직자 임명권을 계기로 교황그레고리우스7세를 폐위하자 교황은 하인리히 4세를 파문하여 굴복시킴. 결국 하인리히는 이탈리아의 카사노성으로 교황을 찾아가 눈 속에서 사죄하고 파문에서 해제된 사건을 말함. 그 이후 하인리히 4세가 권력을 강화하여 그레고리우스7세 교황을 폐위하고 후임 클레멘스3세 교황은 하인리히 4세를 신성로마제국 황제로 추대함.
1088년	【이탈리아】 **최초의 대학 등장** 볼로냐 대학은 그 이름(Universitas)에 '모두'라는 의미가 있으며 오늘날의 형태가 아닌 일종의 교육 길드 형태로 운영되었음.
1090년	【영국】 **런던탑 건립** 템스 강에 위치한 왕궁으로 왕권의 상징으로, 방어용 성채로, 국사범의 감옥이자 처형장으로, 왕실 보물 저장고로 다양하게 이용되었음. 런던타워는 권력과 왕좌를 둘러싼 '피의 역사' 때문에 유명해졌음. 12세에 왕위에 오른 에드워드 5세와 동생, 앤 불린을 포함한 헨리 8세의 두 부인, 헨리 그레이의 딸 제인 그레이 등 많은 이들이 이곳에서 처형되었음. 런던타워는 중앙의 핵심 건물인 화이트 타워(White Tower: 흰빛으로 칠을 했음)는 높이가 30m로 당시 런던에서 가장 높은 건물이었고 블러디 타워(Bloody Tower), 타워 그린(Tower Green)에서는 총 7명 사형당한 곳으로 악명이 높다. 반역자의 문(Traitor's Gate)은 처형을 앞둔 죄수들이 배를 타고 들어올 때 사용하던 문이며 런던타워 안의 주얼리 하우스는 영국 왕가의 보물(12개의 왕관에 왕홀, 보주, 검등)과 세계 최대 다이아몬드인 '아프리카의 별'과 1837년 빅토리아 여왕을 위해 제작한 2800개의 다이아몬드와 보석으로 장식한 왕관 등이 전시되어 있다.

세계사 연표별 정리

연도	내　　　용
1096년	【교황청】 **십자군원정(Crusades)** 1096년 ~1270년까지 기독교도가 이슬람교도(셀주크투르크족)가 점령한 예루살렘을 되찾기 위해 일으킨 동반 원정군(가슴과 어깨에 십자가 표시를 하였음)으로 8차례 원정을 시도했으나 성지 회복은 실패했음. 그리스도와 이슬람교도와의 싸움으로 종교적인 면이 강하나 원정에 참가한 하급기사는 영토에 대한 야망, 상인들은 부에 대한 욕망, 농민들은 봉건영주로부터의 중압에서 벗어나고자 전쟁에 참여함. 그 결과 동방무역이 일어나고 상업의 발전, 동서문화교류가 활발해짐. **원인** - 셀주크 투르크의 팽창: 성지 점령, 비잔틴 제국 위협 - 비잔틴 제국 황제의 구원 요청: 교황의 성지 회복 호소 **경과** 클레르몽 공의회(1095)에서 십자군 원정 결의 **결과** 중세 유럽 사회의 붕괴 촉진 - 종교적 의미: 교황권이 쇠퇴→교회의 권위 추락, 신앙심의 냉각 - 정치적 의미: 봉건 세력의 몰락→왕권 강화, 중앙 집권 촉진 - 경제적 의미: 동방 무역의 재개→도시의 발달, 상공업 발달 촉진 - 문화적 의미: 이슬람 및 비잔틴 문화와 접촉→르네상스 자극
1114년	【여진족】 **맹안 모극제(猛安謨克制) 실시** 여진족의 전통적인 군사 정치 조직으로 300호를 1모극, 10모극을 1맹안으로 조직하고 1모극에서 100명의 군사를 징발하여 1맹안(3000호)을 단위로 하는 병단을 조직하였다.
1115년	【금】 **금(金)의 건국(~1279)** 만주에 거주한 말갈족의 일부인 여진족 완안부의 추장 아골타(阿骨打)가 요나라의 지배를 받다 세력이 커지자 요를 배반하고 하얼빈 근처에 금을 건국함. 국호를 금이라 한 것은 근거지인 안추후수이(按出虎水)에서 금이 많이 산출되어 붙여진 이름임. 태조는 1120년에는 송나라와 동맹을 맺고 제2대 태종때는 요를 멸망시키고 서하·고려를 복속시켰음. 송나라 황제 흠종을 사로잡아 세력을 키웠으며 송나라의 영향을 많이 받아 수도를 연경(燕京)으로 천도하였으며 제9대 애종은 1234년 몽골과 남송군에 포위되자 황족인 완옌청린에게 양위하고 자살하였음. 완옌청린은 양위를 받은 지 반 나절 만에 몽골군에 살해되었고, 금은 건국 120년 만에 멸망하였다.
1117년	【중국】 **나침반의 발명** 송나라의 심괄은 몽계필담에서 자침이 남북을 지시하고 있음을 기술하며 명주실에 자침을 달아매어 사용하는 방법도 기술하였음. 초기 8방위를 근거로 했으나 후에 24방위로 분할하였다. 아랍의 선원이 자침을 항해에 사용하는 기술을 유럽에 전달하여 15~16세기 대항해시대를 열음.
1122년	【교황청】 **보름스협약(Concordat of Worms)** 신성로마 황제 하인리히 5세와 로마 교황 칼리스투스 2세가 체결한 협약으로 서임권(敍任權: 성직자 임명권) 다툼을 해결한 것으로, 성직자의 세속적인 지위와 종교적 측면을 엄격히 구분하여, 주교·대수도원장직은 성직자가 뽑도록 하나, 후보가 여러 명일 때는 황제가 결정할 수 있는 권한을 부여하였다. 성직에 뽑힌 자는 황제에게 충성을 맹세한 봉신으로서 권력·특권 등을 받았다.
1126년	【송】 **정강의 변(靖康─變)** 북송의 수도 개봉이 정강(1126~1127)때 금나라 공격을 받아 함락되어 북송이 멸망하게 된 사건. 휘종이 금과 동맹하여 요나라를 협공하다 실패하여 세력이 약해진 틈을 타 금나라가 공격하여 금은 재물과 3진(三鎭)을 할양받고, 금나라를 백부(伯父)로 호칭하는 등의 조건으로 화의가 성립되었으나 이를 지키지 않자 금나라의 두 번째 공격을 받아 개봉을 함락시킴.
1127년	【남송】 **남송건국** 금은 요를 멸망시킨 후 송의 수도 개봉을 공격하여 송의 상황 위종과 황제 흠종을 사로잡아 송나라 왕실의 혈통이 중단되는 '정강의 변'이 일어났고 흠종의 동생 고종은 남종국 임안을 도읍으로 정하고 남송을 건설함.
1136년	【남송】 **화이도(華夷圖)제작** 현존하는 중국 최고(最古)의 지도로 중국 전역이 가로와 세로가 79cm인 석판에 새겨져 있으며, 앞면에는 우적도(禹迹圖,지명이 확인 가능한 가장 오래된 지도)가 새겨져 있음. 지도상에 동서남북을 밝혔으며, 산맥과 하천, 만리장성과 각지의 명칭, 위치가 대체로 실제와 비슷하나 산둥반도 부분은 차이가 많은 편임. 현재 산시성(陝西省) 시안(西安)의 비림박물관에 소장되어 있음.
1150년	【캄보디아】 **앙코르 와트 사원 건축** 프랑스 고고학자인 앙리 무어에 의해 발견되었으며 동서로 1,000m, 남북으로 820m이며 특징으로는 부조물이 돌을 쌓은 후 새긴 것이 아니라 먼저 조각한 후 정교하게 쌓아 올려졌으며 내전으로 인해 많이 파괴되었음.
1163년	【프랑스】 **노트르담 대성당 건설 시작(~1245년 완성)** 센강 시테섬에 있는 성당 노트르담은 '우리들의 어머니'란 뜻으로 성모마리아를 의미한다. 고덕양식(뾰족한 아치, 스테인드 그라스 등)의 대표적인 건축으로 주교 쉴리의 주도로 시작되었고 ≪최후의 심판≫의 부조로 유명한 중앙 출입문이 있으며 프랑스의 작가 빅토르 위고는 1831년 성당을 배경으로 프랑스 사회상을 묘사한 '노트르담의 꼽추'를 발표했고 아름다운 집시 에스메랄다를 향한 종지기 꼽추 콰지모도의 사랑이 영화로도 널리 알려졌음.

세계사 연표별 정리

연도	내　　　　용
1170년	【잉글랜드】 **옥스퍼드(Oxford) 대학교 설립** 헨리 2세가 옥스퍼드에 산재해 있던 학교들을 통합하여 세운 것으로 템스강 상류인 아이시스강과 처웰강 사이에 있으며 런던에서 북서쪽으로 80km 떨어져 있다. 크라이스트처치 칼리지에 부속된 예배당은 12~16세기경의 건축을 대표하고 있고 보들리언 대학 부속도서관은 장서가 350만 권에 이르며 영국에서 발간된 서적의 초판이 모두 소장되어 있고, 자연과학에 관한 수집품이 많은 애슈몰린박물관 등이 있음.
1192년	【일본】 **가마쿠라바쿠후(鎌倉幕府)수립** 간토(關東)의 가마쿠라를 근거로 하는 무사에 의해 탄생한 정권. 직제로는 쇼군 밑에 효쇼슈(評定衆: 최고 합의기관), 싯겐(執權: 바쿠후 최고 실력자), 렌쇼(連署: 싯겐의 보좌)가 있음.
1198년	【교황청】 **교황권 전성기** 인노켄티우스 3세가 교황에 즉위하면서 제4차 십자군제창(1204년)과 신성로마제국 황제를 지명함, 잉글랜드 존왕은 전국토를 로마교황의 봉토로 바침(1213년)
1204년	【교황청】 **십자군의 콘스탄티노플 약탈**
1206년	【몽고】 **몽고통일** 테무진(鐵木眞1162~1227)이 칭기즈칸(칭기스는 '하늘의 아들' 칸은 '왕'이라는 뜻)이 되어 몽고를 통일함. 몽골 왕족의 후예인 예수게이의 아들로 아버지가 타타르족에 의해 독살되고 부족도 해체되어 가난한 어린 시절을 보낸후 친구이자 라이벌인 쟈무카를 꺽고 통일된 몽골 지도자가 됨. 이후 몽골은 서하, 요, 금, 호라즘왕국 등을 정복하여 중앙아시아를 통일하고 칭기즈칸의 사후에도 활발한 정복활동을 벌여서 중국과 중앙아시아, 중동지방과 러시아, 유럽까지 정복하게 됨. 이는 칭기즈칸의 리더십과 몽골기병의 기동력이 있기에 가능했다. 그는 샤머니즘 신자였으나 다른 종교에 대해서도 관대하였고 외래문화의 흡수에 노력하였고 뉴욕타임즈에서 '1000년 이후 가장 영향력을 끼친 인물 1위'로 칭기즈 칸를 꼽았다. 그의 어록으로는 다음과 같은 것이 있다. 1. 집안이 나쁘다고 탓하지 말라. 나는 아홉 살 때 아버지를 잃고 마을에서 쫓겨났다. 2. 가난하다고 말하지 말라. 나는 들쥐를 잡아먹으며 연명했고, 목숨을 건 전쟁이 내 직업이고 내 일이었다. 3. 작은 나라에서 태어났다고 말하지 말라. 그림자 말고는 친구도 없고 병사로만 10만. 백성은 어린애, 노인까지 합쳐 2백만도 되지 않았다. 4. 배운게 없다고 힘이 없다고 탓하지 말라. 나는 내 이름도 쓸 줄 몰랐으나 남의 말에 귀 기울이면서 현명해지는 법을 배웠다. 5. 너무 막막하다고, 그래서 포기해야겠다고 말하지 말라. 나는 목에 칼을 쓰고도 탈출했고, 뺨에 화살을 맞고 죽었다 살아나기도 했다. 6. 적은 밖에 있는 것이 아니라 내 안에 있었다. 나는 내게 거추장스러운 것은 깡그리 쓸어버렸다. 　나를 극복하는 그순간 나는 징기스칸이 되었다. 　　　　　　　　　　　　　　　　　　　　　　　　　　- 징기스칸 -
1215년	【프랑스】 **파리대학교(Université) 설립** 프랑스에서 가장 오래 된 대학으로 1215년 파리공교회의 부속학교 등을 모체로 성직자 신분의 교수와 학생의 연구·교육을 목적으로 한 길드(동업조합)였으나, 지치권을 갖기 위해 몇 차례 투쟁을 벌인 결과 로마 교황과 프랑스 국왕으로부터 자치권을 얻음. 특히 신학부가 유명한데 가난한 신학생들을 위하여 로베르 드 소르본 신부가 세운 기숙사 겸 연구소였던 소르본 학사(學舍)가 운영되었고 소르본이라는 이름은 그 후 파리대학교 전체를 가리키는 대명사가 되었음. 파리 대학교는 1971년에 13개의 대학교로 나누어졌음.
1215년	【잉글랜드】 **마그나카르타(대헌장)를 제정** 존왕이 귀족과 성직자의 압력을 받아 63개 조항으로 이루어짐. 세금징수시 국왕의 절대권 제약, 자유민 체포 시 정당한 절차 수행, 재산몰수, 추방도 허가받도록 규정. 이는 국왕도 법아래에 있다는 원칙을 규정함으로써 민주주의의 기본 이념을 담고 있음. 영국 헌법의 3대 성서(권리 청원1628년, 권리 장전1689년)의 하나임.
1220년	【인디오】 **아스텍제국(~1521년) 건설** 멕시코의 고문명인 마야문명을 계승한 인디오 제국으로 청동기 문명을 발전시키고 문자, 농경생활을 하였으나 1521년 스페인 탐험가 코르테스에게 멸망함.
1248년	【신성로마제국】 **쾰른 대성당 건설을 시작함(1880년 완성)** 중세기 독일 최대의 성당이며 프랑스 고딕 양식으로 쾰른시의 상징적인 건조물이다. 1248년 건축가 게르하르트에 의해 착공, 1322년에 성가대석, 1880년에 본당과 157m의 쌍탑을 갖추며 완성됨. 프랑스의 아미앵이나 보베의 성당을 모방하였음. 라인강 변의 쾰른은 4개의 라인 하항(河港)이 있고, 철도교통의 중심지이며 로마 시대의 식민도시로부터 시작되었으며, 쾰른이란 이름은 로마명 콜로니아에서 유래함.

연도	내　　　　　　　　　용
1271년	【원】 **원(元)의 성립(~1368)** 중국 본토를 중심으로 동아시아 전역을 지배한 몽골족의 왕국임. 칭기즈칸의 손자인 쿠빌라이칸은 역경(易經)의 '대재건원(大哉乾元)'을 따서 국호를 대원(大元)이라 하고 남송을 평정하여 중국을 접수하고 일본·베트남·미얀마 등도 공격하였다. 원나라 내부의 정쟁과 한족에 의한 반란으로 주원장에 의한 명나라가 출현하여 수도인 대도를 점령하여 원나라의 중국지배는 끝이 남(1368년). 후퇴 후 몽골본토에 돌아간 원군이 명군과 항쟁을 계속하였으나 내분으로 소멸되었다. 이를 북원(北元)이라 한다. 원 제국은 송나라의 중앙 집권 체제를 유지하며, 몽골인 제일주의로 한족을 차별했다. 원의 쇠망은 왕위 상속을 둘러싼 싸움과 라마 교의 숭상에 따르는 막대한 국가 재정의 낭비, 교초(금나라 화폐)의 남발로 물가의 앙등을 들 수 있다. 원의 토지 제도는 대토지 소유와 지주 전호제가 지속되었고 세금은 장원제와 함께 양세법을 실시하고 화북지방에는 몽골 고유의 세량을 실시함.상업을 중시하여 소금과 차의 전매제를 실시했으며 육해상 무역의 발달하였다. 원의 문화는 국제적, 서민적, 개방적 성격을 가졌으며 외래 종교에 대해서는 개방적이라 라마교, 이슬람교, 카톨릭이 전파되었다. 문학은 서민 소설이 유행하여 삼국지연의, 수호지 등이 발간됨. 그림은 문인화, 글씨는 조맹부체가 유행하였다. 동서 문화 교류가 활발하여 아라비아의 지리, 춘문, 의학, 대포 제조술 등이 유입되고 송대에 발명된 화약, 나침반, 인쇄술이 전파되었다.
1273년	【오스트리아】 **합스부르크 왕가 등장** 유럽 최대의 왕실 가문. 합스부르크라는 이름은 슈바벤지방(현재의 스위스)에 세워진 합스부르크 성에서 유래했고 이 가문은 독일에서 영향력을 확대하여 신성 로마 제국의 황제 선출에 개입하여 1274년 루돌프 1세를 왕으로 만든다. 그는 두 아들에게 오스트리아와 슈타이어마르크를 물려주어 오스트리아 왕가에 관여하게 되고 신성로마제국의 막시밀리안 1세 이후에는 부르고뉴, 그의 아들 펠리페는 에스파냐 왕위에도 결혼으로 인해 개입하게 되고, 신성 로마 제국의 카를 5세는 에스파냐의 왕 카를로스 1세가 되었으며 그의 아들 펠리페 2세는 포르투갈도 편입해 합스부르크 왕가는 오스트리아 계열과 에스파냐 계열의 가문으로 나누어지게 됨. 이 무렵 합스부르크 왕가는 오스트리아, 독일왕, 신성 로마 제국 황제, 에스파냐 왕, 포르투갈 왕의 왕가로 유럽 최대의 왕실가문이 됨. 1700년 에스파냐의 합스부르크 왕가의 대가 끊기자 에스파냐 왕위계승전쟁이 일어났고 1740년 오스트리아의 합스부르크 왕가의 대가 끊기자 오스트리아 왕위계승전쟁도 벌어졌음. 그러나 오스트리아 합스부르크의 마지막 계승자인 여제(女帝) 마리아 테레지아가 로트링겐의 공작, 프란츠 스테판과 결혼함으로써 빈의 합스부르크 가문은 합스부르크 로트링겐 왕가로 바뀌게 되며, 합스부르크 정통 왕가는 단절된다. 1804년 합스부르크 로트링겐 왕가의 프란츠 2세는 스스로를 오스트리아의 황제로 칭하였고 1867년에는 오스트리아-헝가리 제국이 탄생하였고 제1차 세계대전 이후 1918년 카를 1세가 퇴위하여 500년에 가까운 황제가로서의 역사는 막을 내림.
1284년	【잉글랜드】 **캠브리지대학설립** 1209년 옥스퍼드시(市)에서 학자와 시민 간의 분쟁을 계기로 여러 학자들이 케임브리지로 이주하여 학생들을 교육하기 위해 1284년 최초의 칼리지인 피터하우스를 설립하였고 1318년에 교황 요한 22세로부터 일반연구소로 인가받았음. 14세기에 옥스퍼드대학이 J. 위클리프 사건(영국의 선구적 종교개혁자. 교황에 대한 공세(貢稅)를 반대하고 특히 교회령 재산에 대해 공격적이고 성직자의 악덕을 비판)으로 이교 혐의를 받게 되자, 많은 학생들이 케임브리지를 지원해서 명성이 높아졌음. 부속시설로 세계에서 가장 오래된 인쇄소이자 출판사인 케임브리지대학교 출판사가 있으며 그밖에·피츠윌리엄박물관·케틀스야드미술관·동물박물관·휘플과학사박물관·스콧극지연구소·식물원 등이 있음. 노벨상 수상자를 배출(화학상의 프레데릭 생어, 생리의학상 프랜시스 크릭과 제임스 왓슨 등)를 배출하였고 대영제국의 초대 총리인 로버트 월폴, 간디 인도 총리와 뉴턴, 찰스 다윈, 스티븐 호킹, 경제학자 존 케인스 등을 배출했음.

세계사 연표별 정리

연도	내용
1286년	【이탈리아】 **최초로 안경을 생산** 이탈리아 플로렌스 지방의 한 공동묘지의 비문에 '여기 플로렌스에 살았던 안경 발명자 Salvino d'Armato degli Armati 여기 잠들다. 신이여 그를 용서하소서'라고 새겨져 있어서 이지 방에서 안경이 최초로 생산 되었음을 추정. 안경의 역사는 13세기 말 베네치아의 유리공들에 의해 최초로 제작되었으며 1623년에 근대적인 안경이 스페인에서 보급되기 시작했다. 안경을 지칭하는 용어인 '로오디 다 오그리(Roidi da Ogli)'가 1280년경 베니스에서 사용되기 시작하여 학자나 수도승 등을 통해 중국 원나라까지 전해져 보급되었다고 본다. 우리나라의 안경 사용은 임진왜란 전후로 추정되며, 현존하는 가장 오래된 안경은 임진왜란시 통신부사였던 김성일의 안경임. 조선 선조대에 홍대용이 중국에서 안경을 쓰고 들어와 유행시켰으며 그 당시 안경 값은 집 한 채 값 정도로 비쌌고, 또 나이 많은 어른을 만날 때는 반드시 안경을 벗어야만 했다. 헌종의 외숙 조병구는 대비 앞에서 안경을 썼다가 사약을 받았으며, 고종 때 일본의 공사이던 오이시가 이런 관습을 무시하고 안경을 쓴 채로 왕을 알현한 결과 조정에서는 일본에 공식으로 항의한 일도 있었다. 강화도 조약 직후 일본으로 파견된 김기수는 비록 사과 형식의 방문이었음에도 불구하고 자존심을 지킨다는 차원에서 수신사 일행 전원에게 안경을 쓰도록 했다. 이는 안경이 고귀하며 우월함의 상징으로 여겼기 때문임.
1299년	【오스만투르크】 **오스만투르크제국 건국(~1992)** 오스만투르크제국은 다민족·다종교 국가로서, 아시아·아프리카·유럽의 3개 대륙에 걸친 넓은 영토를 통치했으며, 수도는 현재 이스탄불로 알려진 콘스탄티노플임. 셀주크투르크(중앙아시아와 중동지역을 통치했던 수니파 이슬람왕조)가 몰락하며 분열되자 서부 아나톨리아에 근거를 두고 있던 에르튀그룰의 아들 오스만 1세가 약 400기 이상의 기병(이들은 본래 셀주크투르크에 고용된 용병 집단임)으로 정치적 세력을 키워 1299년 셀주크왕조가 멸명하자 오스만투르크 제국을 건국하였음. 제국의 이름은 오스만 1세의 이름을 따른 것이며 오스만 1세는 재임 기간 중 비잔틴 제국과의 경계까지 영토를 확장했고, 아나톨리아 전역을 통일한 뒤(1326년), 수도를 부르사로 옮겼다. 오스만 1세 사후에도 아드리아노플(에디르네)을 점령하고(1362년), 코소보 전투(Battle of Kosovo)에서 승리하고, 니코폴리스에서 격파(1396년)하여, 발칸의 대부분을 병합했다. 그러나 서진하여 온 티무르군에게 앙카라에서 패하여 주춤하였으나 1405년 티무르가 사망하자 메흐메드 1세가 다시 주권을 회복했으며, 그의 손자 메흐메드 2세때에 콘스탄티노플 공략에 성공함으로써 비잔틴제국(동로마제국)을 멸망시킴.
1299년	【이탈리아】 **마르코폴로의 '동방견문록' 발간** 베네치아의 상인인 마르코 폴로가 중국 각지를 여행하고 원나라에서 관직에 올라 17년을 살고 돌아와서 베네치아와 제노바의 전쟁에 참가했다가 포로가 되었는데, 1298~1299년에 제노바 감옥에서 루스티첼로에게 자기의 동방여행 경험을 구술하여 필기하도록 한 것이 ≪동방견문록≫이며 정식 명칭은 ≪세계의 기술(記述)≫로 알려짐. 서아시아·중앙아시아·중국·남해등에 관한 기사가 풍부하고 정확하였으며 당시 내용은 신기하여 유럽인들이 믿지 않았으나, 그 후 많은 사람들이 아시아 여행을 함으로써 이 책의 기사가 정확함을 알게 되었고, 콜럼버스의 아메리카 대륙 발견의 계기가 되는 등, 지리상의 발견에 큰 역할을 하였다. 루스티첼로가 필기한 원본은 없고 원본을 윤색·가필·삭제한 많은 사본들이 만들어져 전해짐.
1302년	【프랑스】 **신분제 의회 성립** 의회는 1부는 성직자, 2부는 귀족, 3부는 평민의 대표로 구성됨. 소집은 국왕이 하며 회의 안건도 국왕이 한다(이는 영국과 차이가 나는점 임.) 왕이 세금 등의 징수 목적으로 하의상달하는 제도로 활용하여 후에 왕권에 대항하는 발화점이 되기도 하였음.

세계사 연표별 정리

연도	내 용
1303년	【프랑스】 **아나니사건(Anagni Incident)** 프랑스왕 필리프 4세가 교황 보니파시오 8세를 습격한 사건으로 아나니는 교황의 별궁이며 교황의 탄생지이다. 필리프왕이 교황의 양해없이 교회에 임시세를 부과하자 교황은 칙서로 왕을 공격하고 왕권에 대한 교황권의 우위를 주장하였고, 왕은 삼부회(三部會)를 소집하여 지지를 받았으나 핀란드 문제로 쿠르토레전투에서 교황이 칙서 <오직 하나의 성인이신>을 발표하여 왕을 곤경에 빠뜨림. 왕 측근인 기욤 드 노가레는 로마에 있는 교황의 정적인 코론나가와 통모하여 교황을 아나니에서 습격하고 교황을 이단자로 고발하자 시민들의 반대로 교황은 구출되고 노가레는 간신히 탈출한다. 교황은 1년 후에 병사하였고 그 후에 아비뇽유수의 발단이 됨.
1309년	【프랑스】 **아비뇽유수(Avignonese Captivity)** 1309~1377년까지 7대에 걸쳐 로마 교황청을 남프랑스의 론 강변의 도시 아비뇽으로 이전한 사건. 고대 유대인이 바빌론에 강제 이주된 고사를 본떠 '교황의 바빌론유수'라고도 한다. 프랑스왕 필리프 4세가 아나니사건으로 교황보다 우위를 차지하며 1305년 선출된 프랑스인 교황 클레멘스 5세는 로마로 들어가지 못한 채 아비뇽에 거주했고 제4대 클레멘스 6세는 1348년 프로방스 백작 겸 시칠리아 여왕으로부터 아비뇽을 사들여 파리 왕궁을 모방한 호화스러운 교황청 궁전을 건조하였으며, 제6대인 우르바노 5세 때는 일시적으로 로마로 복귀하였으나 교황청의 주요 기능은 아비뇽에 잔류하였다. 그레고리오 11세에 의해 본격적인 로마 복귀가 이루어질 때까지 역대의 프랑스인 교황이 독자적인 프랑스적 교황청 행정을 담당하였음.
1321년	【이탈리아】 **신곡(神曲, La Divina Commedia) 발표** 이탈리아의 시인 단테가 쓴 장편 서사시로 1307년에 시작하여 1321년에 완성하였음. 지옥편, 연옥편, 천국편의 3부로 이루어졌고, 각편 33가(歌), 각행 11음절, 3운구법(韻句法)으로 서가(序歌)를 합하면 100가에 1만 4233행에 이르며 주제는 사후의 세계를 중심으로 한 단테의 여행담이다. 단테가 33살 되던 해의 금요일 전 날 밤 길을 잃고 어두운 숲속을 헤매며 번민의 하룻밤을 보낸 뒤, 빛이 비치는 언덕 위로 다가가려 했으나 3마리의 야수가 길을 가로막아 올라갈 수가 없을 때 베르길리우스가 나타나 그를 구해서 길을 인도한다. 그는 먼저 단테를 지옥으로, 다음에는 연옥의 산(山)으로 안내하고는 꼭대기에서 단테와 작별하고 베아트리체에게 그의 앞길을 맡긴다. 베아트리체에게 인도된 단테는 지고천(至高天)에까지 이르고, 그 곳에서 한순간 신의 모습을 우러러보게 된다는 것이 전체의 줄거리이다. 단테의 상상 속 여행담은 조잡한 생활과 이성과 덕이 결핍된 생활을 상징하는 '어두운 숲'은 '3마리의 야수'에 의해 지배되고 있는데 이들 야수는 3가지 아집(색욕, 교만, 탐욕)의 상징를 표한한 것임.
1338년	【영국, 프랑스】 **백년 전쟁 발발(1338~1453년)** 영국과 프랑스간의 전쟁으로 영국의 에드워드3세가 자신의 어머니가 카페왕조 출신이라는 이유를 들어 프랑스 왕위 계승권을 주장하며 싸우기 시작했고 페스트의 유행으로 잠시 중단되다가 프랑스의 왕위 쟁탈때 영국이 다시 전쟁을 일으킴. 영국은 프랑스의 잔다르크의 활약으로 인해 칼레를 제외하고 전 영토를 프랑스에 반환함. 1기(1339~1360) 영국의 노르망디 상륙 및 신병기인 장궁(석궁보다 강한 성능)으로 프랑스군 격퇴(영국 승). 2기(1364~1422) 프왕스왕 샤를 6세가 죽은 후 영국왕에게 왕위를 약속함(영국 승). 3기(1422~1453) 프랑스 잔다르크의 활약으로 칼레를 제외한 전영토를 프랑스에 반환(프랑스 승)
1347년	【유럽】 **페스트(흑사병) 발생(~1350)** 유럽인구의 1/3인 2,500만 명, 중국인 30%가 죽은 인류 역사상 최악의 전염병으로 흑사병이란 명칭은 감염되면 피부가 검게 변하는 증상 때문에 붙여진 이름이다. 감염 증상이 더욱 진행되면 검게 변색된 부위에 괴저가 발생하고, 죽음에 이르게 된다. 1347년 시칠리아의 메시나항에 도착한 상선의 선원들이 이상한 전염병에 걸려 모두 사망한 것이 유럽에 흑사병이 전파된 첫 계기였음. 감염된 쥐의 벼룩이 사람에게 전염된 것으로 추정되며 중앙아시아나 인도와의 교역을 통해 유럽에 전파되었고 흑사병균을 보유하는 까만쥐가 갈색쥐에 축출 당한18세기에 사라졌음. 유대인의 짓이라는 유언비어가 퍼져 유대인의 학살도 있었음. 이 사건을 통해 교회의 지배력이 약해지고, 농촌인구가 줄어들어 농민의 입지가 커지고 농민 반란이 증가되었으며 의사들의 인체해부, 새로운 세계에 대한 도전정신으로 정체된 중세 봉건에서 근대문명의 세계로 변화되는 계기가 되기도 하였음.

세계사 연표별 정리

연도	내　　　　용
1351년	【원】 홍건적(紅巾賊)의 난 원나라를 세운 몽고인은 정치가 서투르고 라마교를 숭배하면서 승려들이 많은 재물을 요구했고, 조세와 부역등으로 백성들의 생활은 어려워지자 한족들의 불만이 커졌음. 1351년 대범람을 일으킨 황허강 수리로 많은 농민과 노동자를 징발하자 한족 출신 농민인 백련교두령 한산동은 민심의 동요를 틈타서 '송나라 휘종 8세의 손자'라고 칭하고 반란을 일으켰으나 전사함. 교도인 유복통이 아들 임아를 받들고 안후이성을 빠져나와 그를 제위에 올려서 송나라를 세우고 원나라 타도의 격문을 사방에 띄웠으며 이를 계기로 서수휘, 곽자흥·주원장 등을 비롯해 허난 지방의 농민들이 잇달아 반란을 일으켜 세력을 화북·화중 일대에 미쳤음. 그러나 내부분열로 인하여 통일정권을 이룩하지 못한 채 원군에게 쫓기고, 또 만주로 진출하였으나 격파당해 괴멸되었다. 이러한 가운데서 주원장이 홍건적의 상징인 소명왕을 죽이고 자신이 홍건적임을 부정하며 표면적으로 난을 종결시키고 후에 명을 건국하므로서 홍건적은 소멸되었음.
1353년	【이탈리아】 데카메론(Decameron)발표 이탈리아의 작가 G. 보카치오의 단편소설집으로 '10일간의 이야기'라고도 하며 불행한 사람들의 고통을 덜어 주기 위하여 책을 쓴다고 밝히고 있다. 유럽의 흑사병에 관한 내용으로 시작하며 난을 피하여 피렌체 교외의 별장으로 옮겨 온 숙녀 7명, 신사 3명이 10일간 머물며 한 사람이 한 가지씩, 하루에 열 가지의 이야기를 하고 신을 존경하는 뜻으로 금요일과 토요일에는 이야기를 하지 않았다. 100가지 이야기에는 사랑과 지혜가 주제가 되었으며 중세의 교회와 봉건제도를 조소하는 신흥 부르주아지 사회의 승리의 기록이라고도 평가한다. 단테의 ≪신곡(神曲)≫과 견주어 이 작품을 ≪인곡(人曲)≫이라고도 하지만 보카치오는 현실을 냉정하게 받아들이면서도 그 대상으로부터 거리를 두고 미소와 풍자까지도 섞어 묘사함으로써 근대소설의 선구자가 되었음. **장원 제도와 농노 및 봉건제도** • 장원 제도: 장원은 영주의 봉토를 한 개, 또는 여러 개의 경작 단위로 분할한 것을 말하며 자급 자족적 경제 단위의 촌락 공동체를 의미함. 장원의 중심부는 영주가 거주하며 경작지의 형태는 영주 직영지, 농민 보유지, 공유지등으로 구분한다. 경작 방식은 2포제 혹은 3포제의 윤작제, 혼재지 제도와 공동 경작의 필요성으로 이해 공동체적 규제가 강함. • 농노: 로마 말기에 부자소유의 소작인(콜로누스)을 말함. 그들은 몰락한 게르만인의 후손으로 노예적 요소로는 거주 이전. 직업 선택의 자유가 없으며 영주의 법정에서 재판을 받으며, 자유민적 요소로는 독립된 가정을 이루고, 부분적으로 재산을 소유할 수 있고 토지 상속권을 보장받는다. 농노의 의무사항은 부역(노동 지대), 공납(생산물 지대), 잡세(인두세, 사망세, 혼인세, 시설 사용료)등을 납부해야 한다. • 봉건 제도란 주종 관계와 장원 제도가 결합된 중세 사회의 정치, 경제, 사회적 지배 체제 봉건 제도의 성립: 9세기경 노르만 족, 마자르 족, 이슬람 등 이민족의 침입과 프랑크 왕국의 분열로 무사들의 지배 체제를 형성하여 봉건제도로 발전함.봉건 제도의 기원은 로마 황제가 귀족에게 준 은대지와 게르만의 종사 제도가 결합하여 카롤루스 마르텔이 이슬람의 침입에 대비하여 기병을 육성하면서 주종 관계와 장원 제도가 생김. 봉건 제도의 확립: 카롤링거 왕조의 봉토 세습을 인정하고 10세기 말경 서프랑크 왕국에서 봉건 제도가 실시 봉건 제도의 공통적 특징 ① 군사적-주종관계 ② 정치적-지방 분권제 ③ 사회, 경제적-장원제 (1) 주군의 의무: 봉신을 보호하고 부양(봉토수여) (2) 봉신의 의무: 주군에게 조력과 봉사의 의무 이행 (3) 지방 분권제: 불입권이 인정되어 왕권이 약화

세계사 연표별 정리

연도	내용
1358년	**【신성로마제국】 한자 동맹(Hanseatic League) 완성** 한자는 조합, 동료라는 의미로 길드와 같은 성격이며 독일상인들이 플랑드르 지방(현재 벨기에 지역)의 영향력이 커지면서 이에 대항하기 위해 뤼베크시를 맹주로 쾰른, 브레멘, 베를린 등과 상업적인 목적으로 정치동맹을 이룬 것을 말함. 이들은 함대와 요새를 가지고 있으며 1370년경 90개가 넘어 북유럽의 무역권을 지배하다 국내에서는 브란덴부르크-프로이센 같은 군주국 통합체로부터 압박을 받고, 한편으로는 영국·네덜란드 등 신흥국에 밀려서 한자는 점차 쇠퇴하여 1597년 런던 상관(商館)이 폐쇄되고, 1669년 한자회의가 마지막으로 열리고 소멸됨. **길드(guild, 동업 조합)** 상공업자 상호 간의 단결과 시장의 독점을 위해 결성. 상인 길드(대상인)는 길드의 운영과 도시 행정을 장악했고, 장인 길드들은 상인 길드에서 분리하여, 수공업자들이 직종별로 조직하여 장인, 직인, 도제 등 신분적 계층 형성하고 상인과 싸워 도시 행정 참여권을 획득함. **길드의 영향** 도시 산업 발전에 기여하였으나, 자유 경쟁을 막고 영업의 독점을 꾀하는 폐쇄적 성격으로 점차 도시 경제의 자유로운 발전에 장애가 되기도 함.
1358년	**【프랑스】 자크리의 난(Jacquerie)** 백년전쟁 중 북프랑스에 있었던 농민폭동. 백년전쟁 중 농민의 군비부담이 무거운 데서 야기한 1358년의 제1차 자크리의 난은 무조직적인 농민측의 참패로 끝났지만, 1592년에 다시 봉기한 제2차 자크리의 난은 광범한 지역에 걸친 대규모적인 것으로 특히 도시시민과의 연합으로 전개되었다. 자크리라는 명칭은 당시 프랑스의 농노에 대한 별명인 자크(Jacques)에서 유래하였다.
1368년	**【명】 명(明)건국(~1644)** 한족인 주원장이 몽골족이 세운 원나라를 멸망시키고 세운 통일왕조로 강력한 중앙집권제를 실시함. 정치는 안정되고 상공업의 번성으로 도시가 번창하고 문화와 예술이 발달하였으나 상업의 발달이 부를 균등하게 분배하지 못했고 관리는 부패하고 토지를 잃은 유민이 속출하면서 대외적으로는 몽고족과 왜구의 침입으로 혼란을 겪었고 후기에는 만주족이 세운 후금(後金: 이후 청나라가 됨)이 명나라를 압박하고 결국 1631년 이자성의 난이 일어나 16대 277년만에 멸망하였음. **주원장**은 빈농 출신으로 17세에 고아가 되어 탁발승으로 돌아다니다 홍건적인 곽자흥의 부하로 그의 사위가 되면서 세력을 키웠고, 원나라 거점인 난징(南京)을 점령하고 명나라을 세움. 그는 중앙집권적 독재체제의 확립하였고 아들에게 황제권을 물려주기 위해 개국공신 측근들 대부분을 숙청(2만 명)했다. 큰 아들이 급사하자 손주(건문제)에게 왕위를 물려주게 되자 26명의 아들들간에 피비린내 나는 권력투쟁이 일어났음. **태조(홍무제)의 정책** 황제권의 강화: 재상제(중서성)의 폐지, 6부를 황제에 직속, 3권(행정, 군사, 감찰)의 장악 한족의 전통 문화 부흥: 유교 도덕 보급(6유), 과거제 부활, 학교 교육 강화, 율령의 정비(대명률, 대명령) 향촌 조직의 정비: 이갑제 부역, 조세 징수의 합리화: 부역황책(호적 대장), 어린도책(토지 대장) **성조(영락제)의 정책** 전제 정치: 즉위(정난의 변) 후 베이징 천도, 친정 체제 강화 편찬 사업: <성리대전>, <영락대전> 대외 관계: 홍무제는 쇄국 정책, 영락제는 몽골 정벌, 만주 복속, 정화의 남해 원정 정치의 환란: 환관 세력의 횡포 이민족의 침입: 북로 남왜 즉 북방은 오이라트(토목보의 변: 1449), 타타르가 침입하고, 남방은 왜구의 출몰함. 신종의 개혁(정거정): 일조편법의 실시 **명의 멸망 요인** · 재정의 악화: 조선의 왜란 원조, 광세의 화 · 사회 혼란: 당쟁 격화(동림당, 비동림당), 농민 반란
1381년	**【영국】 와트타일러의 난 발생** 영국과 프랑스간의 백년전쟁과 페스트로 인해 영주 계급이 노동력 확보와 조세 확보 차원에서 인두세 등을 시행하자 와트타일러가 반란을 일으킴. 6만여명이 참여하여 런던을 점령하고 1) 반란자 처벌금지 2) 농노제 완전폐지 3)지대경감 등을 주장하다 런던시장에서 암살당해 차츰 소멸되었음. **【영국】 성서 영역** 선구적 종교 개혁가인 위클리프가 성서를 영어로 번역했음.
1407년	**【이탈리아】 대중은행 설립** 이탈리아 제노바에 '카사 디 산 죠르지오'라는 은행이 설립되었고, 발전된 은행의 형태로는 암스테르담의 '위셀뱅크'가 있으며 본격적인 자금 중개역할은 영국의 '잉글랜드 은행'이 그 역할을 하였음. 은행(BANK)의 어원은 이탈리아 'Banco, Bench(환전상)'에서 유래되었음.
1407년	**【명】 영락대전(永樂大典) 편찬** 성조는 세상통치를 무력으로 하는 것이 불가능하다 여겨 문(文)을 수단으로 택하고 영락대전을 1403년에 착수하여 1408년 완성시킴. 지금의 백과사전으로 천문, 지리, 인륜, 도덕, 정치 등을 망라하여 총 22,877 권으로 되어 있으나 전쟁으로 많이 손실되었음.

세계사 연표별 정리

연도	내　　　용
1429년	**【프랑스】 잔 다르크 등장** 부유한 농부의 딸로 태어나 13세 때 '프랑스로 가서 국왕을 구하라'라는 계시를 듣고 남장을 한 후 샤를 황태자를 접견하고 '하얀 갑옷'과 말을 하사 받아 오를레앙 전투에 참가하여 승리하여 프랑스군의 사기를 돋구었으나 1430년 콩피에뉴 전투에서 영국군 포로가 되어 종교 재판에서 이단이며 '마녀'라 선고받고 화형을 당함. 그 이후에 샤를왕은 앞서의 유죄판결을 파기하여 명예를 회복시켰고, 가톨릭교회에서는 1920년 그녀를 성녀로 지칭하였음.
1429년	**【이탈리아】 르네상스(Renaissance "재탄생"을 뜻함)** 유럽 문명사에서 14세기부터 16세기 사이에 일어난 문예부흥 운동을 말하며 과학혁명의 토대가 만들어진 시대임. 고대 그리스와 로마 문명의 재인식과 재수용을 의미하며 역사적인 측면에서 르네상스의 시작은 중세시대의 막을 내리고 근세시대로 접어드는 계기가 됨. 르네상스의 정신은 이탈리아에서 비롯되어 알프스를 넘어 프랑스, 네덜란드, 영국, 독일, 스페인 등지로 퍼져 나갔지만 스칸디나비아 반도의 나라(노르웨이, 스웨덴, 덴마크)들에는 별로 영향을 미치지 않았음. **르네상스**(Renaissance) · 의미: 고전 문학(그리스, 로마문화)을 기반으로 근대 문화를 창조하여 인간과 자연의 재발견을 통해 새로운 유럽 근대 문화의 출발점이 됨. · 인문주의(Humanism): 고전 작품을 수집, 정리하고 연구하는 기풍, 인간 중심주의, 현세주의를 통해 합리적이며 자유와 개성 존중하였음. **이탈리아의 르네상스**(14~15세기)는 고전 문화의 전통과 동방 문화(비잔틴. 이슬람 문화)의 유입, 지중해 무역의 번영, 시민 계급의 성장 등을 바탕으로 일찍 시작되었으며 귀족적, 심미적 특징을 갖고 있었음. · 내용: 단테를 '최후의 중세인'으로 페트라르카를 '최초의 인민주의자'로 부르며, 보카치오의 <데카메론>, 마키아벨리의 <군주론>등이 출간됨. 예술은 인간과 자연을 사실적으로 묘사했고 원근법을 발견하며 유화와 캔버스를 사용하였음. 쇠퇴 이유는 지중해 무역이 북유럽으로 중심 이동하였기 때문임. **알프스 이북의 르네상스**(16세기)는 사회 개혁적이며 비판적 성격으로 종교 개혁에 영향을 미쳤음. ·인민주의자: 에라스무스는 우신 예찬(교회, 성직자 비판), 토마스 모어의 유토피아는 영국 현실을 비판하고 있으며, 로이힐린, 멜란히톤은 성서 연구와 교회를 비판하였음. ·국민 문학: 에스파냐는 세르반테스, 프랑스는 라블레, 몽테뉴, 영국은 세익스피어가 활약함.회화는 귀족적, 종교적 소재에서 탈피하여 시민, 농민 생활을 묘사하였음. 자연 과학의 발달로 지동설이 성립(코페르니쿠스, 갈릴레이, 케플러 등)되고 화약, 나침반, 인쇄술의 발달로 봉건 기사의 몰락과 신항로 개척 등의 성과를 갖게 됨.
1439년	**【잉글랜드】 스카치 위스키(Scotch whisky) 생산** 영국 북부의 스코틀랜드(Scotland)에서 만들고 있는 위스키로서 맥아위스키 또는 여기에 곡물위스키를 50~60% 섞어 만든다. 맥아의 건조에 이탄(peat moss)을 사용하므로 특유의 향이 있고 이것이 스카치 위스키의 특징이 된다. 숙련된 블랜더(blender)는 타입과 숙성 연수가 다른 종류의 원주를 사용하여 일정한 품질의 위스키를 만들며 제품 라벨에 표시된 연수는 조합에 사용된 원주의 최소 숙성 연수를 의미한다.
1450년	**【중동】 커피의 발견** 이디오피아 양치기 소년이 양들이 날뛰는 원인을 커피 열매를 먹고 흥분한 것을 사제에게 알림으로써 발견 함. 최초의 커피숍도 아라비아의 성지 메카에 있었으며 현재 석유와 더불어 세계적으로 가장 많이 거래되는 물품이기도 함.
1455년	**【신성로마제국】 구텐베르크의 금속활자 발명** 구텐베르크는 독일 마인츠에서 태어났으며 조폐국에서 일하는 아버지의 영향을 받아 인쇄기술을 개발했고, 고향집에 인쇄소를 차려 구텐베르크 성서(또는 42행 성서)를 제작하였다. 현재 48질이 남아 있고 경매에 나온 제1권 낱권이 540만 달러에 거래되었음. 그의 사업은 동업자인 푸스트가 소송을 제기함으로써 막을 내림. 이 인쇄술은 종교개혁에 크게 영향을 미쳐 '면죄부'가 대량 생산되어 판매되었고, 마르틴 루터가 발표한 '95개조 반박문'이 신속히 인쇄, 배포됨으로써 종교개혁의 막이 올랐다. **참고** 고려 인종 때인 1230년경에 간행된 [상정예문]이 최초의 금속활자 인쇄본이지만 실물은 전해지지 않으며, 1377년에 간행된 [불조직지심체요절]은 1877년에 서울에 체류하던 프랑스 외교관이 구입한 이 책의 '하권'이 프랑스 국립도서관에 소장되었다가, 1972년에 세계 최초의 금속활자 인쇄본으로 인정되었다. 구텐베르크의 [42행 성서]보다 80년 앞섰다.

세계사 연표별 정리

연도	내용
1455년	【잉글랜드】 **장미전쟁(~1485년)** 잉글랜드 왕권을 놓고 랭커스터가(붉은 장미)와 요크가(흰장미)가 싸운 귀족들의 전쟁으로, 요크가의 리처드는 랭커스터가의 헨리 4세가 플랜태저넷왕가의 리처드 2세로부터 왕위를 찬탈한 것이므로 자기가 왕위계승권이 있다면서 전쟁을 일으킴. 1455년 세인트올번스전투로 시작되어 리처드가 웨이크필드에서 전사하자, 장남 에드워드가 그 뒤를 이어 바넷전투에서 승리해 랭커스터왕조를 멸망시켰으나 대륙에 망명해 있던 랭커스터계의 리치먼드백작 헨리튜더가 1485년 웨일스에 상륙하여 보즈워스전투에서 리처드 3세를 무찌르고 30년에 걸친 장미전쟁을 승리로 이끔. 헨리가 즉위하여 튜더왕조를 열었음.
1485년	【이탈리아】 **비너스의 탄생 작품 제작** 보티첼리는 방탕한 수도승인 필리포 리피에게 그림을 배워 비너스의 탄생이란 걸작을 그렸으며 그는 미켈란젤로 및 레오나르도 다빈치와 함께 회화의 천재로 알려짐.
1488년	【포르투갈】 **희망봉 발견** 디아스가 아프리카 최남단의 희망봉을 발견하였음. 희망봉 발견시 폭풍우를 만났기 때문에 '폭풍우의 곶(Cabo Torementoso)'이라 이름 지었으나 국왕인 주아 2세가 이름이 불길하다 하여 희망봉이라 했고 이는 훗날 인도 발견에 선구적 역할을 하게 되었음.
1492년	【에스파냐】 **아메리카 신대륙 발견** 콜럼버스는 인도의 향료를 얻기 위해 이사벨 1세의 지원으로 항해를 시작했고 서인도 제도의 산살바도르섬에 도착했으나 이를 인도로 잘못 인식하였음. 그가 착각하게 된 사유로는 착각 1. 이마고 문디(Imago Mundi)라는 책에서 지구둘레는 2만4백 밀리아(milia)라는 설이 소개되었는데 밀리아는 이탈리아에서 1477.5m로 통용되나 실제 1973.5m임. 따라서 실제 4만260 킬로미터인 3/4을 지구둘레로 잘못 인식하였고 착각 2. 토스카넬리의 지도에도 대서양 끝에 아시아가 있다고 표기되어 있어 이를 믿었음. **토스카넬리(이탈리아, 1397~1482)** 천문학자이며 의사인 그는 지구가 둥글다는 것을 주장하고 1474년 '세계지도'를 제작하고 콜럼버스에 편지를 보내 서쪽으로 가면 아시아 동쪽 끝에 있는 지팡고(지금의 Japan은 이 이름에서 유래됨)에 도달할 수 있다는 것을 수학적으로 설명함으로써 콜럼버스의 아메리카 발견에 영향을 미침.
1492년	【이탈리아】 **레오나르도 다빈치 '최후의 만찬'을 그림(1452~1519)** 르네상스를 대표하는 가장 위대한 예술가로서 피렌체 근교 빈치에서 출생하였음. 이후 피렌체로 가서 아버지 친구인 베로키오에게서 인체의 해부학을 배우며 관찰과 정확한 묘사를 습득하여 명암에 의한 입체감과 공간의 표현에 성공하였고 만년에는 과학적 관심을 갖고, 수학·물리·천문·식물·해부·지리·토목·기계 등 다방면에 관심을 가짐. 그의 가장 훌륭한 업적은 원근법과 자연에의 과학적인 접근, 인간신체의 해부학적 구조, 이에 따른 수학적 비율 등이 잘 표현된 <최후의 만찬> 등이 있다 **최후의 만찬(1495~1497)** 회벽에 유채와 템페라를 이용한 작품(460×880cm). 예수 그리스도가 십자가에서 죽기 전날, 열두 제자와 함께 만찬을 나눈 그림으로 화면의 구도가 수학적인 구조로 이루어져 있어 정확한 원근법으로 작품이 짜여져 있지만 감상자의 입장에 그 원근법을 정확하게 볼 수 있는 자리가 없도록 되어 있는데, 이것은 이 그림이 일상의 차원이 아니라 이상적 차원에서 존재하는 것으로 기획되었음을 의미함. 이 작품은 르네상스 전성기의 가장 뛰어난 성과로 평가되어 이 작품이 소장된 산타마리아 델레 그라치에 성당과 함께 세계문화유산으로 지정되었음. **모나리자(1503~1506)** 피렌체의 부호 프란체스코 델 조콘다를 위하여 그 부인을 그린 초상화(유채패널화, 77×53cm, 소장 루브르미술관)로 라 조콘다(La Gioconda)라고도 하며, 모나리자의 모나는 이탈리아어로 유부녀에 대한 경칭, 리자는 피렌체의 부유한 상인 조콘다의 부인 이름임. 이 작품은 부인의 나이 24~27세 때의 초상이고 이 초상은 눈썹이 없는 것으로 유명한데, 이는 당시 넓은 이마가 미인의 상징으로 여겨져 눈썹을 뽑았다는 설, 미완성작이라는 설, 다 빈치가 유약으로 여러겹을 특수처리할 때 가장 바깥에 그려졌던 눈썹이 오래되어 떨어져나간 것이라는 주장도 있음. 1911년 페인트공인 페루지아가 모나리자를 훔친 후 피렌체의 미술상 골리에게 팔려고 할 때 붙잡혀 다시 되찾은 사건도 있음.
1498년	【포르투갈】 **바스코다가마가 인도 항로 개척** 국왕인 마누엘 1세가 희망봉을 거쳐 인도 항로를 개척하라는 명을 받고 1497년 7월 4척, 선원 168명으로 항해하다 1498년 5월 인도의 캘리컷에 도착(배2척과 승무원 55명 생존)함. 한번의 항해로 1년분의 향신료를 가져왔으며 그 후에도 인도 총독으로 임명되었으며 항해자는 정복자라는 당시의 시대상을 반영한 인물이기도 하였음.

세계사 연표별 정리

연도	내 용
1499년	【스위스】 **스위스 독립** 13세기 까지 알자스지방의 합스부르크가의 지배를 받은 스위스는 1291년 압정에 대항해 우리, 유비츠, 니트발덴 3주가 연합해 독립운동을 일으킴. 1499년 2월 슈바벤 전투에서 오스트리아군을 격파해서 황제 막시밀리언1세가 바젤화약으로 13주 독립을 승인하였음. **빌헬름(또는 윌리엄)텔 전설** 스위스의 주민들은 고약한 게슬러라는 관리에 고통을 받고 있었다. 그는 보리수 밑에 창을 꽂고 그 위에 자기 모자를 얹은 다음 행인들에게 그 모자에 절을 하라고 강요하였다. 활의 명수인 텔이 거부하자 그 처벌로 텔의 아들 머리 위에 사과를 놓고 그것을 활로 쏴 떨어뜨리라는 명령을 하였다. 텔은 멋지게 사과를 쏴 떨어뜨렸지만, 만일 실패할 경우 게슬러를 쏘기 위해 몰래 준비했던 화살이 발각되어 체포되었다. 배로 끌려가는 중 폭풍을 만나자 연행하던 관리들이 배의 운행을 텔에게 맡기자, 그 틈을 노려 배를 뭍에 대고 도망쳐 길가 숲에 잠복해 있다가 게슬러를 쏴 죽였다는 전설.
1500년	【포르투갈】 **브라질의 발견** 스페인의 핀손이 1500년 2월 발견했으며 2개월 후에 포르투갈의 카브랄이 표류 중에 브라질에 도착하여 이 땅을 왕에게 바쳤다. 이후 브라질은 포르투갈의 식민지가 되었음.
1502년	【페르시아】 **사파비 왕조 시작** 500년간 이민족의 지배를 받은 페르시아인(이란인)은 이민족을 물리치고 사파비 왕조를 세움(~1736). 시아 파가 많아 이를 국교로 채택하자 수니 파의 오스만 투르크와 대립하게 되었고 1736년 아프칸인에 멸망 당함.
1508년	【교황청】 **미켈란젤로(1475~1564)가 '시스티나 성당' 천장화 제작** 미켈란젤로는 이탈리아의의 조각가·건축가로 르네상스의 회화, 조각, 건축분야에서 뛰어난 업적을 남겼음. 그는 카프레세 출생으로 부모의 반대에도 예술가의 길을 걸으며 메디치가의 로렌초 일 마니피코에게 인정받아 그의 집에서 체류하면서 인문 학자들과도 접촉, 고전문학이나 신구약성서를 탐독함과 동시에 조각을 위한 인체 해부에도 전념하여 대가가 되었음. 본인은 화가보다는 조각가라는 것을 선호하였음. · 회화작품: 최후의 심판, 천지창조, 노아의 만취, 원죄, 성베드로의 책형. · 조각작품: 다비드상, 모세상, 피에타상 **다비드상(1501~1504)** 피렌체 대성당 요청으로 조각가 두초가 예언자 상을 제작하려고 준비해 둔 5미터의 대리석을 이용해 5. 49m의 ≪다비드상≫을 완성하였음. 다비드(다윗)는 구약성서에서 적군의 거인 장수 골리앗을 돌팔매로 쓰러뜨린 소년 영웅으로 종교적 압제자 사바나롤라를 몰아낸 피렌체 시민의 힘의 상징으로 피렌체 시청사 입구에 놓이게 되었고 현재는 피렌체 아카데미 건물 내부로 옮겨져 있음. **시스티나 성당 천장화(1508~1512)** 교황 율리우스 2세가 요청하였고, 이 천장화는 노아에 관한 3가지 이야기를 4단계로 표현하였음. 즉 첫 번째 단계는 2개의 곡면 벽화에 그린 3가지의 노아에 관한 이야기와 8명의 나체상으로, 두 번째 단계는 <아담과 이브의 원죄와 낙원추방>과 <이브의 창조>, 4명의 나체상, 두 명의 예언자, 4개의 삼각형 벽화, 2개의 곡면 벽화로, 세 번째 단계는 <아담의 창조>, <하늘과 물의 분리>, <달과 해의 창조>, <빛과 어둠의 창조>의 4가지 이야기와 8명의 나체상, 5명의 예언자, 4개의 삼각형 벽화, 2개의 곡면 벽화로, 네 번째 단계는 나머지 모든 원형 벽화로 제작되었음. **최후의 심판(1534~1541)** 클레멘스 7세가 스페인군의 로마의 점령과 약탈 등, 연속된 재난에 대한 분노의 감정을 달래기 위해 요청했다. 그가 죽자 중단되었다가 바올로 3세가 재요청하였음. 시스티나 성당 정면의 제단화로 가로 13.7m, 세로 12.2m에 심판자 그리스도를 중심으로 천상의 세계에서 지옥의 세계로 5개 부문(천상계, 튜바 부는 천사들, 죽은 자들의 부활, 승천하는 자들, 지옥으로 끌려가는 무리들)으로 나누어 져서 미켈란젤로에 의한 ≪신곡≫이라고도 평가된다. 작품 속의 인물은 처음에는 모두 나체였다. 그러나 1564년 1월 트리엔트공의회에서 "비속한 부분은 모두 가려져야 한다"는 칙령이 반포되어 생식기 부분에 덧그림이 그려졌다가 최근 화학약품을 이용하여 이 벽화에 낀 그을음과 때를 씻어내는 작업이 완료되어 그동안 가려지고 벗겨져 잘 보이지 않던 것들이 선명하게 나타났다. 프레스코화(소석회($Ca(OH)_2$에 시멘트에 모래를 섞은 모르타르를 벽면에 바르고 수분이 있는 동안 채색하여 완성하는 회화)기법을 사용하였음.
1513년	【이탈리아】 **마키아 벨리가 군주론(君主論)을 저술.** 【에스파냐】 **발보아, 파나마 해협을 횡단하여 태평양을 발견함.**

세계사 연표별 정리

연도	내　　　　용
1517년	【신성로마제국】 **마틴 루터(1483~1546)의 종교개혁** 교황 레오 10세가 성 베드로 대성당 공사에 필요한 비용마련을 위해 면죄부 판매에 분노하여 '95조'의 반박문을 발표함으로써 독일 종교개혁의 계기가 됨. 성서 연구를 통해, 인간이 구원받는 것은 신앙에 의해서만이며, 그것을 우리에게 제시하는 것은 『성서』뿐이라고 주장. 독일 황제에게 추방되어 바르트 부르크에 은거하면서 성서를 정확한 독일어로 번역하여 근대 표준화된 독일어의 계기를 제공함 루터파(제후, 농민, 황제)와 교황의 대립은 아우크스부르크 화의에서 루터파가 인정됨. <table><tr><th>루 터 파</th><th>칼 빈 파(칼벵파)</th></tr><tr><td>성서 중심</td><td>성서에 보다 철저함, 신의 예정설</td></tr><tr><td>정교 분리, 군주권 긍정</td><td>정교 일치, 군주권 부인</td></tr><tr><td>금욕주의 부인</td><td>금욕주의</td></tr><tr><td>성서에 모순되지 않는 의식 인정</td><td>성서에 근거 없는 의식을 부정함.</td></tr><tr><td>북독일, 덴마아크, 노르웨이, 스웨덴 등</td><td>남독일, 영국, 스코틀랜드, 프랑스, 네덜란드</td></tr></table>
1519년	【에스파냐】 **마젤란의 세계일주 항해(~1522)** 최초의 세계일주 달성자. 필리핀 제도에 도착해 원주민과 전투 중에 죽음. 남은 선원들이 인도양을 건너서 포루투갈에 귀국해 이를 통해 세계가 둥글고 아메리카와 아시아가 별개의 대륙이라는 것이 입증됨. 마젤란은 포르투갈의 하급귀족 출신으로 포르투갈왕의 신하로 모로코에서 근무중 왕의 불신을 받자 에스파냐로 가서 항해 계획을 세움. 앙베르의 상인의 재정적 도움과 국왕 카를로스 1세에게 후원을 받아 1519년 8월 10일 선박 5척과 승무원 270명으로 세비야를 출발하여 1520년 11월에 태평양에 다다랐으며 그가 지나온 해협을 마젤란해협이라 하였다. 3월에 현 필리핀군도 레이테만의 즈르안섬에 도착하여 원주민과 우호관계를 맺었고, 준비가 미비한 채로 막탄섬의 토벌을 시작하였다가 전사하였음. 선원들은 남은 1척인 빅토리아호에 향료를 싣고 60명이 1522년 9월 8일 세비야로 귀항하여 세계일주를 마무리 함.
1526년	【무굴】 **무굴제국 성립(~1857).** 무굴은 인도의 전 이름으로 이슬람 말로 '몽고'를 의미함. 무굴제국은 원래 인도인이 아닌 중앙-서아시아계 사람이 인도를 침략해 세운 왕조인데 티무르 이후 5번째 지배자인 바부루(Babur)가 로디 왕조를 격파하고 세움.
1532년	【스페인】 **잉카제국정복** 피사로는 잉카제국의 내분을 이용해 황제를 죽이고 수도인 쿠스코를 점령하여 잉카제국을 스페인령으로 편입하였고 잉카에서 생산되는 풍부한 은으로 스페인은 유럽 최고의 부강한 나라가 됨. 잉카는 남아메리카의 중앙 안데스 지방(페루·볼리비아)을 지배한 고대제국의 명칭임.
1532년	【유럽】 **담배가 소개됨** 프랑스 탐험가 작스 커티어가 북아메리카 원주민이 담배(마야 원주민의 말로는 '시가'라 함)를 유럽에 소개함. '니코틴'은 프랑스 대사인 잔 니코의 이름을 딴 것으로 담배가 악성 종기, 피부병을 낮게 해주는 만병통치약으로 인식함. 담배 피울때 발생하는 '타르'가 암 및 다른 질병의 원인이 됨.
1534년	【영국】 **수장령(首長令, Acts of Supremacy)공포** 국왕을 영국 교회의 '유일 최고의 수장(首長)'으로 규정한 법률. 국왕 헨리 8세가 왕비 캐서린과의 이혼문제로 로마교회로부터의 이탈을 결의하고, 의회에서 통과시켜 반포한 법률. 1559년 엘리자베스 1세가 통일령을 발포하여 유일 최고의 수장을 '유일 최고의 통치자'라는 칭호로 바꾸어서 국교회 체제를 강화시켰다.
1536년	【영국】 **수도원 해산** 크롬웰의 제안으로 헨리 8세가 종교개혁의 일환으로 수도원을 해산시키고 수도원의 토지 재산을 몰수 했음. 【영국】 **추밀원(樞密院, Privy Council)설립** 영국의 행정·사법기관. 노르만왕조 이후부터 국왕의 정치 자문기관인 귀족 집단으로, 전원이 소집되는 경우는 극히 중요한 국사에 한하고, 일상적인 문제는 소수 측근 귀족과의 상의만으로 처리되었다. 그러다 13세기 후반부터 귀족 전원의 집회는 의회로 발전하고, 국왕 측근의 소수 귀족집단인 자문기구는 1536년 T. 크롬웰에 의해 추밀원으로 개칭되었다. 현재도 존재하지만 업무는 해외 영토에서 생기는 상소재판 및 기타 몇몇 사항에 한정됨.
1541년	【프랑스】 **칼빈(칼벵)의 종교개혁(1509~1564년)** 프랑스에서 태어나 신학과 법학을 공부했고 이단자로 몰려 스위스에서 신교운동의 성서로 부리우는 '기독교 요강'을 발표함. 금욕주의, 도덕주의를 강조하였으며 칼벵의 교리는 '예언설'로 불리움. **칼벵의 종교개혁** 인간의 구원은 신에 의해 이미 정해져 있으므로 직업에 전념할것을 강조(상공 시민층의 지지). 이런 사상이 프랑스, 영국, 네덜란드 등 서유럽에 전파되고 30년전쟁으로 이어져 베스트팔렌조약으로 칼벵파가 인정받음.

세계사 연표별 정리

연도	내　　　　　용
1543년	【폴란드】 **지동설(地動說) 발표** 천문학자 코페르니쿠스가 의사로 활동하면서 죽기 직전에 ≪천구의 회전에 관하여 De Revolutionibus Orbium Coelestium≫에서 태양중심설을 제창함. 코페르니쿠스는 태양으로부터 가까운 순으로 수성·금성·지구·화성·목성·토성 등의 행성들이 배열되어 있으며, 각 행성들은 일정한 속도를 가지고 태양주위를 원운동한다고 주장했다. 이 책은 교회의 반대를 고려해 조심스럽게 썼지만 로마교회의 금서 목록에 올랐으며 갈릴레오를 시작으로 케플러와 뉴턴의 연구로 지지를 받음. **천동설** 지구 중심설이며 직감적으로나 정서적으로나 대지는 고정되어 있고 하늘이 회전한다고 본 원시인의 생각에서 그리스시대에는 철학적 해석과 기하학적 설명이 추가되었고, 중세 봉건시대에는 신학적 권위가 주어져 그리스인은 우주를 전지전능한 자가 만들어낸 것이라 믿었으며, 완전하기 때문에 천체는 둥글고 고귀하기 때문에 지구는 중심을 차지한다는 설. 【벨기에】 **해부학의 창시** <인체의 구조에 대하여> 발표 루뱅대학 교수인 베살리우스는 사형수의 시체를 몰래 해부하여 그동안의 해부학 이론가인 갈레노스(주로 동물을 해부하여)이론을 검증함(아담의 갈비뼈로 이브를 만들었다는 교리를 뒤엎는 이론으로 사회적인 비판을 받음).
1545년	【교황청】 **트리엔트공의회(1545~1563)** 종교개혁으로 손상된 가톨릭 권위를 부활시키기 위한 회의로 교황권이 지상 최고임을 인정하고 가톨릭과 프로테스탄트가 분리됨.
1554년	【오스만투르크】 **최초의 카페 카네스** 콘스탄티노플에 최초의 카페인 '카네스'라는 찻집이 등장. 현재 인터넷 카페로는 영국의 "사이베리아"가 1994년 9월에 오픈을 하였고, 한국에서는 1994년 4월 서초동 BNC에 공식적으로 세계 최초의 인터넷 카페가 오픈함.
1555년	【신성로마제국】 **아우크스부르크화의(Augsburg Settlement)**는 종교 개혁 중에 개신교(루터파)와 로마 가톨릭 간 신앙적인 갈등을 일시적으로 해결하였던 회의로 각 군주가 종교를 선택할 수 있는 권리는 인정하였다. 중앙집권화된 종교적 위계를 거부함으로써 군주 지배를 배격했던 진보적 성향의 칼뱅주의는 제외하고 루터파는 인정되었음.
1558년	【영국】 **무적함대 격파** 엘리자베스 1세는 영국 교회의 기초를 확립였으며, 스페인의 무적함대를 물리치고 동인도 회사를 설립했다. 국왕이 국교회 최고의 수장이라는 수장령을 공포함.
1560년경	【명】 **일조편법(一條鞭法) 실시** 명나라 후기부터 청나라 초기까지 중국에서 시행된 세금 제도로 잡다한 세금 항목을 하나로 정비해서 납세자의 토지소유 면적과 정구수(丁口數: 성년남자수)에 따라 결정된 세액을 은으로 납부하는 제도. 청나라 때에는 지정은(地丁銀) 제도로 발전하였음. 일조편법은 국가의 기본적 조세부과 대상이 호(戶, 가구)에서 토지로 이행해 가는 과정에서 세와 역의 징세 측면에 획기적 개혁이었음.
1562년	【프랑스】 **위그노 전쟁(Huguenots Wars, 1562~1598)** 프랑스에서 구교와 신교간의 갈등으로 전개된 전쟁으로 신교도가 성장하자 반신교인 기즈공작이 예배를 올리던 위그노들을 기습 공격하여 8차에 걸친 위그노 전쟁이 시작되었다. 신교에 대해 너그러웠던 앙리 3세가 왕위에 오르면서 상황이 바뀌고, 뒤를 이어 위그노의 지도자격인 나바르의 왕이 앙리 4세로 왕위에 오르면서 구교의 갈등을 해결하고자 가톨릭으로 개종하여 화해를 하였다. 낭트칙령을 발표함으로서 36년간을 끌어오던 위그노 전쟁을 종결시켰음. 그 결과 신교도에 대한 신앙의 자유를 인정하였음.
1568년	【네덜란드】 **네덜란드 독립전쟁** 네덜란드는 1515년부터 에스파냐(스페인)의 통치를 받아왔으며 스페인의 총독 알바가 군자금을 조달하기 위해 세금을 무겁게 하고 신교도를 탄압하자 오라네 공 빌렘 1세의 지휘아래 1572~1609년 동안 스페인과 전쟁을 하였고 1609년 스페인과 12년간의 휴전조약을 체결한 후에도 계속 전쟁이 이루어졌다. 결국 1648년 베스트팔렌조약에서 국제적 승인을 얻음으로써 독립전쟁도 종식되었음. 네덜란드 독립전쟁은 영국의 청교도혁명, 미국의 독립전쟁, 프랑스의 대혁명에 선행한 시민혁명의 승리로 역사적 의의가 있음.
1571년	【스페인】 **무적함대 등장과 사라짐** 에스파냐의 펠리프 2세가 조직한 베네치아 연합함대가 레판토 해전에서 오스만 투르크 해군에 승리함으로써 '무적함대'라 불리며 지중해와 대서양 항로를 독점하였다. 해외무역에서 영국과 대립하자 전함 127척, 수병 8,000, 육군 1만 9000, 대포 2,000을 가진 함대를 만들어 영국과 대결하였다. 영국의 엘리자베스 여왕은 하워드경을 사령관으로 하여 전함 80척, 병력 8,000으로 숫자에서 열세였지만 기동력이 좋은 훈련된 병력으로 플리머스 전쟁과, 그라블느 해전에서 대승하여 해상무역권을 갖게 되고 네덜란드 독립전쟁에도 기여하게 되었다.

<table>
<tr><th colspan="2">세계사 연표별 정리</th></tr>
<tr><th>연도</th><th>내　　　　용</th></tr>
<tr>
<td rowspan="4">1582년</td>
<td>【교황청】 그레고리력(Gregorian calendar, 현재의 태양력) 사용 교황 그레고리우스 13세가 1582년에 기존에 쓰이던 율리우스력의 역법상 오차를 수정해서 공포한 것으로 그레고리력에서는 윤년은 원칙적으로 4년에 한 번을 두되, 연수가 100의 배수인 때에는 평년으로, 다시 400으로 나누어 떨어지는 해는 윤년으로 하고 있다. 따라서 1년은 약 365.2425일이 되고, 태양년(회귀년)과의 차는 불과 3000년에 하루 정도가 된다. 그러나 이 역법은, ① 1개월의 길이에 불합리한 차이가 있으며, ② 주(週)와 역일(曆日)을 맺는 법칙이 없고, ③ 연초의 위치가 무의미하며, ④ 윤년을 두는 방법이 번잡하다는 등의 결점이 지적되고 있다.</td>
</tr>
<tr>
<td>로마력(Roman calendar) 고대 로마력은 초기에는 1년을 10개월의 304일로 하고, 한겨울에는 역일(曆日)이 없는 기간을 두는 것이었으나, BC 700년경 누마왕에 의해 1년을 12개월의 365일로 하는 태음력이 확립되었다. BC 300년경부터는 격년마다 2월의 23일과 24일 사이에 22~23일간의 윤달을 엇갈려 삽입하게 되었다. 즉 1년을 355일, 377일, 355일, 378일로 되풀이하는 식이다. 이 역은 BC 45년의 율리우스력으로 바뀔 때까지 계속되었다.</td>
</tr>
<tr>
<td>이집트력(Egyptian calendar) 이집트는 나일강의 범람으로 고통을 받자 나일강의 범람을 예상하여 파종시기, 수확시기를 알기 위해 일찍이 태양을 관찰하여 이집트력을 만들었다. BC 4200년 전에 1년을 365일, 12개월로 나누었다. 한달은 전부 30일로 하고 월에 속하지 않는 부가일 5일을 연말에 두어, 합계 365일로 하였다. BC 8년 로마의 아우구스투스에 의해, 4년에 1일의 윤일을 두는 법이 제정된 후, 이집트력도 그에 따라 4년마다 부가일을 6일로 하였다. 현재에도 이집트·에티오피아 등 각 나라의 민간에서 쓰인다.</td>
</tr>
<tr>
<td>율리우스력(Julian calendar) 율리우스 카이사르가 이집트 원정시 이집트력이 간편함을 반영하여 BC 45년 로마력을 개정한 것으로 1년을 평년 365일로 하여, 4년에 1일 윤일을 2월 23일 뒤에 넣었고, 춘분을 3월 25일로 고정시키려 했다.</td>
</tr>
<tr>
<td>1590년</td>
<td>【일본】 일본 통일 도요토미 히데요시(豊臣秀吉)가 8년 만에 일본을 통일시킴. 노부나가와는 반대로 패배한 적장을 관대하게 자신의 부하로 삼고 신분에 관계없이 발탁하였다.</td>
</tr>
<tr>
<td rowspan="3">1592년</td>
<td>【이탈리아】 오페라(Opera)탄생 음악을 중심으로 한 종합무대예술. 오페라는 원래 라틴어 오푸스(opus: 작품)의 복수형에서 유래되었으며 초기 명칭은 드라마인 무지카(dramma in musica) 또는 드라마 페르 무지카(dramma per musica)라고 하였다. 이것은 ‘음악에 의한, 음악을 위한 가극’을 의미하는데 나중에 오페라 인 무지카(opera in musica)가 되고 다시 오페라로 줄여서 부르게 되었음.</td>
</tr>
<tr>
<td>오페라 성악(아리아), 관현악(서곡, 전주곡, 간주곡) 등의 음악에 무용 등이 조화를 이룬 종합무대예술이며 음악적인 요소, 문학적인 요소(대사-레치타티보), 연극적인 요소(극의 구성과 연기), 미술적인 요소(무대장치, 의상) 등이 합쳐진 것을 말함. 16세기 말 이탈리아에서 시작되었고 작품 전체가 작곡되고 모든 대사가 노래로 표현되며 성악가들이 정통 클래식 창법(벨칸토라는 두성 발성을 사용)으로 노래한다.</td>
</tr>
<tr>
<td>뮤지컬 노래가 중심이 되어 무용과 연극적인 요소가 조화를 이룬 현대적인 음악극으로 뮤지컬의 대본은 보다 서민적, 일상적인 내용을 다루고 있다. 뮤지컬은 미국에서 탄생되었고 G. 에드워드가 제작한 “거리에서”(1892년 초연)를 첫 뮤지컬로 꼽는다.</td>
</tr>
<tr>
<td>1595년</td>
<td>【잉글랜드】 셰익스피어(William Shakespeare, 1564~1616) 4대 비극 탄생 영국이 낳은 세계 최고 시인 겸 극작가. 스트랫퍼드어폰에이번에서 출생, 초, 중등학교 때는 아버지가 읍장출신으로 부유했으나 가업이 기울어 학업을 중단하고 극작가가 됨. 흑사병이 유행할 때 극장 등이 폐쇄되면서 활동의 기회가 주어졌고 37편의 작품을 발표함.
4대 비극 햄릿(Hamlet), 리어왕(King Lear), 오셀로/오델로(Othello), 맥베스(Macbeth)
5대 희극 말괄량이 길들이기(The Taming Of the Strew in Shakespeare Re-told), 베니스의 상인(The Merchant of Venice), 십이야(The Twelfth Night), 한 여름밤의 꿈(A Midsummer Night’s Dream), 뜻대로 하세요(As You Like It)</td>
</tr>
<tr>
<td>1598년</td>
<td>【프랑스】 낭트(É칙령 공포) 왕 앙리 4세가 신교파인 위그노에게 조건부 신앙의 자유를 허용하면서 약 30년간 지속된 프랑스의 종교전쟁(위그노전쟁)을 종결시킨 칙령. 주요 내용은 ① 위그노의 예배는 용인되나 파리 시내에서는 금한다. ② 위그노에 대하여도 재산상속·대학입학·관리취임의 권리를 인정 ③ 위그노가 확보한 지역은 신앙상 자유를 허가함. ④ 신규교도 간의 분쟁 심리를 위해 특별법정을 고등법원 및 지방법원에 둔다. 이에 반발한 절대군주인 루이 14세는 1685년 전 조항을 폐지하고, 위그노의 종교적·시민적 자유를 전면적으로 박탈하였다. 이에 따라 신교도가 동요하여 약 40만 명이 영국·네덜란드 등으로 이주하였고 나중에 프랑스 혁명으로 이어짐.</td>
</tr>
</table>

세계사 연표별 정리

연도	내　　　　용
1600년	**【영국】 동인도회사 설립(~1858)** 영국·네덜란드 등이 동양에 대한 독점무역권을 부여받아 동인도에 설립한 여러 회사. **네덜란드 동인도회사(1602년)** 동인도의 여러 섬을 정복하고 특산품을 강제로 재배하게 해서 사들여 이 땅의 향신료무역을 독점했다. 그러나 영국과의 전쟁에 타격을 입고 향신료무역이 부진하자 식민지경영을 주로 하게 되었으며, 1799년에는 영토를 본국정부에 이양하고 해산함. **영국 동인도회사(1600년)** 면직물을 중심으로 한 인도무역에 주력을 쏟으며 프랑스와 경쟁하며 플라시전투를 승리한 후 인도무역을 독점하고 식민지화를 추진함. 그 후 경영난과 1773년 노스규제법에 따라 무역독점권이 폐지되고, 1858년 세포이의 항쟁이 일어난 뒤에는 영국 국왕의 통치로 기능이 정지됨. 의의: 무역과 상업 외에 외교교섭권과 군대동원령까지 가지고 국가대행기관의 역할을 하였으나 직원의 부패와 산업혁명이후의 자유주의 경제에 적응하지 못하고 세포이 항쟁의 책임을 물어 해체됨.
1603년	**【일본】 에도바쿠후(江戸幕府) 성립(~1867)** 도쿠가와 이에야스를 정이 대장군으로 임명. 도요토미가와 오오사카 성 전쟁을 통해 멸망시킴. 교토에서 가부키(歌舞伎)가 처음 시작됨.
1605년	**【스페인】 돈키호테 출판** 세르반테스는 16세기에 유행했던 중세 기사도 이야기를 풍자한 '돈키호테' 작품으로(주인인 돈 키호테와 산초 판자의 대화 중심)은 인간을 주제로 한 근대문학의 선구자적 의미를 가짐. 성경보다 많은 언어로 번역되었고 셰익스피어와 같은 날 죽음.
1609년	**【독일】 최초의 정규 신문 릴레이션(relation)지 발행** 독일의 스트라스부르크에서 4페이지 짜리 주간지로 발행됨. 부정기적인 최초의 인쇄 신문은 15세기 말에 나온 독일의 '플루크 블라트'이고, 1660년 최초의 일간지는 '라이프 치거 차이퉁겐', 1833년 미국의 '뉴욕선'지임(1부에 1센트로 '페니 프레스'라고도 함).
1610년	**【이탈리아】 지동설(地動説) 주장** 갈릴레오 갈릴레이가 천체 망원경을 만들어 목성과 지구가 태양의 주위를 돈다는 이론을 주장함. 300년 후에 존 폴 교황 때 이 이론이 인정을 받음.
1616년	**【후금】 후금의 건국** 누르하치가 여진(女眞: 만주족의 다른 이름) 여러 부를 통일하여 세운 나라로 금나라를 계승한다는 의미에서 후금이라 하였다. 명나라와 살이호(薩爾滸)전투에서 명군 10만을 격멸하고 랴오둥[遼東]을 공략한 후 천도하였다가, 1625년에 다시 선양[瀋陽]으로 도읍을 옮김. 그의 아들 홍타이지가 중국 정복을 노리며 한인들의 반감을 피하기 위해 국호를 1636년 청이라 하였다. 이것이 중국 최후의 통일왕조가 되었음.
1618년	**【신성로마제국】 30년전쟁(~1648) 시작** 독일에서 일어난 신교(프로테스탄트)와 구교(가톨릭) 간에 벌어진 종교전쟁임. 보헤미아왕 페르디난트 2세가 아우구스부르크 협정을 무시하고 신교도를 탄압하자 독일의 신교도 제후들이 반란을 일으킨 것으로 네덜란드, 영국, 프랑스는 신교를 지원하고 오스트리아와 스페인은 구교를 지지하여 싸우는 동안 독일청년의 3분의1이 죽었다. 각 나라들이 베스트 팔렌 조약을 맺어 전쟁이 종식됨. 베스트 팔렌 조약내용은 독일의 자치권을 허용하는 내용이므로 독일은 300여 개의 나라로 갈라지고 후에 철혈 재상 비스마르크가 나타나 통일이 되었다. 프랑스는 로렌, 알자스 지방을 얻고 스위스와 네덜란드는 독립을 맞이함. 이 전쟁은 최대의 종교전쟁으로 다음과 같이 구분된다. 제1기(1618~1620) 구교의 페르디난트 2세와 신교도 귀족들간의 싸움으로 바이서베르크 싸움에서 구교승리. 제2기(1625~1629) 독일 영토에 욕심이 있는 덴마크왕 크리스티안 4세는 영국 및 네덜란드로부터 군자금을 얻어 신교도군의 총수로서 독일에 침입하였으나 구교에 패배. 황제는 배상령을 내려 종교제후의 영지 회복과 루터파 공인. 1629년 뤼베크 조약으로 화해함. 제3기(1630~1635) 스웨덴왕 구스타브 2세가 신교를 옹호하고 라이프치히전투에서 황제군을 격파하였으나 뤼첸전투에서 전사함. 1635년 황제와 그리스도교군의 작센 선제후 사이에 프라하 회의가 성립됨. 제4기(1635~1648) 신교를 지원한 프랑스가 스웨덴과 연합하여 독일에 출병하고 에스파냐에 선전포고 했으며 1637년 황제위를 계승한 페르디난트 3세가 전세의 불리함으로 종전을 제의했다. 1648년 베스트팔렌조약이 성립되어 전쟁이 종식됨. 전쟁으로 인해 독일 제후국 내의 가톨릭·루터파·칼뱅파는 각각 동등한 지위를 확보하는 계기가 됨.
1625년	**【네덜란드】 국제법의 아버지 그로티우스(1583~1645)** 로테르담 시장으로 재직 중 종교투쟁으로 인해 종신금고 및 재산몰수의 형을 받고 프랑스로 탈출하였다. 그 후 스웨덴의 주프랑스대사가 되었다가 네덜란드에 귀국함. 법과 국가는 지상적인 것이지 천상적인 기원에 의하지 않으며 사람들 사이의 의견의 일치에 의해 국가가 성립한다는 것을 주장했다. 중세의 신학 및 스콜라학으로부터 국가 및 법을 해방시키는 데 기여하였으며, 그는 전쟁과 평화의 법(De Jure Belli ac Pacis) 3권에서 자연법적 국제법을 체계화하였다.

연도	내용
1628년	**【영국】 권리 청원(Petition df Right)제출** 의회가 찰스 1세 국왕에게 제출한 결의서로 국왕이 프랑스와 전쟁에 따른 재정상의 위기를 극복하고자 과세에 대한 동의의 대가로 왕의 독재 정치를 비판하고 '국민의 신체와 재산에 대한 불가침성'을 주장한 것으로 의회의 찬성없이 세금부과를 금하고, 국법에 따르지 않고는 구금하지 않고 군인을 개인집에 숙박시키지 않으며, 군법으로 국민을 재판할 수 없다는 내용이 포함되어 있다. 이는 대헌장(Magna Carta)에 이은 국민의 인권보장 법령으로 인정받고 있음.
1630년	**【인도】 타지마할 건립(~1648)** 인도의 대표적 이슬람 건축. 인도 아그라 지방의 자무나(Jamuna) 강가에 위치한 궁전 형식의 묘지. 무굴제국의 황제였던 샤 자한이 왕비 뭄타즈 마할을 추모하여 건축한 것으로 세계문화유산으로 지정되었다. 아내의 죽음을 애도하며 22년 동안 2만명이 동원되었고 국가 재정에 영향을 줄 정도의 거액이 투자되었다. 사랑으로 빚어낸 '찬란한 무덤' 건물 내부 1층에는 대리석으로 만든 왕과 왕비의 관이 있지만 유골이 없는 빈 관이다. 샤자 한과 뭄타즈 마할의 육신은 지하 묘에 안장되어 있다. 샤 자한은 타지마할이 완공된 후 10년 뒤에 막내아들 아우랑제브의 반란으로 왕위를 박탈당하고 아그라 요새의 무삼만 버즈탑에 갇혀 말년을 보냈다. 1666년 죽은 뒤에는 그토록 사랑하던 부인 옆에 묻혔다.
1631년	**【명】 이자성의 난 발생(~1640)** 명나라를 멸망시킨 농민반란으로 산시(陝西) 지방의 대기근으로 인한 굶주린 농민들이 폭동을 일으키고 재정난으로 역참(교통, 통신기관)을 폐쇄하자 생계를 잃은 역졸들도 가담하였다. 초기에 왕가윤 등 13명의 우두머리가 있었으나 이들이 체포된 뒤 이자성, 장충헌이 지휘권을 받아 명의 수도인 북경을 함락시켰다. 황제자리까지 오른 이자성은 명나라 군대 오삼계가 청군에 투항한 후 합세한 군에 패하고 1645년 호북성에서 자살함.
1636년	**【청】 청(淸)의 건국** 누르하치의 후계자 홍타이지는 후금의 국호를 청으로 고치고 팔기체제(八旗: 팔기군은 행정 및 군역을 담당하며 팔기군 중 상위 3개 깃발군인 정황기, 양황기, 정백기는 황제의 직속부대이고 나머지 5개의 깃발군은 제후들 소속이었음)를 갖추었음. 3대 순치제(順治帝)는 팔기군으로 명나라 수도였던 베이징을 점령한 후 수도로 삼았고, 4대 강희제는 8세로 즉위, 오배의 난, 삼번의 난을 진압하고 대만을 복속하여 진정한 중국 통일을 하였음. 러시아가 강점한 네르친스크를 회복하였고, 한자 5만여 자를 부수별, 획수별로 분류한 《강희자전》을 편찬함. 서양과 문물을 적극적으로 수용하였으며 아들 35명과 딸 20명이 있어 자식들 간의 권력투쟁이 심하였다. 5대 옹정제는 넷째 아들로 형제의 난에서 승리하고 청나라의 통치체제를 완비하였고 세금을 단일화하여 민생에 중점을 두었으며 백과사전인 고금도서집을 완성함. 옹정제는 하루 4시간밖에 자지않고 일하다 과로 때문에 세상을 떠났다고 함. 6대 건륭제는 몽골 제국을 제외한 중국의 역대 왕조 중에서 가장 큰 영토를 완성하였음. 그 이후 많은 해외원정과 황실의 사치로 쇠퇴하기 시작하였고 영국이 동인도 회사를 통해서 아편 무역을 시작하자 이를 반대하여 아편 전쟁이 일어났으며 1842년 남경조약으로 홍콩은 99년간 영국에 넘어갔으며 상하이 등 5개 항구가 강제 개항되는 계기가 됨. 1851년 홍수전(洪秀全)이 기독교 성격의 사회운동(만주족 지배로부터 한족의 독립 주장)인 태평천국 운동을 일으켰다. 홍수전은 서구 열강의 경계와 한족계를 앞세운 청나라 조정의 협공으로 자살하게 됨. 청은 2차 아편 전쟁 이후 중재역할을 한 러시아에 베이징 조약을 통해 연해주지방을 넘겨주었다. 1860년대 이후 서양문물을 받아들인 양무운동은 청프전쟁(1884~1885), 청일전쟁(1894)에서 모두 패배함으로써 실패로 끝났다. 결국 청나라는 신해혁명으로 인해 1912년 멸망하였고, 위안스카이가 중화민국의 대총통으로 취임하면서 그 영토를 계승하였고 1949년에 중국 본토가 중화인민공화국이 되고, 타이완 섬은 분리되어 중화민국이 되었음. **청의 중국 통치** 강경책과 회유책을 병용하고. 통치 조직으로 내각(대학사), 6부, 도찰원(감찰 기관)을 두고 군사 조직은 8기 제도(문주인, 몽골인, 한인), 녹영(한인 모집병)제 실시함. **청의 전성기** 성조(강화제) 러시아의 남하 저지-네르친스크 조약(1689), 세종(옹정제) 외몽골 국경 확정-캬호타 조약(1727),고종(건륭제) 최대 영토 **청의 쇠약** 관리의 부패와 8기병이 무력화되고 백련교도의 난으로 쇠망이 촉진됨.

세계사 연표별 정리

연도	내　　　용
1637년	【네덜란드】 **튤립 버블파동(Tulip buble)** 네덜란드에서 일어난 세계 최초의 투기로 인한 버블 경제 현상으로 터키원산의 튤립이 인기가 있자 투자가들의 튤립 사재기 현상이 벌어지고 특히 모자이크병이 걸린 '황제튤립'은 8만7000유로(약 1억6000만원)까지 치솟았음. 튤립은 재배 시간이 많이 걸리자 미래 어느 시점을 정해 특정한 가격에 매매한다는 선물거래가 등장하기도 하였음. 이 파동으로 네덜란드가 영국에게 경제대국의 자리를 넘겨주게 되는 한 요인이 되기도 하였고, 영국의 남해회사 버블, 프랑스의 미시시피 계획 버블과 함께 근대 유럽의 3대 버블로 꼽힘.
1640년	【영국】 **청교도 혁명(Puritan Revolution, 1642~1649)** 영국에서 청교도가 중심이 되어 일으킨 최초의 시민혁명. 스튜어트 왕조(제임스1세, 찰스1세)의 왕당파가 의회승인 없이 과세 및 청교도를 탄압하자 의회가 권리 청원을 제출하였다. 이에 찰스1세는 의회를 해산하여 왕당파와 의회파가 대립하였고 크롬웰이 이끄는 의회군이 승리하여 찰스 1세를 죽이고 공화정치를 선언하여 혁명에 성공하였다. 그러나 크롬웰의 독재에 의하여 1660년에 다시 왕정복고가 되었음.
1642년	【이탈리아】 **갈릴레이 죽음(1564~1642)** 이탈리아의 물리학, 천문학, 철학자로 진자의 등시성을 발견했고, 물체의 낙하 속도가 무게에 비례한다는 아리스토텔레스의 잘못을 증명하였으며 물체 운동론을 연구하여 관성의 법칙, 낙하 물체의 가속도가 일정하다는 사실 등을 밝힘. 1609년에 망원경을 제작하여 태양의 흑점, 달의 표면, 목성의 4개 위성을 관찰했고 그 결과가 지동설을 뒷받침한다고 공표하자 종교재판에서 유죄로 판결받음. 1979년 교황 요한 바오로 2세는 로마 가톨릭 교회의 실수를 인정하고 그를 복권시킴.
1647년	【프랑스】 **진공(眞空)의 존재** 주장. 파스칼은 토리첼리의 실험을 행한 이래, 진공에 관한 문제, 유체정역학에 관한 문제에 흥미를 가졌고, ≪진공에 관한 신실험≫을 발표하여 진공의 존재를 주장함. 진공은 직관적으로 아무것도 존재하지 않는 상태를 의미한다. 이는 아무것도 없는 무와는 다르며, 진공은 무와는 다르게 물질은 없지만, 공간은 있는 상태이다. 아리스토텔레스는 매질이 없으면 물체의 속도가 무한해져서 모순이 발생할 것이기 때문에 진공이 존재할 수 없다고 주장했다. 실험과학에서는 진공실험적으로 아무런 입자도 존재하지 않는 공간을 만들 수는 없기 때문에, 대기압보다 낮은 압력을 가지는 계는 전부 진공이라고 부른다.
1648년	【신성로마제국】 **베스트팔렌조약(Peace of Westfalen) 체결** 독일의 30년 전쟁의 종결로 맺어진 최초의 국제회의임. 영토 분할이 성사되어 스웨덴, 프랑스 및 스위스 연방이 독립을 인정받고, 신성로마제국은 멸망하였다. 합스부르크 왕가의 권력이 약화되고 에스파냐는 네덜란드를 잃고 서유럽에서의 영향력을 상실했으며, 대신 프랑스의 영향력이 강화되었음. **주요 내용** ① 프랑스가 알자스와 메스, 투르, 베르됭의 세 주교령을 얻음. 스웨덴은 서포메른과 브레멘대주교령, 페르덴 주교령 등의 영토를 얻음 ② 스위스와 네덜란드가 독립국 지위를 승인받음. ③ 아우크스부르크 화의가 승인되어 칼벵파도 루터파와 동등한 권리가 주어짐. 농노들이 영주와 종교가 달라도 종교 행사에 참가할 수 있음. ④ 독일의 제후와 제국도시들에 '황제와 제국을 적대하지 않는 한에서'라는 조건으로 상호 또는 외국과 동맹할 권리가 인정됨. ⑤ 베스트팔렌 조약에 대한 반대나 거부는 모두 백지화, 무효화한다고 선언하여 독일 문제에 교황이 개입하지 못하도록 하였음.
1650년	【프랑스】 **근대 철학의 아버지 데카르트 죽음(1596~)** 철학자, 과학자로 독일의 30년 전쟁에 참여했다. 푸아티에대학에서 법학을 공부했으나 수학자 베이크만을 통해 물리수학적 연구와 광학을 공부해 '빛의 굴절법칙'을 발견하였다. 데카르트는 수학자로서는 기하학에 대수적 해법을 적용한 해석기하학의 창시자로 알려졌다. 물체에는 무게라는 실재적 성질이 있기 때문에 떨어지는 경향이 있다고 설명하는 스콜라적 자연학에 동의하지 않았으며, 그의 형이상학적 사색은 이른바 방법적 회의(懷疑)에서 출발했다. 학문의 기초를 세우려면,조금이라도 불확실한 것은 의심해 보아야 하는데, 모든 것의 존재를 의심스러운 것으로 치더라도 의심을 하는 자신의 존재만은 의심할 수가 없다. 그래서 '나는 생각한다, 고로 나는 존재한다(cogito, ergo sum)'라는 화두를 제시함.

세계사 연표별 정리

연도	내용
1651년	**【영국】 항해조례(Navigation Act) 발표** 크롬웰이 영국의 상업과 해운업을 보호할 목적으로 항해조례를 발표함으로써 네덜란드 해상무역에 타격을 주었다. 이는 양국간의 전쟁의 원인이 되었으며 자유무역이 활발해지자 1849년 폐지됨. **주요내용으로는** 1. 유럽 이외 지방의 산물을 영국 및 그 식민지로 수입하는 경우에는, 영국이나 그 식민지 선박으로 수송할 것. 2. 유럽의 산물을 영국 및 그 식민지로 수입하는 경우에는, 영국 선박이나 산지국 또는 최초의 선적국의 선박으로 수송할 것. 3. 외국품의 선적은 산지국 또는 최초의 선적국 항구에 한한다는 것 등을 규정하였음.
1661년	**【프랑스】 베르사유 궁전(Chateau de Versailles)을 건립하기 시작(~1756)** 파리 남서쪽 베르사유에 있는 바로크양식의 궁전으로 원래 루이 13세가 지은 사냥용 별장이었으나, 1662년경 루이14세가 대정원을 착공하고 1668년 건물 전체를 증축하여 U자형 궁전으로 개축하고 1680년에 다시 증축하고 남쪽과 북쪽에 별관과 안뜰을 추가하여 전체길이가 680m에 이르는 대궁전을 완성함. 정원 쪽에 '거울의 방'이 있고, 궁전 중앙에 있던 방을 '루이 14세의 방'으로 지칭함. 거울의 방은 길이 73m, 너비 10.5m, 높이 13m인 회랑으로서 거울이 17개의 아케이드를 천장 부근까지 메워져 있고 천장은 프레스코화로 되어 있음. 궁정의식을 치르거나 외국특사를 맞을 때 사용되었으며, 화려한 내부장식을 한 '전쟁의 방'과 '평화의 방'으로 이어지며 프랑스식 정원의 걸작인 정원에는 루이 14세의 방에서 서쪽으로 뻗은 기본축을 중심으로 꽃밭과 울타리, 분수 등이 있어 주위의 자연경관과 조화를 이루고 있다. 기본 축을 따라 라톤의 분수, 아폴론의 분수, 십자 모양의 대운하 등이 배치되어 있음. **바로크양식** 16세기 말엽부터 18세기 전반까지 유행한 미술양식. 르네상스의 자연주의, 고전주의 양식에 대해서 감각적 효과를 노린 동적이고 격정적인 경향을 띠었다. 바로크란 부조리하고 부정형한 것을 뜻하는 것으로, 모멸적인 뜻을 담아서 18세기 프랑스에서 처음 붙여진 이름이다. 16세기 말부터 1660년 이전을 초기 또는 전기 바로크라고 하며, 이후를 후기 바로크로 구분한다. 초기 바로크 이후 종교 개혁의 격동을 거쳐서 절대주의 왕권이 전개되자 제주이트 파의 교회나 왕과 귀족의 궁정은 호화로운 가구나 찬란한 예술 작품으로 장식하였다. 대표적인 화가로 루벤스, 벨라스케스 등이 있으며, 후기 바로크는 루이 14세 때의 프랑스에서 발전하였다. 과장이 심하고 농후하고 화려하며, 격정적인데다 강렬한 빛의 뉘앙스로 색채의 승리를 구가했다. 회화뿐만 아니라 건축·조각·음악·문학에도 그러한 특징을 보이고 있다.
1662년	**【청】 문자의 옥(文字─獄, 1662~1795)** 청나라 강희·옹정·건륭시대에 일어난 필화사건. 필화사건은 모든 왕조에서 일반적으로 나타난 현상이었으나 이때에 특히 심한 이유는 청나라가 한족의 사상·전통과는 다른 만주족 왕조였기 때문이며, 당시 한족들이 서양을 동경하는 양이사상을 갖고 있기에 이를 꺾으려는 청의 노력 때문이었다. 필화사건의 예로는, 1663년의 장정롱 사건(莊廷鑨事件)인데 옹정제 시대에는 청조를 이적(夷狄)이라 비판한 여유량·증정의 사건이 있고, 강희시대인 1711년 저술한 남산집(南山集)에는 명나라의 연호를 사용하여 일족이 모두 사형된 대명세사건, 옹정시대인 26년 향시에 출제한 '유민소지'라는 글 속에 옹정제를 참수하려는 의도를 풍자하였다는 이유로 그의 무덤을 파헤치고 일족도 투옥된 사사정사건 등이 있었다. 건륭제 시대에 가장 심해서 사고전서(四庫全書)의 수집도, 그 목적의 일단은 내용의 검열에 있었다고 하며, 금서기준에 저촉되어 훼손된 것도 부지기수였다.
1664년	**【잉글랜드, 네덜란드】 뉴욕 탄생** 영국군이 네덜란드령인 아메리카의 뉴암스테르담을 점령하고 함대를 보낸 요크경의 이름을 따서 뉴욕이라 함.
1665년	**【잉글랜드】 만유인력(중력)의 법칙 발견** 뉴턴은 흑사병을 피해 외갓집에 머물면서 사과가 일직선으로 떨어지는 것을 보고 지구 중심에서 사과를 끌어들이는 것처럼 달도 끌어들인다는 것을 깨닫고 두 물체 사이의 중력의 힘을 규정하였다. 행성의 움직임으로 밀물과 썰물 등을 규명했으며 미적분학도 발표함. 뉴턴은 링컨셔의 울즈소프에서 태어났으며 아버지는 출생 전에 사망하였고, 어머니는 그가 3세 때 재혼하여 불운한 소년시절을 보냈음. 1661년 케임브리지대학교 트리니티칼리지에 입학하여 수학자 배로의 지도를 받았으며 광학과 역학에 관심이 많아 케임브리지대학에서 최초의 강의도 광학분야 이었음. 굴절광은 스펙트럼을 만들지만, 반사광은 그렇지 않다는 사실을 기초로 1668년 뉴턴식 반사망원경을 제작하였고 수학에서는 이항정리의 연구를 시작으로, 무한급수, 유분법을 발견하고, 이것을 구적 및 접선문제에 응용하여 오늘날의 미적분법(微積分法)을 1669년에 논문에 발표하였다.

세계사 연표별 정리

연도	내용
1672년	【프, 네】 **프랑스와 네덜란드 전쟁** 루이14세는 플랑드르 전쟁 때의 네덜란드의 방해와 해상을 독점한 네덜란드에 대한 적개심에서 무역독점을 타파하고 라인강까지 국경을 넓히려고 영국·에스파냐·독일 제후와 동맹함으로써 3국동맹(네덜란드·영국·스웨덴)을 파기하게 한 뒤, 10만 대군을 거느리고 네덜란드에 침입하였다. 네덜란드는 제방을 허물어 홍수작전을 전개하고 독일황제·에스파냐 왕과 손을 잡고 영국과도 화해하여 프랑스를 포위하고, 해전에서도 승리를 거두었음. 그 결과 네이메헌화약을 맺어서 네덜란드는 모든 영토를 수복하였으나 국토가 피폐해졌다. 프랑스도 프랑슈콩테와 플랑드르 남부의 약간의 도시를 획득하였다.
1673년	【청】 **삼번의 난**(三藩之亂, ~1681) 청나라 첫 한인 무장(오삼계, 상지신, 경정충) 등의 삼번이 일으킨 반란. 만주인의 왕조인 청나라가 중국 본토를 정복시 한인들의 도움, 특히 오삼계·상가희·경중명 등의 군단이 큰 공을 세우자 오삼계를 운남의 평서왕, 상가희를 광동의 평남왕, 경계무를 복건의 정남왕으로 봉하였다. 이들 삼번(三藩) 세력이 점차 커지고 군사·재정권을 갖으면서 청나라의 위협적인 세력으로 성장하자 강희제는 상가희가 요동으로 은퇴하였음을 핑계로 각 번의 해체를 명하자 가장 세력이 큰 오삼계가 반란을 일으키고, 이어서 경계무의 아들 경정충이, 상가희의 아들 상지신이 반란에 호응하였다. 각지에서 반청세력이 동조하여 한때는 양쯔강 이남 일대, 쓰촨·산시가 그들 지배에 들어갔으나 1678년 오삼계가 후난에서 고립되어 죽고, 그를 이은 오세번도 1681년에 자살함으로써 청조에 의해 평정되었다. 국내의 반청 세력이 일소되어 강희제에 의한 군주독재가 완성되었으며 ≪삼세의 봄≫이라는 청나라의 절정기가 도래함.
1675년	【잉글랜드】 **그리니치천문대**(Greenwich observatory) 런던 교외 그리니치에 설립되어 경도의 원점이 되었음. 찰스 2세가 천문항해술을 연구하기 위해 설립하여 태양·달·행성·항성의 위치관측을 하였고, 1884년 워싱턴국제회의에서 이 천문대 자오환(子午環)을 지나는 자오선을 본초자오선으로 지정하여, 경도의 원점으로 삼았다. 공해가 심해 관측이 곤란해지자 1945년 그리니치 남쪽 서섹스주 허스트몬슈로 이전하였고 1970년에 다시 카나리아제도의 라팔마스로 옮겨 관측업무를 수행하였다. 1990년에는 천문대 본부를 케임브리지로 옮겼다. 주요 관측기기로는 아이작 뉴턴망원경(지름 249cm 반사망원경) 신형 자오환, 사진천정통, 태양사진의, 분광태양사진 2.5m 반사경 등이 있음.
1678년	【프, 네】 **네이메헌화약**(Treaties of Nijmegen) 1678년 프랑스와 네덜란드의 종전후 네이메헌에서 맺은 조약. 네덜란드군의 승리로 피점령지구를 모두 수복하고 프랑스가 정한 고율의 수입관세를 낮추는 데도 성공하였다. 프랑스는 점령 중인 에스파냐령 프랑슈콩테의 할양을 승인하고, 북서부의 국경선을 캉브레·발렌셴·코에·모뵈주의 선으로 넓히었음.
1682년	【프랑스】 **베르사유 궁전으로 정부 이전** 파리 남서쪽에 있는 베르사유 궁전은 루이 13세 때 사냥을 위한 별궁으로 지었다가 루이 14세가 프롱드난(시민봉기로 왕권이 추락)이후 파리를 싫어해 이전함. 프랑스 혁명이 일어나는 1789년까지 사용했으며 루이 14세는 이 왕궁에서 성대한 파티를 밤마다 열고 유행을 창조시킴.
1688년	【영】 **명예혁명** 영국에서 일어난 무혈혁명. 국왕 제임스 2세가 전제정치를 강화하고 가톨릭교회를 부활시키려 하자, 의회 지도자들이 제임스 2세를 추방하고 네덜란드 총독 윌리엄을 새로이 왕으로 추대하여 권리장전을 승인케 하였다. 이처럼 피를 흘리지 않고 성취된 혁명이어서 명예혁명이라고 함.
1688년	【네덜란드】 **하멜의 '조선표류조난기'간행** 하멜은 1652년 네덜란드를 출발, 자카르타를 거쳐 일본으로 항해 중 폭풍을 만나 일행과 함께 제주도에 도착하였다. 전라남도 작천병영으로 이송, 감금되었다가 탈출하여 일본을 경유하여 1668년 7월 본국으로 돌아갔다. 하멜의 표류기는 일본에서 조사를 받고 본국으로 돌아가기 위하여 배편을 기다리던 2개월 동안에 메모 형식으로 썼다. 하멜은 이 글을 바타비아 총독에게 바쳤고, 1670년 불어로 번역되어 출간되었다. 내용은 관원에게 체포된 경위와 조선에서 머물때 겪은 일을 적고 있다. 또한 조선의 풍속 및 지리, 풍토, 산물, 군사, 법속, 교육, 무역 등 하멜이 직접 보고 들은 내용을 담고 있다. 하멜 표류기는 유럽에 조선을 소개한 최초의 자료로써 효종 시대의 정치, 사회상은 물론 효종의 북벌 의지를 엿볼 수 있는 귀중한 자료가 되었다. 한국명은 합매아(哈梅兒)이다.
1689년	【청】 **네르친스크 조약** 청나라와 러시아가 시베리아 네르친스크에서 맺은 국경 확정 조약. 17세기 중엽 러시아는 헤이룽 강 지방에까지 진출하고, 네르친스크, 아라진 등지에 성을 구축한 후 청과의 통상을 목적으로 수차례 베이징에 사절을 보냈으나 모두 실패하였다. 청은 삼번의 난이 진압되자, 러시아의 공격에 대비하기 시작하였고, 1685년에는 헤이룽강 북안의 알바진 성을 함락시켰다. 네르친스크로 후퇴한 러시아는 다시 알바진 성으로 진출하였고, 청이 다시 공격을 하던 중 휴전이 성립되었다. 그 결과 맺어진 조약이 네르친스크 조약이다. 그 내용은 1) 헤이룽 강의 외지류, 곧 고르비차 강과 외싱안링을 양국 간의 국경으로 정하고 알바진 성은 파괴할 것 2) 월경자의 인도와 처벌 3) 양국 민간인 사이의 교역의 자유 등을 규정하였다. 이 결과 청은 종래까지는 그들의 세력이 미치지 못했던 헤이룽 강 북안까지도 19세기 중엽까지 확보하게 되었고, 러시아는 베이징무역을 지속하게 되었다. 이 조약은 청이 유럽 국가와 체결한 최초의 것이며, 또한 대등한 조약으로 평가받았다.

세계사 연표별 정리

연도	내용
1689년	【영국】 **권리장전 제정** 명예혁명으로 왕위에 오른 윌리엄 3세에게 영국 의회가 요구한 법률안(의회승인 없이 조세 부과금지, 상비군 증감 등 왕권에 대한 의회권력의 우위 확립)으로 영국 최초의 성문법임.
1701년	【영국, 프랑스】 **스페인 왕위계승전쟁**(~1714) 프랑스 루이 14세의 손자인 앙주 공이 스페인의 왕위를 계승하는 것을 반대한 영국이 독일과 네덜란드와의 헤이그 동맹을 결성하여 프랑스와 전쟁을 일으킴. 이 전쟁은 위트레흐트 조약으로 마무리어 영국이 가장 큰 이득을 얻고 프랑스의 대륙 지배가 좌절됨.
1707년	【영국】 **대영제국 성립** 잉글랜드와 스코틀랜드가 합병해 대영제국이 성립함.
1713년	【네덜란드】 **위트레흐트 조약**(Treaty of Utrecht, 1713~1715) 네덜란드 위트레흐트에서 에스파냐계승전쟁을 종결시킨 조약. 프랑스·에스파냐가 교전국 영국·네덜란드·프로이센·포르투갈·사부아와 개별적으로 체결한 조약으로 1. 펠리프 5세의 에스파냐 왕위 및 여왕 앤의 영국왕위를 승인 2. 영국은 프랑스로부터 허드슨만·아케디아 등 미국 식민지 일부를 할애 받고, 에스파냐로부터 지브롤터·미노르카섬을 획득 3. 프랑스·에스파냐는 네덜란드의 상업상 특권을 승인 4. 프로이센은 프랑스로부터 게르데른 및 스위스의 약간의 토지를 할애 받음. 5. 식민지 브라질에 대한 포르투갈의 권리를 승인 6. 사부아는 시칠리아를 획득 이 조약으로 프랑스의 대륙지배 좌절되고 영국은 우위를 갖게 되었다. 프랑스와 독일 황제 및 독일 제후는 별도로 라스타트 및 바덴 조약을 체결하여, 오스트리아의 에스파냐령 네덜란드의 영유권을 인정하였고, 전전(戰前)의 라이스바이크조약에 따라 독일·프랑스의 국경을 확정하였음.
1720년	【영국】 **남해회사 버블 사건**(South Sea Bubble) 1720년 봄부터 가을에 걸쳐 영국에서 일어난 투기 과열 열풍에 의한 주가 급등과 급락 및 연속적인 혼란을 가져온 사건. 남해 회사는 아프리카의 노예를 스페인령 서인도 제도에 넘기고 영국 재정을 살리고자 설립한 특권 회사이었다. 무역이 순조롭지 못하고 복권 채권업이 성공을 거두자, 금융 회사로 성격을 바꿔 채권 인수 대가로 액면가에 해당하는 남해 회사 주식을 발행하여 1주당 가격이 100 파운드였던 것이 6개월 만에 1,050 파운드로 치솟았음. 이에 정부가 <거품 회사 규제법>을 만들자 주가가 폭락하였다. 뉴턴도 현 시가로 약 20억 원의 손실을 입고 "드넓은 우주의 면적은 측정할 수 있으나 인간의 광기는 측정할 수 없다"라고 푸념하였다. 이 사건을 계기로 세계 최초로 회계감사 제도가 등장하게 됨.
1721년	【프랑스】 **미시시피 계획 버블** 북미에 식민지를 건설한 프랑스가 세운 미시시피 강 주변의 개발 무역 계획으로, 회사의 실적이 저조함에도 주식 발행 가격의 30배까지 주가가 폭등하다 폭락한 사건. 스코틀랜드의 사업가 존 로는 미시시피 회사의 경영권을 획득하고 프랑스 정부로 부터 북아메리카와 서인도 제도와의 무역에 대한 25년 독점권을 받고 동인도회사, 중국 회사, 기타 프랑스 무역 회사를 합병하여 인도 회사를 만들자 회사의 주가가 500 리브르에서 1만 5천 리브르까지 치솟다가 신용 경색으로 다시 폭락함. 필리프 2세는 존 로를 해임하고 로는 외국으로 도망감.
1723년	【프랑스】 **로코코 양식**(1723년~1760년)유행 루이 16세 양식이라고도 하며 인공 동굴을 형성하는 바위의 단편이나, 조개 껍데기 장식을 뜻하는 로카이유로부터 나온 명칭임. 전체적으로 경아하고 여성적이며 귀족적인 맛을 풍기고 있다. 궁중의 장중성으로부터 해방된 인간의 쾌락의 추구·관능적 황홀·사랑의 공감을 표현하고 부셰의 그림이나 로코코인형에 그 특징이 잘 나타나 있다. 건축에서는 포츠담의 상 수시 궁이 대표적임.
1727년	【영국】 **뉴턴**(1642~1727) 영국의 물리학자·천문학자·수학자(광학 연구로 반사 망원경을 만들고, 빛의 입자설을 주장). 만유인력의 법칙과 뉴턴의 운동법칙을 발견했음. 흑사병이 유행일 때 뉴턴은 집에 돌아가 과수원 일을 하던 중 머리 위로 사과가 떨어지자 왜 사과가 일직선으로 떨어지는가에 대한 의문을 갖게 되고 행성을 포함해 우주의 모든 만물에 적용된다는 사실을 깨닫게 되었다. 저서로는 <자연 철학의 수학적 원리>가 있음.
1740년	【오스트리아】 **오스트리아 계승 전쟁**(1740~1748) 카를 6세 황제가 남자 후계자가 없을 경우 여자에게 상속을 인정하는 조항을 만들어 맏딸에게 모든 영토를 상속하자 프로이센(독일) 황제 프리드리히2세는 이를 빌미로 전쟁을 일으킴. 독일의 속셈은 풍부한 철광지대인 슐레지엔을 얻기 위했기 때문에 이를 슐레지엔 전쟁으로도 불림. 결국 오스트리아는 1742년에 독일의 슐레지엔 점령을 인정하여 프로이센을 잠시나마 중립으로 만듦.
1751년	【프랑스】 **몽테스키외 〈법의 정신〉** 저술 고등법원 판사출신으로 법의 정신을 통해 환경과 풍토가 인간생활에 미치는 영향을 분석해 왕정과 귀족정치 및 민주정치를 비교 대조했으며 삼권분립의 원칙을 프랑스에 소개함.

세계사 연표별 정리

연도	내용
1759년	**【영국】 대영박물관 창설** 런던의 블룸스 지역에 있으며 왕립학사원장을 지낸 의학자 한스 슬론이 제창해 창건되었음. 주요 전시품에는 프랑스에서 얻은 이집트의 고고학 자료, 타우네레, 엘긴 대리석 조각, 크니도스의 데메테르 여신상, 소크라테스의 소형상, 페리클레스의 반신상, 율리우스 카이사르 및 로마 제왕들의 흉상 등이 있고 아시리아의 날개 달린 황소, 칼데아의 유물, 헨리 8세 궁전의 금붙이 세간, 중앙아시아의 옥수스의 유보, 중국의 벽화·도자기 및 불상 등이 있음. 그밖에 성서의 알렉산드리아 사본, 색슨의 연대기, 마그나카르타, 옛날 인쇄·제본의 견본 등의 귀중한 문헌도 있음. 2000년에 한국관이 신설되었는데, 구석기 유물부터 청자·백자 등 조선 후기 미술품 250여 점이 있음.
1757년	**【오스트리아】 7년전쟁 시작**(~1763) 슐레지엔 영유를 둘러싼 유럽대국들이 싸운 전쟁으로 제3차 슐레지엔 전쟁이라고도 함. 오스트리아 왕위계승전쟁 때에 프로이센에게 슐레지엔을 빼앗긴 오스트리아의 마리아 테레지아가 군비를 증강하고 적대관계의 프랑스와 제휴하며 러시아 등과도 동맹을 맺고 프로이센과 대항함. 영국과 결탁한 프로이센의 프리드리히 2세는 초반에 승리하였으나 오스트리아·러시아 연합군에게 쿠네르스도르프 회전에서 패함. 일시적으로 베를린도 점령당했고 영국의 원조도 끊어져서 어려움을 겪는 차에 러시아의 엘리자베타 여제가 죽고 프리드리히를 경배하는 표트르 3세가 즉위하고부터는 형세가 바뀌어 1763년 2월 후베르투스부르크 화약이 성립되었다. 프로이센은 슐레지엔의 영유를 확인받게 되었고 그 결과 프로이센은 유럽 열강의 지위에 오르고 해외 식민지를 둘러싼 영국·프랑스 양국의 힘겨루기는 영국이 대식민제국으로서의 지위를 확립하기에 이름.
1760년경	**【청】 공행**(公行) 청나라 때 광주에서 서양인과 무역할 수 있도록 공식적인 허가를 받은 상인조합. 이들은 정부로부터 외국 상인들과의 무역을 독점할 수 있는 권한을 받아 수출품인 차와 비단, 수입품인 면화와 모직물 등을 거래하였다. 그 대신 정부에 큰 금액의 수수료를 내고 관세를 부과하였으며, 외국 상인들의 행동을 관리, 감독하였다. 공행은 서양인들의 무역 확대에 큰 장애가 되었는데, 1842년 아편전쟁 뒤 체결한 난징조약으로 폐지되었다.
1762년	**【프랑스】 루소 사회계약론**(社會契約論, Du contrat social) **저술** 원명은 ≪사회 계약, 또는 정치권의 원리 Du contrat social, ou principes du droit politique≫로 1762년 네덜란드에서 출판되었다. 민약론(民約論)이라고도 함. 루소는 저서에서, 자연 상태하에서 원래는 자유롭고 평등하던 인간이 사회계약을 통하여 사회 또는 국가를 형성하지만, 인간의 자유와 평등은 상실되는 것이 아니고, 최고의 의사인 일반의사 속에 구현된다고 주장하였다. 그의 정치사상은 프랑스혁명에 영향을 주었을 뿐만 아니라 근대 민주주의 사상의 고전으로 인정받음. 사회계약론은 17~18세기 홉스(T. Hobbes)·로크(J. Locke)·루소(J. J. Rousseau) 등의 자연법론자들에 의하여 주창되었다.
1765년	**【프랑스】 레스토랑**(Restaurant)**등장** 파리의 풀리 거리에서 블랑제라는 사람이 자신이 만든 스프(소뼈 이용), 닭고기, 양찜등을 레스토랑(원기를 회복시키다라는 의미)이라고 이름 붙여 판매하기 시작. **【중국】 중국은 1120년부터 식당 문화가 있었음.** **북경요리** 북경중심의 요리로 청나라시절 궁중요리라 하고 추운 날씨 탓으로 자극적이고, 기름에 튀기고, 불에 직접 굽는 요리가 특징 **남경요리** 양쯔강 하류를 중심으로 쌀을 중심으로 한 요리로 해안 및 호수를 근거로 수산물 요리가 특징 **광동요리** 더운 남부 지방을 중심으로 담백하고 풍미, 색채나는 요리로 뱀, 너구리 개, 곰 등의 요리가 특징 **사천요리** 운남 산간지방의 요리로 식품저장법이 발달하고 고추, 마늘 등 향신료 사용하는 야채 절임식품으로 돼지고기를 먹지 않고 양고기를 먹음.
1769년	**【영국】 산업혁명**(Industrial Revolution, ~1830년) 농업중심의 경제에서 공업중심의 경제로, 수공업에서 기계공업(방직기계를 시작으로)으로 전환된 시기를 의미. 19세기 후반 전기, 석유에 의한 중화학 공업의 발달을 2차 산업 혁명이라 하고 원자력의 이용을 3차 산업혁명이라 함. **영국에서 산업 혁명이 먼저 일어난 이유** 자본의 축적: 산업의 발달, 세계 무역의 패권 장악 풍부한 노동력 확보: 제2차 인클로저 운동의 결과 많은 자원: 석탄. 철 등 자원 풍부, 광대한 시장 확보 정치적 안정: 17세기 영국 혁명 이후 18세기에 안정을 이룩함. **기계의 발명** 면방직 기계 발명: 제니 방적기, 수력 방적기, 뮬 방적기 등 새로운 동력 이용: 제임스 와트의 증기 기관 개량

세계사 연표별 정리

연도	내　　　　　용
1769년	산업 혁명의 진행 과정: 면방직 공업→동력 혁명→제철 공업→기계 공업→교통. 통신 혁명 산업 혁명의 파급: 영국(18세기 후반) - 프랑스(19세기 전반) - 미국, 독일(19세기 중엽) - 러시아, 일본(19세기 말) **산업 혁명의 결과** 　공장 제도의 확립: 수공업에서 공장제 기계 공업으로 발전(대량 생산 체제 확립) 　자본주의 확립: 산업 자본주의 발달, 산업 자본가 대두 　신흥 도시의 발달: 인구의 도시 집중, 신흥 공업 도시 형성 　노동 문제: 저임금, 장기간 노동, 부녀자·미성년자 고용 　사회 문제: 노동자와 자본가의 대립, 사회주의 사상 대두
1773년	【영국】 **보스턴 차(茶)사건** 영국 국적의 선박에 실렸던 차가 보스톤 항에서 바다로 던져졌던 사건. 밀무역을 금지한 영국에 반발한 신대륙 상인들의 반발로 영국이 보스톤 항 폐쇄 등의 조치를 취함. 이에 식민지인들이 단합해 영국에 대항하려는 독립의 기운이 생기기 시작함. **보스턴 학살과 보스턴 차 사건** 두 사건 모두 미국독립전쟁의 도화선이 되었다. 보스턴 학살 사건(1770년 3월) 영국군 주둔지 숙사 앞에서 군중과 병사들의 충돌로 5명의 시민이 총에 맞아 죽은 사건. 1770년 2월에 영국군이 사고로 한 소년을 죽인 것이 계기가 되어 한 군인과 식민지 시민 사이에 말다툼이 벌어졌다. 화난 시민들에게 둘러싸인 군인을 구하려던 군인들이 무력을 사용했다.
1775년	【독일】 **괴테의 젊은 베르테르의 슬픔 완성** 시인, 소설가 극작가인 괴테(1749~1832)는 프랑크푸르트의 부유한 법률가 집안에서 태어남. 1775년에 바이마르 공화국에서 정치가로 활약했고 영국을 여행하면서 '영국기행' 등을 저술하여 독일 고전주의 대표작을 지음. 만년에는 문학을 제창하고, 자연과학에도 깊은 관심을 가져 '식물변태론' '색채론'을 남김. **고전주의, 낭만주의, 사실주의 비교** 　고전주의(19세기 초): 고대 문화를 이상으로 함. 　낭만주의(19세기 전반): 감정과 상상력을 강조하고 민족의 과거에 관심을 가짐. 　사실주의(19세기 후반): 현실의 인간과 생활을 사실대로 묘사함.
1776년	【미국】 **미국독립선언(7월 4일)전쟁** 영국이 보스톤 차 사건을 계기로 식민지 탄압을 하는 보복입법을 하자 13개주 식민지 주민은 대륙회의를 소집해서 1775년 영국군과 식민지 주민이 콩코드와 렉싱턴에서 무력충돌을 함으로써 독립전쟁이 시작됨(~1783년). 제퍼슨이 제창한 '독립선언서(Declearation of Independence)'를 대륙회의에서 승인하고 7월 4일 독립을 선언함. 독립선언서 내용: 인간의 평등과 생명, 자유, 행복추구의 권리를 천명하고 명예혁명을 정당화한 로크의 이론을 발전시킨 내용을 포함. **독립선언문** 1장 인류의 역사에서 한 민족이 다른 한 민족과의 정치적 결합을 해체하고 세계의 여러 나라 사이에서 자연법과 자연의 신의 법이 부여한 독립, 평등의 지위를 차지하는 것이 필요하게 되었을 때, 인류의 신념에 대한 엄정한 고려는 우리로 하여금 독립을 요청하는 여러 원인을 선언하지 않을 수 없게 한다. 2장 우리들은 다음과 같은 사실을 자명한 진리로 받아들인다. 즉 모든 사람은 평등하게 태어났고, 창조주는 몇 개의 양도할 수 없는 권리를 부여였으며, 그 권리 중에는 생명과 자유와 행복의 추구가 있다. 이 권리를 확보하기 위하여 인류는 정부를 조직했으며, 이 정부의 정당한 권력은 인민의 동의로부터 유래하고 있는 것이다. 또 어떤 형태의 정부이든 이러한 목적을 파괴할 때에는 언제든지 정부를 개혁하거나 폐지하여 인민의 안전과 행복을 가장 효과적으로 가져올 수 있는, 그러한 원칙에 기초를 두고 그러한 형태로 기구를 갖춘 새로운 정부를 조직하는 것은 인민의 권리인 것이다. 3장 국왕은 공익을 위해 대단히 유익하고 필요한 법률을 허가하지 않았다. 　국왕은 긴급히 요구되는 중요한 법률이라 할지라도 그가 동의하지 않으면 시행해서는 안 된다고 식민지 총독에게 명령했다. 이렇게 하여 시행이 안 된 법률을 허가할 수 없다고 했다. 　국왕은 우리를 괴롭혀 결국은 그의 정책에 복종시키기 위하여 입법 기관의 양원을 공문서 보관소로부터 멀리 떨어진 유별나고 불편한 장소에 동시에 소집했다. 　국왕은 인민의 권리를 침해한 데 대하여 민의원이 단호하게 반발하면 몇 번이고 민의원을 해산했다. 　국왕은 민의원을 이렇게 해산한 뒤 오랫동안 대의원의 선출을 허가하지 않았다. 그러나 입법권이라는 것은 완전히 폐지할 수는 없으므로, 입법권은 결국 인민 일반에게 돌아와 다시 행사하게 되었지만, 그동안에 식민지는 내우외환의 온갖 위협에 당면하지 않을 수 없었다.

세계사 연표별 정리

연도	내　　　　　용
1776년	국왕은 식민지의 인구를 억제하는 데에도 힘을 썼다. 이를 위하여 외국인의 귀화법에 반대했고, 외국인의 이주를 장려하는 법률도 허가하지 않았으며, 토지를 새로이 취득하는 데에도 여러 가지 조건을 붙여 까다롭게 했다. 국왕은 사법권을 수립하는 데 관한 법률을 허가하지 않음으로써 사법 행정에도 반대했다. 국왕은 판사의 임기, 봉급의 액수와 지불에 관해 오로지 국왕의 의사에만 따르도록 했다. 국왕은 우리들 인민을 괴롭히고 인민의 재산을 축내기 위하여 수많은 새로운 관직을 만들고, 수많은 관리를 식민지에 보냈다. 국왕은 평화시에도 우리의 입법 기관의 동의 없이 상비군을 주둔시켰다. 국왕은 다른 기관과 결탁하여 우리의 헌정이 인정하지 않고 우리의 법률이 승인하지 않는 사법권에 예속시키려 했고, 식민지에 대하여 입법권을 주장하는 영국 의회의 여러 법률을 허가했다. 즉, 대규모의 군대를 우리들 사이에 주둔시키고, 군대가 우리들 주민을 살해해도 기만적 재판을 해서 이들을 처벌받지 않도록 하고, 우리와 전 세계와의 무역을 차단하고, 우리의 동의 없이 세금을 부과하고, 수많은 사건에서 배심 재판을 받는 혜택을 박탈하고, 허구적인 범죄를 재판하기 위하여 우리를 본국으로 소환하고, 우리와 인접한 식민지에서 영국의 자유로운 법률 제도를 철폐하고, 전제적 정부를 수립하여 다시 그 영역을 넓혀 이 정부를 모범으로 삼아 이 식민지에도 동일한 절대적 통치를 도입하는 적절한 수단으로 하고, 우리의 특허장을 박탈하고, 우리의 귀중한 법률을 철폐하고, 우리의 정부 형태를 변경하고, 우리의 입법 기관의 기능을 정지시키고, 어떠한 경우든 우리를 대신하여 법률을 제정할 수 있는 권한이 있다고 선언하는, 이러한 법률을 허가한 것이다. 국왕은 우리를 그의 보호 밖에 둔다고 선언하고, 우리에게 전쟁을 벌임으로써 식민지에 대한 통치를 포기했다. 국왕은 우리의 바다에서 약탈을 자행하고, 우리의 해안을 습격하고, 우리의 도시를 불사르고, 우리들 주민의 생명을 빼앗았다. 국왕은 가장 야만적인 시대에도 그 유례가 없고 문명국의 원수로는 도저히 어울리지 않는 잔학과 배신의 상황을 만들고, 이와 더불어 이미 착수한 죽음과 황폐와 포학의 과업을 완수하기 위하여 이 시간에도 외국 용병 대부대를 수송하고 있다. 국왕은 해상에서 포로가 된 우리들 동포 시민에게 그들이 사는 식민지에 대하여 무기를 들거나, 우리의 벗과 형제 자매의 사형을 집행하거나, 그렇지 않으면 그들의 손에 죽기를 강요했다. 국왕은 우리들 사이에 내란을 선동했고, 변경의 주민에 대하여는 연령, 남녀, 신분의 여하를 막론하고 무차별로 살해하는 것을 전쟁의 규칙으로 하는, 무자비한 인디언을 자기편으로 하려고 했다. 4장 이러한 탄압을 받을 때마다 그때그때 우리는 겸손한 언사로써 시정을 탄원했던 것이다. 그러나 우리의 여러 차례의 진정에 대하여 돌아온 것은 여러 차례의 박해에 지나지 않았다. 이와 같이 그 성격이 모든 행동에 있어서 폭군이라는 정의를 내리지 않을 수 없는 국왕은 자유로운 인민의 통치자로서는 적합하지 않은 것이다. 우리는 또한 영국의 형제 자매에게도 주의를 환기시키는 데 부족함이 없었다. 우리는 영국 의회가 우리를 억압하려고 부당한 사법권을 넓히려고 하는 데 대하여도 수시로 경고를 했다. 우리는 우리가 아메리카로 이주하여 식민을 하게 된 제반 사정을 다시 한 번 상기시켰다. 우리는 그들의 타고난 정의감과 아량에 대하여도 호소한 바 있었다. 그리고 그들의 피를 같이 나누고 있다는 것에 호소하여 우리와의 연결과 결합을 결국에는 단절시키는 것이 불가피한 이러한 탄압을 거부해 줄 것을 탄원하기도 했다. 그러나 이들 또한 정의와 혈연의 소리에 귀를 기울이지 않았다. 그러므로 우리는 우리가 영국으로부터 독립해야 할 사정을 고발할 필요성을 묵묵히 받아들이면서 세계의 다른 국민에게 대하듯이 영국인에 대하여도 전시에는 적으로, 평화시에는 친구로 대하지 않을 수 없다는 것을 주장하는 바이다. 이에 아메리카의 연합 제 주의 대표들은 전체 회의에 모여서 우리의 공정한 의도를 세계의 최고 심판에 호소하는 바이며, 이 식민지의 선량한 인민의 이름과 권능으로써 엄숙히 발표하고 선언하는 바이다. 이 연합한 제 식민지는 자유롭고 독립된 국가이며, 또 권리에 의거하고 자유롭고 독립된 국가여야 한다. 이 국가는 영국의 왕권에 대한 모든 충성의 의무를 벗으며, 대영제국과의 모든 정치적 관계는 완전히 해소되고 또 해소되어야 한다. 따라서 이 국가는 자유롭고 독립된 국가로서 전쟁을 개시하고 평화를 체결하고 동맹 관계를 협정하고, 통상 관계를 수립하여 독립 국가가 당연히 해야 할 모든 행동과 사무를 할 수 있는 완전한 권리를 갖고 있는 바이다. 우리들은 이에 우리의 생명과 재산과 신성한 명예를 걸고 신의 가호를 굳게 믿으면서 이 선언을 지지할 것을 서로 굳게 맹세하는 바이다. **【영국】 스미스의 국부론 출간** 스미스(1723~1790)는 사회 과학자로 고전파 경제학자의 시조임. 국부론에서 개인의 이기심에 기초한 자유경쟁을 주장해 신흥 부르주아지에게 정신적 지주가 됨. 사회발전은 노동을 통한 생산력의 발전에 호응한다고 하는 사상을 중심으로 자본주의 경제 이론을 체계화함.

세계사 연표별 정리

연도	내 용
1778년	【프랑스】 **루소(~1712)사망** 스위스 제네바에서 출생한 루소는 방랑생활을 한 뒤 파리에서 작품생활을 함. '사회계약론' '에밀' 등 저술의 자유와 평등의 원칙을 제창하였으며 문명 사회의 퇴폐를 지적하며 자연으로 돌아가자고 주장함. 사회를 이루는 것은 인간들 사이의 계약이라는 주장 아래 인민 주권론을 제창함.
1779년	【네덜란드】 **광합성 작용 발견** 잉겐호우스(Jan Ingenhousz, 1730. 12. 8~1799. 9. 7) 의사·화학자·식물생리학자. 1779년 ≪식물에 관한 실험≫이란 논문에서 식물이 탄산가스를 흡수하여 산소를 배출하는 작용은 식물의 녹색 부분만의 능력에 의한 것이며, 이 작용은 식물 자체의 탄소원을 섭취하기 위한 영양작용이라는 것과, 어두운 곳에서는 딘신가스의 배출만이 확인된다는 것을 밝혀냈다. 이는 식물이 산소를 만들고 생물이 육상에 살수있음을 입증하는 중요한 의미를 밝혀냈다. 주요저서 ≪식물의 호흡작용≫
1781년	【독일】 **칸트의 순수 이성비판 완성** 근대 독일 철학의 완성자 칸트는 데카르트의 합리주의와 영국의 경험론을 인식의 소재와 사상 형식으로 받아들여 비판 철학을 집대성함.
1783년	【미국】 **독립승인을 인정받음** 미국은 영국과의 전쟁에서 초기 열세였으나 프랑스, 스페인의 도움을 받아 새러토가와 요크타운 전투에서 승리함으로써 승기를 잡음. 파리조약으로 영국은 미국의 독립을 승인하여 캐나다와 플로리다를 제외한 미시시피강 동쪽 지역을 넘겨줌.
1789년	【미국】 **초대 대통령 워싱턴 선출** 조지 워싱턴(1732~1799년)은 미국 건국의 아버지로 불리우며, 버지니아주에서 부유한 지주의 아들로 태어났음. 토지측량관으로 있다가 1754년 7년전쟁(프렌치인디언전쟁)에 참가하였다. 버지니아의회 의원으로서 인지조례(印紙條例)의 반대를 관철시켰으며, 타운센드법을 반대하다 의회가 해산당하게 되자 영국상품 불매동맹을 결성하였다. 1775년 제2회 대륙회의에 버지니아의 대표로 참석하고, 이 회의에서 무력항쟁이 결의되자 그는 독립혁명군 총사령관에 임명되었다. 1781년 10월 프랑스군의 원조를 받아 요크타운전투에서 승리를 거두고 독립전쟁을 성공으로 이끌었다. 1787년 헌법제정회의가 열리고 새로운 연방헌법에 의하여 1789년 대통령에 당선되고 같은 해 4월 30일 초대 대통령에 취임하였다. 정견을 달리한 A. 해밀턴과 T. 제퍼슨을 각각 재무장관과 국무장관으로 기용하여 국내 재정정책의 수립과 외교정책의 정비를 담당하게 하였고 1793년에 발발한 프랑스와 영국과의 전쟁에 대해서는 해밀턴의 의견을 받아들여서 중립을 선언하고, 유럽의 분쟁에는 개입하지 않는다는 전통적인 고립주의 외교정책을 수립하였다. 1796년 3선 대통령으로 추대되었으나 민주주의 전통을 세워야 한다는 이유로 끝내 사양하였다. 미국의 기반을 굳게 한 그의 공적은 높이 평가되고 있다.
1789년	【프랑스】 **프랑스 혁명** 1789년 7월부터 1799년 나폴레옹 정부까지의 정치사를 의미함. 앙시앙레즘(구제도)의 모순으로 국가재정의 궁핍과 계층간 격차가 원인되어 시작되었다. 루이 16세가 과세의 승인을 얻기 위해 160년 이상 소집하지 않은 삼부회(1부성직자, 2부귀족, 3부평민)를 소집하나 뜻대로 되지 않았다. 3부인 평민들은 국민회의를 결성하고 이를 해산하고자 하는 정부에 반발하여 바스티유 감옥을 시민들이 점령함. 국민회의에서 지롱드파가 정권을 잡고 국내의 불만을 돌리기 위해 오스트리아와의 전쟁을 선포하였다. 이때 의병들이 노래한 '라마르세유'가 프랑스 국가가 되었음. 급진적 자코뱅파가 정권을 잡고 독재 공포정치를 추진하자 테르미도르의 쿠테타로 막을 내리고 총재 정부가 수립됨. 1799년 나폴레옹이 총재 정부를 쿠테타(18일의 브뤼메르 쿠테타)로 무너뜨리고 통령정부를 세움으로 프랑스 혁명의 막을 내림.
1796년	【영국】 **종두법 개발** 의사 제너는 소 젖 짜는 여인이 우두(소의 부스럼)에 걸렸기 때문에 천연두(급성 전염병으로 고열, 발진, 곰보등)에는 걸리지 않는다는 말에 착안하여 소의 우두를 인간에 접종하여 천연두를 예방시킴. 20세기에만 해도 천연두 사망자는 최소한 3억 명 이상이었으며 천연두의 역사로는 BC 3000년경 이집트의 미이라에서도 흔적이 있었고, 인도에서는 BC1500년경, 중국에서는 기원전 1100년 경에 천연두로 추정되는 기록이 있음. 에드워드 제너는 제임스 피프스라는 소년에게 소 젖 짜는 여자의 손에서 채취(그녀에게 우두를 옮긴 '블로섬'이란 암소의 가죽은 훗날 우두법의 발견을 기념하여 세인트조지 의과대학에 기증됨)한 고름을 피프스의 양팔에 낸 상처에 주입하여 그 효과를 확인하였음. 제너는 이를 토대로 우두에 천연두 예방 효과가 있음을 확신하게 됨. 제너는 영어의 '우두'(cowpox)를 라틴어로 '바리올라에 바키나에'(Variolae vaccinae, 소 천연두)라고 표현했는데,라틴어의 '바카'(vacca)는 '소(牛)'라는 뜻임. 여기서부터 '예방접종'(vaccination)과 '백신'(vaccine)이라는 단어가 비롯되었다. 제너가 우두법을 개발하자 한 때 "소 고름을 맞으면 사람이 소로 변한다"는 헛소문이 돌기도 하였고 1805년에 나폴레옹이 전쟁을 앞두고 전군에 우두접종을 실시하였다.
1799년	【이집트】 **로제타석 발견** 나폴레옹의 이집트 원정시 사관 보사르가 발견하여 이집트의 문명(의학, 천문학, 기하학, 정부 조직체계등)이 밝혀짐. 한 가지 동일한 내용을 3가지 문자로 표현(상단은 상형문자로 자연계의 사물을 그림으로, 중단은 디모틱이라는 민중 문자, 하단은 그리스어로)함. 국왕의 업적을 칭송하는 내용이 적혀 있음.

세계사 연표별 정리

연도	내　　　용
1804년	【프랑스】 **나폴레옹 1세 즉위**(~1814) 1804년 노틀담 대성당에서 제관식 때 교회의 손을 빌리지 않고 스스로 관을 쓰며 황제가 됨. 트라팰카 해전에서 영국의 넬슨에 패하기는 하지만 중부 유럽에서 연승을 거두고 유럽민중의 해방군으로 환영을 받았음. 민중이 자유와 독립을 원하자 압정자로 변하고 영국과 프로이센군과의 워털루 전쟁에서 패하고 '세인트헬레나'섬에 유배되어 52세로 죽음.
1806년	【프랑스】 **베를린 칙령 발표** 나폴레옹 1세가 영국을 경제적으로 봉쇄시키기 위하여 내린 칙령으로 대륙봉쇄령이라고도 함. 이 칙령은 영국과의 통상·통신을 금지한다는 것을 비롯하여 점령지대의 영국인을 포로로 하고 그들의 상품을 몰수하며, 영국 및 그 식민지로부터의 상선을 머물지 못하게 하는 것을 규정하여 영국뿐만 아니라 여러 나라에 고통을 주었다. 나폴레옹이 그 선봉인 러시아를 꺾기 위하여 러시아 원정을 감행하였으나 실패로 끝나 나폴레옹 1세는 몰락하게 됨.
1807년	【프로이센】 **피히테가 '독일국민에게 고함'**(Reden an die deutschen Nation) 나폴레옹과의 전쟁에서 패한 프로이센이 위기에 처하자 철학자 J. G. 피히테가 적군의 점령하에 있는 베를린학사원 강당에서 행한 우국 대강연으로 1807년 12월부터 이듬해 3월까지 매주 일요일에 있었다. 이 강연을 통해 피히테는 독일 재건의 길은 국민정신의 발로에 있음을 강조하여 독일 국민의 사기 진작에 커다란 힘이 되었다.
1811년	【영국】 **러다이트(Luddite) 운동** 1811년과 1812년 사이에 일어난 노동자의 대규모 기계부수기 운동. 요크셔·랭커셔에서 섬유기계가 파괴되었다. 그들의 임금은 빵 한 개 값으로 가족 부양이 어려웠다. 당시 정부가 자본가와 결탁하여 단결금지법을 제정하였기 때문에 노동자들은 단체행동을 하지 못했다. 그래서 자본가에게 빌려 사용하던 기계를 파괴하게 되었다. 그 결과 정부가 자본가들의 편에 서서 주동자를 처형하자 시민들의 투쟁자금 모금운동이 일어났다. 결국 자본가들은 노동자들의 권리를 인정하기 시작했고, 노동자들 또한 폭력투쟁으로는 한계가 있음을 깨닫고 의회민주주의로 투쟁하였는데, 이를 차티스트 운동이라고 부른다. **러다이트와 차티스트 비교** |	러다이트(Luddite)	차티스트(Chartist) | 운동 주최 — 섬유노동자들 / 노동자와 노동계지도자 운동 형태 — 자본가에 대항한 계급투쟁 / 의회민주주의 추구, 보통선거를 통한 사회운동 운동 방법 — 투쟁을 위한 물리적 행동 / 서명운동, 인민헌장 등 평화적 운동 결　과 — 지식인들의 합류로 차티스트운동으로 연계 / 노동자 지도자들의 사상 불일치로 쇠퇴
1812년	【프랑스】 **통조림 발명** 나폴레옹이 변질되지 않는 음식을 제공하는 자에게 포상하고자 공모하자 제과업자인 아페르가 개발하여 코르크 마개를 사용한 병조림을 개발하였고 1810년 영국의 듀랜드가 양철 밀봉용기로 특허를 받음. 【프랑스】 **러시아 원정 실패** 프랑스가 영국을 고립시키기 위해 대륙봉쇄를 하였으나 러시아가 밀수를 하자 나폴레옹이 러시아를 침공하여 모스크바를 점령하였으나 추위(영하16℃)와 본국의 반란 계획으로 인해 퇴각함(원정으로 60만 대군 가운데 4만 귀환). 이 원정의 실패로 여러 국가들이 동맹을 결성하고 나폴레옹의 몰락의 계기가 됨.
1815년	【프랑스】 **100일 천하**(Les cent jours) 1815년 3월 20일 엘바섬에서 빠져나온 나폴레옹이 파리에 들어가 제정을 부활한 뒤부터 6월 29일 워털루전투에서 패배하여 퇴위한 때까지 약 100일간의 지배를 말함. 1814년 4월 나폴레옹이 동맹군에 패배한 뒤 프랑스에서는 왕정이 다시 실현되어, 루이 18세가 왕위에 오름. 나폴레옹은 엘바섬에 유배되었으나, 니스 남쪽의 주앙만에 몰래 상륙하여, 옛 부하였던 농민의 구원으로 파리에 돌아와서 다시 제위에 오름. 나폴레옹은 뱅자맹콩스탕에게 새 헌법을 만들게 하고 양원제 의회를 설치, 책임내각제를 실시하자 프로이센·오스트리아·러시아·영국 등 동맹국들은 웰링턴 휘하에 20만 명이 넘는 대군을 집결시키고, 벨기에의 워털루에서 나폴레옹군을 격파하였다. 나폴레옹은 또다시 세인트헬레나로 유배되었으며, 그곳에서 생을 마침.
1823년	【미국】 **먼로주의 선언** 미국 5대 대통령인 먼로는 유럽각국이 아메리카 대륙에 간섭하는 것은 미국에 비우호적 조치로 간주한다는 내용으로 러시아나 영국을 견제하는 의미로 해석되며 19세기 미국 외교의 기본 방침이 되었다. 먼로주의는 두 가지 배경을 갖고 있다. 하나는 1821년 러시아가 북위 51°이북의 북미 태평양지역을 러시아령으로 한다는 포고를 하였는데, 이에 대해 미국 국무장관 애덤스는 신대륙은 이미 유럽 식민의 대상이 되지 않는다는 식민주의의 부정을 표명하였다. 한편 영국은 1810년대에 에스파냐로부터 독립한 라틴 아메리카 여러 나라에 대한 열강, 특히 프랑스의 간섭을 두려워하여 23년에 외무장관 C. J. 캐닝을 통해서 간섭반대의 영미 공동선언을 제안하였다. 그러나 영국에 대한 불신감으로 미국의 단독선언을 주장한 애덤스의 의견이 채택되어 그 해 12월 2일, 대통령 먼로는 의회에 대한 교서에서 앞의 식민지주의의 부정을 되풀이함과 동시에 미국과 유럽의 상호불간섭의 원칙을 표명하고, 라틴 아메리카 제국에 대한 모든 간섭도 미국에 대한 모든 간섭도 미국에 대해 비우호적인 태도로 간주한다고 선언하였다.

세계사 연표별 정리

연도	내용
1826년	**【프랑스】 최초의 사진** 요셉 니에스는 카메라('어두운 방'이라는 어원)를 통해 비둘기집, 빵굽는 집 등 풍경을 사진으로 담는데 성공하였고, 1866년 미국의 은행원인 이스트는 휴가시 카리브해의 전경을 담기 위해 카메라 개발에 성공하여 코닥 카메라를 선보이고 회사를 설립함.
1835년	**【덴마크】** 안데르센이 '안데르센' 동화집을 지음.
1837년	**【프로이센】 최초로 유치원 설립** 독일의 교육학자인 프뢰벨이 스위스 교육자 페스탈로치의 사상에서 영감을 얻어 아내와 함께 유치원을 열고 킨더가든(kindergarten: 어린이의 정원)이라 함.
1838년	**【영국】 차티스트 운동(Chartist, 1838~1848년)** 영국에서 노동자층을 중심으로 전개된 정치 운동으로 노동자들이 1832년의 선거법 개정에서도 선거권을 얻지 못하자, 선거권 획득을 위해 런던, 버밍엄을 중심으로 전국적인 운동이 전개되어 수백만 명의 서명을 얻어 의회에 청원하였다. 그러나 지도자간의 분열, 사상의 불일치, 정부의 탄압 때문에 프랑스 2월 혁명을 고비로 하여 급격히 쇠퇴하였다. 하지만 최초의 사회주의 운동으로 중요한 의미를 갖고 있으며 이후 지속적인 선거권 획득 운동을 통하여 1928년에 여성에게까지 선거권이 확대되어 보통 선거가 확립되었다. **인클로저(enclosure)운동** 미개간지·공유지 등 공동이용이 가능한 토지에 담이나 울타리 등의 경계선을 쳐서 남의 이용을 막고 사유지로 하는 일. **1차 인클로저 운동** 18세기 산업혁명이 일어날 당시 모직물 공업이 육성되자 중세의 소규모 자영농들이 서로 합쳐 대규모 목장을 만들었다. 가난한 농민들은 일자리를 잃게 되어 도시로 대거 이동을 하였다. 이런 문제가 심각하자 국가에서는 여러가지 금지 조치를 취하므로 인클로저 운동은 별로 큰 효과를 보지 못함. **2차 인클로저 운동** 산업혁명시 기계의 발명으로 농업생산이 기계화되어 농업 자본가가 농업 노동자를 고용하여 농업 생산을 하는 농업의 자본주의화가 진행되었다. 그 결과 중농층인 자영농이 거의 몰락하게 되었다. 이를 농업혁명이라고도 한다.
1842년	**【영국, 청】 아편전쟁 발발(Opium Wars)** 청나라의 아편 수입 금지를 구실삼아 영국이 전쟁을 일으킴. 영국의 승리로 난징조약(南京條約)이 맺어져 홍콩을 할양(~1997년)하고 상해를 포함한 5개항을 개항함. **제1차 아편 전쟁**(1840~1842) 전쟁 직전 청은 이미 옷감 제조 기술을 갖고 있어 영국산 방직물을 수입할 필요가 없자, 영국 상인들은 아편 무역을 통한 이윤 창출을 고안하고 청나라 하층민들에 아편을 팔았다, 청나라는 임칙서를 내세워 강력한 아편 단속 정책을 펼치고, 마약상들을 홍콩으로 쫓아내자 반발한 영국이 무역항을 확대한다는 명분을 내세워 전쟁을 일으킴. 영국의 승리로 종결되어 난징조약 체결과 홍콩의 할양, 광둥 이외의 다섯 항구를 추가 개항하도록 하는 성과를 얻어냄. **제2차 아편 전쟁**(1856~1860) 일명 애로호 전쟁으로 제1차 아편 전쟁 이후에도 청나라의 개방이 기대에 못 미치자 영국이 애로호 사건(청의 관리가 애로우호에 탑선해 있던 선원 12명을 해적혐의로 연행하고, 배에 걸려있던 영국의 국기를 내림)을 일으켜 프랑스와 구성한 연합군으로 광저우를 침략하고 러시아군과 함께 톈진을 점령하여 불평등 조약인 톈진 조약을 맺음. 톈진조약은 청나라가 영국과 프랑스에게 배상금을 지급하고 개항 항구를 확대하며 아편 무역을 합법화하고 기독교를 공인하는 내용도 포함. 영국군과 프랑스군은 톈진조약 체결 후에도 청나라의 후속 조치가 미진하자 진격을 계속해 베이징도 함락시킨 후 청나라가 영국, 프랑스, 러시아와 베이징 조약을 맺으면서 전쟁이 종결됨.
1848년	**【프로이센】 마르크스와 엥겔스가 '공산당선언' 발표** 인간의 역사를 모순과 대립에 기초한 계급투쟁의 역사라 하고 노동자 계급이 권력을 잡아 스스로를 해방시켜야 한다고 주장하는 등 노동운동의 지침이 됨.
1848년	**【미국】 골드러시(Gold rush)** 캘리포니아(미국이 멕시코와의 전쟁으로 1848년 얻음)에서 금광이 발견되어 이를 채굴하기 위해 약 8만 명의 '포티 나이너'(fortyniner, 1849년 금광을 찾아 캘리포니아로 간 사람들을 가리키는 말)들이 서부 해안으로 몰려갔다. 또 다른 골드러시는 1886년 알래스카를 지나는 유콘 강의 포티마일 강에서 금이 발견되면서 시작되었다. 골드러시 개척자들은 다양한 부류의 사람들로 가난하고 대부분이 남자였다.

세계사 연표별 정리

연도	내　　　　용
1850년	**【청】 태평천국의 난(1850~1864)** 태평천국운동은 아편 전쟁 이후 청나라의 권위가 추락되고, 농민 생활 궁핍(전쟁 비용과 배상금 지불을 위해 농민 착취), 잦은 민란의 발생이 요인이 되었음. 주동자인 홍수전은 기독교 교리에 심취하여 상제회라는 비밀결사를 창설하고 로바츠라는 미국 목사의 가르침을 받았다. 청조의 관헌이 상제회를 탄압하자 난을 일으켰으며 도처에서 호응을 얻어 남경을 점령함(홍수전은 종교 문제만 몰두하고 반란의 실제 수령은 양수청이었음). 이들은 하느님 앞에서 모든 인간은 평등하고 토지의 균등 분배, 생산물도 독점할 수 없는 공산적 사회를 규범으로 정하고 종군을 원하지 않는 사람은 모두 귀가케할 뿐더러 병졸들이 민가를 침범하는 일이 있으면 용서없이 사형에 처하는 등으로 법령을 엄격히 집행했기 때문에 민심을 얻었고, 외국(영, 불, 미)의 호응을 얻어 중립적 입장을 얻어냄. 태평천국이 대세력이 되니 돈과 여색으로 내부가 부패하고 지휘자간에 서로 모함하였다. 양수청이 모든 군정을 맡아 일을 처리하자 홍수전은 그를 의심하여 양수청과 그의 가족을 몰살시킴. 태평천국이 내부 문제로 분열되자 청나라 정부가 의용군 및 외국의 지원(고든의 지원)을 받아 태평천국의 난을 진압함. 이때 공을 세운 부대는 청군이 아니라 모집된 민병으로, 상군과 회군을 거느리고 난 진압에 공이 큰 중국번과 이홍장은 중앙에 진출하여 청나라 말기의 중심인물이 됨. **태평 천국의 의미** 청조의 타도와 이상 국가의 건설을 추구하며 크리스트 교와 중국 대동 사상의 조화를 이루고자 하였다. 천조 전무 제도(토지의 균등 분배, 사유 재산 부정)와 남녀 평등, 악습 철폐(전족 폐지, 축첩 금지, 아편 엄금)를 통해 민심을 얻었다. 그러나 내부 분열과 부패로 그들의 이상은 실패로 끝났다.
1853년	**【러시아】 크림전쟁 발발(Crimean War, ~1856)** 러시아는 남하 정책의 일환으로 성지(예루살렘) 관리권 문제를 제기하여 프랑스, 영국, 투르크와의 전쟁을 일으켰다. 그러나 러시아의 패배로 1856년 파리조약을 체결함으로써 남하정책이 좌절됨. **배경** 프랑스 나폴레옹 3세가 예루살렘 성지에서의 가톨릭교도의 특권을 투르크의 술탄에게 요구하자 러시아의 니콜라이 1세가 반발하여 러시아군이 몰다비아·왈라키아 등에 침입하여 점령하자, 투르크는 10월, 러시아에 대하여 선전포고를 함. 나히모프 제독의 러시아 흑해함대가 노페만에서 투르크 함대를 전멸시키자, 영국·프랑스·사르데냐는 러시아에 대립, 투르크를 지지하고 오스트리아도 최후 통첩을 보내어 러시아에게 몰다비아와 왈라키아의 포기·양도를 요구하자 니콜라이 1세가 굴복함. 1854년 9월 영국·프랑스·투르크군은 약 6만의 대군을 크림반도에 상륙시키고, 세바스토폴을 포위하자 힘의 열세인 러시아함대는, 세바스토폴만에 자국 함정을 침몰시켜 항구를 폐쇄하였다. 육상의 러시아군은 11개월간이나 버티어 요새를 지켜냈으나, 연합군에게 세바스토폴의 남쪽을 점거당하고 북방으로 퇴각하였음. 니콜라이 1세는 전쟁 중에 사망하였으며, 뒤를 이은 알렉산드르 2세는 러시아에서의 근본적 개혁의 필요성을 깨닫고, 1856년 3월 파리에서 강화조약을 체결함. 그 결과 러시아는 몰다비아에 다뉴브하구와 베사라비아의 일부를 양도하였고, 흑해에 함대를 배치할 수 있는 권리를 잃었으며 흑해는 중립이 선언되어 양해협은 통상상의 자유항행은 인정되었으나 군함의 통과는 일체 금지됨. 이 전쟁에서 패한 후 러시아는 본격적으로 근대화를 추진하게 되며 '백의의 천사' 플로렌스 나이팅게일이 야전병원에서 활동하기도 하였음.
1856년	**【프랑스】 파리 조약(1856년)** 크림 전쟁 이후 맺어진 조약으로 러시아, 오스만 투르크, 사르데냐 왕국, 프랑스, 영국, 오스트리아, 프로이센 간에 맺어진 조약. 흑해 일대가 중립 지역으로 선포되었고 러시아는 크림 반도에서의 영향력을 상실했고 신성동맹국끼리 적대했기 때문에 빈 체제가 소멸하게 되었다. **연도별 파리조약** 1229년 파리조약 툴루즈의 레이몬드 7세와 프랑스의 루이 9세 간에 맺은 조약. 알비 십자군의 종결을 지지. 1259년 파리조약 프랑스의 루이 9세와 잉글랜드의 헨리 3세 간에 맺은 조약. 프랑스와 잉글랜드의 전쟁을 종결하고 플란타지넷 가문의 프랑스 내 영토 문제를 해결한 조약. 헨리 3세가 루이 9세에 대하여 신하의 예를 다하는 것을 조건으로 가스코뉴와 앙주의 일부를 영지로 하는 것을 인정. 후에 프랑스의 카페 왕조가 단절되자 잉글랜드 왕은 모계를 통한 계승권을 주장하며 백년전쟁을 일으키기도 했다. 1303년 파리조약 프랑스의 필리프 4세와 잉글랜드의 에드워드 1세 간에 맺은 조약으로 필리프 4세의 딸과 에드워드 1세의 아들이 결혼함. 1355년 파리 조약 사보이 백작과 제네보이 백작 간에 맺은 조약. 1623년 파리 조약 프랑스, 사보이, 베네치아간 조약으로 스페인의 세력을 발텔리나에서 몰아내기로 결정. 1657년 파리 조약 프랑스와 잉글랜드가 동맹을 맺고 스페인에 대항하기 위해 맺은 조약. 1763년 파리 조약 영, 프, 스페인 간의 조약으로 7년간 전쟁과 북미의 프렌치 인디언 전쟁 등에 대한 강화조약. 프랑스는 퀘벡 등 캐나다의 영토와 미시시피 강 동쪽의 루이지애나를 영국에, 미시시피 강 서쪽의 루이지애나를 스페인에 할양하여 북미에서 철수하게 되었다. 또한 세네갈을 영국에 할양하였다. 영국은 스페인에 마닐라와 하바나를 반환하는 대신 플로리다를 획득했다.

<table>
<tr><td colspan="2" align="center">세계사 연표별 정리</td></tr>
<tr><td align="center">연도</td><td align="center">내　　　　용</td></tr>
<tr><td rowspan="1" align="center">1856년</td><td>1783년 파리 조약 미, 영간 조약. 영국은 미국 독립 승인과 미시시피 강 동쪽을 미국의 영토로 인정했다.
1796년 파리 조약 프랑스와 사르데냐 왕국간 조약.사르데냐 왕국은 대프랑스 동맹에서 탈퇴하고 프랑스와 정전 협정을 맺었다.
1810년 파리 조약 프랑스 제국(프랑스 제1제정)과 스웨덴 왕국이 맺은 조약으로 양국은 화해를 하고 스웨덴은 대륙봉쇄령에 참여하게 되었다.
1814년 파리 조약 프랑스와 제6차 대프랑스 동맹(영국, 러시아, 오스트리아, 스웨덴, 포르투갈, 프로이센) 간에 맺은 조약. 나폴레옹이 엘바 섬으로 유배되었고 프랑스는 부르봉 왕조의 루이 18세가 즉위하여 왕정복고가 이루어졌다.
1815년 파리 조약 나폴레옹이 복위했다가 워털루에서 패배한 후 다시 맺어진 조약으로 2차 파리 조약이라고도 한다. 프랑스의 영토는 1790년 당시의 영토로 축소되었고 7억 프랑의 배상금 지불과 5년간 동맹군의 프랑스 주둔을 인정하게 되었다. 이 조약으로 영국, 오스트리아, 러시아, 프로이센 간에 신성 동맹이 결성되었다.
1856년 파리 조약 사르디니아왕국간의 크림전쟁은 종식시킨 조약으로 목해를 중립지역으로 함으로써 러시아의 영향력이 감소됨.
1898년 파리 조약 미국 스페인 전쟁의 강화 조약으로 미국이 필리핀 군도, 괌, 푸에르토리코 등을 영유하고, 스페인은 대항해시대의 제국에서 종지부를 찍고 미국은 태평양까지 영향력을 확장하게 됨.
1900년 파리 조약 스페인과 프랑스 사이에 맺은 조약.
1919년 파리 강화 회의 베르사유 조약이 체결되었다.
1947년 파리 조약 연합국 21개국과 이탈리아, 루마니아, 핀란드, 불가리아, 헝가리 사이에 체결된 조약. 5국은 군비 제한과 배상금을 부과 받음. 이탈리아는 해외 식민지를 상실함과 동시에 프랑스에 영토의 일부를 할양함. 핀란드는 소련에, 헝가리는 체코슬로바키아에 영토의 일부를 할양했다.
1951년 파리 조약 프랑스, 서독, 이탈리아, 베네룩스 3국 간에 맺은 조약. 유럽 석탄 철강 공동체가 성립.
1973년 파리 협정 베트남민주공화국, 베트남 공화국, 남베트남 공화국, 미국 사이에 맺은 평화 협정. 미국은 베트남에서 철수했으며 1976년 남북은 통일되어 베트남 사회주의 공화국이 성립되었다.</td></tr>
<tr><td align="center">1858년</td><td>【인도】 세포이의 항쟁(~1860) 영국이 인도지배시 인도 용병(이를 '세포이'라 함)을 고용했는데 소, 돼지기름을 칠한 소총 탄알을 사용한다는 소문에 반발하여 소를 신성시하는 힌두교와 돼지를 신성시하는 이슬람 교도의 반발로 항쟁이 일어 났으나 영국의 승리로 끝남. 이로 인해 무굴제국이 멸망함.</td></tr>
<tr><td align="center">1859년</td><td>【영국】 다윈의 종(種)의 기원(On the Origin of Species by Means of Natural Selection) 출간 생물학 상의 진화론을 주장하여 종교계의 반발이 있었으나 자연도태나 적자생존의 사상이 인류발전에 적용된다고 주장함. 본 저서는 전문 14장으로 구성되고, 변이의 법칙·생존경쟁·본능·잡종·화석·지리적 분포·분류학 및 발생학 등의 여러 면에서 자연선택설을 전개하고 있다. 1872년에 간행된 제6판이 최종판인데, 이때 과학적으로 제기된 여러 이론에 답한 새로운 한 장이 제7장으로 추가되었다.</td></tr>
<tr><td align="center">1861년</td><td>【미국】 남북전쟁(American Civil War ~1865)발발 미국 남부와 북부의 경제구조적 차이로 인한 내전으로 북부가 승리하여 노예가 해방됨. 전쟁의 주 요인으로 남부는 대농장 제도로 노예가 필요한 자유무역주의를 주장하고, 북부는 중공업이 발달하여 영국의 목면 공업에 대항하여 관세 정책을 주장하였음.

북부의 링컨이 대통령으로 당선되자 이를 계기로 남부의 7개주(앨라배마·플로리다·조지아·루이지애나·미시시피·사우스캐롤라이나·텍사스)는 연방으로부터 이탈하여 미국남부연합을 조직하고 제퍼슨 데이비스가 남부 대통령이 되었다. 링컨은 남부의 이탈이 미국을 와해시키므로서 영국의 식민지로 전락하게 될 것이라고 판단하여 전쟁을 시작됨.

남부의 리 장군, 북부의 그랜트 장군간의 대결에서 북부가 승리하고 노예해방령을 발표함.</td></tr>
<tr><td align="center">1863년</td><td>【영국】 세계 최초의 지하철(1863. 1월 10일) 영국의 피어슨이 두더지를 보고 힌트를 얻어서 제안하였다. 공사 시작한지 10년 만에 런던의 패딩톤과 팔링돈을 잇는 구간의 운행이 시작되었다. 증기기관차이므로 매연이 문제가 되기도 하였다.

주요 국가들의 지하철 개통년도
1896년　헝가리 부다페스트　　　　1904년　미국 뉴욕
1898년　오스트리아 빈　　　　　　1906년　독일 함부르크
1900년　프랑스 파리　　　　　　　1913년　아르헨티나 부에노스아이레스
1901년　미국 보스턴　　　　　　　1974년　한국 서울
1902년　독일 베를린</td></tr>
</table>

세계사 연표별 정리

연도	내　　　　　용
1864년	**【스위스】 국제 적십자사 창설** 크림 전쟁 때 영국의 나이팅게일의 헌신적 활동을 기념하기 위해 앙리 뒤낭이 창설했다는 설도 있지만 실제로는 스위스 제분회사 설립자인 앙리 뒤낭이 1859년 이탈리아 여행시 이탈리아 내부의 통일전쟁(솔페리노 전쟁)에서 병사들의 처참함을 경험하고 여러 나라에 인도주의 단체의 결성을 제창하여 제네바에서 시작됨. **제네바 조약**(Conventions de Genè)은 앙리 뒤낭이 전쟁 희생자를 줄이기 위한 노력으로 스위스 제네바에서 조인된 네 차례의 조약으로, 인도주의에 대한 국제법의 기초가 되었음. 제1차 제네바 협약(1864) 전장에서 군대 부상자의 상태 개선에 관한 협약. 제2차 제네바 협약(1907) 바다에서 군대의 부상자와 난파자의 상태 개선에 관한 협약. 제3차 제네바 협약(1929) 전쟁 포로의 대우에 대한 협약. 제4차 제네바 협약(1907) 전시의 민간인 보호에 대한 협약.
1865년	**【러시아】 전쟁과 평화 출간** 톨스토이의 최대 장편소설 '전쟁과 평화'를 출간함(1864~1869). 전 4편과 에필로그로 되어 있다. 이 작품은 역사소설과 예술소설의 성격을 갖춘 소설로서도 러시아 문학뿐만 아니라 세계 문학에서 최고의 위치를 점하고 있다. 러시아의 1812년 전쟁, 아우스터리츠·볼로디노·셴그라벤 등 전투, 모스크바 소실, 프랑스군 퇴각등을 예술적으로 묘사하였다. **줄거리** 명예욕이 강하고 현실적인 귀족 안드레이 공작은 전투에서 부상한 뒤로 삶의 허무감에 사로잡혀 현실 적응에 실패하고 죽는다. 소냐도 마찬가지이다. 이에 대하여 피에르 베즈호프는 모든 역경속에서도 인생의 목적은 사는 데 있다는 철학을 깨닫고, 삶의 화신같이 발랄한 나타샤와 함께 새생활의 길을 떠난다는 내용은 톨스토이의 신혼 당시의 밝은 삶을 반영한 것이라 볼 수 있다.
1866년	**【오스트리아】 멘델의 유전 법칙 발견** 수도원에서 멘델이 완두콩을 이용하여 부모의 형질이 어떻게 유전되는가를 <식물 잡종에 관한 연구>라는 제목으로 발표함. 발표후 34년 후에야 비로소 인정받음.
1867년	**【스웨덴】 노벨이 다이너마이트를 발명함** 스톡홀름 출생으로 미국에 유학하여 기계공학을 배우고 크림전쟁 후 스웨덴에서 폭약 제조 일하는 아버지를 도와 1863년 니트로글리세린과 흑색 화약을 혼합한 폭약을 발명하여 공장을 세웠음. 폭약 제조중 공장이 폭파되어 동생과 종업원이 희생되자 안전한 고형폭약을 개발하게 되었고 이를 다이너마이트라하였다. 1886년 세계 최초의 국제적인 회사인 노벨다이너마이트트러스트사를 창립하여 유럽 최대의 부자가 되었고 과학의 진보와 세계의 평화를 염원한 그의 유언에 따라 스웨덴 과학아카데미에 기부한 유산을 기금으로 1901년부터 노벨상 제도가 실시되었다. 63세로 죽을 무렵 노벨은 355개의 특허권을 보유하였다.
1868년	**【일본】 메이지 유신(明治維新)단행(~1912년)** 1853년 미국의 페리 제독으로 부터 무역항를 개방하라고 요구한 이래 15살에 황제에 오른 메이지가 개방에 대한 새정부 지침을 발표하므로써 메이지를 단행하여 일본이 아시아 열강으로 등장하게 됨. 가장 중심을 둔 개혁이 교육 부분이었다.
1869년	**【이집트】 수에즈(suezmax)운하 개통(1859~1869)** 프랑스 외교관 레셉스가 이집트 부왕과의 친분으로 공사를 추진했다. 지중해와 홍해를 연결하는 6000마일 바닷길을 100마일 지름길로 만들었음. 150만 명의 인력이 동원되었으며 사상자가 12만 명이 발생하였음. **수에즈 운하** 이집트의 태수인 마호메트 사이드 파샤가 프랑스인 페르디낭 드 레셉스에게 수에즈 운하 굴착권을 주어 1859년 4월부터 시작되었으며 1869. 11. 17에 개통되었다. 길이 162.5km, 폭 365m인 수에즈 운하는 유럽과 아시아의 항로를 단축시켜 유럽의 동방 진출에 크게 기여하였음. **파나마 운하** 1879년 프랑스인 페르디낭 드 레셉스가 운하 건설권을 획득하여 추진중 파산하여 공사가 중단되었다가 파나마가 콜롬비아로부터 독립하기 위해 미국의 지원을 얻어 1903년 11월 6일 파나마 폭동이 일어난 이후 헤이-뷔노-바리아 조약이 체결되어 미국이 파나마 운하지대의 영구 소유권과 함께 굴착권을 얻어내어 1914년 개통시킴. 태평양과 대서양을 잇는 운하로 길이 82km, 폭은 최대로 큰 갑문의 폭이 약 33.5m이며 수에즈 운하와는 달리 갑문식의 운하로써 위치에 따라 16~26m나 수면보다 높아서 운하안에 여러 개의 갑문을 설치하였다. 미국의 운영권이 2000년 1월 1일 파나마에 반환됨.
1870년	**【청】 양무운동(또는 자강운동)** 서양의 과학, 기술을 도입하여 스스로 강성해지자는 사회개혁 운동으로, 아편 전쟁 패배와 열강의 잇따른 개입과 간섭을 겪고 나서 개혁운동이 가속화 되었다. 양무(洋務)는 청나라와 서양 여러나라와의 관계, 교류 등을 일컫는 말이다. 양무운동은 서양의 기술만 받아들이지 서양의 사회성 및 평등은 받아들이지 않았기에 실패함. 배경: 아편전쟁, 태평천국 운동을 겪으면서 서양 무기의 우수성 인식 목표: 서양 기술을 도입하여 부국강병의 개혁추구 내용: 새로운 문물의 수입, 군비의 근대화와 군수공업 육성 결과: 전통 사상과 제도는 유지한 채 서양의 기술만을 도입하려다 청 일 전쟁의 패배로 실패

<h1 align="center">세계사 연표별 정리</h1>

연도	내　　용
1873년	**【독일】 3제동맹(三帝同盟, Three Emperors' Alliance) 체결** 독일 수상 비스마르크 중재로 체결한 독일·오스트리아·러시아 3제국의 동맹으로 프랑스 프로이센전쟁 뒤에 비스마르크는 유럽의 세력균형과 프랑스 고립을 유도하기 위해 오스트리아의 프란츠 요제프 1세, 러시아의 알렉산드르 2세와 독일의 빌헬름 1세와의 3국 황제회담을 주선하여 3국이 다른 나라의 침공을 받을 경우 상호 협조한다는 내용의 동맹을 체결함. **주요내용** 독일은 프랑스로부터 알사스 로렌을, 오스트리아는 이탈리아 이레덴타를 각각 프랑스와 이탈리아로부터 지키고, 러시아는 혁명적 분위기를 억제하기 위해 ① 각국의 국경선 유지 ② 발칸 문제의 평화적 처리 ③ 혁명 운동을 제압하는 내용으로 되어 있음. 그 후 발칸반도에서 오스트리아·러시아가 이해관계의 대립으로 붕괴되었고 1881년 6월 비스마르크의 노력으로 발칸반도에서의 3국 이해를 상호 존중한다는 내용으로 신 3제동맹이 결성되었으나 1885년 발칸반도의 불가리아사건을 계기로 러시아와 오스트리아가 다시 대립하게 되어 1887년 3월에 완전 붕괴되었음.
1876년	**【미국】 전화기 발명** 스코틀랜드 태생인 벨이 어린이들에게 음악과 웅변을 가르치다 소리에 대한 연구를 시작하여 캐나다로 이민가서 1876년 자석식 전화기의 특허를 받았는데, 이 전화기는 송수화기가 모두 전자석의 극(極) 근처에 있는 엷은 철판을 진동할 수 있도록 설계된 것으로, 음성이 진동판을 진동시키면, 유도전류에 의하여 수화기 끝에서 음성이 재생됨. 그는 1882년 미국에 귀화하였음. **전화기 최초의 발명자**는 이탈리아의 안토니오 무치(Antonio Meucci)로 밝혀짐. 무치가 자석식 전화기를 발명한 뒤 특허를 내기 위하여 웨스턴유니언전신회사와 의논하는 동안 설계도와 전화기 모델을 잃어버렸고, 이후 벨이 무치가 발명한 것과 비슷한 전화기로 특허를 취득한 것으로 알려졌다. 무치는 미국으로 이주한 뒤 몸이 마비된 아내를 위해 침실과 자신의 작업실을 연결하는 시스템을 개발했고 이 기계의 영구 특허 신청비 250달러가 없어 1871년에 1년짜리 특허를 신청했지만 3년 뒤 특허를 갱신하지 못했고 1876년에 그의 동료 벨이 전화기 특허를 내고 웨스턴유니언 전신회사와 계약해 큰 돈을 벌자 그는 벨을 상대로 소송을 제기했다. 그는 대법원이 벨의 사기혐의를 인정함으로써 승리를 눈앞에 뒀으나 1889년 그가 숨지자 재판도 중단됐다. 2002년 6월 미국 의회는 무치를 전화 발명자로 공식 인정하므로서 이탈리아에서는 "역사의 부정이 바로잡혔다"며 "벨이 부와 명성을 누린 배신자임이 마침내 드러났다"고 환영함.
1877년	**【러시아, 투르크】 러시아·투르크 전쟁**(1877~1878) 투르크내의 슬라브 민족은 러시아의 원조를 얻어 왕성해졌다. 1875년 보스니아 및 헤르체고비나 지방에서 투르크에 대한 반란이 일어나자 세르비아, 몬테네그로, 불가리아 등도 이에 참가하였다. 투르크는 이들을 진압하고 크리스트 교도를 탄압하였다. 그러자 러시아는 영, 독, 오스트리아 3국을 동맹으로 끌어들여 투르크에 내정개혁을 요구하였으나 투르크가 이 간섭을 거부하자, 러시아는 투르크에 선전포고하였다. 투르크는 플레브나 전투에서 대패하였고 산 스테파노 조약을 맺어 강화하려 하였으나, 영국과 오스트리아가 이를 반대하자 비스마르크의 주선으로 베를린 조약(1878)으로 대체하였다. 이 조약에서 투르크는 루마니아, 세르비아, 몬테네그로의 독립을 승인하고, 불가리아에 자치를 허용하였으며, 오스트리아에 보스니아, 헤르체고비나를, 러시아에 베사라비아, 아르메니아의 절반을 할양하고, 그리스의 영토 확대를 인정하므로서 유럽 영토의 대부분을 잃게 되었다.
1878년	**【미국】 에디슨(Thomas Alva Edison, 1847. 2. 11~1931. 10. 18) 백열등 발명** 오하이오주 밀란에서 출생. 7세 때에 미시간주에서 초등학교를 다니다 3개월 만에 퇴학을 당해 어머니한테서 교육을 받음. 12세 때에 철도에서 신문팔이를 하며 화물차에서 실험하다 화재를 내어 차장에게 얻어맞은 것이 귀에 청각장애를 일으키게 되었음. 패러데이의 ≪전기학의 실험적 연구≫라는 책을 읽고 감명을 받은 후 1868년에 전기 투표 기록기를 발명하여 최초의 특허를 받았고 이듬해 주식상장표시기등을 발명, 1871년에 인자전신기(印字電信機), 1872년에 이중전신기, 1876년에 탄소전화기, 1877년에 축음기, 1879년에 백열전구, 1891년에 영화 촬영기·영사기, 1891~1900년에 자기선광법, 1900~1910년에 에디슨 축전기 등 1000 여건의 특허를 받음. 1882년에는 세계 최초의 중앙발전소와 에디슨 전기회사가 창립하였으나 그의 회사는 전구의 특허권을 둘러싼 소송으로 많은 손실을 보고 회사에서 물러나게 되었다. 그는 교육에 대해서도 "현재의 시스템은, 두뇌를 하나의 틀에 맞추어 가고 있다. 독창적인 사고를 길러내지는 못한다. 중요한 것은 무엇이 만들어지고 있는 과정을 지켜보는 일이다"라고 비판하며. "천재란 99%가 땀이며, 나머지 1%가 영감이다"라는 어록을 남김.
1882년	**【프랑스】 병원체 발견** 화학자 루이 파스퇴르는 '발효와 음식물의 부패'에 관한 연구에서 감염과 전염병은 모두 세균에 의해 일어남을 증명하므로서 인간의 수명을 연장시키는데 크게 기여하였다.
1884년	**【영국】 그리니치 자오선(Greenwich meridian)** 런던 그리니치를 1884년 워싱턴에서 국제협정으로 지구경도의 원점으로 채택하였다. 그리니치천문대는 현재 케임브리지에 본부가 있으나, 경도의 원점은 그대로 남아 있다. **자오선(子午線, meridian)** 천구상에서 지평의 남북점, 천정, 하늘의 양극을 연결하는 대원이다. 관측지점에 고정시켜서 생각할 수 있는 기준선으로 천체의 방위각, 시각을 측정하는 기준이다. 천체가 자오선을 통과할 때 남중이라 하며, 이때 고도는 극대값이다. 자오는 12지(支)의 자(子)의 방향 즉 북과, 오(午)의 방향 즉 남을 연결하는 선이라는 뜻이다.

세계사 연표별 정리

연도	내용
1886년	【미국】 **코카콜라 탄생** 약제사 존 펨버턴이 코카의 잎, 콜라의 열매, 카페인 등을 주원료로 하는 음료를 만들어 '코카콜라'라는 이름으로 상품화하였고 약제사인 캔들러가 제조·판매권을 매입하여 1919년 현재의 회사 조직을 설립하였다. 현재 코카콜라 병의 디자인은 캔들러가 100만 달러의 현상금을 걸고 응모한 유리병 공장의 직원 루드가 디자인하였다. 코카콜라는 본사에서 원액만을 제조하여 국내외의 특정회사에게만 공급하는 프랜차이즈 방식을 채용하고 있다. 코카콜라는 미국과 자본주의를 상징하기도 한다.
1888년	【독일】 **3B 정책** 19세기 말부터 제1차 세계대전까지 독일의 세계 정책을 추구한 빌헬름 2세는 베를린·비잔티움(지금의 이스탄불)·바그다드(머리글자를 따서 3B정책이라 함)를 연결하는 철도를 부설, 발칸에서 소아시아를 거쳐 페르시아 만에 이르는 지역을 경제적·군사적으로 이용하려 하였다. 이러한 근동정책이 영국의 3C정책, 러시아의 남하정책, 프랑스의 권익옹호문제 등과 대립되어, 제1차 세계대전의 원인이 되었음.
1889년	【영국】 **3C정책** 19세기 말에서 20세기 초 영국이 추진한 제국주의적 식민지 확대정책으로 남아프리카의 케이프타운, 이집트의 카이로, 인도의 캘커타를 연결하는 정책(세 지역의 머리글자가 모두 C로 시작됨). 영국은 제일 먼저 세계 각지에 식민지를 획득하고 1858년 인도를 직접 지배하였다. 1875년 수에즈운하의 주를 매수하여 이집트의 지배권을 강화하였고, 이집트의 카이로에서 아프리카를 종단하여 남아프리카의 케이프타운에 이르는 지역을 지배하려 했다. 아프리카 종단정책은 프랑스의 아프리카 횡단 정책과 충돌하여, 1898년 파쇼다사건을 야기시켰다. 또한 카이로에서 인도의 캘커타를 연결하려는 정책은 처음에 러시아의 남하정책과 충돌하였으며, 독일의 3B정책과 충돌, 제1차 세계대전의 근본 원인이 되었다 【일본】 **일본 헌법 공포** 이토 히로부미를 유럽에 파견하여 연구하게 한 후 영국과 독일식을 혼합한 천황 중심의 입헌군주제 헌법을 제정 공포함.
1890년	【유럽】 **메이데이(노동절, May Day)행진 실시.** 5월 1일 제1회 국제메이데이 행진을 실시함. 미국 노동총연맹이 출범하면서 1886년 5월 1일 하루 8시간 노동을 위해 총파업에 돌입했다. 이 파업으로 노동자 6명이 사망하자 격분한 노동자 30만 명이 헤이마켓 광장에서 집회를 열었다(이를 헤이마켓사건이라 함). 이때 갑자기 폭탄이 터졌고, 집회를 주도한 노동운동가 8명이 체포되어 5명은 사형을 선고받았다. 그러나 7년 후, 이 사건이 자본가들이 조작하여 만든 사실이 밝혀졌다. 1889년 7월 파리에서 프랑스혁명 100주년을 기념하여 열린 국제대회에서는 미국의 노동 상황을 보고받고, 1890년 5월 1일을 '노동자 단결의 날'로 정하여 8시간 노동쟁취를 위한 시위를 결의하면서 메이데이가 시작되었다.
1894년	【프랑스】 **드레퓌스 사건** 군부가 유대인 출신 드레퓌스를 증거도 없이 기밀 문서를 독일로 넘겼다 하여 종신형에 처한 사건. 에밀 졸라가 그의 무죄를 주장함으로써 정치 쟁점이 되었고 결국 진범이 잡히고 드레퓌스는 1906년 무죄판결을 받았다. 이는 유대인의 박해를 상징함으로써 팔레스타인에 유대인국가를 건국하고자 하는 시온주의에 영향을 미침.
1894년	【일본, 청】 **청일전쟁(1894~1895) 발발** 동학 혁명을 계기로 일본과 청나라가 조선의 지배권을 두고 전쟁을 일으킨 사건. 일본의 승리로 시모노세키 조약이 이루어짐. 그 결과 청은 조선의 독립을 인정하였고, 일본은 정치, 군사, 경제적 지위를 가지고 타이완까지 확보하고 배상금 3억엔을 받아 군비확장 및 금본위제 실시 재원으로 사용함. **배경** 일본은 자국경제의 어려움과 지배층 및 농민들의 불만을 잠재우고자 하였고, 영국은 러시아를 견제하기 위해 일본을 지원하였다. 일본은 1894년 갑오농민전쟁시 텐진 조약에 의거하여 일본 거류민 보호라는 구실 아래 군대를 파병하여 인천-서울의 정치적·군사적 요충을 장악했다. 일본은 전쟁으로 얻은 막대한 배상금과, 식민지 타이완으로부터 얻은 이윤, 전쟁으로 축재한 자본가의 이윤 등을 바탕으로 자본주의의 급속한 발전을 이룩했다. 조선은 갑오농민 전쟁시 나타난 개혁시도가 일본군에 압살당했고, 중국의 분할도 본격적으로 진행됨에 따라 동아시아에 일본 제국주의시대의 막이 열렸다.
1896년	【그리스】 **제1회 올림픽대회(4월 6일)가 개최됨** 프랑스 쿠베르탕이 올림픽 부활을 주창하여 4년마다 개최키로 함.
1897년	【독일】 **브라운이 브라운관을 발명함** 음극선관(CRT, cathode-ray tube)라고도 한다. 전기신호를 전자빔의 작용에 의해 영상·도형·문자 등의 광학적인 상으로 변환하여 표시하는 특수진공관을 말함. 독일의 K. F. 브라운이 발명한 것으로, 음극도체 둘을 떨어뜨려 놓고 전압을 걸어주면, 음극(cathode: 양극은 anode라 한다) 쪽에 전자가 많기 때문에 전자가 방출된다.
1898년	【영국, 프랑스】 **파쇼다사건(Fashoda Incident)** 유럽 열강의 아프리카 분할과정에서 영국의 종단정책과 프랑스의 횡단정책이 충돌한 사건. 1898년 7월 프랑스 마르샹 대령이 동진하여 이집트·수단 남부의 파쇼다에 프랑스 국기를 계양하자 영국의 키치너 장군은 수단 지방을 남하하여 1898년 9월 하루툼을 점령하였다. 키치너는 파쇼다에서 마르샹이 철퇴할 것을 요구하였으나 불응하자 영국과 프랑스 사이에 긴장이 고조되었다. 이듬해 영국이 이집트를, 프랑스가 모로코를 각각 지배하기로 하고 타협하였다.

세계사 연표별 정리

연도	내용
1898년	**【청】 변법 자강운동** 캉유웨이가 추진한 정치 운동. 광서제는 당시 서태후의 세력에 휘둘리자 이러한 상황을 타개하고 개혁 정치를 추구하기 위해 캉유웨이의 변법자강책을 지지함. 여기에는 과거 제도 개혁, 탐관오리 혁파, 각종 경제 개혁 등이 담겨 있었다. 그러나 서태후 등 반개혁파의 반발로 실패하였다. 변법자강책은 '100일 변법'이라고도 불린다. 배경: 양무운동 실패, 청·일 전쟁의 패배로 더 근본적인 처방의 개혁이 필요하였다. 내용: 부청멸양(청을 도와 서양을 친다)으로 반크리스트교 운동, 반제국주의 운동을 추진 결과: 열강의 무력 진압과 외국군의 베이징 주둔이 허용되었고 막대한 배상금을 지불하였다. 의의: 외세배척 운동, 복고적 성격의 민족 운동 양무운동과의 공통점은 청나라를 유지한 상태에서의 국가 개혁을 추구했다는 것과 둘 다 실패한 개혁이었다. 양무운동과의 차이점: 양무운동은 중국 근대화 운동의 일환으로 청의 제도를 유지하면서 기술만 받아들이는 것이고 특히, 군비개혁에 가까웠고 왕실이 주도하였다면, 변법자강운동은 사회 전방위적인 개혁을 하였고 주도층은 지식인 층이었다.
1899년	**【청】 의화단(義和團) 사건** 백련교 계통의 비밀 결사대로 서구 열강과 만주족 왕조인 청을 몰아내고자 하는 목적으로 부청멸양(扶淸滅洋: 청조를 돕고 외국을 멸한다)의 기치로 활동하였으나 결국 영국, 미국, 프랑스 등의 연합군에 패했다. 그 결과 베이징 의정서(신축조약, 1901)에 따라 외국군대의 베이징 주둔이 인정되었고 중국의 반식민지화가 심화되는 계기가 되었음. 의화단 사건의 발생 요인은 크리스트교의 포교가 중국의 전통적 풍속, 관습과 마찰을 일으켰고 외국 상품의 유입으로 농민들의 가내 수공업이 파산되었기 때문이었다.
1901년	**【스웨덴】 노벨상** 노벨의 유언에 따라 인류에게 가장 큰 공헌을 한 사람을 분야별로 매년선정하는 제도 노벨이 기부한 3, 150만 크로네(현재 가치로 약 1억 7천만 달러)를 기금으로 노벨 재단을 설립하고 그 이자로 상금을 충당. 물리학, 화학, 경제학상: 스웨덴 왕립 과학아카데미(The Royal Swedish Academy of Sciences)에서 선정 의학상(생리학 포함): 스웨덴 카로린스카 의학연구소(The Karolinska Institute)에서 선정 문학상: 스웨덴 학술원(The Swedish Academy)에서 선정 평화상: 노르웨이 노벨위원회(The Norwegian Nobel Committee)에서 선정 경제학상: 노벨 유언에는 없었으나 스웨덴 국립은행 창립 300주년 사업으로 1969년부터 자체기금으로 시상함. 자연과학 분야에 대한 노벨상은 실험적으로 검증될 수 있는 물리학·화학·의학(생리학 포함)에 대해서만 주어지므로 수학이나 천문학 분야는 제외됨. 이미 죽은 사람은 업적이 훌륭하다고 해도 수상 후보자로 지명하지 않는 것이 원칙이나, 이미 수상자로 지명된 경우에는 죽은 다음에도 수상 가능.
1902년	**【러시아】 시베리아 철도 개통(1981~)** 모스크바(하바로프스키)와 블라디보스톡(나호트카항)까지 9,198km의 가장 긴 철도로 약 8일이 소요됨.
1903년	**【미국】 라이트 형제**(올빌 라이트, 월버 라이트)가 비행기를 만들어 비행에 성공. 두 형제는 자전거판매점을 하다가 독일의 O. 릴리엔탈이 글라이더 시험 중 추락사 하자 항공기연구를 시작하였다. 그들은 직접 만든 가솔린기관을 장착하여 1903년 12월 17일 키티호크에서 처음으로 동력비행기를 조종하여 비행에 성공하였다. 처음 비행은 12초 동안 36m, 2번째 비행은 59초 동안 243m비행에 성공하였다. 1904년 허프먼 프레리에서 45분 동안 비행하였고 1905년 플라이어 3호는 40km를 38분에 비행하였다. 오하이오주 데이턴에는 이 형제의 이름에서 딴 미국공군의 라이트 연구소가 있다.
1904년	**【일본, 러시아】 러일전쟁(~1905)발발** 일본은 만주와 한국에 대한 지배권을 확보하고 러시아의 극동진출을 견제하기 위해 영국과 동맹하여 러시아를 공격하여 세계 최강인 발트 함대를 격침시키고 승리하였다. 포츠머스조약(미국 루스벨트 조정)으로 한국의 일본 지배를 승인함. 러시아령인 오호츠크해, 베링해의 연안 어업권 양도 등의 내용도 포함되었다.
1906년	**【중국】 삼민주의(三民主義)** 쑨원이 제창한 중국 근대 혁명의 기본 이념으로 민족주의, 민권주의, 민생주의를 말함. 민족주의는 만주족 타도와 중화 회복(멸만흥한)을, 민권주의는 유럽식 공화제 수립을, 민생주의는 지주의 불로 소득억제를 의미한다. 신해혁명으로 청이 멸망하고 중화 민국이 성립되어 민족·민권주의는 성취되었지만, 위안 스카이 등의 군벌이 정권을 잡고 독재를 행하자, 쑨원은 국민당을 조직하였다. 공산당과의 합작을 통하여 삼민주의를 발전시켰다.
1908년	**【영국】 보이스카우트 창립** 영국군 장교 로버트 베이든 포웰이 유소년의 정신, 육체의 단련을 위해 창시함. 1910년에 걸 스카우트 창설.

세계사 연표별 정리

연도	내용
1912년	**【노르웨이】 인류 최초 남극점 도달** 아문젠의 원정대는 1911년 12월 19일 몸이 가벼운 개를 이용해서 썰매를 운행시키며 남극점에 도달함. 아문젠은 선장인 아버지 영향으로 바다를 동경하였으나 어머니의 뜻에 따라 의학을 공부하다 어머니가 죽자 탐험가의 길로 나섰음. 1910년 남극 탐험길에 올라 로버트 스콧과의 경쟁 끝에 남극점을 정복했고, 1926년 움베르토 노빌레 등과 함께 비행선 노르게호를 타고 북극해 탐험을 시도하여, 북극을 통과하고 알래스카에 무사히 착륙해서 국왕으로부터 최고 훈장을 받았다. 그 후 1928년 아문센은 자신의 친구이자 이탈리아 탐험가였던 움베르토 노빌레가 북극해에서 조난당하자, 수상 비행기로 수색에 나섰으나 노빌레는 다른 구조대에게 구조되고 자신은 행방불명되었음.
1912년	**【중국】 신해혁명과 중화민국 성립** 의화단의 난 이후 청나라는 열강에 패하고 굴욕적인 조약으로 재정이 궁핍하여 세금을 가혹하게 거두자 이에 반발하여 무창에서 혁명이 일어나 원세개(遠世凱, 위안스카이)가 정권을 잡았고 1912년 1월 1일 중화민국이 수립됨. 손문이 임시 대통령이 되면서 선통제가 물러나고 청 왕조가 망한 후 손문이 사임하고 원세개가 임시대통령에 취임함.
1912년	**【발칸】 발칸 전쟁** 제1차 세계 대전 직전에 발칸에서 소수 민족의 민족주의 운동으로부터 일어난 전쟁. 제1차 발칸 전쟁(1912~13)은 발칸 동맹 제국이 트리폴리 전쟁에서 투르크가 국력을 소모하고 있는 기회를 틈타 투르크에 선전포고하자 투르크는 이탈리아와 강화하고 발칸 동맹과 싸웠으나 패배하여 전투 3개월 만에 휴전을 요청하였다. 열강의 중개로 1913년 5월에 런던 조약을 체결, 강화가 성립되었다. 이 조약으로 투르크는 마케도니아 및 트라키아의 두 지방을 발칸 동맹 측에 양도하였다. 제2차 발칸 전쟁(1913)은 1차 전쟁의 전리품 분배를 둘러싸고 전승국간에 벌어진 전쟁이었다. 세르비아와 그리스가 불가리아를 공격, 다시 루마니아와 투르크가 불가리아 공격에 가담했기 때문에 불가리아는 같은 해 8월에 항복, 영토를 활양하였다. 세르비아는 아드리아 해의 출구를 획득했으나 오스트리아의 간섭으로 그것을 버릴 수밖에 없게 되어 세르비아와 오스트리아와의 관계는 더욱 악화되었다. 발칸 전쟁은 유럽 열강의 발칸 정책과 제국주의 정책을 추진하는 열강의 국제적 긴장을 더욱 조장시켜, 얼마 후 제1차 세계 대전의 계기가 되었다. **발칸 반도**는 유럽의 남동부에 있는 반도이며 발칸 반도는 불가리아 중부에서 세르비아 동부에 걸친 발칸 산맥에서 이름을 따왔다. 발칸은 "산"을 뜻하는 터키어에서 나왔다. 보통 발칸 반도에 포함되는 국가는 다음과 같다. 그리스, 마케도니아·공화국, 보스니아 헤르체고비나, 불가리아, 세르비아(코소보 포함), 몬테네그로, 알바니아, 크로아티아, 터키(이스탄불 주변에 있는 유럽에 속한 부분만 여기 포함된다. 이 지역은 전통적으로 루멜리아 또는 동트라키아로 불린다) 루마니아와 슬로베니아도 때론 발칸 반도 국가에 포함된다.
1913년	**【중국】 중화민국 정부 승인** 실권한 손문의 제 2 혁명(반원 운동)이 실패하고 원세개가 정식으로 대통령에 취임(10월 10일)하고 영국, 독일, 러시아, 일본 등 13개국이 중화민국 정부를 승인함.
1914년	**【오스트리아】 제1차세계대전(~1918년 11월 11일) 발발** 오스트리아 황태자가 보스니아 수도 사라예보에서 암살당한 것을 계기로 독일, 오스트리아 중심의 동맹국과 프랑스, 영국, 러시아 등이 연합국간의 전쟁이 발발함. 전쟁초기 팽팽하던 균형이 미국이 개입하므로서 연합국의 승리로 끝나 유럽우위의 시대에서 미국우위의 시대가 시작됨. **참전 국가** 동맹국: 독일, 오스트리아, 투르크, 불가리아의 4국 연합국: 영국, 프랑스, 러시아, 일본, 이탈리아, 미국 등 30국 **전세의 변화** - 서부 전선의 교착, 영국의 제해권 장악, 러시아 군의 패배 - 러시아의 이탈(러시아 혁명) - 미국의 참전(1917)으로 독일의 무제한 잠수함을 공격하여 연합국 전력이 강화됨 - 전쟁종결(1918) 투르크, 오스트리아 등의 항복하고, 독일은 혁명으로 휴전이 성립되므로서 전쟁이 끝남
1915년	**【중국】 중국의 5·4 운동** 신문화 운동으로 유교적 전통을 비판하고, 민주주의와 과학의 도입, 백화 문학 운동을 말함(문학 혁명이라고도 함) 천 두슈는 잡지 <신청년>을 창간, 신문화 운동을 주도했고 후 후스는 백화 문학 운동을 제창했으며 루쉰은 백화문으로 <광인 일기>, <아 Q 정전>을 창작하였음 **5·4 운동(1919)** 발단: 파리 강화 회의에서 중국의 요구를 무시하자 베이징 대학생이 시위를 시작했고 내용: 일본이 주장하는 21개조 요구를 철폐하고 군벌 타도, 친일파 처벌 등을 주장함. 대규모 민족 운동으로 전국적이고 학생 지식인 노동자 시민의 참여로 새로운 대중 운동과, 중국 민주주의 혁명의 발단이 되었음. 운동의 성격은 반제국주의 운동, 반봉건 반군벌 운동, 반일 운동, 민족주의 운동임
1916년	**【독일】 아인슈타인이 '상대성이론'을 발표** 프로이트가 '정신분석입문'을 출간함.

세계사 연표별 정리

연도	내용
1917년	【러시아】 **러시아 10월혁명(Russian Revolution)** 볼쉐비키 혁명이라고도 하며 부르주아와 지주의 이익을 대변하는 임시정부에 대항하여 레닌이 주도하는 볼세비키당이 무장봉기하여 임시정부를 무력화하고 혁명에 성공하여 최초의 소비에트 정부(의장은 레닌)를 수립하였다. 1917년 3월혁명 후 정치권력을 잡은 러시아의 임시 정부가 전쟁계속 정책을 취하자 민생 안정을 원하는 국민들의 불만이 높아졌다. 스위스 망명 중에 귀국한 레닌이 '자본주의의 타도 없이 종전은 불가능하다'는 등 10개항(이것이 볼셰비키의 방침이 됨)을 발표하고 임시정부에 대항했다. 6월 18일 임시정부가 행한 독일공격이 실패하면서 반정부열기가 높아지자, 7월 3일 볼세비키는 수도의 군대와 노동자들의 무장시위운동을 하고 11월 6일(러시아 구력 10월 24일) 봉기가 시작되어 도시 전체가 볼세비키의 지배하에 들어갔음. 소비에트대회는 멘셰비키와 사회혁명당의 일부가 퇴장한 가운데 볼세비키의 봉기를 승인하여 혁명을 성공적으로 마치고 권력을 장악함. 이들 혁명은 현재 사용하는 그레고리력으로는 1917년 3월과 11월에 발생하였으나 당시 율리우스력 사용하는 러시아인들은 1917년의 두 차례 혁명을 '2월혁명'과 '10월혁명'으로 부른다.
1917년	【네덜란드】 **마타하리(Mata Hari)사망** 네덜란드 출신으로 본명은 마그레타 G. 젤러로 마타히리(Mata Hari)는 '여명의 눈동자'라는 말레이어 별칭으로 매혹적인 여성 스파이를 일컫는 대명사가 됨. 그녀는 네덜란드 장교와 결혼 후 이혼한 뒤 파리의 물랭루즈에서 무희로 활동하다 독일의 정보국에 매수당해 1차 대전시 프랑스의 국방장관 및 군장교들의 정보를 독일에 넘기다가 중간에 프랑스 스파이로 변절하였다. 독일군의 첩보장교를 유혹하는 임무를 맡았지만 이를 의심한 독일 정보국이 그녀의 스파이 신분을 프랑스 정보국에 흘린 후 체포되어 1917년 41세의 나이에 사형선고를 받고 총살됨. **세기적 미녀 스파이** 조야 보스크레센스까야: 아동작가인 그녀는 히틀러의 소련 침공을 미리 소련 정보국에 알린 인물로 야르체바라는 가명으로 활동하였음. 1942년 당시 소련주재 독일대사 베르너 폰 슐렌베르크를 유혹해 독일 외교관리들의 소련 침공 정보를 얻어 소련 침공 5일 전에 소련 정보국에 보고서를 전달했지만 스탈린은 이를 믿지 않았다고 함. 가와시마 요시코: 본명은 금벽휘(金璧輝)로 청나라 숙친왕의 14번째 공주였다. 청나라 패망이후 당시 베이징 일본 경찰국장이었던 가와시마 나니와의 양녀가 되어 일본에서 생활하다 17세에 자살미수에 그친 후 평생 남자로 살겠다고 다짐하고 일본 첩보원에 포섭되었다. 중국 국민당 입법원장의 비서로 일하면서 기밀정보를 일본군에 넘겼다. 중국에서는 매국노로 불리지만, 당시 그녀는 청나라 왕조를 재건하는 것을 목표로 하였다 함. 일본 패망 후 붙잡혀 1948년 총살당함. 정핑루: 영화 '색, 계'로 알려진 실존인물로 스무살 때부터 외교가를 상대로 고급정보를 수집해온 국민당 스파이임. 정핑루는 19살에 '랑유'라는 잡지표지모델로 정관계 인사들과 교류하면서 당시 친일정보기관의 책임자인 딩모춘(도살자라는 별명으로 여성 편력이 심함)에게 접근해 암살을 기도했으나 실패하여 총살당함. 원정화: 2001년 재중동포(조선족)으로 위장해 남한 남성과 결혼해 임신한 채 국내 입국한 뒤 국정원에 탈북자로 위장 자수했다. 이후 군 부대 등을 돌며 반공강연도 하고 당시에 알던 군 장교와 성관계 등을 가지면서 군사기밀과, 탈북자 정보, 황장엽씨 관련 정보를 수집하다 체포되어 2009년 10월 징역 5년형을 받고 현재 청주여자교도소에 수감중이다. 안나 채프먼: 러시아 볼고그라드 출생으로 모스크바 인민대학 경제학과 졸업 후 영국인과 결혼해 영국으로 이주한 뒤 영국의 유명 펀드회사와 금융사에서 근무하다 2008년 뉴욕으로 이주하기 전 영국인 남편과 이혼했음. 빼어난 미모에 IQ160, 금융 및 부동산에 대해 해박한 지식을 갖고 있고 경제학 석사, 영어와 불어에 능통하여 미국과 영국 사교계 명성을 높이다가, FBI에 의해 러시아 대외첩보부(SVR)에서 체계적인 훈련을 받은 비밀정보요원임이 밝혀져, 러시아와 스파이 맞교환 협상 끝에 2010년 러시아로 추방당함.
1919년	【이탈리아】 **베르사유조약** 제1차 세계대전을 종결시키는 강화회의. 미국 대통령 윌슨은 세계정치의 주도권을 잡으려고 회의를 주도하였다. 6월 28일 독일은 해외식민지를 모두 잃었고, 알자스로렌을 프랑스에 반환하였다. 인구의 15%와 유럽 영토10%를 잃었다. 특히, 전쟁 배상금으로, 1921년에 1, 320억 마르크가 결정되었다. 다른 동맹국과의 강화조약은 생제르맹조약(9. 10,오스트리아), 뇌이조약(11. 27, 불가리아), 세브르조약(20. 8. 10,터키), 트리아농조약(헝가리) 등이 체결되었다. 이를 베르사유체제라고 하며 이 체제는 독일·오스트리아·오스만투르크 등 동맹국측의 구제국을 해체하여 단일 소국가로 하였을 뿐 아니라, '민족자결'의 원칙에 따라서 발칸과 동유럽에는 다수의 소국가(폴란드·체코슬로바키아·유고슬라비아·핀란드·발트 3국)가 성립되었다. 베르사유조약은 세계전쟁의 재발방지를 위해 평화유지 기구로서 '국제연맹'의 설립을 정하였다. 그러나 미국이 가입하지 않았고, 독일이나 소련도 받아들이지 않았다. 베르사유체제는 영국과 프랑스를 중심으로 하는 제국주의적 세계 체제의 재편성에 불과하여 1차 세계대전의 전후 처리로서는 불충분하였다.

세계사 연표별 정리

연도	내 용
1919년	【독일】 **바이마르 헌법** 제1차 대전후 독일에서는 혁명의 결과로 수립된 임시 정부하에 선거가 치루어져, 바이마르에서 국민 의회(헌법 제정 의회)가 열리었다. 이 국민 의회는 베르사유 조약을 승인하고 바이마르 헌법을 제정하였다(1919년 8월). 이 바이마르 헌법은 역사상 가장 민주적 헌법이었다. 주요 내용으로 ㉠ 주권재민 ㉡ 20세 이상 남녀의 보통 선거 ㉢ 국민의 직접 투표에 의한 대통령제(임기 7년) ㉣ 국회의 권한 강화 ㉤ 사회 정책적 조항에 의한 노동자 이익의 옹호 등을 규정하고 있었다. 그러나 제 48조에 대통령 비상권 행사를 규정하였고, 비례 대표제에 의한 소당 분립 등 암적 조항도 있음.
1919년	【독일】 **나치스(Nazis) 창당** 히틀러를 당수로 한 독일의 파시즘 정당임. 정식 명칭은 국가사회주의독일노동자당(National- sozialistische Deutsche Arbeiterpartei: NSDAP)이며 나치스란 정치인들이 비꼬아 부른 명칭임. 나치스의 근본사상은 국가주의적 경향, 중산계급과 지식인의 권위주의적·군국주의적 전통과 강력한 국가주의 사상이었고, 나치스의 지지자로서는 불안한 중산계급, 군인, 중소농민, 노동자등이며, 대자본가층이나 보수파 및 군부 등도 강한 독일의 건설을 주장하므로서 나치스를 지지하였음. 히틀러가 1933년 총리로 임명되면서 경제적·정치적 시책을 감행하여 1933년 초 600만 명의 실업자들을 군수산업과 토목사업으로 흡수시켰고, 중농 정책으로 식량의 자급자족화, 노동자를 자본가·기술자 등과 함께 새로 조직된 독일노동전선에 가입시키고, 정치는 1당독재를 실시하며 나치스친위대(SS)를 강화하고, 비밀경찰을 통해 전 국민을 감시하게 하였음. 대외적으로 1933년 10월 국제연맹을 탈퇴하고, 국민징병제로 육군은 5배, 해군도 4배로 증강한 후 1936년 3월 독일군을 비무장지대로 진주시켜 독일-프랑스 국경지대를 요새화하였고, 1938년 3월 오스트리아 병합, 10월 체코의 수데텐란트를 독일에 합병, 1939년 3월 체코와 슬로바키아를 정복한 후, 9월 폴란드에 단치히 자유시를 독일에 반환할 것과 동프로이센과 독일 본토를 연결하기 위하여 폴란드령 포메른을 경유하는 치외법권적인 도로와 철도의 건설을 인가해 줄 것을 요구하였다가 거절당하자 폴란드 침입을 감행하였으며, 영국과 프랑스가 독일에 선전포고를 함으로써 마침내 제2차 세계대전이 발발하게 되었음. 히틀러의 나치스는 폴란드와 구소련을 멸망시키고 그 지역을 가장 우수한 종족인 게르만족이 지배하는 것이 궁극적인 목적이었음.
1920년	【스위스】 **국제연맹 창립(1월 10일)** 제1차 세계대전에서 승리한 연합국을 주축으로 국제 평화와 안전을 유지하고 경제적·사회적 국제협력을 증진시킨다는 목적으로 설립되었다. 미국 대통령 토머스 윌슨이 <평화를 위한 14개 조항>을 제창하여 표면화되었고 1919년 1월 개최된 파리평화회의에서 집단안보와 국제분쟁의 중재, 무기감축, 개방외교를 원칙으로 하는 연맹의 규약을 정했다. 본부는 스위스의 제네바에 두었다. 제2차 세계대전중 활동을 마감하고 UN(국제연합)이 승계함.
1922년	【영국】 **영국(United Kingdom) 성립** 유럽 서북쪽에 있는 섬나라로, 그레이트브리튼섬(잉글랜드, 스코틀랜드, 웨일스)과 1922년 아일랜드 자유국이 성립될 때 북아일랜드가 영국의 일부로 남음으로써 현재의 연합왕국이 되었으며 정식명칭은 그레이트브리튼 북아일랜드 연합왕국(United Kingdom of Great Britain and Northern Ireland)임. 면적은 244,820㎢, 수도는 런던, 종족구성은 앵글로 색슨족, 켈트족, 종교는 성공회 50%, 로마가톨릭교 11%, 개신교 및 기타 39% 인구 6000만 명(2008년 기준)
1922년	【중국】 **무협소설 《강호기협전》연재** 향개연(向愷然)이 <홍잡지>에 《강호기협전》이라는 소설을 6년간 연재한 것을 최초로 보며, 한국에서는 1961년 경향신문에 연재된 《정협지》로 위지문의 《검해고홍》을 김광주가 번역한 것임. 최초의 한국무협소설 창작은 을재상인의 《팔만사천검법(1979)》으로 추정. <무협지에 사용된 용어> 1척 또는 1자: 손부터 팔꿈치까지의 길이 약 30cm 1촌: 손가락 한 마디로 약 3cm 1보: 한걸음으로 약 70~80cm. 1장: 사람이 크게 내딛어 뛸 수 있는 거리 약 3m. 1리: 약 393m. 1마장: 1리를 의미하며 10리 또는 5리 이하의 거리를 부를 때는 리 대신 마장이란 말을 사용. 1시진: 하루를 12분의 1로 나눈 시간 즉 2시간 1각: 1시진을 8분의 1로 나눈 시간 즉 15분.
1922년	【러시아】 **소비에트 사회주의 공화국연방(USSR)수립**을 선포함(12월 30일) 제6공화국
1924년	【영국】 **댄스스포츠(Dancesport)** 경기댄스라고도 하며 국제경기 규정종목은 모던댄스 5종목과 라틴아메리카댄스 5종목으로 나뉜다. 18세기 말부터 영국 상류층 사람들이 사교 모임 때 추던 볼룸댄스가 기원이며, 1924년 영국황실무도교사협회가 왈츠·탱고·퀵스텝·폭스트롯·비엔나왈츠 등 5개 종목을 정리하여 모던댄스(또는 스탠더드댄스)라 했고, 1974년에 룸바·차차차·삼바·파소도블레·자이브 등 5개 종목을 정리하여 라틴아메리카댄스 기법을 발표하였다.

세계사 연표별 정리

연도	내　　　　용
1924년	1987년부터 국제올림픽위원회 가입을 추진하면서 볼룸댄스 대신 댄스스포츠라는 용어를 사용하였고 1995년 경기종목으로 잠정 승인을 받았다.1998년 방콕아시아경기대회에서 시범종목으로 채택되었다. 볼룸댄스들은 모든 동작을 커플을 이루어 클로우즈드 홀드(closed hold) 자세로 춘다. 남성들이 칼을 차고 있었기에 이를 고려한 춤자세이다. 고정된 상체는 발레의 특성으로도 발전되었다. **모던 댄스** **왈츠(Waltz)** 왈츠는 시작부터 마칠 때까지 부드러운 움직임이 계속 연결되는 춤이다. 음악은 3/4박자. **탱고(Tango)** 매혹적이고 날카로운 춤으로써 남녀간 스텝이 엉키는 특징을 갖는 춤이다. 음악은 2/4박자. **퀵스텝(Quick step)** 댄스 스포츠 중 캐슬 웨크의 영향을 가장 많이 받은 경쾌한 댄스로 음악은 4/4박자. **슬로 폭스트롯(Slow fox trot)** 귀족 댄스로 동작의 끊어짐이 없이 부드럽게 트리 스텝으로 음악은 4/4박자. **비엔나 왈츠(Viennese waltz)** 비엔나 왈츠는 왈츠와 같으나 속도를 빠르게 하는 댄스로 3/4박자. **라틴 아메리칸 댄스** 라틴 아메리카지역에서 발생한 세 종목과 스페인, 프랑스에서 한 종목, 그리고 미국에서 한 종목으로 구성. **룸바(Rumba)** 환상적인 리듬과 동작을 갖는 여성다운 춤으로 남과 여의 사랑의 갈등을 　표현한 춤이다. 쿠바에서 생겨난 룸바는 콩가(양손으로 두들겨 연주하는 통이 좁고 긴 북), 기로스, 마라카스(야자인 마라카를 건조시켜 만든 악기) 등의 타악기를 사용하여 연주되고 있다. 음악은 4/4박자. **차차차(Cha cha cha)** 쿠바 혁명 후 룸바는 맘보와 차차차로 변화했다. 차차차 음악은 4/4박자. **자이브(Jive)** 자이브는 흑인의 춤에서 발생한 지르박(jitterbug)의 원형으로 음악은 4/4박자. **삼바(Samba)** 브라질에서 생긴 강렬하고 생동감 넘치는 춤으로 '배꼽'이라는 뜻을 지님. 삼바음악은 2/4박자. 파소 도브레(Paso Doble) 스페인의 투우사의 용맹한 모습을 원형으로 해서 프랑스에서 지금의 형태로 완성되어진 춤으로 음악은 2/4박자.
1929년	【미국】 **세계 대공황 시작(1929~1939)** 대규모 농업경영에 따른 과잉생산으로 주식이 폭락하고 미국의 영향이 유럽에 파급되어 세계적인 공황으로 번졌다. 이 기간에 노동자의 1/4이 실직하고, 세계무역이 1/3이 감소되며 인신매매 등의 현상도 나타남. 이를 극복하기 위해 뉴딜정책(루스벨트의 주창으로 정부 주도의 산업부흥정책)이 실시됐으며 독일, 이탈리아, 일본에서는 파쇼화가 진행되었다.
1932년	【중국】 **만주사변 발발** 일본이 대륙 지배와 소련 견제를 목적으로 심양(瀋陽) 철도를 폭파하고 이를 중국군의 행동이라 조작하여　만주를 점령하고 만주국을 세웠다. 국제 연맹이 일본 철수를 권고하자 국제연맹을 탈퇴하고 1937년 중일전쟁을 일으켰으나, 1945년 소련군의 참전으로 일본 관동군이 패함.
1932년	【이탈리아】 베네치아 영화제 1932년 이탈리아의 베네치아에서 개최된 것이 효시이며, 제2차 세계대전 중 한때 중단되었다가 전후에 베네치아, 프랑스의 칸 등지에서 재개되었으며, 이어 베를린·모스크바 등 세계 여러 곳에서 잇달아 개최되어 해마다 성황을 이룬다. 1932년 베네치아 국제 영화제(이탈리아) 1946년 칸 영화제(프랑스) 1951년 베를린 국제 영화제(독일) 1946년 로카르노 영화제(스위스) 1981년 이두용 감독의 ≪피막≫이 베네치아국제영화제에서 특별상을 수상. 1985년 하명중 감독의 ≪땡볕≫이 베를린국제영화제에서 본선 진출. 1989년 배용균 감독의 ≪달마가 동쪽으로 간 까닭은≫이 스위스 로카르노영화제에서 최우수작품상 수상. 1987년 임권택 감독의 ≪씨받이≫에 출연한 강수연이 베네치아국제영화제에서 최우수 여우주연상 수상. 1988년 ≪아다다≫로 신혜수가 몬트리올국제영화제에서 최우수 여우주연상 수상. **전세계 역대 영화 흥행순위** (2002년 현재) 1. 타이타닉(1997) - $1,835,300,000 2. 해리 포터와 마법사의 돌(2001) - $962,000,000 3. 스타 워즈 에피소드 1(1999) - $922,300,000 4. 쥬라기 공원(1993) - $919,700,000 5. 반지의 제왕(2001) - $860,200,000 6. 인디펜던스 데이(1996) - $811,200,000 7. 스파이더맨(2002) - $806,700,000 8. 스타 워즈 에피소드 4(1977) - $797,900,000 9. 해리 포터와 비밀의 방(2002) - $775,000,000 10. 라이온 킹(1994) - $767,700,000

세계사 연표별 정리

연도	내 용
1940년	【프랑스】 **마지노선 붕괴** 프랑스 육군대장 마지노(Maginot Line)가 국경에 이전의 요새보다 견고한 콘크리트 벽을 구축하고 보급물자 등을 지원 받을 수 있도록 방어방을 구축한 것을 말하며 이를 간파한 독일군이 우회하여 마지노선을 무용지물로 만든 사건.
1941년	【일본, 미국】 **태평양전쟁(12. 8일)발발** 일본이 미국의 하와이 진주만(미태평양함대 사령부가 있는)을 공격하여 발생한 전쟁을 말함. 대동아공영권(아시아는 아시아인이 지배한다는 일본의 아시아 침략 전략)을 주장하는 일본이 중일전쟁을 일으키자 미국을 중심으로 ABCD(미국, 영국, 중국, 네덜란드)가 압박을 가하였다. 일본은 이를 타개하고자 미국을 공격하였으나 결국 이 공격으로 미국이 참전하여 2차 세계대전의 종말을 가져오게 되었다.
1943년	【독일】 **독일의 소련 침공 실패** 독일군 30만명이 스탈린그라드에서 전멸당함. 【이탈리아】 **이탈리아 항복** 연합군에게 시칠리아 섬이 함락되자 무솔리니 반대파인 바돌리아가 쿠테타를 일으켜 무솔리니를 체포하고 연합국에 항복함. 후에 히틀러가 무솔리니를 구출하여 새로운 파시스트 정부를 수립하여 대항했으나 1945년 4월에 체포되어 총살됨.
1943년	【미국, 영국, 중국】 **카이로 회담(11월 22일)** 개최 루스벨트, 처칠, 장개석이 모여 일본이 점령했던 영토를 회복시키고 한국의 독립을 보장한다고 선언. 이는 포츠담 선언으로 이어짐. 【미국, 영국, 소련】 **테헤란 회담(12월 1일)** 루스벨트, 처칠, 스틸린이 모여 3국간의 협력과 이란의 영토 보전에 합의
1944년	【프랑스】 **노르망디 상륙작전 성공(6월 6일)** 미국의 아이젠하워가 히틀러에게 치명적인 패배를 안겨주어 전쟁을 승리로 이끌수 있었던 작전으로 평가됨. 독일의 수뇌부가 공격예상지역과 대응책에 대한 의견의 일치를 보지 못해 즉각적인 대응에 실패한 것이 주요인이 됨.
1945년	【미국, 영국, 소련】 **얄타회담(2월)** 루스벨트, 처칠, 스탈린이 독일에 관해서는 분할점령·비무장화·전쟁범죄자의 처리 등이 확인되었고, 또한 소련의 대일참전에 관한 비밀협정도 체결됨. 만주철도의 중소공동운영 등의 권익을 보장받음. 【독일】 **독일 항복(5월 7일)** 연합군 사령관인 몽고메리 장군과 소련군이 베를린을 점령하고 히틀러는 12년간 숨겨온 정부 에바브라운과 결혼식을 올리고 독약을 먹고 자살함. 그뒤 되니츠의 임시정부가 무조건 항복하고 휴전 협정에 조인
1945년	【미국, 영국, 소련, 중국】 **포츠담선언(7월 17일~8월 2일)** 트루먼, 처칠(교체되어 총리가 된 애틀리), 스탈린, 장개석이 모여 일본에 대해서 항복을 권고하고 제2차 세계대전 후의 대일처리방침을 표명함. 특히 일본의 주권은 혼슈(本州)·홋카이도(北海道)·규슈(九州)·시코쿠(四國)와 연합국이 결정하는 작은 섬들에 국한한다라고 명시하고 카이로선언에서 결정한 한국의 독립을 확인함. 그러나 일본은 이 선언을 거부하므로서 미국에 의한 히로시마(廣島)와 나가사키(長崎)에 원자폭탄이 투하되었고 소련도 8월 8일 참전하자, 일본은 이 선언을 수락하여 제2차 세계대전이 종결됨.
1945년	【국제연합】 **국제연합(UN)발족(10월 24일)** 미국 샌프란시스코에서 국제연합을 발족하고 유엔헌장을 발표함. 1946년 붕괴된 국제연맹을 계승한 것으로 유엔(UN, United Nations)이라고도 한다. 전쟁방지와 평화유지 등 모든 분야에서 국제협력을 증진하는 역할을 하는 국제기구임. 가입국 192개국(2006). 유엔이라는 명칭은 미국 루스벨트 대통령이 제안한 것이며, 1945년 샌프란시스코에서 개최된 '국제기구에 관한 연합국 회의'에 참석한 50개국 대표는 1944년 덤바턴오크스에서 회합한 미국·영국·중국·소련 등 4개국 대표가 합의한 초안을 기초로 국제연합헌장을 작성하였고 서명국 과반수가 국제연합헌장을 비준한 1945년 10월 24일 공식 출범함. 본부는 미국 뉴욕에 있음. **주요기구** 총회·안전보장이사회·경제사회이사회·신탁통치이사회·국제사법재판소·사무국. **전문기구** ILO(국제노동기구), FAO(국제연합식량농업기구), UNESCO(국제연합교육과학문화기구), WHO(세계보건기구), IMF(국제통화기금), IBRD(국제부흥개발은행), IFC(국제금융공사), IDA(국제개발협회), ICAO(국제민간항공기구), UPU(만국우편연합), IMO(국제해사기구), WMO(세계기상기구), ITU(국제전기통신연합), WIPO(세계지적소유권기구), IFAD(국제농업개발기금), UNIDO(국제연합공업개발기구)가 있으며 그 외에 전문기구는 IAEA(국제원자력기구), WTO(세계무역기구). **보조기구** 국제연합개발계획, 국제연합환경계획, 국제연합난민고등판무관, 국제연합인권 고등판무관, PKO(평화유지활동). 2007년 1월 한국인 최초로 반기문 국제연합 사무총장이 취임했음.

세계사 연표별 정리

연도	내용
1946년	【베트남】 **베트남전쟁** 공산주의와 민족주의를 내세운 북베트남이 독립의 쟁취를 위해 프랑스와 치른 제1차 전쟁과 미국의 비호를 받는 남베트남과 치른 제2차 전쟁으로 구분된다. **제1차 전쟁**(1946~1954) 프랑스 지배하의 베트남(공산주의 베트남독립동맹 호치민의 주도)은 1946년 말 하이퐁 항구에서 프랑스와의 무력충돌을 시작하여 1954년 프랑스가 디엔비엔푸(Dien Bien Phu) 전투까지 9년간 지속됐음. 베트남은 중국으로부터, 프랑스는 미국으로부터 군수물자를 지원받아 전투를 벌였으나 게릴라 전에 능숙한 베트남이 승리한 후 제네바 협정을 통해 프랑스군의 지휘를 받는 베트남인들은 북위 17°선 남쪽으로 이동시키고, 베트남독립동맹군은 북위 17°선 북쪽으로 이동시킨 다음, 북위 17°선을 비무장지역(DMZ)으로 둘러싸인 군사분계선으로 정한다고 결정했음. 제네바협정으로 공산주의자를 표방하는 '베트남독립동맹'은 북베트남을 장악하고, 비공산주의자는 남베트남을 차지하였음. **제2차 전쟁**(1960~1975) 북베트남과 남베트남간의 전쟁으로 북베트남이 미국지원을 받은 남베트남을 공격하여 15년 동안의 장기적인 전쟁을 통해 미국의 전쟁개입에 대한 부정적인 여론이 높아지자, 1973년 파리 정전협정을 맺었고 그 이후 북베트남은 1975년 남베트남에 대한 공세를 벌려 사이공을 함락시키고 동 반 민 대통령이 항복하므로서 1976년 7월 베트남은 하노이를 수도로 하는 베트남사회주의공화국으로 통일되었음. 베트남 전쟁에 미국은 4만7천365명의 군 병력을 파견했고, 그 중 1만1천명이 사망했다. 남베트남 군은 25만명 이상 사망했고, 북베트남도 1백만 가량이 전사한 것으로 추정됨. 베트남 전체의 민간인도 2백만 이상이 사망하거나 상처를 입은 것으로 집계 됐음.
1947년	【미국】 **트루만 독트린 발표(3월)** 미국은 공산주의 폭동으로 위협받고 있는 그리스 및 터키에 대한 지원을 선언하므로서 소련의 팽창을 봉쇄하는 정책을 표면화하였다. 이 선언은 후에 마셜플랜(미국무장관인 마셜이 유럽에 대한 경제 원조 표방)과 NATO(북대서양 조약기구)로 이어짐. 【미국】 **가트**(GATT 관세 및 무역에 관한 일반 협정)를 조인함.
1949년	【유럽】 **북대서양조약기구(NATO) 탄생(4월 4일)** 제2차 세계대전 후 동유럽에 주둔하고 있던 소련군과 군사적 균형을 맞추기 위하여 체결한 북대서양조약의 수행기구. 회원국은 벨기에, 캐나다, 덴마크, 아이슬란드, 이탈리아, 룩셈부르크, 네덜란드, 노르웨이, 포르투갈, 영국, 미국, 프랑스 등 2006년 현재 정식회원국은 26개국이다. 한편 소련 등 공산권은 대항조치로 NATO에 버금가는 지역안보기구인 바르샤바조약기구를 창설했다. 【중국】 **중화인민공화국 정부 수립**(10월 1일 ~1959) 2차 대전 후 농촌지역의 지지를 받은 중국 공산당이 미국의 지원을 받는 국민당을 몰아내고(장개석은 5월에 대만으로 피신) 모택동을 주석으로 선출하고 민주주의와 반대되는 정책과 외국 세력의 특권도 없앴다.
1950년	【미국】 **한국전쟁에 군대파견** 한국전쟁시 미국 트루만 대통령이 군대 파견을 결정(6. 27)하고 맥아더 장군의 인천 상륙작전(9. 14일) 성공으로 승기를 잡았고 1953년 7월 27일 휴전에 조인함.
1953년	【영국】 **힐러리와 셀파(짐꾼) 텐진이 최초로 에베레스트 등정**(해발 8, 840m, 1865년 처음 높이를 측량한 조지 에베레스트의 이름에서 명명). 네팔은 에베레스트 등반 기회를 봄·가을 한 팀에게만 허락한 전통을 1992년까지 42년간 유지하였음. 한국은 1977년 9월 15일 고상돈에 의해 처음 이루어졌고 세계에서 8번째 등정국이 되었으며 고상돈 대원은 58번째 등정자임.
1954년	【스리랑카】 **콜롬보 회의** 비동맹주의를 외교의 기조로 하는 나라들의 회의인 중립국회의 중 정상회담을 말한다. 제2차 세계 대전 이후 자유 민주 진영과 공산 진영의 어느 쪽에도 가담하지 않은 개발 도상 국가들. 제3세계라고 하는 인도. 인도네시아, 파키스탄, 스리랑카, 버마 등 5개국 회의로 참가자격은 ① 평화공존, ② 민족해방운동의 지지, ③ 군사 블록의 불참여, 외국군사기지의 설치·주둔의 금지와 비동맹주의를 표방하는 국가 1961년 제1차 비동맹 정상회담 이래 동맹 참가 자격은 다음 5개 조항으로 규정되어 있다. 1. 평화적 공존에 기초를 둔 자주적 정책을 실시할 것. 2. 민족해방운동을 무조건 지지할 것. 3. 군사블럭에 속하지 않으며 군사조약에 참가하지 않을 것. 4. 동서분쟁과 관련된 여하한 지역적 군사동맹이나 쌍무 협정에도 참가하지 않을 것. 5. 자국 영내에 외국 군대의 기지를 설치하지 않을 것.
1955년	【미국】 **수소폭탄 실험 성공(1952년 11월)** 트루만 대통령이 소련의 원자폭탄 보유(1949년 9월)에 대응하여 및 수소폭탄 제조를 명령하여 성공하였으며 소련은 수소폭탄을 1953년 8월에 성공함.

세계사 연표별 정리

연도	내용
1955년	【독일】 **아인슈타인 사망(1879~1955)** 1905년 특수상대성 이론 발표. 빠른 속도로 등속운동을 하면 시간은 느려지고 거리는 짧아지며 질량은 늘어난다. 빛의 속도는 관찰자가 정지해 있거나 운동상태에 있거나, 또 어떤 방향에 있거나 상관없이 일정하다.(광속 불변의 법칙). 1916년 일반상대성 이론 발표 - 가속 운동계 안에서도 동일한 물리적 법칙이 적용된다. 관찰자에 따라 관찰결과는 달라져도, 우주는 동일한 법칙에 지배를 받는다는 것. 그것은 가속운동에 의한 관성력과 중력이 같다는 것이다. 동시에 중력의 원천이 되는 중력질량과 관성의 정도를 나타내는 관성질량도 같은 것이 된다. 이것을 등가의 원리라고 한다. 진리는 보편적이고 절대적이지만 그것을 관찰하는 우리의 인식에는 한계가 있다고 주장하므로서 세상을 바라보는 사람들의 관념이 바뀌었음.
1955년	【인도네시아】 **반둥 회의**(제1차 아시아 아프리카 회의라고 부름) 참가국들은 대부분이 제2차 세계대전 후 독립한 아시아와 아프리카 29개국이며, 평화 10원칙을 채택함(또는 반둥 10 원칙) 1. 인권과 유엔 헌장의 목적과 원칙을 존중 2. 모든 국가의 주권과 영토 보전을 존중 3. 모든 인류의 평등과 크고 작은 모든 나라의 평등을 승인 4. 타국의 내정에 불간섭 5. 유엔 헌장에 의한 단독 또는 집단적인 국토방위권을 존중 6. 집단적 방위를 강국 특정 이익을 위해 이용하지 않는다. 또한 다른 나라에 압력을 가하지 않는다. 7. 침략이나 침략의 위협이나 무력행사는 타국의 영토 보전이나 정치적 독립을 침범하지 않는다. 8. 국제 분쟁은 평화적 수단에 의해 해결 9. 상호 이익과 협력을 촉진 10. 정의와 국제 의무를 존중
1958년	【프랑스】 **낭트칙령** 1598년 4월 13일 프랑스의 왕 앙리 4세가 낭트에서 공포한 칙령. 프랑스의 신교도인 위그노들은 주로 모직물 공업 등 상공업에 종사하고 있었고 콜베르는 중상주의 경제 정책을 추진하여, 국내 산업 발전이 위해 이들 위그노를 보호하는 낭트 칙령을 발표하였음. 그러나 콜베르가 죽은 후, 루이 14세는 카톨릭 교도 옹호를 구실로 낭트 칙령을 폐지하였으므로(1685), 신교를 믿는 수공업자들이 다수 국외로 빠져나가 상공업 발전을 크게 약화되었음.
1961년	【프랑스】 **경제협력개발기구**(OECD, Organization for Economic Cooperation and Development)설립 제2차 대전 후 유럽의 경제부흥을 추진해온 유럽경제협력기구(OEEC)를 개발도상국 원조문제 등 새로운 경제 정세변화에 적응시키기 위해 1961년 9월 30일 파리에서 발족하였음. 2010년 현재 회원국은 그리스·네덜란드·노르웨이·뉴질랜드·한국·덴마크·독일·룩셈부르크·멕시코·미국·벨기에·스웨덴·스위스·슬로바키아·아이슬란드·아일랜드·스페인·영국·오스트레일리아·오스트리아·이탈리아·일본·체코·캐나다·터키·포르투갈·폴란드·프랑스·핀란드·헝가리·칠레·슬로베니아·슬로바키아·에스토니아의 34개국이며, 개방된 시장경제와 다원적 민주주의라는 가치관을 공유하는 국가간 경제사회 정책협의체로서, 경제사회 부문별 공통의 문제에 대한 최선의 정책방향을 모색하고 상호의 정책을 조정함으로써 공동의 안정과 번영을 도모하는 것을 목적으로 한다. OECD가 OEEC와 다른 점은, OEEC가 유럽의 경제회복을 목적으로 한데 비해 OECD는 서방세계 전체의 경제성장과 세계경제발전을 목적으로 하고 있으며, 회원국 면에서도 OEEC가 유럽국만을 회원국으로 한데 비해, OECD는 유럽 이외의 미국, 캐나다 등 서방 선진국 모두를 회원국으로 포함한다. 한국은 1996년 12월 12일 회원으로 가입하였음.
1961년	【러시아】 **최초로 유인 인공위성 비행 성공** 러시아의 우주비행사 가가린 소령은 1961년 4월 12일 인공 위성 보스토크 1호로 무중력 상태의 우주권에 돌입하여 187마일의 고공에서 시속 1만 8,000마일 속도로 1시간 48분 동안 지구를 일주한 뒤 귀환하여 인류 최초로 우주 비행에 성공하였고 "지구는 푸른 빛깔이었다" 말로도 유명해졌다. 1968년에 미코얀구레비치 MiG-15의 시험 비행 훈련 중에 연습기 추락으로 사망함.
1962년	【미국】 **미국의 쿠바봉쇄** 미국이 1962년 10월부터 미국과 동맹국들에게 쿠바와의 무역을 금지하도록 한 금수조치. 쿠바 카스트로 정권의 미사일 건설에 소련이 지원하자 케네디 대통령이 쿠바의 해상 봉쇄를 선언하여 소련을 철수시킨 사건. 쿠바 카스트로(Fidel Castro)는 미국과 국교를 단절하고, 소련의 중거리 미사일 반입정책을 펴자 미국은 미주기구(OSA) 외상회의에서 쿠바를 축출하고, 1996년에는 쿠바와 무역을 하는 국가나 개인은 미국의 제재조치를 받게 된다고 위협하는 내용을 담은 '헬름스-버튼법'을 제정하고 국제연합 회원국들에게도 이를 요구하여 결의안을 채택하다 2000년부터 금수조치를 완화하였음.

<table>
<tr><td colspan="2" align="center">**세계사 연표별 정리**</td></tr>
<tr><td align="center">**연도**</td><td align="center">**내　　　　　용**</td></tr>
<tr><td align="center">1964년</td><td>【영국】 **4인조 보컬그룹 비틀즈 등장** 1960년대 세계 최고 인기그룹으로, 존 레넌, 폴 메카트니, 조지 해리슨, 링고 스타 4인조로 구성됨. 비틀즈멤버 모두는 리버풀의 가난한 노동자 집안 출신으로, 1960년대의 사회 및 문화적 혁명을 이끌었다는 평가를 받기도 함. 비틀즈는 빌보드 차트 1위곡이 20곡으로 현재 가장 많이 1위를 차지한 가수로 기록되며 미국 내에서만 1억 7천 6백만장, 전 세계적으로 10억장 이상의 음반이 판매되어 대중음악 역사상 가장 성공적인 밴드로 불리움. 비틀즈는 단 한명도 악보를 볼 수 없었으며, 아름답거나 새로운 멜로디가 생각나면 조지 마틴에게 부탁하여 악보로 만든 다음 기타로 연주하여 노래를 발표하는 방식으로 노래를 발표했음. 팬들의 지나친 관심과 개인적 차이로 1970년 해체됨. 이들은 대영제국 훈장을 받았으며, 해체 후 재결합도 일부에서 시도되었으나 레넌이 1980년 뉴욕에서 암살되었으며, 해리슨도 2001년 11월 29일 사망하여 재결합이 불가능해짐. 주요 히트곡은 Yesterday, Let it be, Hey jude, Come together, I will, Imagine, She, Forever</td></tr>
<tr><td align="center">1967년</td><td>【아랍】 **3차 중동전쟁(6일전쟁 이라고도 함)이 일어남** 이스라엘과 아랍국간의 전쟁으로 아랍 연합국이 시나이 반도에 기갑부대를 배치하자 이를 저지하려는 이스라엘이 다얀 국방의 제공권 장악으로 아랍 연합국을 6일 만에 격퇴시킨 사건(1차 전쟁은 1948년, 2차는 1956년에 발발)</td></tr>
<tr><td align="center">1969년</td><td>【미국】 **우주선 아폴로 11호가 인류최초로 달표면에 착륙(암스트롱, 올드린, 콜린스 탑승)** 7월 16일 오전 09시 32분에 케네디 우주기지에서 발사된 뒤 7월 20일 오후 4시 17분 40초에 달착륙에 성공하고 119시간 18분간 (120만 km)의 우주여행을 마침.</td></tr>
<tr><td align="center">1973년</td><td>【아랍】 **제4차 중동전쟁과 전세계 석유 파동** 이집트와 시리아군이 이스라엘을 침공(유대인의 성일인 욤 키푸르 Yom Kippur 전쟁일 이라고도 함: 대 속죄일)
아랍쪽이 전세가 불리하자 정전을 요청했지만 이스라엘이 거부하자 석유수출국기구(OPEC)가 원유가 인상 및 감산에 합의 함으로써 1차 오일 파동이 일어남.</td></tr>
<tr><td align="center">1974년</td><td>【미국】 **워터게이트 사건** 현직 대통령 닉슨의 재선을 위해 비밀공작반이 워싱턴의 워터게이트빌딩에 있는 민주당 전국위원회 본부에 도청장치를 설치하려다 발각·체포되었고 1974년 8월 하원 사법위원회에서 대통령탄핵결의가 가결됨에 따라 닉슨은 대통령직을 사임함. 임기 도중 대통령이 사임한 것은 역사상 최초의 일이었음. 다음 대통령인 포드가 닉슨의 재임기간 중의 모든 죄에 대하여 사면하여 일단락 됨.</td></tr>
<tr><td align="center">1978년</td><td>【영국】 **세계최초로 시험관아기 탄생** 맨체스터 올덤 병원에서 부라운 부인이 제왕절개를 통해 2.6kg의 여자아이(루이스)를 출산함.</td></tr>
<tr><td align="center">1979년</td><td>【미국】 **스리마일 섬 원전사고** 펜실베이니아주 스리마일 섬에서1979년 3월 28일 원자력 발전소 2호기에서 열을 뺏기지 않게 해주는 양수시설이 멈춰 서자 압력 상승을 막기 위한 안전판이 열린 후 잠기지 않았고 원자로의 1차 계통이 파괴되어 냉각수가 안전판 밖으로 흘러나와 5,000℃로 올라가서 핵 연료봉이 녹아내리고 원자로 용기도 파괴되었음. 주 정부는 임산부와 어린이들을 대피시켰고, 주민들 20여만 명이 일시에 도망치듯 빠져나간 첫 번째 원전사고. 피해사항은 1m 두께의 격납 용기 덕분에 큰 영향은 없음.</td></tr>
<tr><td align="center">1980년</td><td>【이란】 **이란 이라크 전쟁** 이라크 군대가 이란 서부 지역을 침공하여 8년 동안 계속된 전쟁
전쟁 원인은 1975년 양국간에 체결된 '알제협정'(국경협정)을 이란측이 파기한 데 있었다. 석유수출국기구(OPEC)회담 때 이란의 팔레비 왕과 이라크의 사담 후세인 간에 '샤트 알 아랍 수로'의 지배권과 호르무즈 해협의 3개 도서의 지배권을 이라크가 갖는다는 국경협정을 1979년 이란이 혁명에 성공하면서 압도적인 군사력을 무기로 파기하였다. 그 후 이란이 혁명의 후유증을 겪고 있는 틈을 타서 이라크가 선제공격을 가하여 전쟁이 시작되었다. 이라크는 아랍족이며 수니파를 신봉하고 이란은 페르시아 민족으로 시아파를 신봉하는 종교적 갈등도 요인으로 작용했다. 1988년 UN의 중재로 정전하였으며, 이라크는 이란영토의 반환과, 샤트 알 아랍 수로의 중앙선을 국경으로 하고 국교를 회복하였다.</td></tr>
<tr><td align="center">1981년</td><td>【미국】 **우주 왕복선 콜롬비아호가 처음으로 유인궤도 비행 성공** 콜럼비아호는 우주왕복선으로는 두 번째로 제작되었고 우주궤도비행에 성공한 최초의 우주왕복선임. 첫 번째 우주왕복선은 1977 엔터프라이즈호이고 이는 우주의 이륙과 착륙시험용이었으며, 두 번째 콜럼비아호는 미국 건국초기인 보스톤을 떠나 콜럼비아강을 탐험했던 배이름과 아폴로 11호의 조종실의 이름에서 따온 것임. 28번째 임무를 마치고 텍사스 주 상공에서 대기권 진입 도중 선체의 결합으로 인해 파괴됨. 세 번째는 챌린져호로서 마리아나 해구의 깊이를 측정한 영국 탐험선 HMS 챌린저의 이름에서 따왔으며 1983년 처음 발사된 이후 1986년 발사 73초만에 폭발함. 원인은 O-ring 불량으로 고온·고압의 가스가 누출되어 발사 직후 폭발했음. 1983년 디스커버리호, 1985년 아틀란티스호, 1991년 인데버가 잇따라 제작되어 우주비행 실험에 투입됨.</td></tr>
<tr><td align="center">1984년</td><td>【인도】 **보팔시 유니언 카바이드사에 유독가스 누출** 미국의 농약 제조회사인 유니언카바이드사는 인도 보팔시에서 농약 제조의 원료로 쓰이는 메틸이소시안(극소량으로도 중추신경과 면역체계 마비)이라는 유독가스를 탱크에 저장하고 사용해왔는데, 이 유독가스 36톤이 누출되어 2,800사망, 20만 명 이상의 피해자가 발생했음. 인도재판소는 배상 청구액 33억 달러에 대해 4억 7000만 달러의 배상금 지불 판결.</td></tr>
</table>

세계사 연표별 정리

연도	내　　　　용
1986년	【소련】 **체르노빌 원자로 사고** 8톤정도의 방사능이 유출된 세계 최대의 참사로 2명의 작업원이 즉사하고 7월 말까지 29명이 사망하고, 원자로 주변 30km 이내에 사는 주민 9만 2,000명은 모두 강제 이주되었고 그 후 6년간 발전소 해체작업에 동원된 노동자 5,722명과 이 지역에서 소개된 민간인 2,510명이 사망하였고, 43만 명이 암, 기형아 출산 등 각종 후유증을 앓고 있음. 사고 요인으로는 체르노빌 제4호 원자로 정기실험과 보수작업시 운전원들이 터빈의 rundown실험을 위해 원자로출력을 20만kw로 낮추려다 운전 잘못으로 7만kw로 내려가자 다시 20만kw로 끌어 올리려했으나 시간이 오래 걸릴 것 같자 자동제어 대신수동으로 작동하였고. 이때 30여개의 제어봉이 노심안에 꽂혀 있어 출력을 빨리 올릴 수 없으므로 7~8개만 남겨 놓고 모두 뽑아버리고 실험을 강행한 결과 비상계통이 작동하여 노심안으로 찬물이 주입되어 장기간에 걸친 동일조건 하에서의 실험치를 얻을 수 없게 되자 비상계통마저 중단하면서 출력이 급격히 증가하여 원자로의 폭주와 화학적인 연소폭발로 방사능이 누출됨.
1990년	【독일】 **독일통일(10월 3일)** 1990년 베를린 장벽이 무너지고 동독과 서독이 통합하여 수도를 베를린으로 정함. 60년대부터의 동서독 간의 냉전 체제는 W. 브란트 총리의 동방정책으로 1972년부터 34차례의 협상을 통해 과학 기술, 문화 등에 관한 협력체계를 구축했다. 1982년 H. 슈미트 서독 총리의 동독 방문, 1987년에는 E. 호네커 동독 공산당서기장이 서독을 방문하여 통일 전기가 마련됨. 독일의 통일에 큰 영향을 미친 것은 M. 고르바초프에 의해 추진된 소련의 개방과 개혁정책이다. 그 영향으로 동독의 베를린 장벽이 무너지고, 이를 틈타 서독이 막강한 경제력을 내세워 소련에 경제협력을 약속하고 미국, 영국, 프랑스의 지원으로 통일 조약이 체결되어 10월 3일 민족통일을 이룸. 통일 후 1990년 12월 2일 전독일 총선거를 실시하여 H. 콜 총리가 이끄는 통일 정부 구성했다.
1991년	【중국】 **천안문사건** 중국의 민주화 시위를 정부가 무력진압하면서 빚어진 유혈 참사 사건. 공산당 주석인 후야오방(胡耀邦)이 사망한 후, 지식인과 학생들이 후야오방의 명예회복과 민주화를 요구하며 시위를 벌였고, 5월 15일 소련의 고르바초프가 베이징에 도착했을 때 100만 명이 넘는 대규모 시위로 인해 일정을 변경해야만 하자 정부는 베이징시에 계엄을 선포하고, 학생들의 시위에 유연하게 대처한 공산당 총서기 자오쯔(趙紫陽)에서 덩샤오핑의 후계자로 알려진 양상쿤(楊尙昆) 국가주석과 리펑(李鵬) 국무원 부총리 등 강경파가 주도권을 잡고 6월 3일 밤 인민해방군 27군을 동원하여 무차별 발포로 시위군중을 살상 끝에 해산시킨 사건. 역사적으로 천안문 사태는 3차에 걸쳐 있었음. 1차(1919년): 5·4 운동이라고도 하며 러시아 혁명의 영향을 받아(조선의 3·1 운동의 영향을 받았다는 견해도 있음) 베이징의 대학생을 중심으로 일어난 반제국주의·반봉건주의 혁명운동으로서, 중국의 근대화를 서두르는 계기가 됨. 2차(1976년): 마오쩌둥 체제 말기인 1976년 4월에 있었던 대중반란으로, 중국 문화 대혁명 이래의 마오쩌둥 사상 절대화 풍조와 마오쩌둥 가부장 체제에 대한 중국 민중의 저항을 나타낸 사건. 3차(1991년): 본문 참조
1991년	【소련】 **소비에트연방 해체** 1991년 12월 미하일 고르바초프 소련 대통령이 사임하고 소비에트 연방 구성 국가들이 소련 연방에서 탈퇴함에 따라 소련이 해체됨. 1917년 11월 7일 러시아 혁명에 의해 성립된 소련은 74년 후인 1991년 12월 31에 붕괴되고 1992년 1월 1일 러시아 연방으로 바뀜. 1989년에 일어난 동유럽 혁명으로 소련의 공산화가 퇴색하고 몰타 회담에서 고르바초프 대통령과 부시 대통령은 냉전이 종결됐음을 선포함으로써 리투아니아와 에스토니아가 독립하고, 12월 21일에 소련 공산당이 폐지를 선언하고 레닌 동상이 파괴되면서 소련연방이 해체됨. **소련연방해체 순서** 1991년 3월　리투아니아(전 리투아니아), 에스토니아(전 에스토니아) 1991년 5월　라트비아(전 라트비아) 1991년 8월　우크라이나(전 우크라이나), 벨로루시(전 벨로루시), 몰도바(전 몰도바), 그루지야(전 그루지아) 1992년 1월　아제르바이잔(전 아제르바이잔), 아르메니아(전 아르메니아), 카자흐스탄(전 카자흐), 키르기스스탄(전 키르기스), 우즈베키스탄(전 우즈베크), 타지키스탄(전 타지크), 투르크메니스탄(전 투르크) 소련 연방이 해체 후, 소비에트 연방을 이루었던 15개국이 모여 독립 국가 연합을 구성하였음.
1993년	【미국】 **데밍(W Edward Deming, 1900. 10. 14~1993. 10. 14)** 변호사의 아들로 태어나 8세 때부터 아르바이트로 공부했다. 예일대 졸업 후 벨 연구소의 슈하트를 통해 통계적 관리를 생산과 경영에 적용하였다. 2차세계 대전 중에는 미국 통계국의 전쟁물자 품질관리를 담당했다. 이때 군납업체 경영자와 엔지니어들을 위한 품질교육 프로그램을 만들어서 1만 명 이상의 엔지니어들에게 슈하트의 관리방법을 교육시켰다. 이때의 스터디 그룹이 미국품질관리학회(ASQC)을 창설하는 모태가 되었다. 종전 후, 일본의 과학자와 공학자, 경영자에게 통계와 품질관리를 전수하였고 SONY 창업자인 아키오 모리타 등도 그 대상에 포함되었다. 일본의 어려운 경제 여건을 고려하여 컨설팅과 강의, 출판에 돈을 받지 않았다. 그 고마움을 기리기 위해 일본과학기술연맹(JUSE)에서 데밍상을 제정했다.

세계사 연표별 정리

연도	내　　　　　　　용
1993년	미국이 데밍의 진가를 알게 된 것은 1980년대 이후로, 레이건 대통령은 1987년 미국판 데밍상인 '말콤 볼드리지상'을 만들었다. **데밍의 품질경영 14원칙(W. Edwards Deming, Out of the Crisis, 1986)** 　1. 쉬지 않고 꾸준히 품질을 개선해야 한다. 　2. 변화의 리더쉽을 발휘할 수 있도록 새로운 철학으로 무장해야 한다. 　3. 검사에 의존하지 말고 처음부터 품질 좋게 만들어라. 　4. 최저가 낙찰제는 총비용을 최소화해주지 못한다. 납품업자와 신의 성실의 관계를 맺도록 하라. 　5. 시스템을 지속적으로 개선함으로써 품질, 생산성을 개선하고 비용을 최소화할 수 있다. 　6. 직무/직장 훈련을 제도화하라. 　7. 참 리더쉽을 발휘하라. 감독이란 부하들의 업무수행을 실질적으로 돕는 것이다. 　8. 불필요한 공포심을 제거하여 모두가 진심으로 회사를 위해 일하도록 해야 한다. 　9. 부서간 장벽을 제거하라. 각부서가 팀이 되어 일해야 한다. 　10. 슬로건, 설교로는 좋은 결과를 얻기 어렵다. 　11. 작업할당량, 개인별 목표량같은 것을 제거하라. 그보다는 리더쉽이 요청된다. 　12. 워맨쉽의 즐거움을 빼앗지 말라. 　13. 활기찬 교육/자율적 개선 프로그램을 시행하라. 　14. 대전환은 전원이 감당할 기본 과업이다.
1994년	**【우루과이】 우루과이 라운드(UR)타결** 우르과이에서 개최된 다자간 무역협상으로, 관세 및 무역에 관한 일반협정(GATT)의 제8차 다자간 무역협상을 말함. GATT는 1980년대에 들어 통상마찰과 관련된 보호주의 움직임이 강화되고 세계자본주의의 중심이 미국에서 일본·유럽 공동체(EC) 등으로 다극화되자, 미국은 자국의 농업공황, 제조업 쇠퇴, 서비스산업 확대라는 산업구조의 변화와 경상수지의 적자를 만회하기 위해 경쟁력있는 농업·서비스산업 및 첨단기술의 비교우위를 통해 세계경제에 대한 패권을 회복, 강화하고자 GATT를 통해 반영된 것이 우루과이라운드이다. **대상 분야** 관세, 비관세장벽, 농업, 서비스, 지적소유권, 천연자원, 무역관련투자 등 14개 항목이며 협상의 주체는 미국, EC, 그리고 일본을 위시한 아시아 개도국그룹 등 3개로 집약됨. **갈등요인** 가장 큰 쟁점은 농산물에 대한 보조금 및 수입관세 등 보호정책에 대한 농산물 수출국들로 구성된 미국 등 케언즈 그룹과 EC의 대립이 있었으나 1994년 타결됨. 한국 정부 세부 계획 한국은 평균관세율을 1986년 17.9%에서 1999년 1월 8.1%로 인하하기로 했으며, 6개 분야 67개 품목 무관세화에 참여하였고, 쌀의 경우 1995~2004년까지 관세화를 유예하고, 국내 소비량의 4%까지 단계별로 개방하기로 하였음. **결 과** 7년여에 걸친 협상 결과 우루과이라운드가 타결됨에 따라 1995년 세계무역 기구(WTO)가 설립되었으며, WTO는 GATT가 다루지 않은 농산물, 섬유, 무역관련 투자조치 서비스교역 등을 포함하고 무역과 관련된 분쟁을 해결할 수 있는 법적 구속력이 강화되었음.
1995년	**【미국】 윈도95(Windows 95) 출시** 마이크로소프트가 1995년 8월 24일에 출시한 그래픽 사용자 인터페이스 기반의 개인용 컴퓨터용 운영체제이다. 윈도3.1의 후속판으로 시스템이 안정적이며 처리속도도 향상되었다. 윈도 95의 다음 버전으로 윈도 98이 출시되었으며, 윈도 2000까지도 업그레이드가 가능하다. 2001년 12월 31일 윈도 95가 단종되었다.
1995년	**【스위스】 세계무역기구(World Trade Organization, WTO) 발효** 회원국간의 무역 관계 협정을 관리 감독하기 위한 기구로 GATT 체제를 대체하여 세계 무역 장벽을 감소시키거나 없애기 위한 목적을 가지고 있음. 본부는 스위스 제네바.
1996년	**【영국】 최초의 유전자 복제 양 '둘리' 탄생** 에든버러 로슬린 연구소에서 영국의 이언 월머트 박사 등이 6년생 양의 체세포에서 채취한 유전자를 핵이 제거된 다른 암양의 난자와 결합시켜 이를 대리모 자궁에 이식하여 둘리가 태어났고, 2003년 노화에 따른 폐질환으로 안락사시킴. 이 복제기술은 동물복제를 이용해 인간의 질병을 치료할 수 있는 가능성 때문에 인간복제 실험에 관한 논쟁으로 번지고 윤리문제를 야기하게 되었음. 둘리가 똑같은 실험을 거친 난자 277개 중에서 유일하게 성공한 점도 인간복제 실험을 반대하는 논거가 되었음.

세계사 연표별 정리

연도	내　　　　　　용
1996년	【국제】 ISO 14001 환경경영시스템 규격제정 국제표준화기구 기술위원회(TC 207)에서 제정한 환경경영체제에 관한 국제표준인 'ISO 14000 시리즈' 중 하나. 국제표준인 'ISO 14000 시리즈'에는 환경경영체제(ISO 14001), 환경감사(ISO 14010 Series), 환경라벨링(ISO 14020), 환경성과평가(ISO 14030), 전과정평가(ISO 14040)등의 환경경영 규격시리즈가 있다. ISO 14001은 환경경영을 기업경영의 방침으로 삼고 구체적인 목표와 세부목표를 정한 뒤 이를 달성하기 위하여 조직, 절차 등을 규정하고 인적, 물적자원을 효율적으로 배분하여 조직적으로 관리하는 체제를 갖추고 지속적인 환경개선을 이루어 나가도록 요구하고 있음.
1998년	【미국】 비아그라 시판 미국 파이저사가 개발한 남성 발기부전 치료제인 비아그라는 협심증(심장부 또는 흉골 뒤쪽의 발작 증세) 치료제로 개발되었으나 임상실험 과정에서 남성 발기에 효과가 있는 것으로 밝혀져 발기부전 치료제로 쓰이게 되었음. 비아그라의 원료인 실데나필은 성적으로 흥분할 때 생성되는 '사이클릭 GMP'라는 화학물질의 분비를 돕는 동시에 발기저해 물질인 '포스포디에스테러아제'를 분해하는 효능을 갖고 있으며, 부작용으로는 약 2.5%에서 안면 부종, 오한, 무력감, 알레르기 등의 가벼운 부작용이 나타났고, 드물게 심장혈관계, 소화계, 근골격계, 신경계 등의 나타날 수 있음.
1999년	【유럽】 유로화 채택 유럽연합의 단일화폐의 명칭으로 1999년부터 유통되기 시작함. 1968년 유럽 경제·금융 통합관련 '베르너보고서(Werner Report)'가 나온 이후 1992년의 마스트리히트조약으로 단일통화의 법적 토대를 마련한 후 실시됨. EU는 정부 재정적자를 국내총생산(GDP)의 3%로 제한하는 등 가입자격을 규정하고 있으며 2002년 6월 1일을 기하여 유로 지폐와 동전만이 유통됨. 유로는 7종의 지폐와 8종의 동전으로 구성되며 유로의 제작·발행은 각 나라가 독자적으로 실시하고 있음. 유로 통화 도안(€)은 알레인 빌리에트(벨기에)가 디자인했으며 E는 유럽을 의미하며 그리스 문자인 엡실론과 유로의 안정성을 표현하는 평행선의 조합으로 되어 있음.
2000년	【일본】 선사시대 연대 조작 사기(10월 22일) 마이니치 신문이 고고학자 후지무라 신이치의 유적 조작행위를 밝혔다. 그는 자신이 미리 만든 유물을 발굴 예정 장소에 몰래 묻고 나중에 공식 발굴 작업을 통해서 찾아내는 방식을 사용했다. 고교 졸업 후 독학으로 고고학을 공부하다 1981년 미야기 현 사사라기 유적지에서 4만 년 전 유물을 발굴하면서 유명해졌다(일본은 3만 년 이전 유물이 없었다). 그 후 일본에 최초 인류가 60만 년 전에 출현했다는 유적을 발굴했고 특히 기존 학설보다 그 이전에 일본에 구석기 문화가 존재했다는 유물을 발굴했다. 사기극의 폭로는 제보를 통해서 이루어졌다. 마이니치 신문의 한 간부가 사실 확인에 들어가 동영상 카메라로 2000년 9월 5일 미야기 현 가미타카모리 유적지에서 자신이 만든 유물을 몰래 묻는 현장을 촬영하면서 밝혀졌다.
2001년	【미국】 필립 크로스비(Philip B. Crosby 1926. 6. 18~2001. 8. 18) 데밍, 쥬란과 함께 품질경영의 3대가이다. 웨스트 버지니아 출생. 2차대전 및 한국전쟁에 참전했다. 그는 신뢰성 전문 엔지니어로 출발해 마틴사의 유도탄개발프로젝트에 참여, 무결점운동(ZD, Zero Defect)을 주장했다. ITT사 부사장 재직시 자신의 품질 철학을 실현했고, 후에 컨설팅 기관인 Philip Crosby Associates를 설립하여 품질교육기관인 품질대학(Quality College)을 운영했다. 저서로 Quality is Free가 있다. **크로스비 품질경영 14단계(Philip B. Crosby, Quality is Free)** 단계 1. 경영자가 직접 참여해야 한다.(Obtain the commitment of management.) 단계 2. 품질개선팀을 결성하라.(Establish a quality improvement team.) 단계 3. 품질 수준을 측정할 척도를 만들어라.(Take quality measurements.) 단계 4. 품질 코스트를 추정하라.(Estimate the cost of quality.) 단계 5. 품질 의식을 확산시키라.(Spread quality awareness.) 단계 6. 문제점 시정에 노력토록 격려하라.(Encourage corrective action.) 단계 7. 무결점 프로그램 특별위원회 설치.(Establish an ad hoc committee for the zero-defects program.) 단계 8. 감독층을 훈련시켜라.(Train supervisors.) 단계 9. 무결점일을 정해 놓아라.(Have a zero-defects day.) 단계 10. 작업 그룹의 목표를 정해주어라.(Set goals.) 단계 11. 근무자 오류의 원인을 추적, 제거하라.(Remove the causes of errors.) 단계 12. 그룹/개인의 성취를 인정해주라.(Recognize achievement.) 단계 13. 품질 카운슬을 설치하라. (Establish a quality council.) 단계 14. 쉬지 말고 재도전하라. (Do it over again.) 데밍의 철학과 크로스비의 철학은 성격상 양극단이며 쥬란은 그 중간형이라 평하는 사람도 있다.

세계사 연표별 정리

연도	내용
2001년	【미국】 9·11 테러 이슬람 알 카에다의 테러범들이 미국 여객기 4대를 납치해 뉴욕 맨해튼의 세계무역센터와 워싱턴 D. C. 의 미국 국방부, 펜실베이니아주에 추락시켜 3,000여 명이 사망했다. 경제적 피해로는 세계무역센터 11억 달러, 테러응징 지출안 400억 달러, 재난극복액 111억 달러로 추산함. 미국연방수사국은 범인들이 사우디아라비아와 이집트 출신의 조종사들이며 오사마 빈 라덴과 그의 조직인 알카에다와, 팔레스타인해방기구 산하의 하마스, 이슬람원리주의 기구인 지하드, 레바논의 헤즈볼라 등이 관여했을 것으로 보고 있다. 미국·영국 연합군은11월 20일에는 아프가니스탄 전역을 함락하여 반 탈레반 정권인 과도정부를 수립했고 2011년 5월 제로니모 작전의 일환으로 오사마 빈 라덴을 사살 후 수장시켰다.
2002년	【프랑스】 프랑스가 징병제를 모병제로 전환(1월 1일) 프랑스가 징병제를 폐지하고 모병제로 병역 제도를 바꾸었음. 징병제 한국은 1960년 징병제 채택. 북한은 복무기간 5년에서 최대 13년. 대만은 남자는 12개월, 여자는 국방세 납부로 대체. 중국은 징병제지만 지원자 모집 후 부족시 징병. 남녀 모두 징병하는 국가: 이스라엘 남자(36개월) 여자(21개월), 말레이시아 남녀(6개월), 몽골(1년) 【중국】 한가정 한자녀 정책 시행(9월 1일) 인구제한 정책으로 소수민족은 적용하지 않음.(현재 대략 13억 5천만 명이고 미호적자가 약1억 명 추정) .흑해자(黑孩子, 헤이하이즈)는 호적에 올리지 않은 아이, 소황제(小皇帝, 샤오황띠)는 자식이 귀해 버릇없고 나약하며 이기적인 아이를 말함. 중국은 한족이 총 인구의 92%를 차지하고 있으며, 소수 민족은 8%를 차지하고 있다 1. 한족 중국의 최대 민족이다. 약 11억 명 2. 장족(壯族) 최대의 소수 민족으로 광시 장족 자치구에 1,900만 명 3. 몽골족 주로 네이멍구 자치구에 거주하며 800여만 명 4. 만주족 주로 동북 3성에 거주 982만여 명 5. 위구르족 터키계 민족으로 650만 명 6. 조선족 옌벤에 200만 명 7. 후이족(回族) 무슬림 민족으로 1,800만 명 8. 티베트 중국과 인종문제가 가장 심각하며 티베트에 350만 명 정도 **중국의 소수민족(54개)** 거라오족·나시족·누족·다워르족·다이족·더앙족·동족·동샹족·두룽족·라후족·러시아족·루오바족·리족·리수족·마오난족·만주족·먀오족·먼바족·몽골족·무라오족·바오안족·바이족·부랑족·부이족·사라족·서족·수이족·시버족·아창족·야오족·예벤키족·오로촌족·와족·우즈벡족·위구르족·이족·조선족·장족·지눠족·징족·징포족·챵족·카자흐족·키르기스족·타지크족·타타르족·투족·투쟈족·티베트족·푸미족·하니족·한족·허저족·후이족
2003년	【미국】 컬럼비아 우주왕복선 폭발(2월 1일) 1981년 4월 12일 발사하여 지구 주위를 36번 돈 뒤, 귀환한 최초의 우주왕복선이다. 2003년 2월 1일, 28번째 임무를 마치고 텍사스 상공에서 대기권 진입 도중 선체의 결함으로 인해 파괴되어, 승무원 7명이 전원 사망하였다. 총 비행 횟수 28회. 【이탈리아】 최초 복제 망아지 '프로메테아' 탄생(8월 10일) 이탈리아의 생식기술연구소는 대리모가 아닌 동일한 유전자의 엄마말이 직접 낳은 최초의 경우로, 면역체계가 같은 모(母)를 통해서는 복제출산이 불가능하다는 기존 관념을 뒤집은 것임. 현재까지 복제에 성공한 양, 소, 염소, 돼지, 노새는 모두 대리모를 통해 태어났다. 【중국】 선저우 5호(神舟五号 발사(10월 15일) 중국 최초의 유인 우주선으로 소련, 미국에 이어 세 번째 국가가 되었다. 우주선은 지구 궤도를 14회 선회한 다음 21시간 만에 귀환했다. **중국의 선저우 계획(소련의 소유즈 계획과 비슷함)** 선저우 1호 1999년 11월 9일 무인 시험 비행 선저우 2호 2001년 1월 9일 동물 시험 비행 선저우 3호 2002년 3월 25일 더미 시험 비행 선저우 4호 2002년 12월 29일 더미 시험 비행, 다수의 과학 실험 선저우 5호 2003년 10월 15일 양리웨이가 14회 궤도 비행 선저우 6호 2005년 10월 12일 5일의 임무수행 페이준롱외 1인 선저우 7호 2008년 9월 25일 자이지강이 최초의 우주유영 선저우 8호 2011년 10월 무인 시험 비행, 텐궁1호 우주정거장 도킹 선저우 9호 2012년 유인 비행, 텐궁1호, 선저우 8호에 추가 도킹 선저우10호 2012년 유인 비행, 텐궁1호, 선저우 8호, 선저우 9호에 추가 도킹

세계사 연표별 정리

연도	내 용
2003년	【프랑스】 **콩코드 운항 중단(11월 26일)** 1969년 시험비행 후 1976년 상업 비행을 시작했다. 런던 히드로 공항과 샤를 드골 공항(파리)에서 미국 뉴욕의 존에프케네디, 워싱턴 덜레스 공항 사이를 정기운항했다. 최고 속력마하 2.2, 승객 수용 인원 130명
2006년	【프랑스】 **명왕성이 왜소행성(dwarf planet)으로 바뀜(8월 4일)** 국제천문연맹(IAU)이 총회에서 행성의 자격에 대한 공식적 정의를 제정하면서 명왕성이 행성에서 왜소행성으로 바뀌었다. **행성의 정의** 1. 태양의 주위를 돌고 있어야 하며, 2. 자신의 중력으로 둥근 구체를 형성할 정도로 질량이 커야 한다. 3. 중심에서 핵융합 반응이 일어날 만큼 질량이 크지 않아야 한다. 질량이 태양 질량의 0.1배 정도보다 더 크면, 천체 중심의 온도가 천만 도에 이르며, 이로 인해 핵융합 반응이 일어나게 된다. 이러한 천체는 항성으로 정의된다. 4. 궤도 근처에 자신의 중력에 종속되지 않은 미행성체가 남아 있지 않아야 한다. **명왕성이 제외된 이유** 4항이 2006년에 추가된 부분이며, 명왕성의 궤도 근처에는 카이퍼대 천체들이 많이 분포하여 명왕성과 궤도를 공유하고 있기 때문에 제외하였음. 4항의 조건을 만족하지 못하는 천체는 왜소행성으로 새로 분류되었고 현재 세레스, 명왕성, 에리스 등이 있다.
2007년	【미국】 **애플사 아이폰(iPhone) 출시(6월 29일)** 스티브 잡스가 발표한 터치 스크린 기반의 아이팟, 휴대전화, 모바일 인터넷이라는 세 가지 주요 기능을 가진 IT의 혁명을 가져온 스마트폰을 출시했다. 【중국】 **창어 1호(10월 24일) 발사** 중국의 달 탐사선으로 "창어"라는 이름은 중국 신화에 나오는 달의 여신인 상아(항아)의 이름에서 유래됨.
2008년	【미국】 **조셉 쥬란(Joseph M. Juran, 1904~2008. 2. 28)** 전사적 종합품질의 대가로서 미국식 전문화 원칙보다 일본식 전사적 종합품질관리(CWQC, TQM)를 주장하였다. 비일본 시민에게 주는 최고훈장을 받았음. 품질의 삼각이론으로 품질기획과 품질향상 및 품질관리를 중시하였다. 저서로는 Quality Control Handbook이 있다.
2009년	【미국】 **동성결혼 허용** 미국 아이오와 주 법원이 동성간의 결혼을 허용했다. 【미국】 **마이클 잭슨 생애(1958. 8. 29~2009. 6. 25)** 아버지 조지프 잭슨 사이에서 9남매 중 일곱 번째로 태어났다. 6세 때부터 친척들과 형제들로 이루어진 잭슨 파이브(The Jackson 5)와 후의 잭슨스(The Jacksons)에서 활동했고 스릴러(Thriller)는 1억 4백만 장이 판매되었다. 그의 주치인인 '콘레드 머리'가 사망 24시간 전에 강력한 마취제를 주사하여, 사망했다고 발표했고, 배심원들은 그의 과실치사 혐의에 대해 유죄 평결을 했다.
2010년	【독일】 **신 태양계 발견** 유럽남부천문대(ESO)가 칠레에 있는 지름 3.6m 망원경에 부착된 고해상도 전파행성 추적(HARPS) 장치를 통해 6년 넘게 탐색한 끝에 지구에서 127광년 거리에 우리 태양계를 닮은 행성계가 존재하고 있음이 관측되었다. 태양과 같은 역할을 하는 지구 질량의 20배 정도인 모($\mathbb{H}$)항성 HD 10180을 중심으로 다섯 개의 행성이 돌고 있고 두 개의 행성이 더 존재하는 것이 확실시된다고 밝혔다. 그러나 생명체가 존재할 만한 곳은 없는 것으로 알려졌다. 【미국】 **위키리스크 외교문서 공개(11월 28일)** 폭로전문 사이트 위키리크스가 미국의 외교문건 25만건을 뉴욕 타임스와 영국 가디언지 등에 공개하여 파문이 일었다.
2011년	【중국】 **중국항공모함 시험 항해(8월 10일)** 중국의 항공모함인 바랴크함이 첫 시험 항해 성공했음. 중국은 세계에서 10번째로 항공모함 보유국이 되었음. 【리비아】 **카다피 사살(10월 20일)** 리비아를 40년 이상 독재정치를 한 무아마르 카다피가 그의 고향 시르테에서 시민군에게 피살당함으로써 리비아 내전이 종결되었다.
2011년	【일본】 **대지진 쓰나미** 지진의 원리는 탄성반발(elastic rebound)이다. 지층이 힘을 받으면 휘어지다 버틸 수 없을 만큼의 힘이 축적되면 지층이 끊어져 단층이 되고, 원래의 모습으로 돌아가려는 반발력에 의해 지진이 발생한다. 지진은 오랜 기간에 걸쳐 대륙의 이동, 해저의 확장, 산맥의 형성 등에 작용하는 지구 내부의 커다란 힘에 의하여 발생되며 지진이 발생된 점을 진원(earthquake focus), 진원에서 수직으로 연결된 지표면을 진앙(epicenter)이라고 하며 이곳이 가장 가까운 지표이기 때문에 가장 큰 피해가 있음.

연도	내용
2011년	**세계지진의 역사**

세계지진의 역사

1908.12.28	이탈리아, Messina	사망자 수 120,000명	규모7.5
1915.01.13	이탈리아, Avezzano	사망자 수 30,000명	규모7.0
1920.12.16	중 국, Kansu	사망자 수 180,000명	규모8.5
1923.09.01	일 본, Kanto	사망자 수 143,000명	규모8.2
1932.12.26	중 국, Kansu	사망자 수 70,000명	규모7.6
1935.05.31	파키스탄, Quetta	사망자 수 60,000명	규모7.5
1939.01.24	칠 레, Chillan	사망자 수 30,000명	규모7.8
1939.12.27	터 키, Erzincan	사망자 수 23,000명	규모8.0
1960.02.29	모로코, Agadir	사망자 수 14,000명	규모5.9
1962.09.01	이 란, Qazvin	사망자 수 14,000명	규모7.3
1968.08.31	이 란	사망자 수 11,600명	규모7.4
1970.05.31	페 루	사망자 수 66,000명	규모7.8
1976.02.04	과테말라	사망자 수 22,000명	규모7.9
1976.07.27	중 국, Tangshan	사망자 수 242,000명	규모7.6
1978.09.16	이 란, Tabas	사망자 수 15,000명	규모7.7
1988.12.07	아르메니아	사망자 수 25,000명	규모6.8
1990.06.20	이란 Rasht	사망자 수 45,000명	규모7.7
1999.08.17	터키 이즈밋	사망자 수 15,657명	규모7.4
2001.01.26	인도 구자라트	사망자 수 20,085명	규모7.7
2003.12.26	이란 남부 지역	사망자 수 31,000명	규모6.6
2004.12.26	인도네시아 수마트라	사망자 수 283,106명	규모9.0
2005.10.08	파키스탄 북부 지역	사망자 수 30,000명	규모7.6
2011.3.12	일본 후쿠시마	사망자 수 30,000명	규모 9.0

리히터 지진계 지진의 강도를 나타내는 단위로 1935년, 미국의 지진학자 찰스 리히터(Charles Richter)가 지진파를 측정해 지진의 에너지양을 추정하는 방법을 개발하였다.

리히터 규모와 폭약(TNT)과의 상관관계
1.0 - TNT 32kg, 2.0 - TNT 1t, 3.0 - TNT 32t, 4.0 - TNT 1kt, 5.0 - TNT 32kt, 6.0 - TNT 1Mt, 7.0 - TNT 50Mt, 8.0 - TNT 1Gt, 9.0 - TNT 31.6Gt,
10.0 - TNT 1 teraton(참고: 일본 히로시마 원자폭탄은 TNT 20kt급에 해당함)

【일본】 후쿠시마 제1원전 폭발 사고 2011년 3월 11일 발생한 도호쿠대지진과 쓰나미로 인해 전력이 끊어지면서 냉각장치가 가동이 되지 않아 사고 발생.

세계3대 원전사고
1.1979.3.28 미국 펜실바니아주 스리마일 섬 원자력 발전소 2호기 고장. 주민 22만명 대피
2.1986.4.26 구소련 체르노빌 원전사고 체르노빌 원전 4호기가 폭발,소련지역 14만 5천㎢ 이상에 방사성 낙진, 약 800만 명이 방사능에 노출. 사망자가 9,300명, 33만명 이주, 주민들은 각종 암 발생과 기형아 출산 급증 등으로 사상 최악의 원전 사고로 기록됨. 원전 반경 48㎞ 일대를 출입금지 구역으로 관리되고 있음.
3.2011.3.12 일본 후쿠시마 원전 사고

역사
핵심정리

5. 고조선 왕조

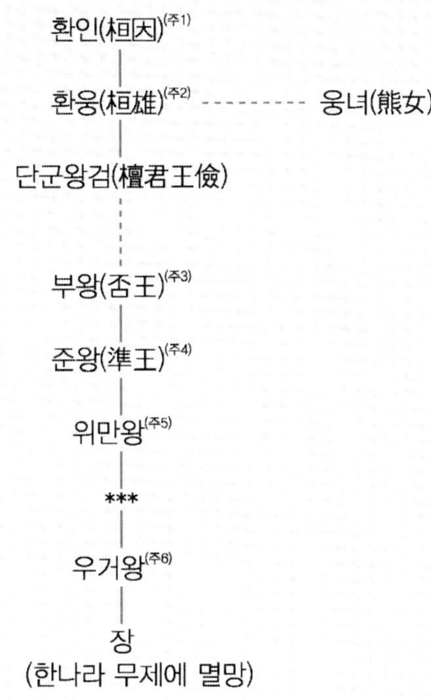

(주1) 환인(桓因): 천제(天帝)라 하며 '하늘' '하느님'을 의미하며 후에 '한글'의 근원이 됨.
　　　단군의 할아버지로서 인간세상을 바라는 아들 환웅을 세상에 내려 보냄.
(주2) 환웅(桓雄): 환인의 아들(맏아들이 아님)이며. 세상을 다스리고자 환인으로부터 천부인(天符印) 3개를 받아 3,000명을 거느리고 세
　　　상에 내려옴.
　　　웅녀(熊女)와 혼인하여 단군왕검을 낳음.
(주3) 부왕(否王): 삼국지, 위서(魏書) 동이전에서 기자조선(箕子朝鮮)의 마지막 왕인 준왕(準王)의 아버지로서 서기전 3세기말 경에 즉
　　　위했다고 전한다.
(주4) 준왕(準王): 중국이 진나라와 한나라 교체시기에, 연나라 사람 위만(衛滿)을 받아들여 서쪽변경을 지키게 하였으나 후에 위만이
　　　반란을 일으켜 남쪽으로 피신하여 도읍(전라도 익산, 경기도 광주, 충청도 직산 중 익산을 가장 유력하다고 함)을 정하고 스스로
　　　한왕(韓王)이라 하였으며 마한의 진왕(辰王)에게 격파되어 소멸된 것으로도 추정.
(주5) 위만(衛滿): 위만왕 집권부터를 위만조선, 위씨 조선이라고도 함.
(주6) 우거왕: 1년 정도 대항하다 한나라에 의해 살해되고 아들 장은 한나라군에 투항.

고구려(28대 705년: BC 37-668)

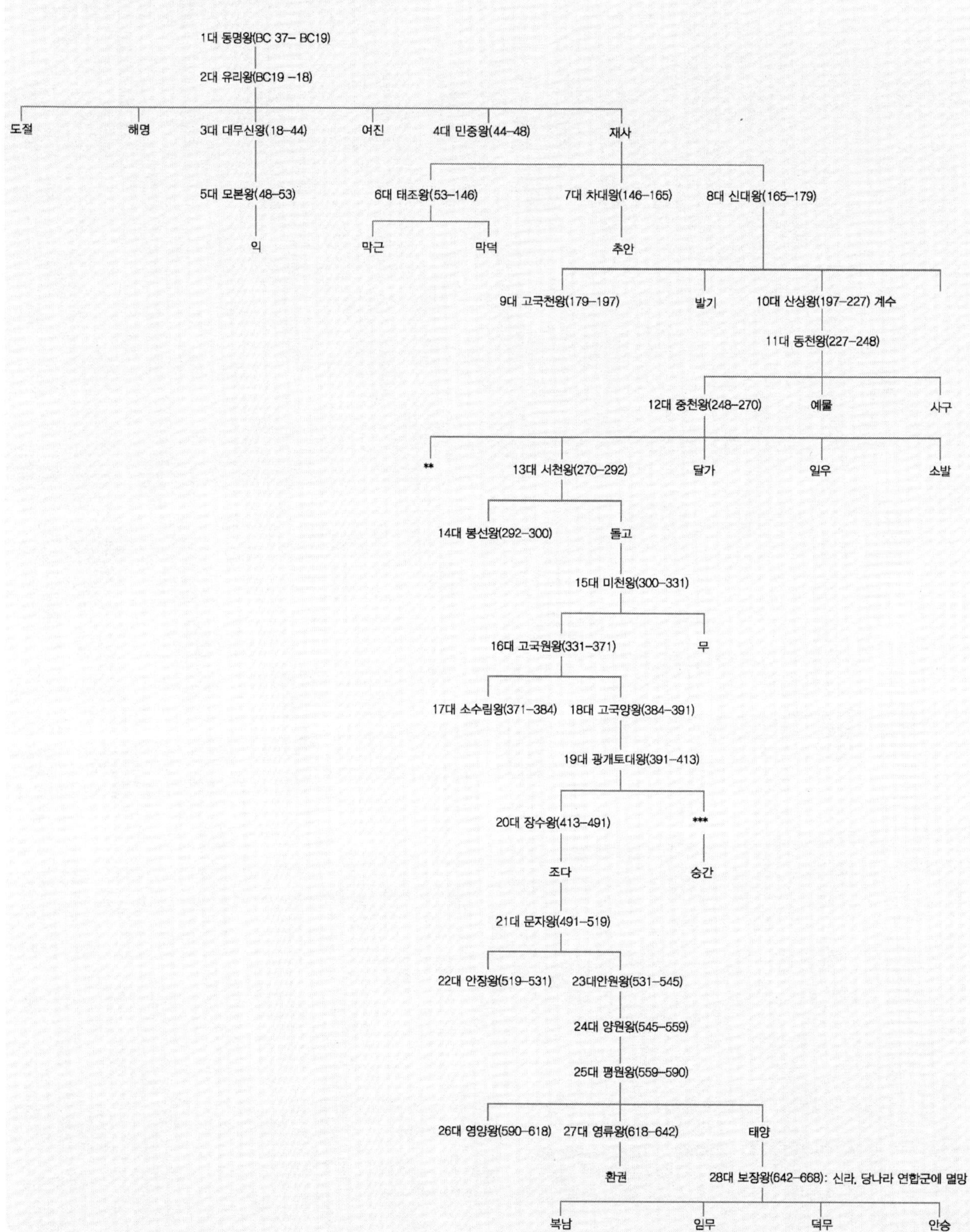

  부여 왕조

부여왕조는 참조1과 참조2 설이 있음

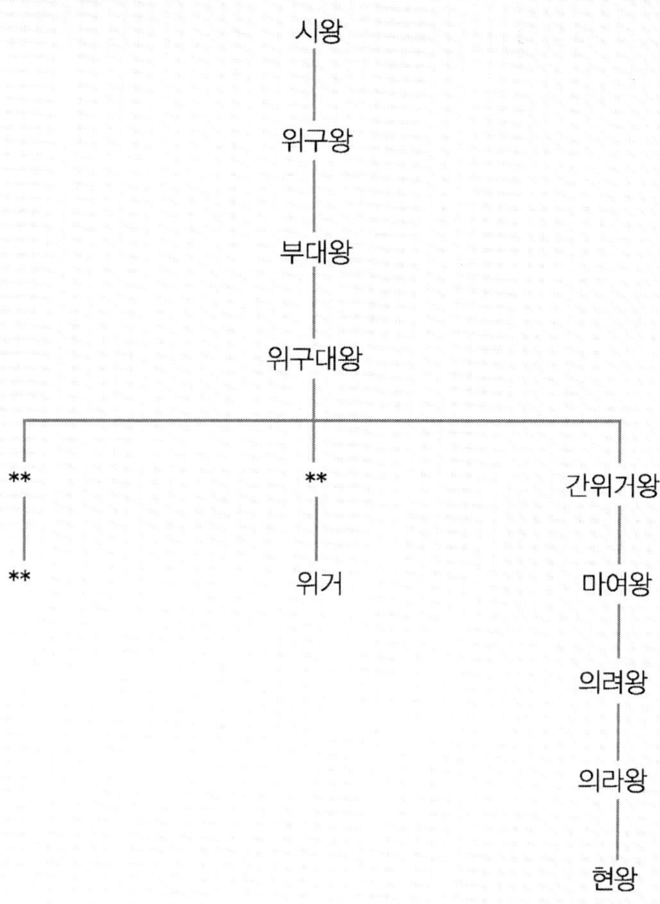

고두막

고무수
(고구려 문자왕에 멸망)

동부여(BC 1,2세기-410)

해부루왕

금와왕

대소왕
(고구려 광개토대왕에 멸망)

8. 발해 왕조

발해 14대 228년 (698–926)

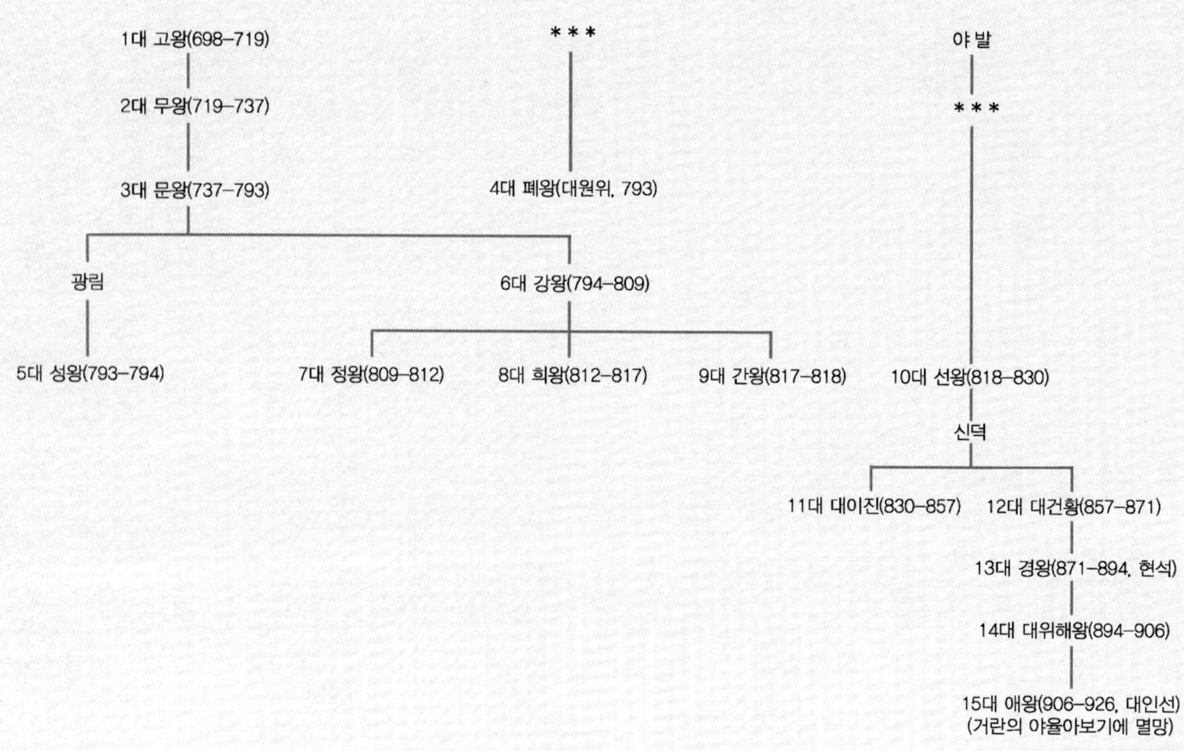

9. 백제 왕조

백제 31대 678년(BC 18–660)

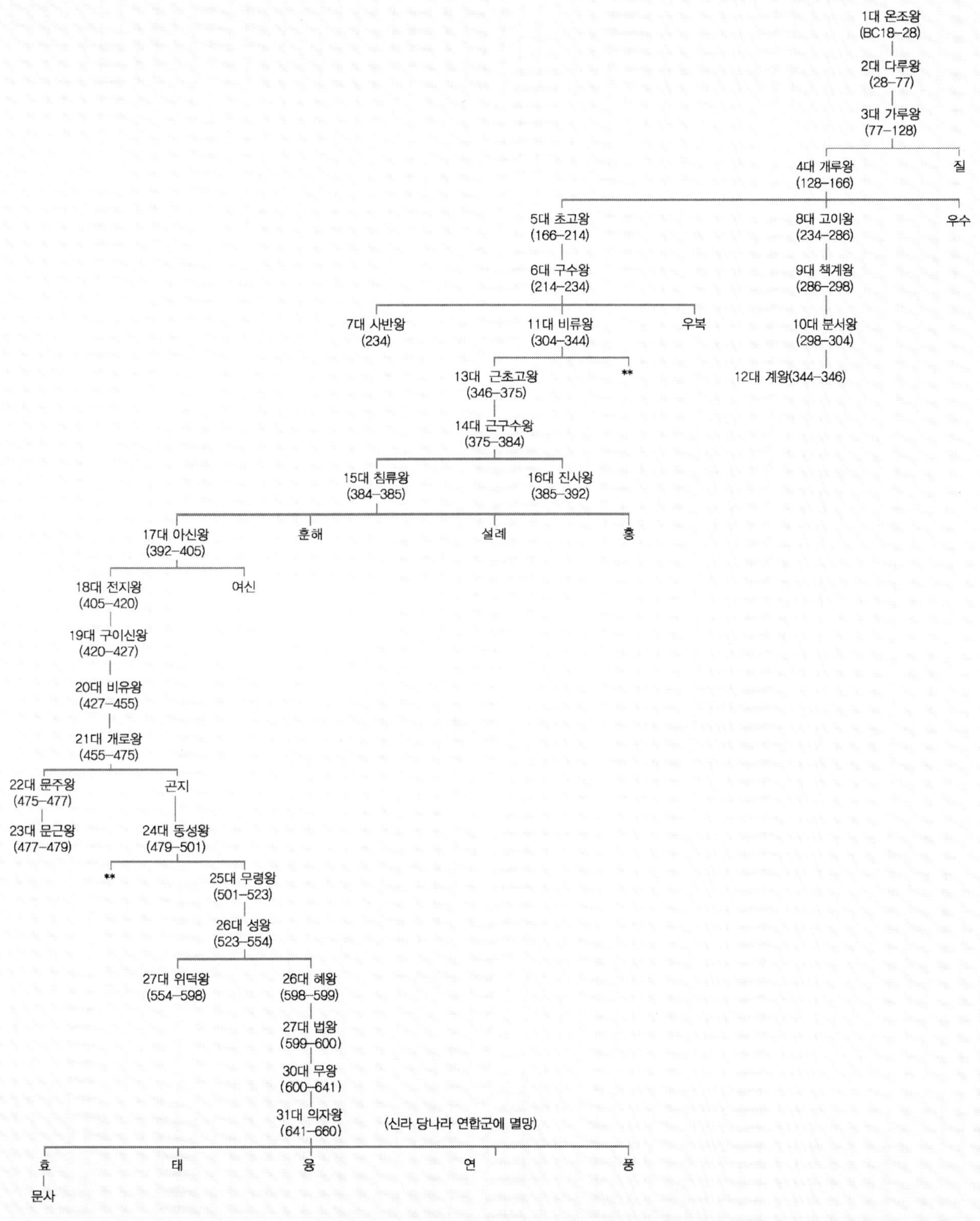

10. 신라 왕조

신라 56대 992년 (BC 57~935)

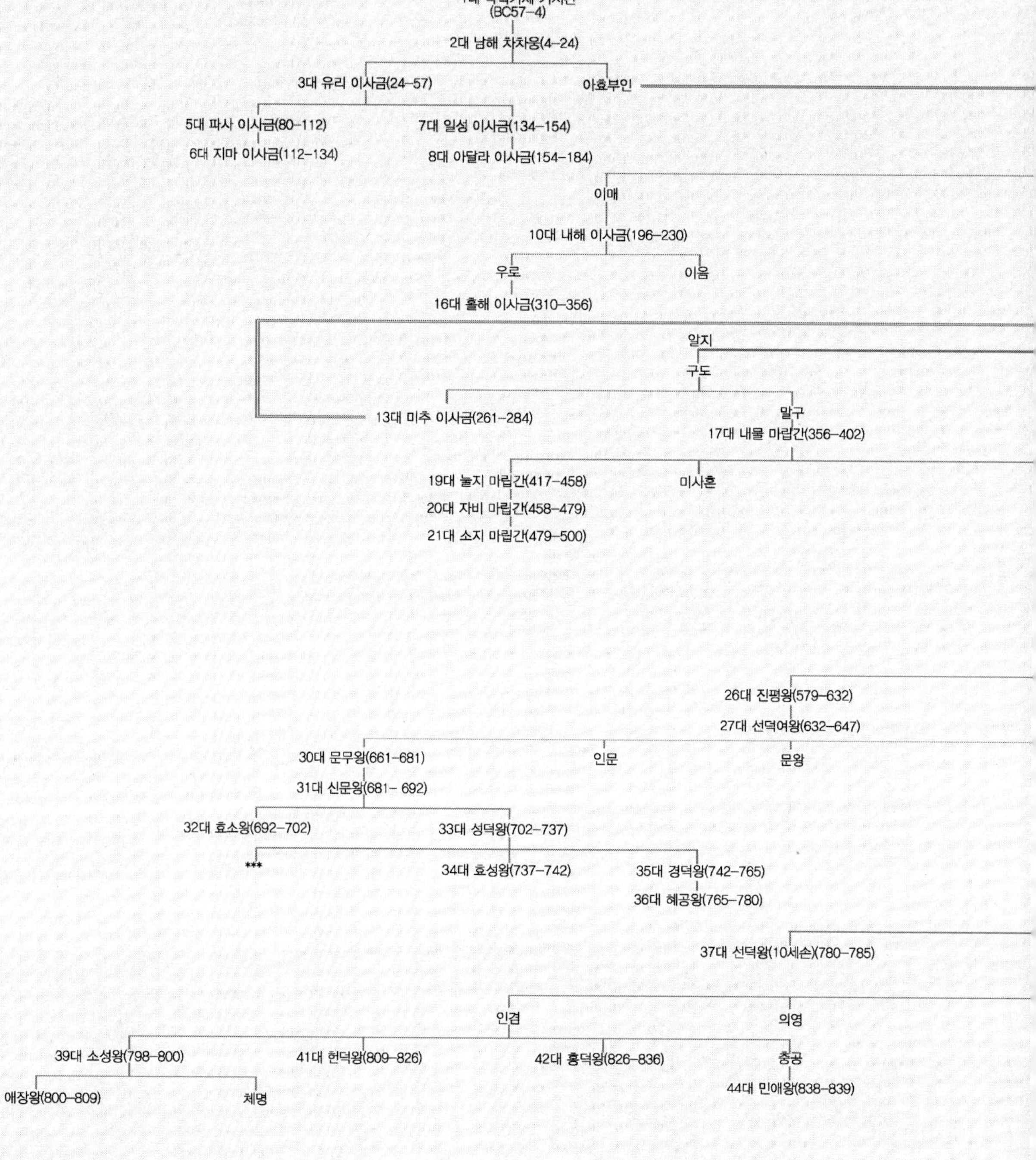

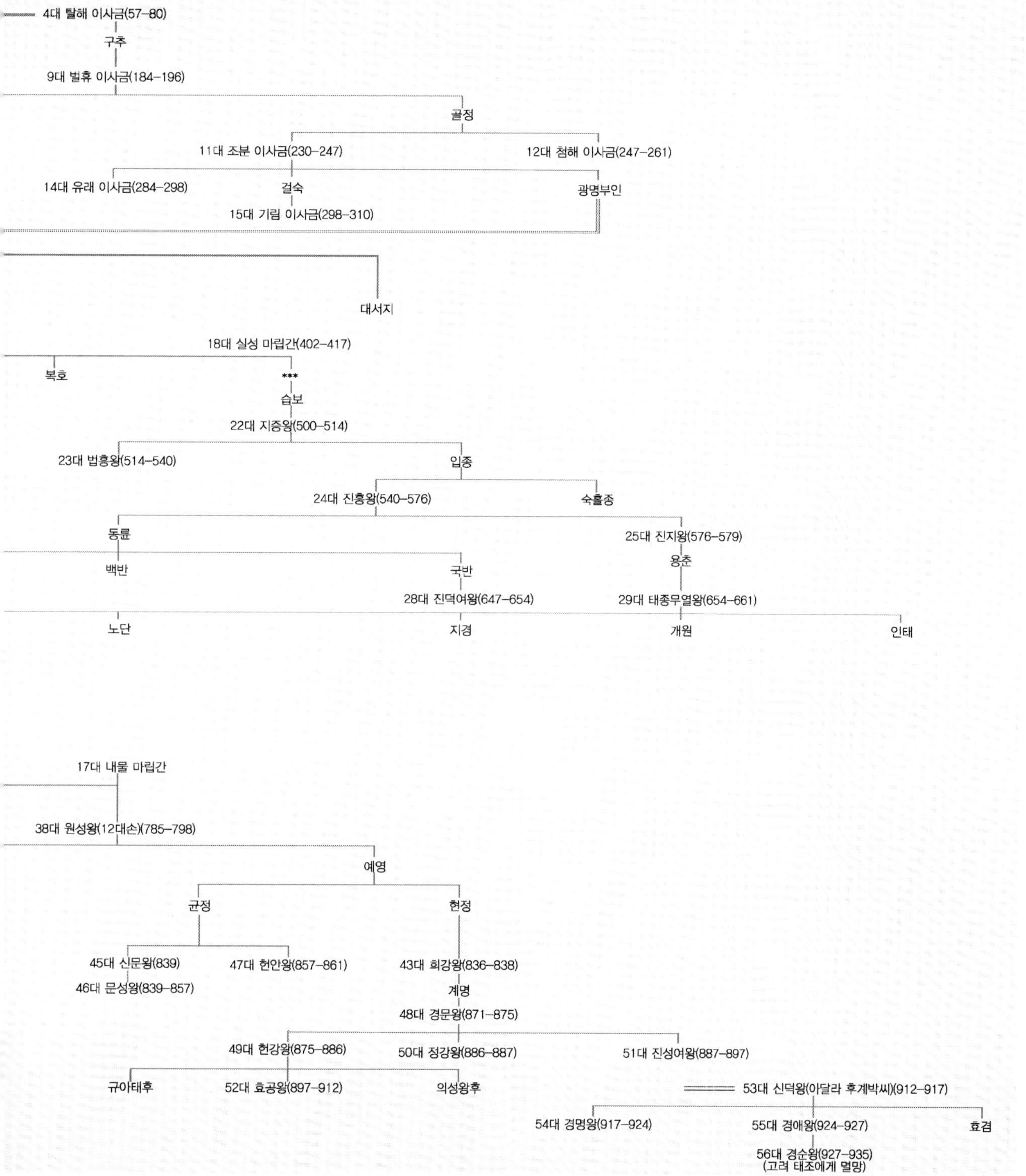

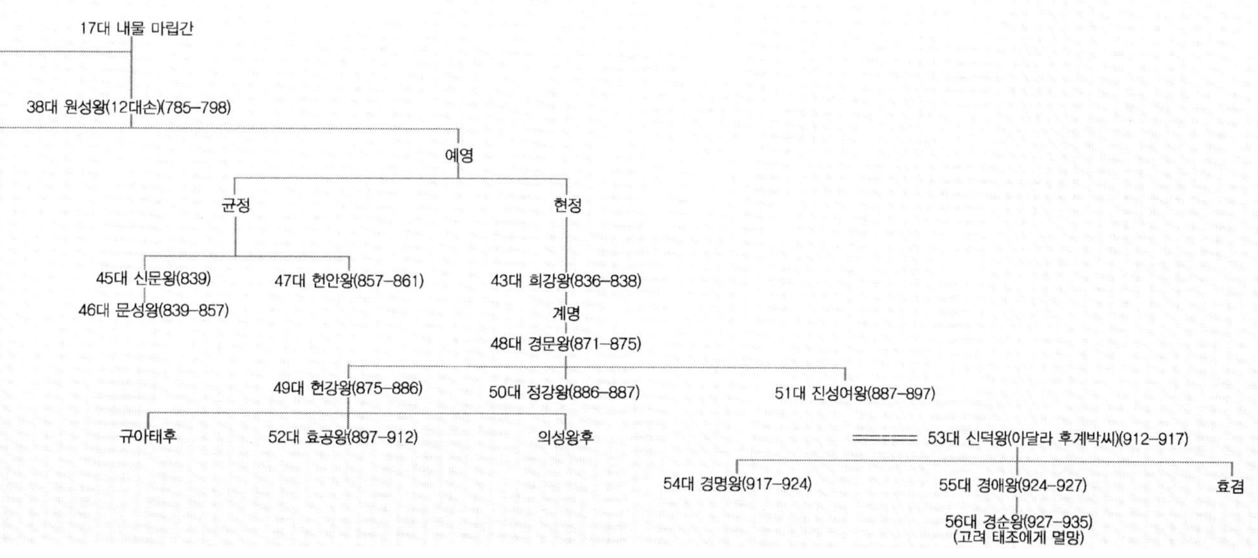

4대 탈해 이사금(57-80)
구추
9대 벌휴 이사금(184-196)
골정
11대 조분 이사금(230-247)
12대 첨해 이사금(247-261)
14대 유래 이사금(284-298)
걸숙
광명부인
15대 기림 이사금(298-310)
대서지
18대 실성 마립간(402-417)
복호
***
습보
22대 지증왕(500-514)
23대 법흥왕(514-540)
입종
24대 진흥왕(540-576)
숙흘종
동륜
25대 진지왕(576-579)
백반
국반
용춘
28대 진덕여왕(647-654)
29대 태종무열왕(654-661)
노단
지경
개원
인태
17대 내물 마립간
38대 원성왕 (12대손)(785-798)
예영
균정
헌정
45대 신문왕(839)
47대 헌안왕(857-861)
43대 희강왕(836-838)
46대 문성왕(839-857)
계명
48대 경문왕(871-875)
49대 헌강왕(875-886)
50대 정강왕(886-887)
51대 진성여왕(887-897)
규아태후
52대 효공왕(897-912)
의성왕후
53대 신덕왕(아달라 후계박씨)(912-917)
54대 경명왕(917-924)
55대 경애왕(924-927)
효겸
56대 경순왕(927-935)
(고려 태조에게 멸망)

고려 34대 475년 (918-1392)

1대 태조(918-943)
- 2대 혜종(943-945)
  - 흥화궁군
  - 태자제
- 태자 태
- 3대 정종(945-949)
  - 경춘원군
- 4대 광종(949-975)
  - 5대 경종(975-981)
  - 효화태자
- 문원대왕
- 중통국사
- 대종
  - 효덕태자
  - 6대 성종(891-997)
  - 경장태자
- 인종 ─ 8대 현종(1009-1031)
- 왕위군
- 인애군
- 원장태자
- 조이군
- 수명태자
- 효목태자
- 효은태자
- 원녕태자
- 효성태자
- 효지태자
- 태자 직
- 광주원군
- 효제태자
- 태명태자
- 법증군
- 자리군
- 의성부원대군

- 16대 예종(1105-1122) ─ 17대 인종(1122-1146)
- 상당후
- 원명국사
- 대방공
- 대원공
- 제안공
- 통의후

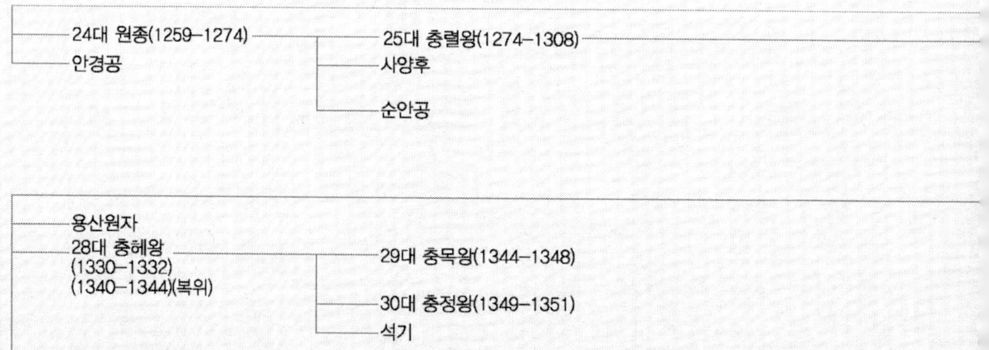

- 24대 원종(1259-1274)
  - 25대 충렬왕(1274-1308)
  - 사양후
  - 순안공
- 안경공

- 용산원자
- 28대 충혜왕
  (1330-1332)
  (1340-1344)(복위)
  - 29대 충목왕(1344-1348)
  - 30대 충정왕(1349-1351)
  - 석기
- 31대 공민왕(1351-1374) ─ 32대 무왕(1374-1388)

7대 목종(997-1009)

9대 덕종(1031-1034)
10대 정종(1034-1046) ── 예상군
                      ── 낙랑후
                      ── 개성후
11대 문종(1046-1083) ── 12대 순종(1083)
평양공   13대 선종(1083-1094) ── 14대 헌종(1094-1095)
검교태사   ── 한산후
                      ── 15대 숙종(1095-1105)
                      ── 대각국사(의천)
                      ── 상안공
                      ── 도생승통
                      ── 금관후
                      ── 변한후
                      ── 낙랑후
                      ── 총혜수좌
                      ── 조선공
                      ── 부여후
                      ── 진한후

18대 의종(1146-1170) ── 효령태자
대령후
19대 명종(1170-1197) ── 22대 강종(1211-1213) ── 23대 고종(1213-1259)
원경국사   ── 선사
                      ── 홍기
                      ── 홍추
                      ── 홍규
                      ── 홍균
                      ── 홍각
                      ── 홍패
20대 신종(1197-1204) ── 21대 희종(1204-1211)
                      ── 양양공

26대 충선왕(1308-1313) ── 세자감
                        ── 27대 충숙왕
                           (1213-1330)
                           (1332-1339)(복위)
                        ── 덕흥군
강양공 ── 고
소군서

33대 창왕(1388-1389) ── 34대 공양왕(1389-1392)
                        (이성계에 의해 폐위)

12. 조선 왕조

조선 27대 519년(1392–1910)

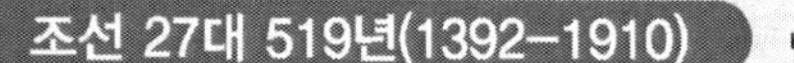

범례: (재위기간, 본명)

1대 태조(1392–1398)
진안대군(1남, 방우)
2대 정종(1398–1400, 2남, 방과)
익안대군(3남, 방의)
회안대군(4남, 방간)
양녕대군(1남, 제)
5대 문종(1450–1452, 1남, 향)
7대 세조(1455–1468, 수양대군, 2남, 유)
안평대군(3남, 용)
6대 단종(1452–1455, 홍위)
덕종(자, 사망후 덕종이라 추존)
8대예종(1468–1469, 황)
월산대군(정)
9대 성종(1469–1494, 혈)
10대 연산군(1494–1506, 융)
11대 중종(1506–1544, 역)
계성군(이순)
12대 인종(1544–1545, 호)
13대 명종(1545–1567, 이환)
복성군(미)
해안군(이희)
금원군(영)
영양군(이거)
임해군(진)
소현세자(왕)
17대 효종(1649–1659, 호)
18대 현종(1659–1674, 연)
19대 숙종(1674–1720, 용)
20대 경종(1720–1724, 유)
(진종 행)
문효세자(순)

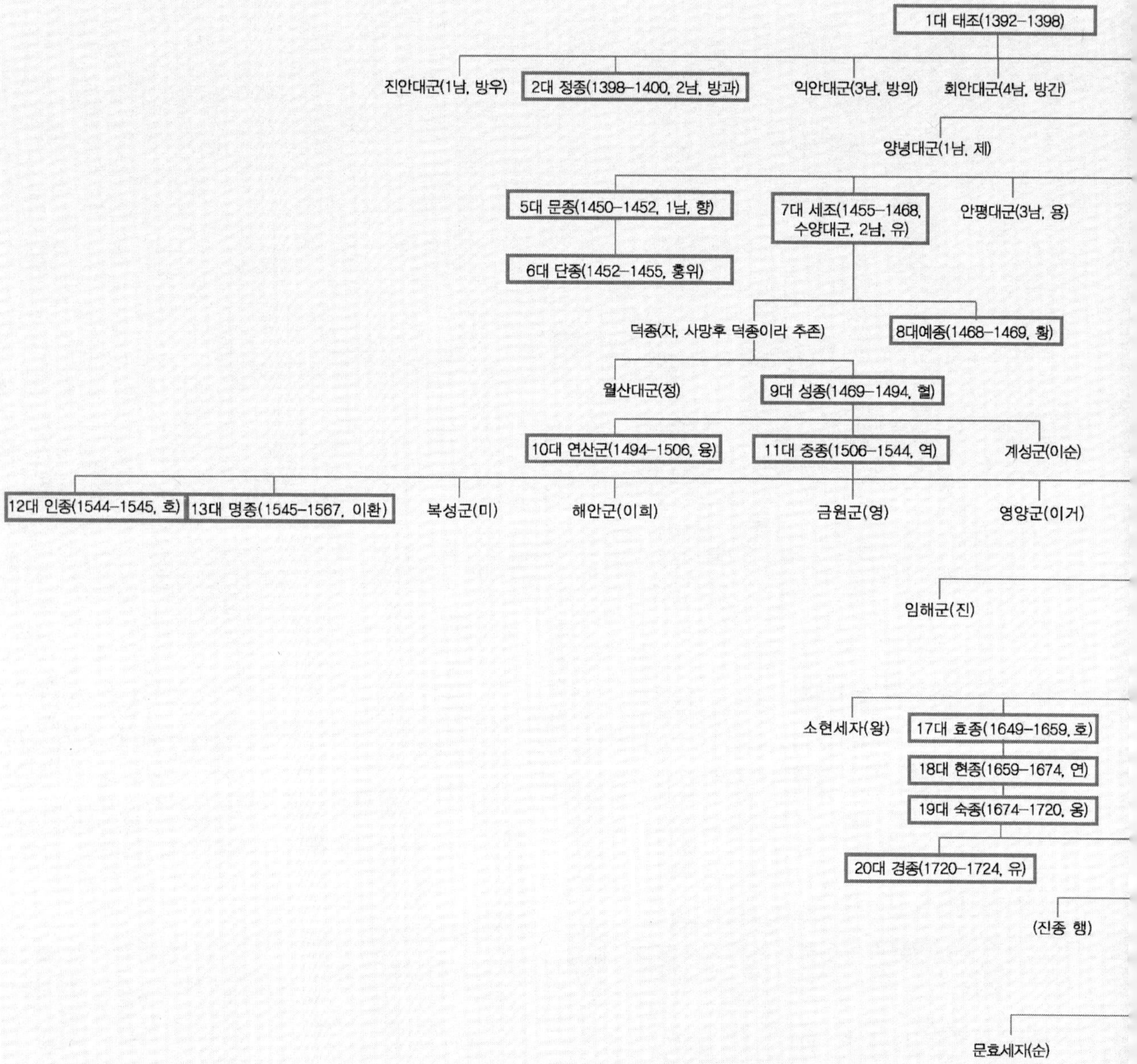

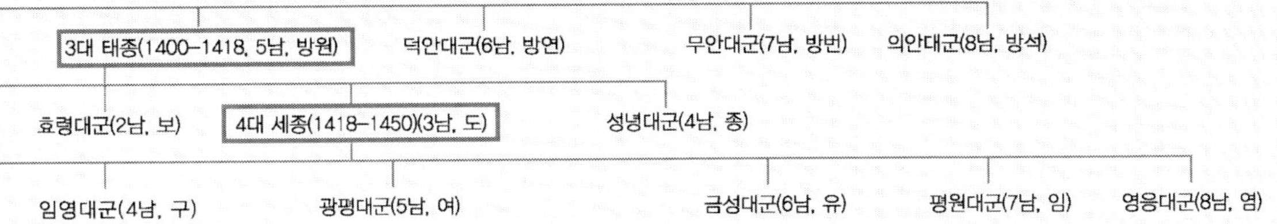

3대 태종(1400~1418, 5남, 방원)
덕안대군(6남, 방연)
무안대군(7남, 방번)
의안대군(8남, 방석)
효령대군(2남, 보)
4대 세종(1418~1450)(3남, 도)
성녕대군(4남, 종)
임영대군(4남, 구)
광평대군(5남, 여)
금성대군(6남, 유)
평원대군(7남, 임)
영응대군(8남, 염)

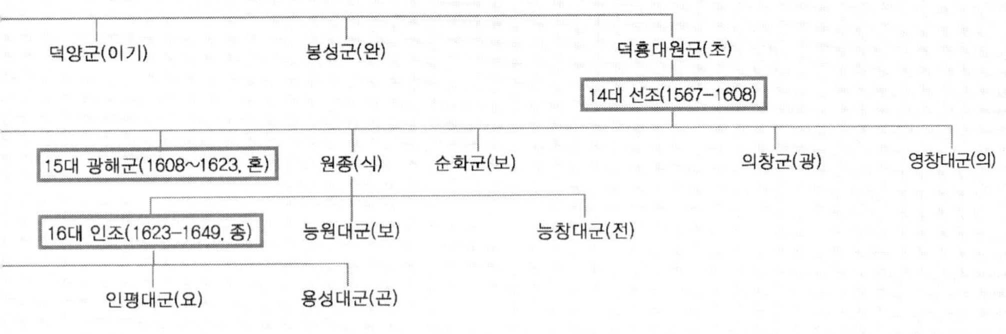

덕양군(이기)
봉성군(완)
덕흥대원군(초)
14대 선조(1567~1608)
15대 광해군(1608~1623, 혼)
원종(식)
순화군(보)
의창군(광)
영창대군(의)
16대 인조(1623~1649, 종)
능원대군(보)
능창대군(전)
인평대군(요)
용성대군(곤)

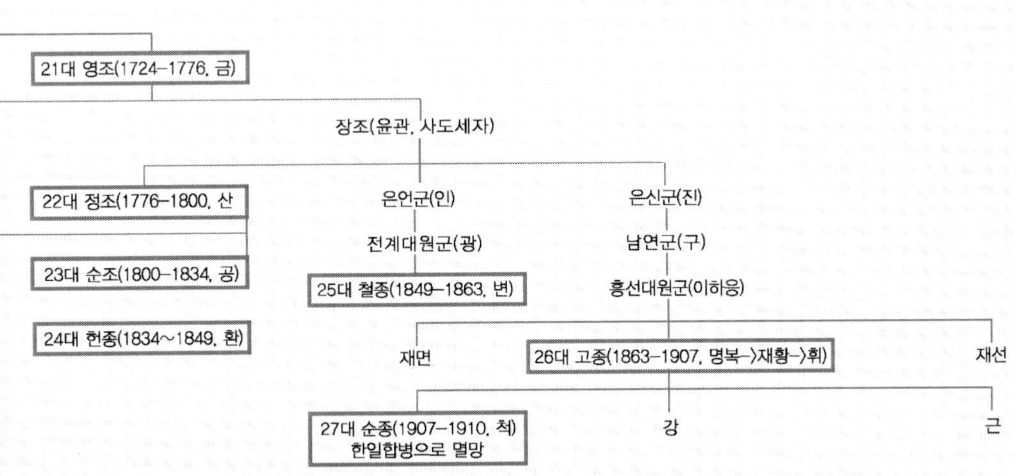

21대 영조(1724~1776, 금)
장조(윤관, 사도세자)
22대 정조(1776~1800, 산
은언군(인)
은신군(진)
전계대원군(광)
남연군(구)
23대 순조(1800~1834, 공)
25대 철종(1849~1863, 변)
흥선대원군(이하응)
24대 헌종(1834~1849, 환)
재면
26대 고종(1863~1907, 명복→)재황→)휘)
재선
27대 순종(1907~1910, 척)
한일합병으로 멸망
강
근

대한민국			
구 분	대통령	재임기간	비고
1공화국	1대	이승만	1948~1952	
	2대	이승만	1952~1956	
	3대	이승만	1956~1960	
	권한대행	허정	1960. 4. 27~6. 16	과도정부
2공화국	4대	윤보선	1960~1962	4. 19 혁명에 의한 정권교체
	권한대행	박정희	1962~1963	
3공화국	5대	박정희	1963~1967	쿠테타에 의한 정권교체
	6대	박정희	1967~1971	
	7대	박정희	1971~1972	
4공화국	8대	박정희	1972~1978	유신헌법에 의한 개헌
	9대	박정희	1978~1979	
	권한대행	최규하	1979. 10. 26	박정희 피살 후
	10대	최규하	1979~1980	
5공화국	11대	전두환	1980~1981	쿠테타에 의한 정권교체
	12대	전두환	1981~1988	
6공화국	13대	노태우	1988~1993	대통령 직선제 개헌
	14대	김영삼	1993~1998	
	15대	김대중	1998~2003	
	16대	노무현	2003~2008	
	17대	이명박	2008~	

공화국을 붙이는 의미: 기본적으로 헌법이 바뀔 때 공화국의 단위가 바뀌나 정치형태와 주체가 큰 변화(혁명 또는 쿠데타 등)를 통해 정권이 바뀔때도 사용함.

구분	시대	연도	정치	경제	사회	문화
선사 시대	구석기	약 70만년 전	정치가 없음	사냥과 채집	무리, 이동, 평등사회 (동굴, 강가막집)	뗀석기, 뼈도구
	신석기	약 10,000년 전	정치가 없음	농경과 목축의 시작	정착 생활 가능 (움집, 씨족→족외혼 →부족사회)	간석기, 토기(빗살무늬 토기)
	청동기	약 3,000년 전	계급, 사유재산제로 국가가 발생함	벼농사가 일부지방에서 시작(농기구로 석기사용)	계급과 사유 재산제의 발생과 제정일치 사회 (취락, 고인돌)	청동기(비파형동검), 간석기(반달돌칼), 토기(미송리식 토기)
	초기철기	약 2,300년 전	연맹국가성립과 군장 지배	농업의 발달(철제농기구 사용)	부족연맹사회와 제정 분리(귀틀집, 초가집)	철기(무기와 농기구), 청동기(세형동검), 토기, 거푸집, 붓
고대 사회	고구려, 백제, 신라, 발해시대, 통일신라	BC 2333 ~935년	왕권 강화, 율령 반포, 불교 수용으로 중앙 집권화	농업 중심의 경제 구조와 국가는 노동력 수취를 중시	엄격한 신분 사회로 계층간의 차이 발생 (귀족, 평민, 노비)	불교중심의 문화는 국가와 국왕의 정신적 지주
중세 사회	후고구려, 후백제, 신라, 고려 시대	936년 ~1392년	유교정치이념의 채택 (최승로의 시무 28조 채택)→문벌 귀족 지배 체제 발달	농업 중심의 경제 구조(중농억상 정책)→ 국가는 토지에 대한 지배를 중시	능력 존중의 개방 사회로 발전→귀족, 중류층, 평민, 천민	유·불 융합 문화→유교정치와 과거제의 실시로 유교발달, 교종과 선종의 융합으로 불교의 발달
근세 사회	조선시대	1392년 ~1876년	유교 정치의 발달(경연, 상소제도, 신문고 제도)→학술과 언론정치의 발달	농업 중심의 경제 구조→양인의 수 증가, 경작권 보장으로 농민의 지위 향상	능력존중(과거 제도의 정비)	민족문화(정신 문화와 기술 문화의 발달)
근대 사회	강화도 조약 이후 (대한제국) (일제강점기)	1876년 ~1945. 8. 15 1897년~ 1910년 8월 1910년 8월 ~1945. 8. 15	민주주의 사회(시민 의식의 성장, 개인의 권리 신장, 국민 참정권의 확대)	자본주의 사회(산업 활동의 다양화, 생산력의 증대)	평등사회(세습적, 폐쇄적인 사회체제 붕괴)	합리주의 문화(과학적, 논리적인사에 기반)
현대 사회	대한민국	1945. 8. 15 ~현재	민주사회정착(남북한의 체제 차이)	자유주의 경제체제 확립(국제자본참여)	평등사회정착	국제화, 한류문화전파

15. 시대별 건국과 정치, 경제, 사회 및 문화

	시기	성립	위치	정치
				정치
고조선	BC 2333	1. 건국: 청동기 문화를 바탕으로 군장 사회 통합 2. 지역: 요령 지방에서 한반도까지 발전 3. 고조선의 발전 　① 발전: 왕검성 중심의 독자적인 문화 이룩 　② 왕위 세습: 기원 전 3세기경(부왕, 준왕) 　③ 관직 정비: 상, 대부, 장군 등의 관직 설치 　④ 대외적 성장: 전국 시대 연나라와 대립	송화강 유역설, 평양지역설	-
위만조선	BC 194 ~BC 108년	1. 유이민의 이주 　1차: 중국의 전국 시대(기원 전 4세기)에 이주하여 철기 문화를 전해주고 　2차: 진. 한 교체기에 위만의 이주민이 정착 2. 위만 조선의 성립은 철기 문화를 수용함으로써 성립됐고 3. 중계 무역을 하기도 했음(예(濊)~남방의 진(辰)~한나라 사이) 4. 멸망(기원전 108) 한무제의 침입으로 한군현 설치후 멸망하나 후축 출함(313)	송화강 유역설, 평양지역설	-
부여	BC 1, 2세기	1. 위치: 만주지역 2. 정치: 5부족 연맹체(왕과 4출도), 군장(마가, 우가, 저가, 구가) 관리 (대사자, 사자) 3. 경제: 반농반목, 특산물(말, 주옥, 모피) 4. 사회: 제천 행사(12월 영고), 순장 5. 법과풍속: 살인자·간음한 자·투기 심한 부인 사형, 1책 12법, 점복	농안, 장춘	5부족 연맹 (4출도)
고구려	BC 37년	1. 위치: 압록강 유역 졸본 2. 정치: 5부족 연맹체(왕과 대가), 제가 회의(재판), 군장(상가, 고추가) 3. 경제: 부경(양식창고) 4. 사회: 제천 행사(10월 동맹), 서옥제(데릴사위제) 5. 풍속: 점복, 조상신 숭배	압록강 유역	5부족 연맹 (제가회의)
옥저	BC 1, 2세기~	1. 위치: 함경도 일대 2. 정치: 통합된 정치 세력 없음, 군장(읍군, 삼로) 3. 경제: 농경 발달, 특산물(어물, 소금) 4. 사회: 민며느리제, 골장(가족 공동묘)	함경도	-
동예	BC 1, 2세기	1. 위치: 강원도 북부의 동해안 일대 2. 정치: 통합된 정치 세력 없음, 군장(읍군, 삼로) 3. 경제: 농경과 어로·방직(명주)기술, 특산물(단궁, 과하마, 반어피) 4. 사회: 제천 행사(10월 무천), 족외혼·책화	강원도 북부의 동해안 일대	-
삼한 (마한, 진한, 변한)	BC 1, 2세기	1. 위치: 한강 이남 2. 정치: 진(辰) 토착민과 고조선 유이민이 합쳐져 마한, 진한, 변한 성립, 왕(목지국 지배자), 군장(신지, 견지, 부례, 읍차) 3. 경제: 벼농사 발달, 철 생산(변한) 낙랑, 일본 등에 수출, 화폐로 사용 4. 사회: 제천 행사(5월 수릿날, 10월 계절제), 두레(공동 노동), 소도(제정 분리)	한강 이남	왕 (목지국)

정치	경제	사회			문화
군장(부족장)	특산물	제천행사	결혼풍습	사회	문화
–	–	–	–	8조법금	–
–	–	–	–	–	–
마가, 우가, 저가, 구가	말, 주옥, 모피	영고(12월)	형사취수제	순장	1책12법, 점복
대가	부경	동맹(10월)	서옥제, 형사취수제	–	1책 12법, 점복
읍군, 삼로	어물, 소금	–	민며느리제	골장	1책 12법, 점복
읍군, 삼로	단궁, 과하마, 반어피	무천(10월)	족외혼	–	책화
신지, 견지, 읍차, 부례	쌀, 철(변한)	수릿날(5월), 계절제(10월)	–	독무덤	두레, 소도

구분	연도	수도	정치		경제
			중앙 및 지방 행정 관제	군사제도	조세 및 토지제도
고구려	BC37~668	졸본(BC 37년~3년) 국내성(3년~427년) 평양성(427년~668년)	고구려의 정치적 기반은 소노부·계루부·절노부·순노부·관노부의 5부족 연맹으로 이것이 행정구역으로 발전하였다. 초기의 관제는 왕 아래에 상가·대로·패자, 이하 주부·우태·승 등의 관리가 있었고, 사자·조의·선인 등의 가신을 거느렸다. 평양천도 후 수상인 대대로·태대형 등 14 관등이 정비되었고, 대대로는 3년마다 선거로 뽑았다. 행정구역은 중앙을 동·서·남·북·중(내)의 5부로 나누어 대가가 통치하였고 지방행정구역은 5부의 연맹체가 5부의 행정구역으로 전환되었다. 각 부 밑에는 여러 성(城)이 딸려 있고 각 부의 장을 욕살, 성의 장을 처려근지 또는 도사라고 불렀다. 이들은 관리와 군대를 거느리고 있어 행정권과 군사권을 겸직하였다. 부족 세력의 근거지였던 여러 성을 행정적·군사적 단위로 편성하였으며 특수행정구역으로 평양성·국내성·한성을 삼경이라고 하였다.	고구려 초기에는 5부족이 군사조직의 단위가 되어 지배층인 대가들이 전투에 참여하고, 피지배층인 하호는 군량 보급 등 노역을 담당하였다. 4세기 이후 대규모의 전쟁이 장기화되자 일반민을 군대에 동원하는 군역체계가 마련되었다. 중앙군의 무관직으로는 군사령관에 해당하는 대모달이 있었고, 그 아래에는 1, 000명의 군사를 거느리는 말객이 있었다. 말객 아래에는 당주가 있어 군사100명을 거느렸다. 지방의 군사조직은 지방행정조직과 연계되어 지방관이 군대를 통솔하여 강력한 군사력을 갖추게 되었다. 지방의 교육기관인 경당에서도 군사훈련이 이루어져, 평민들의 자제는 여기에서 책을 읽고 활쏘기를 하였다. 고구려의 군대는 육군과 수군으로 나뉘는데, 육군이 중심이 되고. 육군은 기병과 보병을 결합시켜 강력한 전투력을 발휘 하였다. 특히 고분벽화에서 볼 수 있듯이 병사는 물론 말까지 갑옷으로 감싼 중무장 기병부대는 광개토왕과 장수왕대의 정복활동에서 큰 역할을 하였다. 군사 무기로는 국궁과 각궁 및 석궁을 사용하였으며 성을 방어할때는 투석병을 이용하고, 도끼창은 기병이 사용하고 보병은 창과 칼을 사용하였다. 투구는 중앙 아시아 민족이 사용하는 날개 달린 가죽 및 말꼬리 장식과 유사하고 갑옷은 미늘갑옷이라 군인들이 유연하게 움직일 수 있었다. 또한 신발은 밑에 뾰족하게 된 송곳들이 박혀있어 적을 밟을 때 사용했다.	고구려는 빈부에 따라 차등을 두고 인두세와 토지에 따른 세금을 따로 정했다. 조세제도는 세(稅)와 조(組)가 있었는데, 인두세(人頭稅)에 해당하는 세로 포목 5필에 곡식 5섬을 받았고, 조는 민호(民戶)를 3등급으로 나누어 상호가 1섬, 중호가 7말, 하호는 5말을 내야 했다 **조세**: 토지에서 나는 생산물을 기준으로 세를 매기는 것 **역**: 군대나 각종 공사에 노동력을 제공하는 것(16세~ 60세를 정남이라 하여 동원하였다) **공납**: 지방의 특산물을 바치는 것 고구려의 토지제도는 모든 토지를 국가가 소유했으며 사전(賜田): 전쟁시의 훈공에 의해서 지급(상속가능) 식읍(食邑): 관리가 아닌 왕족이나 귀족들에게 지급(상속불가) 토지 소유자는 국가에 조세를 납부하였고 귀족들은 토지의 사적지배는 물론 경작하는 백성까지 마음대로 지배하였다.

사회				문화
교육/과거제도	경제/사회제도	법률	종교	예술
고구려는 373년 율령을 반포하고 한학의 보급과 발달로 국사가 편찬되었으며 작자미상의 ≪유기≫100권과, 이문진의 ≪신집≫등이 편찬되었으나 전하지 않음. 고구려의 교육 태학: 우리나라 최초의 국립대학격인 태학 설립(372년). 유교경전(사서삼경), 삼국지 등을 가르쳤음. 고급인재를 양성하기 위해 귀족자녀를 대상으로 하였다. 교육적 의의는 ① 최초의 형식적 교육기관 ② 고구려 최고의 국립고등교육기관 ③ 교육을 통한 유능한 인재양성→ 국가발전(정치적) 경당: 5세기 장수왕 때 지방에 설립된 사립학교로 경전과 기마, 궁술, 무술들을 가르쳤다. 전인양성과 힘과 슬기가 조화된 청년을 양성하기 위해 평민자녀를 대상으로 하였다. 교육적 의의는 ① 최초의 민간사립 교육 ② 심신단련. 여가선용. 극기정신배양 등 교육 대중화 ③ 민족전통문화 보존 ④ 조선의 서당교육에 영향 ⑤ 중국문물을 이용하고 도교의 영향을 받았음·	고구려인은 검소, 청결하고 무예를 즐겼으며, 귀족의 모자는 소골(蘇骨-깃과 금으로 장식한 비단으로 된 관)을 썼으며, 관리는 등급에 따라 옷색깔이 다르고 무사는 절풍이란 건을 썼음. 상류층은 바둑·투호 등을 즐겼고, 하류층에서는 무도·음악·석전(개천 등의 지형을 경계 삼아 주민들이 마을단위로 편을 갈라 돌을 던져 먼저 달아나느냐의 여부에 따라 승부를 가림-이놀이를 전쟁시 큰 도움이 되었음)씨름 등을 즐겼음. 지배층의 혼인풍습으로는 형사취수제(형이 죽은 뒤 동생이 형을 대신해 형수와 부부생활을 계속하는 혼인풍습) 서옥제(신랑이 신부 집 뒤쪽에서 살다 아이를 낳으면 아내를 데리고 신랑집으로 감)가 있었음. 평민은 자유로운 교제를 통하여 결혼했으며 남자 집에서 돼지고기와 술을 보낼 뿐 다른 예물은 없었다 그리고 건국 시조인 동명성왕과 그 어머니 유화부인을 조상신으로 섬겨 제사를 지냈고, 10월에는 추수감사제인 동맹이라는 제천행사를 성대하게 열었음. 의: 고분 벽화에 나타난 남녀의 기본의복은 저고리와 바지였고 식: 지리적 특성상 잡곡류를 주로 생산하고 쌀은 지배층이 먹는 귀한 곡식, 일반인은 보리, 조, 콩, 수수 등을 주식으로 함. 주: 일반 주택들은 초가였으나 왕궁이나 관아, 사찰들은 기와지붕을 하였다. 가난한 사람들은 긴 겨울을 나기 위해 장갱(長坑)을 만들고 여기에 불을 때서 그 열로 겨울을 따뜻하게 지냈다.	고구려의 소수림왕은 373년에 율령을 반포하여 국가통치와 사회질서 유지를 위한 규범들을 갖추었다. 중국의 사서와 삼국사기 등에 의하면, 사형(私刑)으로서 기시·참형·화형·족형·찬형·적몰형·태형이 있었고 모반과 반역죄는 화형을 가한 뒤에 참수하고 그 가산을 몰수하였으며, 성을 지키지 못하고 적에게 항복한 자, 전쟁에서 패배한 자, 일반 살인자, 강도는 사형에 처했다. 절도자는 절취물의 12배를 배상하여야 하고, 가난하여 배상하지 못할 경우에는 자녀를 노비로 삼게 하였다. 남의 소나 말을 죽인 자는 노비로 삼았고, 공사의 채무를 갚지 못하는 자도 노비로 삼았다. **율령** 율은 형법이 주체이고, 령은 율에서 파생된 것으로 행정법적 성격을 갖는다. 율령을 갖는다는 것은 곧 국가의 통치 체제를 완비함을 의미하는 것이다.	고구려의 종교는 원시 신앙과 불교·도교로 대별할 수 있는데 원시 신앙으로는 자연물 숭배, 천신·지신·조상신의 3신 숭배와 샤머니즘적 신앙이 있었고, 특히 나라에서는 부여신과 고등신(주몽)을 시조신으로 해마다 4회 제사를 지냈다. 불교는 372년(소수림왕 2) 전진의 왕 부견의 명으로 순도가 불경과 불상을 가져왔고, 374년 동진의 승려 아도가 들어와 불법을 전파하면서 시작되었다. 고국양왕 때는 영을 내려 불법을 숭상하도록 권장하였고, 광개토대왕 때인 392년에는 평양에 9개의 절을 지었으며, 395년에는 동진의 승려 담시가 들어와 전도하였다. 영류왕 때 혜관은 일본에 건너가 삼론종의 개조(開祖)가 되었고, 평원왕 때 담징은 일본의 호류사(法隆寺) 금당의 벽화를 그렸으며, 지묵·맷돌 등을 전하였다. 특히 혜량은 신라에 들어가 진흥왕 때 국통·주통·군통의 교단조직에 공헌, 초대 국통이 되었으며, 영양왕 때 보덕은 연개소문의 도교 장려로 백제에 들어가 열반종을 개창하였다. 고구려에서 유행된 종파는 대승불교인 삼론종이었다. 불교를 왕실에서 중시하였던 까닭은 불교가 국민에 대한 사상 통일의 요구에 부합되었을 뿐만 아니라, 불교가 지녔던 호국적인 성격이 왕실과 교감이 되어 왕권강화에 도움이 되었기 때문이다. 도교는 624년(영류왕 7) 당나라 고조 이연이 도사를 파견하여 도법을 강론하였으며. 643년 보장왕 때 연개소문이 도교 수입을 주장하여 당에서 숙달 등 도사 8명이 입국하였다. 정치적으로 도교의 수입은 당과 화친의 일환이었다고 볼 수 있으며 불교를 탄압하여 불교세력이 쇠퇴하였다.	고구려는 중국문화을 비판적으로 수용하였다. 고구려 예술의 특징은 와당의 귀신상과 사신도의 벽화에서 나타 나듯이 힘과 정열이 넘친다. 미술은 고분(굴식돌방무덤)에서 나타난 것처럼, 무용총·수렵총·각저총 등의 초기 벽화는 고졸(기교는 없으나 예스럽고 소박한 멋이 있다)하고 감신총 등 중기의 그림은 섬세하며 사실적이고 사신총 등 후기 벽화는 웅대하며 건실하다는 평가를 받는다. 강서고분에 그려진 사신도는 벽화 중에서 최우수 작품으로 흑·백·청·주홍·갈색 등으로 빛깔의 조화미는 물론, 힘과 패기가 넘치며, 쌍영총의 기마상·남녀입상, 30여 인물행렬도와 풍속도는 당시의 풍속을 보여주는 중요한 자료이다. 고구려의 시가로는 유리왕의 황조가, 법정사의 영고석, 을지문덕의 오언시 등이 고려사 <악지>에 전하며, 관·현·격타악 등 17종의 악기가 있었다. 왕산악은 양원왕 때 진나라 칠현금을 개량하여 거문고를 만들었다.

구분	연도	수도	정치		경제
			중앙 및 지방 행정 관제	군사제도	조세 및 토지제도
백제	BC 18~660	위례성(BC 18년~BC 1년) 한성(BC 1년~476년) 웅진(476년~538년) 사비성(538년~660년)	백제의 관제는 주나라 육전 제도를 본떠서 만들었다. 고이왕 때 6좌평과 16관등급 제도를 만들고 왕 밑에 수상격인 상좌평을 두었으며, 성왕때는 내관(12부)과 외관(10부)으로 이루어지는 22부의 중앙관서를 두었다. 중앙의 행정구역은 상·하·전·후·중의 5부로 구분하고 부 밑에 항(巷)을 두었다. 내관: 전내부·곡부·육부·내경부·외경부·마부·도부·공덕부·약부·목부·법부·후궁부 등이 있었는데, 이들은 왕실·궁내에 속하는 관서이다. 외관: 사군부·사도부·사공부·사관부·점구부·외사부·조부·일관부·시부가 있고 이들은 일반 정무를 담당하였고 각 관서의 장은 3년마다 교체되었다. 지방조직은 웅진시대까지 담로제를 실시하여 전국에 22담로를 두고 왕자나 왕족을 보내어 다스리게 하였다. 담로는 지방 지배의 거점으로 활용되었으며 일종의 봉건제라고 할 수 있다. 사비로 천도 후, 지방조직은 5방제(중방: 고사성, 동방: 득안성, 남방: 구지하성 서방: 도선성, 북방: 웅진성)로 변경하고 방 밑에는 10군을 두었으며, 군마다 3인의 장이 있어 1000여명의 군인을 거느리게 하여 지방 지배의 거점으로 삼았다.	백제의 군사제도는 국민개병제(국민 모두에게 병역의 의무를 부여하는 제도)로서 중앙의 5부에는 각 부마다 군사 500명씩을 배정하여 치안을 유지하였다. 지방의 군사조직은 행정조직과 관련이 있어서, 지방행정의 치소가 있는 성을 중심으로 5방(중방, 동방, 남방, 서방, 북방)의 방성에 배치된 부대가 핵심이었다. 방성은 방의 중심지로 이곳에 달솔의 관등을 가진 방령이 방좌를 거느리고 1000여명의 군대를 지휘하였다. 방은 직할지와 그에 부속하는 성을 통솔하였고, 방령은 방과 기본적으로 동등한 성격을 가진 군(郡)의 군사를 통솔하였다. 성은 현으로 하위 지방지배조직이어서 방과 군의 통할을 받았다. 성에는 도사를 두었는데 또한 성주라고도 하였다. 현에도 군사가 배치되었는데 도사(성주)가 지휘하였다. 백제의 군사 편제는 육군과 수군으로 구성되었으며 일본과의 교류를 고려해 볼때 수군의 비중도 컸으리라 추정된다. 실제 전투에서는 기병과 보병이 통합되어 전쟁을 치렀고 병사들의 근무기간은 기록에는 없으나 신라가 와 같이 3년으로 추정된다.	백제는 조(租)·용(庸)·조(調)에 준하는 징세법을 시행. 조(租)는 토지에 부과하는 세금으로서 그 농산물을 수취하는 제도이며, 용(庸)은 국가의 각종 사업에 필요한 노동력을 징발하고 조(調)는 가내수공업의 생산물이나 그 지방의 특산물을 징수하는 것이다. 같은 시기에 고구려에서는 조(租)를 3등급으로 나누어 집집마다 각각 다르게 받았다고 하는데, 백제 역시 유사하리라 추정된다. 또, 일단 성인으로 분류된 15세 이상의 사람들도 다시 남자와 여자로 분류되어 병역과 부역 등에서 차이가 있었을 것으로 추정됨. 세금을 징수하는 관청은 22부사(部司) 중 곡부·내경부·외경부·점구부·주부 등이며 6세기경에 세금관리체계가 수립되었다. 백제의 토지제도는 삼국사기 백제본기에 의해 추론해 보면 철제 농기구의 보급·사용으로 농업생산력이 높아진 4~6세기경에 비로소 토지의 사유화가 시작됐다는 견해가 있다. 그 이전에는 해당지역의 권력자에게 예속된 상태에서의 공동 경작의 개념이 강했다고 본다.

사회				문화
교육/과거제도	경제/사회제도	법률	종교	예술
백제의 교육은 삼국중 가장 먼저 발달하였다.교육의 목적은 도덕적 인재양성에 있으며,	백제는 일찍이 농업이 발달하여 삼한시대부터 벼농사와 댐이 발달하였고, 직조술·염색술 등 수공업이 발달하였으며 금속공업도 발달하여 무기·금관·금은 장식품·불상 등을 만들었음.	백제는 262년 고이왕때 율령을 공표하고 백제의 형벌에 관한 기록은 중국사서나 삼국사기에 간략하게 서술되어 있다.	삼국시대에도 민간에서는 천신·산신·해신·동물들을 비롯한 잡신을 모시는 샤머니즘이나 점술·조상 숭배 등이 널리 유행하였다	백제의 예술은 우아하고 섬세한 미의식이 세련된 것이 특징이다.

교육기관으로는 태학이 있었다 함. 교육기관에 대한 기록은 없으나 오경박사·의박사·역박사 등이 있었던 것으로 보아 높은 수준일 것으로 추정됨.

그 예로 472년 북위에 보낸 국서가 ≪위서,魏書≫에 실려 있고, 아직기와 왕인이 일본에 한학을 전한 사실이 있다. 무령왕릉에서 출토된 금석문이 지석(죽은 사람의 이름·생일 공덕등을 적은 판석)이나 사륙변려체로 된 사택지적비 등은 한문학이 보급되었음을 알려 주는 자료가 된다.

사륙변려체(四六騈儷體): 문장이 4자와 6자를 기본으로 이루어져 있으며, 변(騈)은 한 쌍의 말이 마차를 끈다는 뜻이고, 여(儷)는 부부라는 뜻임.
변려문이란 시와 문장의 중간정도되는 위치에 있으며 변려문의 필수적인 조건은
① 개념이 서로 대응하는 2개의 구로써 대구(對句)를 이루어야 한다.
② 문장의 전편이 4자구를 주로 하고, 6자구를 이에 따르도록 구성한다.
③ 구말(句末) 및 구중(句中)에서 일정한 규칙에 안배하고 문장의 운율을 맞춘다.
④ 고전 문장을 절제해서 쓰고 단어를 잘 활용하여 세련되 문장을 갖는다.
예: 봄이 오니 꽃 향내 즐겁도다- 겨울 가면 물 소리 슬퍼진다.

백제교육은 일본 아스카문화 형성에 크게 영향을 미쳤다.

사회상으로 혼인한 여자가 간통을 하면 남편 집의 노예로 삼았고, 국가에 반역한 사람의 가족 역시 노예로 삼았다고 한다. 또, 살인한 사람은 노비 3명을 내면 죄를 용서해주었다는 기록도 있어 노예 매매가 이루어졌음을 알 수 있다.

의: 신라보다 2세기앞서 공복을 제정하였으며 삼국이 모두 비슷한 의복 형태를 가졌다.
식: 쌀은 지배층이 먹고 일반인 들은 보리, 조, 콩, 수수 등이 주식이었고, 회를 즐겨 먹었다고 함. 돼지와 닭을 식용으로 하였으나 소는 식용으로 사용하지는 않았다.
백제의 김치류가 일본에 전해져 단무지가 되었다고 함.
주: 습기가 많은 여름을 위해 바닥이 시원한 '마루'를 사용했다. 가옥은 기와집과 벽돌집이 많았으며 굴뚝과 배수로도 있었다. 또 정원도 잘 꾸며서 왜국에 정원사를 보낼 정도였다.

참형·유형·금고형·족형 등이 있고 반란·퇴군·살인자는 참형에 처하고, 뇌물을 받거나 절도한 자는 3배를 징수하고 종신토록 관직에 등용하지 않았다.

절도범은 2배를 배상하고 유형에 처하며, 부인이 간통을 범하면 남편집의 종으로 삼았다.

고려는 당나라법률을 모방하여 형벌에 있어서도 당률에서 완성을 본 태(笞)·장(杖)·도(徒)·유(流)·사(死)의 오형제도가 확립되었다.

백제에는 동명신(주몽)·국모신(유화 부인)·구태신(고이왕) 및 민간신앙이 있었다.

불교는 384년(침류왕 동진으로부터 인도의 중 마라난타가 처음으로 전래하고 385년 광주(廣州)에 한산사를 세웠으며.

불교의 종파는 율종과 성실종이 유행하였다. 성왕 때를 전후하여 일본에 불교를 전파시키고 활성화 되었다. 위덕왕 때의 혜총은 일본에 계율종을 전하고 쇼토쿠태자(聖德太子)의 스승이 되었으며, 인도에 유학한 겸익은 율종을 전래하여 율부 72권을 번역하였다.

성왕 때 혜현은 중국에 가서 삼론종을 받아들이고, 관륵은 무왕 때 일본에 천문과 역법 등을 전해 주었다. 그리고 성왕 때 노리사치계가 일본에 불경 등을 전하고(552), 법왕 때는 살생금지령과 사상통일에 노력했으며, 무왕 때는 왕흥사·미륵사를 건축하여 불교의 전성기를 이루었음.

백제는 도교가 전래되었다는 직접적인 기록은 없으나 부여에서 출토된 산경전의 그림이 도교사상을 나타내는 것이며, 부여의 사택지적비에서도 노장사상의 유행을 알 수 있음.

백제예술은 중국의 남조와 고구려의 영향을 받으면도 새로운 예술을 개발하였고, 특히 일본 아스카문화를 개발시키는 등 한반도 문화 전달의 공이 컸다.

백제의 건축은 절터·탑·고분에서 그 규모를 알 수 있다. 전북 익산시 금마면 소재의 백제 최대의 미륵사지가 있고 미륵사지 석탑은 동양 최대의 것으로 목조탑의 형식을 모방한 석탑으로 유명하다. 그리고 정림사지 5층석탑은 우아하고 세련되어 안정감을 주며 삼국시대 석탑 중 가장 우수하다고 평가한다.

백제의 그림은 능산리 고분의 연화문·운문, 사신도의 벽화와 송산리 고분의 신숙도가 우아하고 섬세한 면을 표현해 주고 있으며, 화가로는 일본 쇼토쿠태자의 화상을 그린 아좌태자, 백제 말기에 일본에 건너가 산수화를 전하고 사천왕상을 남긴 하성이 있다. 글씨로는 사택지적비문(사륙변려체), 무령왕릉의 지석(誌石: 해서체) 등이 있다.

백제음악에 대한 기록은 일본서기에 백제 음악가가 일본와서 음악을 가르쳤다는 기록이 있다. 백제에는 고·각·공후·쟁 등의 악기가 있었고, 정읍사가 악학궤범에 전해지며, 노래의 제목만이 고려사 <악지>에 전해지며, 지리산가, 무등산가, 방등산가, 선운산가 등이 있다.

구분	연도	수도	정치		경제
			중앙 및 지방 행정 관제	군사제도	조세 및 토지제도
신라 (통일 신라)	BC 57~935	경주	신라의 관제는 골품제도와 관련이 있다. 법흥왕 때 귀족회의의 의장격인 상대등과 병부를 두었고, 진평왕 때에는 위화부·조부·예부를 설치 하였다. 651년에 품주 집사부와 창부로 분리되어 집사부의 장관인 중시(통일 후에는 시중)가 수상직을 맡았으며, 통일 후 신문왕 때 공부에 해당되는 공장부와 예작부를 설치하여 14개 관청으로 정비(중국의 6전 조직과 유사)하였다. 이 체제는 멸망할 때까지 유지되었으며 신라 중대에는 집사성의 시중의 권한이 강화되었으나, 하대에 와서는 상대등의 권한이 다시 부상하여 이를 둘러싼 정권 다툼이 격화되었다. 신라는 전국을 5주로 나누고 주 밑에는 군·현 을 두었다. 지방 행정 조직은 군사조직이기도 하여 지방관이 군사 지휘권을 겸하였다. 또한, 수도 행정력을 보충하기 위하여 동원경(강릉), 중원경(충주) 등 2소경을 두고 사신(왕족)을 파견하여 중앙집권화를 시도했다. 지방은 중앙에서 관리를 파견하였고 말단행정 단위인 촌의 장은 그 지역의 세력가를 촌주로 임명하고 그 지방 행정기관의 통제를 받도록 하였다. 통일 후 확대된 영토를 통치하기 위하여 전국을 9주 5소경으로 재편성하였다. 상수리제는 지방 향리들의 세력 확대를 막기 위하여 각 주의 향리 1명씩을 중앙에 머무르게 하여 시위(임금호위)·사역 등의 임무를 부여하였다. 5소경 제도는 경주가 동쪽에 치우쳐 있는 불편과 지방세력을 견제하기 위한 것이었다.	신라의 군사조직은 초기에 6부(部)의 장정을 징발하여 편성한 6부병이 수도를 지켰고, 삼국항쟁이 격화된 544년 6개의 부대를 통합하여 대당을 편성하였다. 진흥왕의 영토확장 때 설치된 상주정 및 한산정과 문무왕 때 우수정, 무열왕 때 하서정, 신문왕 때는 완산정등 6정을 편성하여, 주치(州治)에 배치하였다. 이 외에도 서당, 낭당이란 부대를 두어 국방을 강화하였고, 군 조직과는 별도로 왕궁 수비대인 시위부도 있었다. 통일 후 신문왕 때에 완성된 9서당은 수도에 주둔한 중앙군단으로서 신라인외에 고구려·백제·말갈인 등으로 구성되었다. 9서당은 옷깃의 빛깔에 따라 부대 소속을 구별하였다. 지방의 군단인 10정은 9주를 기준으로 각 주에 1정씩 배치하고 한주(漢州)는 지역이 넓고 국방상 요지였기 때문에 2개의 정을 설치하였음. 10정이 배치된 곳은 국방상 지방통치의 거점이었으므로 이와 같이 배치된 정은 국방 및 경찰의 임무도 겸하였다. 이외에도 주 및 변방에 배치된 군단인 5주서와 3변수당도 있었고 또 노당·운제당·석투당·여갑당과 법당 등도 있었음.	신라의 조세제도는 백제, 고구려와 유사했다. 신라시대의 세율은 토지산물의 10분의 1 정도라고 추정됨. 조세의 기준은 사람의 수와 재산에 따라 민호의 등급을 9등급으로 나누고 촌(村)을 단위로 하였다 신라의 토지제도는 국유제이었으며 통일 전에는 전공(戰功)에 따라 지급된 식읍(食邑), 관복무의 대가로 받은 녹읍제를 시행하였다. 통일 후 신문왕 때에는 녹읍을 폐지하고, 수조권(收租權)만 인정하는 직전(職田: 관료전)과 세조(歲租)를 주는 제도로 바뀌었다. 성덕왕때는 정남(丁男)에게 정전(丁田)을 지급(당나라의 균전제와 유사)했고 이 정전제도는 종래 식읍이나 녹읍을 경작하던 농민을 국가가 지배한다는 의미를 갖는다. 8세기 중엽에 귀족 세력이 득세하여 757년 직전과 세조는 폐지되고 녹읍이 다시 부활했다, 이후 신라는 귀족을 중심으로 토지의 장원화가 초래되어 국가경제가 위태롭게 되었다.

<table>
<tr><th colspan="4">사회</th><th>문화</th></tr>
<tr><th>교육/과거제도</th><th>경제/사회제도</th><th>법률</th><th>종교</th><th>예술</th></tr>
<tr>
<td>신라의 교육의 시발점은 화랑도이다. 화랑도는 6세기 진흥왕때 공인되어, 일상생활 통해 힘과 무예를 갖춘 애국청년을 양성하기 위해 세속5계 등을 가르키고, 유교, 불교, 도교, 및 신라인의 고유신앙에 대한 정신을 고취시켰음.
　국학은 신문왕(682년)때 당의 영향을 받아 세운 유교 교육기관으로 관리양성과 유학 연구 및 보급을 위해 2개반을 운영함.
① 유학과: 논어와 효경을 필수로 하고, 주역, 상서, 모시, 예기, 춘추 등
② 기술과: 논어와 효경이 필수, 산학, 의학, 천문학 등을 가르쳤음.
귀족자제가 입학하여 최대 9년간의 수업이 이루어 졌음. 국학내에 '독서삼품과' 과를 설치하여 학생 수준별 관리를 하여 6두품은 환영하였으나 귀족들이 반대하여 실패하였음.

신라의 국학은 경덕왕 때에는 태학감으로 개칭하고 경·박사·조교를 두었음.

하대에 들어와서는 왕족이나 6두품 중에서 당나라에서 유학한 석학이 많이 배출되었다.

잡학 교육기관으로 산학·천문·의학·병학·육학 등을 가르키는 관청에서는 박사를 두어 가르쳤으며, 김암은 천문·병학에 뛰어났고 도선은 풍수지리설을 정리하여 《도선비기》를 남겼다. 고려 왕건도 그의 이론을 신봉하여 도선선사가 지정하지 않는 곳에 함부로 절을 짓지 말라고 명하였음.</td>
<td>신라는 골품제도가 근간이 된 귀족 사회로서 상위층은 비단으로, 하위층은 가죽이나 삼베 등으로 옷을 해 입었다.

거주지는 신분에 따라 제약이 있었고 집의 형태는 움집과 초가집 중간정도이며, 온돌이 아닌 의자식 생활을 주로 하였다.

통일 후 개간사업으로 벽골제가 이용되었으며, 상업 활동은 509년 동시전이 설치되었고 후에 서시전과 남시전이 설치 되었다.

신문왕 때는 공장부까지 설치되어 수공업이 발달해서 어아주·조하주 등의 명주와 금은 세공품·나전칠기·죽기 등이 생산되어 일본과 당나라에 수출하였다
의: 관리등급에 따라 의복색이 달랐으며 백성들은 흰색, 검은색, 감색과 같은 색깔의 옷만을 입을 수 있었다.
식: 백제와 신라인들은 술·장·젓갈을 발달시켰고, 쌀은 지배층이,일반인은 보리, 조, 콩, 수수 등을 주식으로 하였고 회를 즐겨 먹었음. 고기류로는 돼지와 닭을 식용으로하고 소는 일상적인 식용으로 하지는 않았음

주: 신분에 따라 집에 대한 방의 크기나 담장의 높이 그리고 건축 재료나 장식물 등이 규제되었다.</td>
<td>신라는 법흥왕때 율령을 반포하고 백관 공복을 제정했다.이는 왕권의 강화를 의미하며 최고의 관직으로 수상격인 상대등을 만들어 귀족들을 장악하기 위한 관직으로 활용했다.

신라는 고구려율을 이어받아서 사형으로는 범죄인의 친족까지도 연대처벌하는 족형, 수레에 머리와 사지를 묶어 몸을 찢어 죽이는 거열(車裂), 사지를 베어 죽이는 사지해(四支解), 시장 에서 공개적으로 처형하는 기시, 묘에서 시체를 파내어 다시 참수하는 육시등이 있었다. 섬에 가두는 입도(入島)도 있었음.</td>
<td>신라불교는 소지왕 때 아도가 전도했으나 박해를 받았고 양의 무제가 보낸 승려 원표 의하여 왕실에 불교가 전해짐.법흥왕은 불교를 수용하였으나 귀족의 반대로 실패하고 왕의 총애를 받던 이차돈마저 순교하게 됨. 이를 계기로 불교가 공인되고 중단했던 흥륜사 창건 공사가 다시 시작되었다.

이후 신라의 불교는 토속신앙을 넘어서 고대국가의 이념과 사상을 통일하고 국가 발전을 비는 호국신앙과 현실구복적 신앙으로 발전되었다.

왕권이 강화되면서 불교의 호국사상은 왕권의 신성함을 합리화시키기 위하여 불교왕명을 낳았다. 즉, 진평왕과 그 왕비는 석가의 모친 명을 따서 백정·마야부인이라 불렸고, 법흥왕은 법공, 진흥왕은 법운이라 하였다..

한편 승직제도인 국통제가 진흥왕 때 수립되어 불교의 정치참여를 촉진시켰고, 또 현세구복적 성격면에서는 아들의 출산이나 치병을 기원하는 등 샤머니즘과 결부되어 불교의 대중화가 촉진되었다.

이와 같이 불교는 왕권 중심의 지배체제를 강화하고 중국 및 서역문화 수입에 선구적 역할을 하여 민족문화 개발에 기여했으며 일본문화 개발에도 큰 몫을 담당하였다.
특히 승려들은 학문과 사상의 선각자가 되어 국민의 정신적 지도자가 되었다. 이와 같은 사실은 원광의 세속오계가 신라인의 도덕적 요강으로 실천되었다는 점에서도 실증된다.</td>
<td>신라는 삼국 중 가장 늦게 중국의 문화를 받아들였지만 독자적인 문화도 발전하였다.
중국의 한자가 전래됨에 따라 언어생활에서 이중성이 생겨나서 구어(口語)와 문어(文語)가 일치하지 않았다. 따라서 이두(吏讀) 또는 향찰(鄕札)이라는 표기법이 생겨나고 향가 작품도 발달하였다.

신라의 호국불교는 불국사와 석굴암, 사천왕사·봉덕사 등 대사찰 건축이 이루어 졌고, 지방에도 부석사·통도사·화엄사, 범어사, 법주사 등의 사찰이 세워졌다.

천문학 분야에서 첨성대가 축조되어 별들의 운행 통해 농사일 기여했으며

신라의 설화문학으로는 우노의 이야기가 있고, 시가문학으로는 향가를 들 수 있다. 향가로는 삼국유사에 혜성가 안민가·헌화가 등 14수가 전하며, 혁련정의 균여전에도 11수가 전한다.

음악가로는 우륵과 그의 제자인 계고·이문 법지·백결선생·옥보고·귀금·장안·극상 등이 대가였고, 악기로는 3죽(三竹: 大箸·中箸·小箸)과 3현(三絃: 伽倻琴·玄琴·鄕琵琶)등이 사용되었다.

문장으로는 진흥왕의 순수비, 진덕여왕의 태평송, 강수의 답설인귀서, 문무왕릉비문과 최치원의 계원필경 외에 견훤을 위하여 왕건에게 보낸 격서, 즉 대견훤기 고려왕서 등이 대표적 작품이다.</td>
</tr>
</table>

구분	연도	수도	정치		경제
			중앙 및 지방 행정 관제	군사제도	조세 및 토지제도
발해	698~926	구국, 중경, 동경, 상경	발해는 중앙에 3성 6부, 1대·7시·1원·1감 1국을 두었다. 3성에는 정당성(왕의 명이나 국가 정무 집행), 선조성(왕에 정치적 자문, 정책 심의) 중대성(국가 정책 수립)이 있으며, 행정부에는 6사(司)가 있다 6사 관장 업무로는 **충부** 문관의 임명, 훈관·봉작의 수여, 관리들의 업적 평가. **인부** 호구·토지 조사, 조세, 재정, 도량형 담당. **의부** 의례와 제사,교육 관리, 사신 교환 및 접대. **지부** 군사 업무, 봉수·역참 관리. **예부** 법률·형법 ,죄인 심판, 형률 관리, 천민 관리. **신부** 건설·토목공사, 둔전·수리 관리, 산하와 저수지 관리 1대, 7시, 1원, 1감, 1국에서 관장하는 업무로는 중정대(감찰기구), 문적원(도서 관리, 비문·축문·제문 등 작성) 전중시(황제의 생활 물품 관리, 옷·음식·주거·수레 등 관리), 종속시(친인척 관리), 태상시(국가의 제사 관리, 예절 문제 관리), 사빈시(외국 사신 접대 관리) 대농시(농업 곡식 업무 수행, 창고 관리), 사장시(외국 무역품 관리, 재화 관리) 사선시(궁중 잔치 관리, 의례 음식 제조 관리) 주자감, 교육 기관(귀족 자제 교육) 항백국(환관청으로 왕실·후궁의 명령 전달, 왕실 경호 및 일상생활 지원)이 있었다. 지방 관제는 5경 15부 62주를 두었다. 5경: 상경, 중경, 동경, 남경, 서경. 15부: 용천부, 현덕부, 용원부, 남해부, 압록부, 장령부, 부여부, 막힐부 정리부, 안변부, 솔빈부, 동평부, 철리부, 회원부, 안원부. 독주주는 상급 행정기관인 부에 속하지 않고 직접 중앙정부에 속했다.	발해의 군사제도는 국세가 강화됨에 따라 확장 보강되는 측면이 나타나서 대외 사신(使臣)도 초기에는 무관출신이 중심을 이루다가 후에 정치가 안정됨에 따라 문관으로 대체되었다. 군사조직의 구체적인 내용은 파악하기 어려우나 군사업무를 담당한 부서는 정당성의 지부, 융부와 수부로 군사 업무, 무관 임명, 군사 양성, 봉수·역 참 관리, 군사지도·전차·수레·무기 관리 등을 관장하였다. 왕실과 궁중을 지키는 중앙 군사조직은 10위로 좌우맹분위·좌우웅위·좌우비위·남좌우위·북좌우위가 있다. 각 위에는 대장군 1명, 장군 1명을 두었다. 9세기에는 중앙과 지방을 방어할 수 있는 보다 확대 강화된 군사조직으로 발전하여 위군(왕실군)과 부병(지방군)으로 분리 조직되었다. 변경을 방비하는 지방군인 좌우신책군, 황실호위군인 좌우삼군, 지방의 부병인 120사가 있었음.	발해는 봉건국가이므로 국가소유토지, 지주소유토지, 소농민소유토지, 공가소유토지 등이 있었다. 토지제도는 당나라의 균전제를 모방했음 세제는 10분의 1 세제로 토지 소유분의 10분의 1을 세금으로 납부하였다.

사회				문화
교육/과거제도	경제/사회제도	법률	종교	예술
발해의 교육은 문왕 때 국립 대학의 성격의 주자감(당나라 국자감을 모방함)을 세워 귀족 자제에게 유교 경전을 교육하였고, 관리들을 학습시킬 수 있게 서적원이라는 기관을 만들었음. 학생 중에는 당나라의 빈공과에 급제하는 사람이 나오기도 하였음.	발해의 지배층은 왕족인 대씨와 고구려계 귀족들이 중앙과 지방의 중요한 관직을 차지하고 수도를 비롯한 큰 고을에 살면서 노비와 예속민을 거느리고 있었다. 주민의 다수는 고구려 때 부터 편입된 말갈인 이었으며 발해의 상층 사회는 당나라의 문화를 받아들이고 있었지만 하층민들은 고구려나 말갈 사회의 생활모습을 유지하고 있었다. 9세기에 이르러 사회가 안정되면서 농업, 수공업, 상업이 발달하였고 농업에서는 기후 조건의 한계로 콩, 조, 보리등을 재배하는 밭농사가 중심이었고 철제 농기구의 사용, 수리 시설이 확충 되면서 일부 지역에서는 벼농사도 지었다. 특히, 목축에 의해 돼지, 말, 소, 양 등을 길렀고 모피, 녹용, 사향 등도 많이 생산되어 수출하였다. 수공업은 철·구리·금은 등 금속가공업과 삼베·명주·비단 등의 직물업, 도자기업 등 다양한 분야에서 발달하였다. 철의 생산량이 상당히 많았고, 구리의 제련술도 뛰어났다. 수도인 상경 용천부 등 도시와 교통 요충지에서는 상업이 발달하였고 상품매매에는 현물 화폐를 주로 썼으나 다른 나라의 화폐도 함께 사용하였다.	발해의 법률은 발해의 멸망 뒤 거란의 그 유민들을 발해법이 아닌 한법(漢法)을 적용한 것으로 보아 당나라의 법과 유사한 것으로 보임.	발해인의 종교는 불교인데, 이는 고구려의 불교전통을 계승한 것임. 흙으로 둥글게 구워만든 전불은 바로 고구려의 양식이다. 발해의 무덤은 흙무덤, 돌무덤, 벽돌무덤으로 구분되는데, 이 중에서 돌무덤은 바로 고구려적인 요소로서, 특히 석실봉토묘(石室封土墓)는 고구려 지배계층의 무덤을 발해에서도 그대로 계승하고 있다. 정혜공주의 무덤이 그 대표적인 것이다.	발해는 고구려 전통에 당나라 문화를 가미하여 독자적 문화 형성하였다. 발해는 고구려 문화를 계승했으며 발견된 정혜 공주 묘는 굴식 돌방무덤으로 천장 구조 및 묘지 벽화가 고구려 고분과 닮았고 이곳에서 나온 돌사자상은 매우 힘차고 생동감이 있다. 발해의 지상 건물은 전해오지 않지만 상경은 당나라 수도인 장안을 본떠 설계하였다. 발해에서 발견되는 절터나 불상 등은 고구려의 양식을 따른 것이 많다. 또한 자기 공예가 발달하여 당나라 사람이 자주 구해갔다고 한다.

구분	연도	수도	정치		경제
			중앙 및 지방 행정 관제	군사제도	조세 및 토지제도
고려	918~1392	개경	고려의 중앙관제는 성종 때에 정비되어 문종 때에 완성되었다. 특징으로 2성 6부는 당나라에 가깝고, 중추원과 삼사는 송나라를 모방했다. 도병마사와 식목도감은 고려 자체의 필요에 의해 만들어 졌다. 관직상의 품계는 문반과 무반인 양반제도를 두고, 관등급은 정·종 각 9품의 도합 18품으로 나누었다. 중서문하성과 중추원은 각각 2품과 3품을 획선으로 하여 상하 이중적 조직으로 그 직무도 달랐다. 중서문하성 2품 이상의 고관은 재신이라고 하여 정책을 수립·결정하고, 3품 이하의 관원은 성랑이라고 하여 봉박과 서경 등의 임무를 맡았다. 정책의 실무를 담당한 것은 상서육부였다. 상서가 책임자였지만, 그 위에 판사제를 따로 두어 중서문하성의 성재로 겸직시킨 점은 고려의 정치체제가 귀족중심이었다는 점을 의미한다. 왕권을 견제하는 대간제도가 시행되어 중서문하성의 낭사와 어사대의 관원을 대간이라 하고 간쟁·봉박·서경제도를 실시하였졌. 원나라의 정치적 간섭기에는 관제상의 격을 낮추어 운영하다가 공민왕 때에 관제가 다시 복귀되기도 하였다. 지방관제로는 983년에 12목, 995년에 10도·3경 5도호부·8목·양계를 설치하였으며, 1018년에 전국을 도와 양계로 나누어 그 밑에 4도호·8목을 비롯해 군·현·진 등을 설치하였다. 지방행정기구의 3경은 풍수지리설과 관계가 있는 것으로서, 태조 때는 개경과 서경을, 성종 때는 동경(경주)을 설치하였으며, 문종 이후 동경 대신에 남경(서울)을 넣었고, 서경에는 분사제도를 두어 왕이 머무를 경우 정무처리를 할 수 있게 하였음. 경기는 특수행정구역으로 전시과의 사전(私田) 지급의 대상지로 삼았으며, 최하층인 촌과 천	고려의 군사제도는 중앙의 2군 6위와 지방의 주현군, 주진군으로 편성되었다. 2군이 형성된 것은 현종 무렵이고, 6위는 성종14년경이다. 친위대인 2군은 6위보다 우위에 있고, 2군 6위는 각각 정·부 지휘관으로 상장군 과 대장군이 있다. 이들 2군 6위는 8개 군단의 지휘관으로 구성된 군사최고 합좌기관인 중방(정원18명)을 갖추고 있었다. 2군 6위의 병력은 모두 1,000여명의 군인으로 조직된 영으로 구성되었다. 영은 병종에 따라 보승·정용·역령·상령·해령·감문위령으로 구분되어 도합 45령으로 45,000여명이었다. 영의 지휘관은 장군1명, 중장군 2명, 그 아래 낭장·별장 산원·위·대정 등 군관이 배치되었으며, 이들도 합좌기관인 장군방을 가지고 있었다. 2군 6위의 중앙군은 신분과 군역 의무를 세습하는 군반씨족 출신의 전문적 군인으로 구성되었다. 이들에게는 군인전이 지급되었으며, 중앙군과 지방군과는 교류가 없었다. 지방군은 도와 계에 따라 차이가 있었다. 도의 주현군 중 보승과 정용은 주현군의 핵심으로 치안을 담당하였고, 일품군은 노동부대로서 공역에 동원되었다. 양계는 국경지대의 군사적 지역인 만큼 진마다 초군·좌군·우군을 중심으로 한 정규군이 주둔하였으며, 주현군은 군인전이 지급되지 않는 병농일치의 군인이었으며 이 밖에 광군·별무반과 최우 집권 때는 삼별초가 있었다.	고려의 조세제도는 토지의 보유 형태에 따라 사전(私田)은 수확의 1/2을 조로 바치고, 공전(公田)은 1/4을 조로 바치게 하였다. 공부(貢賦)는 지방의 특산물을 나라에 바치는 것인데, 주와 현에서 해마다 바치는 상공과 소(所)에서 생산된 특정 물건(금·은·동·종이·먹 등)을 바치는 별공(別貢) 및 과일나무·삼밭 등에 부과하는 잡공이 있었다. 요역은 16세 이상 60세 이하의 평민 남자가 갖는 병역과 부역의 의무를 말한다. 병역은 군포로 대납할 수 있었으며, 부역으로 토목공사에 동원될 때의 식사는 자기가 부담하였다. 일반 농민은 20세가 되면 군정이 되어 노동 부대 성격을 띤 지방군에 편입되었다. 여정(餘丁)은 군정을 경제적으로 돕게 하였다. 농민은 군역의 부담에서 벗어나고자 유민이 되거나 호족에 의지하여 전호(소작료를 지급하는 농민)가 되는 경우가 많았으며 호적은 3년마다 재작성하였다. 고려의 토지제도는 전시과의 규정에 따라 귀속 여하에 의해 공전(公田)과 사전(私田)으로 나누어 지급하였다. 지급된 토지는 완전한 소유권을 인정하지 않고 수조권만을 일정 기간 인정하였다. 토지의 종류로는 과전·공음전·공해전·군인전·외역전·내장전·구분전·한인전·궁원전·사원전·둔전·투화전 등이 있었다. 고려 초기 940년에 역분전을 실시하여 건국과정에서 태조를 도운 공신과 군사에게 품계가 아닌 충성도에 따라 토지를 지급했다. 976년 전시과제도를 실시하여 현직 및 퇴직자에게 관직과 인품에 따라 전지(田地)와 시지(柴地: 땔나무를 얻는 땅)를 지급했다. 998년에는 관제를 기준

사회				문화
교육/과거제도	경제/사회제도	법률	종교	예술
고려는 태조 때부터 교육기관으로 개경학·서경학을 두었으며 성종때 유교적 관료 양성기관인 **국자감**을 설치하였다. 유학부에는 신분에 따라 3품 이상 고위 자제는 국자학에, 5품 이상의 자제는 태학에, 7품 이상의 자제는 사문학에 입학했으며, 8품 이하나 서민의 자제들은 기술학부에 입학해 법률·서학·산학 교육을 받았다. 성종은 지방관리자제들을 수도로 불러 교육시켰고, 별도로 지방에 경학박사와 의학박사를 파견했음. 최충의 사립학교로 관학이 쇠퇴하자, 예종은 관학 진흥책으로 국자감을 국학으로 개칭하고 국학 내에 최충의 9재학당을 모방하여 7재(七齋)를 설치하고, 국학 발전을 위한 육영재단으로 양현고와 학술기관인 청연각·보문각을 설치하였다. 지방교육기관으로 학당(향학)을 설치하였고, 잡학 이외의 기술교육은 그 특수성에 따라 사천대(천문·역법·지리)·태사국(음양·술수)·태의감(의학)·통문관(외국어)에서 담당하였고, 교육시설과 교육재단은 수서원·비서원·서적포·섬학전이 있었으며, 국학과 향학의 교육운영을 위하여 학전(學田)을 지급하였음. **양현고** 국자감 학생에 대한 수업 숙식 등 필요한 비용을 전담하는 장학재단 **섬학전** 양현고의 재원이 고갈되자 문무관리로부터 기부금을 받아 거기에서 나오는 이자로 재원을 충당함 **학당** 고려 후기의 관학으로 개경에 세워진 중등 교육을 담당하였고, 고려말 정몽주의 건의에 의해 동, 서, 중, 남, 북 5부학당을 세우고 국자감의 교육을 받지 못하는 개경의 학도들을 모아 유교 중심의 교육을 실시하였다. **향교** 인종5년, 각 주현에 세	고려사회는 양반과 중인·평민(농민)·천민으로 구성되었다. 왕족과 귀족으로 편성된 상류층은 과전·공음전·공신전을 소유하여 경제적 부와 권력도 독점하였다. 특히 5품 이상의 귀족에게 음서(蔭敍)나 공음전과 같은 특권을 부여했다. 중류층은 기술관·하급관리·하급장교로 지배층의 말단에 위치해 있고, 하류층인 평민은 일반 주·군·현에 거주하며 주로 농업에 종사하는 농민들로 이들을 백정(조선시대에는 도살업을 하는 천민층을 말함)이라고도 불리었다. 이들은 국가에 대한 조세·부역·역역 등을 부담하였으며, 제도적으로는 과거에 응시하여 관인으로 출세할 수 있는 길이 있었으나 실제로는 거의 불가능하였다. 천민층은 향·소·부곡의 주민과 진척(배를 부리는 자)·화척(도살업자로 조선시대 백정을 말함)·재인 및 공사의 노비뿐만 아니라 역(교통)·관(숙박소)의 주민들을 말하며, 특히 노비들은 신분을 세습하여 매매의 대상이 되기도 하였다. 노비는 재산으로 간주되어 매매/상속/증여가 가능하였으며 부모중 한쪽이 노비이면 자식도 노비가 되었다. 공노비는 국가/관청에 소속된 노비이며, 사노비는 개인/사원에 소속된 노비, 솔거 노비는 주인과 한집에 거주하며 잡다한 일을 담당 했고, 외거 노비는 주인과 따로 살며, 주인 땅에 농사를 지어 곡식을 일부 바치었다. 혼인풍속으로는 일부일처제를 시행했고, 신부 집에서 결혼식을 올렸으며, 남녀 친족간에 평등한 대우를 하였으므로 여성이 호주 승계가 가능하고, 아들이 없을 경우 딸이 제사, 재혼이 비교적 자유로왔다. 출생순으로 호	고려의 법률은 당나라를 모방한 71조의 법률과 보조법률이 있었으나 일상생활과 관계되는 관습법을 중심으로 자치 질서를 인정하였다. 형벌은 태(笞)·장(杖)·도(徒: 징역)·유(流: 귀양)·사(死: 사형)의 5형으로 나누었고, ① 태형: 가장 가벼운 경범죄에 대한 형벌로 볼기(엉덩이)를 때리는것으로 10에서 50까지 5등급이 있다. ② 장형: 태형보다는 중한 형벌로 역시 장 60에서 100까지 5등급이 있다. 태와 장은 초목 또는 형목으로 만들었으며, 가는 것이 태이고 굵은 것이 장이다. ③ 도형: 강제노역에 종사하는 형벌이며, 도 1년에서 3년까지 5등급의 형벌로 되어 있다. ④ 유형: 귀양이라고도 하며 섬이나 벽지에 거주를 제한하는 형벌임. 속형(물품이나 금전을 관아에 바침)고 형을 면하는 일이 허용되었음. ⑤ 사형: 가장 무거운 형벌로 생명을 끊는 생명형이다. 사형에는 교와 참의 두 종류가 있었으며, 교는 목을 죄어 질식시켜 죽이는 형벌이며, 참은 형칼이나 도끼로 목을 베어 죽이는 형벌이다. 죄의 종류는 모반죄·대역죄·악역죄·불효죄·살인죄·강도죄·절도죄 등이 있어, 그 중 모반죄·대역죄·악역죄·불효죄를 중죄로 다스렸으며, 관리의 독직(瀆職)은 과전(科田)을 몰수하고 장·도형에 처하였다.	고려는 유달리 도참설과 민간신앙적으로 성황신에 몰두 했으나 고려조의 국시는 유교적 정치이념을 바탕으로, 국가대업이란 이상을 불교에 두었기에 여러 시책을 펼쳤다. 종교제도를 보면 유교의 과거제도와 함께 승과를 설치하고 승과에 교종선과 선종선을 두었고 승과에 합격한 자는 승려 자격을 부여하고 법계를 두었다. 교종에는 대선부터 승통까지의 계급을 두고 선종에는 대선부터 대선사까지의 법계를 두었다. 승통과 대선사는 왕사나 국사가 될 자격이 있었고, 왕사는 국왕의, 그리고 국사는 국가의 고문격으로 삼았다. 한편 고려초의 유교에 대해 성종은 국자감에 육학, 즉 국자학·태학·사문학·율학·서학·산학을 두었다. 또 불교 단체를 국가적으로 관할하고자 정종은 중앙에 승록을 설치하고 도승록·부승록·승정·승잡 등의 승관을 두었다. 이것은 신라 진흥왕이 제정한 것인바 황룡사에 승관을 배치했던 것의 계승이라 할 수 있다. 고려조의 전성기에서 불교는 5교 2종으로 통합되었다. 9산이 선종이기에 조계종으로 통합되었기 때문이다. 이런 교단과 별도로 도장·향도의 조직체가 있었고 경행·사경·연등·팔관 등의 행사가 거행되었다. 그러나 불교통합 정책과 달리 고려말에 천태종이 갈라지는가 하면 다시 총지종 등 10여 종으로 세분되었다.	고려예술은 귀족적·불교적 색채를 띤 미술이 성행했으나, 석탑·석등·불상 등 조각 분야는 퇴화되고 귀족들의 생활기구를 중심으로 한 자기·나전칠기 등이 발달하였다. 자기: 송나라의 영향을 벗어나 장식이 없는 푸른 하늘색과 선이 특징인 비색청자를 제작하였고,12세기 중엽에 고려인의 독창적 재능을 발휘한 상감청자가 민족예술의 정수로 인정 받음. 건축: 고려 초기의 건축은 왕궁(만월대)·사찰(흥왕사) 등 귀족적이었으나, 말기에는 독특한 기상을 나타내고 있음. 대표적 건축으로 영주 부석사의 무량수전, 안동 봉정사의 극락전, 예산 수덕사의 대웅전이 있다. 석탑: 정형화되지 않고 다양하며 대표적인 것은 신라 양식인 현화사 7층석탑, 송나라 양식인 월정사 8각 9층석탑, 원나라의 영향을 받은 경천사 10층석탑이 있음. 불상: 부석사 무량수전 안에 있는 소조여래상은 목조좌상인 아미타여래상으로 신라불상 형식을 계승한 고려시대 제일의 걸작임. 범종: 천흥사범종, 수원의 용주사 범종, 탑산사 범종 석비: 해주의 광조사 진철대사보월승공탑비, 원주 홍법사 진공대사탑비, 강릉의 보현사 낭원대사오진탑비 등이 유명함. 그림:화가 양성을 위하여 도화원을 설치하고 대표적 화가로는 《예성강도》의 이령, 《소상팔경도》의 이광필, 《천산대렵도》, 《음산대렵도》의 공민왕. 안향의 초상화, 혜허의 양유관음상(일본에 있음). 벽화로는 모란과 들국화를 그린 예산 수덕사의 벽화와 사천왕상과 보살상을 그린 부석사 조사당의 벽화가 현존함. 서체: 무신 집권기까지는 왕희지체와 구양순체가 유행하였고, 충선왕 때부터는 조맹부체인 송설체가 유행하

구분	연도	수도	정치		경제
			중앙 및 지방 행정 관제	군사제도	조세 및 토지제도
고려	918~1392	개경	민집단으로 구성된 향·소·부곡은 현에 소속되어 향리가 직접 다스렸으며 영향력이 있는 향리의 세력을 견제하기 위하여 사심관제도와 기인제도를 실시하였음. **양계란** 고려·조선시대의 특별 행정구역으로, 고려 초: 여진족과 접경한 평안도를 북계(나중에 서계라고도 함), 함경도를 동계라 하여 국방상 중요지역으로 설정, 병영을 설치하고 병마절도사를 배치하였다. 그 지방의 지배와 군사적 방어를 위해 토관 제도를 설치, 향인에게 벼슬을 주어 회유도 하였다. 조선시대에도 양계입거의 법을 제정하여 일부 백성을 강제로 입주시켰다. 양계에 이주하여 사는 향리에게는 역을 면제시켜 주기도 하고 타지방 이주를 방지하기 위해 타지방민과의 결혼도 금하였다.		으로 관직의 고하에 따라 18과로 나누어 토지를 지급한 개정 전시과를 실시했다. 개정전시과는 1076년 경정전시과로 개정되었는데, 특징은 토지지급의 결수가 줄고, 무관에 대한 대우가 상승하였으며, 퇴직자는 토지 지급대상에서 제외되고 현직관리에게만 지급하되 경기지역에 국한하였다.

사회				문화
교육/과거제도	경제/사회제도	법률	종교	예술

교육/과거제도	경제/사회제도	법률	종교	예술
워진 중등교육 수준의 지방 관학이며, 입학자격은 문무관 8품 이하의 자와 서인에게도 입학을 허가하였고, 우수하면 국자감에 입학할 수 있었음. **고려의 사학** **십이도(十二徒)** 십이도란 국자감이 부진하자 최충이 사설로 구재학당을 열어 과거 준비와 일반교양 등 국자감 교육내용을 가르쳤고 예종부터 국학 부흥에 힘을 기우리자, 도(徒)는 국학에 흡수되고 고려 말에 폐지되었음. **서당** 지방 서민계급의 자제를 대상으로 초등정도의 교육기관임 **고려의 과거제도** 성립: 고려초 광종 9년에 귀화한 후주인 쌍기의 건의. 배경: 왕권확립을 위해실시. 형태: 초기의 과거는 동당감시(본시험)인 단일제였는데 고려말에 이르러 원나라의 '향시', '회시', '전시'의 삼층제로 바뀜. 내용과 종류: (1) 제술과(진사과): 문과시험으로 경의, 시, 부, 송, 책, 논 등의 문예 (2) 명경과(생원과): 문과시험으로 서경, 역경, 시경, 춘추, 예기 등의 유교 경전 (3) 잡과(의복과): 기술관 시험으로 의학, 천문, 음양, 지리 등 (4) 승과: 승려 등용시험으로 교종시와 선종시로 구별 5) 응시자격: 신분적 제한은 두지 않았지만 천민을 제외한 모든 일반서민 에게도 자격을 주었음. 과거제도의 장점으로는 능력본위의 관리가 등용되며, 단점으로는 교육기관이 과거준비기관으로 변질되어 폭넓은 학문의 발전에 제한적이며, 교육의 귀족화 및 유교경전을 암기하는 주입식 교육 체제를 들 수 있음.	적을 기재하고, 남녀 균등 상속을 하므로서 여성의 지위가 비교적 높았음을 알 수 있다. 의: 평민은 대개 흰옷을 입었고, 여자들은 홍색·황색의 옷도 입었다. 남자는 상투·두건을 썼고, 부인은 머리에 쪽을 졌으며, 귀부인은 외출때 너울을 썼다. 처녀는 붉은 댕기, 총각은 검은 댕기를 달았고, 죄인은 관이나 두건을 쓰지 못하였다. 식: 불교가 융성함에 따라 차 마시는 풍습이 퍼지고,이 차를 운치 있게 마시기 위해서 만든 차 그릇이 고려청자이다. 주: 고구려의 온돌 구조와 신라의 마루 구조가 보급되었으며 풍수 지리설이나 음양론이 적용되었다. 서민들은 온돌 바닥에 눕거나 앉아서 지내는 좌식생활을 하였고, 상류층은 입식 생활을 하였다. 고려 말에는 청기와 조선시대의 화초담과 같은 화려한 장식적 담장을 설치하였다. 주요풍속으로는 연등회,팔관회가 성행하였으며, 명절은 설날·대보름·삼짇날(3월 3일)·석존제(4월 8일)·단오절(5월 5일)·유두(6월 15일)·백중(7월 15일)·중추절(8월 15일)·중양절(重陽節: 9월 9일)·상달(10월 15일)동지등이 연중행사로 발전하였다. 장례풍속으로는로 화장을 하며, 부모상은 100일 동안 복상하였으며, 고려 말에 주문공가례(남송의 주희가 편찬한 관(冠)·혼(婚)·상(喪)·제(祭)의 의례서)가 수입된 뒤에 3년 동안 복상(服喪)하는 풍습이 시작되었다.			여 조선시대까지 계속되었음. 신품사현(神品四賢: 고려시대까지의 글씨로 유명한 4사람): 신라의 김생, 고려의 유신·탄연·최우를 말함. 현존하는 것은 유신의 송광사에 있는 보조국사비문과 탄연의 문수원기가 있음. 고려의 음악으로는 속악(俗樂)·아악(雅樂)·당악(唐樂)이 있었다. 속악은 한국 고유음악으로 《동동 》《대동강》《한림별곡》 등이 있고, 악기에는 가야금·비파·장구·퉁소 등이 있다. 아악은 궁정·종묘 등에서 연주하는 정악(正樂)으로 송나라에서 예종 때 안직숭이 전래하여 궁중음악으로 발달, 현재까지 한국에만 보존되어 있는 동양의 고전적 정악이다. 악기로는 금종(金鐘)·옥경(玉磬), 각종 현금(絃琴)과 피리·퉁소 등이 있음. 음악은 가면극과도 밀접한 관계를 가져 처용무 등 탈춤을 중심으로 한 산대극 도 유행하였다. 역사서: 삼국사기(김부식), 해동고승전(각훈), 동명왕편(이규보), 삼국유사(일연), 제왕운기(이승휴) 문학: 국순전(임춘), 파한집(이인로), 백운소설(이규보) 의학서: 삼화자향약방, 향약고방, 향약혜민경험방 불경: 남명천화상송증도가,. 불조직지심체요절 유학경전: 예기정의, 모시정의 개인문집: 동국이상국집 예법서: 고금상정예문

구분	연도	수도	정치		경제
			중앙 및 지방 행정 관제	군사제도	조세 및 토지제도
조선	1392~1876	한성	조선의 중앙조직은 의정부와 6조 체제로, 의정부는 영의정·좌의정·우의정의 합좌기관이며 6조(이·호·예·병·형·공조)는 고려의 6부와 차이가 없으며. 장관을 판서, 차관을 참판이라 하였다. 왕의 출납을 맡은 승정원이 있어 그에 소속된 도승지 이하 6승지는 각기 6조의 행정업무를 분담하여 왕의 비서기능을 수행하였다. 이들을 견제하는 기구로서 홍문관·사헌부·사간원의 이른바 3사(三司)가 있으며, 사헌부는 백관을 규찰하는 감찰관이기도 하였으며 서경(署經)은 임명된 관리의 신분·내력 등을 조사하여 그 가부를 승인하는 임무도 맡았다. 홍문관은 집현전의 후신으로서 경적을 모아 정사를 토론하고 국왕의 고문 역할을 하였다. 사간원은 국왕의 정치에 대한 간쟁을 임무로 하였다. 국왕의 명을 받아 죄인을 다스리는 의금부, 역사를 편찬하는 춘추관, 서울의 행정을 맡은 한성부, 백성의 죄를 다스리는 포도청 등이 있었다. **비변사 역할**: 조선 초에 군무를 협의하던 임시기구였으나 임진왜란을 전후하여 상설기구가 되어 문무 고위관리들의 합의기관으로 확대되고 군사는 물론 정치·외교 등 일반 정무까지도 처리하여 의정부의 기능을 유명무실하게 만들어 조선 후기의 정치를 주도하였다. 대원군은 비변사를 폐지되고 의정부의 기능을 복구하였으나 1880년 관제 개혁 때 최고의 행정부로서 통리기무아문을 설치하고 그 밑에 12사를 두어 사무를 분장케 하였다. 임오군란 후 통리기무아문을 분리, 외무행정을 맡아 보는 통리아문, 내무행정과 군국기무를 맡은 통리내무아문을 설치하였으며, 갑오개혁으로 중앙에는 궁내부·의정부의 2부와 내무·외무·탁지·군무·법무·학무·공무·농상무의 8아문을 두었다.	조선초의 군사제도는 중앙에 의흥삼군부를 두고 10위를 속하게 하였으며, 세조 때에 삼군부를 5위도총부로 개편하여 중앙군인 5위를 지휘하게 하였고, 5위는 의흥위·용양위·호분위·충좌위·충무위로 궁궐수비와 서울 경비를 담당하게 하였다. 각 위는 5부로 나뉘었고, 각 부는 4통으로 구성되었으며, 그 밑에 여·대·오가 있었다. 지방에는 각 도에 병영과 수영이 있어서 육군과 수군을 통할하였고, 그 밑에 여러 진·포·보가 있다. 이들 부대에 복무하는 지방군은 양인 계층의 농민으로서 교대로 근무하고, 농번기에는 농사에 종사하였다. 세조 때에 전국 군·현을 지역단위의 방위체제로 편성하는 진관체제가 실시되면서 중앙군과 지방군이 진을 중심으로 일원화되어 평시에는 농사짓다가, 징발되면 서울에서 근무하거나, 지방으로 파견되어 병역을 수행했다. 잡색군이라는 예비군이 있어서 전직관료·서리·향리·교생·노비 등 각계각층의 장정들로 하여금 평상시에는 본업에 종사하면서 일정기간 동안 군사훈련을 받고 유사시에 향토방위를 맡게 하였다. 봉수제는 중앙과 지방에서 발생하는 긴급사태를 알리기 위한 제도이며 그 내용을 문서로 알리기 위하여 역마제를 운영하였다. 15세기 이후 대가를 받고 군역을 대신 치르는 대역자가 생겨나거나 군역의무자로부터 면포를 거두어 이것으로 군인을 고용하는 제도가 나타나는 등 군역제가 문란해짐에 따라 진관체제는 붕괴되기 시작하였다. 그래서 16세기 중엽 이후 제승방략체제가 등장하였다. **진관체제와 제승방략체제** 진관체제: 각 지방에서 자체적으로 방위하는 것으로 다른 지역에 간섭하지 않고, 오직 자신이 소속된 지역만을 지키는 것.	조선의 조세수입은 전세(田稅)·역(役), 그리고 공납(貢納)이 기본이었다. 전세는 농토에 부과되는 세금으로 과전법에서는 1결에 최고 30두까지만 받게 하였고, 세종 때에는 이를 낮추어 1결에 최고 20두, 최저 4두를 받되, 전분6등법(비옥도 기준) 연분9등법(농사의 풍흉 기준)으로 구분하여 수취하였다. 정확한 전세의 부과를 위해서는 양전사업(토지조사사업)을 20년마다 실시하여 양안이라는 토지대장이 작성되었다. 국민의 병역의무로는 다음과 같이 운영하였다 역(役)의 종류: 국가의 토목사업 등에 동원되는 요역과 국방을 맡는 군역이 있었다.역의 대상은 16~60세까지의 남자이었고, 역에 동원되지 않기 위해 그 대가로 군포(軍布) 2필을 납부하였다. 탐관오리들은 어린아이를 정남으로 편입시켜 군포를 징수하는 황구첨정(黃口簽丁), 죽은 자에 대하여도 포를 징수하는 백골징포(白骨徵布) 등의 부정을 하였고, 무거운 부담을 견디지 못하여 도망하는 경우에는 이웃이나 친척·동리에 부담시키는 인징(隣徵)·족징(族徵, 친척의 공물을 대신 납부)·동징(洞徵, 도망간 이웃을 대신하여 납부)이 가해졌다. 영조 때에는 군포 2필을 1필로 반감시켰으며, 그 부족액을 어세·염세·선박세 등으로 보충하였다. 공납은 각 지방의 특산물을 현물로 바쳐야 하므로 저장·운반에 어려움이 많자, 이를 이용한 방납(상인들이 공물을 대신 납부하고 이자를 받는 일)이 행해져 백성에게 고통을 주었다. 이런 폐단을 제거하기 위해 광해군 때부터 100년간 대동법을 추진, 대동미라는 이름으로 토지 1결에서 미곡 12두를 징수하게 하였다. 이런 조세 제도는 갑오개혁 때에 모두 금납화 되었다. 조선후기삼정(전정, 군정, 환곡)을 둘러싼 사회모순 ① 전정의 문란:여러 명목의 조세를 토지를 통해 확보하는 수취방식

사회				문화
교육/과거제도	경제/사회제도	법률	종교	예술
조선은 유교이념을 바탕으로 한 관리 양성을 목적으로 교육기관을 만들고 백성들에게 교육의 기회를 확대 시켰다. 서울에 고등교육기관인 성균관, 중등교육 기관인 4부 학당, 지방에는 향교를 설치하였고 향교는 인구에 비례하여 정원을 책정하였다. 학생들은 군역을 면제해주고, 농번기에는 농사일을 돕고 농한기에는 기숙사인 재(齋)에 거처하면서 공부하였다. 초등교육기관으로서 서당이 있어, 훈장·접장(학생회장격)의 지도 아래 천자문등 한자 공부가 이루어졌다. 조선 중기 이후에는 서원이 설립되어 지방의 양반자제들을 교육하여 많은 인재를 길러냈다. 기술교육은 의학·역학·산학·율학·천문학·지리학 등으로 나누어 각각 전의감·사역원·호조·형조·관상감등 해당관청에서 가르쳤고 이들을 잡학이라 하여 천시하였고, 중인 계층의 자제가 배웠다. 과거제도: 과거(科擧)란 과목(科目)에 따라 등용한다는 뜻으로 신라 원성왕 때 실시한 독서삼품과가 시초이고 고려는 광종 때 실시되었다. 과거제는 신분제인 귀족사회를 개혁하여 능력중심의 관료제 사회를 유지하는 기능을 하였으나 상류층에게 특혜를 주는 음서제가 병행되기도 하였다. 고려시대는 무과(武科)는 없었고 조선시대는 문·무 양과가 있었으며 문과를 더 중시하였는데, 생원·진사과(소과)와 문과(대과) 두 단계로 나뉘었고 생진과에는 4서 5경(四書五經)으로써 시험보는 생원과와 시·부·표·책 등 문장으로 시험하는 진사	조선시대는 양인과 천인으로 구분되어 양인은 과거에 응시할 자격이 있는자로 직업. 가문에 따라 양반. 중인 상민으로 나누어 짐. 양반은 문관 벼슬을 가리키는 동반(東班)과 무관 벼슬을 가리키는 서반(西班)을 함께 부르던 말로, 관직에 있는 사람을 총칭하는 의미로 사용하였다. 중인은 양반층 아래에서 하급관리·기술관, 역관 등 실무를 집행하는 신분층을 말하며 상민은 농업, 상업, 수공업 등 생산 활동에 종사하는 신분층으로 국가에 대하여 전세, 역, 공납의 의무가 있었고. 법적으로는 교육과 정치적 출세의 기회가 허용되었으나, 현실적으로는 많은 제한을 받았음. 천인은 노비·광대·무당·창기·백정 등을 말하며, 특히 노비는 매매·증여·상속의 대상이 되었음. 조선 사회는 유교이념에 따른 가부장적 가족 제도가 일반화 되었고 인조 때에는 가장의 반역 음모를 고발하였다가 인륜을 해치는 죄(강상죄)도 반역죄에 못지않게 무겁다 하여 먼저 사형시킨 일도 있었음. 강상죄(綱常罪): 강상의 윤리를 범한 죄. 강상은 삼강 오상을 말하며, 삼강은 군위신강(君爲臣綱)·부위자강(父爲子綱)·부위부강(夫爲婦綱)을 말하고, 오상은 오륜(五倫)으로 부자유친(父子有親)·군신유의(君臣有義)·부부유별(夫婦有別)·장유유서(長幼有序)·붕우유신(朋友有信) 등을 말함. 조선의 가족 제도는 종족을 하나의 단위로 보아 족보가 생겼으며, 속대전에서는 동성동본은 물론, 동성이본(同姓異本)도 서로 혼인할 수 없다는 규정을 만들었다. 남자는 15세, 여자는 14세 이상이면 혼인 할 수 있었으	조선은 법치국가로 법전을 통해서 백성을 규율하였는데, 법의 기본은 왕의 지시나 명령이었음. 왕명이 형식 지화된 것을 왕지 또는 교지라 하고 세부사항에 관한 왕명을 전지라 하고, 각 관아에 하달된 왕명을 수교라 했으며 법조화된 것을 조례·조획·조령이라 하였다. 조선 초기에 정도전은 《조선경국전》 《경제문감》을 편찬하여 왕조의 통치규범을 마련하였다. 세조 때부터 법전 집대성 작업이 시작되어 《경국대전》이 간행되었음. 이는 조선의 국가조직과 사회·경제활동에 대한 기본법전이었으나 그 내용은 시대의 흐름에 따라 개정되어 성종 때 《대전속록》이, 중종 때 《대전후속록》이, 숙종 때 《수교집록》이 편찬되었으며, 영조 때에는 이들 법전을 정리하여 《속대전》으로 간행하였다, 그 후 정조 때에 《대전통편》, 고종 때에는 대원군에 의해 《대전회통》과 그 조례인 《육전조례》가 편찬되었다. 그 중 《대전회통》은 조선왕조 최후의 통일된 법전임. 이들 법전은 민사·형사의 구분이 명확치 않았기에 행정의 일환으로 운영되었다. 목사·부사·군수·현령·현감과 도의 관찰사는 행정관인 동시에 사법관으로서, 수령은 민사소송과 태형 이하의 형사소송을 직결하였으며, 관찰사는 관내의 사법사무를 통할하며 도형 이하의 형사사건을 직결하고 그 이상의 중죄는 상부의 지시를 받아야 했다. 상급심을 위해서는 형조·의금부·한성부의 3법사가 설치되었는데, 형조는 사법행정의 감독기관인 동시에 수령이 관장하는 일반사건에 대한 상소심으로서의 재심기관이며, 합의제였다. 의금부는 왕족의 범죄·모반죄·	조선은 성리학을 중심으로 한 유교국가이었으나 유교가 종교의 기능을 담당하지는 않았다. 조선초기: 불교·도교·민간 신앙을 국가신앙으로 흡수하기도 하였으나, 성리학이 융성하면서 다른 사상과 종교를 이단으로 규정하고, 유교에서의 조상숭배 사상을 종교적 단계로 끌어올려 제사를 매우 중시하였음. 불교: 배불주의를 내세운 조선은 고려때 폐단이 심한 불교를 교(敎)·선(禪) 양종으로 통합하고, 사찰의 수를 줄이며, 사원의 토지와 노비를 몰수하여 불교의 사원경제를 약화시키고, 도첩제를 실시하여 승려의 수를 제한하였다. 그러나 국가와 왕실의 안녕을 축원하는 종교행사는 그대로 존속시키면서 불교경전을 새로이 간행하고 언해(한문을 한글화하는것-간경도감에서 수행)에 힘썼다. 왕 중에도 태조·세종·세조는 개인적으로 불교를 신봉하였으나 점차 그 세력이 약화되어 민간 부녀자층에 의해서 명맥이 유지되었다. 명종 때에 문정왕후가 그 보호에 힘썼고, 임진왜란 때 휴정·유정 등이 의병운동에 참여하여 호국불교로 인정받기도 하였다. 도교: 조선 초기에 난립된 도관(도교사원)을 정비하여 소격서로 하여금 제천행사를 주관하게 하였다. 유교 사림에 의해 도교 배척운동이 일어나 소격서가 폐지되고 소외되어 갔는데, 왜란을 전후하여 일부 재야 지식층은 도교를 신봉하면서 사대와 문약에 빠진 성리학을 비판하는 입장을 취하기도 하였다. 도교인들은 환인·단군을 한국 도교의 시조로, 김시습을 중조로 각각 내세우면서 일반 서민들에게 큰 영향과 자	조선의 문화예술은 다양했다 건축: 조선 초기에는 궁궐과 성곽·성문건축이 중심을 이루었다. 건물의 크기는 신분에 따라 차등을 두어 불필요한 사치를 막자는 의도가 있었다. 대표적인 것이 숭례문, 창경궁의 홍화문, 개성의 남대문 등이 있다. 16세기에는 서원 건축이 중심을 이루어, 경주의 옥산서원, 안동의 도산서원이 있고, 17세기의 건축으로는 화엄사의 각황전, 법주사의 팔상전이 유명하며 18세기에는 수원성곽이 대표적이다. 정약용이 설계한 수원성곽은 중화기를 배치하여 적을 공격할 수 있도록 하면서 한국의 전통양식을 살린 특색 있는 작품이다. 흥선대원군에 의해 중건된 경복궁 근정전과 경회루는 19세기의 건축을 대표하는 걸작이며, 구한말에는 서유럽 양식의 독립문과 덕수궁 석조전이 세워져 근대 건축양식이 도입되었다. 공예: 조선의 공예는 백자가 대표적이며, 백자는 청자보다 깨끗하고 담백하여 왕족이나 상류층이 선호하였다. 산지로는 경기 광주의 분원이 유명함. 음악: 조선은 음악을 중요시하여 아악서 와 전악서를 설치했다. 세종 때 박연 등의 음악가들이 악기를 만들거나 개량하고, 악곡과 악보를 새로 정리하여 궁중음악의 기초를 확립, 아악(雅樂)을 완성하였다. 이 무렵 《악학궤범》을 편찬하고, 그 후 《악장가사 》도 간행되었음. 민간에서는 당악·향악 등의 속악도 발달하였고, 농악무·무당춤·승무 등의 민속무용이 유행하기도 하였다. 한편, 산대놀이라는 가면극과, 인형극인 꼭두각시놀음이 유행하였다. **아악과 속악**

구분	연도	수도	정치		경제
			중앙 및 지방 행정 관제	군사제도	조세 및 토지제도
조선	1392~1876	한성	지방에는 8도를 고쳐 13도를 설치하였다. 곧이어 궁내부를 독립시키고, 의정부를 내각으로 고쳐 내부·외부·탁지부·군부·법부·학부·농상공부의 7부를 직속시켜 내각의 장관을 총리대신이라 하고 각부의 장관을 대신이라 하였다. 그 밖에 감찰업무를 맡은 도찰원, 자문기관인 중추원, 회계를 맡은 회계심사원, 경찰업무를 맡은 경무청, 최고재판소인 의금사, 서울의 행정을 맡은 한성부 등이 설치되었다. 개화기 정치제도의 특징은 행정과 사법의 분리에 있었다. 지방행정조직은 8도(경기·충청·경상·전라·황해·강원·함길·평안) 도 밑에 부·목·군·현을 두었고, 도에는 관찰사가, 대도시(경주·전주·개성·함흥·평양·의주 등)는 부윤, 여주 등 20개 목에는 목사, 군에는 군수, 현의 현령 등을 수령(이들을 목민관)이라 하였다. 군·현 밑에는 면·이를 두었고 임기는 관찰사가 360일, 수령이 1,800일로 제한하였다. 경재소라하여 지방양반 중 유력자를 서울에 파견하여 사무적인 연락을 취하도록 하였고, 군·현에는 그 지방 양반들로 조직된 향청(고려 말의 유향소의 후신)이 있어 수령을 보좌했으며 향리를 규찰하는 임무를 맡았음. 지방도 중앙과 같이 6조를 모방한 이·호·예·병·형·공이 있어서 토착 향리들이 맡아 했으나 일정한 급료가 없어 부조리가 있었다.	제승방략체제: 하나의 거점을 정한 뒤 병사들을 소집하고 중앙에서 보낸 장수의 명령에 따라 전투를 실시하는 체제. (이 체제는 후방지역에 군사가 없어 일차방어선이 무너지면 그 뒤를 막을 방도가 없었으므로 임진왜란 초기 패전의 한 원인이 되었다) 조선의 군역은 양인개병과 병농일치 원칙으로 16세 이상 60세의 양인(장정)들은 현역군인인 정병이 되거나 군인의 비용을 충당하는 보인이 되어야 했고, 노비는 군역의 의무가 없었으나 필요에 따라 특수군으로 편제되는 경우도 있었다. 임진왜란후 이후 군사조직의 무력함이 드러나자 5군영으로 개편되었다. 즉, 선조 때에 훈련도감을 설치하여 총을 쏘는 포수, 활을 쏘는 사수, 창·칼을 쓰는 살수의 3수병(三手兵)으로 편제되었고, 이들은 모병제에 의한 직업군인으로서 중앙의 핵심군영이었다. 인조 때는 이괄의 난을 계기로 어영청, 경기 일대의 방위를 위하여 총융청, 남한산성의 수비를 위하여 수어청, 그리고 숙종 때에 수도방어를 위해 금위영이 설치됨으로써 5군영으로 정비되었다. 지방군에서도 조선 후기에는 속오군 체제를 취하여 위로는 양반으로부터 아래로는 노비에 이르기까지 모두 속오군으로 편제하고 유사시에 대처하게 하였다. 조선의 군제는 흥선대원군에 의해 3군부의 기능이 부활되기도 하였으나, 곧 5군영으로 복구되고 다시 1881년 무위영·장어영의 2영으로 개편되고 아울러 신식군대인 별기군을 창설하여 근대적 군사훈련을 시키기도 하였다. 이어서 을미개혁 때 중앙에는 친위대를, 지방에는 진위대를 두었으나, 1907년 일제의 강요로 해산되었고, 구한국군의 대부분은 지방에 흩어져 항일의병으로 활약하였다.	전세 외에 대동세, 결작, 삼수미와 부과세까지 합하여 토지에 부과되는 항목이 40여개 달함 결가(1결당 수취총액을 화폐로 환산)를 이용하여 세금징수하므로서 관리들의 부패 심했다. 도결(개별 부담자에게 직접 고지, 수취하는 것)을 이용하여 결가를 높이 책정하므로서 농민항쟁의 중요한 원인이 되었다. ② 군정의 문란: 양인농민을 대상으로 한 군포징수 행정 신분상승으로 군역이 면제되는 양반이 증가하고 군역부담자인 양인농민의 감소로 1인이 2인 이상의 세를 부담시켰다. 백골징포, 황구첨정, 인징, 족징이 성행하였다 ③ 환곡의 문란: 삼정 중 가장 심각 백징의 문란: 관리들의 붓만으로 분배한 양에 따라 이자곡을 징수 임진왜란으로 토지가 황폐하고 토지대장이 소실되어 왜란 전의 토지결수에 비해 왜란 후에는 1/3로 감소되었다. 전세제도가 인조 때 영정법으로 개편되어 세율이 1결마다 4두로 경감되자 전세수입을 메우기 위하여 여러 가지 부가세가 징수되었다. 그래서 조선 후기에는 부가세 등을 합치면 수확고의 반 이상을 징수하였고, 또한 일부 관리들은 황폐한 땅에도 세를 징수(이를 백지징세라고 함)하거나, 또 사적으로 횡령한 공금을 보충하기 위하여 도결이라 하여 정액 이상의 세금을 종종 징수하여 민란의 빌미를 제공하였다. 조선의 토지제도는 과전법(科田法)을 토대로 관료들은 등급에 따라 일정한 토지를 국가로부터 지급받았으며, 퇴직자들도 별도로 정해진 바에 따라 토지를 받았다. 그러나 이들 토지를 실제로 경작한 사람들은 농민들이었고, 관료들은 토지를 경작하는 농민들로부터 경작의 대가로 조(租)를 거두어 생활하였으며, 국가는 다만 관료가 농민들의 경작권을 마음대로 빼앗지 못하게 보호하였다. 이러한 과전은 1대에 한하는 것이 원칙이었으나, 공신전(功臣

사회				문화
교육/과거제도	경제/사회제도	법률	종교	예술
과가 있는데 초시·복시에 모두 합격하면 과에 따라서 생원 또는 진사라고 불렸다. 생원·진사과는 소과라 하여 15세 이상인 자가 응시할 수 있었고, 합격하면 성균관 입학자격을 주고 하급관리로 채용하고. 고급 관리가 되기 위해서는 대과에 응시해야 했다. 대과에는 성균관 출신과 소과 합격생이 응시할 수 있었고. 시험은 3단계로 나누어 실시하였는데, 초시(初試): 한성시(서울에서 실시) 관시(성균관에서 실시) 향시(각 도별로 지방에서 실시)와 복시(覆試, 초시 합격자를 대상으로 보는 2차시험), 어전시(복시 합격자를 대상으로 궁정에서 실시하는 3차시험)가 있었다. 시험 시기는 일반적으로 식년시(式年試)라 하여 3년에 한 번(자, 묘, 오, 유 - 복시를 기준으로 하고, 초시는 그 전년도에 실시)씩 실시하였다. 그러나 세월이 가면서 증광시, 알성시, 별시 등 점차 임시 시험을 보는 경우가 많아졌다. 오늘날의 국가고시인 고등고시도 과거제의 영향을 받았음. 기술관 채용을 위한 잡과에는 역과·의과·음양과·율과의 4과가 있는데, 양반의 서자나, 중인계급에서 응시하였다. 이와 같은 교육제도와 과거제도는 갑오개혁을 전후하여 크게 바뀌었다. 조정에서는 개화운동의 일환으로 1886년 최초의 근대학교인 육영공원을 설립하여 신식교육을 실시하고, 1895년 '교육입국조서'를 발표하여 소학교·중학교·사범학교·외국어학교·의학교 등을 세워 관립학교제도를 확립하였다. 이와 더불어 폐단이 많았던 과거제를 폐지하고 새로운 관리임용법을 채용하여 종	며, 특별한 경우에는 12세도 허가되었음. 남존여비 사상으로 남자는 재혼이 가능했지만, 여자는 재가를 원칙적으로 금하였으며 재가한 여자의 자손은 문무관(文武官)에 임명되지 못하였고, 과거에 응시할 수도 없었다. 일부다처를 공인하면서도 첩의 소생을 차별대우하게 된 것은 태종 때에 만들어진 서얼금고법에서 시작되었다. 제사는 고려 때 불교적 의식이 유행하였으나 고려 말기의 주자학의 전래와 함께 관혼상제는 주자의 가례가 기준이 되었다. 의: 문익점도움으로 무명옷이 퍼졌고 염색이 발달하지 못해 상민들은 흰 옷을 입었고, 양반들은 염색이 된 명주(비단) 옷을입었음.구한말에는 실용과 위생성을 위해 소매가 좁아지고 단발령이 내려진 이후 에는 수입 기성복이 들어왔다. 식: 식량 사정에 따라 2월부테 8월까지는 하루에 세끼를 먹고 9월부터 1월까지는 하루에 두끼를 먹는 경우가 일반적이었다. 반찬의 수에 따라 3첩, 5첩, 7첩, 12첩반상으로 나누어 졌다. 빈대떡은 '빈자의 떡'이라고 불리움. 주: 서민들은 볏짚을 이용한 '초가집'에 살았으며 양반들은 주로 점토로 빚은 '기와' 집에 살고, 집은 안채, 사랑채, 행랑채로 나뉘어 안채에는 여자들이, 사랑채에는 남자들이, 행랑채에는 하인들이 살았다.	관기문란죄 등을 처결하는 특별 형사재판기관이었고, 왕명에 의해서만 재판을 열었다. 한성부는 서울의 사법기관이지만, 조선 후기에는 전국의 토지·가옥에 관한 소송도 맡았다. 조선왕조의 형벌은 고려와 마찬가지로 태·장·도·유·사의 5형이 시행되었다. 형법제도도 갑오개혁 때에 개정되어 죄인의 연좌제가 폐지되고 고문을 금지했으며, 사법관 이외의 관리가 마음대로 구속하지 못하게 하였다. 조선은 법고창신의 정신에 따라 역사편찬 사업에 국가적인 노력을 기울였음.역대 왕들의 실록을 예문관의 사관이 국왕 옆에서 기록한 사초와 각 관청의 문서들을 종합하여 춘추관의 실록청에서 편찬하였음. ≪국조보감≫은 태조부터 철종까지 22대 국왕의 기록으로 모두 90권 28책의 활자본. 권근 등은 단군에서 삼국시대까지 정리한 ≪동국사략≫을 편찬. 권제(권근의 아들)는 단군에서 고려 말까지의 역사를 노래 형식으로 쓴 <동국세년가> 편찬. 신숙주·노사신 등이≪삼국사절요≫완성함. 서거정등 관료들이 ≪삼국사절요≫와 ≪고려사절요≫를 기초로 하여 ≪동국통감≫을 편찬하였으나 왕이 젊은 사림 관료들을 참여시켜 개편한 다음 ≪동국통감≫을 완성하였다. 조선 중기에는 박상의≪동국사략≫은 ≪동국통감≫을 압축하고, ≪동국통감≫에서 비판되었던 인물을 긍정적으로 재평가하였고, 유희령의≪표제음주동국사략≫은 단군조선을 다루고, 삼한의 위치를 새로 비교하였으며 고구려를 삼국의 첫머리에 서술하여 고대국가를 재평가하였음. 이이는 ≪기자실기≫를 써	극을 주었다. 도교와 관련된 예언사상은 정감록, 토정비결 등으로 민간에서 널리 유행됨. 무격신앙: 무격신앙은 유교로 인해 크게 위축되었으나, 그 민족자각적인 측면과 의술적인 측면은 국가의 보호를 받았다. 황해도 구월산에는 이른바 삼신(三神, 환인·환웅·단군)을 제사하는 삼성사가 전부터 있었는데, 조선 초기에는 삼성사에 대한 제사를 국가에서 주관하였다. 무당에 의한 질병치료는 많은 폐단을 일으켰으나, 무당치료가 지닌 긍정적 요소를 흡수하여 이를 국가의 각종 제사와 질병치료에 부분적으로 원용하였으며, 이들을 국무당이라고 불렀다. 천주교: 18세기 후반에 일부 학자들이 서학에 대한 관심이 많았고 그 중의 일부는 신앙의 차원에서 천주교를 믿기 시작하였다. 이벽·이가환·이승훈 등은 천주교를 신봉한 대표적인 학자들이며 그들은 유교의 근본원리인 충효를 바탕으로 하여 천주교의 구세복음사상을 받아들임으로써 새로운 윤리체계를 수립하려고 노력하는 한편, 중인·상민을 대상으로 포교활동을 전개하여 큰 호응을 얻었다. 그러나 그들은 만민평등을 주장하여 양반 중심의 신분질서에도 위협을 주게 되어, 마침내 조정에서는 사교로 규정하여 금령을 내리고, 신유박해, 기해박해, 병오박해, 병인박해 등 네 차례의 큰 박해를 가하였다. 그럼에도 불구하고 교세는 갈수록 번성하여, 1831년에는 선교구가 독립되었고, 1845년에는 한국 최초로 김대건이 신부가 되었음. 동학: 조선 후기 세도정치(국왕의 위임을 받아 정권을 잡은 특정인과 그 추종세력	아악: 고려·조선 때 궁중의식에서 연주된 전통음악으로 좁은 뜻으로는 문묘제례악만을 가리키고, 넓은 뜻으로는 궁중 밖의 민속악에 대하여 궁중 안의 의식에 쓰던 당악·향악·아악 등을 총칭하는 말. 아악은 정아(正雅)한 음악'이란 뜻으로 주나라 때부터 궁중의 제사음악이 송나라 때 ≪대성아악≫으로 편곡 반포된 것에서 부터 유래됨. 현재는 공자에게 지내는 제사때만 사용하고 <문묘제례악>이 현존하는 유일한 아악임. 속악: 우리 나라 전통 음악을 중국 아악과 비교하여 이르는 말. 세간의 통속적인 음악. 판소리, 잡가, 민요 등이 있음. 미술: 조선초기에는 초상화나 의전관련 그림이 주도적이되어서 국가가 화가를 도화서에 소속시켜 그림에 종사하게 했음. 안견이 안평대군의 꿈을 그렸다는 <몽유도원도(夢遊桃源圖)>는 최고의 걸작으로 꼽히고,노비 출신의 이상좌의 <송하보월도(松下步月圖)>가 유명하다. 초기 그림은 선비들의 고상한 생활철학을 그림에 반영시키고 있으며, 필치가 힘차고 구성이 간결한 특징을 보인다. 조선 중기에는 안견류의 화풍을 계승한 이계호는 선비 화가로서 포도 그림, 이정은 대나무 그림, 어몽룡은 매화를 잘 그려, 세상사람은 이세 사람을 '삼절(三絕)'이라고 불렸음. 조선 후기는 새롭게 변화해 가는 추세가 나타났다. 이징은 자유분방하고 대담한 필치로 달마와 같은 선승과 신선을 주로 그렸다. 정선이 진경산수의 대가로 금강산을 비롯하여 한양 주변의 수려한 경관을 그렸고, 김홍도는 현감 출신으로 정조의 사랑을 받는 궁정 화가로서 정조의 화성 행차와 관

<table>
<tr><td rowspan="2">구분</td><td rowspan="2">연도</td><td rowspan="2">수도</td><td colspan="2">정치</td><td>경제</td></tr>
<tr><td>중앙 및 지방 행정 관제</td><td>군사제도</td><td>조세 및 토지제도</td></tr>
<tr><td>조선</td><td>1392~1876</td><td>한성</td><td></td><td></td><td>田)·휼양전(부모가 죽고 자손이 어린 경우 이들을 보살피기 위해 아버지가 받은 과전을 상속하도록 한 토지) 수신전(남편 받은 토지를 남편이 죽고 재혼하지 않은 부인에게 지급한 토지)등은 자식이나 아내에게 세습되기도 하였음.

세조: 토지 수요가 늘자 과전법을 폐지하고 현직 관료에게만 토지를 지급하는 직전법(職田法)을 실시.

성종: 관수관급제를 실시하여 국가의 토지지배권을 강화했으나 양반들의 사유화는 계속되어 토지의 부족을 가져옴.

명종: 직전법을 폐지하여 관료들에게 녹봉(祿俸)만 지급.
도지법(賭地法) 조선시대 소작제도에서 소작료를 수확량에 관계없이 미리 일정한 소작료를 징수하였던 제도. 지방에 따라 도조법 또는 도작법이라고도 하였다.</td></tr>
</table>

<table>
<tr><td colspan="4" align="center">사회</td><td align="center">문화</td></tr>
<tr><td align="center">교육/과거제도</td><td align="center">경제/사회제도</td><td align="center">법률</td><td align="center">종교</td><td align="center">예술</td></tr>
<tr>
<td>래의 양반·상민이나 문반·무반의 구별을 없앴다.

잡과(역과·율과·의과·음양과) 해당 관청에서 3년마다 선발하였고, 복시는 예조에서 관할하였으며 주로 중인이 응시하였으며, 잡과합격자는 최고 3품까지 승진할 수 있었는데, 문과를 다시 거치면 3품 이상도 승진이 가능했음. 그 외 산학·도교·회화·악학 등의 기술학은 중앙에서만 취재(하급관리 시험)를 통해 선발하였다.

승과: 조선초기에 실시되다가, 중종 때 폐지되었고, 명종때 다시 부활하였다가 다시 폐지되었으며 교종시, 선종시로 나누어 선발하였음.

문과·무과 합격시는 홍패, 잡과합격시는 백패, 승과 합격시는 법계를 주었음.</td>
<td></td>
<td>서 기자를 한국 최초의 성인으로 정립시켜 놓았고. 한백겸의 《동국지리지》는 고대 지명을 새롭게 고증하고, 고구려의 발상지가 평안도 성천이라는 설을 뒤집고 만주지방이라는 것을 처음으로 고증하였다.

의병이었던 오운은 《동사찬요》로 애국 명장의 활약과 애국심을 고취함

이수광의 《지봉유설》에서는 중국을 사실 이상으로 대국으로 보지 말고 한국 역사의 유구성과 문화 수준이 중국과 대등하다는 것과 한사군이 조선 땅의 일부라는 것, 그리고 한반도에 붙여온 고대의 여러 지명이 사실은 만주에 있었다는 것을 새롭게 고증하고, 유럽을 포함한 세계 50여 국의 지리·풍속·물산 등을 소개함.

조정의 《동사보유》는 그동안 무시되었던 《삼국유사》의 신화·전설들을 수록하였다.

병자호란 후 북벌 운동을 고취하고자 유계가 쓴 《여사제강》

홍만종의 《동국역대총목》은 단군을 정통국가의 시발로 하여 기자-마한-통일신라로 이어진다고 보고, 삼국은 정통이 없는 시대로 간주하였다.

안정복의 《동사강목》은 지금까지의 명분론에 입각한 역사의식과 실증적 역사연구를 집대성하였다. 신경준의 《강계고》는 역사지리 전문서이고 이긍익의 《연려실기술》은 400여 종의 야사를 참고하여 한국 역대의 문화를 백과사전식으로 정리했다.</td>
<td>에 의해 이루어지는 조선의 정치형태) 아래서 사회가 동요되고 민심이 불안해 가고 있을 때, 최제우가 동학을 창시하여, 서민에 대한 지도력을 상실하고 있던 성리학과 불교를 배척하는 동시에 천주교도 배척하였음.

동학은 그 후 최시형에 의해 교리가 정리되어 동경대전(東經大全)과 용담유사(龍潭遺詞)로 전해졌고, 포·접 등의 교단조직이 강화되면서 삼남(충청, 전라 경상)을 중심으로 교세가 확장되었다. 동학의 교세가 확대되자, 억울하게 처형된 교조(教祖)에 대한 신원과, 포교의 자유를 추구하면서 집단적 시위운동을 전개하였는데, 그 양상이 종교운동에서 사회운동으로 전환되어 갔음.

1894년 전라도 고부민란을 계기로, 안으로는 유교적 전통사회를 부정하고 개혁정치를 요구하였으며, 밖으로는 외국의 침략을 배격하며 반봉건·반민족운동을 일으켰음. 그러나 일본군과 관군의 개입으로 동학의 교세는 크게 꺾였으나 손병희에 의해 명맥만 유지되다가, 1905년 동학교도인 이용구가 일진회를 조직하여 매국활동에 앞장서자, 손병희는 이용구와 손을 끊고 천도교를 일으켜, 이로부터 동학은 천도교라는 이름으로 정통성을 유지하였음.</td>
<td>련된 병풍, 행렬도, 의궤 등 궁중 풍속도를 많이 그렸으며, 밭갈이·추수·대장간·씨름·풍악놀이·혼인풍속 등 농촌서민들의 생활상도 낙천적이고 익살스럽게 묘사하였다.

신윤복은 김홍도와 대조적으로 주로 도시인의 풍류 생활과 부녀자의 풍속을 감각적이고 해학적으로 그렸다. 강세황은 시·서·화의 삼절로 유명한데, 그는 서양 수채화의 기법을 동양화와 접목시켜 새로운 산수화풍을 성립시켰다.

1820년대에 100여 명의 화가들이 창덕궁과 창경궁의 전모를 그려낸 《동궐도》는 가장 뛰어난 작품으로 국보로 지정되어 있다. 이 그림은 서양화의 기법으로 마치 비행기에서 비스듬히 내려다보는 듯한 부감법과 평행사선 구도의 기법을 사용한 것이 특징이다. 이 외에도 《경기감영도》,《서궐도》는 파괴된 옛 궁궐을 복원하는 데 기본적인 참고자료가 되고 있다.

문인화가로 신위는 대나무를, 김정희는 난초 그림(묵란)으로 이름이 높았고, 《세한도》라는 걸작을 남겼다. 김정희는 또 '추사체'로 불리는 서법을 만들었다. 김정희보다 앞서 이광사는 서예에 일가를 이루었는데, 일반 대중에게는 김정희보다 더 큰 영향을 주기도 하였다.</td>
</tr>
</table>

구분	연도	수도	정치		경제
			중앙 및 지방 행정 관제	군사제도	조세 및 토지제도
조선 (강화도 조약 이후)	1876년~ 1897. 10. 11	한성	조선 후기 군국기밀과 일반 정치를 총관하던 통리기무아문이 설치되었고 대원군이 재집정하면서 통리기무아문은 폐지되고 그 기능은 삼군부로 이관되었다. 대원군이 실각 후 기무처가 되었다가 갑오개혁 때는 외무아문이라는 부서만이 남게 되었다. 동학혁명시 교정청이 생기고, 친일정부가 들어서자 내정개혁을 추진하기 위해 군국기무처를 설치함. 통리기무아문은 교정청과 함께 공존했고 국군기무처는 교정청의 바로 뒤에 들어선 기관임. 갑오개혁이후 1차 김홍집내각이 군국기무처라는 임시합의기관을 설치하여, 중앙관제를 의정부와 궁내부로 구별하고 종래의 6조(六曹)를 8아문(八衙門)으로 개편하고 국왕의 인사권·재정권·군사권 등을 박탈 및 축소하고, 과거제폐지, 일본식 관료제도를 도입하였다. 제2차개혁시 의정부를 내각이라 고치고 7부를 두었으며, 지방행정구역은 8도를 23부 337군으로 개편하고 지방관으로부터 사법권과 군사권을 박탈하여 지방행정체제를 중앙에 예속시키는 근대관료체제를 갖추었다. 1896년 아관파천 이후 보수파에 의하여 추진된 광무개혁은 23부(府)가 13도(道)로, 내각이 의정부로 환원되므로서, 복고주의적 경향으로 오히려 왕권이 강화되어 1899년 <대한국제(大韓國制)>가 만들어짐.	조선후기 1881년 별기군이 창설되어 양반자제를 선발하여 일본식 군사훈련을 받게 하였다. 별기군 군인을 우대를 하고, 구식 군인들은 홀대를 하게 되자 불만을 품은 구식 군인들이 난동을 일으켜서 임오군란이 발생한 계기가 되었다.	재정위기를 보완하고 문란해진 통화정책을 정비할 목적에서 독립된 상설 조폐기관인 전환국을 설치하였다. 일본에서의 밀수입 등으로 국내의 통화량이 급증하고 화폐가치가 폭락하며 물가가 폭등하는 등 국가경제가 어려워졌으나 조선사회에 근대적 화폐제도를 도입 하는데 선구적 역할을 하였음. 1889년 방곡령이 실시되어 곡물이 타지방이나 외국으로 반출되는 것을 막기 위한 경제정책. 가뭄이나 수해, 민란이나 병란으로 인해 농작물 생산량이 줄어들어 곡식의 가격이 오르는 것을 방지하기 위해 함경도 관찰사 조병식이 한일통상장정 제37관을 근거로 콩의 유출을 1년간 금지시켰다. 간혹 장시의 곡물 가격이 외국 상인이 사들이는 가격보다 너무 싸서 장시에 곡물이 풀리지 않을 때에 방곡령이 시행되기도 하였다. 조선 말기에 방곡령은 십여 회에 걸쳐 시행되었다.

사회				문화
교육/과거제도	경제/사회제도	법률	종교	예술
서양제도와 문물을 받아들이기 위한 영어 교습을 목적으로 설립한 최초의 근대적 관립학교인 육영공원이 설립되었다. 그 외에 배재학당(1885년), 경신학교(18 85년), 이화학당(1886년)이 설립되어근대 교육을 실시하였다.	강화도조약 이후 조선 정부는 해외 선진 문화 받아들여 근대화해야 한다는 개화파와 조선의 전통과 문화를 해치는 것이라 하여 개화를 반대하는 수구파로 나뉘게 되었으나 일본과 중국으로부터 선진문물을 적극적으로 받아들였다. 일본에는 수신사 및 신사유람단을 파견하여 일본의 발전된 문물을 살펴보게 하고, 청나라에는 영선사를 파견하였다.	갑오개혁 이후 사법제도는 행정기구에서 분리시켜 재판소를 설치하고 2심제를 채택하였다. 1심재판소로서 지방재판소와 개항장 재판소를, 2심재판소로는 고등재판소와 순회재판소를 설치하였고 왕족에 대한 형사재판을 위해서 특별법원을 두었다. 서울에 치안담당을 위해 경무청을 두고 지방은 각도관찰사 아래 경무관을 배치하여 행정과 경찰권을 구분하였다. 홍범14조는 2차갑오개혁 후 고종이 선포한 정치혁신의 기본강령으로 자주독립의 뜻을 담은 우리나라 최초의 헌법이다. 홍범14조를 통해 청나라에 대한 의존적 태도를 버리고 자주독립의 국가체제를 갖추었으나 일본의 한국침략 수단으로 사용되었고 이후 일본의 내정간섭은 더욱 심화되었다.	한국 최초의 감리교회인 정동교회가 미국인 개신교 선교사 헨리 아펜젤러에 의해 창립되어 한국 사회에 많은 영향을 끼쳐왔다. 정동에는 초기 개신교 학교인 배재학당과 이화학당이 설립되어 개화기 신교육의 발상지가 되기도 했다. 1919년에는 이필주목사와 전도사 박동완이 민족대표 33인으로 참여하면서 3·1 운동에 적극적으로 동참했고 3·1 운동에 참여한 유관순도 정동교회 신자였다. 한국 최초의 장로교회인 새문안교회는 1887년에 설립되었다. 새문안교회는 선교사 언더우드가 정동 자택에서 예배를 드리면서 시작되었으며, 1886년 5월에는 교회 내에 경신학교의 전신인 고아학교 언더우드학당을 설립하여 독립운동가이며 민족지도자인 송순명, 안창호, 김규식 등을 배출하였다.	유길준의 서유견문록은 서양의 근대문명을 소개하고 조선의 실정에 맞는 자주적 개화를 주장하였으며, 정부의 역할을 중시한 개혁론을 전개하여 갑오개혁의 이론적 배경을 제시하였음. 이 시기에 독립신문이 창간되고 한국 최초의 근대적인 사회정치단체인 독립협회도 설립되었다.

구분	연도	수도	정치		경제
			중앙 및 지방 행정 관제	군사제도	조세 및 토지제도
대한제국	1897. 10. 12~ 1910. 8. 28	한성	대한제국의 집권 수구파 정부는 옛 제도를 근본으로 하고 새로운 제도를 참작한다는 구본신참(舊本新參)의 방침아래, 갑오개혁, 을미개혁의 급진성에 대해서 비판하며 점진적인 개혁을 추구하여 법률, 칙령의 개정안을 마련하기 위한 황제 직속의 특별입법기구인 교전소를 설치하였다. 1899년 오늘날의 헌법과도 같은 ≪대한국 국제≫(大韓國國制)를 반포하여 황권의 절대성을 명시하였다. 이어서 광무황제는 국정의 주요 권한을 황제에게 집중시킴으로써 전제군주제 강화를 추구하였고, 갑오개혁 때 23부로 개편한 행정을 13도로 다시 개편하였다.	대한제국은 1893년 최초의 해군사관학교인 통제영학당을 강화도에 설립하였고 영국 해군 대위 코렐이 가르쳤다. 1894년 갑오개혁 때 한국의 신식 군대가 편제되었고 칙령 제10호가 반포되면서 군대 계급을 장교와 하사관, 병졸로 나누고 장교는 대위, 부위, 참위로 영관급은 정령, 부령, 참령으로, 그리고 대장, 부장, 참장의 장관급으로 다시 구분하였다. 하사관은 참교, 부교, 정교의 3등급, 병졸은 이등병, 일등병, 상등병의 3등급으로 나누었고 그 외에도 무관생도가 있었다. 고종은 1899년 원수부를 설치하고 원수와 대원수의 계급을 두었으며 원수부는 대한제국의 최고 군령기관으로 대원수인 고종이 군사적 실권을 갖고 자주적 개혁을 추진하고자 했다. 1895년 4월 서양식 군복이 처음 도입되었으며, 1899년 6월 22일 고종은 서양식으로 만든 대원수 군복을 평상복으로 입었다. 검은색 군복의 오얏꽃(자두꽃) 문양 단추는 대한제국 군복의 복제이며, 대한제국 시대의 황제 조칙을 통해 옷깃의 별 5개는 대원수 군복에 부착하였다. 고종은 1903년 일본으로부터 한국 최초의 근대식 군함인 양무호를 구입하였다. 양무호는 길이 105m, 무게 3천톤, 총 배수량이 3,432톤에 달하는 거대한 함선이었다. 1904년에는 근대식 전함인 광제호를 구입했다. 광제호는 총 배수량 1, 056톤으로 3인치 대포 3문을 3개 장착하고 태극기를 게양하며 운항했다.	주요 토지 정책 사업으로 토지를 측량하는 양전사업과 토지소유자에게 증서를 발급하는 지계사업이 있었다. 1898~1904년 추진된 이 사업은 봉건적인 지주권한을 강화했을 뿐, 농민들의 요구사항과는 무관한 것이었다. 이는 종래의 토지측량조사이외에 근대적인 토지소유권을 만들었다는 점에서 큰 의의가 있었다. 또 토지 매매나 증여시 관청의 허가를 받도록 함으로써 당시 외국인의 토지 침탈을 저지하고 경작자가 누려온 권리를 보호하였다. 이 사업은 일본의 러일전쟁 도발과 조선보호국화 정책에 밀려 중단되었다. 근대적인 토지조사는 1912년 이후 조선총독부에 의해 '조선토지조사사업'으로 시행되었다.

<table>
<tr><th colspan="4">사회</th><th>문화</th></tr>
<tr><th>교육/과거제도</th><th>경제/사회제도</th><th>법률</th><th>종교</th><th>예술</th></tr>
<tr>
<td>대한제국이 선포되기 전까지 교육개혁의 성과가 나타나지 않자, 고종은 1899년 교육개혁에 관한 조서를 발표하였다. 이 조서를 계기로 「중학교관제」, 「외국어학교규칙」 등이 공포되었다.

일본의 영향력이 강화되면서 많은 학교령이 공포되었다.

갑오개혁기의 교육법령이 주로 초등교육을 중심으로 계획되면서, 소학교와 사범학교 관계 법령이 주를 이루었던 것에 비하여, 대한제국기에는 중등교육, 실업교육, 외국어교육 등 상위단계의 학교관계 법령이 추가되었다.

그러나 교육의 방향은 실용주의라는 명분하에 교육 수준을 저하시키었고, 일본의 정치적 영향력이 커지면서 민족교육 강화라는 현실적인 목적이 부각되면서 교육정책에도 민족운동을 억압하는 의도가 반영되는 모습이 나타났다.

사립학교령은, 사립학교의 민족교육을 억제하고, 이후 대한제국기의 교육법령, 특히 1905년 이후의 법령들은 일제식민지기의 교육정책에 기본 바탕을 제공하였고, 점점 식민교육을 강화하였다.</td>
<td>대한제국은 광무개혁을 실시하여 상공업 진흥책들로 대한천일은행, 한성은행 등의 은행들이 설립하였다.

경제, 교육 등 근대화와 국력 증강 정책을 추진했으나 보수적 성향, 그리고 개혁의 미미한 성과와 열강세력들의 간섭으로 큰 성과를 거두지는 못하였다.

국권 수호 운동으로 일본의 침략을 규탄, 을사늑약의 폐기를 주장하며, 민영환은 자결로써 항거하였으며, 조병세 등은 조약의 폐기를 요구하는 상소 운동을 벌였다.

장지연은 주필로 있던 황성신문에 논설인 <시일야방성대곡>을 실어 일본과 을사오적을 규탄하였다.

독립 협회가 해체된 뒤 헌정연구회같은 개화 자강 계열의 단체들이 설립되어 친일단체인 일진회에 대립, 대항하면서 민족 운동 전개하였다.

초기에는 일본의 황무지 개간권 요구를 좌절시킨 보안회와 입헌 군주제 수립을 목적으로 설립된 헌정연구회의 활동이 두드러졌다.

대한 자강회와 대한 협회, 신민회 등 지식인들이 국권회복을 위한 애국 계몽 운동을 전개하였으며 1907년 대구에서 김광제, 서상돈 등이 제안한 국채보상운동이 시작 했으나 일본제국 통감부의 방해와 탄압으로 실패 실패하였다.</td>
<td>대한국국제 반포는 한국 최초의 근대적 헌법으로 대한제국이 수립된 이후 황권을 강화하고 통치권을 집중하기위해, 법규교정소 총재 윤용선 등이 전문 9조의 국제를 기초하여 황제의 재가를 받아 확정 하였다.

이에 따르면, 황제는 무한 불가침의 군권을 향유하여 입법·사법·행정·선전(宣戰)·강화·계엄·해엄에 관한 권한을 가지는 것으로 규정하고 있다.</td>
<td>1901년 강일순은 전라도 정읍에서 증산교를 창시하여 신과 인간은 서로 다른 존재가 아님을 주장하였다.

1909년에는 나철이 민족 시조인 단군을 받드는 대종교를 창시하였다.

일본이 대종교를 종교단체로 위장한 독립운동 단체로 규정하여 탄압이 심해지자 만주 화룡현 청파호로 총본사를 옮기고 서일, 박찬익 등과 함께 민족교육과 독립운동가를 양성하였다.</td>
<td>1898년 미국인 이스트 하우스가 남대문에서 프랑스 파테사의 단편영화 '가스등'을 최초로 상영하였다.</td>
</tr>
</table>

구분	연도	수도	정치		경제
			중앙 및 지방 행정 관제	군사제도	조세 및 토지제도
일제 강점기	1910. 8. 29~ 1945. 8. 14	경성	일제는 조선총독부를 설립하여 한반도를 총괄하였다. 중앙행정 조직은 관방 및 총무·내무·탁지·농상공·사법부의 5부로 구성하고, 그 밑에 9국을 설치하였다. 기능별 관서로서 취조국·경무총감부·재판소·감옥·철도국·통신국·전매국·임시토지조사국 등이 있었다. 지방은 경기, 충청남·북, 전라남·북, 경상남·북, 강원, 황해, 함경남·북, 평안남·북의 13도로 나누고, 도 밑에는 부·군·면을 두었다. 일제는 한국민의 저항을 막기 위해 헌병경찰정치로 무단탄압정책을 강행하였고 3·1운동을 계기로 헌병경찰은 보통경찰체로 바뀌고 문화정치로 전환하였다. 전국의 경찰은 중앙의 경무국, 지방의 경무부를 중심으로 경찰서 254개소, 주재소 2,332개소, 파출소 242개소가 되었다. 총독부의 중앙부서는 문화정치 이후 내무·재무·식산·법무·학무·경무의 6국으로 개편하였고, 총독관방도 서무·토목·철도의 3부로 개편하였다. 지방제도에서도 도장관을 지사로 개칭하고, 민선으로 구성되는 도평의회 및 부·면협의회 등 자문기관을 두었다. 한국인의 관리임용 범위를 넓히고 대우를 개선하였으며, 언론·집회·출판에 대한 종래의 탄압정책을 완화하는 등 회유책을 썼으나, 음성적인 탄압은 더욱 강화되었다. 1918년 7월에는 경복궁 구내에 총독부청사가 착공되어 1926년 10월에 낙성되었다. 만주사변 이후, 일제는 한반도를 대륙진출의 전진기지로 삼아 총독정치를 강화하고, 중일전쟁 등이 확대됨에 따라 1938년에는 한국인에게 지원병제도를 실시하였다. 조선총독부는 1945년 8월 15일 일본의 항복과 더불어 해체되었다.	일제 강점기에는 나남(함경북도 청진)과 용산에 2개 육군사단이 주둔하고, 진해와 영흥만에 해군사령부가 설치되었다. 경찰제도의 실시와 함께 헌병대가 전국적으로 배치되어, 일반 사법 경찰 업무까지 취급함과 동시에 지방법원 중 검사가 배치되지 않은 곳에서는 헌병경찰이 검사 사무를 취급하였다. 또한 범죄 즉결례(제령 10호, 1910. 12.)와 조선태형령(제령 13호, 1912. 3.)의 제정을 통해 한국민을 위협하기도 하였다.	일제는 토지약탈과 식민지착취를 위해 '토지조사사업(1910~1918년)'을 실시하였다. 토지소유권을 재조사하고 토지가격과 지형을 조사한다고 하면서 당시의 국토면적 약 2225만 여정보의 약 62%를 신고하지 않거나 신고에 필요한 증빙서류를 갖추지 못한 토지는 조선총독부 소유로 약탈하였다. 그리고 토지조사사업을 통하여 농민의 권리인 관습상의 경작권, 도지권, 개간권, 입회권 등을 없애기도 하였다.

사회				문화
교육/과거제도	경제/사회제도	법률	종교	예술
일제의 교육목표는 한국민을 식민지 국민으로 만들기 위해 1911년 8월 <조선교육령>을 공포하였다. 그 기본내용은 조선인은 일본제국에 충실한 국민으로 육성하고, 일본어를 보급하며, 조선에는 대학을 설치하지 말며 필요시 실업기능교육만 시킨다는 것이었다. 일제는 공립·사립학교의 교과과정을 총독부의 지시에 따르도록 하고, 일본역사를 학습시켜 일본숭배사상을 강요하고, 한국사를 왜곡하여 한국이 일본의 지배를 받는 것은 필연적이라는 의식을 주입시켰다. 또한, 자부심과 독립심, 단결성이 강한 한국민족을 사대성과 당파성이 강한 결점을 가지고 있다는 패배의식을 주입시켰다. 초기에 국사와 우리말의 강의를 허용하다가 중일전쟁 무렵부터 민족문화 말살정책의 일환으로 국사와 우리말 강의를 철폐하고 학교 이름을 일본식으로 고치고, 일본어 사용을 강요하는 등 황국신민화(皇國臣民化)운동을 추진하였다. 1941년 4월에는 소학교를 국민학교(황국신민학교의 준말임)라 개칭하고, 1943년에는 교육체제를 전쟁수행목적에 맞도록 국민학교는 의무교육제로 하고, 중학교는 일본에 준해서 조치하고, 대학의 문과 정원을 최소한으로 하고 이공과는 증원하였으며, 문과계통의 여자 전문학교는 여자 실무자 양성을 위하여 교육하도록 개정되었음.	일제강점기에 회사령(1910.12.)은 회사설립을 허가제로 규정하여, 한국인의 토지나 상업자본이 산업자본으로 전환하는 것을 방해하였다. 또 일본기업의 한국진출을 막음으로써, 일본을 공업지대로 한국을 농업지대로 하는 식민지 분업체제를 구축하였으며, 조선광업령(1915.12.)으로 인해 전국의 광산이 일본인 소유로 바뀌어 갔다.	일제강점기의 법은 침략을 위한 법으로 회사령: 경제활동을 제한하기 위해 조선총독부가 공포하여 조선에서 회사를 설립할 경우에 조선총독부의 허가를 받도록 규정. 토지조사령: 거주를 토지와 결부시켜 식민통치 기반을 구축하며, 모든 자원과 세금 파악을 하는 수탈경제의 기반을 마련할 목적이 있었다. 치안유지법: 공산주의 금지의 목적 외에도 사회주의나 노동운동 역시 경계의 대상으로 하여 독립 운동가를 탄압하였다. 국가총동원법: 중일전쟁을 일으킨 뒤, 한반도내에 인적, 물자 등 수탈하여 전쟁에 동원하여 수행한 전시체제의 법령 의용법으로 구민법: 조선인에게 적용되었던 민사에 관한 사항을 규정한 기본법규. 특별한 규정을 제외하고는 일본의 민법·민법시행법·상법·어음법·수표법·유한회사법·상법시행법·파산법·민사소송법·민사소송수속법·비송사건수속법·민사소송비용법·민사소송용인지법·집달리수수료규칙·경매법 등이 원칙적으로 이 민사령에 의하여 의용(依用)되었다. 구형법: 형사기본법으로, 일본의 형법과 형사 소송법을 비롯한 각종 형벌법이 우리 나라에 시행되었다.	일제의 조선총독부는 불교에 대해서 사찰령과 본말사법으로, 유림에게는 조선총독부령을 적용시키고, 그리스도교에 대해서는 총독부의 시책에 의해서 재단법인법을 적용시키고, 한국민족의 고유 종교단체에 대해서는 포교규칙에 의해서 유사 종교단체로 취급했다. 총독부는 불교·그리스도교를 종교로 인정하고, 성균관에 대해서는 사회교육법을 적용시켜 사회교육기간으로 취급했다. 이런 기준에 따라 종교 활동은 위축되었다. 총독부는 우리 국민에게 신사참배를 강요하기도 하였다.	일본의 민족말살정책에 대항하여 민족문화를 보존하고자 하는 운동이 일어났다. 1921년 조선어연구회가 기관지 《한글》을 간행하고, 《조선어사전》 편찬하였다. 문학부문에서도 창조(1919)·폐허(1920)·백조(1922)·등의 문학지가 창간되었다. 국사연구로는 박은식이 중국에서 한국통사·한국독립운동지혈사를 저술하였다. 신채호는 <독사신론>,<조선사연구초>,<조선상고사> 등을 저술함,정인보는 <조선사연구>를 저술 일제는 조선사수회를 조직하여 식민주의사관에 의거하여서 한국사를 왜곡하고 날조하였다. 한용운, 심훈, 윤동주 등은 민족이 처한 아픔과 독립을 작품에 표현 했다. 본격적인 근대 연극은 토월회, 극예술연구회가 조직되어 활동하면서 시작되었다. 1926년에 만들어진 '아리랑'(나운규가 만듦, 감독은 이경손)은 예술영화로서 우리 고유의 향토적인 정서를 바탕으로 일제 지배하의 망국의 통분과 슬픔을 표현하였다. 왕실의 몰락으로 궁중음악이 침체되고, 제례와 관련된 음악은 이왕직아악부를 통하여 명맥을 유지했다. 최초의 서양식 공연장인 원각사가 개관되고, 1910년대 중반에는 창극, 판소리, 정재, 잡가, 기타 연예로 꾸며진 공연이 각 극장의 상설공연으로 열렸고, 1920년대 후반부터는 남도명창들이 벌이는 명창대회란 이름의 공연이 자주 열렸다. 이 무렵 전통음악의 여러 악곡이 유성기 음반에 취입되었고, 이 음반은 대중적인 인기를 얻으며 보급되었다. 한편 1927년의 경성방송국(JODK) 개국과 함께 전통음악이 정기적으로 라디오 전파를 통하여 방송되었다.

구분	연도	수도	정치		경제
			중앙 및 지방 행정 관제	군사제도	조세 및 토지제도
대한민국	1945.8.15 이후	서울	해방 후 남한은 자유민주국가인 대한민국이 수립되었고 북한은 조선민주주의인민공화국이라는 공산국가가 세워졌다. 대한민국 정부는 기본적으로 대통령제로서 제1공화국(대통령제) 제2공화국(의원내각제로 양원제),제3공화국(대통령, 직선제),제4공화국(대통령제,유신헌법,간선제),제5공화국(대통령제 7년 단임, 간선제),제6공화국(대통령제5년단임, 직선제)으로 이어져 왔다. 대한민국 정부는 입법부(국회), 행정부(대통령이 행정부의 수반), 사법부(대법원,헌법재판소)로 삼권 분립이 이루어졌다. **대한민국 행정부** **2원** 감사원·국가정보원 **15부** 기획재정부·교육과학기술부·외교통상부·통일부·법무부·국방부·행정안전부·문화체육관광부·농림수산식품부·지식경제부·보건복지부·환경부·고용노동부·여성가족부·국토해양부 **2처** 국가보훈처·법제처 **8청** 국세청·관세청·조달청·통계청·검찰청·병무청·방위사업청·경찰청·소방방재청·문화재청·농촌진흥청·산림청·중소기업청·특허청·식품의약품안전청·기상청·해양경찰청·행정중심복합도시건설청 **3실** 대통령실·국무총리실·특임장관실 **6위원회** 방송통신위원회·국가과학기술위원회·공정거래위원회·금융위원회·국민권익위원회·원자력안전위원회 **입법부 구성** 국회사무처, 국회도서관, 국회예산정책처, 국회입법조사처 **상임위원회** 국회운영위원회 법제사법위원회, 정무위원회, 기획재정위원회, 외교통상통일위원회, 국방위원회, 행정안전위원회, 교육과학기술위원회, 문화체육관광방송통신위원회, 농림수산식품위원회, 지식경제위원회, 보건복지위원회, 환경노동위원회, 국토해양위원회, 정보위원회,	우리나라는 대략 육군이 40만, 해군이 10만, 공군이 10만으로 약 60만의 군사력으로 세계 10위권 내에 있다. 국군의 국방비는 2010년 기준 29조 5천억원으로 GDP 대비 2. 62%, 정부 재정대비 14. 7% 에 해당됨. **한국군 조직** **합참 및 각군** 대한민국 합동참모본부(JCS), 대한민국 육군(ROKA), 대한민국 해군(ROKN), 대한민국 해병대(ROKMC), 대한민국 공군(ROKAF), 대한민국 예비군(ROKRF) **직할 부대** 국방정보본부 국군기무사령부, 국군정보사령부, 국군지휘통신사령부, 국군화생방방호사령부, 국군수송사령부, 국군의무사령부, 국군체육부대, 국방대학교, 국방부 군비검증단, 국방부 근무지원단, 계룡대 근무지원단, 국군심리전단, 국군복지단, 국방부 유해발굴감식단, 국방부 군사편찬연구소, 고등군사법원, 국방부검찰단, 국방부조사본부, 국방시설본부, 국군교향악단 **산하 기관** 국립서울현충원, 국방홍보원, 국방전산정보원 **기타 산하 기관** 국방연구원, 한미연합사령부, 군인공제회, 전쟁기념사업회 **관련기관** 병무청, 방위사업청, 국방기술품질원, 국방과학연구소	우리나라의 조세제도는 크게 국세와 지방세로 나누어진다. 국세는 중앙정부가, 지방세는 지방정부가 징수한다. **국세** 내국세, 관세, 교통세, 교육세. 내국세는 직접세와 간접세로 구성되어 있으며 조세를 부담하는 사람으로부터 직접 징수하는 세금이 직접세이고, 납세자 이외의 사람에게 전가되는 세금이 간접세 이다. 직접세에는 소득세, 법인세, 상속·증여세, 재평가세, 부당이득세 등이 있고 간접세에는 부가가치세, 특별소비세(주세, 전화세, 인지세, 증권거래세)가 있다. **지방세** 도세와 시·군세. 도세는 취득세, 등록세, 면허세, 마권세, 공동시설세, 지역개발세 등이 있다. 시· 군세는 주민세, 재산세, 종합토지세, 자동차세, 농지세, 담배소비세, 도축세, 도시계획세, 사업소세, 농어촌특별세 등이 있다. 우리나라는 1945년 광복 이후 총 농가 206만호 가운데 자립농가는 28만호로 약 14%에 불과하였다. 따라서 농지개혁과 더불어 토지 개혁이 이루어졌다. **농지개혁** 1950년 3월 10일 <농지개혁법>의 개정안이 공포되어 농가 아닌 자의 농지, 자경하지 않는 자의 농지, 호당 3정보 상한을 초과하는 부분의 농지 등을 국가가 매수하였다. 매수 후 분배면적은 호당 3정보를 초과하지 못하도록 하였으며, 상환액은 평년작의 15할로 하되 5년간 균등 납입하도록 하였다. **토지의 관리** 1970년대 이후 산업화에 따라 토지수요가 급증하자 토지투기가 성행하였으며 이를 바로잡기 위해 검인계약서제도, 토지거래허가제도, 토지거래신고제도를 도입하였다. **토지의 소유** 1987년 기준으로 총면적 9만 9222㎢ 중에서 산림지 66.2%, 농경지 22.6%, 대지 1.8%, 공공용지 2.0%, 공장용지 0.2%, 기타 7.2%로 구성되었으며, 국

사회				문화
교육/과거제도	경제/사회제도	법률	종교	예술
8·15광복 후 교육정책은 일제의 잔재를 청산하고 민주주의를 기본 이념으로 하는 교육을 추진하였으며 1951년 3월 6·3·3·4제의 현행 학제가 수립된 이래 교육의 기회가 균등하게 보장되었다. 유치원 생은 1997년 56만 8000명으로 크게 증가했고, 초등학교 수는 5,721개, 총 378만명이다. 중학교진학률은 98% 정도이며, 중학교 수는 2,720개이고, 학생 수는 총 218만명이다. 고등학교진학률은 87% 정도이며 고등학교 수는 1,892개이고, 학생 수는 총 233만명이다. 고등교육기관으로는 대학·교육대학·사범대학·전문대학·방송통신대학·각종학교 등이 있다. 1997년 현재 고등교육기관 수는 대학 150개, 교육대학 11개, 전문대학 155개, 각종학교 8개 등이며, 재학생은 대학 136만 명, 교육대학 3만 명, 전문대학 72만 명 등이다.	우리나라의 인구는 광복 직전에 38°선을 기준으로 북한이 약 830만 명, 남한이 대략 1600만 명으로 추산되었으나 2009년 대한민국의 총인구는 5006만 2320명으로 남성 인구(2493만 명)는 여성 인구(2484만 명)이다. 한편, 이민은 1962년 <해외이주법>이 공포된 이후 미국·브라질·서독·캐나다·아르헨티나 등 각국으로 확대되고 있으며, 특히 미국에 대한 이민은 약 30만 명에 달한다.	**제1공화국의 법** ① 헌법의 제정(1948년 7월 17일)자유권, 기본권 보장. 3권분립을 규정하고, 단원제 국회를 두었으며, 대통령은 국회에서 선출하였다. 또 미국식 대통령제에 의원내각제적 요소를 가미하였고, 지방자치를 규정하였으며, 경제조항에 통제경제의 면을 강력하게 나타내고 있는 제헌헌법을 제정하였다. <제1차 개정> 비상계엄령하의 심야의 국회에서 통과되어 발췌개헌이라 함. ① 국회의 양원제 ② 대통령·부통령 직선제 <제2차 개정> 민의원에서 3분의 2 미달로 부결되었으나, 4사5입 원리를 적용하여 가결하였다. 이를 ‘4사5입 개헌’이라 하였는데, 내용은 ① 주권의 제한 및 영토변경에 대한 국민투표제, ② 국무총리제 및 국무위원의 연대책임제의 폐지, ③ 경제조항의 자유경제 체제로의 수정, ④ 초대 대통령의 중임제한의 철폐, 국가보안법: 1948년 대한민국 정부가 대한민국 내에서 반국가 단체의 활동을 규제하기 위해 제정한 법률이다 **제2공화국의 법** <제3차 개정> 의원내각제를 골자로 하는 개정헌법. 민의원과 참의원의 선거가 행하여지고 의원내각제가 실시되었다. <제4차 개정> 반민주행위자 처벌을 위한 소급입법의 근거를 마련하는 부칙개헌을 하였다. **제3, 4공화국의 법** <제5차 개정> 1961년 5·16 군사정변이 일어난 후 비상조치법 개정방법에 따라 국민투표에 의하여 개정하였다. <제6차 개정> 대통령 박정희의 3선을 목적으로 개헌한 것으로 개정내용은 ① 국회의원 정수의 증원,	대한민국의 종교는 4부류(불교·그리스도교·유교 및 신흥종교)로 구분된다. 불교와 유교는 오랫동안 동양문화권의 유산으로 토착화가 이루어진 전통종교이며 그리스도교는 서양문화의 산물로서 가톨릭과 개신교(프로테스탄트)가 각각 유럽과 미국에 전도되어 성장한 종교이다. 신흥종교는 성립시기가 오래되지 않은 종교로서 원불교·천도교·대종교·통일교 등을 말한다. 종교 성쇠는 역사적 배경을 가지고 있다 즉, 왕조의 교체와 더불어 새로운 지배이념으로서 새 종교가 등장하였고, 둘째 이러한 사실 때문에 종교 간에는 알력과 갈등이 생겨났으며, 셋째 중국에 대한 사대(事大)와 민족의 자주적 독자성 사이에 잠재된 대립적 견해가 종종 표면화되었다. 넷째 토속신앙으로서 일월성신·거석·고목 등 다신교적·애니미즘적 원시신앙과, 샤머니즘적 무속신앙이 공존하였다.	문화예술에 대한 국가정책은 대한민국 정부가 수립되면서부터 시작되었다. 제1·2공화국: 문화예술의 이념과 내용면에서 뚜렷한 정책은 물론 법적·제도적 장치도 존재하지 않았다. 당시 사회경제적인 상황이 한국 전쟁 이후 파괴된 국가복구에 주력하고 있었기에 문화영역에 관심 가질 형편이 아니었기 때문이다. 제3·4공화국: 경제발전에 치중하므로 문화예술에 대한 인식이 미비하였다. 그럼에도 1972년에 문화예술에 관한 법령이 제정되는데, 그것이 「문화예술진흥법」이다. 제5공화국: 문화예술 정책은 기본적이고 장기적인 방향을 설정하였다. 그 이전의 정책에 비해 문화예술의 중요성을 더 강조하였다. 1980년대는 문화복지정책의 추구로 문화정책상의 도약기로 평가되며 이 시기에 문화기반시설의 확충이 이루어졌다. 제6공화국: 문화정책은 창의, 목적은 예술발전으로서 주요 추진영역은 창작지원이었다. 1990년 문화 분야를 전담하는 독립행정부처인 문화부를 출범시킨다. 제5공화국 때 조성된 기반시설을 바탕으로 문화의 생활화, 전문인 양성을 위한 국립예술종합학교 설치. 1992년 예술의 전당이 완공되었다. 1995년 8월에 「정보화 촉진 기본법」을 제정, 1996년 4월 정보화 추진 위원회를 구성하고 1996년 6월에 「정보화 촉진 기본계획」을 발표하였다. 2005년 「문화예술교육지원법」이 제정되고 그해 12월 문화예술교육진흥원이 설립되었다. 그 외에도 중앙과

구분	연도	수도	정치		경제
			중앙 및 지방 행정 관제	군사제도	조세 및 토지제도
대한민국	1945.8.15 이후	서울	여성가족위원회 **국회의 의사 절차 3 원칙** **1. 회의 공개의 원칙** 국회의 의안 심의 과정을 일반인에게 공개하여 정책 결정의 민주성과 공정성 확보 **2. 회기 계속의 원칙** 한 회기 중 의결되지 못한 안건은 다음 회기에서 계속하여 심의하도록 하여 동일한 의안 제출로 인한 번잡성 예방 **3. 일사부재의의 원칙** 한 번 부결된 안건은 같은 회기 내에 다시 제출할 수 없도록 하여 소수파에 의한 의사 진행 방해 예방 **사법부 구성** **대법원** 대법원장을 포함하여 14인의 대법관으로 구성된다. 대법관 중 법원행정처장으로 임명된 1인은 재판에 관여하지 않는다. 사법행정상의 최고의결기관으로 대법관회의가 있다. **산하기관** 법원행정처, 사법연수원, 법원공무원교육원, 법원도서관 **헌법재판소** 헌법에 관한 분쟁을 담당하며 법적 분쟁 중 정치적인 영향이 큰 사건을 다루기 위한 재판소이나 정치적인 판단을 주로 하며, **주요기능으로는** 1. 권한쟁의심판 2. 위헌법률심판 3. 헌법소원심판 4. 탄핵심판 5. 위헌정당해산심판 등이 있다.		유지는 전체 토지의 14.3%, 지방자치단체의 공유지는 5.8%를 차지하였다. 1970년대 이후 법인은 국토면적의 약 4.5%에 달하는 4,496㎢를 보유하고 있으며, 이 중 50만 평 이상을 소유한 법인의 토지가 전체 법인소유토지의 67.4%를 차지하고 있어 사실상 비업무용토지를 과다하게 보유하여 불로이득이 사회문제가 되어 이를 억제하기 위한 종합토지세제도를 신설하였다. 개발이익이나 지가급등으로 얻은 불로이득을 환수하기 위해 <개발이익 환수에 관한 법률>과 <토지초과이득세법>을 제정하였다. **토지의 이용** 1960년대 이후 경제개발로 인하여 토지의 용도가 다양하게 되어 지하철, 지하상가 등 지하도 이용되고, 고층건물이 일반화됨에 따라 공중도 이용되었으며, 해저개발 등으로 바다 밑까지 이용범위가 점차 확대되고 있다. <도시계획법>에서는 구역을 도시개발예정구역·특정시설제한구역·개발제한구역으로 구분하고 있으며, 용도지역을 주거지역·상업지역·공업지역·녹지지역·혼합지역으로 구분하였고, 용도지구를 풍치지구·방화지구·미관지구·공지지구(空地地區) 등으로 구분하여 도시의 균형 발전을 도모하였고, 1972년에는 <국토이용관리법>이 제정되어 전국을 도시지역·농업지역·산림지역·공업지역 등으로 구분하여 관리하고 있다.

<table>
<tr><th colspan="4" style="text-align:center">사회</th><th style="text-align:center">문화</th></tr>
<tr><th>교육/과거제도</th><th>경제/사회제도</th><th>법률</th><th>종교</th><th>예술</th></tr>
<tr>
<td></td>
<td></td>
<td>② 국회의원의 각료 겸임, ③ 대통령의 연임을 3기까지로 연장.

<제7차 개정> 유신헌법이라 하는데, 사실상 박대통령의 장기집권을 위한 개헌이었다.

제5공화국의 법
<제8차 개정> 권력집중적인 독재정치를 타파하고 권위주의적 헌법임.
<제9차 개정> 1987년 6·29 선언에 의한 직선제 개헌. 내용은 대통령직선제, 의회의 복권 등을 통하여 권위주의적인 정부형태가 민주화되었다.</td>
<td></td>
<td>지역의 고른 문화예술발전을 위하여 지역의 도시를 문화적으로 조성하는 문화도시 조성사업이 실시되었다.</td>
</tr>
</table>

도교와 풍수지리설

시기	구분		
삼국시대	도교	고구려, 백제 귀족 사회에 전래됨	불로장생, 현세행복추구, 하늘, 신에 대한 제사중시
통일신라		은둔적 사상 경향으로 도교와 노장 사상이 발전함	
고려시대		서낭신, 토지신 등 다양한 신에게 제사	
신라초기		민간 신앙과 결합한 마니산 제사의식	
신라하대	풍수 지리설	지방 중심으로 국토 재편 주장하여 정부의 권한 약화	땅의 지세에 따라 인간의 길흉화복이 결정된다는 도참 신앙과 결부
고려시대		서경 천도, 남경 길지설이 대두	
조선초기		묘지와 관련된 송사 문제 빈발	

불교의 발달

시기	승려	종파	교리	영향
고구려	승랑	삼론종	눈에 보이는 물질과 현상에 집착하지 않고 본래의 자신으로 돌아가라는 의미	삼론종은 중국의 ≪중론≫ ≪십이문론≫ ≪백론≫에 영향을 받음.
백제	겸익	율종	계율중시	율은 석가의 가르침으로 일상생활에서 지켜야 할 수칙을 말함.
신라중대	원효	정토종	염불만으로 극락왕생	불교의 대중화, 민중화 영향
	의상	화엄종	만물을 하나로 통일화함	전제정치를 사상적으로 옹호
	원측	유식불교	모든 것이 마음에 의해 변화	현장 사상을 계승한 규기와 논쟁
신라하대	도의	선종	참선, 개인적 정신세계 중시	조형미술쇠퇴, 중국문화이해
고려초기	진표	법상종	의식 중시	귀족불교발달
고려중기	의천	천태종	교관겸수, 화쟁사상에 기반	선종의 쇠퇴
고려후기	지눌	조계종	정혜쌍수, 돈오점수	신앙결사운동, 성리학 수용 기반
	혜심	조계종	유불일치설	유교와 불교의 타협시도

17. 불교 종파별 특징

	교종	선종	천태종	조계종
시기	신라 중대에 유행	신라 하대에 유행	11세기	12세기(무신집권기)
누가	아도가 전파하고, 양나라의 승려인 원표가 왕실에 전함	당나라에 유학한 도의가 전파	의천	지눌
지지자	왕실·중앙귀족 지지	지방호족·6두품 지지	문벌귀족사회	무신지원
이념	의식·교리(경전) 중심, 전통과 권위 중시	개인의 종교적 각성·참선 중시, 형식과 권위 부정	교종위주로 선종통합	선종위주로 교종통합
특성	왕실·귀족들의 불교이며 승려가 의술을 담당하고 높은 지위를 얻음. 업설(業說)이론: 현재의 지위는 과거에 쌓은 공덕의 양에 비례한다 하여 왕과 귀족의 권한을 인정하는 이론.	지방 호족의 이념적 지주로 실천을 강조함. 후백제와 후고구려의 사상적 기반이 되었고 사회변혁을 희망하던 6두품과 결집하여 교종의 권위와 형식을 배격하고 불교의식을 중시하지 않았다.	교관겸수: 교는 부처님의 말씀인 경전, 관은 깨달음을 말함. 즉 두가지를 다 겸해야 한다는 의미	정혜쌍수: 정은 선종에서 말하는 이론이고, 혜는 교종의 지혜의 말씀인 경전을 의미함. 돈오점수: 불교의 참뜻을 깨닫고 점진적인 수행을 해야 한다는 뜻

고려시대의 온건파 사대주의와 혁명파 사대주의 비교					
	정신적지주	개혁성향	정치신념	경제	구성원
온건파사대부	정몽주 계열	점진적 계혁	고려왕조 유지	경제 우세	다수파
혁명파사대부	정도전 계열	급진적 개혁	역성 혁명	경제 열세	소수파

고려시대 개경파와 서경파의 성격		
	주도자	성격
개경파	김부식	유학을 중시하고 보수적이며 북진정책을 반대(금나라에 사대주의) 하고 신라를 계승하고자 하는 의식을 가짐.
서경파	묘청	풍수지리사상을 중시하고 자주적 성격을 가졌으며 북진정벌(금나라 정벌)의 의지를 표명하고 고구려의 정신을 계승하고자 함.

고려시대의 권문세족과 사대부 비교					
	관직	등용	경제력	사상	대외관계
권문세족	중앙 고관	음서제	대농장	불교	친원파
사대부	지방 향리	과거제	중소 지주	성리학	친명파

조선시대 훈구파와 사림파					
	기원	양성	학풍	정치사상	역사관
훈구파(관학파)	혁명파 사대부, 역성 혁명 참여. 한명회	성균관, 집현전	사장(문학) 중심	패도 정치, 중앙 집권	단군 중시
사림파(사학파)	온건파. 길재, 김종직	서원	경학(경전)중시	왕도정치, 향촌 자치	기자 중시

조선시대 개화파들의 성격		
	주도	내용
온건파	김홍집·김윤식	청 양무 운동 모델·점진적 개혁·친청 사대 정책
급진파	김옥균·박영효	일본 메이지 유신 모델·급진적 개혁·청 간섭 배제

19. 조선의 붕당의 학풍과 특징

붕당(朋黨): 조선 중기 학연과 정치적 입장에 따라 형성된 집단을 의미함						
붕당		정치	경제	사회	외교	특징
동인 (영남학파)	남인 (유성룡)	왕권강화	자영농 육성, 수취 체제 완화	노비속량, 서얼허용, 소극적	북벌 비판	갑술환국으로 완전 몰락, 정계보다 향촌 사회에서 영향력이 큼. 경상도 남인-주리설, 경기도남인-중농학파, 이황의 사상이 주축이 됨.
	북인 (정인홍)					광해군 때 실권 장악, 절의 중시, 의병장 배출(곽재우), 조석과 서경덕 사상이 주축이 됨.
서인 (기호학파)	노론 (송시열)	대신중심	상업과 기술발달 대의명분	소비속량, 서얼허통, 적극적 민생안정	북벌 주장	이이 중심, 숙종대에 내부 분열이 일어나 송시열 계열은 노론이 됨.
	소론 (윤증)		실리중시	북방개척		성혼사상을 바탕으로 성리학을 탄력적으로 이해 함. 윤증계-양명학 연구 이산을 중심으로 한 윤증 계열은 소론이 됨.

조선의 사화와 붕당 비교			
구분	기간	주요무대	재기 여부
사화는 훈구파와 사림파 간의 대립으로 발생	16세기 전반	중앙	중앙에 근거를 둔 훈구파는 한번 몰락하면 거의 재기가 어려움(단기적)
붕당은 사림파간의 대립으로 발생	16세기 후반~ 18세기까지	지방에서 중앙과 연계	몰락한 붕당은 향촌을 바탕으로 다시 재기가 가능함(장기적)

20. 주자학과 양명학의 비교

구분	주자학(=성리학)	양명학
주도자	송나라 주희(朱子, 1130~1200)	명나라 왕수인(1472~1529, 호는 양명)
이념	성즉리(性卽理): 모든 사물을 통한 이치 탐구	심즉리(心卽理): 인간의 내면을 통한 이치 탐구
강령	선지후행(先志後行): 이론을 중시	지행합일(知行合一): 실천을 중시
주요내용	1. 격물치지: 자신을 포함한 세계의 참 모습에 대해 깨우침. 각각의 사물의 이치를 연구하여 후천적인 지식을 명확히 함 2. 존양성찰: 양심을 보존하고 본성을 함양. 3. 거경궁리: 내적수양(거경: 경건하게 살다) + 외적수양(궁리: 우주의 이치를 궁구) 4. 존천리거인욕: 천리를 보존하고 인욕을 제거 5. 하나의 사물이 있으면 반드시 하나의 이가 있으니, 그 '이'를 궁구하여 밝히는 것이 바로 격물이다. 책을 읽어서 도의를 강구하여 밝히고, 혹은 사물에 응하여 그 마땅함과 그름을 처리하는 것과 같은 것이 모두 궁리이다.	1. 치양지설: 순수한 본래성(양지)만 유지하면 누구나 지선의 경지에 이를 수 있다. 사리사욕때문에 순수한 도덕성(양지)이 실현되지 못하는 것이다. 2. 지행합일: 앎은 행함의 시작이요, 행함은 앎의 완성이다. 3. 주자학 비판: "주자학은 너무 철학적이다", "성리학의 격물치지는 내 마음과 사물의 이치를 둘로 나누는 것에 불과하다." 4. 이는 마음의 이치이다. '이'가 부모에게 발현되면 효가 되고, 임금에게 발현되면 충이 된다. 천변만화하여 끝이 없을지라도 어느 하나 나의 한 마음에서 발현되지 않는 것이 없다.

21. 실학 사상

구 분	학 자	저서	내용
중농학파 (농업중시)	유형원	반계수록	관리, 선비, 농민 등에게 토지의 차등적 재분배 주장
		균전론	농병일치의 군사조직과 사농일치의 교육제도
	이익	성호사설	토지 소유의 점진적 평등 주장(영업전 이외의 토지만 매매허용)
		한전론	6대 비판: 양반제도, 과거제도, 노비제도, 사치, 미신 숭배사상
	정약용	목민심서	지방관의 사적을 가려 뽑아 치민에 대한 도리를 강조
		경세유표	국가 통치질서의 근본이념을 세워 오랜 조선을 새롭게 하고자 저술. 정전론 주장
		흠흠신서	형옥의 일은 사람 생명에 관한 일이기에 해당 관리들이 유의할 점을 적은 것.
		여전론	여(閭, 30호)를 만들어 경계 안에 있는 토지는 여민이 소유하고 세금을 1/10낸다.
		정전론	토지의 사유를 인정하며 전국의 토지를 정(井)자 구획하고 1/9를 공전으로 하여 국가에 세금을 내도록 하는 제도.
중상학파 (상공업중시)	유수원	우 서	기술 혁신, 상공업 진흥, 사·농·공·상의 직업적 평등화, 전문화
			상인간의합자-대상인의 지역 사회 개발 참여
	홍대용	의산문답	기술 혁신, 신분 제도 철폐, 성리학의 극복을 통한 부국강병
		임하경륜	지구의 자전설 주장
		균전제	토지 등을 균등하게 분할하는 균전제 주장
	박지원	열하일기	수레 이용과 화폐 유통 주장, 양반 제도의 비생산성 비판, 농업 생산력 증대 중시
		과농소초	농업기술과 농업정책에 관하여 논한 책.
		한전론	고급관료나 부유한 서민의 토지소유를 최고 한도를 정해 제한하자는 내용
	박제가	북학의	청과의 통상 강화, 수레와 선박 이용
			절약보다 소비 권장

역사에 대한 서술 방법별 특징

구분	서술방법	역사서	중국 역사서
기전체(인물중심)	본기(국왕), 세가(제후), 지(제도), 열전(귀족~평민) 연표로 서술	삼국사기, 고려사	사기(사마천)
편년체(연대별)	연, 월, 일을 중심으로 사실을 편술	삼국사절요, 고려사절요, 동국통감, 조선왕조실록 등	자치통감(사마광)
기사본말체(사건중심)	사건마다의 발단과 결과를 실증사학적으로 서술	연려실기술(이긍익)	통감기사본말(원추)
강목체: 큰 글씨로 제목(강)을 쓰고, 작은 글씨로 내용(목)을 서술	강(대의大義), 세목(細目)으로 나누어 서술	동사강목(안정복)	자치통감강목(주희)
		강목집요(조선: 신응조)	

사서의 편찬

시기		주요 사서	사관	특징	비고
백제	375년	서기	-	-	고흥
신라	545년	국사	-	-	거칠부
고구려	600년	신집	-	-	이문진
통일 신라		화랑세기, 고승전, 한산기		주체적 문화 인식	김대문
고려	중기	삼국사기	유교 사관	신라 계승 의식	기전체
	무신집권기	동명왕편	자주적 사관	고구려 계승 의식	민족적 자주 의식
	원 간섭기	삼국유사, 제왕운기	자주적 사관	단군 신화 기록	설화 수록
	말기	사략	성리학적 사관	전통과 명분 중시	신진 사대부 성장
조선	건국 초	고려국사, 동국사략(권근)	성리학적 사관	성리학적 규범 정착	왕조 개창 합리화
	15세기 중엽	고려사, 동국통감	자주적 사관	고려 역사 정리	자주적 입장
	16세기	기자실기, 동국사략(박상)	존화주의 사관	소중화 사상 기반	고유 문화 이단시
	18세기	동사강목(안정복)	고증사학의 토대 마련, 우리역사의 독자적 정통론 체계화		
	실학자	해동역사(한치윤)	외국 자료 인용-역사 인식 확대, 조선의 정치 문화 정리		
		연려실기술(이긍익)			
		동사(이종휘)	고구려사와 발해사연구		
		발해고(유득공)	고대사 연구 시야를 만주지방까지 확대		

왕대	명 칭	권 수	책 수	편 찬 연 대
1	태조실록	15	3	1413(태 종 13)
2	정종실록(공정왕실록)	6	1	1426(세 종 8)
3	태종실록	36	16	1431(세 종 13)
4	세종실록	163	67	1454(단 종 2)
5	문종실록	12	6	1455(세 조 1)
6	단종실록(노산군일기)	14	6	1469(예 종 1)
7	세조실록	49	18	1471(성 종 2)
8	예종실록	8	3	1472(성 종 3)
9	성종실록	297	47	1499(연산군 5)
10	연산군일기	63	17	1509(중 종 4)
11	중종실록	105	53	1550(명 종 5)
12	인종실록	2	2	1550(명 종 5)
13	명종실록	34	21	1571(선 조 4)
14	선조실록	221	116	1616(광해군 8)
14	선조수정실록	42	8	1657(효 종 8)
15	광해군일기(태백산본)	187	64	1633(인 조 11)
	광해군일기(정족산본)	187	39	1653(효 종 4)
16	인조실록	50	50	1653(효 종 4)
17	효종실록	21	22	1661(현 종 2)
18	현종실록	22	23	1677(숙 종 3)
18	실현종개수록	28	29	1683(숙 종 9)
19	숙종실록	65	73	1728(영 조 4)
20	경종실록	15	7	1732(영 조 8)
20	경종개수실록	5	3	1781(정 조 5)
21	영조실록	127	83	1781(정 조 5)
22	정조실록	54	56	1805(순 조 5)
23	순조실록	34	36	1838(헌 종 4)
24	헌종실록	16	9	1851(철 종 2)
25	철종실록	15	9	1865(고 종 2)
26	고종실록	52	52	1935년(일제강점기)
27	순종실록	22	8	1927년(일제강점기)

24. 국보와 보물

◆ 국가 지정 문화재

문화재보호법에 의하여 문화재위원회의 심의를 거쳐 다음 8개로 구분한다.

1. 국보(國寶): 보물에 해당하는 문화재 중 인류문화의 견지에서 그 가치가 크고 유례가 드문 것
2. 보물(寶物): 건조물·전적·서적·고문서·회화·조각·공예품·고고자료·무구 등의 유형문화재 중 중요한 것
3. 사적(史蹟): 기념물중 유적·제사·신앙·정치·국방·산업·교통·토목·교육·사회사업·분묘·비 등 중요한 것
   > **예** 수원화성, 경주포석정지 등
4. 사적(史蹟) 및 명승(名勝): 기념물중 사적지·경승지로서 중요한 것
   > **예** 경주불국사경내, 부여구두래일원 등
5. 명승(名勝): 기념물 중 경승지로서 중요한 것
   > **예** 명주청학동의소금강, 상백도하백도일원 등
6. 천연기념물(天然記念物): 기념물 중 동물(서식지·번식지·도래지포함), 식물(자생지 포함), 지질·광물로서 중요한 것
   > **예** 달성의측백수림, 노랑부리백로 등
7. 중요무형문화재: 무형문화재 중 중요한 것
   > **예** 종묘제례악, 양주별산대놀이 등
8. 중요민속자료: 의식주·생산·생업·교통·운수·통신·교역·사회생활·신앙 민속·예능·오락·유희 등 중요한 것
   > **예** 덕온공주당의, 안동하회마을 등

◆ 시·도지정문화재

시·도지사가 국가지정문화재로 지정되지 아니한 문화재 중 보존가치가 있다고 인정되는 것을 지방자치단체의 조례에 의하여 지정한 문화재로서 다음 4개로 구분한다.

1. 유형문화재: 건조물, 전적, 서적, 고문서, 회화, 조각, 공예품 등 유형의 문화적 소산으로서 역사상 또는 예술상 가치가 큰 것과 이에 준하는 자료
2. 무형문화재: 연극, 음악, 무용, 공예기술 등 무형의 문화적 소산으로서 역사상 또는 예술상 가치가 큰 것
3. 기 념 물: 패총·고분·성지·궁지·요지·유물포함층 등의 사적지로서 역사상,학술상 가치가 큰 것.
   경승지로서 예술상,관람상 가치가 큰 것
   동물(서식지,번식지,도래지포함), 식물(자생지 포함),광물,동굴로서 학술상 가치가 큰 것
4. 민 속 자 료: 의식주·생업·신앙·연중행사 등에 관한 풍속· 관습과 이에 사용되는 의복·기구·가옥 등으로서 국민생활을 이해하기 위해 필요한 것

◆ 국보와 보물

1. 국보

법령에 의해 국가적인 보물로 지정된 최상급 유물.

국보의 지정기준에 대한 세부사항으로는

① 보물에 해당하는 문화재 중 특히 역사적·학술적·예술적 가치가 큰 것,
② 보물에 해당하는 문화재 중 제작연대가 오래되고 특히 그 시대에 대표적인 것,
③ 보물에 해당하는 문화재 중 제작의장이나 제작기술이 특히 우수하여 그 유례가 적은 것,
④ 보물에 해당하는 문화재 중 형태·품질·제재·용도가 현저히 특이한 것,
⑤ 보물에 해당하는 문화재 중 특히 저명한 인물과 관련이 깊거나 그가 제작한 것 등이다.

2. 보물

유형문화재로 학술적·예술적 가치가 국보 다음으로 높은 문화재.

같은 유형문화재를 국보와 보물로 나눈 기준은 국보는 작품의 제작기술·연대 등이 각 시대를 대표할 만한 것으로서 보존상태가 양호하면서 학술적·예술적 가치가 높은 데 비해, 보물은 일반적인 지정 기준에 도달하는 문화재를 지정한 것으로 엄격한 구분은 불가능하다.

호	국보	지역	호	국보	지역
1호	서울 숭례문(남대문)	서울 중구	53호	연곡사 동부도	전남 구례군
2호	원각사지 십층석탑	서울 종로구	54호	연곡사 북부도	전남 구례군
3호	북한산 신라 진흥왕순수비	국립중앙박물관	55호	법주사 팔상전	충북 보은군
4호	고달사지 부도	경기 여주군	56호	송광사 국사전	전남 순천시
5호	법주사 쌍사자석등	충북 보은군	57호	쌍봉사 철감선사탑	전남 화순군
6호	중원 탑평리 칠층석탑	충북 충주시	58호	장곡사 철조약사여래좌상부석조대좌	충남 청양군
7호	봉선 홍경사 사적갈비	충남 천안시	59호	법천사 지광국사 현묘탑비	강원 원주시
8호	성주사 낭혜화상 백월보광탑비	충남 보령시	60호	청자사자유개향로	국립중앙박물관
9호	부여 정림사지 오층석탑	충남 부여군	61호	청자비룡형주자	국립중앙박물관
10호	실상사 백장암 삼층석탑	전북 남원시	62호	금산사 미륵전	전북 김제시
11호	미륵사지 석탑	전북 익산시	63호	도피안사 철조비로자나불좌상	강원 철원군
12호	화엄사 각황전 앞 석등	전남 구례군	64호	법주사 석연지	충북 보은군
13호	무위사 극락전	전남 강진군	65호	청자기린유개향로	서울 성북구
14호	은해사 거조암 영산전	경북 영천시	66호	청자상감유죽연로원앙문정병	서울 성북구
15호	봉정사 극락전	경북 안동시	67호	화엄사 각황전	전남 구례군
16호	안동 신세동 칠층전탑	경북 안동시	68호	청자상감운학문매병	서울 성북구
17호	부석사 무량수전 앞 석등	경북 영주시	69호	개국원종공신록권	부산 서구
18호	부석사 무량수전	경북 영주시	70호	훈민정음	서울 성북구
19호	부석사 조사당	경북 영주시	71호	동국정운(1, 6권)	서울 성북구
20호	불국사 다보탑	경북 경주시	72호	금동계미명삼존불	서울 성북구
21호	불국사 삼층석탑	경북 경주시	73호	금동삼존불감	서울 성북구
22호	불국사 연화교 칠보교	경북 경주시	74호	청자압형수적	서울 성북구
23호	불국사 청운교 백운교	경북 경주시	75호	표충사 청동함은향완	경남 밀양시
24호	석굴암 석굴	경북 경주시	76호	이충무공 난중일기 부서간첩 임진장초	충남 아산시
25호	신라 태종무열왕릉비	경북 경주시	77호	의성 탑리 오층석탑	경북 의성군
26호	불국사 금동비로자나불좌상	경북 경주시	78호	금동 미륵보살반가상	국립중앙박물관
27호	불국사 금동아미타여래좌상	경북 경주시	79호	경주 구황리 금제여래좌상	국립중앙박물관
28호	백률사 금동약사여래입상	경북 경주시	80호	경주 구황리 금제여래입상	국립중앙박물관
29호	성덕대왕 신종(에밀레종)	경북 경주시	81호	감산사 석조미륵보살입상	국립중앙박물관
30호	분황사 석탑	경북 경주시	82호	감산사 석조아미타불입상	국립중앙박물관
31호	경주 첨성대	경북 경주시	83호	금동미륵보살반가상	국립중앙박물관
32호	해인사 대장경판	경남 합천군	84호	서산 마애삼존불상	충남 서산시
33호	창녕 신라 진흥왕 척경비	경남 창녕군	85호	금동신묘명삼존불	경기 용인시
34호	창녕 술정리 동 삼층석탑	경남 창녕군	86호	경천사 십층석탑	국립중앙박물관
35호	화엄사 사사자삼층석탑	전남 구례군	87호	금관총 금관	경북 경주시
36호	상원사 동종	강원 평창군	88호	금관총 과대 및 요패	경북 경주시
37호	경주 구황리 삼층석탑	경북 경주시	89호	금제교구	국립중앙박물관
38호	고선사지 삼층석탑	경북 경주시	90호	금제태환이식	국립중앙박물관
39호	월성 나원리 오층석탑	경북 경주시	91호	도제기마인물상	국립중앙박물관
40호	정혜사지 십삼층석탑	경북 경주시	92호	청동은입사포유수금문정병	국립중앙박물관
41호	용두사지 철당간	충북 청주시	93호	백자철화포도문호	국립중앙박물관
42호	목조삼존불감(송광사)	전남 순천시	94호	청자소문과형병	국립중앙박물관
43호	고려 고종 제서(송광사)	전남 순천시	95호	청자칠보투각향로	국립중앙박물관
44호	보림사 삼층석탑 및 석등	전남 장흥군	96호	청자귀형수병	국립중앙박물관
45호	부석사 소조여래좌상	경북 영주시	97호	청자음각연화당초문매병	국립중앙박물관
46호	부석사 조사당 벽화	경북 영주시	98호	청자상감모란문항	국립중앙박물관
47호	쌍계사 진감선사 대공탑비	경남 하동군	99호	갈항사 삼층석탑	국립중앙박물관
48호	월정사 팔각구층석탑	강원 평창군	100호	남계원 칠층석탑	국립중앙박물관
49호	수덕사 대웅전	충남 예산군	101호	법천사 지광국사 현묘탑	국립중앙박물관
50호	도갑사 해탈문	전남 영암군	102호	정토사 홍법국사 실상탑	국립중앙박물관
51호	강릉 객사문	강원 강릉시	103호	중흥산성 쌍사자 석등	광주 북구
52호	해인사 장경판전	경남 합천군	104호	전흥법사 염거화상탑	국립중앙박물관

대한민국 국보

호	국보	지역	호	국보	지역
105호	산청 범학리 삼층석탑	국립중앙박물관	126-26호	심향편	경북 경주시
106호	계유명 전씨 아미타불삼존석상	충북 청주시	126-27호	섬유잔결	경북 경주시
107호	이조백자철사포도문호	서울 서대문구	126-28호	묵서지편	경북 경주시
108호	계유명 삼존천불비상	충남 공주시	127호	삼양동 금동관음보살입상	국립중앙박물관
109호	군위 삼존석굴	경북 군위군	128호	금동관음보살입상	경기 용인시
110호	익재 영정	국립중앙박물관	129호	금동보살입상	경기 용인시
111호	회헌 영정	경북 영주시	130호	선산 죽장동 오층석탑	경북 구미시
112호	감은사지 삼층석탑	경북 경주시	131호	이태조 호적 원본	국립중앙박물관
113호	화청자양류문통형병	국립중앙박물관	132호	징비록	경북 안동시
114호	청자상감모란국화문과형병	국립중앙박물관	133호	청자진사연화문표형주자	경기 용인시
115호	청자상감당초문완	국립중앙박물관	134호	금동보살삼존상	경기 용인시
116호	청자상감모란문표형병	국립중앙박물관	135호	혜원풍속도	서울 성북구
117호	보림사 철조비로자나불좌상	전남 장흥군	136호	용두보당	경기 용인시
118호	금동미륵반가상	경기 용인시	137호	대구 비산동 출토 동기류	경기 용인시
119호	연가7년명 금동여래입상	국립중앙박물관	137-1호	동검 검경 및 동모부속구	경기 용인시
120호	용주사 범종	경기 화성시	137-2호	광봉동모 및 검장	경기 용인시
121호	하회탈 및 병산탈	국립중앙박물관	138호	금관 및 부속금구	경기 용인시
122호	진전사지 삼층석탑	강원 양양군	139호	군선도병	경기 용인시
123호	익산 왕궁리 오층석탑 내 발견유물	전북 전주시	140호	나전단화금수문경	경기 용인시
123-1호	순금 금강경판(부금대 2개)	전북 전주시	141호	다뉴세문경	서울 동작구
123-2호	유리제 사리병	전북 전주시	142호	동국정운 1질	서울 광진구
123-3호	금제 방합(개부)	전북 전주시	143호	화순 대곡리 출토 청동유물	국립중앙박물관
123-4호	청동여래입상	전북 전주시	143-1호	청동검	국립중앙박물관
123-5호	기타 유물	전북 전주시	143-2호	청동팔령구	국립중앙박물관
124호	한송사 석조보살좌상	국립중앙박물관	143-3호	청동쌍령구	국립중앙박물관
125호	녹유골호(부석 제외)	국립중앙박물관	143-4호	청동삭구	국립중앙박물관
126호	불국사 삼층석탑 내 발견유물	경북 경주시	143-5호	청동공부	국립중앙박물관
126-1호	금동제 사리외함	경북 경주시	143-6호	청동세문경	국립중앙박물관
126-2호	은제 사리외합	경북 경주시	144호	월출산 마애여래좌상	전남 영암군
126-3호	은제 사리내합	경북 경주시	145호	귀면청동로	서울 용산구
126-4호	유향	경북 경주시	146호	강원도 출토 일괄유물	경기 용인시
126-5호	금동방형사리함	경북 경주시	146-1호	팔수형동령	경기 용인시
126-6호	무구정광대다라니경	경북 경주시	146-2호	동조령부병두	경기 용인시
126-7호	동환	경북 경주시	146-3호	동조환상쌍두령	경기 용인시
126-8호	경옥제곡옥	경북 경주시	146-4호	동조령식초	경기 용인시
126-9호	홍마노환옥	경북 경주시	147호	울주 천전리 각석	울산 울주군
126-10호	수정절자옥	경북 경주시	148호	십칠사찬고금통요	서울 관악구
126-11호	수정보주형옥	경북 경주시	148-1호	권지 16장	서울 관악구
126-12호	수정환옥	경북 경주시	148-2호	권지 17장	서울 서초구
126-13호	녹색 유리환옥	경북 경주시	149호	동래선생교정북사상절	서울 성북구
126-14호	담청색 유리제과형옥	경북 경주시	149-1호	권지 4, 5장	서울 성북구
126-15호	유리제 소옥	경북 경주시	149-2호	권지 6장	서울 중구
126-16호	향목편	경북 경주시	150호	송조표전총류	서울 관악구
126-17호	청동제 비천상	경북 경주시	151호	조선왕조실록	서울 관악구
126-18호	동경	경북 경주시	151-1호	정족산본	서울 관악구
126-19호	동제 채자	경북 경주시	151-2호	태백산본	부산 연제구
126-20호	목탑	경북 경주시	151-3호	오대산본	서울 관악구
126-21호	수정대옥	경북 경주시	151-4호	기타 산엽본	서울 관악구
126-22호	홍마노	경북 경주시	152호	비변사등록부의정부등록	서울 관악구
126-23호	수정제 가지형옥	경북 경주시	152-1호	비변사등록	서울 관악구
126-24호	유리제 과형옥	경북 경주시	152-2호	의정부등록	서울 관악구
126-25호	유리소옥	경북 경주시	153호	일성록	서울 관악구

<table><tr><td colspan="6" align="center">대한민국 국보</td></tr>
<tr><td>호</td><td>국보</td><td>지역</td><td>호</td><td>국보</td><td>지역</td></tr>
<tr><td>154호</td><td>금제 관식(왕)</td><td>충남 공주시</td><td>200호</td><td>금동보살입상</td><td>부산 남구</td></tr>
<tr><td>155호</td><td>금제 관식(왕비)</td><td>충남 공주시</td><td>201호</td><td>봉화 북지리 마애여래좌상</td><td>경북 봉화군</td></tr>
<tr><td>156호</td><td>금제 심엽형이식(왕)</td><td>충남 공주시</td><td>202호</td><td>대방광불화엄경 진본(37권)</td><td>서울 중구</td></tr>
<tr><td>157호</td><td>금제 수식부이식(왕비)</td><td>충남 공주시</td><td>203호</td><td>대방광불화엄경 주본(6권)</td><td>서울 중구</td></tr>
<tr><td>158호</td><td>금제 경식(왕비)</td><td>충남 공주시</td><td>204호</td><td>대방광불화엄경 주본(36권)</td><td>서울 중구</td></tr>
<tr><td>159호</td><td>금제 뒤꽂이(왕)</td><td>충남 공주시</td><td>405호</td><td>중원 고구려비</td><td>충북 충주시</td></tr>
<tr><td>160호</td><td>은제 팔찌(왕비)</td><td>충남 공주시</td><td>206호</td><td>해인사 고려각판</td><td>경남 합천군</td></tr>
<tr><td>161호</td><td>청동신수경</td><td>충남 공주시</td><td>206-1호</td><td>묘법연화경</td><td>경남 합천군</td></tr>
<tr><td>161-1호</td><td>청동신수경</td><td>충남 공주시</td><td>206-2호</td><td>화엄경관자재보살소설법문별행소</td><td>경남 합천군</td></tr>
<tr><td>161-2호</td><td>의자손수대경</td><td>충남 공주시</td><td>206-3호</td><td>대불정여래밀인수증료의제 보살만행수능엄경</td><td>경남 합천군</td></tr>
<tr><td>161-3호</td><td>수대경</td><td>충남 공주시</td><td>206-4호</td><td>대방광불화엄경세주묘엄품</td><td>경남 합천군</td></tr>
<tr><td>162호</td><td>석수</td><td>충남 공주시</td><td>206-5호</td><td>금강반야바라밀경</td><td>경남 합천군</td></tr>
<tr><td>163호</td><td>지석</td><td>충남 공주시</td><td>206-6호</td><td>금강반야바라밀경</td><td>경남 합천군</td></tr>
<tr><td>164호</td><td>두침</td><td>충남 공주시</td><td>206-7호</td><td>화엄경보현행원품</td><td>경남 합천군</td></tr>
<tr><td>165호</td><td>족좌(왕)</td><td>충남 공주시</td><td>206-8호</td><td>법화경보문품</td><td>경남 합천군</td></tr>
<tr><td>166호</td><td>백자철화매죽문대호</td><td>국립중앙박물관</td><td>206-9호</td><td>인천보감</td><td>경남 합천군</td></tr>
<tr><td>167호</td><td>청자인형주자</td><td>국립중앙박물관</td><td>206-10호</td><td>불설예수십왕생칠경</td><td>경남 합천군</td></tr>
<tr><td>168호</td><td>백자진사매국문병</td><td>국립중앙박물관</td><td>206-11호</td><td>삼십팔분공덕소경</td><td>경남 합천군</td></tr>
<tr><td>169호</td><td>청자양각죽절문병</td><td>경기 용인시</td><td>206-12호</td><td>불설아미타경</td><td>경남 합천군</td></tr>
<tr><td>170호</td><td>청화백자매조죽문호</td><td>국립중앙박물관</td><td>206-13호</td><td>대방광불화엄경략신중</td><td>경남 합천군</td></tr>
<tr><td>171호</td><td>청동은입사보상당초봉황문합</td><td>경기 용인시</td><td>206-14호</td><td>화엄경변상도(주본)</td><td>경남 합천군</td></tr>
<tr><td>172호</td><td>진양군 영인 정씨 묘 출토유물</td><td>경기 용인시</td><td>206-15호</td><td>대방광불화엄경(정원본)</td><td>경남 합천군</td></tr>
<tr><td>172-1호</td><td>백자상감초화문편병</td><td>경기 용인시</td><td>206-16호</td><td>대방광불화엄경(진본)</td><td>경남 합천군</td></tr>
<tr><td>172-2호</td><td>묘지</td><td>경기 용인시</td><td>206-17호</td><td>대방광불화엄경(주본)</td><td>경남 합천군</td></tr>
<tr><td>172-3호</td><td>잔</td><td>경기 용인시</td><td>206-18호</td><td>대방광불화엄경소</td><td>경남 합천군</td></tr>
<tr><td>173호</td><td>청자철채퇴화점문나한좌상</td><td>서울 강남구</td><td>206-19호</td><td>대방광불화엄경수소연의초</td><td>경남 합천군</td></tr>
<tr><td>174호</td><td>금동수정감장촉대</td><td>경기 용인시</td><td>206-20호</td><td>금강반야바라밀경</td><td>경남 합천군</td></tr>
<tr><td>175호</td><td>백자상감연당초문대접</td><td>국립중앙박물관</td><td>206-21호</td><td>불설장수멸죄호저동자다라니경</td><td>경남 합천군</td></tr>
<tr><td>176호</td><td>청화백자(홍치명)송죽문호</td><td>서울 중구</td><td>206-22호</td><td>대각국사 문집</td><td>경남 합천군</td></tr>
<tr><td>177호</td><td>분청사기인화문태호(내외호)</td><td>서울 성북구</td><td>206-23호</td><td>대각국사 외집</td><td>경남 합천군</td></tr>
<tr><td>178호</td><td>분청사기조화어문편병</td><td>서울 서대문구</td><td>206-24호</td><td>남양선생 시집</td><td>경남 합천군</td></tr>
<tr><td>179호</td><td>분청사기박지연어문편병</td><td>서울 관악구</td><td>206-25호</td><td>백화도장발원문약해</td><td>경남 합천군</td></tr>
<tr><td>180호</td><td>완당 세한도</td><td>국립중앙박물관</td><td>206-26호</td><td>당현시범</td><td>경남 합천군</td></tr>
<tr><td>181호</td><td>장량수 급제패지</td><td>경북 울진군</td><td>206-27호</td><td>약제경론염불법문왕생정토집</td><td>경남 합천군</td></tr>
<tr><td>182호</td><td>금동여래입상</td><td>대구 수성구</td><td>206-28호</td><td>십문화쟁론</td><td>경남 합천군</td></tr>
<tr><td>183호</td><td>금동보살입상</td><td>대구 수성구</td><td>207호</td><td>천마도 장니</td><td>국립중앙박물관</td></tr>
<tr><td>184호</td><td>금동보살입상</td><td>대구 수성구</td><td>208호</td><td>금동육각사리함</td><td>경북 김천시</td></tr>
<tr><td>185호</td><td>묘법연화경</td><td>국립중앙박물관</td><td>209호</td><td>보협인석탑</td><td>서울 중구</td></tr>
<tr><td>186호</td><td>양평 금동여래입상</td><td>국립중앙박물관</td><td>210호</td><td>감지은니불공견색신변진언경(13권)</td><td>경기 용인시</td></tr>
<tr><td>187호</td><td>봉감 모전오층석탑</td><td>경북 영양군</td><td>211호</td><td>백지묵서 묘법연화경(1-7권)</td><td>서울 관악구</td></tr>
<tr><td>188호</td><td>천마총 금관</td><td>경북 경주시</td><td>212호</td><td>대불정여래밀인수증료 의제보살만행수능엄경(1-10권)</td><td>서울 중구</td></tr>
<tr><td>189호</td><td>금모(천마총)</td><td>경북 경주시</td><td>213호</td><td>금동대탑</td><td>경기 용인시</td></tr>
<tr><td>190호</td><td>금제과대 및 요패(천마총)</td><td>경북 경주시</td><td>214호</td><td>흥왕사 명청동은입사운룡문향완</td><td>경기 용인시</td></tr>
<tr><td>191호</td><td>금관 및 수하식(98호 북분)</td><td>경북 경주시</td><td>215호</td><td>감지은니대방광불화엄경(31권)</td><td>경기 용인시</td></tr>
<tr><td>192호</td><td>금제 과대 및 요패(98호 북분)</td><td>경북 경주시</td><td>216호</td><td>인왕제색도</td><td>경기 용인시</td></tr>
<tr><td>193호</td><td>유리제 병 및 배(98호 남분)</td><td>경북 경주시</td><td>217호</td><td>금강전도</td><td>경기 용인시</td></tr>
<tr><td>194호</td><td>금제 경식(98호 남분)</td><td>경북 경주시</td><td>218호</td><td>아미타삼존도</td><td>경기 용인시</td></tr>
<tr><td>195호</td><td>토우장식장경호</td><td>경북 경주시</td><td>219호</td><td>청화백자매죽문호</td><td>경기 용인시</td></tr>
<tr><td>196호</td><td>신라 백지묵서 대방광불화엄경</td><td>경기 용인시</td><td>220호</td><td>청자상감용봉모란문개합</td><td>경기 용인시</td></tr>
<tr><td>197호</td><td>청룡사 보각국사 정혜원륭탑</td><td>충북 충주시</td><td>221호</td><td>상원사 목조문수동자좌상</td><td>강원 평창군</td></tr>
<tr><td>198호</td><td>단양 신라적성비</td><td>충북 단양군</td><td>222호</td><td>청화백자매죽문호</td><td>서울 관악구</td></tr>
<tr><td>199호</td><td>단석산 신선사 마애불상군</td><td>경북 경주시</td><td>223호</td><td>경복궁 근정전</td><td>서울 종로구</td></tr>
</table>

대한민국 국보

호	국보	지역	호	국보	지역
224호	경복궁 경회루	서울 종로구	271호	초조본 현양성교론(12권)	국립중앙박물관
225호	창덕궁 인정전	서울 종로구	272호	초조본 유가사지론(32권)	국립중앙박물관
226호	창경궁 명정전	서울 종로구	273호	초조본 유가사지론(15권)	국립중앙박물관
227호	종묘 정전	서울 종로구	274호	귀함별황자총통: 모조품으로 판명되어 1996. 6. 30지정 해제됨, 영구 결번	
228호	천상열차분야지도각석	서울 중구	275호	기마인물형 토기	경북 경주시
229호	보루각 자격루	서울 중구	276호	초조본 유가사지론(53권)	인천 남동구
230호	혼천시계	서울 성북구	277호	초조본 대방광불화엄경주본(36권)	전북 전주시
231호	용범	서울 동작구	278호	태종11년 이형원종공신록권부함	충북 영동군
232호	의안백 이화 개국공신록권	전북 정읍시	279호	초조본 대방광불화엄경주본(74권)	충북 단양군
233호	영태2년 명납석제호	부산 남구	280호	성거산 천흥사 동종	국립중앙박물관
234호	감지은니묘법연화경(권1~7)	경기 용인시	281호	백자주자	서울 관악구
235호	감지금니대방광불화엄경보현행원품	경기 용인시	282호	흑석사 목조아미타불좌상병복장 유물	경북 영주시
236호	월성 장항리사지 서 오층석탑	경북 경주시	282-1호	불상	경북 영주시
237호	고산구곡 시화병	경기 고양시	282-2호	전적	경북 영주시
238호	소원화개첩	경기 고양시	282-3호	직물류	경북 영주시
239호	송시열 상	국립중앙박물관	282-4호	기타 복장물 오향, 칠약, 오곡, 칠보류, 사리함	경북 영주시
240호	윤두서 상	전남 해남군	283호	통감속편	경북 경주시
241호	초조본 대반야바라밀다경(249권)	경기 용인시	284호	초조본 대반야바라밀다경(162, 170, 463권)	서울 강남구
242호	울진 봉평 신라비	경북 울진군	285호	울산 대곡리 반구대 암각화	울산 울주군
243호	현양성교론(11권)	경기 용인시	286호	백자발	경기 용인시
244호	유가사지론(17권)	경기 용인시	287호	부여 능산리 출토 백제금동대향로	충남 부여군
245호	신찬일체경원품차록(20권)	국립중앙박물관	288호	백제 창왕 명석조사리감	충남 부여군
246호	대보적경(59권)	국립중앙박물관	289호	익산 왕궁리 5층석탑	전북 익산시
247호	공주 의당금 동보살입상	충남 공주시	290호	통도사 대웅전 및 금강계단	경남 양산시
248호	조선방역지도	경기 과천시	291호	용감수경	서울 성북구
249호	동궐도	서울 성북구	292호	오대산 상원사 중창권선문	강원 평창군
250호	개국원종공신록권	서울 중구	293호	금동관세음보살입상	국립중앙박물관
251호	대승아비달마잡집론(14권)	서울 중구	294호	청화백자철사진사국화문병	서울 성북구
252호	청자음각연화문매병	경기 용인시	295호	나주 신촌리 고분 출토 금동관	광주 북구
253호	청자양인각연당초·상감모란문은구대접	국립중앙박물관	296호	칠장사 오불회괘불탱	경기 안성시
254호	청자음각연화절지문매병	서울 중구	297호	안심사 영산회괘불탱	충북 청원군
255호	전충남 출토 청동방울 일괄	경기 용인시	298호	갑사 삼신불괘불탱	충남 공주시
255-1호	팔주령	경기 용인시	299호	신원사 노사나불괘불탱	충남 공주시
255-2호	쌍두령	경기 용인시	300호	장곡사 미륵불괘불탱	충남 청양군
255-3호	조합식 쌍두령	경기 용인시	301호	화엄사 영산회괘불탱	전남 구례군
255-4호	간두령	경기 용인시	302호	청곡사 영산회괘불탱	경남 진주시
256호	초조본 대방광불화엄경주본(1권)	경기 용인시	303호	승정원일기	서울 관악구
257호	초조본 대방광불화엄경주본(29권)	충북 단양군	304호	여수 진남관	전남 여수시
258호	청화백자죽문각병	경기 용인시	305호	통영 세병관	경남 통영시
259호	분청사기상감용문호	국립중앙박물관	306호	삼국유사(3~5권)	경기 의왕시
260호	분청사기박지모란문철채자라병	국립중앙박물관	306-2호	삼국유사(1~5권)	서울 관악구
261호	백자호	경기 용인시	307호	태안 마애삼존불	충남 태안군
262호	백자대호	서울 중구	308호	대흥사북미륵암마애여래좌상	전남 해남군
263호	청화백자산수화조문대호	서울 중구	309호	백자대호	서울 용산구
264호	영일 냉수리 신라비	경북 포항시	310호	백자대호	서울 종로구
265호	초조본 대방광불화엄경주본(13권)	서울 영등포구	311호	안동봉정사대웅전	경북 안동시
266호	초조본 대방광불화엄경주본(2, 75권)	서울 관악구	312호	경주 남산 칠불암 마애불상군	경북 경주시
267호	초조본 아비달마식신족론(12권)	서울 관악구	313호	강진 무위사 극락전 아미타여래삼존벽화	전남 강진군 무위사
268호	초조본 아비담비파사론(11, 17권)	서울 관악구	314호	순천 송광사 화엄경변상도	전남 순천시 송광사
269호	초조본 불설최상근본대락금강불공삼매대교왕경(6권)	서울 관악구	315호	봉암사 지증대사 적조탑비	경북 문경시
270호	청자모자원형연적	서울 성북구			

호	국보	지역
보물 01호	서울흥인지문	서울특별시 종로구 종로6가 69
보물 02호	서울보신각종	서울특별시 종로구 세종로1-57 국립중앙박물관
보물 03호	대원각사비	서울특별시 종로구 종로2가 38 탑골공원
보물 04호	중초사지당간지주	경기도 안양시 만안구 석수동 212-1
보물 06호	고달사원종대사혜진탑비귀부및이수	경기도 여주군 북내면 상교리 417-3
보물 09호	서봉사현오국사탑비	경기도 용인시 수지읍 신봉리 산111
보물 10호	강화하점면오층석탑	인천광역시 강화군 하점면 장정리 산193
보물 12호	광주춘궁리오층석탑	경기도 하남시 춘궁동 466
보물 14호	창성사진각국사대각원조탑비	경기도 수원시 팔달구 매향동 13-1
보물 15호	법주사사천왕석등	충청북도 보은군 내속리면 사내리 209 법주사
보물 16호	억정사대지국사비	충청북도 충주시 엄정면 괴동리 360
보물 17호	정토사법경대사자등탑비	충청북도 충주시 동량면 하천리 177-1
보물 18호	정산서정리구층석탑	충청남도 청양군 정산면 서정리 16
보물 24호	금산사혜덕왕사진응탑비	전라북도 김제시 금산면 금산리 39 금산사
보물 28호	금산사당간지주	전라북도 김제시 금산면 금산리 39 금산사
보물 30호	만복사지오층석탑	전라북도 남원시 왕정동 481
보물 32호	만복사지당간지주	전라북도 남원시 왕정동 537-1
보물 33호	실상사수철화상능가보월탑	전라북도 남원시 산내면 입석리 50 실상사
보물 35호	실상사석등	전라북도 남원시 산내면 입석리 50 실상사
보물 36호	실상사부도	전라북도 남원시 산내면 입석리 50 실상사
보물 38호	실상사증각대사응료탑	전라북도 남원시 산내면 입석리 50 실상사
보물 40호	실상사백장암석등	전라북도 남원시 산내면 대정리 975 실상사 백장암
보물 41호	실상사철제여래좌상	전라북도 남원시 산내면 입석리 50 실상사
보물 42호	용담사지석불입상	전라북도 남원시 주천면 용담리 292
보물 45호	익산연동리석불좌상	전라북도 익산시 삼기면 연동리 산220-2
보물 46호	익산고도리석불입상	전라북도 익산시 금마면 동고도리 400-2
보물 48호	대흥사북미륵암마애여래좌상	전라남도 해남군 삼산면 구림리 산9 대흥사
보물 49호	나주동문외석당간	전라남도 나주시 성북동 108-1
보물 50호	나주북문외삼층석탑	전라남도 나주시 과원동 109-5
보물 51호	문경내화리삼층석탑	경상북도 문경시 산북면 내화리 48
보물 52호	봉화서동리삼층석탑	경상북도 봉화군 춘양면 서동리 104
보물 53호	개심사지오층석탑	경상북도 예천군 예천읍 남본리 200
보물 54호	고령지산동당간지주	경상북도 고령군 고령읍 지산리 4-2
보물 55호	봉정사대웅전	경상북도 안동시 서후면 태장리 901 봉정사
보물 56호	안동동부동오층전탑	경상북도 안동시 운흥동 231
보물 57호	안동조탑동오층전탑	경상북도 안동시 일직면 조탑리 139
보물 58호	안동안기동석불좌상	경상북도 안동시 안기동 152-13
보물 59호	숙수사지당간지주	경상북도 영주시 순흥면 내죽리 158
보물 60호	영주리석불입상	경상북도 영주시 가흥동 2-15

<table>
<tr><td colspan="3" align="center">대한민국 보물 100호</td></tr>
<tr><th>호</th><th>국보</th><th>지역</th></tr>
<tr><td>보물 62호</td><td>경주서악리마애석불상</td><td>경상북도 경주시 서악동 92-1</td></tr>
<tr><td>보물 63호</td><td>경주배리석불입상</td><td>경상북도 경주시 배동 65-1</td></tr>
<tr><td>보물 64호</td><td>경주보문리석조</td><td>경상북도 경주시 보문동 금당평 848</td></tr>
<tr><td>보물 65호</td><td>경주서악리삼층석탑</td><td>경상북도 경주시 서악동 92-1</td></tr>
<tr><td>보물 66호</td><td>경주석빙고</td><td>경상북도 경주시 인왕동 449-1</td></tr>
<tr><td>보물 67호</td><td>경주효현리삼층석탑</td><td>경상북도 경주시 효현동 420</td></tr>
<tr><td>보물 68호</td><td>경주황남리효자손시양정려비</td><td>경상북도 경주시 황남동 209와227의중간도로</td></tr>
<tr><td>보물 69호</td><td>망덕사지당간지주</td><td>경상북도 경주시 배반동 964</td></tr>
<tr><td>보물 70호</td><td>경주서악리귀부</td><td>경상북도 경주시 서악동 1006</td></tr>
<tr><td>보물 71호</td><td>함안대산리석불</td><td>경상남도 함안군 함안면 대산리 1139</td></tr>
<tr><td>보물 72호</td><td>단속사지동삼층석탑</td><td>경상남도 산청군 단성면 운리 333</td></tr>
<tr><td>보물 73호</td><td>단속사지서삼층석탑</td><td>경상남도 산청군 단성면 운리 333</td></tr>
<tr><td>보물 74호</td><td>통도사국장생석표</td><td>경상남도 양산시 하북면 백록리 718-1</td></tr>
<tr><td>보물 75호</td><td>창녕송현동석불좌상</td><td>경상남도 창녕군 창녕읍 송현리 105-4</td></tr>
<tr><td>보물 76호</td><td>춘천근화동당간지주</td><td>강원도 춘천시 근화동 793-1</td></tr>
<tr><td>보물 77호</td><td>춘천칠층석탑</td><td>강원도 춘천시 소양로2가 162-2</td></tr>
<tr><td>보물 80호</td><td>홍천희망리당간지주</td><td>강원도 홍천군 홍천읍 희망리 376-20</td></tr>
<tr><td>보물 81호</td><td>한송사지석불상</td><td>강원도 강릉시 죽현동 177-4 강릉시립박물관</td></tr>
<tr><td>보물 82호</td><td>강릉대창리당간지주</td><td>강원도 강릉시 옥천동 333</td></tr>
<tr><td>보물 83호</td><td>강릉수문리당간지주</td><td>강원도 강릉시 옥천동 43-9</td></tr>
<tr><td>보물 84호</td><td>신복사지석불좌상</td><td>강원도 강릉시 내곡동 403-2</td></tr>
<tr><td>보물 85호</td><td>굴산사지부도</td><td>강원도 강릉시 구정면 학산리 731</td></tr>
<tr><td>보물 86호</td><td>굴산사지당간지주</td><td>강원도 강릉시 구정면 학산리 1181</td></tr>
<tr><td>보물 87호</td><td>신복사지삼층석탑</td><td>강원도 강릉시 내곡동 403-2</td></tr>
<tr><td>보물 88호</td><td>탑산사동종</td><td>전라남도 해남군 삼산면 구림리 799 대흥사</td></tr>
<tr><td>보물 89호</td><td>도갑사석조여래좌상</td><td>전라남도 영암군 군서면 도갑리 8 도갑사</td></tr>
<tr><td>보물 91호</td><td>여주창리삼층석탑</td><td>경기도 여주군 여주읍 창리 136-6</td></tr>
<tr><td>보물 93호</td><td>파주용미리석불입상</td><td>경기도 파주시 광탄면 용미리 산8</td></tr>
<tr><td>보물 94호</td><td>사자빈신사지석탑</td><td>충청북도 제천시 한수면 송계리 1002</td></tr>
<tr><td>보물 95호</td><td>괴산미륵리오층석탑</td><td>충청북도 충주시 상모면 미륵리 56</td></tr>
<tr><td>보물 96호</td><td>괴산미륵리석불입상</td><td>충청북도 충주시 상모면 미륵리 58</td></tr>
<tr><td>보물 97호</td><td>괴산원풍리마애불좌상</td><td>충청북도 괴산군 연풍면 원풍리 산124-1</td></tr>
<tr><td>보물 98호</td><td>충주철불좌상</td><td>충청북도 충주시 지현동 269 대원사</td></tr>
<tr><td>보물 99호</td><td>천흥사지당간지주</td><td>충청남도 천안시 성거읍 천흥리 234</td></tr>
<tr><td>보물 100호</td><td>안국사지석불입상</td><td>충청남도 당진군 정미면 수당리 산102-1</td></tr>
</table>

25. 육십갑자

육십갑자(六十甲子) 고대 중국과 우리나라에서 사용했던 주기 이름으로 사건이나 행사가 일어난 해(年)를 나타낼 때 사용했다. 예를 들면 임진왜란(壬辰倭亂)' 또는 '병자호란(丙子 胡亂)'을 말할 때, 임진(壬辰), 병자(丙子)는 모두 육십갑자표(六十甲子)에 들어 있는 간지(干支)이름을 딴 것이다.

육십갑자의 주기는 60년으로 10간 12지를 조합해서 만든다
10간: 갑(甲)·을(乙)·병(丙)·정(丁)·무(戊)·기(己)·경(庚)·신(辛)·임(壬)·계(癸),
12지: 자(子)·축(丑)·인(寅)·묘(卯)·진(辰)·사(巳) 오(午)·미(未)·신(申)·유(酉)·술(戌)·해(亥).
10간(十干)에서 10이란 숫자는 인간의 손가락이 10개를 의미하며, 12지(十二支)는 1년의 12달을 뜻한다.

결합방법은 처음에 10간의 첫째인 갑과 12지의 첫째인 자를 붙여서 갑자를 얻고, 다음에 그 둘째인 을과 축을 결합하여 을축을 얻는다. 이와 같이 순서에 따라 하나씩의 간지를 구해 나가 60개의 간지를 얻은 후, 다시 갑자로 되돌아온다.

중국의 전국시대에 12지를, 쥐(子), 소(丑), 범(寅), 토끼(卯), 용(辰), 뱀(巳), 말(午), 양(未), 원숭이(申), 닭(酉), 개(戌), 돼지(亥) 등 12마리의 동물과 연관시켜 사용하였고, 이는 당시 동물을 숭배하는 토템 사상에서 유래됐다.

후한시대에는 이러한 간지를 음양오행(陰陽五行)과 결부시켜서 10간을 양(陽)으로 보고 천간(天干)이라 하였고, 12지를 음(陰)으로 보고 지지(地支)라고 하였다. 또한 간지(干支)의 각각을 오행(五行)으로 분류하였다.

최초의 갑자년 정월 갑자일은 중국의 경우, 상원 갑자년은 기원전 4500년 이거나 BC 2637년으로 추정하며, 우리나라는 세종 26년 한국의 역법 책인 칠정산 내편이 간행된 것을 기념으로 1444년을 상원 갑자년으로 하여 역법의 계산 기점을 잡고 있다.

60갑자(六十甲子)						
갑자	을축	병인	정묘	무진	기사	경오
甲子	乙丑	丙寅	丁卯	戊辰	己巳	庚午
신미	임신	계유	갑술	을해	병자	정축
辛未	壬申	癸酉	甲戌	乙亥	丙子	丁丑
무인	기묘	경진	신사	임오	계미	갑신
戊寅	己卯	庚辰	辛巳	壬午	癸未	甲申
을유	병술	정해	무자	기축	경인	신묘
乙酉	丙戌	丁亥	戊子	己丑	庚寅	辛卯
임진	계사	갑오	을미	병신	정유	무술
壬辰	癸巳	甲午	乙未	丙申	丁酉	戊戌
기해	경자	신축	임인	계묘	갑진	을사
己亥	庚子	辛丑	壬寅	癸卯	甲辰	乙巳
병오	정미	무신	기유	경술	신해	임자
丙午	丁未	戊申	己酉	庚戌	辛亥	壬子
계축	갑인	을묘	병진	정사	무오	기미
癸丑	甲寅	乙卯	丙辰	丁巳	戊午	己未
경신	신유	임술	계해			
庚申	辛酉	壬戌	癸亥			

26. 24절기

24절기: 절기는 태양의 움직임을 따라 계절의 변화를 나타낸 것으로 중국인들이 태양이 움직이는 길인 황도를, 동쪽으로 15°간격으로 나누어 기후를 나타내는 용어를 하나씩 붙인 것임. 절기의 이름은 중국 주나라 때 북경 주변의 기후를 기준으로 정해졌기 때문에 우리나라의 기후와는 약간 차이가 날 수 있다.

◆ 4계절 춘하추동(春夏秋冬)은 입춘(立春)·입하(立夏)·입추(立秋)·입동(立冬)의 4절기를 표현하여 1년을 의미함.

순서	일 자	절 기	내 용	세 시 풍 속
1	2월 4일 또는 5일	입춘(立春)	봄의 시작	세배, 복조리, 쥐불놀이, 오곡밥먹기, 달불이, 부럼 깨물기, 귀밝이술, 용알뜨기(정월 대보름날에 부인들이 닭이 울 때를 기다렸다가 서로 앞을 다투어 우물물을 긷던 풍속. 용알뜨기란 우물에 있는 용의 알을 뜬다는 뜻으로 새벽에 이 물을 떠오는 것은 집안에 복을 가지고 오는 의미), 개보름 쇠기(정월 대보름날에 개에게 밥을 주지 않는 풍속) 등
2	2월 18일 또는 19일	우수(雨水)	봄비 내리고 싹이 틈	
3	3월 5일 또는 6일	경칩(驚蟄)	개구리가 겨울잠에서 깨어남	볏가릿대 허물기, 콩볶기, 좀생이 보기(좀생이는 여러 개의 작은 별 집단으로 이를 보고 1년 동안의 농사일과 신수를 점치는 풍속), 영등할머니 굿(영남 또는 제주도등 해안지방에서 섬기는 풍신(風神).
4	3월 20일 또는 21일	춘분(春分)	낮이 길어짐	
5	4월 4일 또는 5일	청명(淸明)	봄 농사준비	삼짇날(들에 나가 꽃놀이를 하고 새 풀을 밟으며 봄을 즐기는 것), 화전놀이(교외에 나가 진달래 꽃등을 부치거나 떡에 넣어 먹는 놀이)
6	4월 20일 또는 21일	곡우(穀雨)	농사비가 내림	
7	5월 5일 또는 6일	입하(立夏)	여름의 시작	연등, 등띄우기, 줄불놀이(안동 하회마을 부용대에서 뽕나무 숯가루를 봉지에 달아매고 선비들이 뱃놀이 할때 불을 붙여 밤하늘에 흩어지는 불꽃을 관상하던 놀이. 유성룡이 낙향하여 즐기었다고 함)
8	5월 21일 또는 22일	소만(小滿)	본격적인 농사시작	
9	6월 5일 또는 6일	망종(芒種)	씨 뿌리기 시작	단오부채, 쑥호랑이(단오에 쑥호랑이를 만들어 잡귀를 막기 위해 함), 창포, 그네뛰기, 씨름, 봉숭아물 들이기.
10	6월 21일 또는 22일	하지(夏至)	낮이 연중 가장 긴 시기	
11	7월 7일 또는 8일	소서(小暑)	더위의 시작	유두천신(음력6월 15일, 유두날 새로 난 과일과 곡식으로 음식을 만들어 조상에게 올리는 것), 천렵(더위를 피하거나 여가를 즐기기 위해 뜻이 맞는 사람끼리 냇가에서 고기를 잡으며 하루를 즐기는 놀이).
12	7월 22일 또는 23일	대서(大暑)	더위가 가장 심함	
13	8월 7일 또는 8일	입추(立秋)	가을의 시작	백중놀이(음력 7월 15일에 김매기가 끝난 여름철 휴한기에 음식과 술을 나누어 먹으며 하루를 보내던 농민명절), 우란분재(죽은 사람이 사후에 거꾸로 매달리는 고통을 받고 있는 것을 구하기 위해, 후손들이 음식을 마련하여 승려들에게 공양하는 것). 두레길쌈(부녀자들이 추석에 이르는 동안 길쌈을 하거나 길쌈을 끝낸 다음 담소나 가무를 즐기거나 편을 갈라서 승부를 가리며 놀았던 풍습)
14	8월 23일 또는 24일	처서(處暑)	더위가 식고 일교차 큼	
15	9월 7일 또는 8일	백로(白露)	이슬 내리기 시작	벌초, 추석차례, 거북놀이(신라 문무왕 때 공주가 병이 나자 소년들에게 수숫잎으로 거북의 탈을 만들어 쓰고 놀게 했더니 공주의 병이 나았다는 유래가 있음), 강강술래.
16	9월 23일 또는 24일	추분(秋分)	밤이 길어짐	
17	10월 8일 또는 9일	한로(寒露)	찬이슬 내리기 시작	중양절(음력 9월 9일을 가리키는 날로 날짜와 달의 숫자가 같은 날을 말하며, 중국에서 유래한 명절로 한족의 전통 명절임)
18	10월 23일 또는 24일	상강(霜降)	서리 내리기 시작	
19	11월 7일 또는 8일	입동(立冬)	겨울 시작	말날(음력 10월줄 말날[午日]에는 말을 소중하게 여겨 팥떡을 해서 마구간 앞에 놓고 말의 무병과 건강을 비는 풍속), 시제(한식 또는 10월에 5대조 이상의 묘소에서 지내는 제사)
20	11월 22일 또는 23일	소설(小雪)	얼음이 얼기 시작	
21	12월 7일 또는 8일	대설(大雪)	겨울 큰 눈이 옴	동지고사(동짓날에 팥죽을 쑤어 집안 곳곳에 뿌려 잡귀의 침입을 막기 위해 행하는 고사)
22	12월 21일 또는 22일	동지(冬至)	밤이 가장 긴 시기	
23	1월 5일 또는 6일	소한(小寒)	가장 추운 때	납일, 음력으로 12월 연말에 해당. 지난 일 년을 돌아보고 조상에게 제사를 지냄), 묵은세배(한 해의 마지막 날인 섣달그믐에 가족과 친지에게 감사의 뜻으로 올리는 세배), 수세(섣달그믐날 밤에 사람의 몸에 기생하고 있던 삼시충이 잠든 사이에 빠져나가, 상제에게 죄과를 고해 수명을 단축시킨다고 믿었기 때문에 잠을 자지 않는 풍속)
24	1월 20일 또는 21일	대한(大寒)	겨울의 큰 추위	

기 간	구 분	내 용
BC 3100년경	황화문명	황화 유역에서 발생한 문명으로 대표적인 유적지로 허난성의 앙소(仰韶), 산둥성의 용산(龍山)이 있음. 채도 토기사용, 원시 종교를 갖고 씨족 단위로 취락생활을 하였다.
BC 2000~ BC 1500년	하(夏)	사마천의 사기에 의하면 양사오 문화 때 전설의 5제(황제, 전욱 제곡, 요, 순)가 있고 은나라 전에 중국 최초의 통일 왕조인 하나라가 있다 하나 미 증명됨. 문헌상으로 기록된 중국의 첫 국가이기도 하다. 고고학적으로 그 존재가 입증되지는 않아 그 존재 자체가 의심스러웠으나, 1980년대부터 2000년대까지 꾸준히 발굴작업이 진행 중인 이리두 유적의 발굴 작업과 사료 확인을 통해 중국 사학계에서는 하나라의 존재가 널리 인정되고 있다. 은나라(상나라)의 탕왕에게 멸망했다.
BC 1700~ BC 1027년	은(殷)	탕왕이 박(亳)지역에서 은왕조를 창건했다. 은허(殷墟)의 발견으로 은나라 존재가 입증됨. 신정정치(제정일치 사회), 왕위 세습(형제 상속, 부자상속)을 하였으며, 조상 숭배 풍속이 있었고, 갑골문자, 달력을 사용하였다. 은나라를 상(商)이라고도 함.
BC 1027~ BC 771년	주(周)	은에 속해 있던 주의 무왕이 은나라 왕인 주왕신의 폭정에 못이긴 제후의 요청으로 은나라를 함락시킴. 성왕 때는 왕족을 각지에 보내 봉건제도를 시작했다고 하며, BC771년 견융의 공격을 받아 유왕이 살해되고 아들 평왕이 도읍을 성주(成周: 지금의 낙양(洛陽)로 정했음. 정치는 봉건제도, 천명사상에 의한 덕치주의를 실현했고, 종법(큰아들이 아버지의 지위를 이어받아 대종이 되고 다른 아들들은 분봉되어 소종이 되도록 규정한 제도), 예법, 장자 상속제 성립, 정전제(토지공유) 등이 시행됨.
BC771~ BC 221년	BC 771년~ BC 403년 춘추시대 BC 403년~ BC221년 전국시대	춘추시대(BC 771~BC 403)전국시대(BC 403~BC 221)는 주나라가 낙양으로 도읍을 옮기면서 진이 통일을 하기까지의 500년간의 기간을 말함. 전반을 춘추시대라 하고 '한' '위' '조' 3국이 독립한 이후를 전국시대라 함. 제자백가가 활약함. 공자의 인, 맹자의 성선설, 순자의 성악설, 법가등이 활약함 법가는 후에 진시황의 정치 이념이 되기도 함. 춘추전국시대 성립은 견융족의 침입으로 왕실이 약화되자 제후들이 득세하고 제후들간 세력 경쟁심 하며 하극상 풍조가 유행하였다. 정치적으로는 읍락국가에서 영토국가로, 봉건제도의 붕괴로 군현제, 관료제에 의한 중앙집권국가가 등장함. 사회면으로 신분제가 흔들리며 세습귀족이 몰락하고 능력위주의 선비계층이 중용됨. 경제적으로는 철제 농기구 사용으로 농업 생산이, 경지면적의 확대로 토지 사유제가 등장하여 정전제가 붕괴됨. 상업이 발달하고 농산물의 상품화와 전매제로 화폐가 사용됨.
BC 221~ BC 207년	진(秦)	진나라는 시황제에 의해 전국 시대를 통일한 중국 역사상 최초의 제국이다. 시황제가 진나라의 최대의 적인 초나라를 멸망시켜 중국을 통일한다. 진시황제는 법가사상을 중심으로 중국을 통일하고 함양을 수도로 삼고 약 30여년이 지속되었다. 시황제는 도량형·문자의 통일, 군현제를 실시하고, 흉노 등의 침략을 대비하기 위해서 만리장성을 건설했다. 진은 남방에도 원정하여 베트남 북부까지 영토를 확장했다. 시황제의 사후, 환관 조고가 시황제의 혈족을 암살하고 황제를 허수아비로 만들며 폭정을 하자 진승, 오광이 반란을 일으킨다. 조고는 장한을 토벌군으로 보내 진승군과 초나라의 항량군도 격파했으나 항량의 조카 항우와의 결전에서 장한은 포로된다. 이에 위기감을 느낀 조고는 2세 황제를 암살한 후, 자영을 세워 정국을 안정화시키려 하지만 오히려 자영 등에 의해서 주살당하며, 그 후 자영은 유방에 항복하여 진이 멸망함.
BC 202~ BC 220년	한(漢)	유방이 초나라 항우를 이겨 한나라가 건국됨. 한의 고조는 항우를 무찌르고 장안에 도읍을 정하고, 군국제를 실시하여 군현제와 봉건제가 융합됨. 한 무제는 중앙 집권 체제를 완성하고 오·초 7국의 난을 진압함으로써 군현제를 확대함. 중농 억상 정책으로 대외 원정으로 인해 생긴 재정 결손 보충했으며 전매제, 균수법, 평준법 시행, 오수전을 주조했다. 유교를 국교화 하며 비단길을 개척하고 장건을 대월지에 파견하여 흉노족를 견제하고자 했으나 실패했고 동서 교통로인 실크로드를 개척함. 이광리가 대월국을 원정했고 영토 확장을 추구하여 흉노 정벌, 하서 4군, 한 4군을 설치함.
9년~24년	신(新)	황실의 외척인 왕망은 9살의 평제를 옹립한 후 곧 그를 죽인 다음 2세의 영(孀)을 세워 스스로 섭정을 했다. 8년에는 전한을 무너뜨리고 신나라를 세웠다. 왕망은 복고주의를 내세워 주례 등 유교경전을 근거로 하는 개혁정치를 단행하였다. 정전법으로 대토지 소유를 금지하는 왕전제를 실시하여 토지를 국가 소유로 하고 매매를 금지시켰다. 그리고 노비의 매매도 제한했다. 물가의 균형책과 전매제도를 강화하여 상업을 통제하였고 또한 화폐를 다시 만들었다. 그러나 개혁정책이 실패하여 사회는 혼란에 빠졌고 흉노를 비롯한 대외정책도 실패하여 농민반란이 각지에서 발생하였고 지방의 호족도 이에 호응하여 후한의 광무제에게 멸망하였다.
25년~220년	후한(後漢, 또는 동한, 東漢)	후한은 전한이 신나라의 왕망에 의하여 멸망한 이후, 한 왕조의 일족인 광무제(유수)가 한 왕조를 부흥시킨 나라이다. 수도가 낙양으로 그 위치가 전한의 수도 장안보다 동쪽에 있다하여 동한(東漢)이라고도 한다. 신나라 말기, 유수는 왕망과 적미군을 격파하면서 제후들의 추대를 받아 경시제를 폐위하고, 후한 왕조를 창건하였다. 후한 시대에는 종이의 발명등 문화가 번창하였고 서역의 여러 나라와 실크로드를 다시 개척하였다.

기 간	구 분	내　용
25년~220년	후한(後漢, 또는 동한, 東漢)	그러나 외척과 환관들의 세력 다툼과 유능한 선비들이 정가에서 축출되면서 조정의 능력이 저하되었고, 매관매직과 수탈이 심해져 백성들의 원성을 샀다. 이 틈을 타 장각이 황건적의 난을 일으켰고 각지의 군벌들의 힘이 강화되었다. 양주의 군벌이었던 동탁은 낙양에 진입하여 소제를 폐위시키고 헌제를 추대했다. 조조는 헌제를 보위하며, 숙적 원소를 물리치고 화북과 화중의 일부를 차지하였다. 이후 조조의 아들인 위(魏)의 문제에게 헌제가 제위를 넘겨주며 후한 왕조는 멸망함.
220년~280년	삼국(三國)	동한이 망한 후, 위, 촉, 오의 삼국이 천하를 놓고 쟁패한 시기
220년~265년	위(魏)	후한 말 당고의 옥, 황건의 난으로 조정이 약해지자, 동탁·원소·원술 등 군웅이 각지에 할거하였고 조조도 황건적을 토벌하면서 세력을 확대하였다. 196년 헌제를 받들어, 승상이 되고 화북을 통일하였다. 216년 조조는 위국왕으로 봉하여졌으나, 220년 조조가 죽자 아들 조비(문제, 文帝)는 헌제에게 강요하여 제위를 선양받아, 낙양에 도읍을 정하고 위나라를 세웠다. 조조는 부국강병을 위하여 둔전제를 실시하고, 징병제를 대신한 병호제를 실시하였다. 또한 징세의 단위를 호(戶)로 하고, 인재를 발탁하기 위하여 9품관인법을 제정하였으나, 실제로는 명문 출신자가 관직을 독점하였다. 그 중에서도 사마씨의 세력은 강대하여서, 황제를 폐립하기도 하였다. 265년 사마염(무제, 武帝)은 위의 선례에 따라 원제에게 양위를 강요하여 제위에 오르면서 위는 멸망하였다.
221년~263년	촉(蜀)	경제(景帝)의 후손 현덕 유비(劉備)가 촉(蜀)을 건국함. 황건적의 난 이후 군웅할거 시대에 형주 목사 유표의 부하인 유비는 유표가 죽은 뒤 그의 아들 종이 조조에게 투항하자, 제갈량과 협력하여 손권과 동맹하여 적벽 전투에서 조조를 격파하고 양자강 중류 지역을 장악하였다. 위나라 조비가 한제의 양위를 받아 제위에 오르자, 221년 유비도 제위에 올라 수도를 성도(成都)로 정하고 종묘를 세워 한(漢)의 정통성 주장하였다. 뒤이어 손권도 오나라를 세워 3국이 대립했다. 촉한·오의 대결에서 유비가 백제성에서 병사하고 후사를 위임받은 제갈량은 유선(劉禪)을 잘 보좌하여 국력을 강화하였다. 제갈량은 중원 회복을 위해 북벌을 시도하였으나 오장원전투에서 병사하고, 촉은 매년 위와의 전쟁과 환관 황호의 횡포로 국력이 쇠퇴해지자 겁많은 유선이 위나라에 항복하여 멸망함.
229년~280년	오(吳)	한나라 말기 부춘의 호족 손견은 원술 밑에서 동탁을 토벌하여 세력을 얻었지만 유표를 토벌하다 사망하였다. 그의 맏아들 손책 또한 원술의 휘하에서 여러 군을 평정하고 세력을 확장하다 자객에 의해 암살되었다. 이후 손책의 동생 손권(孫權)이 19세에 주군이 되어 아버지와 형의 세력을 가지고 인품과 덕망으로 세를 넓히고 유비와 연합하여, 조조를 적벽 싸움에서 크게 무찔렀다. 조조의 아들 조비가 위(魏)의 황제가 되자 손권도 오왕에 봉해졌고 연호를 황무(黃武)라 하였다. 도읍을 말릉(秣陵: 현재의 南京)으로 옮겨 그곳을 건업(建業)이라 하였다. 오나라 위치는 양자강 유역으로 토지가 비옥하고 물산이 풍부하였다. 손권의 사후에 태자와 동생간의 권력쟁탈전이 벌어져 두 파벌은 모두 패망하고 10세의 어린 손량이 태자로 즉위하게 되면서 국력이 분열되었다. 촉한은 위에게 망하고, 진은 위를 멸하고 오를 공략하여 멸망시키므로서 삼국시대가 끝을 맺게 된다.
265년~316년	위진남북조 (魏晉南北朝)	위촉오의 삼국시대부터 위의 쟁패, 사마씨의 진으로부터 이후 남북으로 나뉘어져 분열된 시기를 보내고, 북쪽은 오호십육국이, 남쪽은 남경에 송, 제, 양, 진이 건국됨. **남북조 시대의 사회·경제** - 문벌 귀족 사회(호족들이 9품 중정제를 통해 문벌 귀족화함) - 호족의 대토지 소유 억제책(국가의 농민 지배 강화책) - 위의 둔전법(전란으로 방치된 토지를 군인과 유민을 시켜 강제 경작시킨것), 서진의 점진법, 북위의 균전제. **남북조의 문화** 북조: 유교 권위 존속, 강건, 소박, 불교 미술(둔황, 룽면) 남조: 노장사상 발달, 청담(죽림7현), 귀족적, 화려, 자유분방 불교의 토착화: 인도, 서역, 중국 승려의 교류(동진의 법현) 도교의 성립: 북위의 구겸지에 의해 교단 조직 문학: 도연명의 시, 소명 태자의 문선(4·6 변려체) 예술: 왕희지의 글씨, 고개지의 그림
581년~617년	수(隋)	수(隋)의 중국통일 양견(문제)은 북주 황실과 인척관계를 이용하여 그는 사위로부터 북주를 빼앗아 수를 개창하였다. 문제는 호북성에 도읍을 정하고, 내정에 힘을 쏟고, 장성을 축조하여 돌궐의 침입을 대비하였다. 문제의 장남 용 대신 동생 광이 황태자가 되고 뒤에 즉위하여 양제(煬帝)가 되었다. 문제는 아들 양제에 의하여 살해되었다고 한다. 양제는 남북을 잇는 대운하를 완성하고, 남북의 통일을 추진하여 동도를 낙양에 조성하고, 돌궐과 손을 잡을 우려가 있었던 고구려에 3차에 걸쳐 원정을 시도하였으나 실패하였다. 양제는 대대적인 토목공사와 원정을 추진하면서 백성들의 원성을 샀다. 제2차 고구려 원정 도중에

기 간	구 분	내 용
		일어났던 양현감의 반란이 있은 후 수나라는 분열되기 시작했다. 산서성의 이연은 내란이 격화되자 호족들을 모아 군사를 일으켜 장안(長安)을 탈취하고 양제의 손자인 유(공제)를 옹립하였다. 양제가 강도에서 살해되자, 이연이 공제로부터 양위를 이양 받아 즉위하여 당나라를 창건함으로써 수나라는 멸망하였다.
618년~907년	당(唐)	이연이 수를 멸하고 장안에 도읍을 정했다. 건국하여 후량의 주전충(朱全忠)에게 멸망하기까지 290년 간 유지되었다. 당나라 문화는 동아시아 여러 나라에 많은 영향을 미치고 정치 문화 발전에 크게 기여했다. 율령 체제의 정비와 중앙의 행정조직인 3성6부, 어사대, 지방의 10도, 6도호부 설치, 균전제, 부병제, 과거제를 도입했다. 8세기 이후 토지 겸병 확대, 균전제와 이를 기반으로 한 조·용·조, 부병제 동요, 절도사 대두, 환관의 횡포로 백성의 고통이 심해지자 안사의 난과 황소의 난이 일어남으로써 세력이 약화되어 절도사 주전충에게 멸망(중간에 측천무후가 주(周)로 국호를 바꾸기도 하였다.
907년~960년	오대십국(五代十國)	중국 사회의 전환기로 후량, 후당, 후진, 후한, 후주의 다섯 나라가 개봉에 들어서고, 오월, 전촉, 남당 등의 국가가 건국됨. 이는 당 멸망 후 절도사들이 각지에서 일어나 나라를 세우고 문벌 귀족이 몰락하며 신흥 지주인 형세호가 새로운 지배층으로 등장함. 지방 도시가 발전하여 정치·경제의 중심이 이루어지기도 하였다.
960년~1279년	송(送, 북송)	조광윤이 오대 최후의 왕조 후주에게서 선양을 받아 개봉(開封)에 도읍하여 세운 나라이다. 국호는 송이었으나, 정강의 변으로 강남으로 옮겨 임안(臨安)에 천도하였다. 개봉 시대를 북송, 임안시대를 남송이라 한다. 조광윤(태조)은 제위에 오르자 오대 부장들의 횡포를 막기 위해 무관을 억압하고 문치주의를 채택하였다. 모든 권한을 중앙정부로 집중시켜 중앙집권제를 확립하고 이를 유지하기 위해 차(茶)·소금·술·등 일용필수품의 전매수입으로 군사비를 확보했다. 이러한 정책은 내부적으로 밀매자를 만들고, 밖으로는 외부민족을 자극하게 되어 송나라에 대항케 하는 결과를 낳았다. 서하는 송나라의 소금 전매제도로 자국산 소금 수출이 금지되자 송나라에 반항하고 침입하여 위협했다. 이러한 위기로 신종은 왕안석을 중용하여 신법을 실시하여 국가재정과 빈농, 영세상공업자를 구제하여 중산계급을 육성했다. 신법으로 국가재정은 흑자로 전환되었으나 지주·관료 등 기득권 세력이 반발하였다. 신종 사후에 구법당의 사마광 등이 등용되어 신법은 폐기되고 구법으로 되돌아갔으나 구법당에게는 뚜렷한 정책방향이 없어 정치는 혼란에 빠졌다. 신종의 아들 철종이 성장하여 친정을 행사하면서 구법당을 물리치고 신법당 관료를 등용하였으나 효과를 보지 못하여 당쟁이 끊이지 않다가 만주에서 일어난 금나라(여진족)에 의하여 1127년 멸망하였다.
	남송(南末)/금(金)	신법당에 의하여 폐출되었던 철종의 후비 맹씨가 고종을 인정하여 구법당계의 관리가 많이 등용되었다. 남송이 임안으로 천도한 후 정치가·군인·학자 사이에는 주전론(主戰論)이 강하였으나 여진족을 이길 수가 없었고, 싸울 때마다 패하여 군사비는 늘어나 백성은 과중한 세금에 허덕이고 반란이 그치지 않았다. 고종 때, 재상 진회는 금나라와 화의하였으나 두 나라의 화평은 자주 깨졌다. 남송 사회는 항상 전시 상태에 놓여 있어 군비를 마련하기 위한 지폐가 남발되었고, 이 때문에 물가는 뛰고 무거운 세금에 백성은 도탄에 빠졌다. 원풍의 관제개혁으로 재상의 권한이 강화되자 천자의 독재권은 형식화되고 국가기강이 문란해졌다. 정치·경제·사회 등 모든 것이 붕괴하려고 할 때 몽골군이 침입하여 송나라는 멸망하였다.
1271년~ 1368년	원(元)	중국 본토를 중심으로 동아시아 전역을 지배한 몽골족의 왕국임. 칭기즈칸의 손자인 쿠빌라이칸은 1271년 역경(易經)의 '대재건원(大哉乾元)'을 따서 국호를 대원(大元)이라 하고 중국 정통 왕조임을 내외에 선언하였고 이어 화이허강 이남 지역에 있던 남송을 평정하여 중국을 접수하고 일본·베트남·미얀마 등도 공격함. 원나라 내부의 정쟁과 한족에 의한 민족적 반란으로까지 발전하여 주원장에 의한 명나라가 출현하고 1368년 수도 대도를 명나라의 군대에 빼앗겨 순제(順帝: 토곤 테무르)가 몽골 본토에 쫓김으로써 원나라의 중국지배는 끝이 남. 그 뒤 몽골본토에 터를 잡은 원군은 얼마 동안 명군과 항쟁을 계속하였으나 쇠퇴와 내분으로 소멸되었다. 이를 북원(北元)이라 한다.
1368년~ 1644년	명(明)	한족인 주원장이 몽골족이 세운 원나라를 멸망시키고 세운 통일왕조로 강력한 중앙집권제를 실시함. 정치는 안정되고 상공업의 번성으로 도시가 번창하고 문화와 예술이 발달하였으나 상업의 발달이 부를 균등하게 분배하지 못했고 관리는 부패하고 토지를 잃은 유민이 속출하면서 대외적으로는 몽고족과 왜구의 침입으로 혼란을 겪었고 후기에는 만주족이 세운 후금(後金: 이후 청나라가 됨)이 명나라를 압박하고 결국 1631년 이자성의 난이 일어나 16대 277년만에 멸망하였음.
1636년~ 1912년	청(清)	누르하치의 후계자 홍타이지는 후금의 국호를 청으로 고치고 팔기체제를 갖추었음. 3대 순치제는 팔기군으로 명나라 베이징을 점령한 후 수도로 삼았고, 4대 강희제는 오배의 난, 삼번의 난을 진압하고 대만을 점령하여 진정한 중국 통일을 이루었다. 러시아가 강점한 네르친스크를 회복하였다. 5대 옹정제는 청나라의 통치체제를 완비하였고 세금을 단일화하여 민생에 중점을 두었으며 백과 사전인 고금도서집을 완성함. 옹정제는 하루 4시간밖에 자지 않고 일하다 과로 때문에 세상을 떠났음.

기 간	구 분	내 용
1636년~ 1912년	청(淸)	6대 건륭제는 중국의 역대 왕조 중에서 가장 큰 영토를 완성하였으나 많은 해외원정과 황실의 사치로 쇠퇴하기 시작했다. 영국이 동인도 회사를 통해서 아편 무역을 시작하자 이를 반대하여 아편 전쟁이 일어났으며 남경조약으로 홍콩은 영국에 넘어갔으며 상하이 등 5개 항구가 강제 개항되는 계기가 되었다. 1851년 홍수전이 기독교 성격의 사회운동인 태평천국 운동을 일으켰으며, 청은 2차 아편 전쟁 이후 중재역할을 한 러시아에 베이징 조약을 통해 연해주지방을 넘겨주었다. 1860년대 이후 서양문물을 받아들인 양무운동은 청프전쟁, 청일전쟁에서 패함으로써 실패로 끝났다. 결국 청나라는 신해혁명으로 인해 1912년 멸망하였고, 위안스카이가 중화민국의 대총통으로 취임하면서 그 영토를 계승하였고 1949년에 중국 본토가 중화인민공화국이 되고, 타이완 섬은 분리되어 중화민국이 되었음.
1912년~ 1949년	중화민국	신해혁명후 손문이 임시대총통으로 삼았으나, 위안스카이(袁世凱: 원세개)에게 대총통 자리를 양보하여 1912년 1월 1일 중화민국 임시정부가 남경(南京)에서 성립되고 정부를 베이징(北京)에 이전함. 장개석의 중국 국민당이 일당 독재를 하자 중국 공산당이 장시성에 중화소비에트공화국을 세웠으나 3년만에 제압되었다. 그 후 일본 제국이 만주 사변을 일으키고, 중일 전쟁이 시작되면서 937년 수도가 일본 제국에 점령당했다. 중국 국민당은 남경을 탈출, 충칭 시로 도피했고 일본은 남경 대학살을 자행했다. 1940년에는 친일 성향의 신정부가 왕징웨이에 의해 수립되나, 결국 일본 제국을 중국 대륙에서 몰아내고 제2차 세계 대전의 승전국이 된다. 중일 전쟁에서 중국 국민당과 중국 공산당은 일본 제국에 맞서 함께 싸웠으나 승전 후 미국은 중국 국민당을 지원했고, 소련은 중국 공산당을 지원하였다. 국민당은 미국의 지원을 등에 업고 공산당을 공격했으나 국민당에 등을 돌린 중국 인민의 민심, 그리고 경제 정책의 실패 등으로 중국 대륙을 공산당과 중화인민공화국에게 내주고 타이완(대만)으로 망명한다. 국민당은 공산당과의 전쟁을 이유로 타이완에 계엄령을 선포하고 일당 독재를 실시한다. 타이완 정부는 미국과의 경제 협정을 통해 30년간 비약적인 경제 성장을 이룩하였다. 그러나 냉전 체제의 종식과 함께 미국을 위시한 자본주의 국가들이 중화인민공화국을 승인함으로써 중화민국은 점차 외교적으로 고립되었다.
1949년~	중화인민공화국	청나라 말기의 신해혁명으로 중화민국이 탄생되었고, 중화민국 내에 모택동이 이끄는 공산당과 장개석이 이끄는 국민당이 2차세계대전 이후 이른바 국공내전으로 인해 모택동의 공산당이 승리하여 중화인민공화국이 탄생하였다. 수도는 베이징(北京). 세계에서 면적(9596961㎢)이 4번째로 큰 나라. 정식 명칭은 중화인민공화국(People's Republic of China)이다. 행정구역은 간쑤·광둥·구이저우·랴오닝·산둥·산시(山西)·산시(陝西)·쓰촨·안후이·윈난·장시·장쑤·저장·지린·칭하이·푸젠·하이난·허난·허베이·헤이룽장·후난·후베이·타이완 등 23개 성(省)과 광시장족·네이멍구·닝샤후이족·시짱(티베트)·신장웨이우얼 등 5개 자치구, 베이징·상하이·충칭·톈진 등 4개 직할시, 마카오·홍콩으로 구성되었다.

기간	구분	내용
BC 10,000년~ BC 300년	조몬(繩文) 시대	일본의 조몬시대는 약 1만 년 전 신석기시대를 말한다. 유적으로 조몬토기(저온에서 구운 두텁고 무른 흑갈색의 새끼줄 무늬 토기)와 타제석기 외에 마제석기(돌창, 돌도끼, 돌칼)를 제작하였고 동물 뼈를 이용한 작살·낚시 바늘 등의 골각기와 사냥에 활을 사용함. 상아로 만든 목걸이, 골각제의 머리핀, 패류의 팔지·목걸이도 사용함. **취락의 형성** 수혈식 주거의 집단적인 취락이 장기간에 걸쳐 형성되었고 광장 주위에 원형으로 취락을 형성하였으며 취락 내부에 공동묘지를 만들고 혈연적 결합을 하였다. **사 회** 수렵·어로 등은 공동으로 행하고 획득한 물건을 공평하게 분배하였으며 개인적인 부와 권력을 발생시키는 잉여 생산물의 축적은 불가능했고 집단의 통솔자는 있어도 계급적인 지배는 존재하지 않음.
BC 300년~ 400년	야요이(彌生) 시대	야요이 시대는 기원전 3세기경 한반도 남부로부터 농경문화가 전래되어 큐수 북부에서 처음으로 농경사회가 성립되고 야요이시대 후기까지 동북부 및 홋가이도를 제외한 전일본에서 벼농사가 행해짐. 유적으로 야요이토기(무늬나 장식이 없고 붉은색을 띠며 얇고 단단한 토기로 식량을 저장하는 항아리, 취사용 독, 음식을 담는 용기)가 있고 금속제 도구가 보급되어 2~3C 청동기 문화, 5~6C 철기 문화때 도검 등 무기 외에 동탁 등 제기가 만들어졌고 기직 도구를 사용하여 천을 만들었음. **주거 및 사회** 수혈식주거(땅을 파내려가 지붕을 씌운 집 형태)와 바닥이 높은 곡물 저장창고, 대규모 취락이 등장하고 사유재산과 신분·계급의 제도가 싹트기 시작했다. **야마타이국(邪馬台國)** 2세기 중후반 소국들 간의 격렬한 항쟁이 벌어지는 대란이 발생하여 여러 소국이 통합되어 30여국으로 축소되고 그 수장들의 추대를 받아 야마타이국의 여왕 히미코를 맹주로 하는 연맹왕국 탄생함. 히미코는 종교적 수장이며, 일반 정치는 남동생이 보좌함. 지배층은 대인, 하층민은 하호, 가장 아래층인 노예 등의 신분질서를 가졌다. 법질서와 권력구조, 세제도 정비되어 어느 정도 국가의 형태를 갖추었다. 히미코 사망 후 히미코 일족 이요가 왕위를 승계하였으나 이요 사후에 일본 역사는 암흑기가 됨.
400년~710년	야마토(大和) 시대	야마토 시대는 야마토지방의 호족세력이 연합하여 나라를 세우고 야마토정권을 세워 일본 최초의 통일정권을 가짐. 세제제를 확립해 국호를 야마토로 하고, 오키미(大君: 王)라 불리는 지배자와 그 밑에는 귀족계급이 형성되어 성(姓)을 부여받고 광대한 토지와 백성을 소유하였다. 쇼토쿠태자(聖德太子): 6세기 중엽 호족이었던 모노베씨(物部氏)와 소가씨(蘇我氏) 사이에 정권쟁탈전이 벌어졌고 불교의 수용에 적극적인 소가씨가 모노베씨를 누르고 권력을 소유함. 쇼토쿠태자가 용명천황을 대신하여 섭정에 취임하고 천황을 중심으로 하는 관위 12계를 만들어 능력있는 인재를 관리로 발탁함. 불교와 유교 사상을 받아들여 헌법 17조를 제정하고 사신과 유학생 등을 중국에 파견하여 선진문화의 수입에 적극적인 자세를 취함. **아스카 문화** 야마토정권시기에 한반도나 중국에서 많은 사람들이 선진 기술이나 지식을 가지고 건너옴(이를 도래인, 귀화인이라 함). 이들이 일본인 생활의 진보에 큰 공헌을 하여 4세기 말엽 한자와 유교, 6세기 중엽 불교가 경전이나 불상 등과 함께 전파되고 아스카 문화는 불교문화가 중심이고 백제를 비롯한 한반도 영향을 많이 받음. 고구려승 혜자와 백제승 혜총, 관륵 고구려승 담징 등이 활동했고 쇼토쿠태자는 불교를 널리 전하기 위해서 호오류우지(法隆寺)를 세움. 아스카문화는 대륙의 영향이 강하여 멀리 그리스나 서아시아 문화의 영향을 받은 것도 많음. **다이카개신(645)** 쇼토쿠태자 사후, 소가씨 세력이 전횡하며 황족인 나까노 오오에(中大兄)와 호족인 나까토미노 카마타리(中臣鎌足) 등이 소가씨를 제거, 당나라의 제도를 모방하여 천황을 중심으로 하는 중앙집권적인 정치체제 확립했고 호족이 소유하고 있던 토지와 인민을 모두 천황이 소유하는 것으로 전환. 중앙에 제사를 관장하는 신기관과 정치를 담당하는 태정관의 2관과 8성을 설치했고 지방에는 중앙정부가 임명한 관리가 국사(國司)라는 이름으로 파견했으며 국민을 호적에 등록시키고 일정한 토지를 분배했으며 토지에 따라 쌀이나 천으로 세금, 노역과 병역을 부담시켰음.
710년~794년	나라(奈良) 시대	중국 당나라 수도 장안을 모방하여 나라에 헤에쬬오교오(平城京)라는 수도를 건설함. 다이호(大寶)율령에 따라 천황에 의한 율령정치가 행해졌으며 율령정치의 근본인 공지·공민 제도는 귀족들의 간전영년사재법(토지 개간자가 영구 소유) 악용으로 붕괴되었으며 대토지를 소유하게 된 귀족들과 승려들이 막강한 정치권력을 소유함. **텐표오(天平)문화** 견당사를 파견하여 당의 선진 문물을 수용하고 불교에 의한 정치를 이상으로 삼아서 불교 문화가 발전했으며 귀족적인 성격의 중앙집중의 문화임. 만요오슈(万葉集) 같은 국민의 생활감정을 표현한 작품도 있음. 천황의 정통성을 확보하기 위해 국사편찬사업으로 <고사기>, <일본서기>를 편찬함.
794년~1185년	헤이안(平安) 시대	헤이안 시대는 칸무(桓武) 천황이 794년 헤이안교오(平安京: 京都)로 천도하면서 시작됐다. **후지와라(藤原) 가문의 셋칸(攝關) 정치** 외척 후지와라 가문이 셋쇼와 간바쿠를 독점하면서 200여년 간 권력을 행사했다, 셋쇼(攝政)란 천황이 어려서 정사를 볼 수 없을 때 대신 정무를 보는 직책이며 간바쿠(關白)란 모든 정무를 관장한다는 의미로서 신하들 중 최고위 직책임. 후지와라 가문 중심의 귀족정치로 공지·공민제도가 붕괴하고 장원이 전국적으로 확산됨. 국풍문화: 10세기 이후의 일본 문화를 말하며 그동안 한반도와 중국의 영향을 받아온 문화를 일본에서 소화되어 일본인의 생활과 취향에 맞게 변화하여 생겨난 귀족 문화를 국풍문화라 한다. 카나 문자의 발명으로 일본문학이 주도 했다. 남성들은 카타카나와 한문을, 여성들은 히라가나를 사용했다. 중국에서 유학과 불교를 공부한 사이쵸는 천태종을, 구카이는 진언종을 개종하였으며 이것은 상류사회

기간	구분	내용
794년~1185년	헤이안(平安) 시대	에 빠르게 보급되었다. 10세기 중엽에는 정토교가 귀족과 서민사이에 널리 보급되었다. 국풍문화의 영향속에 주택도 일본풍의 건축양식인 신덴즈쿠리가 유행한다. 건물내부에는 일본의 풍물을 소재로 한 야마토에가 그려지고 귀족의 생활에 다타미가 사용되었다. **호겐·헤이지의 난**: 지방의 호족을 중심으로 무사단이 형성되었으며 미나모토 가문과 다이라 가문이 대표적인 무사 집단이다. 12세기 중엽 상황과 천황간의 대립으로 후지와라 일가의 분쟁이 발생하여 무사들은 각기 미나모토·상황 측과 다이라·천황 측으로 나뉘어 싸우면서 무사들이 중앙 정계로 진출하는 계기가 되었다. 미나모토 가문을 물리친 다이라기요모리가 권력을 잡았으나 미나모토 가문과 고시라카와 법황이 동맹하여 다이라 가문을 멸족시킴. **호겐(保元)의 난** 시라가와(白川) 천황에서부터 시작한 인세이 정치(천황이 상황이 된 후에도 정무에 참여)는 천황과 상황 간의 권력 투쟁 양상으로 발전. 스토쿠(崇德) 상황과 고시라카와(後白河) 천황 시대에 무력전으로 발전하여 호겐(保元)의 난(호겐은 고시라카와 천황의 연호)이 발생하여 후지와라 가문과 무사 집단인 다이라 가문 및 미나모토 가문 안에서도 내분이 일어나 각각 천황파와 상황파로 분열되고 천황파가 승리함. **헤이지(平治)의 난** 고시라카와(後白河) 천황은 니조(二條) 천황에게 양위하자 다이라기요모리는 천황을, 미나모토요시토모는 상황을 각각 지지하여 무력 대결함. 다이라 가문이 승리하고 요시토모와 장성한 두 아들은 목숨을 잃고 아직 어렸던 삼남 요리토모와 구남 요시쓰네는 유배됨. 권력을 잡은 다이라기요모리는 스스로 태정대신에 오르고 반대파를 제거함. 다카쿠라(高倉) 천황이 즉위하자 딸을 천황의 비로 만들고 3세에 불과한 외손을 천황으로 옹립하였다. 비운의 어린 천황 안토쿠(安德)는 8세 때 단노우라 전투에서 다이라 가문이 미나모토 가문에 패하자 단노우라에 뛰어들어 자결함. **겐페이(源平) 전쟁**: 미나모토요시토모의 삼남 요리토모(당시 8세)는 이즈(伊豆) 지역에 유배되어 지역 호족인 호죠도키마사의 딸 마사코와 결혼하고 세력을 키워 나가며 다이라 가문의 실정이 이어지고 각지에서 다이라 정권에 대한 저항세력을 규합한 요리토모는 거병하여 다이라 가문과의 5년간에 걸친 전쟁에 돌입 겐페이(源平) 전쟁을 일으킨다. 요리토모 이외에도 유력한 지방 무사 세력이 다이라 가문을 타토를 위해 거병하자 천하는 사이고쿠의 다이라 가문, 간토의 요리토모, 호쿠리쿠의 미나모토요시나카(源義仲), 오슈의 후지와라 가문으로 사분되고 요시나카가 승병들과 연합하여 다이라 가문을 무찌르고 교토를 점령함. 요시나카는 귀족과 승병 세력의 지지를 받는 고시라가와(後白河) 법황(法皇)을 폐위시키고 스스로 세이이다이쇼군(征夷大將軍)에 오르는 등 권력강화를 기도하며 고시카와라 법황은 요리토모에게 밀지를 보내 요시나카를 축출하도록 요구함. 고시카와라 법황의 지지를 얻은 요리토모는 아우인 요시쓰네(義經)를 시켜 교토로 진격해 요시나카를 축출하고 권력을 장악함. 요시쓰네는 달아난 다이라 가문을 서부 혼슈 끝인 시모노세키까지 추격하여 다이라 가문을 전멸시킴.
1185년~ 1333년	가마쿠라(鎌倉) 시대	카마쿠라는 일본 최초의 봉건정부이다 1192년에 시작된 카마쿠라 막부(무신정권)은 700여 년간 지속되는 무사들에 의한 독재정치였다. **막부(幕府)**는 장군과 그 부하 고케닌이 토지를 매개로 결합된 주종관계이다. **코케닌(御家人)**은 쇼군 친견이 가능한 쇼군 직속의 고위 관리를 말함. 다이묘(大名)는 쇼군에게 복속한 지방정권의 수장인 영주이다. 고케닌 중 유력한 자를 슈고·지토오에 임명하여 전국을 지배하게 하고, 교토의 천황과 귀족 중심의 정부와 가마쿠라 막부를 유지했다. 요리토모 사후, 부인 마사코의 친정 호오죠 가문이 권력을 장악하고 13C 후반 두 차례의 여몽연합군의 원정 전쟁으로 약소 고케닌들의 불만이 막부를 등지게 되면서 막부의 세력은 급격히 약화되고 결국 1333년 고다이고 천황에 의해 가마쿠라 막부가 멸망함. **문화** 귀족문화와 무사문화가 양립되어 신흥 무사계급은 고전문화와 송문화를 받아들여 강건한 기풍과 무인 세상을 담은 문화를 창출하였고 무사들의 무용담을 담은 군담소설이 유행함. 전란이 계속되는 등 시국이 불안하자 많은 무사와 백성들이 종교에 귀의하고 헤이안 시대의 난해하고 계율 중심의 불교에서 쉽고 실천적인 선종이 무사들 사이에서 인기가 있음.
1333~1573년	무로마치(室町) 시대	고다이고(後醍醐) 천황은 천황중심의 정치 부활시켰으나 아시카가타카우지(足利尊氏))의 반란으로 패주하자 요시노(현재 나라현)에 조정을 세웠다(남조). 타카우지는 교토에 새로운 천황을 세우고(북조) 세이이다이쇼군이 되어 막부를 설치하여 남북조 시대(1336~1392)를 열고 대립하였다. 아시카가의 손자인 요시미츠(義滿)가 교토의 무로마치에 하나노고쇼(花の御所)로 불리는 대저택을 짓고 이를 막부로 사용 함. 카마쿠라 막부에 비해 쇼군과 무사들 사이의 결속력이 약했고 유력한 슈고들은 자신의 소유지를 확장하고 군사력을 키워 그 지역에 대한 지배력을 강화하였다. **오오닌(応仁)의 난** 1467년 무로마치의 8대 장군 요시마사 때 장군의 후계 문제로 무사들 사이에 파가 갈려 이후 11년간 전쟁이 지속되었으며 그 결과 장원제가 파괴되고 하극상의 시작되어 이후 100여 년간 싸움이 계속되는 전국시대에 진입함. 이 시대의 새로운 지배자들을 센고쿠다이묘(戰國大名)라 함. **경제**: 농업 기술이 발달하여 이모작이 행해지고 마을마다 촌락농민들끼리 세금이나 농업기술 등에 대해 의논하여 유대가 강해진 농민들이 단결하여 세금 문제로 막부에 무력으로 대항했고 종교적인 문제를 일으키기도 함. 다이묘들이 무기조달을 위해 상공업자를 보호하자 상품유통이 전국적으로 확대, 대규모 시장, 운송업을 전문적으로 하는 대상인이 증가하고 상인과 기술자의 동업 조합인 자(座)가 전국적으로 결성됨. **문화**: 선종의 영향을 받은 무사문화와 귀족들의 문화가 섞여 간소하면서 깊이 있는 무가 문화가 만들

기간	구분	내용
1333~1573년	무로마치(室町) 시대	어짐. 3대장군인 요시미츠의 킨고쿠지(金閣寺)와 8대장군 요시마사(議政)의 긴고쿠지(銀閣寺)는 선종 사원의 건축양식이며, 무로마치 시대의 정원으로는 초기에는 킨고쿠지(金閣寺)의 정원처럼 자연미를 그대로 살린 형태에서 후기에 류우안지(龍安寺)의 석정처럼 돌과 모래를 이용해 자연을 상징적으로 표현하는 카레이산스이(枯山水)식이 유행했다. 간아미·제아미 부자가 노오가쿠(能樂)를 완성함. 서민들의 소박한 연극을 근간으로 한 가무극, 막간 극으로 교오겐(狂言)이 함께 상연
1573년~ 1603년	아즈치모모야마 (安土桃山) 시대· 쇼쿠호(織豊) 시대	오다노부나가의 본거지인 아즈치(安土) 성과 도요토미히데요시의 거처인 교토(京都) 모모야마(桃山) 의 후시미(伏見) 성에서 명칭이 유래됨. 오다노부나가(織田信長)는 큐우슈우지방에 표류한 포루투칼인으로부터 소총을 입수하여 이를 국산화 한후 쇼군을 교토에서 몰아내고 무로마치 막부를 무너뜨렸다. 그는 아즈치(현재 자하현)에 성을 세우고 통일을 추진하였다. 상업과 수공업을 육성하고, 스페인 선교사 프란시스코 자비엘이 가고시마에서 전도를 시작하자 불교를 억누르는 수단으로 기독교를 보호하였다. 도요토미히데요시(豊臣秀吉) 노부나가는 가신인 아케치미쯔히데((明智光秀)의 반란으로 사망하자 도요토미히데요시가 아케치미쯔히데를 격파하고 오사카 성을 근거로 1590년 일본을 통일함. 그는 지배력을 강화하고 전답의 넓이와 수확고를 비교하여 세율을 정하는 다이코켄치를 실시하였으며 농부·상인·승려의 무기 사용을 금지하는 가타나가리레이(刀狩令), 일본 전역에 널려 있는 불필요한 성(城)을 철거시키는 시로와리(城割) 등의 조치를 취해 병농을 분리시키고 장원제를 소멸시킴. **문화** 신흥 센고쿠다이묘들과 대상인들의 영향으로 웅장하고 화려한 성격을 가짐. 성곽도시인 죠오카마치(城下町: 성을 중심 평지에 짓고 주위에 게라이와 상공업자들을 거주케 함)가 만들어지고 성은 방어용뿐만 아니라 다이묘의 거처이며 정치권력의 중심으로 웅장하고 화려하게 지었다. 히데요시는 다도애호가였으며 센노리큐(千利休)가 다도(茶道)라는 예법을 완성함. 무역은 포르투갈·스페인과 시도하여 유럽 문물을 받아 들여 카스텔라, 즈봉 등을 전해받음.
1603년~ 1868년	에도(江戸) 시대	히데요시 사후 토쿠가와이에야스(德川家康)가 세끼가하라 전투에서 토요토미의 추종세력을 격파하고 1603년 세이이다이쇼군이 되어 에도(江戸: 지금의 東京)에 막부를 설치함. 이에야스는 막부직할령을 내려 전국의 25%와 교오토오(京都), 오사카(大阪), 나가사키(長崎) 등의 중요도시를 직접 지배하고 일족과 가신들에게 영지를 나누어 줌(그 영지를 한(藩), 영주를 다이묘라 함). 한의 효율적 운영: 막부는 다이묘가 지켜야할 규칙을 정하고 이를 어겼을 때에는 영지를 몰수하는 등 엄하게 다스렸으나 그 규칙 안에서는 영주 나름대로 영지를 지배할 수 있는 독자적 권한을 부여함. 제3대 쇼군 이에미츠(家光)는 산킨코우타이(參勤交代)제를 만들어 영주의 처자식들을 에도에 볼모로 잡고 강력한 중앙집권제를 실시함. 농민들을 지배하기 위해서 사농공상의 신분제도를 만들어 최상계급인 무사들은 농민이나 쵸오닌((町人: 도시 상공인)들에 대한 생사여탈권을 부여하여 소수의 무사들이 대다수인 농민과 쵸오닌을 지배하는 봉건사회가 유지됨. **쇄국 정책** 제1대 쇼군 이에야스는 기독교 금지령을 내리고 제3대 쇼군 이에미츠는 쇄국령을 선포하여 해외도항과 해외이주자의 귀국을 법으로 금지시킴. 기독교와 무관한 네덜란드인·중국인에게만 나가사키(長崎)를 개항하여 무역를 허가함. 켄로쿠(元祿) 시대에 불량화폐의 남발로 재정이 파탄되자 3차례 경제개혁을 단행(1. 교호(亨保)의 개혁 2. 간세이(實政)의 개혁 3. 텐보(天保)의 개혁)하여 무사들의 사치를 금하게 하였으나 모두 실패함. **문화** 학문은 일본의 고전을 연구하는 국학과 의학을 중심으로 한 양학 위주로 발전하였고 국학은 후에 존황양이 운동으로, 양학은 개국을 주장하고 막부를 반대하는 운동으로 발전됨. 도시 거주 상공업자들이 축적한 부를 바탕으로 각종 문화 예술 분야에 활발한 후원을 하고 겐로쿠 시대 및 분카분세이 시대 때 과시적·향락적인 소비가 특징이며 하이쿠(俳句-일본의 시 형식중의 하나, 3행 17음절의 형식)·가부키(歌舞伎-일본의 대중적인 고전연극으로 16세기 경에 생겨나 에도 때 발전·조루리(淨瑠璃-일본 문학과 음악에서 행해지는 낭송의 한 종류였으나 16세기말 인형극 형식이 가미되면서 극으로서 질적인 향상), 호색소설, 단편소설 등의 새로운 예술 형태가 발전함. **개국** 1854년 카나가와(神奈川)에서 일미화친조약을 체결하고 시모다(下田) 항과 하코다테(函館) 항개항. 1858년 미국의 통상 요구에 다이로(大老) 이이나오스케(井伊直弼)가 조정의 허락도 없이 단독으로 일미수호통상조약 체결하여 치외법권허용, 관세자주권 포기 등 상당히 불평등한 조약을 함. 이이나오스케는 존황양이론자들에 의해 암살됨. 막부의 붕괴: 개항 이후 수출의 늘자 물자부족현상으로 물가가 급등하고 사쯔마(薩摩)와 초슈(長州)의 하급무사들이 존황양이운동을 일으키고 열강의 함대들과 교전하였으나 열강의 힘에 밀려 '양이'를 포기하고 존황도막, 즉 막부를 타도하는 쪽으로 방향을 수정함. 사쯔마와 초슈는 삿초(薩長) 동맹을 맺고 신정부 수립을 목표로 영국의 지원 하에 서양식 신식 군비 정비하고 막부는 프랑스의 원조를 받아 초슈(長州)를 정벌함. 폭동과 농민봉기로 혼란상황이 발생하자 제15대 쇼군 요시노부(慶喜)가 왕정복고를 선언하고 정권을 천황에게 반납함. 신정부는 요시노부의 영지와 관위 박탈하고 막부의 무사들이 교토에서 도바·후시미(鳥羽·伏見) 전쟁을 일으켜 신정부군이 승리하므로서 260여년 간의 에도 막부시대가 끝이 남.
1868년~ 1912년	메이지(明治) 시대	메이지(明治) 천황은 1867년 교토에서 도쿄로 천도하고 에도 막부 멸망 이후에도 1년 6개월 가량 계속된 무사들의 반란을 신정부군이 진압함. **메이지 유신** 메이지 정부는 학제, 징병령, 세법 개정 등 근대적 개혁을 실시하고 서양 근대 국가를 모델로 하여 관주도로 일방적인 자본주의 육성과 군사력 강화에 주력함.

기간	구분	내용
1868년~1912년	메이지(明治) 시대	정치적으로는 입헌 정치가 시작, 사회·문화적으로 근대화가 추진됨. 다이묘들의 영지와 영민을 천황에게 복속시키고 모든 지방관을 중앙정부에서 파견하며 사민평등을 선언하여 신분제를 폐지하고 평민들도 성(姓)을 인정함. 직업 선택과 거주이전의 자유를 보장하고 부국강병책을 시행, 정부가 관영 공장을 세우고 광산을 개발하는 등 근대산업의 발전을 추진하며 전신, 우편, 화폐, 철도 교통 등의 근대적 제도개혁 추진함. 1873년 징병령을 내려 군대를 조직하고, 1882년 일본은행 설립, 지조개정(땅을 보유한 만큼 현금으로 세금 납부)하여 개혁정치 자금을 마련함. 근대적인 교육을 위해 학제를 개정하고 소학교 교육을 확산하고 도쿄의학교, 게이오의숙학, 와세다대학 등 고등교육기관이 등장함. 태양력과 7요일 제도, 1일 24시간제, 단발과 양복, 기독교의 인정, 신문 간행 등 국민생활 전반에 걸쳐 그 영향력을 발휘함. **입헌군주제의 확립** 자유주의와 개인주의 등 근대 서구의 사상이 소개되어 자유와 평등, 인권주의 사상이 확산되고 헌법의 제정과 의회를 통한 정치를 주장하며 일본 최초의 정당인 자유당이 창당(1881년)하고, 이어 영국식 의회정치를 주장하는 입헌 개진당이 창당됨. 1889년 이토오히로부미(伊藤博文) 등이 독일 헌법을 본뜬 대일본제국헌법을 공포하고 1890년 제국의회를 개설하였으며 1890년 일본 최초의 중의원 선거 실시됨. **자본주의의 발달** 근대산업의 발달로 청일전쟁에서 승리, 시모노세끼 조약을 체결하고 동북아시아의 새로운 패권자로 등장한다. 이어 러시아와의 전쟁에서도 승리하여 본격적으로 식민지 쟁탈전에 돌입함. 풍부한 원료시장을 손에 넣은 일본은 기계, 제철, 조선, 제사, 직물, 방적업 등 근대 산업이 발달하면서 자본주의가 크게 발달하고 대지주와 자본가는 의회에 진출하여 정치권 진입에 성공함. 자본주의 발달로 인한 사회문제가 심각해지자 사회주의 사상이 유행하여 노동자, 농민, 학생들의 소작쟁의, 노동운동이 빈발하기도 함.
1912년~1926년	다이쇼시대 (大正時代)	다이쇼 시대는 국제적으로 신해 혁명과 제1차 세계 대전으로 군주제 국가의 붕괴가 일어나 천황제를 위협할 가능성이 있다고 경계하게 되었다. 1914년 제1차 세계대전이 일어나자, 일본은 일영동맹의 관계로 독일과 싸워 중국 산둥반도에 있는 독일의 군사기지를 점령했다. 그리고 중국에게 그 토지와 철도 이용권 등을 요구하여 21개조요구를 인정하게 했다. 전후, 일본은 1919년 파리 강화회의에 전승국으로 출석하고, 이듬해에 국제연맹에서 상임이사국이되었다. 대전 중에 일본은 유럽제국을 대신해 공업제품을 아시아에 유출하고 경공업과 중공업에 이어 화학공업도 발달했기 때문에 이제까지 없던 호경기를 맞이하여 대자본가가 생겨났다.한편 쌀을 비롯해 생필품의 가격이 점점 상승하자 1918년, 토야마현 어부의 주부들이 쌀 가격을 내릴 것을 요구하기 위해 쌀가게를 습격했다. 이는 노동운동과 농민운동으로 발전했고, 평민재상으로 불린 하라타카시는 일본 최초의 본격적인 정당내각을 만들었다. 1923년 9월 1일 관동지방을 중심으로 대지진이 일어났다.(관동대지진).도쿄와 요코하마 등의 각지에서 지진에 의한 화제로 사상자는 십만 명이 넘었고 일본 경제의 타격도 컸다.
1926년~1989년	쇼와시대(昭和時代)	쇼와시대는 정치, 경제, 외교, 문화 등을 보면 1945년 이전의 쇼와 시대는 천황을 중심으로 하는 파시즘 시대의 "일본 제국"이며 히로시마와 나가사키에 핵폭격에 의한 "핵전쟁"의 시대였고,1945년 이후의 쇼와 시대(~1989년)는 미일 안보 조약을 중심으로 하는 냉전 시대의 "일본국"의 시대이다. 1939년에 제2차 세계 대전이 발발하자 일본은 유럽의 전쟁에 간섭하지 않겠다는 입장을 표방하였으나, 미국·영국·중화민국·네덜란드 등 4개국이 이른바 ABCD 포위망(America·British·China·Dutch)을 형성하여 석유 등의 수출을 금지하여 일본을 경제적으로 압박하자 하와이 진주만을 급습하여 태평양 전쟁을 시작하였다. 그러나 1945년 8월 6일과 9일에는 히로시마와 나가사키에 원자 폭탄이 투하되자 쇼와 일왕이 직접 '항복 선언'을 발표하여 전쟁은 종결되었다. 제2차 세계 대전 이후 일본은 미일 안보 조약을 중심으로 하는 미국에 협조하고 천황 시대를 유지하는 특징을 갖고 있다. 1950년 한국 전쟁시 일본은 미국의 병참 기지가 되오 "한국 전쟁"의 특수경기로 호황을 누리며 경제력을 회복하고 1960년대에 기적이라고 불리는 고도 경제 성장 속에 1964년 도쿄 올림픽과 1970년 오사카 만국 박람회를 치렀다. 경제의 고도 성장은 1980년까지 지속되었다.
1989년~현재	헤세이시대(平成時代)	헤세이 시대는 1989년 아키히토 천황의 즉위부터 현재에 이르기까지의 시대이다. 동유럽 민주화 혁명이 발생하고 냉전이 종결된 1989년을 원년으로하고 있기 때문에 "냉전 종결 이후의 일본"이라고 부르기도 한다. 일본은 국내 총생산 기준으로 세계 3위, 구매력 3위, 수출 4위이다. 일본은 아시아 국가 중에서는 G8에 들어가는 유일한 국가이며 국제 연합 안전보장이사회의 비상임이사국 지위를 보유하고 있다. 일본은 삶의 질 지수 종합 10위를 기록하고 있고, 영아 사망률이 세계 3위 평균 수명 1위 (2009년 기준:남자 79.29세, 여자 86.05세)를 기록하고 있다. 전후 일본은 고도 경제 발전을 경험하며 경제 대국으로 발전하였다. 1970년대에 이룬 경제의 고도 성장은 1980년대에 이르러 '버블 경제'라고 부를 정도로 일본 경제를 크게 번성시켰다. 그러나 과도한 주가의 증가와 부동산 매입으로 인해 1990년부터 부동산과 주식 가격의 폭락이 진행되어 많은 기업과 은행이 도산하면서 10년 이상 0%의 성장률을 기록하는 불황 상태에 있다.

29. 미국사

기간	구분	내용
1492년 이전	콜럼버스 이전	**원주민의 이주**: 미국 원주민은 몽고계 종족이 빙하기에 수위가 낮아져 베링 육교(Bering Land Bridge)를 건너 알래스카로 이동한 뒤, 북아메리카 전역에 퍼져 살게 되었다는 설이 유력함.
1493년~1776년	식민지시대	미국으로 건너온 영국인은 종교의 자유를 찾아 건너온 청교도이다. 가난한 사업가, 면죄 받은 범죄자 등이었으며, 뉴욕은 네덜란드인이 "뉴암스테르담"을 세워 정착했다가 영국인에 의해 접수된 후 뉴욕으로 개칭되었음.
1776년~1789년	독립국가	미국은 영국을 상대로 독립 전쟁을 시작함. 전쟁의 원인으로는 1) 인지세 부과: 신문, 일간지등 미국에서 출판되는 출판물에 '인지세'를 부과하자 이는 관세가 아닌 내부세이며 "No taxation without representation(대표 없이는 과세 없다)"는 구호를 내걸고 영국 의회에 대표를 보낸 적이 없으니 이러한 법을 인정할 수 없다고 대립하였다. 2) 병참법 실시: 영국은 인디언 보호구역의 설정에도 불구하고 식민지인과 인디언들의 분쟁이 자주 발생하자 군대 파견비를 미국에 부담하는 병참법을 시행하자 반발함. 3) 보스턴 학살사건: 미국 식민지인들이 보스턴에서 시가행진을 하던 영국군과 충돌이 발생하여 5명이 사망함. 4) 보스턴 차사건: 밀무역을 금지한 영국에 반발한 보스턴 상인들의 차를 배 밖으로 던진 사건 조지 워싱턴이 민병대가 요크타운 전투에서 승리하여 미국과 영국 제국은 1783년 9월 3일에 프랑스 파리에서 파리 조약으로 평화 협정을 맺었고 영국은 미합중국의 독립을 승인하게 됨.
1800년~1861년	성장과 갈등	독립 전쟁의 승리로 미국은 미시시피 강 동쪽을 확보하고 토머스 제퍼슨은 미시시피 강 유역의 상업을 장악하기 위해 프랑스의 나폴레옹으로부터 루이지애나 지방과 뉴올리언스를 구입함. 계속되는 이민자들은 "서부 개척시대(1803~1848년)"로 불리며 담배 농사에 필요한 새로운 농토를 찾아서 서부로 이동했고 이는 인디언들의 생존권을 위협하고 세 차례에 걸친 인디언 학살(약 300만 명 학살)로 이어져 영토를 확장하였으며 인디언들의 참정권을 인정한 1930년대까지 인디언 차별이 계속됨. 미국 북부는 산업, 공업, 어업이 발달하여 인력이 필요하여 노예제 폐지를 주장했다. 남부는 토지가 비옥하여 농업, 플랜테이션 등을 통해 발전함에 따라 자신들의 농업을 뒷받침해줄 노예제를 원했다. 이러한 이해관계가 남북 전쟁의 계기가 되었다.
1861년~1865년	남북전쟁	1861년 4월 남부동맹군이 사우스캐롤라이나 주 찰스턴 항의 섬터 요새를 포격하는 것으로 시작됨. 이 전쟁에서 공업 국가를 지향하던 북부의 자본주의 세력이 농업 국가를 지향하던 남부 지주 세력을 격파함으로써, 미국 산업은 공업 중심으로 움직이게 되었음.
1900년~1920년	제1차 세계대전	미국은 다양한 이민족 국가이므로 외국 간의 전쟁에 참여하면 국내에 문제가 생길 수 있다는 먼로 독트린을 고수하였으나 자국 선박들이 독일의 U보트에 의해 계속 파괴되고 멕시코 전쟁으로 얻었던 땅을 뺏길 위험에 처하자 윌슨 대통령이 참전을 선언하고 승전국이 됨.
1920년~1939년	경제 대공황	제1차 세계 전쟁 시 전쟁 물자를 팔아 수익을 올렸던 공장들은 부도가 나고, 실업자들은 은행 대출로 수익이 높은 주식에 투자하자 은행들이 대출금을 '24시간 이내' 갚도록 요구하므로써 소유한 주식을 일시에 팔아야 했다. 이것이 바로 검은 목요일(Black Thursday)에 일어난 악명 높은 1929년의 대공황(The Great Crash 1929)이며, 그 여파로 전 세계가 공황에 휩싸이게 되었음.
1939년~1945년	제2차 세계 대전	독일이 1939년 폴란드에 침공함으로써 제2차 세계 대전이 발발하고. 경제 대공황이라는 문제점을 안고 있던 미국인들은 전쟁에 참가하는 것을 반대했으나 1941년 일본이 진주만을 공습하자 2차 세계대전에 참여하여 승리하므로써 국제사회의 리더 역할을 자임함.
1945년~1964년	냉전과 흑인해방운동	2차 세계 대전 후 자본주의 국가인 미국과 영국은 사회주의 국가인 소련 사이의 불안정한 전시동맹 관계가 해체되었다. 미국은 전쟁 시 피해를 입은 국가들이 공산주의 체제로 돌아서는 것을 막기 위해 동유럽에 지원금을 원조하였고, 미국의회는 공산세력을 저지하는 데 지도적인 역할을 해야 한다는 트루먼 독트린을 인정함. 그 후 미국, 영국과 소련은 세계 각지에서 서로를 제압하기 위해 권력을 행사하였고, 한국과 독일이 분단에 이르는 결과를 낳기도 한다. 1960년대는 마틴 루터 킹이 공민권 운동을 이끈 시대이기도 하며, 백인과 흑인의 사회적 인종 차별을 법으로 규정한 짐 크로 법(Jim Crow laws)이 폐지되기도 했다.
1964년~1980년	격동의 세월	냉전이 계속되고, 미국은 베트남 전쟁에 참전하여 패전함. 이 시기에 미국은 다양한 정치적·사회적 변화를 겪으며 국민들의 의식이 크게 성장하였으며, 공민권을 위한 투쟁도 이 시기에 시작되었다. 존슨 대통령에 이은 리처드 닉슨 대통령은 워터게이트 사건으로 미국 역사상 처음으로 임기 중 사임하게 되며, 1970년대 초반에는 우주 정거장이 건설되기도 한다.
1980년~	현대	소련 연방이 붕괴되자 미국은 세계 평화를 책임지겠다고 표방하고 이에 반대하는 국가와 전쟁을 일으키고(걸프전쟁, 이라크전쟁) 2001년 9월 11일에는 오사마 빈 라덴이 이끄는 이슬람 테러리스트들에 의해 세계 무역 센터가 테러 당하자, 이에 대한 보복으로 조지 부시 대통령이 아프가니스탄을 점령하고 오사마 빈 라덴을 비호한다는 이유로 탈리반 정권을 붕괴시켰다. 그 이후 부시 대통령은 테러와의 전쟁을 선포했으며 이라크를 공격하고 사담 후세인을 체포하기도 하였다. 이라크 전쟁은 프랑스, 독일 등 많은 국가가 반대하였으나 미국은 이를 강행하였다. 2008년 제44대 미국 대통령 선거에서 최초로 흑인 혼혈 대통령인 버락 오바마가 당선됨.

기간	구분	내용
BC 50000	선사시대와 켈트 족	영국은 브리튼 섬에 살았던 종족이 유럽대륙과 연결된 빙하시대에 유럽대륙으로 떠나고, 영국해협이 생성되면서 대륙과 분리된 후 갈리아·발트 해 연안에서 새 종족이 건너왔으며, 신석기시대에는 이베리아인등이 이주하였다. 청동기 시대에서 철기시대 초기에 걸쳐 대륙의 켈트족이 침입하여 원주민을 제압하였고, 북부에 사는 게일인과 남부에 거주한 브리튼인 으로 구분되어 진다. 그들은 다신교를 믿고 소부족으로 갈라져 서로 독립해 있었으며, 딘 또는 둔이라고 하는 방벽을 만들어 생활하였고 런던(London)이라는 명칭은 소택지의 성을 뜻하는 켈트어 린딘(Lyndyn)에서 나왔으며, 후에 로마인이 라틴어로 론디니움(Londinium)이라고 말한 데서 유래되었음. **켈트족**은 BC700년, BC 500년경 브리튼 섬과 아일랜드 전체를 지배하는 종족이 되었다. 켈트 족의 일파인 게일 족은 북쪽의 고지대로 올라가 스코틀랜드 인이 되거나, 바다를 건너가 아일랜드 인의 조상이 되었다. 또 다른 켈트계 브리튼 인들은 서쪽 산간 지방으로 들어가서 웨일스 인의 조상이 되었다.
BC 55~5세기	로마인의 점령	로마 장군 율리우스 카이사르는 갈리아 지방(켈트족이 사는 북이탈리아·프랑스·벨기에 일대)종족이 브리튼인의 도움으로 저항하자 두 차례에 걸쳐 영국을 공격하여 템스 강 주변 일부를 점령하였으나 본국의 정치 상황에 따라 곧 떠났고, 로마군은 3차 공격으로 영국을 점령하고 80년대에는 스코틀랜드까지 침공하였다. 그 후로 로마인은 타인에서 솔웨이까지 영국을 동서로 횡단하는 성을 구축하였으며 현재의 영국에 해당하는 지역을 약 4세기 동안 지배하였음. 맨체스터(Manchester)·체스터(Chester) 등 지명의 어미 '스터(ster)'는 당시의 병영지를 나타내는 라틴어의 성(Castra)에서 유래됨. 로마인의 3차례 영국 정복 1차: 율리우스 시저는BC 55년에 바다를 건너 브리튼 섬을 공격했으나 실패 2차: 율리우스 시저가 재공격하여 켈트족을 굴복시킴. 3차: 로마군이 43년에 공격하여 켈트 족을 정벌하여 브리튼을 속국으로 했다. 로마의 400년 동안의 지배와 후퇴 로마 지배 시절 영국은 로마 문명이 전달되었으나 로마가 쇠약해지자 앵글로색슨 족과 색슨 족은 켈트 족을 지금의 스코틀랜드와 웨일스로 밀어내고 잉글랜드를 차지했다. 유명한 아서 왕 이야기도 앵글로색슨 족에 대항해 싸우는 켈트 족에 관한 이야기이다.
5세기~11세기	앵글로색슨 영국	유럽 게르만족의 이동에 따라 로마가 동고트인에 침략당하고 영국에서도 철수하자, 게르만인은 원주민인 브리튼인과 싸워 승리하고, 6세기 말에는 현재 영국의 북부와 동부를 앵글인이, 템스 강 이남을 색슨인, 켄트 주와 와이트 섬을 주트인이 차지하고, 켄트·에식스·서식스·이스트앵글리어·마시어·웨식스·노섬브리어의 7개 왕국을 건설하였다. 주민은 장로·자유민·노예로 구분되고 장로의 권력은 막강하여 국왕이 있어도 그에게 절대권을 부여하지 않았음. 부족은 혈족공동체로 가장을 중심으로 공동생산 체제이었다. 7왕국은 9세기 전반에는 웨식스왕 에그버트에 의해 통일되어 잉글랜드 왕국(잉글랜드란 앵글인의 토지라는 의미)이 성립하였으며, 8세기 말부터 북방 데인인이 침입하여 접수했다. 그러나 에그버트의 손자 앨프레드와의 사이에 강화가 성립되었으며, 그 후 그의 아들 에드워드, 손자 에셀스탠은 각각 데인 지방까지 세력을 확대하여 전 잉글랜드를 통일하였다. 그러나 10세기 말부터 데인인은 다시 대규모로 침입을 시작하였으며, 11세기에는 웨식스왕 에셀레드 2세가 노르망디로 망명하고, 데인인 카누트왕이 잉글랜드의 왕이 되었다. **앵글로색슨 족**은 잉글랜드의 조상으로 하나의 종족이 아니고 독일과 오스트리아 및 스위스 등지에 퍼져 살았던 게르만계 종족이 5세기경, 브리튼 섬으로 이주하여 브리튼 섬의 남동쪽, 템스 강의 위쪽에 거주함. 앵글로색슨 족은 당시 브리튼 섬의 주인인 켈트 족을 산악 지대인 스코틀랜드와 웨일스로 쫓아내고 살기 좋은 잉글랜드 평원을 차지했다. 그 결과 6세기를 지나면서 잉글랜드, 웨일스, 스코틀랜드로 이뤄진 영국판 삼국 시대가 시작되었다.
1066년~ 1313년	노르만 정복	카누트왕이 죽은 뒤 데인 왕조는 에셀레드의 아들 에드워드 참회왕이 노르망디에서 돌아와 앵글로색슨 계통의 왕가가 부활하였으나 그가 죽은 뒤 의동생 헤럴드 2세가 왕위에 오르자, 노르망디공(公) 기욤이 왕위계승권을 주장하며 헤이스팅스 전투에서 해럴드군을 격파, 윌리엄 1세가 되었다(이를 노르만정복 이라 함)이다. 그는 봉건제를 채택하고, 앵글로색슨인의 토지를 노르만 제후에게 나누어 주었고, 모든 토지·인구·가옥 등을 기재한 둠즈데이북(Domesday Book)을 작성하여 왕실재정의 기초를 굳히고 중앙집권적 봉건제를 시작하였다. 윌리엄 1세는 교황 그레고리우스와 대립하여 국왕의 관리권을 주장하고 주법정과 교회법정을 분리하는 등 왕권을 신장시켰다. 헨리 1세가 죽은 뒤 즉위한 조카 스티븐과 딸 앙주 백작부인 마틸다 사이에는 왕위계승권이 계속되었는데, 스티븐이 죽은 후에는 결국 마틸다의 아들 헨리 2세가 프랑스에서

기간	구분	내용
1066년~ 1313년	노르만 정복	와서 왕위에 올랐으며, 이에 플랜태저넷(앙주)왕조가 시작되었다. 그는 제후들을 누르고, 재판제도의 정비, 관료제와 용병제의 확립 등으로 권력을 장악하였다. 십자군으로 유명한 리처드 1세의 뒤를 이어 즉위한 조카 존 왕은 헨리 2세 이래의 대륙 영토의 절반을 잃고 중세를 과하는 등 실정을 거듭했기 때문에 귀족들은 1215년에 러니미드에서 존 왕에게 마그나카르타(Magna Charta: 대헌장)에 서명하게 하고, 왕권을 제한하였다(이 헌장은 영국적 자유주의의 기원으로 인정받고 있다). 특히 에드워드 3세 때 주와 도시의 대표가 왕에게 청원서를 내고 이를 귀족과 고위성직자가 심의하는 관행이 생겼으며, 상하 양원제의 기초가 만들어졌다. 한편 플랜태저넷 왕조에서는 웨일스와 스코틀랜드를 지배하려고 했는데, 웨일스는 곧 잉글랜드 령이 되었으나 스코틀랜드는 1313년에 에드워드 2세군을 대파하여 독립을 확보하였다.
1313년~ 1485년	왕위계승시대	프랑스가 카페 왕조에서 발루아 왕조로 바뀌자, 영국은 카페가의 혈통을 가진 에드워드 3세가 프랑스 왕위를 요구하면서 1337년 프랑스와의 전쟁을 시작하였다. 이것이 1453년까지 계속된 백년전쟁의 발단이 되었다. 리처드가 전사한 후 요크파가 승리하자 헨리 6세는 망명하고, 에드워드 4세가 요크왕조를 열었다. 그의 아들 에드워드 5세 때, 왕이 어린 것을 틈타서 에드워드 4세의 동생 리처드가 왕이 그 동생을 런던탑에 가두고 왕위에 올라 리처드 3세가 되었다. 랭커스터가의 유일한 왕위계승권자인 웨일스의 튜더가(家)의 헨리가 리처드 3세를 격파하여 헨리 7세가 되고, 튜더 왕조의 시조가 되었다. 흑사병의 발병으로 인구가 크게 줄자 살아남은 농민의 지위는 높아졌다. 영주들은 농업노동력의 확보를 위해 억압을 강화하였으나, 이에 저항하는 와트 타일러 등의 농민봉기가 일어났다.
1485년~ 1689년	절대왕정에서 시민혁명으로	헨리 7세는 장미전쟁으로 귀족세력이 약화되자 귀족들의 권리와 재판권을 박탈하고, 해운법을 제정하여 상인을 규제하고 재정을 튼튼히 하여 절대주의 정권의 기초를 다졌다. 이어 헨리 8세는 수장령을 통해 교회의 수장이 되었으며, 이에 복종하지 않는 수도원을 해산시키고 그 영지를 몰수하였다. 헨리 8세의 아들 에드워드 6세가 즉위했으나 16세의 나이로 죽고 즉위한 메리 1세는 교황과 화해하여 가톨릭으로 돌아갔으며, 수장령을 폐지하고 신교도를 박해하여 300여명을 화형시켰다. 그래서 메리 1세를 '피의 메리'라고도 부른다. 메리의 사후에 즉위한 여동생 엘리자베스 1세는 에드워드 6세 시대의 정책을 부활시켜, 새로이 수장령과 통일령을 제정하고, 모든 종교의 교리를 정비하여 영국국교회를 확립하였다. 여왕은 수도원령의 몰수, 인클로저운동 등으로 생긴 빈민대책으로서의 구빈법의 제정, 도제조례의 제정 등 국내정책을 충실히 하는 한편 식민사업도 추진하였으며, 러시아회사·레반트회사·동인도회사의 독점권을 설정하는 등 중상주의 정책을 밀어나가고, 에스파냐 함대를 격파하여 절대왕정을 완성하였다. 절대주의는 엘리자베스시대를 정점으로 하여 쇠퇴하기 시작하였다. 여왕은 독신으로 자식이 없었기 때문에, 사후에는 스코틀랜드왕 제임스가 혈연에 따라 잉글랜드 왕을 겸하여 제임스 1세가 되고 스튜어트 왕조가 시작되었다. 그는 1605년의 가이 포크스 등 가톨릭교도의 화약음모사건을 계기로 가톨릭을 탄압하였으며, 엘리자베스시대부터 세력을 키워온 칼뱅파 청교도도 박해하였다. 청교도가 많은 의회와 왕권신수설의 제임스간의 대립은 뒤를 이은 찰스 1세 시대에 이르러 더욱 두드러졌다. 1628년 의회가 공적채권이나 조세는 의회의 찬성을 요한다는 것, 함부로 백성을 체포·투옥하지 못한다는 것 등을 주요내용으로 한 권리청원을 통과시키자 왕은 의회를 해산시켰다. 왕은 재원조달을 위해 1640년에 의회를 소집하였으나 선출된 청교도가 이를 반대하자 곧 해산해 버렸다. 1642년부터는 의회파와 왕당파 사이의 전쟁이 일어나서 의회파의 승리로 돌아갔으나, 청교도는 온건주의 장로파와 급진주의 독립파 및 평등파로 분열하였다. 왕은 스코틀랜드의 장로파와 결속하고 각지의 왕당파의 지지를 얻어 다시 국내 전을 일으켰다. 그러나 제2차 내전은 독립파와 평등파의 승리로 끝나 1649년 찰스는 처형되고 올리버 크롬웰을 지도자로 하는 공화정부가 성립하였다. 이 청교도 혁명으로 상원은 폐지되고, 장로파와 토지배분을 요구하는 빈농·군인·직인 등 평등파도 탄압되었다. 크롬웰의 정부는 스코틀랜드와 아일랜드에 대한 원정, 해운법에 의한 네덜란드의 제해권에 대한 도전, 에스파냐 함대의 타파 등 대외정책에서는 성공하였으나, 대내적으로는 엄격한 종교정책과 군사독재로 국민의 불만이 커졌다. 그가 죽자 의회는 신교의 자유, 마그나 카르타와 권리청원의 존중을 맹세한 선왕의 아들 찰스를 인정하여 왕정을 부활시켰다. 새 의회는 소수의 장로파와 다수의 왕당파로 이루어졌으며, 다수파는 국교도만이 국왕이 될 수 있다는 심사율의 제정을 비롯하여 국교주의의 재건에 주력하였으나, 카톨릭으로 개종하고 프랑스의 루이 14세와 밀약을 맺은 찰스 2세와의 대립이 표면화하였다. 의회는 가톨릭교도인 왕제 제임스의 왕위계승권을 둘러싸고 휘그와 토리의 두 파로 분열·항쟁하였는데, 찰스가 죽자 신왕 제임스 2세는 가톨릭주의와 절대주의 정치의 부활을 꾀하여 휘그뿐만 아니라 토리와도 적대하였다.

기간	구분	내용
1485년~ 1689년	절대왕정에서 시민혁명으로	두 파는 협정하여 1688년 제임스의 딸 메리와 그 남편 윌리엄을 네덜란드에서 맞아들여 여왕과 왕으로 만들었다. 제임스는 프랑스로 망명하였으며, 이에 이른바 의회 내 국왕을 원칙으로 하는 명예혁명이 성립하였다. 왕은 의회의 승인 없이 법의 정지 또는 면제, 금전의 징수, 상비군의 유지 등을 하지 않는다는 것을 주요내용으로 한 권리장전이 1689년 의회를 통과하여 마그나 카르타, 권리청원과 함께 영국헌법의 근간이 되었다.
1689년~ 1922년	정치혁명에서 산업혁명으로	윌리엄 3세는 제임스가 프랑스의 지원으로 복위를 꾀하자 네덜란드·독일 등과 협력하여 프랑스와 싸웠다. 전쟁비용조달을 위해 방법으로 국채 발행과, 잉글랜드은행을 설립하였다. 윌리엄 시대 말기에서 앤의 시대인 1714년까지의 에스파냐 계승전쟁의 결과, 영국은 에스파냐와 프랑스로부터 뉴펀들랜드·노바스코샤·허드슨 만(灣) 지방·지브롤터·미노르카 등을 획득하여 식민지체제를 확대하고 국내 상공업자의 이익을 증진하였다. 또한, 함께 동군연합을 이루고 있었던 스코틀랜드와 합동하여 그레이트브리튼 왕국이 되었다. 윌리엄과 앤 시대에 휘그와 토리는 교대로 정권을 잡았으나, 앤이 죽은 뒤 독일의 하노버 가에서 즉위한 조지 1세와 그의 아들 조지 2세의 시대는 휘그의 전성기였으며, 월폴은 책임 내각제를 확립하였으며, 토리와도 협조하여 남해포말회사 사건 후의 경제재건에 성공하였다. 피트는 7년전쟁에서 프랑스 식민지를 공격하며 대영 제국의 길을 열었고, 토리 정권이 산업혁명을 주도했다. J. 하그리브스의 제니 방적기, R. 아크라이트의 수력방적기, S. 크롬프턴의 뮬 방적기, E. 카트라이트의 역직기 등이 잇따라 발명된 데다 J. 와트의 개량 증기기관도 가세하여 면공업의 비약적 발전이 달성되었다. 또한 새 기술은 제철·채탄에도 파급하였고, 나중에는 철도부설에까지 이르렀다. 농촌에서도 제2차 인클로저운동, 비료개량, 탈곡기의 보급 등에 따라 생산력이 비약적으로 늘어났다. 그동안 농촌의 탈곡기 파괴 운동과 도시의 방직기 파괴 운동도 있었다. 사회과학 면에서도 벤담의 정치학, 스미스, D. 리카도의 경제학 등 자유주의 사상이 나타났으며 선거법 개정, 곡물법 폐지, 해운법 폐지 등으로 산업자본이 확충됨. 그러나 산업자본의 발전은 노동자의 단결권도 강화되어 공장법, 10시간법 등 보호입법이 실현되고 노동조합의 결성도 진행되어 1834년에는 전국 노동조합대연합이 만들어졌다. 국내적으로는 글래드스턴의 자유당과 디즈레일리의 보수당 간의 정권교체가 이루어지고, 교육·군사·사법 제도의 개정 등 근대화 정책도 추진되었다. 대외적으로는 캐나다와 오스트레일리아 등 백인식민지의 자치령화를 추진하면서 인도는 식민지화하고, 아편전쟁과 애로호 사건을 계기로 중국에도 진출하였다. 수에즈운하를 매입하고 이집트를 보호령화하는 등 영국 제국주의를 발전시켰다.
1922년 ~현재	대영제국 붕괴	영국 제국주의의 쇠락 배경은 독일과 미국이 등장과 공황과 불황이 이어져 수출이 감소하고, 실업이 증가되었기 때문이다. 독일의 팽창정책으로 제1차 세계대전이 일어나서 영국은 한때 궁지에 몰렸으나, 미국의 참전으로 독일에 승리했다. 그러나 이 전쟁으로 영국의 국제적 지위는 저하되었다. 특히 1931년의 웨스트민스터 조례는 영국 의회의 입법이 자치령의 동의 없이는 적용되지 않음을 승인하므로써 대영제국은 사실상 붕괴되었다. 노동당은 1922년의 선거에서는 제일 많은 당선자를 내었고 보수 양당 체제를 무너뜨렸고, 1924년에는 소수당이면서도 노동당 단독내각을 성립시켰다. 1929년에는 노동당이 제1당이 되었다. 1929년의 세계공황이 일어나자 독일·이탈리아·일본 등의 군국주의 경향이 나타나면서, 1930년대 독일에는 나치스 정권이 대두하게 되었고, 보수당 정부의 J. 체임벌린 총리는 독일에 대한 융화정책을 폈으나 1939년 독일군이 폴란드를 침략하여 2차 세계대전이 일어나자 프랑스와 함께 대독전쟁에 참여하였다. 전쟁이 일어나자 영국은 처칠이 거국내각을 만들었고 미국의 참전으로 승리하므로써 제2차 세계대전이 종결되었다. 노동당은 독일 항복 후의 선거에서 처음으로 절대다수의 의석을 얻었으며, 포츠담회담에서 처칠 대신 새 총리 애틀리가 참석하였다. 노동당 정부는 잉글랜드은행·항공·탄광·철도·등을 국유화하고, 국민건강보험제도로 복지국가정책을 취하였으나, 전쟁에 따른 경제적 곤란, 식민지의 독립, 미·소 양국의 긴장으로 인한 재군비 등 때문에 정권을 내놓았다. 1951년 처칠 정부는 사회보장제도를 완화하고 국유화 정책도 바꾸었다. 1964년에는 정권을 윌슨의 노동당 정부에 넘기었으며. 또 프랑스를 중심으로 한 유럽공동시장의 발전으로 영국은 유럽 내의 상대적 지위마저 저하되었다. 이러한 현실을 앞에 두고 영국에서는 노동당 정부에 이어 E. 히스 보수당 정부도 EC 여러 나라와 가맹교섭을 속행하였으며, 마침내 영국연방 국가와의 관계, 농업보호문제, 국민감정 등 곤란한 문제를 남기면서도 EC 내의 한 나라로서의 활로를 찾았다.

기간	내용	기간	내용
BC 6세기경	피타고라스가 음률법 고안	1792년	베토벤, 빈에서 본격적인 음악활동 개시
BC 325년경	에우클레이데스, 시스테마 텔레이온(2옥타브의 선법) 창시	1802년	베토벤, 《하일리겐슈타트의 유서》 작곡
150년경	프톨레마이오스, 7개의 선법 집대성	1803년	베토벤, 《교향곡 제3번 '영웅'》 작곡
354년	그리스도교의 교부들이 음악를 채용함(아우구스티누스의 지원)	1804년	베토벤, 《피아노소나타 '열정'》 작곡
500년	보에티우스, 《음악의 체계》에 대하여	1808년	베토벤, 《교향곡 제6번 '전원'》 작곡
590년경	교황 그레고리우스 1세, 《그레고리오성가》 편찬	1809년	하이든 타계. 베토벤, 《피아노협주곡 제5번 '황제'》 작곡
6세기	수도원에서의 음악 교육 시작	1810년	베토벤, 《에그몬트 서곡》 작곡. 쇼팽 탄생(《이별의 곡》 《즉흥환상곡》 《군대폴로네즈》). 슈만 출생(《나비》
1000년경	귀도, 4선악보 창안	1813년	베르디 출생(《나부코》 《라 트라비아타》 《아이다》 등)
1100년	생마르샬악파의 《성부부가대위법》 사용	1815년	슈베르트, 예술 가곡 《마왕》 작곡
1150년	노트르담악파의 개시	1822년	슈베르트, 《교향곡 b단조 '미완성'》 작곡
1320년	필립 드 비트리(1291~1361), 《아르스 노바》저술	1824년	베토벤, 《교향곡 제9번》 작곡. 멘델스존, 《한 여름밤의 꿈》(서곡) 탄생
1324년	교황 요한 22세의 칙령이 음악의 지나침을 비난	1827년	베토벤 타계
1330년	자크 드 리에주, 《음악의 거울》 발표	1830년	베를리오즈, 《환상교향곡》 작곡
1364년	마쇼, 《성모의 미사곡》	1835년	생상스 출생(《동물의 사육제》 《삼손과 데릴라》)
1385년	존 던스터블(~1453), 새로운 울림의 출현	1835년	비제 출생(오페라 《카르멘》)
14세기	아르스 노바, 세속음악이 크게 발전한 시대	1840년	슈만, 가곡 《시인의 사랑》 작곡
1410년	《여름은 오도다》(영국) 발표	1847년	리스트, 적극적인 창작활동 시대
1460년	뒤페의 미사곡, 《만약 내 얼굴이 창백하다면》 발표	1850년	바그너, 활약 개시
1502년	조스캥 데 프로의 미사곡, 《전사》 발표	1851년	바그너, 《오페라와 극》 작곡
1517년	루터, 독일교회에 새로운 음악 도입	1859년	바그너, 《트리스탄과 이졸데》 작곡
1534년	영국음악의 황금시대 시작	1867년	바그너, 《뉘른베르크의 명가수》 작곡
1550년	바이올린의 출현	1868년	브루크너, 《미사곡 f단조》 작곡
1560년	팔레스트리나의 미사곡. 《교황 마르첼루스의 미사》	1869년	브람스, 《알토랩소디》 작곡
1585년	조반니 가브리엘리, 베네치아의 산마르코대 성당 최초의 오르가니스트	1874년	브루크너, 《교향곡 제4번 '로맨틱'》 완성
1597년	조반니 가브리엘리, 《약함과 강함의 소나타》	1876년	브람스, 《교향곡 제1번》 발표
1597년	오페라 시작	1894년	드뷔시, 《목신의 오후에의 전주곡》작곡
1599년	홀븐, 《5성과 파반, 가야르드……》	1896년	브루크너, 《교향곡 제9번》 완성. 브루크너 타계
1607년	몬테베르디의 오페라, 《오르페오》	1899년	드뷔시, 《녹턴》작곡
1637년	공개 오페라극장의 개시(베네치아)	1901년	라벨, 《물의 장난》 작곡
1640년	베네볼리에 의한 산피에트로대성당의 복합창양식	1905년	드뷔시, 《바다》 작곡
1642년	몬테베르디의 오페라, 《포페아의 대관》	1906년	말러, 《1000인의 교향곡》 작곡
1644년	쉬츠, 《크리스마스 오라토리오》	1908년	드뷔시, 《어린이 세계》 작곡
1680년	스카를라티의 나폴리악파 오페라 우세	1909년	말러, 《대지의 노래》 작곡
1680년	이탈리아 기악의 황금시대 시작	1910년대	드뷔시, 《전주곡집1》 《가라앉은 성당》 《눈 위의 발자국》 작곡
1689년	퍼셀의 오페라 《디도와 아이네아스》 발표	1910년대	미래주의 다다이즘이 음악에 도입
1720년	교향곡(심포니, 심포니아)의 출현. 이탈리아의 삼마르티니	1911년	말러 타계
1721년	바흐, 《브란덴부르크 협주곡》 발표	1912년	라벨, 《다프니스와 클로에》 작곡
1722년	바흐, 《평균율 클라비어곡집》 제1권 완성	1918년	드뷔시 타계
1725년	비발디, 콘체르토 《사계》 작곡	1920년대	쇤베르크 무조음악 대두
1742년	헨델, 오라토리오 《메시아》 작곡	1940년	쇼스타코비치, 제1회 스탈린상 수여
1747년	바흐, 《미사b단조》 완성	1943년	라흐마니노프 사망
1749년	바흐, 《푸가의 기법》(미완) 작곡	1945년	스트라빈스키, 12음작법
1756년	모차르트 탄생	1966년	바이로이트 음악제 시작
1762년	모차르트, 유럽 여행 개시	1968년	슈토크하우젠 음악의 꼴라쥬 만듦
1765년	모차르트 《교향곡 제1번》 작곡	1969년	케이즈, 컴퓨터 음악의 실험적 콘서트 개최
1770년	베토벤 탄생	1975년	드미트리 쇼스타코비치 타계
1787년	모차르트, 오페라 《돈 조반니》 작곡	1978년	베르크의 <룰루> 보완하여 공연
1788년	모차르트, 마지막 3개의 교향곡 작곡	1989년	정명훈, 파리바스티유오페라 상임지휘자 취임
1791년	모차르트 타계	1990년	블라디미르·아슈케나지 러시아 귀국

기간	내용	기간	내용
BC 60만년경	프랑스 브라상프이, 《여성상》	1604년	카라치, 《바쿠스의 승리》(로마 파르네제궁)
BC 4500년경	채문토기	1610년	루벤스, 《십자가를 세움》
BC 3000년경	고대 이집트 나르메르 왕의 화장판	1624년	프란스 할스, 《웃고 있는 기사》
BC 2500년경	피라미드 건설	1642년	렘브란트, 《야경(夜警)》
BC 450년경	미론, 《디스코볼로스(원반 던지는 사나이)》	1646년	베르니니, 《산타마리아델라비토리아성당안의 성(聖) 테레지아》
BC 450년경	폴리클레이토스, 《도리포로스(창을 든 청년)》	1656년	벨라스케스, 《라스메니나스》
BC 438년	파르테논신전 완성	1674년	루브르궁전 설계 완성
BC 330년	프라시텔레스 사망	1675년	크리스토퍼 렌, 세인트폴대성당(런던) 착공(1710년 완성)
BC 320년	리시포스 사망	1684년	루이 14세, 베르사유궁전 완성
BC 200년경	《밀로의 비너스》	1710년	실내장식의 형식으로 프랑스 로코코 미술등장
BC 150년경	《라오콘》 완성	1770년	게인즈버러, 《푸른 옷의 소년》
BC 20년경	프리마포르타, 《아우구스투스》상	1779년	안토니오 카노바, 《다이달로스와 이카로스》
80년	콜로세움 완성	1784년	자크 루이 다비드, 《호라티우스 형제의 맹세》
128년경	판테온 완성	1788년	베를린의 브란덴부르크문 건설
400년경	초대 그리스도교의 카타콤 미술	1802년	고야, 《옷을 벗은 마하》 《옷을 입은 마하》
500년경	로마네스크 양식 출현	1805년	장 앵그르, 《리비에르 부인상》
504년경	모자이크 미술, 《빵과 물고기의 기적》	1806년	파리에 개선문 건설
532년	콘스탄티노플의 성소피아성당 건설 개시(565년 완성)	1814년	프란시스코 고야, 《1808년 5월 3일》
547년	산비탈레성당의 모자이크	1819년	제리코, 《메두사호의 뗏목》
550년	인도, 엘로라석굴 사원 개굴	1821년	존 컨스터블, 《건초 수레》
705년	다마스쿠스의 대모스크와 모자이크화	1822년	들라크루아, 《단테의 작은 배》
950년경	영국, 노르만건축 도입	1824년	들라크루아, 《키오스섬의 학살》
1080년	로마네스크 양식의 툴루즈 성 세르냉대성당(~1120년경) 건축	1830년	조지프 터너, 《베트워스의 실내》
1000년	로마네스크의 절정기(~1100)	1855년	귀스타브 쿠르베, 《화가의 아틀리에》
1163년	파리 노트르담대성당 건설(1235년 완성)	1857년	장 프랑수아 밀레, 《이삭줍기》
1211년	랭스대성당 건축 개시(1427까지 계속)	1865년	에두아르 마네, 《올림피아》
1220년	아미앵대성당 건축 개시(1250년 완성)	1868년	클로드 모네, 《강 The River》
1224년	샤르트르대성당 재건	1872년	클로드 모네, 《인상·일출(日出)》
1248년	쾰른대성당 기공	1880년	오귀스트 로댕, 《생각하는 사람》
1266년	르네상스 회화양식 기초를 확립한 조토 탄생	1881년	오귀스트 르누아르, 《뱃놀이 점심》
1272년	피사대성당 회당부까지 완성	1888년	빈센트 반 고흐, 《해바라기》(초기 표현주의)
1340년경	피렌체가 예술의 중심이 되기 시작	1888년	고갱, 《설교 후의 상상도》
1425년	기베르티, 피렌체 세례당의 조각 개시	1889년	파리의 에펠탑 완성
1432년	에이크 형제의 《헨트의 제단화》	1893년	에드바르트 뭉크, 《절규》(표현주의)
1433년	도나텔로, 《다비데》	1907년	파블로 피카소, 《아비뇽의 아가씨들》
1482년	보티첼리, 《비너스의 탄생》	1908년	앙리 마티스, 《붉은 방》
1498년	레오나르도 다 빈치, 《최후의 만찬》	1911년	바실리 칸딘스키, 청기사 조직
1503년	레오나르도 다 빈치, 《모나리자》	1912년	미래주의의 마르셀 뒤샹
1504년	미켈란젤로, 《다비드》	1916년	한스 아르프, 《우연의 법칙에 따라 배치된사각형들의 콜라주》
1506년	로마의 산피에트로대성당	1919년	바우하우스 설립
1508년	미켈란젤로, 시스티나성당의 천장 그림 시작	1921년	피트 몬드리안, 《빨강, 검정, 파랑, 노랑, 회색의 구성》
1511년	라파엘로, 《아테네의 학당》	1931년	살바도르 달리, 《기억의 지속》
1514년	알브레히트 뒤러, 《서재의 성 히에로니무스》	1932년	파블로 피카소, 《거울 앞의 소녀》
1538년	티치아노, 《우르비노의 비너스》	1936년	프랭크 로이드 라이트의 유토피아 건축
1482년	보티첼리, 《비너스의 탄생》	1937년	피카소, 《게르니카》
1498년	레오나르도 다 빈치, 《최후의 만찬》	1947년	잭슨 폴록, 액션페인팅 시도
1503년	레오나르도 다 빈치, 《모나리자》	1948년	앤드류 와이어스, 《크리스티나》
1504년	미켈란젤로, 《다비드》	1959년	프랭크 로이드 라이트의 《솔로몬R. 구겐하임 미술관》
1506년	로마의 산피에트로대성당	1960년	모리스 루이스, 《베스 알레》
1508년	미켈란젤로, 시스티나성당의 천장 그림 시작	1962년	팝아트의 앤디 워홀, 《마릴린 먼로 두 폭》
1511년	라파엘로, 《아테네의 학당》	1965년	조셉 코주드의 개념미술
1514년	알브레히트 뒤러, 《서재의 성 히에로니무스》	1969년	도널드 주드, 《무제》
1538년	티치아노, 《우르비노의 비너스》	1973년	포토리얼리즘 작가 듀언 핸든, 《문지기》
1546년	브론치노, 《비너스, 큐피드, 어리석음과세월》	1974년	클레에즈 올덴버그, 《탱크바퀴 위의 립스틱》
1586년	엘 그레코, 《오루가스 백작의 매장》	1977년	렌초 피아노와 리처드 로저스, 《퐁피두센터》 완공
1592년	틴토레토, 《최후의 만찬》	1981년	필립 펄스타인의 신사실주의 작품, 《대나무 의자에 앉은 두 모델과 거울》
1593년	카라바조, 《세리인 마태의 부르심》	1990년	백남준, 《에드거 앨런 포》

33. 문학사

기간	내용	기간	내용
BC 800년경	호메로스, 《일리아스》 《오디세이아》	1853~1855년	켈러, 《녹색의 하인리히》
BC 496년경	소포클레스, 《오이디푸스 왕》	1857년	플로베르, 《보바리부인》
BC 458년경	아이스킬로스, 《오레스테이아》	1857년	보들레르, 《악의 꽃》
BC 431년	에우리피데스, 《메데이아》	1861년	디킨스, 《위대한 유산》
BC 411년	아리스토파네스, 《여자의 평화》	1862년	투르게네프, 《아버지와 아들》
BC 4세기경	우왕, 《산해경》	1866년	도스토예프스키, 《죄와 벌》
BC 97년경	루크레티우스, 《만물의 본성에 대하여》	1869년	톨스토이, 《전쟁과 평화》
BC 70년경	베르길리우스, 《아이네이스》	1875년	톨스토이, 《안나 카레니나》
BC 65년경	호라티우스, 《서정시집》	1876년	말라르메, 《목신의 오후》
BC 59년경	오비디우스, 《변신이야기》	1879년	도스토예프스키, 《카라마조프의 형제들》
124년경	아풀레이우스, 《변형담》	1879년	입센, 《인형의 집》
405년	도연명, 《귀거래사》	1883년	스티븐슨, 《보물섬》
701년	이백, 《이백시선》	1884년	마크 트웨인, 《허클베리 핀의 모험》
712년	두보, 《두보시선》	1891년	하디, 《테스》
1130년경	《롤랑의 노래》	1897년	로스탕, 《시라노 드 베르주라크》
1265년	단테, 《신곡》 발표	1900년	콘래드, 《로드 짐》
1304년	페트라르카, 《소네트》	1901년	쉴리 프뤼돔, 제1회 노벨문학상 수상
1348년	보카치오, 《데카메론》	1904년	체호프, 《벚꽃 동산》
1511년	에라스무스, 《우신예찬》	1904년	에체가라이 이 에이자기레, 노벨문학상 수상
1528년	카스틸리오네, 《정신론》	1905년	시엔키에비치, 노벨문학상 수상
1534년	라블레, 《가르강튀아와 팡타그뤼엘》	1906년	고리키, 《어머니》
1536년	정철, 《송강가사》	1906년	헤세, 《수레바퀴 밑에서》
1580년	몽테뉴, 《수상록》	1907년	키플링, 노벨문학상 수상
1590년	스펜서, 《페어리 퀸》	1908년	카프카, 《성(城)》
1594년	셰익스피어, 《로미오와 줄리엣》	1910년	릴케, 《말테의 수기》
1601년	셰익스피어, 《햄릿》	1913년	타고르, 노벨문학상 수상
1604년	셰익스피어, 《오셀로》	1913년	프루스트, 《잃어버린 시간을 찾아서》
1605년	셰익스피어, 《리어왕》	1915년	롤랑, 노벨문학상 수상
1605년	셰익스피어, 《맥베스》	1916년	조이스, 《젊은 예술가의 초상》
1605년	세르반테스, 《돈 키호테》	1920년	로렌스, 《사랑하는 여인들》
1636년	코르네유, 《르 시드》	1920년	루이스, 《메인 스트리트》
1642년	1687년 김만중, 《구운몽》	1922년	엘리엇, 《황무지》
1664년	몰리에르, 《타르튀프》	1924년	토마스 만, 《마의 산》
1667년	밀턴, 《실낙원》	1925년	카프카, 《심판》
1677년	라신, 《페드르》	1925년	버나드 쇼, 노벨문학상 수상
1678년	버니언, 《천로역정》	1928년	브레히트, 《서푼짜리 오페라》
1711년	포프, 《비평론》	1929년	울프, 《천사여 고향을 보라》
1712년	루소, 《고백록》	1929년	포크너, 《음향과 분노》
1726년	스위프트, 《걸리버여행기》	1929년	헤밍웨이, 《무기여 잘 있거라》
1755년	존슨, 《영어사전》 발간	1936년	오닐, 노벨문학상 수상
1759년	볼테르, 《캉디드》	1938년	사르트르, 《구토》
1771년	《브리태니커백과사전》 초판 발행	1938년	펄 벅, 노벨문학상 수상
1776년	클링거, 《슈투름 운트 드랑》	1947년	카뮈, 《페스트》
1781년	실러, 《군도》	1947년	지드, 노벨문학상 수상
1785년	실러, 《환희의 송가》	1949년	오웰, 《1984년》 발표
1786년	번스, 《주로 스코틀랜드 방언에 의한 시집》	1950년	이오네스코, 《대머리 여가수》
1796년	오스틴, 《오만과 편견》	1953년	베케트, 《고도를 기다리며》
1797년	하이네, 《노래책》	1954년	헤밍웨이, 노벨문학상 수상
1798년	콜리지와 워즈워스, 《서정가요집》	1956년	카뮈, 《전락》
1806년	괴테, 《파우스트》	1957년	카뮈, 노벨문학상 수상
1812년	바이런, 《차일드 해럴드의 편력》	1964년	사르트르, 노벨문학상 거부
1817년	바이런, 《맨프레드》	1970년	솔제니친, 노벨문학상 수상
1826년	쿠퍼, 《모히칸족의 최후》	1982년	마르케스, 《100년 동안의 고독》 노벨문학상 수상
1830년	스탕달, 《적과 흑》	1983년	골딩, 《파리대왕》
1830년	위고, 《에르나니》	1985년	시몽, 노벨문학상 수상
1831년	위고, 《노트르담 드 파리》	1993년	모리슨, 노벨문학상 수상
1847년	브론테, 《폭풍의 언덕》	1998년	사라마구, 노벨문학상 수상
1850년	호손, 《주홍글씨》	1999년	그라스, 《양철북》 노벨문학상 수상
1851년	멜빌, 《백경》		

시대	내용
고대	고대 철학은 기원전 600년경부터 그리스에서 시작된 것으로 본다. 고대철학은 다음 3기로 구분된다. <제1기> 창시기의 철학: BC 6~5세기를 말하며 자연을 대상으로 그 속에 존재하는 변화하지 않는 원질을 탐구하였다. 원질을 물로 본 탈레스, 무한정한 것이라고 생각한 아낙시만드로스, 공기로 본 아낙시메네스, 또 불생불멸의 '있는 것'만이 존재한다고 생각한 파르메니데스, 불이라고 본 헤라클레이토스, 다수의 원질이 존재한다고 생각한 다원론자들이 이 시기에 속한다. <제2기> 아테네기의 철학: BC 5세기 후반에 지금까지 자연을 대상으로 하던 철학은 인간문제를 대상으로 삼게 되었다. 프로타고라스와 고르기아스를 시작으로, 결코 객관주의적인 해답은 얻을 수 없다는 상대주의의 입장에 있었다. 이에 반해 인간의 영혼을 철학의 주제로 삼은 것은 소크라테스였다. 그 근본 사상은 '덕(德)은 지(知)'라는 것이었고, 제자인 플라톤은 이데아론 사상을, 또 그 제자인 아리스토텔레스는 스승의 사상을 이어 받으면서 독자적인 철학체계를 만들었고 이때가 고대철학의 최성기였다. <제3기> 헬레니즘·로마시대의 철학: 아리스토텔레스 사후에서 고대말까지의 철학을 말한다. 이 시기 초에는 키프로스의 제논이 창시한 금욕주의인 스토아학파, 에피쿠로스를 창시자로 하는 쾌락주의인 에피쿠로스학파, 퓨론이 창시한 회의학파가 있었으며, 이들은 인간 자신의 힘으로 안심입명(安心立命)을 구하려 하였는데, 후기에 이르러 점차 인간 이상의 초월적인 신을 찾고 구원을 얻으려 한다. 피론의 철학, 신플라톤학파의 철학이 그 대표적인 것이다.
중세	중세철학은 그리스도교를 바탕으로 한다. 교회의 교리를 확립할 필요가 있어 교부(敎父: 교리의 정립에 이바지 한 자)들이 이를 담당하였다. 아우구스티누스는 기독교적인 철학을 세웠다. 그러나 중세 철학은 스콜라 철학이 대표적이다. 스콜라는 수도원 학교 교사나 학생을 지칭하는 라틴어 스콜라티쿠스(Scholasticus)에서 유래된 말이다. 스콜라 철학은 교회부속학교 교사들이 세운 철학으로 다음과 같이 3기로 구분한다 <초기> 9~13세기 초로 대표적인 사람은 안셀무스 등이다. 안셀무스는 "알기 위해 나는 믿는다"고 말하며 지식을 강조했다. <중기> 약 13세기이며 토마스 아퀴나스는 아리스토텔레스의 자연학서를 교회의 견해와 잘 융합시킨 스콜라 철학의 제1인자이다. 신학에 대한 철학의 원리적인 독립성이 유지되면서 전체는 신학의 체계로서 종합되었다. <후기> 14~15세기에 오컴은 경험적인 지식을 중시하고 그리스도교의 교리는 결코 지식적으로 기초할 수 없다는 것을 인정하였다. 신앙과 지식의 완전한 분리는 곧 스콜라 철학의 붕괴를 의미한다.
르네상스	중세 철학이 신앙과 지식의 분리를 주장하게 되자 그리스도교의 교리에 구애되지 않으려는 근대적 정신이 생겼다. 이러한 과도적인 시기가 르네상스시대이다. 이 시기의 철학은 인문주의 정신이 가미되어 이탈리아가 중심이 되었고 대표적인 사람은 플레톤이다. J. 뵈메는 우리들 내부에도 신의 생명이 활동한다는 신비적 범신론을 주장했고 또 신은 자연 속에 내재하여 우주에는 전체적으로 완전한 조화와 미가 성립되어 있다는 범신론적 자연철학을 말한 G. 브루노 등이 있다. 종교개혁을 한 M. 루터나 J. 칼뱅, 국가를 강대하게 하기 위해서는 수단방법을 가리지 않아도 된다는 N. 마키아벨리, 근대자연법의 아버지로 불리는 H. 그로티우스는 근대적 정신에 많은 영향을 미친 사람들이다.
근대	근대 철학은 17세기에 성립되었고 인간자신의 입장에서 스스로 납득할 수 있는 것만을 인정하려고 했다. 유럽을 중심으로 한 합리론적 철학과 영국에서 성행한 경험론적 철학이 대표적이다. 합리론철학의 창시자는 R. 데카르트이다. A. 횔링크스, N. 말브랑슈 등의 우인론자(偶因論者), 기하학적 질서에 따라 자신의 저서 《에티카(倫理學)》를 논증하려던 B. 스피노자, 기계론적 자연관과 종교적 목적관을 조화시키려 한 G. W. F. 라이프니츠, 독일계몽주의 철학자 C. 볼프 등이 있다. F. 베이컨은 경험을 중히 여기며 자연연구를 해야 한다고 주장하고 자연연구에서의 귀납법의 중요성을 역설하였으며, T. 홉스도 기계론적 자연관을 절대라고 생각하고 정신적인 것도 똑같이 기계론적으로 설명하려 하였다. 경험론 철학의 기초를 세운 것은 J. 로크이다. 로크는 인간의 인식은 모두 감각과 반성이라는 두 가지 경험에서 생기며 이 경험으로 단순관념이 주어진다. 아무리 복잡한 관념이라도 그 기원은 단순관념으로 분해된다. 로크의 이런 개념은 G. 버클리, D. 흄 등에 의해 전개되고, 흄은 경험적으로 보증되지 않은 것을 모두 의심한다는 회의론적 경향을 보인다. 이런 합리론과 경험론의 대립을 넘어서려는 것이 칸트였다. 칸트는 인식은 경험없이 성립될 수 없다는 경험론의 주장을 인정했으나 경험론에 철저하기에는 너무 강한 형이상학적 요구를 가지고 있어 합리론철학에 대한 공감을 버릴 수 없었다. 독일에서 피히테는 칸트 철학에서 출발하여 현상계와 물자체라는 이원론을 넘어 절대적 자아라는 것을 생각함으로써 통일적인 체계를 만들려고 하였다. 셸링은 모든 것의 근저에 존재하는 자기 동일적인 절대자라는 개념에 도달하고, 헤겔은 셸링 철학에서 출발하여 절대자를 자기 동일적인 것이 아니라 역사 속에서 자기를 실현해가는 것이라고 생각하게 되었다.
현대	현대철학은 헤겔철학의 비판에서 시작한 실증주의적 입장과 비합리주의적 입장으로 나눈다. 실증주의적 입장으로부터의 비판은 헤겔학파 내부 즉 및 포이어바흐, 마르크스·엥겔스이다. 포이어바흐는 철학은 육체를 가지며 공간적·시간적으로 존재하는 감성적 인간을 존중하고 거기서 출발하는 인간학이 아니면 안된다고 주장하였다. 마르크스와 엥겔스는 변증법적 유물론을 주장하였다. 쇼펜하우어와 키르케고르는 비합리주의적 입장으로부터 헤겔비판을 하였다. 쇼펜하우어는 세계의 본질은 이성이 아니며 오히려 비합리적 맹목적인 삶의 의지라 생각하고 염세적 철학을 내세웠다. 키르케고르는 헤겔과는 달리 역사 속에서 살고 행위하는 실존으로서의 인간의 입장에서 어떻게 살아야 하는가를 생각해야 한다고 주장하며 이른바 실존철학의 연원이 되었다. 실증주의적 경향에서는 마르크스주의가 지금도 영향력을 가지고 있으며, 마흐 등의 실증주의, 퍼스·제임스·듀이를 주로 한 미국 철학자가 주장하는 프래그머티즘, 카르납 등의 분석 철학은 현재 영국과 미국철학의 주류를 이룬다. 비합리주의적 경향으로는 철저히 생이라는 것을 긍정하려고 한 니체, 비약적·창조적인 생을 직감으로 포착하려는 베르그송, 생을 해석학적으로 잡으려 한 딜타이 등의 생의 철학이 있으며, 실존으로서의 인간을 포착하려는 하이데거·야스퍼스·사르트르 등의 실존철학이 있다.

품질의 역사	
연도	내 용
BC 7000년	**【이집트】 무게측정** 이집트에서 처음으로 무게를 측정하는 기준으로 원통모양의 돌이 전해짐.
BC 2238년	**【고조선】 최초의 도량형 통일** 단군왕검의 장남인 부루단군은 재위 58년(B. C2238) 9월 조서를 내려 백성들로 하여금 머리카락을 땋아서 목을 덮도록 하고 푸른 옷을 입게 하였으며, **쌀되와 저울을 모두 통일**하도록 하였고, 베와 모시의 시장가격이 서로 다른 곳이 없으며, 백성들이 서로 속이지 않으니 어디서나 두루 편안하게 하였다(출처: 단군세기 원문). **도량형(度量衡, weights and measures)이란** 길이·부피·무게, 또는 이를 재고 다는 기구들의 총칭을 말함. 도(度)는 길이, 양(量)은 부피, 형(衡)은 무게를 의미함. 그러나 도량형은 이들에 한정하지 않고 모든 물체나 상태의 양을 헤아리는 행위와, 사용되는 수단이나 기준량으로서의 단위도 포함하고 있다. **최초의 도량형은** 사람 몸의 일부분을 기준으로 사용하였다. 寸(마디) 손가락 한 마디의 길이 3.03cm 尺(뼘) 손을 기준으로 한 뼘 30.3cm(10촌) 丈(길) 성년남자의 키 引(발) 두 팔을 벌렸을 때의 길이 把(줌) 손으로 가득히 담을 수 있는 분량 負(짐) 한 사람이 질 수 있는 무게
BC 221년	**【진】 도량형 통일** 중국 진시황이 대륙을 통치하기 위해 도량형을 통일하였음. 농업용 단위 통일을 위해 곡식의 양을 재는 단위를 '한 홉'이라는 표준용기를 사용하였다. 중국 통일 전 각 나라가 다른 나라의 수레가 못 들어오도록 바퀴와 도로 폭의 일정하지 않은 것을 규격화하여 통일시켰다. 도량형과 화폐 도량형의 기준은 화폐로부터 시작되었다. 금 1돈은 3.75g이다. 이는 당나라 동전 1개의 무게를 나타낸 것이었다. 이것이 기준이 되어 1돈은 3.75g, 1근은 375g(원래 1근은 600g으로 육류에 적용되나 나중에 채소 1근을 375g으로도 사용함), 1관은 3.75kg(신생아 평균 몸무게도 3.75kg이다). 신발의 크기를 나타내는 문수(文數)도 동전 크기에서 유래되었으며, 1문은 2.4센티로 알려짐.
BC 57년	**【신라】 신라의 금척(金尺)** 신라를 세운 박혁거세는 꿈에 도인이 하늘에서 내려와 금척을 주면서 "그대는 문무에 뛰어나고 신성하여 백성들이 바라본지가 오래되니, 이 금척으로 나라를 바로 세우라"했다는 설이 있음.
BC 30년경	**【고구려, 신라】 고구려척(高句麗尺)사용** 고구려는 고구려척으로 1자가 35.51cm를 기준으로 하였고, 신라는 주척(周尺)인 20.45cm를 사용하였으며, 고려시대에는 십지척(十指尺, 0.45cm)을 기준으로 하는 고려척을 제정하였으며, 이 고려척은 일본에도 전해져 일본의 도량형 제도의 기초가 되었다. **척(尺, 30.3cm)은** 길이의 기본 단위며, 짧은 길이에는 촌(寸), 분(分) 등이 사용되었다. 척의 길이: 자연계에는 절대적인 길이의 기준이 없으므로 시기와 지역에 따라 달랐다. 척의 종류: 시대별(주척, 한척, 당척). 용도별(영조척, 포백척, 양전척 등)로 다름. **고대(삼국시대)에는** 길이의 단위로 인(仞, 4척), 심(尋, 6척), 상(常, 8척)을 사용했다. **통일신라 이후는** 척과 보, 리를 사용하였고 당(唐)대척이 기준척이 되어 조선 후기까지 통용되었다. 조선시대 사용한 척 1) 황종척: 가장 기준이 되는 표준척이며 박연이 해주산 기장알을 기준으로 만들었음. 2) 조례기척: 태종때 허조가 만들었으며 조정에서 지정하던 관척(官尺)의 하나 3) 주척: 고려 때부터 도량형의 기본으로 사용하던 척(주척 1척 = 0.606 황종척 = 약 20.6cm) 4) 영조척: 목공과 건축에 사용하던 척도. 5) 포백척: 포백의 치수를 측정하고 표시하는 데 사용된 자(민간에서 관습적으로 사용된 척) 6) 유척: 놋쇠로 만들고 암행어사가 검시 및 부당한 거래 등을 바로잡는 기준으로 사용 7) 갑술 양전척: 문란해진 전답의 넓이를 바로 잡기 위해 제작
1060년경	**【고려】 경시서(京市署)** 고려 조선시대에 시전(市廛)을 관리·감독하거나 국역(國役)의 부과 등을 맡아본 관청이나 조선시대에는 물가의 조정, 상인들의 감독 및 도량형기(度量衡器)를 단속하고, 물가를 억제하는 등 일반 시장의 행정사무도 담당하였다. 저화(楮貨)의 유통 촉진에도 힘을 썼고 1466년 관제를 개혁할 때 이를 평시서(平市署)로 개칭하였다.
1392년	**【조선】 조선의 금척(金尺)** 건국시 태조 이성계의 꿈속에 어떤 도인이 하늘에서 내려와 태조에게 금척을 주면서 "그대는 마땅히 금척을 가지고 나라를 바로 잡으라" 했다는 설도 있음.

<table>
<tr><th colspan="2">품질의 역사</th></tr>
<tr><th>연도</th><th>내　용</th></tr>
<tr><td>1431년</td><td>【조선】 전제상정소 설치 세종 때 토지·조세 제도를 조사, 연구하여 개선책을 제시하는 관아로서 측정에 사용하는 자를 정비함.</td></tr>
<tr><td>1441년</td><td>【조선】 측우기(測雨器) 발명 세종 때 만든 세계 최초의 강우량 측정기이다. 1837년 공주에 있었던 충청감영에서 제작된 금영측우기(보물 561호)만이 남아 있으며, 정조 때부터 고종 때까지의 관측 기록이 보존되어 있다.
강우량 측정시 고여 있는 빗물의 깊이를 측정하였으나 흙에 스며드는 정도가 달랐기에 1441년 서운관에서 빗물을 측정할 수 있는 그릇을 처음 제작하게 하였다. 처음에는 쇠로 만들었으나 후에 구리나 자기·도기로도 만들었다. 이는 이탈리아의 가스텔리보다 약 2백 년 앞선 것이다. 쇠로 제작된 측우기는 길이 1척 5촌(약 32cm), 지름 7촌(약 15cm)이며, 비가 그친 후 주척(周尺)을 써서 푼(分) 단위까지 재고, 비가 내리기 시작한 시간과 그친 시간을 기록하게 하였다.</td></tr>
<tr><td>1793년</td><td>【미국】 표준의 아버지 휘트니 남북전쟁 당시 수작업으로 연간 1700정 만들던 총을 부품의 표준화를 통해 일일 5000정을 만들었다. 이것이 남북전쟁에서 북군이 승리한 계기가 되었음.</td></tr>
<tr><td>1865년</td><td>【국제】 국제전기통신연맹(ITU) 전기통신 개선, 전파 관련 국제적 협력과 의견 조정을 위해 설립, 본부는 스위스 제네바.</td></tr>
<tr><td>1874년</td><td>【대한제국】 우리나라 미터법 표준원기 1874년 금(金)으로 제작된 미터 부원기 No.10C와 1885년 무게(질량)부원기 No.39가 표준연구소에 보관되어 우리나라에서 길이와 무게의 표준이 되고 있다.</td></tr>
<tr><td>1875년</td><td>【프랑스】 미터조약 미터법에 의한 도량형 표준의 국제적 통일 및 그 완성을 목적으로 1875년 5월 20일 파리에서 체결된 조약. 한국은 1959년 가입함. 미터법은 프랑스 혁명 직후에 1피트가 800가지가 넘게 사용되어서 국민을 착취하는 도구로 이용되자, 탈레랑(외무장관)의 건의로 프랑스 과학 아카데미가 제정하였다. 미터의 어원은 그리스어의 재다는 'metron'에서 나왔다. 미터법의 최대 수혜자는 나폴레옹이다. 나폴레옹군대는 미터법을 적용해 같은 규격으로 대포를 만들어 서로 다르게 만든 적군의 대포보다 정확도가 높아서 승리했다함.
1875년 미터 조약이후에 1889년 백금과 이리듐 합금으로 길이 단위의 표준인 미터 원기(原器)를 제작하였다(현재 파리 국제도량형국에 보존).
길이 1미터는 파리를 통과하는 자오선의 절반, 즉 북극에서 적도까지 거리의 1천만분의 1이 1m로 정했다. 1960년 1미터의 정의가 수정되어 크립톤86 원자가 내는 오렌지색스펙트럼선 파장의 1백65만7백63.73배가 1m로 결정됐다. 현재는 빛이 진공 속을 2억9천9백 79만 2천4백58분의1초 동안 이동한 거리가 1m로 확정되었음.</td></tr>
<tr><td>1875년</td><td>【프랑스】 국제도량형국(BIPM) 단위와 표준의 국제 통일을 목적으로 설립된 기관. 길이와 질량의 국제원기 유지, 국가 표준과 국제 표준의 비교 및 이에 관한 측정 기술의 국제적인 협력, 기본 물리상수에 관한 내용을 정하고 있음.</td></tr>
<tr><td>1902년</td><td>【대한제국】 도량형 규칙제정 평식원을 궁내부에 설치한 도량형 검정기관으로 도량형 규칙을 제정하고 미터법을 도입하였음.</td></tr>
<tr><td>1902년</td><td>【미국】 미국재료시험협회(ASTM, American Society for Testing Materials)설립 철강, 비철금속, 시멘트 및 기타 공업재료의 연구와 시방서 및 시험방법을 표준화 하는 업무를 수행함.</td></tr>
<tr><td>1903년</td><td>【미국】 포드시스템 개발 헨리 포드는 자동차 부품을 표준화하여 T 모델로 연간 6,870대 생산능력을 200만대로, 12시간 걸리는 조립시간을 1시간30분에 조립하는데 성공하여 이 시스템을 포드시스템이라 불리워졌다.</td></tr>
<tr><td>1905년</td><td>【대한제국】 도량형법 공포(대한제국 법률 제1호, 1905. 3. 31) 당시 도량형 기준은 척(尺)을 길이와 부피. 양(兩)을 무게의 기본으로 삼되 미돌(米突-미터)법을 병행토록 하였다. 미터원기를 도입하고 1미터의 10/33을 1자로 정했다.
한국의 도량형
중국의 척관법을 기본으로 사용하였으나 시대에 따라 자체 개발 사용하였다. 조선 세종 때에는 길이·부피 및 무게뿐만 아니라 시간을 측정하기 위한 해시계, 측우기 등 독자적인 도량형기를 개발하였고, 고종 때에는 궁내부에 평식원(平式院)을 설치하여 도량형 업무를 관장하게 하였고 1905년에는 대한제국 법률 제1호로서 도량형법을 제정·공포하였다. 그 후 1961년에 과거의 도량형법을 개정하여 계량법을 제정하였고, 1959년에는 국제미터협약에, 1978년 국제법정계량기구에 가입함으로써 국제적인 계량시스템을 갖추었음.
척관법(尺貫法) 고대 중국에서 시작되어 전해져 내려온 도량형 단위계. 척관법에는 길이의 기본단위로 자 또는 척(尺), 무게는 관(貫), 면적은 평(坪) 또는 보(步), 부피의 단위는 되 또는 승(升)이 있다. 척관법의 기본단위가 되는 길이의 단위인 척은 0.303m이며, 무게의 단위인 관은 3.75kg을 말한다.</td></tr>
<tr><td>1906년</td><td>【스위스】 국제전기기술위원회(IEC)설립 전기 및 전자 분야의 국제 표준 추진기구이며 본부는 스위스 제네바에 있음.</td></tr>
<tr><td>1904년</td><td>【미국】 볼티모어 화재 볼트모어시에서 화재발생시 소방차의 연결호스와 소화전의 크기가 표준화 되어 있지 않아 1,526개 빌딩, 2,500여개 상점이 잿더미가 된 사건.</td></tr>
<tr><td>1913년</td><td>【미국】 컨베이어벨트 양산 개시 미국 포드 자동차사는 벨트 컨베이어벨트 방식을 이용해서 자동차의 양산을 시작함으로써 획기적인 원가절감과 생산성을 높였다.</td></tr>
</table>

품질의 역사

연도	내 용
1915년	【미국】 **테일러**(Frederick Winslow Taylor, 1856~1915) 필라델피아 출생. 처음에는 법률가가 되려고 시도했으나 안질 때문에 단념하고 기계공장의 견습공을 거쳐 미드베일 제강소와 베들레헴 제강소에 근무했다. 테일러는 공장 근무시 노동자의 쟁의행위와 공장의 경영난을 목격하고 과학을 바탕으로 하는 작업관리의 필요성을 느꼈다. 그는 과학적인 방법에 의해 생산과정을 최소단위로 분해하여 각 요소동작의 형태, 순서, 소요시간 등을 시간연구와 동작연구에 의하여 표준화하고 차별능률급제를 채용하는 등 과학적 관리법을 개발해 냈다. **테일러의 과학적 관리 4원칙** 1. 주먹구구식 방법을 타파하고, 참된 과학을 수립하라(시간, 동작 연구 등 객관적 사실을 토대로 하라). 2. 종업원은 과학적으로 선발하고 좋은 방법으로 훈련하라. 3. 경영자가 할 일과 작업자가 할 일을 명확히 구분하고 각자가 분담된 업무를 확실히 수행하라. 4. 경영자와 작업자는 친밀하고도 우호적인 유대관계를 유지하라.
1926년	【미국】 **국가표준협회국제연맹**(ISA) ISO 전신으로 전기 및 전자 분야 이외의 분야에 대한 국제표준화를 추진하였음.
1926년	【미국】 **미국표준협회**(ASA: American Standards Association) 발족 1996년 미국표준화기구(ANSI: American Vational Standards Institute)로 개칭함.
1926년	【일제강점기】 **조선도량형 발표**(1926. 2) **도량형의 단위** ① 길이의 단위 　　길이는 1902년 도량원기를 백금으로 온도계에 눈금을 새겨 15℃의 길이를 10/33척으로 하였다. 호(毫)를 최저 단위로 10호=1리, 10리=1푼, 10푼=1치, 10치=1자, 10자=1장, 1, 386자=1리(里)의 단위 명칭이 결정되었다. 이것을 미터법으로 환산하면 1cm=3푼 3리, 1m=3자 3치, 1km=3, 300자였다. 또 측량 척으로 10리(釐)=1푼(分), 10푼=1주척(周尺), 6자=1보(步), 10자=1간(間), 100자=1련(鍊), 2,100자=1리(里), 30리=1식(息) 1m=5자에 해당함. ② 면적의 단위 　　면적은 작(勺), 홉(合), 파(把), 속(束), 부(負), 결(結) 등을 사용했다. 10작=1홉, 10홉=1파, 10파=1속, 10속=1부, 100부=1결, 1ha=1결 ③ 부피의 단위 　　부피는 작(勺), 홉(合), 되(升), 말(斗), 소곡(小斛), 대곡(大斛) 등을 사용했다. 10작=1홉, 10홉=1되, 10되=1말, 15말=1소곡, 20말=1대곡
1931년	【영국】 **영국규격협회**(BSI)**를 창립** 영국의 전 산업 분야에 대한 영국국가규격(BS)을 작성·보급하며 상품에 대한 인증 및 규격표시를 허가하는 업무를 담당한다. 1901년 영국 토목학회의 제창으로 표준화를 목적으로 한 기술표준위원회·기계 학회·조선기술자협회, 철강협회 및 전기 학회에 의하여 설립되었다. 그 후 철강뿐만 아니라 다른 분야의 표준화에까지 발전하여 1918년에는 British Engineering Standards Association으로 개편되고 1931년에 개편되어 현재의 BSI가 되었다.
1935년	【영국】 **피셔**(Fisher) **실험계획**(The Design of Experiment)**발행** 실험에 대한 계획방법으로, 해결하려는 문제에 대하여 실험 방법, 데이터 수집, 통계분석들을 통하여 최소의 실험 횟수로부터 최대의 정보를 획득하도록 계획하는 것. 현대통계학의 발전은 1900년대 추론의 기초 도구로 쓰이는 분포이론을 제공한 피어슨(Pearson, K.), 실험계획법과 추정론을 정립한 피셔(Fisher, R. A.), 그리고 가설검정이론의 피어슨(Pearson, E.)과 네이만(Neyman, J.) 등의 공로가 크다. 이 외에도 확률론을 정립한 콜모고로프(Kolmogorov, A.), 그리고 새로운 게임이론을 도입하여 의사 결정적 측면에서 통계적 추론을 고찰한 왈드(Wald, A.) 등이 크게 기여하였다.
1943년	【미국】 **닷지·로밍**(Dodge·Romig)**의 연속생산형 샘플링검사 발표** **샘플링검사**(Samping Inspection) 제품 또는 반제품의 로트에서 시료(샘플)를 발췌하여 시험하고 그 결과를 판정기준과 비교하여 그 로트의 합격, 불합격을 판정하는 검사법을 말한다. 로트의 작성방법, 크기와 샘플의 크기와의 관계, 샘플의 발췌 방법, 판정기준 등은 경제성을 고려하여 통계적 방법에 의해 결정한다.
1946년	【미국】 **미국품질관리협회**(ASQC)**창립하고** 「Industrial QC」**발간** 【일본】 **일본과학기술연맹**(日科技連) **창립**
1947년	【국제】 **국제표준화기구**(ISO)**설립** 지적 활동이나 과학·기술·경제활동 분야에서 세계 상호간의 협력을 위해 설립한 국제기구이며 본부는 스위스 제네바.
1947년	【스위스】 **관세 및 무역에 관한 일반협정**(GATT, General Agreement on Tariffs and Trade) 관세, 수출입 규제 등의 무역장벽을 각국 간 교섭을 통해 제거하기 위한 목적에서 발족하였으며 세계 무역 기구(WTO)의 창립(1995. 12. 31)으로 GATT 체제는 종식됨.
1948년	【스위스】 **세계보건기구**(WHO, World Health Organization) 보건·위생 분야의 국제적인 협력을 위하여 설립한 UN전문기구.
1949년	【일본】 **일본 공업표준화법**(일본공업규격JIS) **시행**

품질의 역사

연도	내 용
1949년	【한국】 **농산물 검사법 및 상표법 제정** 농산물의 중량, 등급, 포장에 대해 표준화가 이루어짐. 우리나라에서 처음으로 규격이나 기준을 명문화한 법.
1951년	【미국】 **쥬란의 「Quality Control Handbook」발행** 【일본】 **데밍상(Deming prize)** 일본의 품질향상에 공헌을 한 데밍의 공적을 기념하고 품질 붐을 조성하기 위해 데밍상 제도를 신설했고 1995년 일본국가상으로 전환함.
1955년	【프랑스】 **국제법정계량기구(OIML, Organization Internationale de Metrologie Legale)** 계량기의 구조, 사용방법, 검사방법, 허용오차 등 계량기의 사용상 야기되는 행정상, 기술상의 문제점을 해결하고, 법정계량에 관한 국제권고, 국제문서 등 일반원칙을 연구, 개발, 보급하여 국제적 통일을 도모하는 정부 간 국제기구. 한국은 1978년 가입.
1956년	【유럽】 **유럽품질기구(European Organization for Quality)발족** 제품 및 서비스의 품질개선과 신뢰성 제고를 목적으로 하고, 품질관리에 관하여 ISO와 협동하여 사용 용어의 제정, 가이드라인을 발행한다.
1958년	【영국】 **국제 해사 기구(IMO, International Maritime Organization)발족** 해운과 조선에 관한 항로·교통규칙·항만시설 등을 국제적으로 통일하기 위한 국제기구로1958년 3월 17일부터 발효되었고 1959년 1월 6일 국제연합 전문기구인 정부간해사자문기구(IMCO)로 활동을 시작하였다. 한국은 1961년, 북한은 1986년에 가입하였다. 【한국】 **병참물품 등 군수규격 제정**
1959년	【미국·영국】 **야드-파운드법(yard-pound system)** 영국과 미국에서 사용되고 있는 도량형 단위계. 길이에 yd(야드), 질량에 lb(파운드), 시간에 s(초), 온도는 화씨($°F$)를 기본단위로 하고, 길이에는 ft(피트)·in(인치)·mile(마일), 부피에는 gal(갤런), 질량에는 oz(온스) 등의 보조단위를 사용하였다. 이들의 시초는 이집트·바빌로니아에서 비롯되었고, 영국의 엘리자베스 1세 때 단위계 사용하였다. 영미 간에 1959년 7월 1일 1국제 야드=0.9144m, 1국제 파운드=0.453592437kg으로 협정하였다. 이들은 십진법으로 되어 있지 않았으며 이 단위계를 사용하던 대부분 나라가 법적으로는 미터법으로 전환하였다.
1961년	【한국】 **공업표준화법 제정(1961. 9. 30)** 상공부에 표준국이 설치되고 공업표준심의회가 구성되어 국가표준(KS: Korean Industrial Standards)이 제정되었다. **KS 지정 원칙:** ① 공업표준의 통일성 유지 ② 공업표준조사. 심의과정의 민주적 운영 ③ 공업표준의 객관적 타당성 및 합리성 유지 ④ 공업표준의 공중성 유지 **산업표준화 변천과정** 1949년　8월 농산물검사법의 제정되고, 철도등 공공사업 분야의 규격화가 시작되었음. 1959년　9월 병참 물품규격서가 제정됨. 1961년　9월 30일 공업표준화법의 제정으로 국가 차원의 공업표준화 사업이 추진됨. 11월 상공부 표준국이 설립됨. 1962년　2월 공업표준심의회 구성. 3월 한국규격협회가 발족 1963년　5월 IEC, ISO 등 국제기구에 가입 1973년　1월 공업진흥청이 개청되면서 표준화에 대한 장기 계획 수립 1982년 12월 KS표시를 외국공장에 대해서도 승인 1992년 12월 공업표준화법을 산업표준화법으로 개정 1994년　7월 표준국을 산업표준국으로 개편, 표준화 사업을 전 산업에 확대 1995년　7월 공업진흥청 산하 국립공업기술원 지방공업기술원에 KS표시허가를 이양 1996년　2월 공업진흥청이 폐지되고 중소기업청이 신설. 표준화 관련 업무를 국립기술품질원 표준계량부에서 담당 1996년 10월 산업표준화법 시행규칙운용요강 제정으로 국립기술품질원 표준계량부에서 서울지역 KS 표시허가 업무 담당 1997년　8월 산업표준화법을 개정하여 잠정표준제 도입,KS표시허가제를 인증제로, 단체표준의 승인제를 신고제로 전환함. 1999년　5월 국립기술품질원 표준계량부에서 산업자원부 기술표준원 표준부에서 담당
1961년	【한국】 **계량법(計量法1961년 5월 10일 제정)** 계량의 기준과 적정한 계량의 실시에 필요한 사항을 규정한 법률. 계량이라는 것은 길이·질량·시간·온도·전류 등을 말한다. 계량표준의 유지·보급 등의 사업을 위하여 법인체인 한국표준연구소가 1975년 12월에 설립되었다. 계량의 기준이 되는 것을 계량단위로 기본단위 7개(미터, 킬로그램, 초, 캘빈, 칸델라, 암페어, 몰)가 규정되어 있다. 기본단위 외에도 유도단위와 특수단위가 있고, 계량단위를 보조하는 보조계량단위가 있어 이를 총칭하여 법정계량단위라고 한다. 이러한 계량단위 외에는 거래상 또는 증명상의 계량에 사용할 수 없고, 이와 다른 계량단위로 표시된 계량기나 상품은 제작, 수입 또는 판매할 수 없다.
1962년	【미국】 **무결점운동(ZD, Zero defect) 시작** 미국기업이 미사일의 납기단축을 위해 '처음부터 완전한 제품'을 만들자는 운동을 벌인 것이 계기가 되었다. QC(품질관리)기법을 제조부문에 한정하지 않고 일반 관리업무에까지 확대 적용하여 전사적으로 결점이 없이 일을 하자는 운동임.
1962년	【한국】 **한국규격협회 설립** 국내 산업계의 표준화 업무를 주도하는 한국규격협회가 설립되었고 1993년 6월 한국표준협회로 명칭을 변경하였음.

<table>
<tr><td colspan="2" align="center">품질의 역사</td></tr>
<tr><td align="center">연도</td><td align="center">내 용</td></tr>
<tr><td>1962년</td><td>【한국】 제1회 품질관리 강좌 개설 한국표준협회에서 품질관리 방법론, 데이터 작성법, 관리도 작성법등의 강의가 시작됨.</td></tr>
<tr><td>1963년</td><td>【한국】 KS 표시제도 실시 1963년 7월에 한국공업규격(KS)규격집이 발행됨.</td></tr>
<tr><td>1963년</td><td>【미국】 전기전자기술자협회(IEEE, Institute of Electrical and Electronics Engineers) 전기전자공학 전문가들의 국제 조직으로 1963년 전파공학자 협회(IRE)와 미국 전기공학자 협회(AIEEs)를 합병하여 설립됨.</td></tr>
<tr><td>1963년</td><td>【한국】 한국의 IEC(1963. 5), ISO가입(1963. 6)</td></tr>
<tr><td>1967년</td><td>【미국】 슈하트(Walter AndrewShewhart, 1891~1967) 통계적 관리의 아버지로 불린다. 슈하트는 관리도(Control Chart)를 개발하여, 오늘날 통계적 품질관리방법 이론을 정립했고 1925년 설립된 벨연구소에서 이를 적용했다. 그는 현장위주의 실제운영을 중시하였고 특히 데밍에게 강한 영향을 미치게 되어 2차 대전 중 미국의 생산성과 관련하여 많은 업적과 기여를 하였다.

슈하트의 과학적 관리 방법은 공정을 그대로 두어야 할 때와 조치해야 할 때를 통계적으로 정의함으로써 생산 공정을 안정 상태로 관리할 수 있도록 했다. 작업수행시 일어나는 우연변동의 한계를 정의하여 그 한계를 넘었을 때에만 조치를 취해야 한다고 주장한다.</td></tr>
<tr><td>1967년</td><td>【일본】 일본의 표준화 대회 일본규격협회의가 제1회 품질관리와 표준화전국대회를 동경에서 개최</td></tr>
<tr><td>1972년</td><td>【아시아】 태평양지역표준회의(PASC, Pacific Area Standards Congress) 태평양 지역 국가인 미국, 호주, 일본의 표준화 기구들의 모여 지역 내 국제표준화 협력증진을 목적으로 창설함.</td></tr>
<tr><td>1973년</td><td>【한국】 국제단위계(SI) 채택 국제단위계인 'SI'란 프랑스어 "Le Systeme internationald'unites"에서 온 약어이다. 국제단위계는 1960년 제11차 국제 도량형 총회에서 채택되었으며 대부분의 나라에서 이를 공식적으로 채택하고 있다. 우리나라도 1964년 1월 1일 계량법에 의거 이 단위계만 사용하도록 하였다. 이 SI는 7개의 기본단위가 있고 다른 모든 단위는 이들로부터 유도된다.

◆ 7개의 기본단위
1. 미터(meter)는 빛이 진공에서 1/229 792 458초 동안 진행한 경로의 길이
2. 초(second)는 세슘-133원자(133Cs)의 바닥상태에 있는 두 초미세 준위간의 전이에 대응하는 복사선의 9, 192, 631, 770 주기의 지속시간
3. 켈빈(kelvin)은 열역학적 온도의 단위로 물의 삼중점의 열역학적 온도의 1/273.16이다.
4. 암페어(ampere)는 무한히 길고 무시할 수 있을 만큼 작은 원형 단면적을 가진 두 개의 평행한 직선 도체가 진공 중에서 1미터의 간격으로 유지될 때, 두 도체 사이에 매 미터당 2×10^{-7} 뉴턴(N)의 힘을 생기게 하는 일정한 전류
5. 킬로그램(kilogram)은 질량의 단위이며, 국제 킬로그램 원기는 백금 90% 이리듐 10%의 합금이며 직경과 높이가 각각 39mm인 원기둥의 무게이다.
6. 칸델라(candela)는 진동수 540×1012 헤르츠(Hz)인 단색광을 방출하는 광원의 복사도가 어떤 주어진 방향으로 매 스테라디안(sr)당 1/683 와트(W)일 때 이 방향에 대한 광도이다.
7. 몰(mole)은 탄소 12의 0.012킬로그램에 있는 원자의 개수와 같은 수의 구성요소를 포함한 어떤 계의 물질량이다. 몰을 사용할 때는 구성요소를 반드시 명시해야 하며 이 구성요소는 원자, 분자, 이온, 전자, 기타 입자들의 특정한 집합체가 될 수 있다.</td></tr>
<tr><td>1975년</td><td>【한국】 한국표준연구소 설립 1975년 12월 국가표준기관으로 한국표준연구소 설립하고 1978년 05월 국가교정검사업무를 시행함. 1991년 10월 한국표준과학연구원으로 기관명칭 변경하였다.

표준이란
'어떤 것을 재는 기준'으로 측정의 기준을 말함. 인간 활동에 가장 기초는 측정이기 때문에 그 기준이 되는 표준이 없다면 많은 혼란이 있게 된다. 국가 표준 수준은 국가의 수준과도 일치한다. 시간표준의 경우 약 10만년에 1초밖에 오차 없는 세슘 원자시계로 국가 표준을 유지하고 있고 한국표준시(UTC(KRIS))는 국가표준시인 세계협정(UTC)과 100만분의 1초($1\mu s$) 이내로 유지되고 있고 길이 측정의 경우, 항공기나 반도체 가공 등 정밀가공을 요구하는 분야에서는 1억분의 1미터 정도의 정밀한 기술이 필요하다.</td></tr>
<tr><td>1975년</td><td>【한국】 전국품질관리분임조 대회 공업진흥청은 제1회 전국QC분임조대회, 제1회품질관리 및 표준화대회를 개최하였다.</td></tr>
<tr><td>1979년</td><td>【한국】 국가교정(較正, calibration)제도 실시 교정이란 국가표준기본법에서는 '특정조건에서 측정기기, 표준물질, 척도 또는 측정체계 등에 의하여 결정된 값을 표준에 의하여 결정된 값 사이의 관계로 확정하는 일련의 작업'이라 정의하며 교정제도란 상품제조나 일상생활에서 사용하는 계량기에 대해 국가표준과의 소급성 갖도록 하여 거래의 정확성을 갖도록 하고자 하여 운영하는 제도이다.

한국교정시험기관인정기구(KOLAS) 인정제도 법률 또는 국제기준에 적합한 인정기구가 해당 기준(ISO/IEC 17025, ISO/IEC 17020)에 따라 교정 및 시험·검사기관의 품질시스템과 기술능력을 평가하여 특정분야에 대한 교정 및 시험·검사 능력이 있다는 것을 공식적으로 승인하는 제도이다.</td></tr>
</table>

품질의 역사	
연도	내　용
1982년	【한국】 KS표시를 외국 공장에 대해서도 승인
1987년	【미국】 **말콤볼드리지 (Malcolm Baldrige prize)상** 미국 기업의 품질경영을 독려하기위한 국가 품질상(미국 상무장관의 이름을 따서 명명함)
1988년	【유럽】 **유럽품질상**(E F Q M. The European Foundation for Quality Management) 유럽 기업의 경쟁력을 높이기 위해 일본의 데밍상과 미국의 말콤볼드리지상을 참조하여 발전시킨 모형
1993년	【미국】 데밍(900. 10. 14 ~1993. 12. 20) 예일대 졸업 후, 벨 연구소의 슈하트를 통해 통계적 관리를 생산과 경영에 적용하였다. 2차세계 대전 중에는 미국 통계국의 전쟁물자 품질관리를 담당했으며 1946년부터는 뉴욕대학교 경영대학원의 교수를 지냈고 기업의 연구고문으로 활동하기도 했다. 종전 후 일본의 과학자와 엔지니어, 경영자에게 통계와 품질관리를 전수하여 일본제품의 품질 수준을 크게 향상시키는데 공헌하였다.
1993년	【한국】 **ISO 9000 품질인증제도 도입** 제품의 생산 및 유통과정 전반에 걸쳐 국제표준화기구(ISO)가 국제규격을 제정한 소비자 중심의 품질보증제도를 국내에서 도입하여 인증 제도를 실시함. <ISO 인증제도의 종류> ISO 9001 품질경영시스템에 대한 인증 ISO 14001 환경경영시스템에 대한 인증 ISO 22000 식품의 위해요소를 관리에 대한 인증 ISO / TS 16949 자동차분야 품질경영시스템에 대한 인증 ISO 13485 의료기기분야에 대한 인증 ISO 17799 정보보호경영시스템에 대한 인증
1993년	【한국】 **ISO 9001 국내 인증기관 1호** 한국품질재단은 1993년 10월 18일 국내 최초 ISO 9001 인증기관으로 지정 받았음.인정번호 KAB-QC-01 (1993-10-18)
1993년	【유럽】 **CE 마크(Communaute Europeenne)** 유럽 연합에서 유통되는 제품에 의무화된 제품 안전 마크제도. 기계, 의료기기, 완구, 압력 용기 등 제품 분야별로 적용함.
1994년	【미국】 **QS 9000 품질시스템 규격 제정** 미국 자동차 BiG 3인 GM, FORD, D. 크라이슬러에 의하여 ISO 9001의 품질경영시스템 요구사항을 기본으로 하여 자동차산업에 대한 특정적인 요구사항을 추가하여 만들었다. QS 9000 규격을 대체한 ISO/TS 16949는 미국의 자동차 Big 3사, 유럽의 자동차사(푸조, 시애트론, 르노, 폭스바겐, 피아트, BMW 등) 및 일본의 자동차협회 등의 협의체인 IATF(International Automotive Task Force)에서 작성하여 ISO에서 기술규격(TS, Technical Specification)으로 채택된 자동차산업 품질경영시스템 규격이다. ISO 9001: 2000 규격 요구사항 이외에 76가지의 자동차산업 분야의 특별 요구사항을 포함하고 있다.
1995년	【스위스】 **세계무역기구(WTO)발효**. 회원국 간의 무역관련 협정을 관리 감독하기 위한 기구로 GATT 체제를 대체하여 세계 무역 장벽을 감소 또는 제거하기 위한 목적을 가지고 있음. 본부는 스위스 제네바.
1995년	【한국】 **한국인정원(KAB. Korea Accreditation Board) 설립**(1995. 11. 27) 국내 국제표준화기구(ISO) 인증제도의 운영을 위해 정부 및 산업계가 주도하여 설립한 ISO 인정기관. 1995년 공업진흥청 산하(사)한국품질환경인증협회(KCA)로 설립하여 2001년 한국인정원(KAB)으로 승격됨. ISO 9000, 14000 등 인증·연수기관 지정 및 사후관리 업무를 수행함.
1996년	【한국】 **중소기업청 신설** 정부조직 개편으로 공업진흥청이 폐지되면서 신설되었고 국가표준화 업무는 기술표준원으로 이관되었음.
1996년	【국제】 **ISO 14001 규격발행(1996. 9)** 조직이나 기업의 환경경영체제를 평가하여 국제규격임에 적합함을 인증하는 제도. 1991년 유엔환경개발회의(UNCED)에서 ISO와 IEC에 환경관리에 관한 국제표준 제정을 요청하였다. 1993년 ISO와 IEC는 SAGE(Strategic Advisory Group on Environment: 환경전략자문그룹)을 설치하고, 이 그룹의 건의에 따라 ISO/TC207(환경경영위원회)을 설립하였다. 1996년 9월 ISO 14001 국제규격이 제정되고 각국에서 ISO 14000 인증제도 실시를 시작하였다. ISO의 환경 기술위원회(TC207)에서 개발하는 규격 분야는 다음과 같다. ① 환경경영시스템(Environmental Management System: EMS) ② 인증 및 감사(environmental auditing: EA) ③ 상품의 환경성 인증관련 환경라벨(environmental labelling: EL) ④ 환경성과 평가(environmental performance evaluation: EPE) ⑤ 라이프사이클 분석(life cycle analysis: LCA) ⑥ 제품규격의 환경적 측면(environmental aspects in product standard: EAPS) ⑦ 환경용어 및 정의(terms & definitions: T&D).
1998년	【한국】 **KS 표시인증제 실시(7월 1일)** KS 표시 허가제를 인증제로 전환하고, 단체표준 승인제도 신고제로 변경하였음. 【한국】 **현대자동차 품질경영 방침선언** 현대자동차 정몽구 회장은 1998년 말 '품질경영 없이 미래 없다'고 선언하였다. 현대차는 '무결점(zero defect)과 매력 품질(attractive quality)에 도전한다.'는 품질경영 전략을 추진하고 있다.
1999년	【한국】 **국가표준기본법 제정(1999. 2)** 국가표준제도의 확립을 위한 기본적인 사항을 정한 법률. 국가표준제도의 확립을 위한 기본적인 사항을 규정함으로써 과학기술의 혁신과 산업구조 고도화 및 정보화 사회의 촉진을 도모하여 국가 경쟁력 강화 및 국민 복지 향상에 이바지함을 목적으로 하는 법률이다.

<table>
<tr><th colspan="2">품질의 역사</th></tr>
<tr><th>연도</th><th>내 용</th></tr>
<tr><td>1999년</td><td>【국제】 AS 9100 항공우주분야 품질경영시스템 미국항공우주기술자 협회의 주도로 규격이 제정됨.</td></tr>
<tr><td>1999년</td><td>【국제】 TL 9000(Telecommunication Leadership, 1999) TL 9000이란 정보통신 제품 및 서비스의 품질과 신뢰성을 지속적으로 향상시키기 위해 미국의 정보통신업체(Bell Atlantic, Bell South, Pacific Bell, SouthwesternBell 등)들이 주축이 된 QuEST Forum에서 ISO 9001요구사항에 정보통신 분야의 특성을 추가하여 제정한 국제표준이다.</td></tr>
<tr><td>2001년</td><td>【미국】 필립 크로스비 무결점운동(ZD) 신뢰성 전문 엔지니어로 출발해 마틴사의 유도탄개발프로젝트에 참여, 무결점운동(ZD, Zero Defect)을 주장했음.</td></tr>
<tr><td>2001년</td><td>【한국】 김치가 국제식품표준으로 등록 식품 분야의 국제표준인 국제 식품 규격위원회(Codex)에서 일본의 기무치와 경쟁하여 국제 식품 규격으로 승인받았다.</td></tr>
<tr><td>2002년</td><td>【한국】 PL(Produt Liability) 제조물 책임 시행(2002. 7. 1) 제조물책임이란 제품의 안정성이 결여되어 소비자가 피해를 입을 경우, 제조자가 부담해야 할 손해배상책임을 말한다. 제조물책임은 제품의 결함으로 인해 발생한 인적·물적·정신적 피해까지 공급자가 부담하는 한 차원 높은 손해배상제도이다. 제조물책임법에 의해 1982년 세계 최대 석면 제조업체였던 미국 맨빌이 파산했고 1998년에는 대형 화학제품 제조업체인 다우코닝이 파산을 신청했다. 여기서 말하는 제조물이란 단순히 공업용 제품 이외에도, 일반 시민에 사용되는 일용품을 포함하고 있다.</td></tr>
<tr><td rowspan="2">2008년</td><td>【미국】 조셉 쥬란(Joseph M. Juran, 1904-2008. 2. 28) 전사적 종합품질의 대가로서 미국식 "전문화 원칙"을 부정하고, 일본식 TQM인 "전사적 종합품질관리를 창시"한 인물. 1924년 엔지니어로 출발하여 1950년대 초 일본의 초청으로 최고경영자와 중간계층의 중역들을 상대로 세미나를 개최하여, 회사는 품질관리를 경영관리의 필수적 요소로 삼아야 한다고 역설 함. 일본에서는 데밍처럼 비일본 시민에게 주는 최고훈장도 받았다. 품질의 삼각이론을 주창함, 즉, "품질기획"과 "품질향상", "품질관리"를 중요시 하고 이를 성공적으로 수행하기 위해서는 전문적 지식과 도구의 필요성을 강조하며, 전 부문에서 고객을 지속적으로 염두에 두고 활동할 것을 역설하였다.

◆ Juran의 품질개선 10단계
1. 개선의 필요성과 기회에 대한 인식 구축
2. 개선을 위한 목표 설정
3. 품질 위원회 설치, 문제점 파악, 프로젝트 선정, 팀 지정, 업무소통 및 조정 담당자 임명 등.
4. 교육훈련 실시
5. 문제해결을 위한 프로젝트 수행
6. 진척도 보고
7. 성과에 따른 공로 인정
8. 결과에 대한 직원들 간의 공유
9. 품질성과의 기록 유지
10. 조직의 정규 시스템과 과정에 대한 개선점의 파악을 통해서 지속적인 품질개선 추진</td></tr>
<tr><td>【미국】 파이겐바움(Feigenbaum 1936~)은 종합적 품질관리의 중요수단으로 품질비용의 중요성을 강조함. 품질비용은 제품이나 서비스의 품질과 관련한 비용으로 생산자를 중심으로 정의되어 품질의 설계, 평가, 품질의 결과로 발생되는 모든 비용을 포함하는 개념이다. 품질비용은 크게 통제비용과 실패비용으로 구분했다.
① 통제비용(control cost)은 품질의 적합도를 높이기 위하여 발생하는 비용
 - 예방비용(prevention cost)은 품질불량방지를 위한 예방활동에 소요되는 비용으로, 품질계획, 품질교육과 관련되는 비용
 - 평가비용(appraisal cost)은 불량품을 가려내기 위한 활동비용, 수입검사, 공정검사, 완제품검사, 출하검비용
② 실패비용(failure cost)은 생산과정중이나 생산된 제품이 품질수준에 미달되어 발생하는 비용.
 - 내적실패비용은 생산 공정 및 고객 인도 전에 품질수준을 충족시키지 못하여 발생하는 비용. 수율손실과 재작업비용
 - 외적실패비용은 제품이 고객에 인도된 후에 품질 불만족으로 야기되는 비용으로 A/S비용, 클레임, 제품회수에 따른 비용</td></tr>
<tr><td>2009년</td><td>【한국】 KC마크(Korea Certification) 시행(2009. 7. 1) 국민의 생명과 재산을 지키기 위해 특정 제품을 유통·판매하고자 할 경우 반드시 제품에 표시돼야 하는 마크로, 안전·보건·환경·품질 등의 강제인증 분야를 국가적으로 단일화 한 마크이다. 13개 법정강제인증마크가 KC마크로 통합되었다.
 1. 공산품 안전인증마크(기술표준원) 유모차, 압력솥, 보행기 등
 2. 자율안전확인 마크(기술표준원) 등산용 로프, 건전지, 보안경 등
 3. 승강기 인증 마크(기술표준원) 조속기, 완충기, 비상정지장치 등
 4. 전기안전인증마크(기술표준원) 전선, 전원코드, 청소기, TV 등
 5. 고압가스용기(검마크)(지식경제부) 안전밸브, 압축기, 증발기 등
 6. 어린이보호포장(기술표준원) 방향제, 세정제, 광택제, 얼룩제거제 등
 7. 정보통신기기 인증(방송통신위원회) 전화기, 모뎀, PC 등
 8. 에너지소비효율등급(지식경제부) 냉장고, 냉방기, 형광램프, 승용차 등
 9. 품질검사필증(환경부) 물 마크 정수기
10. 안전인증(노동부) 프레스, 전단기 등
11. 가스용품(검마크)(지식경제부) 가스레인지, 압력조정기, 연소기 등
12. 계량기 검정마크(기술표준원) 전기계량기, 체온계, 저울 등
13. 소방용품 검정마크(소방방재청) 소화기, 방염재 등</td></tr>
</table>

<table>
<tr><td colspan="2" align="center">품질의 역사</td></tr>
<tr><td align="center">연도</td><td align="center">내 용</td></tr>
<tr><td></td><td>

KC마크와 KS 마크 차이
KC는 통합된 상품에 대한 법정강제인증마크이며 KS는 생산 공정에 대한 인증을 통해 공장과 상품에 대해 인증을 부여하나 강제인증은 아니다.

해외인증마크 사례
CE마크 EU는 회원국 간 안전 환경 및 소비자 보호와 관련된 제품 강제 인증을 1993년부터 시행하였다.
PS마크 일본은 2003년부터 전기제품·공산품 등에 대해 PS마크(제품안전마크)를 시행하고 있다.
CCC마크 중국은 국내제품과 수입제품에 달리 적용하던 강제인증제도를 2002년부터 CCC제도로 통합하여 시행하고 있다.

</td></tr>
<tr><td align="center">2010년</td><td>

【일본】 도요타 제품 리콜 도요타 신형 프리우스 브레이크 결함으로 2010. 2월에 전 세계적으로 하이브리드차량 40만대를 리콜 하였다.

</td></tr>
<tr><td align="center">2010년</td><td>

【한국】 절대품질선언(2010. 4. 7) 삼성의 이건희 회장이 경영에 복귀하면서 절대품질을 선언하였다. 절대품질이란 '경쟁사 제품보다 좋다'가 아닌 무결점 자체기준을 충족시키는 것이다. 예를 들어 휴대폰의 경우는 배터리 폭발, 전자파, 유해물질 등 3가지를 절대 품질로 정해서 경쟁사가 도저히 따라올 수 없는 자체품질을 갖는다는 것이다.

</td></tr>
<tr><td align="center">기타
민간인증제도</td><td>

【한국】 민간 제품인증 우리나라는 현재 160여개 인증제도가 운용되고 있고 730여개 인증·시험기관이 활동하고 있다. 주요 민간인증제도는 다음과 같다
1. 품질보증제도(Q마크)(한국생활환경시험연구원 등) 민간기관생활용품 전반
2. K 마크제도(산업기술시험원) 공작기계. 산업기계, 의료기기 등
3. HS마크(한국생활환경시험연구원) 위생과 안전성이 요구되는 품목
4. 제품안전성(S마크)(한국화학시험연구원) 항균, 살균 등 안전성이 요구되는 제품
5. 건 마크(한국건자재시험연구원) 건자재 관련 모든 제품
6. 홀 마크(한국귀금속보석기술협회) 금, 은, 백금, 합금
7. 명품마크(한국의류시험연구원) 신사복, 숙녀복 등
8. 위생가공마크(한국의류시험연구원) 의류, 섬유제품 등
9. 원적외선마크(한국의류시험연구원) 의류, 기타 가공품
10. 자외선차단마크(한국의류시험연구원) 신사복, 숙녀복 등
11. 향가공마크(한국의류시험연구원) 섬유제품, 공산품 등
12. 골드다운마크(한국의류시험연구원) 오리털의복 등
13. 항균마크(한국의류시험연구원) 가정용 합성세제 등
14. EQ마크(한국의류시험연구원) 섬유 및 피혁가공제품 등
15. SF마크(FITI시험연구원) 의류, 문구류, 사무용품 등
16. ST마크(한국완구공업협동조합) 완구류
17. 전자기장환경인증(한국전기전자시험연구원) 전기용품
18. 전자파(EMC)환경인증(한국전기제품안전진흥원) 전기용품
19. TTA인증(한국정보통신기술협회) 정보통신기기
20. 광촉매인증(한국광촉매협회) 광촉매용액 등
21. KOSHA 18001인증(한국산업안전공단) 전사업장
22. ER마크(한국화장품공업협동조합) 화장품
23. 건강보조식품인증(한국건강기능식품협회) 건강보조식품
24. 명품브랜드인증(한국표준협회) 공산품
25. 으뜸상품(인증한국표준협회) 공산품
26. LOHAS 인증(한국표준협회) 공산품
27. 미세먼지인증(한국화학시험연구원) 공산품
28. 미생물인증(서울대학교미생물연구원) 공산품
29. 세라믹소재신뢰성평가인증(요업(세라믹)기술원) 요업용품
30. 국산의류인증마크(한국섬유산업연합회) 의류
31. SCS인증(한국소프트웨어저작권협회) 소프트웨어
32. 자일리톨함량인증(대한치과의사협회) 껌 등
33. 교육용컨텐CM품질인증(한국교육학술정보원) 소프트웨어
34. FI품질인증(한국원적외선응용평가연구원) 핸드폰 등
35. Wellbix인증(연세대학교학술과학기술연구소) 공산품
36. 우수 e러닝 콘텐츠품질(한국사이버교육학회) 교육자료
37. 디자인품질인증(한국능률협회) 공산품
38. 태극마크(한국귀금속보석감정원) 금, 은, 보석
39. 우수종합건강진단센터(종합건강관리학회) 병원
40. 절연성능(한국전기연구원) 고압전기제품
41. 온도상승성능(한국전기연구원) 고압전기제품
42. 단락성능(한국전기연구원) 고압전기제품
43. 개폐성능(한국전기연구원) 고압전기제품

</td></tr>
</table>

<table>
<tr><th colspan="2">품질의 역사</th></tr>
<tr><th>연도</th><th>내 용</th></tr>
<tr><td></td><td>

44. ASP인증(IT렌탈산업협회) ERP등 소프트웨어
45. LPG안전관리우수판매업소인증(한국가스안전공사) LPG가스판매점
46. **관광기념상품**(한국관광공사관광) 기념상품
47. **콜센타품질인증**(한국텔레마케팅협회) 콜센타운영기업
48. **웰빙 인증**(한국능률협회경영인증원) 생활가전, 위생용품, 내외장재
49. **데톨 인증**(대한의사협회) 항균제품
50. **한우판매점인증**(전국한우협회) 한우판매점
51. **GH마크**(한국보건산업진흥원) 식품, 의약품, 화장품, 의료기기
52. **우수품질인증**(한국보건산업진흥원) 식품, 의약품, 화장품, 의료기

</td></tr>
<tr><td>품질의 정의</td><td>

품질의 정의는 시대에 따라 변화해 가고 있다
A. V. Feigenbaum 사용되는 제품이 고객의 기대를 어느 정도 충족시켜 주는가를 나타내는 생산된 제품의 복합적인 특성
J. M. Juran 사용상의 적합성
W. E. Deming 현재와 미래의 고객 요구조건의 충족도
G. Taguchi 제품이 출하된 시점으로부터 성능 특성치의 변동과 부작용 등으로 인하여 사회에 끼친 총 손실
ISO 8402 명시된 요구사항을 어느 정도 만족시켜 주는가를 나타내는 제품이나 서비스 성능의 총체적 성능
KS A3001 제품 또는 서비스가 명시적 또는 묵시적으로 요구를 만족시키는 능력이 있는 특징 또는 특성의 총체

</td></tr>
</table>

환경관련 주요 사건	
연도	**내용**
BC 4000년경	【메소포타미아】 **메소포타미아 문명과 환경** 수메르인이 사용한 물은 해발 5000m Ararat산의 만년설 물이 티그리스 유프라테스 강으로 흐르기에 가능했음. 초기 농경민은 홍수 후에 고인 물과 염분이 높은 것을 희석시키고자 관개(농지에 물을 대는 것)를 하였음. 예: BC3500년 전-밀과 보리가 반반 생산되던 것이 BC 2500년 염분에 약한 밀이 1/6로 감소되고, BC 1700년에 자취를 감춤.
BC 3500년경	【이집트】 **이집트 문명과 환경** 이집트인은 6월~10월에 오는 비를 이용해 관개 사업을 실시하여 곡식을 재배하고, 노모스(부족집단의 사회단위)를 만듦. 멤피스(촌락)가 존재했고, 1가옥에 25인정도 거주하니 쥐가 많아 고양이를 사육하였음. 이집트인은 하루에 한번 몸을 터는 습관을 가졌고 파피루스(이집트 특산의 카야츠리그사과(科)의 식물로 그 잎을 재료로 해서 만든 일종의 종이와 이것에 쓴 문서)에는 벼룩, 파리, 모기, 뱀 등의 퇴출방법이 기록되어 있음, 노상방료, 콘돌, 하이에나가 쓰레기장에 득실, 이집트 분묘의 벽화에 녹색 연못은 쓰레기를 넣은 저수지 이다, 미이라의 간장에서는 주혈급충의 알이 발견되었음.
BC 2500년경	【인도】 **인더스 문명과 환경** 도시 계획에 의해 모헨조다로가 건설되고, 하수도망이 도로 중심을 통하고, 오수 통을 정기적으로 청소하였음. 멸망요인을 환경측면에서 보면 잦은 홍수로 인한 피해와 높은 곳에 집을 짓기 위해 벽돌을 이용하고 이때 수목이 연료로 사용됨.
BC 753~476	【로마】 **로마의 흥망과 환경** 로마는 세대가 교체할 때마다 인구가 1/4로 감소되었는데 이는 납중독(불임)의 요인으로 추정함. BC 150년 그리스 요리법이 도입되고 음주문화가 시작되어 금속인 납이 수도관, 식기, 잔, 솥의 재료로 사용되었음.
BC 460~370	【그리스】 **히포크라테스와 환경** 아테네의 의사인 히포크라테스는, 질병과 환경인자의 상관관계를 히포크라테스 총서에서 언급하였음. 질병은 인체의 요인뿐만 아니라, 계절의 변화 같은 환경 요인에서도 비롯된다고 주장하며 병의 진단에는 기후와 지형, 인종과 문화, 심지어 법률과 관습 등에 관해서도 고려해야 한다고 설명함.
BC400~1000년경	【유럽】 **중세도시의 환경오염** 베네치아, 피렌체, 빌헬름, 파리 등의 도시인구는 농촌인구 유입으로 증가하나 정착인구는 감소함. 도시의 유아사망률이 높고, 성곽으로 인한 도시의 과밀성, 도시 내 가축사육으로 하천에 동물사체가 많았으며 수원확보 및 오염방지가 주 이슈가 되었음. 물은 수도원에 의해 상수원이 개발되었음.
1347~1350년	【유럽】 **페스트(흑사병) 발생**(~1350) 유럽인구의 1/3인 2500만 명, 중국인 30%가 죽은 인류 역사상 최악의 전염병임. 감염된 쥐의 벼룩이 사람에게 전염된 것으로 추정되며 중앙아시아나 인도와의 교역을 통해 유럽에 전파되었고 흑사병균을 보유하는 까만 쥐가 갈색쥐에 축출 당한18세기에 사라졌음.
1946년	【일본】 **가네미유 사건** 일본 가네미 지방에서 식용유 속에 함유된 PCB(Polychlorinated biphenyl) 가 인체에 영향을 미친 사건. 1968년 3월부터 여드름 형태의 피부병 환자가 많이 발생하게 되어 보건소에서 역학 조사한 결과, 식용유 제조사가 가열 매체로 PCB를 사용했는데, 가열 파이프가 부식되어 PCB가 식용유 속으로 들어가 튀김요리에 사용되어 발생한 사건
1948년	【미국】 Donora **사건** 미국 펜실바니아 주 도노라시의 아연제련소와 제철소 공정에서 발생한 SO_2 및 H_2SO_4의 미세입자로 인해 18명이 사망
1950년대	【스위스】 **수돗물 오염사건** 스위스 레만 호에서 합성세제로 인해 부영양화가 일어나 수돗물이 오염됨. 레만 호의 물은 1950년대 초부터 점점 오염되어 1950년대 말경에는 생물이 더 이상 살 수 없는 죽음의 호수로 변하였다. 1962년 스위스와 프랑스가 레만 호 오염방지를 위해 국가 간 협정을 체결하고, 오염 배출 원을 조사하여 120여 개의 하수처리장을 만들면서 물이 맑아지고 물고기가 뛰노는 호수가 되었으며 현재는 세계 부호들의 별장이 많이 있음.
1950년	【멕시코】 Poza Rica **사건** 멕시코, Poza Rica에서 공장 작업 중 사고로 황화수소가스가 누출되어 320명이 급성중독(기침, 호흡곤란, 점막 자극 등의 증상)에 걸려 22명 사망
1952년	【영국】 London Smog **발생** 1952년 12월 런던에서 가정난방용, 기타 공장, 발전소등에서 석탄 연소시 발생한 매연과 SO_2가 지표면에 축적되어 호흡기 질환과 심장 질환 만성 기관지염, 천식, 기관확장증, 폐섬유증, 폐렴 등을 유발하여 사망자수가 평상시보다 약 2.6배인 4000명 이상이 사망했으며, 1953년 2월 중순까지 8000명의 사망자를 낸 사건
1953년	【체코슬로바키아】 **블루베이비병** 1953년에서 1960년에 걸쳐 5,800명의 어린이 가운데 115명이 이 병에 걸렸고, 그 중 8%가 사망, 52%가 중증 환자 발생. 블루베이비병은 1945년 미국의 컴리(Comly)에 의해 처음 보고되었는데, 다량의 질산이 함유되어 있는 식수로 인해 발생한 질병으로 아기의 몸이 푸르게 변한다 해서 블루베이비(Blue Baby)라고 하였음. 질산은 체내 혈액에서 헤모글로빈과 결합하여 산소운반을 방해하며, 이 때문에 호흡으로 얻어진 산소가 신체 각 부분으로 전달되지 못하여 몸이 푸른색으로 변하게 된다. 이 증상이 나타나면 성장발육이 저해되고 빈혈 등으로 인해 심할 경우는 사망하게 된다. 우리나라에서는 이 증상을 청색증이라 부르는데 최근에 질산으로 오염된 식수용 지하수에 분유를 타서 유아에게 먹임으로써 나타났다고 보고된 바 있음.
1954년	【미국】 L A smog 1954년 7월 이후 미국 캘리포니아 주의 LA에서 자동차 등의 화석 연료연소시 방출되는 올레핀계 탄화수소, 질소산화물, 황산화물 등과 태양광선 중 자외선에 의해서 발생한 신종 광화학 smog사건
1955년	【과테말라】 **적조사건** 과테말라에서 독성해조류의 맹독성물질로 주민 26명 집단사망
1955년	【일본】 **모리나가 비소 분유 사건** 모리나가유업이 만든 조제분유를 먹은 어린아이들이 집단적으로 식중독 사건을 일으킨 것으로 이 제품을 조사한 결과, 비소가 검출되었으며 피해를 입은 어린이는 12,000명이었으며 그 중 130명이 사망하였고 그 후유증으로 시력저하, 난청, 뇌파이상, 간질과 같은 발작, 두통, 현기증, 수족냉증 등의 부작용이 발생하였음.

<table>
<thead>
<tr><th colspan="2">환경관련 주요 사건</th></tr>
<tr><th>연도</th><th>내용</th></tr>
</thead>
<tbody>
<tr>
<td>1956년</td>
<td>【미국】 제임스강오염사건 미국 버지니아 주 호프웰에 있는 라이프사이언스라는 살충제 제조공장에서 Kepone(유독성 살충제)으로 인해 종업원이 두통, 시각장애, 간질환, 신경통, 불임현상이 발생하자 이를 제임스 강에 버리면서 하류 100km 구간이 생물이 살 수 없는 죽음의 강으로 변함.</td>
</tr>
<tr>
<td>1959년</td>
<td>【일본】 욧가이치(四日市) 천식 사건 욧가이시에 정유공장 등 석유화학공장이 들어서면서 주민들이 악취에 시달리고 기침, 천식, 만성기관지염 등 각종 호흡기질환을 앓음. 조사결과 이산화황, 이산화질소, 포름알데히드 등이 질환의 원인물질인 것으로 밝혀졌으며 피해자는 1,231명이었고, 80여명의 사망자가 발생하였음.</td>
</tr>
<tr>
<td>1963년</td>
<td>【이탈리아】 베이몬트댐 사건 베이몬트에 높이 265미터의 인공 댐이 건설되었고 퇴적암과 석회암 지질로 이루어진 댐 부근 지대가 물에 잠기자 석회암층이 용해되어 산사태가 발생하였고, 폭우로 댐수위가 상한선을 넘자 댐에 담겨진 물이 밖으로 쏟아져 나와 댐 하류의 마을을 덮쳐서 2,600여명이 사망하였음. 이 사고는 댐 자체의 붕괴가 아니라 댐 주변 지형의 산사태 발생으로 야기된 것이었음.</td>
</tr>
<tr>
<td>1968년</td>
<td>【일본】 미나마타병 사건 일본미나미타에서 메칠수은화합물로 인해 난청언어장애, 시각장애, 정신착란 인정환자 1,049명이 발생하여 사망 437명 발생</td>
</tr>
<tr>
<td>1969년</td>
<td>【미국】 알라모골드 사건(수은 중독) 한 농가에서 돼지 사육시 곡물찌꺼기에서 수은이 검출되었고, 이는 곡물 저장창고에 메칠 수은이 함유된 종자소독제인 파노젠이라는 농약이 투여되었기 때문이라는 것이 밝혀지게 되었다. 파노젠은 곡물이 곰팡이류에 의해서 병에 걸리는 것을 방지하기 위해 소독하는 농약으로 농가에서 많이 사용되고 있다. 사육 중이던 돼지 가운데 14마리에서 실명 증상이 나타났고 이 중 12마리가 죽음을 당하였고, 몇 개월 후 아이들에게도 증상이 나타나 3명의 어린아이가 실명하였다.</td>
</tr>
<tr>
<td>1975년</td>
<td>【이란】 람사협약(The Ramona Convention on Wetlands) 정식 명칭은 물새 서식처로서 국제적으로 중요한 습지의 보전에 관한 국제협약으로 자연 자원의 보전과 현명한 이용에 관해 맺어진 최초의 국제적인 정부 간 협약이다. 이 협약은 지난 75년에 발효됐으며 우리나라는 97년 3월에 가입했다. 협약은 국경을 넘어 이동하는 물새를 국제 자원으로 규정하고 가입국에 습지를 보전하는 정책을 펴도록 의무화하고 있다. 람사협약이 규정하는 습지는 자연적 또는 인공적, 담수나 염수에 관계없이 소택지, 습원 등을 말하며 간조시에 수심이 6m를 넘지 않는 해역을 포함한다. 개펄, 호수, 하천, 양식장, 해안, 산호초도 습지에 포함된다. 람사협약 가입국은 협약가입 때 1개 이상의 자국 습지를 람사습지로 지정해야 하며, 람사습지의 추가 또는 축소시 사무국에 통보해야 한다. 또 가입국은 람사습지로 지정된 습지의 보전 및 적정 이용 계획을 수립, 시행해야 한다. 물새의 수를 늘리기 위해서도 노력해야 한다. 우리나라에서는 1997년에 강원도 인제군 대암산 '용늪'이 최초로 람사습지로 등록되었으며, 1998년에 경남 창녕의 '우포늪'이, 2005년에 전남 신안 '장도습지'가 등록되었다.</td>
</tr>
<tr>
<td>1972년</td>
<td>【일본】 이타이이타이병사건 일본 니이가타에서 발생, 카드뮴 등 중금속 오염으로 심한 통증과 골절수반 환자가 발생하여 107명 중 70명 사망</td>
</tr>
<tr>
<td>1973년</td>
<td>【미국】 미시간 피비비 사건 산불 진화용 소방제와 가축사료 첨가제를 동시에 제조하는 회사에서 부주의로 두 제품의 포장용기가 서로 바뀌어 가축사료 용기에 소방제가 들어가고 소방제 용기에는 가축사료 첨가제가 들어가게 되었다. 소방제 속에는 PBB(Polybromide biphenyl) 300킬로그램이 가축사료에 들어가 3,000마리의 소, 6만 마리의 돼지, 1,500마리의 양, 그리고 200만 마리의 닭이 죽었고, 농장주들이 신경마비 증세를 나타냈으며 축산 농가는 1억 달러에 달하는 손해를 입게 되었다. 한편 죽은 가축과 축산물은 아무 곳에나 매립되어 폐기되었는데, 이는 후에 이 지역의 토양과 지하수, 그리고 인근 하천을 PBB로 오염시키는 결과를 초래하였다.
우리나라에서도 1978년 9월 경기도 파주 지역에서 번데기를 사먹은 어린이 37명이 농약에 중독되었고 그 중 9명이 사망하였다. 조사 결과 파라치온을 포장했던 마대에 번데기를 담았던 것이 원인으로 밝혀진 바 있다.</td>
</tr>
<tr>
<td>1974년</td>
<td>【미국】 위스콘신주 우물 페놀 오염사건 우물물이 최고 농도 1,130ppm까지 올라갈 정도로 오염되고, 1인당 1일 예상섭취량은 10~240mg에 달하였으며, 주민들을 구역질, 설사, 두통, 입의 통증, 복통 등의 증상을 호소하였다. 이 사고로 미국 EPA는 WHO의 음용수 페놀허용치 0.001ppm의 100배인 0.1ppm을 비상기준으로 정하게 되었다.</td>
</tr>
<tr>
<td>1975년</td>
<td>【미국】 제임스강 살충제(키폰)오염 미국 버지니아 주 호스웰시 살충제 제조공장에서는 종업원 반 이상이 두통, 시각장애, 간질환, 신경통, 불임 등 직업병이 발생하자 이 공장에서 제조하는 살충제인 키폰이 요인으로 파악되어 공장 측은 종업원에게 수백만 달러의 보상금을 지불하였다. 연방환경처는 공장 폐쇄와 남아있던 살충제를 모두 하수구에 버리고 도시의 하수처리장으로 유입시켰음. 유입된 살충제는 분해 미생물을 모두 죽여 제임스 강이 오염되고 하류 100킬로미터 구간이 생물이 살 수 없는 죽음의 강으로 변하였다. 아직 분해되지 않는 화학물질인 키폰이 하천 바닥에 퇴적되어 검출되고 있다. 그 후 미국은 환경오염 유발 가능성이 있는 공장의 폐쇄나 이전이 적절한 환경영향을 검토한 후 이를 최소화하는 방법으로 시행하도록 하고 있음.</td>
</tr>
<tr>
<td>1976년</td>
<td>【이탈리아】 세베소시 염소가스, 다이옥신 오염 이탈리아의 세베소시의 농약제조 회사인 ICMESA사의 Trichlorophenol 생산 공장에서 반응기 내부의 과압으로 안전밸브가 열렸고, 반응기 내부에 있던 염소가스와 다이옥신이 인근 5km 이내의 11개 마을로 퍼져나갔으며, 누출이 시작된 지 6일 만에 12명이 어린이가 입원하였고 187명이 염소가스로 화상을 입고 피부병(chlordane)에 감염되었음. 누출된 화학물질 속에 포함된 다이옥신 때문에 1, 800헥타르의 토양이 60cm 깊이까지 오염되었고 재산 피해는 약 2억 5,000만 달러로 추산되었음. 긴급대피 조치로 주민들은 이 지역을 떠났고 그 후 대대적인 정화작업이 이루어졌으나 세베소는 여전히 폐쇄된 마을로 남아있다.</td>
</tr>
<tr>
<td>1978년</td>
<td>【미국】 아모코카디즈 원유유출 사건 미국 아모코 석유회사 소유의 22만 톤급 유조선 아모코카디즈호가 160만 배럴의 중동산 원유를 만재하고 항해하던 중 선장의 실수로 암초와 충돌하였고, 이 유조선에서 160만 배럴의 원유가 유출되었다. 이 사고로 200킬로미터의 프랑스 해안이 짙은 원유 띠로 뒤덮였고, 굴 수확량의 80퍼센트가 줄고 해조류 70퍼센트가 파괴되었다. 또한 3,200마리 이상의 갈매기와 바다오리, 물새가 죽었으며 조개, 가재, 성게 등 해안의 모든 생물들이</td>
</tr>
</tbody>
</table>

환경관련 주요 사건

연도	내용
	전멸하였다. 아름다운 프랑스 해안관광지도 황폐화되어 정화비용으로 1억 4,200만 불, 어업손실 4,600만 불, 관광수입 손실 1억 9,200만 불 등의 손실을 보았음.
1979년	【미국】 **스리마일 원전 사고** 미국 펜실베이니아 주 스리마일 섬(Three Mile Island)의 원자력발전소에서 가동 중인 원자로 내의 냉각수 급수계통이 고장 나 원자로가 융해되어 방사능 물질이 5일 동안 누출되었다. 사고지점 반경 80킬로미터 내에 거주하던 200만 명의 주민이 유출된 방사능물질에 노출되었으며, 주변 23개 학교가 폐쇄되었고, 인근 주민은 긴급 대피하였음. 이 사고로 인해 사망한 사람은 없었으나 20억 달러에 상당하는 원자로는 단 30초 만에 파괴되었고, 이때 누출된 방사능으로 인하여 현재 지역주민 1만 명 당 110명에 해당하는 암발생률이 보고되고 있다.
1981년	【미국】 **미시시피 강 페놀오염사건** Georgia Pacific사에서 유출된 페놀이 미시시피 강을 오염시켜 3일간 심한 냄새로 급수가 중단되는 사고가 발생하였으며, 이때 페놀의 최고 농도는 0.11ppm으로 추정되었다. 이 사고로 약 1백만 명의 지역주민들이 집단 소송을 제기(요구액 1억불)하여 Georgia Pacific사에서 9,000만 불을 화해기금으로 출연하고, 증빙자료가 있는 경우에 개별보상을 했으며 남은 금액은 지역 자선단체에 기부하였음.
1982년	【미국】 **타임스비치 사건** 미국 미주리 주의 타임스비치의 주민들은 비포장도로의 먼지를 줄이기 위해 1971년부터 도로에 기름을 뿌리기 시작하였는데 담당 업체가 경비를 줄이기 위하여 폐유(다이옥신이 포함된)를 섞어서 도로에 살포하자 이것이 토양으로, 대기로, 하천으로 들어가 이 지역 모든 생명체에게 치명적인 영향을 주게 되었음. 이로 인해 목장에서 참새가 떨어져 죽었고 한 달 안에 개와 고양이가 죽어갔다. 또한 목장의 말 43마리가 1년 내에 죽었고 임신한 말은 모두 사산하였다. 주민들은 통증을 느끼는가 하면 폐암에 걸리고, 부인들은 유산을 하게 되었다. 그리고 신장암, 후두암, 간질환 환자들이 많이 발생하였다. 미국 연방 환경처는 3,670만 달러를 들여 이 지역의 2만2천여 주민을 모두 다른 곳으로 이주시켜 마을은 통행조차 금지된 텅 빈 곳으로 남아있음.
1987년	【핀란드】 **헬싱키 의정서 발효**(1987년) 1960년대에 스웨덴 지역의 호수들이 산성화되어 생태계가 파괴되는 문제가 제기되었고, 이와 관련하여 스웨덴, 핀란드 등 북구 국가들이 스웨덴 호수의 산성도 증가의 원인에 대한 과학적인 조사를 OECD에 요구하였다. OECD의 조사결과, 호수산성화의 주요 요인이 인접국가로부터 이동되는 장거리 이동 대기오염물질에 상당부분 기인한다는 사실이 밝혀졌다. 이에 따라, 1979년에는 유럽 35개 국가 간에 "월경성 대기오염에 관한 협약(CTAP: Convention on Transboundary Air Pollution)"을 채택하였다. 헬싱키 의정서는 그로부터 8년 후인 1987년에 유황배출 또는 월경이동을 최저 30% 삭감하도록 하는 것을 그 주된 골자로 하였다.
1984년	【영국】 **영국 Dee강의 페놀오염사건** 영국 북웨일즈 Dee강물이 오염되어 트리크로로페놀의 농도가 최고 0.085ppm까지, 페놀은 2ppm까지 나타나자 주민들은 설사, 멀미, 구토, 복통 등의 증상이 발생하였음. 이들의 증세 중 95% 이상이 페놀 유출 후 8일 이내에 나타났다. 피해자들은 수도 당국에 피해배상을 요구하였다.
1984년	【인도】 **Bopal 사건** 인도 중부 마드야 프라데시주의 수도 보팔시에서 미국의 다국적 기업인 유니언카바이트 회사의 살충제 공장에서 메틸 이소시아네이트인 유독가스가 약 1시간 동안 누출된 사고로 인근지역 국민 70만 명 중 20만 명이 가스를 흡입 2만 명 이상이 치료를 받고 가축이 떼죽음을 당함.
1986년	【브라질】 **리우선언** 브라질 리우데자네이루에서 지구인의 행동강령으로서 150여 개국 대표가 서명하여 채택되었으며, 27개 원칙으로 구성됨. 지속가능한 개발을 위하여 국가, 정부, 국민들이 하여야 할 여러 가지 행동들을 제시하였음. 원칙 1에서 "인간을 중심으로 지속가능한 개발이 논의되어야 하며, 인간은 자연과 조화를 이룬 건강하고 생산적인 삶을 향유하여야 한다."고 되어 있음.
1986년	【러시아】 **체르노빌 원자로 폭발사건**(1986. 4) 구소련 우크라이나의 체르노빌 원자력 발전소에서 사고가 발생하여 56명이 사망하고 약 20만 명이 방사능에 노출되어 이들 중 25,000명이 사망했다고 하지만 사망 원인과 방사능 피폭과의 직접적인 관계는 발견되지 않았음. WHO의 보고서에 따르면, 주변 지역의 0~17세 사이의 소아 중에서 5,000건 가량의 소아 갑상선암이 보고되었으며, 앞으로 50년간 5,000~45,000건 정도의 사례가 더 보고될 가능성이 있는 것으로 예측됨. 그린피스의 발표에 따르면, 체르노빌 사건의 직접적, 간접적 영향으로 20만 명에 이르는 사망자가 발생했다고 함.
1987년	【브라질】 **고이아니아 사건 방사성 원소(Cesium−137)** 브라질 고이아니아 지방의 한 보건소에서 의료기 도난사고가 발생하였는데, 이 의료기 속에는 소량의 방사성 원소 세시움(Cesium)-137이 보관되어 있었다. 도둑들이 훔친 의료기를 분해하는 과정에서 방사능물질이 들어 있는 캡슐을 깨뜨리게 되었고, 깨어진 캡슐은 고물상에 팔았고 고물상 주인은 캡슐에 들어있는 조각들이 어두운 곳에서 파란 빛을 내는 것을 보고 이를 가족들과 친구들에게 나누어 주었으며, 며칠이 지나자 많은 사람들이 위장장애 증세를 보이기 시작하였다. 브라질 당국은 고이아니아 지역 67평방킬로미터를 대상으로 오염상태를 조사한 결과 여덟 곳이 방사능으로 오염되었음이 확인되었다. 조사지역에서 특히 심각하게 오염된 85가구 중 41가구 200여 명은 긴급 대피하게 되었다. 한편 이 물질에 장시간 노출된 249명은 신체적 고통에 시달리게 되었고 이 가운데 4명은 결국 생명을 잃었다. 한편 이 사고로 사망한 사람들의 경우 방사선 투과가 안 되는 납으로 만든 관에 넣어져 주거지역으로부터 멀리 격리되었다,
1987년	【국제】 **기후변화 방지협약** 지구 온난화를 일으키는 온실 기체 배출량을 억제하기 위한 협약
1987년	【영국】 **런던 협약** 폐기물 또는 기타 물체의 투기에 의한 해양오염방지에 관한 협약임. 1972년 11월에 채택되어 1975년에 발효된 협약으로서 선박, 항공기 또는 해양시설로부터 폐기물 등의 해양투기 및 폐기물의 해상소각의 규제를 내용으로 한 것임.
1987년	【멕시코】 **멕시코시티 smog**: 분지 도시인 멕시코시티에서 수천마리 새가 떼죽음을 당함. 이는 도시 내의 정유공장, 화력발전소의 오염물질로 기인함. 죽은 새에서는 심장, 폐, 간에서 납, 카드뮴, 수은의 중금속이 검출됨.

환경관련 주요 사건

연도	내용
1989년	【미국】 **엑슨발데즈 원유 유출 사고**(Exxon Valdez oil spill)는 1989년 3월 24일 미국 알래스카 주 프린스윌리엄사운드 일대에서 발생한 해상 원유 유출 사고이다. 세계 1위 석유회사인 엑슨 모빌의 유조선이 좌초되어 일어난 사고였으며, 원유 유출량 기준으로 최악의 원유 유출 사고의 하나로 흔히 기록된다. 유출 사고가 일어난 곳은 연어, 해달, 바닷새, 물범 등이 서식하는 중요 생태지였다. 엑슨 모빌은 이 사고 후 피해지역 청소와 소송처리를 위해 20억 달러 가량의 자금을 투입했다. 2008년 6월 25일 미국 연방대법원은 알래스카 해안 기름유출 사고로 5억 달러 상당의 피해를 입혔던 엑손 발데즈호에 25억 달러(2조5천억 원)의 징벌적 손해배상을 선고했다.
1930년 12월	【벨기에】 **Meuse Valley 사건** 벨기에의 수도 Belium의 뮤즈계곡에 위치한 금속, 유리, 아연, 제철의 공장에서 배출되는 SO_2, H_2SO_4에 의해 기온역전으로 연무 등과 같은 현상이 3일간 지속되어 평상시 사망수의 10배인 약 60명이 사망, 심장이나 폐에 만성병을 가진 노인들의 피해가 컸음.
1972년	【스톡홀름】 **유엔인간환경회의국제협약** 스웨덴 스톡홀름에서 지구적 규모의 환경파괴에 대한 대책을 협의하기 위해 개최된 최초의 환경관련 국제회의 회의의 목적: 지구를 환경파괴로부터 보호하고 천연자원이 고갈되지 않도록 국제적인 협력체제를 만들고자 하는 것 회의개최를 기념하여 '세계 환경의 날(6/5)' 제정하고 유엔환경계획(UNEP) 창설 결의(1973년 설치) 나이로비선언: 스톡홀름회의 10주년을 기념해서 케냐 나이로비에서 열린 UNEP 관리이사회에서 채택된 선언 리우회의: 스톡홀름회의 20주년을 기념해 브라질 리우에서 각국 정부와 민간단체가 모여 지구환경보전 문제를 논의한 20세기 최대의 국제회의 **유엔인간환경선언(스톡홀름선언)** 인간환경의 보호, 개선의 중요성, 개발도상국·공업국을 가리지 않고 각각의 입장에서 환경보전에 임할 것을 호소 환경권 선언: '인간은 그 생활의 존엄과 복지를 보유할 수 있는 환경에서 자유, 평등, 적절한 수준의 생활을 영위할 기본적 권리를 갖는다.' 유해물질이나 열의 배출규제, 해양오염의 방지, 환경문제에 관한 교육, 환경보전의 국제협력, 환경에 대한 국가의 권리와 책임, 보상에 관한 국제법의 진전
1979년	【스위스】 **대기오염물질의 장거리이동에 관한 협약** 1975년 유럽안보회의에서 스웨덴 등 북구대표들이 국경을 넘는 대기오염 문제를 공식 제기하여 1979년 협약이 채택되고 1983년에 발효되었다. 이것은 동구와 서구권 국가가 함께 참여하여 대기환경을 다룬 최초의 다자간 환경협약이나 구체적 규제사항은 없고 과학 기술 정보 교환을 촉진하고 대기오염물질의 방출을 저감하기 위한 방향을 제시하고 있다. 대기오염물질의 장거리이동에 관한 협약(제네바협약): 1979년 스위스 제네바 SOx감축 결의(헬싱키의정서): 1985년 핀란드 NOx감축 결의(소피아 의정서): 1989년 불가리아 국제협약(Framework treaty): 기본 골격으로 당사국에 대해 기본적 의무만을 부과하고 법적 구속력을 갖지 않는 것. 의정서(Protocol): 국제협약을 보완하기 위해 법적 구속력이 있는 구체적인 규제 시기, 일정 등을 명시한 것.
1988년	【불가리아】 **소피아의정서** 황산화물과 질소산화물을 줄이기 위한 국제협약. 1994년까지 질소산화물의 연간 방출량 또는 국경이동을 1987년 수준으로 유지하자는 내용. 유럽 국가들은 1980년대에 들어 산성비로 인한 피해가 심각해지자, 1987년에 유황배출 또는 월경이동을 30% 삭감하도록 하는 헬싱키의정서가 채택된다. 이어 1988년 불가리아 소피아에서 산성비의 원인물질인 질소산화물 삭감에 관한 소피아의정서가 체결되었다. 목적은 1994년까지 질소산화물의 연간 방출량 또는 국경이동을 1987년 수준으로 유지시키는 것이다. 내용에는 발전소시설과 차량의 배기가스 방출 등 고정된 오염원을 포괄적으로 다루고 있다. 또 국가별 방출기준을 정하여 의정서가 발효한 날로부터 2년 이내에 각 회원국의 새로운 생산시설에 적용하도록 되어 있다. 각 회원국은 질소산화물의 방출규제를 위한 모든 프로그램·정책·전략 등을 집행기구에 통보해야 한다. 2004년 현재 오스트리아·캐나다·독일 등 28개국이 비준하였다. 한편 유럽 12개국은 이 의정서의 내용으로 충분하지 않다고 하여 1989년부터 10년 내에 질소산화물의 배출량을 30% 삭감할 것을 선언하였다.
1989년	【캐나다】 **몬트리올 의정서** 오존층 파괴물질의 규제에 관한 국제협약으로 염화불화탄소(CFCs)의 생산과 사용을 규제하는 것으로 냉장고나 에어컨 등의 제품은 1992년 5월 이후 비가입국으로부터 수입할 수 없게 되었다. 1974년 F. S. 로우랜드 교수가 문제 제기를 하였고 이에 따라 1985년 오존층 보호에 관한 빈 협약이 체결되었고, 1987년 몬트리올에서 정식으로 체결되었다.
1993년	【브라질】 **생물다양성 보존협약**(Convention on Biological Diversity)은 지구상의 생물종을 보호하기 위한 협약으로 각 정부 간 회의를 통해 1992년 6월 유엔환경개발회의에서 158개국 대표가 서명함에 따라 채택되었고 1993년 12월부터 발효되었다. 목적은 생물종을 보호하여 희귀유전자의 보전, 생태계의 다양성, 생태계의 균형유지 등에 있다. 그러나 중요한 생물공학기술의 이전문제와 생물다양성 보전을 위한 재정지원문제는 합의를 보지 못하였다. 또한 미국은 미국 내의 반발로 서명을 하지 않았다. 한국은 1992년 리우회의에서 가입하였다.
1984년	【인도】 **Bopal 사건** 1984년 12월 3일, 인도 보팔시에서 미국의 다국적 기업인 유니언카바이트 회사의 살충제 공장에서 메틸 이소시아네이트인 유독가스가 약 1시간 동안 누출되어 인근지역 국민 70만 명 중 20만 명이 가스를 흡입 2만 명 이상이 응급치료와 가축이 떼죽음을 당함.
1991년	【한국】 **톨루엔 디이소시아네이트(TDI)오염사례** 동양화학 군산공장에서 TDI제품의 중간원료인 TDA(Toluen Diamine)를 제조하는 공정에서 발생된 수소가스와 찌꺼기를 흡수 처리하는 수봉탱크(방지시설)에서 조작미숙으로 인해 농축된

환경관련 주요 사건

연도	내용
	폐액이 굴뚝에서 배출되었다. 사고탱크에서 공장내외로 다량의 액이 비산 배출되어 공장인근지역의 식물 및 농작물에 반점생성 등의 피해 및 마을의 세탁물 등에 미세한 반점이 묻었음. TDI공장 사고지점으로 부터 반경 1.5km이내의 야채 및 과실류의 폐기하였고 벼는 수확 후 별도로 관리하여 TDA분석결과에 따라 조치됨.
1991년	【한국】 **낙동강페놀오염사건** 페놀이 누출되어 낙동강을 오염시킨 사건. 3월 14일 구미시에 있는 두산전자의 페놀 저장 탱크의 파이프가 파열되어 30톤의 페놀이 옥계 천을 거쳐 대구 상수원인 다사취수장으로 흘러들어가 수돗물을 오염시 켰다. 두산전자는 페놀 사고가 단순한 과실로 인정되어 20일 만에 조업 재개가 허용되었으나 4월 22일 페놀탱크 송출 파이프가 파열되어 또다시 페놀원액 2톤이 낙동강에 유입되는 2차 사고가 일어남으로써 국민들의 항의 시위가 확대되 었다. 이로 인해 두산그룹 회장이 물러나고, 환경처 장차관이 경질되었음. 이로 인해 두산제품 불매운동으로 확산되기도 하였다.
1992년	【스위스】 **바젤협약(Basel Convention)** 유해 폐기물에 대한 국제적 이동의 통제와 규제. 1976년 이탈리아 소베소에서 발생한 다이옥신 유출사고 때 사라진 폐기물 41배럴이 1983년 그린피스(Green Peace)에 의해 프랑스의 한 마을에서 발견되면서 국제적인 문제가 대두되었다. 그 후 1987년 6월 '유해폐기물의 환경적으로 건전한 관리를 위한 카이로 지침 과 원칙'을 바탕으로 스위스 바젤에서 세계 116개국 대표가 참석한 가운데 바젤협약이 채택되었으며, 1992년 6월 협약 이 발효. 94년 3월 제네바에서 64개 바젤협약국 폐기물 수출의 즉각 금지안을 채택, 회복 가능 또는 재생 폐기물의 경우는 97년 말까지 점진적으로 적용키로 했다. 내용: 주요 내용을 보면, 유해폐기물과 기타 폐기물의 처리에 있어서 건전한 관리가 보장되어야 하며, 유해폐기물의 수 출·수입 경유국 및 수입국에 사전 통보를 의무화하고 있다. 협약에서 가장 논란이 일어난 것이 유해폐기물의 정의에 관한 것이었다.
1992년	【브라질】 **기후변화협약(Convention on Climate Change)** 1992년 6월 브라질 리우환경회의에서 '리우선언' '의제21' 채택 외에 생물다양성협약과 더불어 별도 서명된 환경 관련 협약을 말한다. 석유·석탄과 같은 화석연료의 사용 시 배출 되는 이산화탄소(CO_2)가 유발하는 온실 효과로 지구 온도가 상승하는 것을 방지할 목적으로 이산화탄소 배출을 줄일 의무를 부과한 국가 간 협약이다. 1994년 3월 21일 발효되었고 전문과 26개 조항으로 구성되어 있는 이 협약은 주요 내용으로 가입국의 의무사항, 재정지원, 기술이전, 조직에 관한 것으로 의무사항은 개발도상국과 선진국 모두에게 공통 적으로 적용되는 일반의무사항과 선진국에만 적용되는 특별의무사항으로 구분된다.
1995년	【한국】 **씨프린스호 기름 유출** 1995년 7월 23일 전남 여천군 남면 소리도 앞바다에서 태풍 '페이'로 인해 14만5천톤급 유조선 '씨 프린스'호가 좌초되어 유출된 기름 7백 톤이 남해안 전역을 덮침으로 양식장 1만ha를 황폐시켜 1천5백억 원의 피해
1996년	**ISO 14001 환경경영시스템 규격제정** 국제표준화기구 기술위원회(TC 207)에서 제정한 환경경영체제에 관한 국제표준 인 'ISO 14000 시리즈' 중 하나. 국제표준인 'ISO 14000 시리즈'에는 환경경영체제(ISO 14001), 환경감사(ISO 14010), 환경라벨링(ISO 14020), 환경성과평가(ISO 14030), 전과정평가(ISO 14040)등의 환경경영 규격시리즈가 있다. ISO 14001은 환경경영을 기업경영의 방침으로 삼고 구체적인 목표와 세부목표를 정한 뒤 이를 달성하기 위하여 조직, 절차 등을 규정하고 인적, 물적자원을 효율적으로 배분하여 조직적으로 관리하는 체제를 갖추고 지속적인 환경개선을 이루 어 나가도록 요구하고 있음.
1997년	【한국】 **허베이스트리트 원유 누출** 태안에서 홍콩 선적 유조선 허베이스피리트호와 삼성중공업 예인선이 충돌하여 원유 (약10,810톤)가 유출됨. 이 사고로 해안 300km와 충남 및 전라도의 81개 도서가 원유 또는 그 부산물에 노출되어 환경 피해를 입었음. 환경피해액은 미국의 엑슨발데즈호 사고에서 사용한 조건부 가치측정법을 적용하여 산출한 결과 약 630억 원 정도의 비시장가치의 환경피해액이 발생한 것으로 나타났다. 비시장가치산출법은 설문조사를 통하여 사람들의 특정 환경재화에 대한 선호정도를 지불의사액이나 수취의사액을 금전 적으로 환산하고 가구수에 비례하여 피해금액을 산정하는 것으로 미국의 엑슨발데즈호 사고의 경우 약3조6,400억 원, 국내 씨프린스는 575억 원으로 산정됨.
1997년	【일본】 **교토의정서 채택**: 기후변화협약에 의해 온실가스의 실질적인 감축을 위하여 과거 산업혁명을 통해 온실가스 배 출의 역사적 책임이 있는 선진국을 대상으로 제1차 공약기간(2008~2012)동안 1990년도 배출량 대비 평균 5.2% 감축을 규정하는 교토의정서를 제3차 당사국총회('97, 12월 일본 교토)에서 채택하여 2005년 2월 16일 공식 발효됨. ◆ 교토메카니즘: 온실가스 감축방안을 3가지로 제시하고 있음. 1. 공동이행제도(JI: Joint Implementation) 공동이행제도는 부속서 I 국가들 사이에서 온실가스 감축 사업을 공동으로 수행하는 것을 인정하는 것으로 한 국가가 다른 국가에 투자하여 감축한 온실가스 감축량의 일부분을 투자국의 감축 실적으로 인정하는 체제 2. 청정개발체제(CDM: Clean Development Mechanism)는 선진국(부속서I국가)이 개발도상국(비부속서 I 국가)에서 온 실가스 감축사업을 수행하여 달성한 실적의 일부를 선진국의 감축량으로 허용하는 것. 3. 배출권 거래제도(ET: Emission Trading)는 온실가스 감축의무 보유국가(Annex B)가 의무감축량을 초과하여 달성하 였을 경우 이 초과분을 다른 부속서 국가(Annex B)와 거래할 수 있도록 허용하는 것이다. 이와 반대로 의무를 달성 하지 못한 국가는 부족분을 다른 부속서 B국가로부터 구입할 수 있다.
1997년	【한국】 **온산항 해저퇴적물 중금속 오염** 울산 온산국가공단의 대기업들이 원료하역 과정에서 관리 소홀로 원광석을 바 다에 흘려버려 온산항 앞바다의 해저퇴적가 중금속에 심하게 오염됨. 온산환경운동연합에 따르면 온산항 앞바다의 해저 퇴적토의 시료를 채취해 분석한 결과 고려아연 부두 쪽에서 아연 3만3,200ppm, 구리 900ppm, 납 4,600ppm, 철 1만 6,600ppm, 규소 1만 100ppm 등의 오염도를 나타냈다. 또 부두 앞에서도 아연8,400ppm, 구리 1,700ppm, 납 2,800ppm 등 오염도를 나타냄.

환경관련 주요 사건

연도	내용
1998년	**【한국】 의왕시 백운산 기름 유출 사건** 경기도 의왕시 백운산 정상 부근에 소재한 미군기지내 경유탱크를 연결하는 지하 송유관이 터지는 사고로 그동안 30여 년 동안 무공해지역으로 보존되어 왔던 백운산과 왕림천 일대 계곡이 회복불능의 오염지역으로 변해 버렸다. 환경전문가들은 사고지역의 토양층은 20~80cm 두께로 광범위하게 깊게 배여 있어 앞으로 100년 이상이 경과해도 정상회복이 불가능한 최악의 산악 환경사고라고 지적하고 있다 **【한국】 군산 미군기지 환경오염** 군산 미군기지 주변의 소음측정 결과 주거지역은 83.6dB, 항공기 순간 최고 소음은 107.0dB로 청각장애는 물론 심장기능을 저하시킬 수 있는 수치임이 밝혀졌다. 또한 쓰레기 매립장으로 인한 하천과 습지의 오염이 심각한 수준이며 그대로 방치할 경우 기지주변을 비롯한 기지 내 모든 지역은 사용불능 상태가 될 수도 있다고 미군기지 주변지역 환경조사보고서는 보고하고 있다. **【한국】 매향리 공군 사격장 소음피해** 경기도 화성군 우정면 매향리 '쿠니 사격장 미 공군 폭음 피해 주민대책위원회'는 1998년 2월 28일 국가를 상대로 미군사격장에서 발생하는 폭음피해에 따른 주민 15명의 정신적 피해 보상으로 주민 1인당 100만원씩 1,500만원의 손해배상청구소송을 서울민사지방법원에 제기하였다. 동 주민대책위원회는 1995년 6월 말에도 수원지검에 피해배상을 청구한 바 있는데, 수원지검 국가배상심의위원회는 1995년 8월 5일 미국공군 쿠니사격 장에서 발생한 주민피해에 대해 3억 5천만 원의 배상금을 결정한 바 있다.
1998년	**【브라질】 아마존 열대우림 산불**, 3개월 만에 호우로 진화됨. **【러시아】 러시아 극동지역의 2만 8천여 곳에서 발화**, 8개월 만에 눈으로 진화 **【미국】 플로리다주 산불** 2개월만에 진화
2000년	**【한국】 강원도 산불** 2000년 강원도 삼척 산불로 백두대간을 신음케 함. **【일본】 우스산 화산폭발** 일본 홋카이도 우즈 산이 2000. 3. 31에 분화 시작으로 검은 연기가 하늘을 뒤엎음. 대규모의 화산재가 하늘을 뒤엎어서 비가 오면 수질 오염을 일으킬 가능성이 많음.
2006년	**【중국】 쑹화 강 벤젠오염 사고** 2006년 11월 13일, 중국 지린 성 지린석화공사의 벤젠공장 폭발 사고. 100톤 규모의 벤젠이 쑹화 강으로 유입 – 하얼빈시와 인근의 900만 명의 식수 공급이 중단 – 인접 국가 러시아의 아무르 강을 식수원으로 하고 있는 하바로프스크주 정부도 비상사태를 선포
2011년	**【일본】 후쿠시마 제1 원자력 발전소 사고** 2011년 3월 13일, 도호쿠 지방 태평양 앞바다에서 리히터 규모 9.0의 대지진 의 여파로 후쿠시마 제1원자력 발전소에서 일어난 원자력 사고이다. 후쿠시마 제1원자력발전소는 6개의 원자로와 6,375개의 폐연료봉을 보유하고 있었는데 지진과 쓰나미로 냉각시스템이 고장 나면서 문제가 야기되었다. 원전 사고의 등급을 최고단계인 7등급(국제 원자력 사고 등급)으로 상향하였으며 현재 사건이 진행 중이다. ◆ **국제 원자력 사고 등급**(INES) 국제원자력기구(IAEA)가 지진의 크기를 비교하는 리히터 등급에서 착안하여 사고 등 급을 총 7가지의 상태로 구분한다. **0단계 척도미만**(Deviation – No Safety Significance) 평시상황 **1단계 이례적인 사건**(Anomaly) 운전제한 범위에서의 이탈상황 사례)몬주 나트륨 누출(일본) **2단계 이상**(Incident) 방사성 물질의 매우 소량 방출로, 안전할 정도의 수mSv(밀리시버트) 정도의 피폭, 종업원이 소내 의 중대한 방사성물질에 의한 오염이나, 급성 방사선장해를 일으킬 수 있을 정도의 피폭. 사례) THORP 재처리 공장 누수사고(영국), 반델로스 원자력발전소 사고(스페인) **3단계 중대한 이상**(Serious Incident) 안전상 중요하진 않으나, 상당한 방사성물질에 의한 오염이나 법령이 정하는 연 간선량한도를 초과하는 종업원의 피폭, 그리고 심층방호의 상당한 열화를 말한다. 사례) 마하마 원자력발전소 2호기 증기발생기 전열관 손상사고(일본), 아스코 원자력발전소(스페인) **4단계 시설 내부의 위험을 수반한 사고**(Accident with Local Consequences) 방사성 물질의 소량 방출로, 시간당 방 사능 피폭 량이 수mSv(밀리시버트)인 경우로, 원자로 노심의 상당한 손상, 종업원의 치사량 피폭도 4단계에 포함된다. 사례) 셀라필드 재처리 공장 사고(영국), JCO 우라늄 가공공장 임계사고(일본), 부에노스아이레스 임계집합체 RA-2 임 계사고(아르헨티나), 산로랑 원자력 발전소 사고(프랑스), 도카이 촌 방사능 누출사고(일본) **5단계 시설 외부로의 위험을 수반한 사고**(Accident with Wider Consequences) 방사성 물질의 한정적인 외부 방출로, 아이오딘-131 등가로 수백에서 수천 테라 베크렐의 방사성 물질이 외부로 누출되는 것을 뜻하며, 원자로 용기에 중대한 손상을 입은 경우. 사례) 스리마일 섬 원자력 사고(미국), 윈드스케일 사고(영국), 고이아니아 사고(브라질) **6단계 심각한 사고**(Serious Accident) 방사성 물질의 상당한 외부 방출로, 수천 테라 베크렐에서 수만 테라 베크렐 (TBq)의 방사성 물질의 외부 방출을 뜻한다. 사례) 키시팀 사고(소비에트 연방) **7단계 대형 사고**(Major Accident) 방사성 물질의 중대한 외부 방출로 아이오딘-131 환산으로 수만 테라베크렐 이상의 방사성 물질의 외부 방출을 뜻한다.

37. 안전사

연도	안전관련 주요 사건
	사 고 내 용
1945	우키시마호 폭발로, 귀환 중인 조선인 500여 명과 일본 해군 20여 명이 사망.
1949	안동행 중앙선 제505 열차가 죽령 터널속에서 원인 모를 사고로 정차. 승객 48명 질식사.
1953	창경호가 다대포 앞바다에서 강풍으로 침몰하여 369명 중 선장과 선원 3명 중학생 2명 군인 1명을 제외하고 모두 사망.
1956	부산-여수 간을 운행하는 여객선 태신호가 삼천포항서 잠시 대기 중 3등 객실서 불이나 승객 65명 사망.
1958	7월부터 번진 일본형 뇌염으로 6천7백여 명이 발병 그 중 1천8백93명이 사망.
1959	부산에서 시민위안잔치에 참석한 관중 3만여 명이 소나기를 피하려고 좁은 출입구로 나오다 67명이 압사.
1959	초특급 태풍사라호로 929명이 사망 또는 실종되고 건물 12만동과 선박 6천여척이 파손되고 경작지 13만정보가 침수되어 25만여 명의 이재민 발생.
1960	서울역에서 설날을 이틀 앞두고 목포행 열차를 타려던 승객들이 계단에서 집단으로 넘어져 31명이 압사.
1962	전남 순천지역에서 폭우로 승주군 산청저수지 둑이 무너져 순천 시내 3분의 2가 물바다로 변함. 131명 사망 59명 실종.
1963	전남 목포와 해남을 오가던 정기 여객선 연호가 돌풍으로 139명 중 1명을 제외하고 모두 사망함.
1963	거제 중학교 앞 높이 45m 언덕이 무너져 학교 운동장과 가옥 6채를 덮어 경찰 9명과 주민 60명이 묻혀 숨짐.
1963	여주군 신륵사에 소풍간 안양 흥안국민학교 학생들이 탄 나룻배가 침몰, 어린이 37명 교사와 학부모 12명 사망.
1969	부산에서 서울행 청룡호 열차가 진입 신호를 기다리는 열차를 받아 승객 41명이 사망.
1970	와우시민아파트 붕괴. 마포구 창전동15동 5층 건물이 폭삭 내려앉아 주민 32명 사망.
1970	서울 경서 중학교 학생들을 태운 관광버스가 장항행 열차에 들이받혀 휘발유탱크가 터지면서 학생 45명이 숨짐.
1970	남영호 침몰, 전남 여수시 남쪽 소리도 근해에서 여객선 남영호가 과적으로 침몰하여 승객 310명이 사망함.
1971	대연각 호텔 화재, 2층 커피숍 주방 프로판 가스가 폭발하여 남자 82명 여자 57명 성별미상 25명 등이 사망함.
1972	서울시민회관 화재, 조명장치 과열로 인해 화재가 발생 51명이 사망.
1976	동해어선 27척이 폭풍우로 침몰해 타고 있던 선원 317명이 익사하거나 실종됨.
1981	경산 열차추돌, 경북 고산면 매호 건널목을 지나던 서울행 특급열차를 보급열차가 들이받아 승객 56명이 숨짐.
1983	뉴욕 출발 서울로 향하던 대한항공 747 점보여객기가 사할린 부근에서 소련전투기의 미사일 공격으로 269명이 사망.
1987	대한항공기(KAL858)가 북한공작원 김승일과 김현희의 시한폭탄에 의해 승무원 20명과 승객 95명이 사망.
1994	성수대교 붕괴, 시내버스와 차량 6대가 강물에 빠져 32명이 사망.
1995	삼풍백화점 붕괴, 삼풍백화점 5층 건물 2개동 북쪽건물이 무너져 내려 7백여 명의 사상자 발생.
1999	씨랜드 화재, 화성군 청소년 수련원 씨랜드에서 화재가 발생하여 유치원생 23명이 사망.
1999	호프집 화재, 인천중구 인현동 라이브 호프집에서 불이나 56명이 사망.
2000	강원 고성, 강릉, 동해, 삼척 등 동해안 산불(산림 1만4천272ha 소실, 이재민 850여명 발생).
2001	경기 광주 송정동 대입기숙학원인 예지학원에서 화재가 발생하여10명 사망.
2003	대구지하철 중앙역에서 방화로 192명 사망.
2005	강원 양양 낙산사 화재로 전각이 전소됨.
2005	대구 서문시장 화재로 재산피해 1천억 원 추정.
2007	전남 여수출입국관리소 외국인 보호시설 화재로 외국인 10명 사망.
2007	경기 의왕 화장품케이스 공장 화재로 여직원 6명 사망.
2007	경기 이천 CJ공장 화재로 소방관 2명 사망.
2007	경기 안산 성인오락실 화재로 5명 사망.
2008	경기 이천 냉동창고 화재로 40명이 사망(1월 7일). 경기 이천 물류창고로 화재로 8명이 사망(12월 5일).
2009	경남 창녕군 화왕산 정상에서 억새태우기 행사를 하다 4명이 사망하고 60명이 부상.
2010	부산 해운대에서 37층 주상복합건물 화재 발생(10월 1일).
2011	강원도 춘천시에서 산사태가 일어나 9명이 사망하고 20명이 실종(7월 27일).

38. 부 록

● 대한민국 평가 지수

항목	순위	평가기관	조사연도
개인적 자유	104개국 중 70위	레가툼 연구소	2009년
건강	100개국 중 23위	뉴스위크	2010년
결핵사망률	30개국 중 1위	경제 협력 개발 기구(OECD)	2005년
경제 경쟁력	100개국 중 3위	뉴스위크	2010년
경제 자유 지수	179개국 중 35위	헤리티지 재단, 월스트리트 저널	2010년
고등교육취학률	134개국 중 3위	세계 경제 포럼(WEF)	2008년
고용, 해고	183개국 중 150위	세계은행	2009년
공공 복지 지출	30개국 중 29위	과학기술정책연구원	2009년
공교육 투자	30개국 중 19위	과학기술정책연구원	2009년
광대역 인터넷 가입자수	134개국 중 4위	세계 경제 포럼(WEF)	2008년
교통사고 사망률	38개국 중 1위	경제 협력 개발 기구(OECD)	2007년
국가경쟁력	133개국 중 19위	세계 경제 포럼(WEF)	2009년
국내총생산	227개국 중 15위	국제 통화 기금	2009년
국민소득(1인당)	209개국 중 48위	국제통화기금	2009년
국제 특허 출원 건수	138개국 중 4위	세계 지적 재산권 기구(WIPO)	2007년
금융시장성숙도	133개국 중 58위	세계 경제 포럼(WEF)	2009년
기부순위	153개국 중 81위	자선지원재단	2010년
기술 혁신	39개국 중 4위	기획재정부	2008년
기업가 정신 및 혁신	104개국 중 16위	레가툼 연구소	2009년
기업의 R&D 비율	40개국 중 6위	LG 경제연구원	2009년
기업혁신지수	133개국 중 11위	세계 경제 포럼(WEF)	2009년
기업활동 성숙도	133개국 중 21위	세계 경제 포럼(WEF)	2009년
네트워크준비지수(NRI)	138개국 중 10위	세계 경제 포럼(WEF)	2011년
노동 생산성	57개국 중 1위	스위스 국제경영개발원(IMD)	2009년
노동시장효율성	133개국 중 84위	세계 경제 포럼(WEF)	2009년
노사관계	57개국 중 56위	스위스 국제경영개발원(IMD)	2009년
노사협력	134개국 중 95위	세계 경제 포럼(WEF)	2008년
녹색성장	30개국 중 15위	과학기술정책연구원	2009년
대학 등록금	36개국 중 2위	경제 협력 개발 기구(OECD)	2009년
물가	39개국 중 14위	기획재정부	2011년
복지	39개국 중 29위	기획재정부	2011년
부패지수	180개국 중 39위	국제투명성기구	2010년
빈곤율	30개국 중 6위	OECD	2009년
빈부격차	27개국 중 16위	비즈니스위크(유엔개발계획)	2009년
사회 규범 엄격한 국가	33개국 중 5위	매릴랜드대학교	2011년
사회 지출	39개국 중 31위	기획재정부	2011년
삶에대한 만족도	30개국 중 24위	OECD	2009년

항목	순위	평가기관	조사연도
삶의 질	194개국 중 42위	인터내셔널 리빙	2009년
삶의 질 지수	144개국 중 33위	이코노미스트 연구소	2009년
국가경쟁력지수(삶의 질)	57개국 중 26위	스위스 국제경영개발원(IMD)	2009년
레가툼 번영지수(삶의 질)	104개국 중 26위	레가툼 연구소	2009년
인간개발지수(삶의 질)	169개국 중 15위	유엔개발계획(UNDP)	2011년
선박 건조량	30개국 중 1위	통계청	2009년
성불평등지수(GII)	138개국 중 20위	유엔개발계획(UNDP)	2010년
세계 평화 지수	144개국 중 29위	비전 오브 휴머니티	2009년
세계언론자유지수	169개국 중 69위	국경없는 기자회	2009년
세계화 지수	60개국 중 33위	언스트앤영	2010년
안전 및 안보	104개국 중 36위	레가툼 연구소	2009년
어린이, 청소년의 삶 만족도	30개국 중 30위	사회발전연구소, 한국방정환재단	2010년
외국인 투자	57개국 중 54위	스위스 국제경영개발원(IMD)	2009년
은행 건전성	134개국 중 73위	세계 경제 포럼(WEF)	2008년
인구증가율	237개국 중 179위	미국CIA 월드팩트북	2010년
인적자원	66개국 중 2위	이코노미스트 인텔리전스 유니트(EIU)	2009년
인터넷 사용자	237개국 중 10위	미국CIA 월드팩트북	2010년
인터넷 이용률	30개국 중 7위	통계청(OECD국가들 중)	2009년
인터넷 평균 속도	226개국 중 1위	아카마이	2010년 1분기
인터넷 품질	66개국 중 1위	옥스퍼드대학교, 오비에도 대학교	2009년
입법기관 효율성	138개국 중 131위	세계 경제 포럼(WEF)	2011년
자동차 생산량	30개국 중 5위	통계청(OECD국가들 중)	2009년
자살률(10 만명당)	30개국 중 1위	통계청(OECD국가들 중)	2007년
저축률	39개국 중 18위	기획재정부	2011년
저탄소 경쟁력지수	20개국 중 4위	E3G	2009년
전력사용량	237개국 중 10위	미국CIA 월드팩트북	2010년
정보통신 활용도	138개국 중 1위	세계 경제 포럼(WEF)	2011년
정보화지수	64개국 중 3위	이코노미스트 인텔리전스 유니트(EIU)	2007년
제조업 경쟁력	122개국 중 9위	유엔 산업개발기구(UNIDO), 산업연구원	2009년
조선산업 경쟁력	15개국 중 1위	Clarkson PLC 사	2008년
청년 고용률	29개국 중 28위	OECD	2010년
청소년 자살률	30개국 중 15위	경제 협력 개발 기구(OECD)	2009년
출산율	237개국 중 219위	미국CIA 월드팩트북	2010년
학업성취도, 교육수준	30개국 중 2위	경제 협력 개발 기구(OECD)	2009년
행복지수	143개국 중 68위	NEF	2009년
행정규제 부담 수준	138개국 중 107위	세계 경제 포럼(WEF)	2011년
GDP(국내총생산)	186개국 중 15위	세계은행	2009년
IT경쟁력	66개국 중 16위	이코노미스트 인텔리전스 유니트(EIU)	2009년
과학인용색인(SCI)	186개국 중 12위	교육과학기술부	2008년

● 고속도로 현황

노선번호	노선명	시점종점		길이(km)	준공년도
1	경부고속도로	부산광역시 금정구	서울특별시 서초구	416	1970
15	서해안고속도로	전라남도 무안군	서울특별시 금천구	340	1994
151	서천공주고속도로	충청남도 서천군	충청남도 공주시	61	2009
17	평택화성고속도로	경기도 평택시	경기도 화성시	27	2009
171	오산화성고속도로	경기도 오산시	경기도 화성시	2	2009
171	용인서울고속도로	경기도 용인시	서울특별시 강남구	23	2009
25	호남고속도로	전라남도 순천시	충청남도 논산시	194	1970
25	논산천안고속도로	충청남도 논산시	충청남도 천안시	81	2002
251	호남고속도로지선	충청남도 논산시	대전광역시 대덕구	54	1970
253	고창담양고속도로	전라북도 고창군	전라남도 담양군	42	2006
27	순천완주고속도로	전라남도 순천시	전라북도 완주군	118	2010
35	통영대전고속도로	경상남도 통영시	대전광역시 동구	209	1996
35	중부고속도로	대전광역시 동구	경기도 하남시	156	1987
37	제2중부고속도로	경기도 이천시	경기도 하남시	31	2001
45	중부내륙고속도로	경상남도 창원시	경기도 남양주시	283	2001
451	중부내륙고속도로지선	대구광역시 달성군	대구광역시 북구	30	1997
55	중앙고속도로	부산광역시 사상구	강원도 춘천시	370	1994
551	중앙고속도로지선	경상남도 김해시	경상남도 양산시	8	1996
65	동해고속도로	부산광역시 해운대구	강원도 속초시	122	1975
10	남해고속도로	전라남도 영암군	부산광역시 북구	168	1973
102	남해고속도로제1지선	경상남도 함안군	경상남도 창원시	18	1973
104	남해고속도로제2지선	경상남도 김해시	부산광역시 사상구	21	1981
12	무안광주고속도로	전라남도 무안군	광주광역시 광산구	42	2007
12	88올림픽고속도로	전라남도 담양군	대구광역시 달성군	183	1973
16	울산고속도로	울산광역시 울주군	울산광역시 남구	14	1969
20	익산포항고속도로	전라북도 익산시	경상북도 포항시	129	2001
202	익산포항고속도로지선	경상북도 포항시	경상북도 포항시	27	2008
30	당진영덕고속도로	충청남도 당진군	경상북도 영덕군	282	2007
40	평택제천고속도로	경기도 평택시	충청북도 제천시	57	2002
50	영동고속도로	인천광역시 남동구	강원도 강릉시	234	1971
60	서울양양고속도로	서울특별시 강동구	강원도 양양군	78	2009
100	서울외곽순환고속도로	경기도 성남시	경기도 성남시	128	1991
300	대전남부순환고속도로	대전광역시 유성구	대전광역시 동구	21	1999
400	수도권제2순환고속도로	경기도 화성시	경기도 화성시	18	2009
120	제2경인고속도로	인천광역시 중구	경기도 성남시	73	1994
130	경인고속도로	인천광역시 남구	서울특별시 양천구	24	1968
140	인천국제공항고속도로	인천광역시 중구	경기도 고양시	40	2000

● 한국 300대 기업(매출액 기준)

(단위: 백만원)

순위	회사명	2010년	2009년	순위	회사명	2010년	2009년
1	삼성전자(주)	112,249,475	89,772,834	51	(주)포스코건설	6,237,953	6,675,711
2	SK이노베이션(주)	43,863,585	35,827,544	52	대림산업(주)	6,198,256	6,274,852
3	한국전력공사	39,189,662	33,685,713	53	두산중공업(주)	6,178,335	6,279,481
4	현대자동차(주)	36,769,426	31,859,327	54	(주)엘지상사	6,069,895	4,316,076
5	지에스칼텍스(주)	33,039,593	26,089,000	55	현대하이스코(주)	5,846,521	4,423,311
6	(주)포스코	32,582,037	26,953,945	56	현대글로비스(주)	5,833,983	3,192,755
7	엘지전자(주)	29,238,503	30,513,436	57	한국수력원자력(주)	5,829,582	5,154,591
8	(주)우리은행	25,853,517	43,951,956	58	홈플러스(주)	5,811,782	5,182,366
9	엘지디스플레이(주)	25,004,257	20,119,342	59	에스티엑스팬오션(주)	5,768,938	3,989,252
10	에스케이네트웍스(주)	23,493,766	21,190,407	60	삼성토탈(주)	5,626,041	4,731,236
11	기아자동차(주)	23,261,428	18,415,739	61	삼성코닝정밀소재(주)	5,499,372	5,231,245
12	(주)신한은행	22,969,678	41,466,693	62	우리투자증권(주)	5,430,857	6,203,249
13	한국가스공사	22,611,376	19,391,829	63	(주)이원	5,420,215	4,353,226
14	현대중공업(주)	22,405,181	21,142,197	64	동국제강(주)	5,271,376	4,565,157
15	(주)국민은행	20,796,145	28,734,838	65	(주)한화	5,230,965	4,675,860
16	에스오일(주)	20,529,523	17,423,951	66	르노삼성자동차(주)	5,167,846	3,656,121
17	(주)케이티	20,233,516	15,906,174	67	한국남부발전(주)	5,119,348	4,586,549
18	(주)한국스탠다드차타드제일은행	18,676,985	34,480,227	68	아시아나항공(주)	5,072,613	3,887,227
19	중소기업은행	18,459,684	20,763,777	69	제일모직(주)	5,018,594	4,261,096
20	(주)하나은행	18,184,407	24,546,434	70	에스케이가스(주)	4,943,137	4,449,785
21	(주)엘지화학	16,850,454	13,694,516	71	삼성엔지니어링(주)	4,799,026	3,471,401
22	(주)대우인터내셔널	15,672,004	11,147,952	72	한국중부발전(주)	4,675,751	3,715,996
23	현대모비스(주)	13,695,717	10,633,020	73	(주)에스케이건설	4,652,619	3,940,712
24	롯데쇼핑(주)	13,516,928	11,535,281	74	한국서부발전(주)	4,571,790	3,817,240
25	현대오일뱅크(주)	13,327,002	10,868,219	75	삼성모바일디스플레이(주)	4,470,006	3,635,461
26	삼성중공업(주)	13,053,909	13,094,944	76	한국동서발전(주)	4,447,269	3,923,268
27	삼성물산(주)	13,044,076	10,875,929	77	현대위아(주)	4,434,895	3,118,227
28	한국지엠(주)	12,597,422	9,532,542	78	두산인프라코어(주)	4,317,640	2,663,206
29	에스케이텔레콤(주)	12,459,990	12,101,184	79	현대삼호중공업(주)	4,316,560	4,185,154
30	교보생명보험(주)	12,385,551	12,683,039	80	한국남동발전(주)	4,129,199	3,834,440
31	(주)한국외환은행	12,229,804	16,388,242	81	신한카드(주)	4,060,077	3,693,714
32	대한생명보험(주)	12,096,999	12,080,183	82	삼성에스디아이(주)	3,980,660	3,550,584
33	대우조선해양(주)	12,074,505	12,442,519	83	씨제이제일제당(주)	3,962,652	3,838,732
34	(주)한국씨티은행	11,978,104	19,785,342	84	에스티엑스조선해양(주)	3,940,167	4,195,018
35	(주)하이닉스반도체	11,973,426	7,521,458	85	금호석유화학(주)	3,886,337	2,801,662
36	(주)대한항공	11,460,522	9,393,703	86	엘에스전선(주)	3,868,365	3,106,494
37	에스엘시디(주)	11,366,342	9,888,478	87	(주)현대미포조선	3,739,174	3,710,964
38	(주)신세계	11,025,149	10,001,634	88	엘지이노텍(주)	3,719,351	1,858,471
39	현대제철(주)	10,198,165	7,966,444	89	롯데건설(주)	3,664,606	3,922,299
40	현대건설(주)	10,004,558	9,278,579	90	동부제철(주)	3,664,182	2,613,615
41	(주)한진해운	9,423,341	668,057	91	현대종합상사(주)	3,633,796	2,577,549
42	(주)효성	8,192,063	7,039,731	92	삼성전기(주)	3,632,078	3,192,031
43	현대상선(주)	8,086,981	6,115,482	93	한화케미칼(주)	3,628,166	3,033,723
44	(주)LG유플러스	7,972,441	4,949,120	94	삼성에스디에스(주)	3,626,580	2,494,052
45	지에스건설(주)	7,892,763	7,376,925	95	(주)서브원	3,595,267	2,576,571
46	현대해상화재보험(주)	7,696,060	6,658,548	96	(주)지에스리테일	3,473,706	3,682,463
47	엘에스니꼬동제련(주)	7,581,035	5,666,429	97	(주)노키아티엠씨	3,455,814	3,920,151
48	호남석유화학(주)	7,189,059	5,969,758	98	(주)대림코퍼레이션	3,399,951	2,669,965
49	(주)대우건설	6,734,285	7,097,387	99	한국타이어(주)	3,354,416	2,811,860
50	여천엔씨씨(주)	6,317,121	4,831,741	100	동양생명보험(주)	3,309,352	2,930,709

순위	회사명	2010년	2009년	순위	회사명	2010년	2009년
101	삼성카드(주)	3,277,297	2,716,224	151	현대파워텍(주)	1,980,163	1,304,903
102	(주)에스티엑스	3,245,570	2,225,676	152	(주)엘지하우시스	1,939,116	1,440,890
103	코오롱인더스트리(주)	3,241,178	-	153	노벨리스코리아(주)	1,928,858	1,494,115
104	비씨카드(주)	3,135,045	3,161,538	154	유니온스틸(주)	1,926,594	1,300,397
105	고려아연(주)	3,129,065	2,575,312	155	(주)세아베스틸	1,867,539	1,245,360
106	삼성테크윈(주)	3,127,194	2,642,743	156	대한유화공업(주)	1,821,246	1,659,819
107	(주)하이마트	3,046,679	2,672,991	157	한라공조(주)	1,797,365	1,409,680
108	현대캐피탈(주)	2,989,835	2,989,269	158	홈플러스테스코(주)	1,793,604	268,703
109	현대로템(주)	2,898,423	2,726,656	159	(주)엘지생활건강	1,747,660	1,525,071
110	(주)케이씨씨	2,830,515	2,680,097	160	볼보그룹코리아(주)	1,735,827	1,086,949
111	(주)신한금융지주회사	2,820,008	1,800,354	161	두산엔진(주)	1,730,068	1,772,597
112	(주)부산은행	2,759,168	3,085,117	162	(주)경남은행	1,693,954	1,827,201
113	(주)한진중공업	2,755,870	3,227,619	163	서울보증보험(주)	1,640,871	1,534,713
114	(주)대구은행	2,710,547	2,881,427	164	경남기업(주)	1,596,252	1,710,356
115	대한전선(주)	2,703,504	2,260,088	165	서울도시가스(주)	1,593,541	1,418,559
116	금호타이어(주)	2,701,990	1,894,700	166	(주)코스트코코리아	1,578,846	1,217,268
117	현대산업개발(주)	2,674,367	2,163,380	167	한솔제지(주)	1,560,223	1,367,948
118	(주)삼천리	2,638,360	2,302,935	168	(주)아이마켓코리아	1,549,194	1,182,116
119	(주)한화건설	2,628,218	2,344,380	169	포스코특수강(주)	1,543,122	1,271,037
120	오씨아이(주)	2,606,376	2,101,779	170	(주)세아제강	1,542,387	1,246,731
121	태광산업(주)	2,581,535	1,963,651	171	한솔테크닉스(주)	1,531,559	1,102,194
122	삼성증권(주)	2,564,719	2,284,614	172	(주)두산	1,531,039	953,387
123	(주)케이티앤지	2,499,931	2,776,403	173	우리금융지주(주)	1,530,492	1,326,855
124	(주)케이피케미칼	2,427,686	2,107,187	174	웅진코웨이(주)	1,519,140	1,411,922
125	성동조선해양(주)	2,408,829	2,314,276	175	희성전자(주)	1,516,888	1,187,277
126	두산건설(주)	2,317,514	2,310,258	176	한라건설(주)	1,502,499	1,615,970
127	(주)보광훼미리마트	2,289,646	1,999,122	177	(주)이랜드리테일	1,502,002	932,497
128	현대카드(주)	2,275,742	1,840,843	178	한국쓰리엠(주)	1,483,035	1,091,541
129	동우화인켐(주)	2,249,403	1,931,893	179	에스케이씨앤씨(주)	1,475,223	1,312,563
130	흥국화재해상보험(주)	2,230,601	1,735,546	180	삼성전자로지텍(주)	1,466,709	1,101,162
131	삼성에버랜드(주)	2,218,680	1,726,474	181	에스케이씨(주)	1,463,267	1,207,891
132	유코카캐리어스(주)	2,209,387	2,077,425	182	(주)범한판토스	1,457,553	1,134,608
133	금호산업(주)	2,203,788	2,413,307	183	아사히초자화인테크노한국(주)	1,455,724	1,144,317
134	(주)풍산	2,187,161	1,745,872	184	(주)호텔신라	1,452,445	1,213,244
135	(주)호텔롯데	2,169,211	1,900,304	185	(주)디에스	1,442,510	978,332
136	대한해운(주)	2,161,400	2,279,323	186	한국지역난방공사	1,437,464	1,248,195
137	쌍용건설(주)	2,158,455	1,968,989	187	동서식품(주)	1,421,790	1,320,756
138	동부건설(주)	2,155,915	2,281,153	188	롯데제과(주)	1,416,469	1,316,786
139	도시바삼성스토리지테크놀러지코리아(주)	2,120,411	1,668,931	189	엘에스산전(주)	1,409,829	1,446,199
140	에스케이브로드밴드(주)	2,111,832	1,893,956	190	(주)지에스글로벌	1,400,513	1,153,563
141	(주)만도	2,109,633	1,512,520	191	(주)오뚜기	1,372,965	1,363,915
142	대한통운(주)	2,097,719	1,831,700	192	(주)태영건설	1,365,244	1,341,927
143	(주)팬택	2,077,496	1,180,518	193	벽산건설(주)	1,347,925	1,270,219
144	쌍용자동차(주)	2,070,482	1,066,816	194	에스케이케미칼(주)	1,334,515	1,276,455
145	(주)포스코피앤에스	2,062,495	1,626,916	195	앰코테크놀로지코리아(주)	1,328,023	682,223
146	(주)아모레퍼시픽	2,058,514	1,769,010	196	이수화학(주)	1,326,550	1,082,135
147	(주)엘지씨엔에스	2,057,159	1,838,723	197	(주)강원랜드	1,313,683	1,206,659
148	에스케이루브리컨츠(주)	2,003,366	421,667	198	엔에이치엔(주)	1,312,506	1,237,111
149	에스케이해운(주)	1,989,884	1,876,799	199	대한도시가스(주)	1,312,206	1,152,096
150	삼성석유화학(주)	1,983,614	1,780,175	200	삼성엘이디(주)	1,307,203	544,598

순위	회사명	2010년	2009년	순위	회사명	2010년	2009년
201	롯데칠성음료(주)	1,301,767	1,221,723	251	(주)서희건설	1,029,696	861,520
202	(주)케이씨씨건설	1,295,123	1,528,948	252	(주)엘지실트론	1,028,768	800,190
203	(주)경동도시가스	1,284,024	934,033	253	남양유업(주)	1,028,083	1,008,917
204	(주)대우일렉트로닉스	1,282,919	1,127,179	254	하이트맥주(주)	1,022,327	1,017,528
205	에스티엑스중공업(주)	1,276,075	1,270,606	255	(주)동원에프앤비	1,020,128	796,561
206	에스케이(주)	1,273,305	766,714	256	한신공영(주)	1,019,838	1,078,452
207	한국항공우주산업(주)	1,266,711	1,086,575	257	코오롱아이넷(주)	1,007,136	799,225
208	롯데카드(주)	1,260,637	1,089,253	258	포스코강판(주)	1,001,774	703,476
209	태산엘시디(주)	1,253,534	781,842	259	에스피피조선(주)	998,584	908,426
210	텍사스인스트루먼트코리아(주)	1,251,903	1,157,867	260	한국델파이(주)	991,691	724,239
211	군인공제회	1,251,534	1,252,984	261	신동아건설(주)	971,627	949,548
212	(주)하나금융지주	1,249,563	479,301	262	두산디에스티(주)	971,030	706,038
213	계룡건설산업(주)	1,246,610	1,208,803	263	소니코리아(주)	968,406	1,182,958
214	현대엠코(주)	1,241,572	1,080,621	264	STX메탈(주)	955,036	1,001,465
215	현대엔지니어링(주)	1,237,178	1,101,680	265	(주)부산도시가스	950,278	828,956
216	한국아이비엠(주)	1,225,039	1,206,810	266	삼환기업(주)	947,461	845,892
217	에스티엑스엔진(주)	1,220,719	1,607,664	267	씨제이프레시웨이(주)	943,883	742,224
218	유한킴벌리(주)	1,209,386	1,134,075	268	엘아이지넥스원(주)	942,967	966,365
219	대상(주)	1,202,372	1,008,988	269	(주)케피코	940,247	708,553
220	대한제당(주)	1,167,233	1,111,544	270	롯데알미늄(주)	939,369	784,048
221	(주)현대다이모스	1,163,709	909,831	271	(주)카프로	930,749	685,450
222	(주)하이프라자	1,161,639	901,506	272	(주)서원유통	929,917	784,876
223	(주)한국야쿠르트	1,142,535	1,081,427	273	(주)지에스	928,566	541,990
224	도레이첨단소재(주)	1,136,139	952,993	274	엘에스엠트론(주)	926,314	691,514
225	남해화학(주)	1,135,760	978,321	275	씨제이지엘에스(주)	921,523	751,359
226	삼성정밀화학(주)	1,130,032	1,038,396	276	웅진케미칼(주)	911,194	803,175
227	메르세데스벤츠코리아(주)	1,126,451	675,130	277	매일유업(주)	909,515	834,372
228	(주)휴비스	1,125,337	952,464	278	(주)이랜드월드	903,225	990,190
229	(주)아워홈	1,124,742	1,011,071	279	(주)삼동	899,623	619,673
230	(주)광주은행	1,124,613	1,229,337	280	케이파워(주)	894,263	709,070
231	코오롱건설(주)	1,123,278	1,351,945	281	코오롱글로텍(주)	894,016	651,943
232	(주)엘지패션	1,121,226	922,153	282	(주)티케이케미칼	882,043	777,194
233	폴리미래(주)	1,099,939	845,074	283	포스코파워(주)	881,671	508,641
234	금호피앤비화학(주)	1,099,176	784,396	284	한국철강(주)	879,924	911,503
235	(주)예스코	1,095,180	979,547	285	(주)영풍	879,814	669,990
236	비엠더블유코리아(주)	1,094,537	692,932	286	롯데로지스틱스(주)	870,465	718,355
237	세아상역(주)	1,093,864	1,142,606	287	(주)현대백화점	865,958	838,748
238	(주)히타치엘지데이터스토리지코리아	1,091,148	1,310,506	288	한세실업(주)	864,732	821,495
239	(주)한진	1,084,655	903,167	289	디에스디삼호(주)	861,828	1,868,368
240	그린손해보험(주)	1,081,272	966,951	290	(주)대교	860,023	845,489
241	한화엘앤씨(주)	1,080,350	1,035,259	291	한국니토옵티칼(주)	859,891	750,455
242	넥센타이어(주)	1,080,303	966,207	292	고려해운(주)	856,372	649,064
243	(주)한양	1,062,100	942,153	293	일본전기초자한국(주)	847,217	775,108
244	(주)농협사료	1,061,567	1,141,543	294	동아제약(주)	846,822	801,060
245	풍림산업(주)	1,058,331	977,001	295	동서석유화학(주)	845,272	543,279
246	(주)농협유통	1,047,824	996,222	296	(주)에스원	843,782	736,474
247	일진전기(주)	1,044,913	877,593	297	우리아비바생명보험(주)	843,301	843,301
248	메리츠종합금융증권(주)	1,039,130	1,007,313	298	(주)휴맥스	842,770	172,719
249	쌍용양회공업(주)	1,036,900	1,083,604	299	(주)한국인삼공사	842,757	746,736
250	(주)동양건설산업	1,036,633	995,768	300	한전케이피에스(주)	842,544	805,243

● 세계문화유산

한국의 세계기록유산		
	연도	내 용
1	1997년	훈민정음
2	1997년	조선왕조실록
3	2001년	직지심체요절(하권)
4	2001년	승정원일기
5	2007년	해인사 대장경판
6	2007년	조선왕조 의궤
7	2009년	동의보감

한국의 인류무형문화유산		
	연도	내 용
1	2001년	종묘제례 및 종묘제례악
2	2003년	판소리
3	2005년	강릉단오제
4	2009년	강강술래
5	2009년	남사당
6	2009년	영산재
7	2009년	제주 칠머리당영등굿
8	2009년	처용무

한국의 세계문화유산		
	연도	내 용
1	1995년	종묘
2	1995년	해인사 장경판전
3	1995년	불국사와 석굴암
4	1997년	창덕궁
5	1997년	수원화성
6	2000년	경주역사유적지구
7	2000년	고창 화순 강화 고인돌유적
8	2009년	조선왕릉
9	2010년	하회·양동 역사마을

한국의 세계자연유산		
	연도	내 용
1	2007년	제주 화산섬과 용암동굴
북한의 세계문화유산 1곳		
1	2004년	고구려 고분

	중국의 세계문화유산	
	연도	내 용
1	1987년	만리장성
2	1987년, 2004년	북경과 심양의 명·청 고궁
3	1987년	돈황의 막고 굴
4	1987년	진시황릉
5	1987년	주구점의 북경원인유적
6	1994년	청더의 피서산장과 외팔묘
7	1994년, 2000년, 2001년	라사의 포탈라 궁, 조캉사원, 노부링카
8	1994년	곡부의 공자 유적
9	1994년	우당산의 고대 건축물군
10	1996년	루산자연공원
11	1997년	리장고성
12	1997년	핑야오 고대도시
13	1997년, 2000년	쑤저우 전통정원
14	1998년	이화원
15	1998년	티엔단
16	1999년	대족석각
17	2000년	친청산(청성산)과 도강언 용수로 시스템
18	2000년	안후이성 시디와 홍춘 옛촌락
19	2000년	룽먼석굴
20	2000년, 2003년, 2004년	명청의 황릉
21	2001년	원강석굴
22	2004년	고구려 전기의 도성과 고분
23	2005년	마카오 역사 지구
24	2006년	은허
25	2007년	카이펑 누각과 촌락
26	2008년	푸젠토루
27	2010년	소림사
28	2010년	톈디즈중

	중국의 자연유산	
	연도	내 용
1	1992년	지오자이거우(구채구)
2	1992년	황룽풍경구
3	1992년	무릉원
4	2003년	윈난 산장빙류
5	2006년	쓰촨성 자이언트 팬더 보호구
6	2007년	중국남방 카르스트
7	2008년	산칭산 국립공원
8	2010년	단샤

	중국의 복합유산	
	연도	내 용
1	1987년	타이 산(泰山)
2	1990년	황 산(黃山)
3	1996년	어메이 산 낙산대불(峨眉山乐山大佛)
4	1999년	우이 산(武夷山)

<table>
<tr><td colspan="3" align="center">일본의 문화유산</td></tr>
<tr><td></td><td align="center">연도</td><td align="center">내 용</td></tr>
<tr><td>1</td><td>1993년</td><td>호류지 지역의 불교건조물</td></tr>
<tr><td>2</td><td>1993년</td><td>히메지 성</td></tr>
<tr><td>3</td><td>1994년</td><td>고도 교토의 문화재</td></tr>
<tr><td>4</td><td>1995년</td><td>시라카와 향과 고카야마의 갓쇼즈쿠리 마을</td></tr>
<tr><td>5</td><td>1996년</td><td>원폭 돔</td></tr>
<tr><td>6</td><td>1996년</td><td>이쓰쿠시마 신사</td></tr>
<tr><td>7</td><td>1998년</td><td>고도 나라의 문화재</td></tr>
<tr><td>8</td><td>1999년</td><td>닛코의 사원</td></tr>
<tr><td>9</td><td>2000년</td><td>구스쿠 유적 및 류큐왕국 유적</td></tr>
<tr><td>10</td><td>2004년</td><td>기이 산지의 영지와 참예도</td></tr>
<tr><td>11</td><td>2007년</td><td>이와미 은광과 문화적 경관</td></tr>
</table>

<table>
<tr><td colspan="3" align="center">일본의 자연유산</td></tr>
<tr><td></td><td align="center">연도</td><td align="center">내 용</td></tr>
<tr><td>1</td><td>1993년</td><td>야쿠 섬</td></tr>
<tr><td>2</td><td>1993년</td><td>시라카미 산지</td></tr>
<tr><td>3</td><td>2005년</td><td>시레토코</td></tr>
</table>

<table>
<tr><td colspan="3" align="center">미국의 세계문화유산</td></tr>
<tr><td></td><td align="center">연도</td><td align="center">내 용</td></tr>
<tr><td>1</td><td>1978년</td><td>옐로스톤 국립공원</td></tr>
<tr><td>2</td><td>1978년</td><td>메사 베르데</td></tr>
<tr><td>3</td><td>1979년</td><td>그랜드캐년 국립공원</td></tr>
<tr><td>4</td><td>1979년</td><td>미국 독립기념관</td></tr>
<tr><td>5</td><td>1979년</td><td>알래스카·캐나다 국경의 산악 공원군</td></tr>
<tr><td>6</td><td>1979년</td><td>에버글래드 국립공원</td></tr>
<tr><td>7</td><td>1980년</td><td>레드우드 국립공원</td></tr>
<tr><td>8</td><td>1981년</td><td>올림픽 국립공원</td></tr>
<tr><td>9</td><td>1981년</td><td>맘모스 동굴 국립공원</td></tr>
<tr><td>10</td><td>1982년</td><td>카호키아 역사유적</td></tr>
<tr><td>11</td><td>1983년</td><td>그레이트 스모키 산맥 공원</td></tr>
<tr><td>12</td><td>1983년</td><td>푸에르토리코 소재 라 포탈레자·산후안 역사지구</td></tr>
<tr><td>13</td><td>1984년</td><td>요세미티 국립공원</td></tr>
<tr><td>14</td><td>1984년</td><td>자유의 여신상</td></tr>
<tr><td>15</td><td>1987년</td><td>차코 문화역사공원</td></tr>
<tr><td>16</td><td>1987년</td><td>샬롯츠빌의 몬티셀로와 버지니아 대학교</td></tr>
<tr><td>17</td><td>1987년</td><td>하와이 화산공원</td></tr>
<tr><td>18</td><td>1992년</td><td>푸에블로 데 타오스</td></tr>
<tr><td>19</td><td>1995년</td><td>워터톤 글래시아 국제 평화공원</td></tr>
<tr><td>20</td><td>1995년</td><td>칼스배드 동굴 국립공원</td></tr>
</table>

<table>
<tr><th colspan="3">이탈리아 세계문화 유산</th></tr>
<tr><th></th><th>연도</th><th>내 용</th></tr>
<tr><td>1</td><td>1979년</td><td>발카모니카 암각화</td></tr>
<tr><td>2</td><td>1980년</td><td>1990 로마 역사지구</td></tr>
<tr><td>3</td><td>1980년</td><td>산타마리아의 교회와 도미니카 수도원 및 레오나르도 다 빈치의 "최후의 만찬"</td></tr>
<tr><td>4</td><td>1982년</td><td>피렌체 역사센터</td></tr>
<tr><td>5</td><td>1987년</td><td>베네치아와 석호</td></tr>
<tr><td>6</td><td>1987년</td><td>피사의 듀오모 광장</td></tr>
<tr><td>7</td><td>1990년</td><td>산지미냐노 역사지구</td></tr>
<tr><td>8</td><td>1993년</td><td>이 사시 디 마테라 주거지</td></tr>
<tr><td>9</td><td>1994년, 1996년</td><td>비센자시와 팔라디안 건축물</td></tr>
<tr><td>10</td><td>1995년</td><td>크레스피 다다</td></tr>
<tr><td>11</td><td>1995년, 1999년</td><td>르네상스 도시 페라라와 포 삼각주</td></tr>
<tr><td>12</td><td>1995년</td><td>시에나 역사지구</td></tr>
<tr><td>13</td><td>1995년</td><td>나폴리 역사지구</td></tr>
<tr><td>14</td><td>1996년</td><td>몬테 성</td></tr>
<tr><td>15</td><td>1996년</td><td>알베로벨로의 트룰리</td></tr>
<tr><td>16</td><td>1996년</td><td>라베나의 초기 그리스도교 기념물</td></tr>
<tr><td>17</td><td>1996년</td><td>피엔차 역사지구</td></tr>
<tr><td>18</td><td>1997년</td><td>카세르타 18세기 궁전과 공원, 반비텔리 수로 및 산 루치오</td></tr>
<tr><td>19</td><td>1997년</td><td>사보이 궁중저택</td></tr>
<tr><td>20</td><td>1997년</td><td>파두아 식물원</td></tr>
<tr><td>21</td><td>1997년</td><td>모데나의 토레 씨비카와 피아짜 그란데 성당</td></tr>
<tr><td>22</td><td>1997년</td><td>폼페이 및 허큐라네움 고고학지역과 토레 아눈치아타</td></tr>
<tr><td>23</td><td>1997년</td><td>카잘레의 빌라 로마나(1997)</td></tr>
<tr><td>24</td><td>1997년</td><td>수 누락시 디 바루미니</td></tr>
<tr><td>25</td><td>1997년</td><td>포르토베네레, 생케 테레와 섬들</td></tr>
<tr><td>26</td><td>1997년</td><td>아말피 해안</td></tr>
<tr><td>27</td><td>1997년</td><td>아그리젠토 고고학지역</td></tr>
<tr><td>28</td><td>1998년</td><td>아퀴레이아 고고유적지 및 카톨릭교회</td></tr>
<tr><td>29</td><td>1998년</td><td>시렌토 발로 디 디아노 국립공원</td></tr>
<tr><td>30</td><td>1998년</td><td>울비노 역사유적지</td></tr>
<tr><td>31</td><td>1999년</td><td>안드리아나 고대건축</td></tr>
<tr><td>32</td><td>2000년</td><td>에올리안 섬</td></tr>
<tr><td>33</td><td>2000년</td><td>아시시, 성 프란체스코의 바실리카 유적</td></tr>
<tr><td>34</td><td>2000년</td><td>베로나 도시</td></tr>
<tr><td>35</td><td>2001년</td><td>티볼리에 있는 르네상스식 빌라(2001)</td></tr>
<tr><td>36</td><td>2002년</td><td>발 디 노토의 후기 바로크 도시(시실리아 동남부)</td></tr>
<tr><td>37</td><td>2003년</td><td>피에드몽과 롬바르디의 지방의 영산</td></tr>
<tr><td>38</td><td>2004년</td><td>체르베테리와 타르퀴니아의 고분군</td></tr>
<tr><td>39</td><td>2004년</td><td>오르시아 계곡</td></tr>
<tr><td>40</td><td>2005년</td><td>시라쿠사와 판탈리카의 절벽의 분묘군</td></tr>
</table>

● 한국의 100대 명산

	산 이름	높이	위치	다녀온 날
1	가리산	1,051m	강원 홍천 두촌면, 화촌면	
2	가리왕산	1,561m	강원 정선 북면, 평창 진부면	
3	가야산	1,430m	경남 합천, 거창, 경북 성주 [국립공원]	
4	가지산	1,240m	경남 밀양, 울산 울주, 경북 청도 [도립공원]	
5	감악산	675m	경기 파주 적성면, 양주 남면	
6	강천산	584m	전북 순창 북흥면, 전남 담양 용면 [군립공원]	
7	계룡산	845m	충남 공주 반포 계룡면, 논산 [국립공원]	
8	계방산	1,577m	강원 홍천 내면, 평창 진부면	
9	공작산	887m	강원 홍천 화촌면	
10	관악산	629m	서울 관악, 경기 시흥, 과천, 안양	
11	구병산	876m	충북 보은 내속리 외속리 마로면	
12	금 산	701m	경남 남해, 이동면 삼동면	
13	금수산	1,016m	충북 제천 수산면, 단양 적성면	
14	금오산	977m	경북 구미, 김천 남면, 칠곡 북삼면 [도립공원]	
15	금정산	802m	부산 북구, 동래구, 경남 양산 동면	
16	깃대봉	368m	전남 신안군 흑산면 홍도	
17	남 산	494m	경북 경주	
18	내연산	710m	경북 포항, 영덕 남정면 [시립공원]	
19	내장산	763m	전북 정읍, 순창 복흥면, 전남 장성 [국립공원]	
20	대둔산	878m	충남 금산, 논산, 전북 완주 [도립공원]	
21	대암산	1,304m	강원 양구 동면, 해안면, 인제 서화면[양구군]	
22	대야산	931m	충북 괴산 청천면, 경북 문경 가은읍	
23	덕숭산	495m	충남 예산 덕산면 [도립공원]	
24	덕유산	1,614m	전북 무주, 장수, 경남 거창, 함양 [국립공원]	
25	덕항산	1,071m	강원 삼척시 하장면 신기면	
26	도락산	964m	충북 단양 단양읍, 대강면	
27	도봉산	740m	서울 도봉, 경기 의정부, 양주 장흥면	
28	두륜산	700m	전남 해남 삼산 현산 북평 옥천면 [도립공원]	
29	두타산	1,353m	강원 동해시, 삼척 미로면, 하장면	
30	마니산	469m	인천 강화 화도면	
31	마이산	685m	전북 진안 진안읍, 마령면 [도립공원]	
32	명성산	923m	경기 포천 이동면, 강원 철원 갈말읍	
33	명지산	1,267m	경기 가평 북면, 하면 [군립공원]	
34	모악산	794m	전북 김제 금산면, 완주 구이면 [도립공원]	
35	무등산	1,187m	광주, 전남 담양 남면, 화순 이서면 [도립공원]	
36	무학산	761m	경남 마산	
37	미륵산	461m	경남 통영 봉평동, 산양읍	
38	민주지산	1,242m	충북 영동 용화면, 경북 김천, 전북 무주	
39	방장산	743m	전북 정읍 고창, 전남 장성	
40	방태산	1,436m	강원 인제	
41	백덕산	1,350m	강원 평창 방림면, 평창읍, 영월 수주면	
42	백암산	741m	전남 장성 북하면, 전북 정읍 입암면, 순창 복흥면	
43	백운산	904m	경기 포천 이동면, 강원 화천 사내면	
44	백운산	1,218m	전남 광양 옥룡면 진산면	
45	백운산	883m	강원 정선 신동읍, 평창 미탄면	
46	변 산	508m	전북 부안	
47	북한산	837m	서울 도봉, 은평, 경기 고양 [국립공원]	
48	비슬산	1,084m	대구 달성, 옥포 유가 가창면, 청도 각북면	
49	사량도 지리산	398m	경남 통영 사량면 돈지리	
50	삼악산	645m	강원 춘천 서면	

51	서대산	904m	충남 금산 추부면, 군북면 충북 옥천 군서면	
52	선운산	336m	전북 고창 [도립공원]	
53	설악산	1,708m	강원 속초, 인제, 양양 [국립공원]	
54	성인봉	984m	경북 울릉도	
55	소백산	1,439m	충북 단양, 경북 영주 [국립공원]	
56	소요산	559m	경기 동두천, 포천 청산면	
57	속리산	1,057m	충북 보은 내속리면, 경북 상주 화북면 [국립공원]	
58	신불산	1,209m	울산 울주 상북면, 삼남면	
59	연화산	528m	경남 고성 개천면 [도립공원]	
60	오대산	1,563m	강원 홍천, 평창 진부면, 도암면 [국립공원]	
61	오봉산	779m	강원 춘천 북산면, 화천 간동면	
62	용문산	1,157m	경기 양평 용문면	
63	용화산	878m	강원 춘천 사북면, 화천 간동면	
64	운문산	1,188m	경북 청도 운문면, 경남 밀양 산내면, 울산 울주	
65	운악산	936m	경기 가평 하면, 포천 내촌면	
66	운장산	1,126m	전북 진안 주천 부귀 정천면, 완주 동상면	
67	월악산	1,094m	충북 제천 한수면, 덕산면 [국립공원]	
68	월출산	809m	전남 영암 군서 학산면, 강진 성전면 [국립공원]	
69	유명산	862m	경기 가평 설악면, 양평 옥천면	
70	응봉산	999m	강원 삼척 가곡면, 경북 울진 북면	
71	장안산	1,237m	전북 장수 [군립공원]	
72	재약산	1189m	경남 말양시 단장면	
73	적상산	1,034m	전북 무주 적상면	
74	점봉산	1,424m	강원 인제, 인제읍, 기린면, 양양 양양읍	
75	조계산	884m	전남 순천 승주 송광면, 주암면 [도립공원]	
76	주왕산	721m	경북 청송 부동면 [국립공원]	
77	주흘산	1,106m	경북 문경 문경읍	
78	지리산	1,915m	전남 구례, 전북 남원, 경남 함양, 산청, 하동 [국립공원]	
79	천관산	723m	전남 장흥 관산읍, 대덕읍 [도립공원]	
80	천마산	812m	경기 남양주 화도읍, 가곡리, 호평동, 묵현리 [시립공원]	
81	천성산	812m	경남 양산 하북면, 웅상면	
82	천태산	715m	충북 영동, 충남 금산	
83	청량산	870m	경북 봉화 재산면 명호면 [도립공원]	
84	추월산	731m	전남 담양 용면, 전북 순창 북흥면	
85	축령산	879m	경기 남양주 수동면, 가평군 상면	
86	치악산	1,288m	강원 원주, 횡성 우천 [국립공원]	
87	칠갑산	561m	충남 청양 대치 정산 적곡면 [도립공원]	
88	태백산	1,567m	강원 태백, 경북 봉화 석포면 [도립공원]	
89	태화산	1,027m	강원 영월	
90	팔공산	1,193m	대구시 동구, 경산, 영천, 신녕, 군위 [도립공원]	
91	팔봉산	302m	강원 홍천 서면	
92	팔영산	609m	전남 고흥 정암면 [도립공원]	
93	한라산	1,950m	제주도 [국립공원]	
94	화악산, 중봉	1,468m	경기 가평 북면, 강원 화천 사내면	
95	화왕산	757m	경남 창녕군 창녕읍 [도립공원]	
96	황매산	1,108m	경남 합천군 가회면, 대병면 [도립공원]	
98	황악산	1,111m	경북 김천 대항면, 충북 영동 매곡면, 상촌면	
99	황장산	1,077m	경북 문경	
100	희양산	998m	충북 괴산 연풍면, 경북 문경 가은	

● 세계관광 50선

	세계관광 50선	다녀온 날
1	비바람이 7억년 동안 빚은 미국 그랜드캐년	
2	세계 최대의 대보초 호주의 그레이트 배리어 리프	
3	미국 플로리다 올랜도의 디즈니월드	
4	반지의 제왕 촬영지 뉴질랜드 남 섬	
5	희망봉이 있는 남아프리카의 케이프타운	
6	시크교도의 총본산 인도 암리차르의 황금사원	
7	도박과 환락의 도시 미국 라스베가스	
8	오페라 하우스의 도시 호주 시드니	
9	이민자들이 세운 세계의 <STRONG> 중심 도시 미국 뉴욕!	
10	영원한 사랑을 노래한 인도의 타지마할	
11	캐나다 밴프 국립공원 루이즈 호수	
12	호주의 울루루 카타쥬타 국립공원	
13	마야 문명의 보고 멕시코 치첸이사	
14	잉카문명의 보고 페루의 마추픽추	
15	미국과 캐나다의 나이아가라 폭포	
16	7대 불가사의 요르단 페트라	
17	파라오의 부활을 꿈꾸는 이집트 피라미드	
18	물의 도시 이탈리아 베니스	
19	신혼여행의 성지 산호초 섬 몰디브	
20	달나라에서도 보인다는 중국의 만리장성	
21	아프리카의 꽃 빅토리아 폭포	
22	천 개의 표정을 가진 홍콩	
23	메타세쿼이아 숲으로 유명한 미국 요세미티 국립공원	
24	알로하 하와이	
25	공기를 수출하는 나라 뉴질랜드의 북섬	
26	아르헨티나와 브라질의 이과수폭포	
27	예술과 낭만의 도시 파리	
28	연어의 고향 알래스카!	
29	킬링필드의 캄보디아 앙코르왓	
30	세계의 지붕 네팔의 에베레스트	
31	쌈바 축제의 나라 브라질의 리우데자네이루	
32	케냐의! 국립공원 마사이마라	
33	다윈의 종의 기원을 탄생시킨 에콰도르 갈라파고스 제도	
34	투탕카멘의 안식처 이집트 룩소르	
35	사랑의 도시 이탈리아 로마	
36	아메리카 대륙에서 가장 아름다운 도시 샌프란시스코	
37	피카소와 가우디의 성지 스페인 바르셀로나	
38	중동의 진주 두바이-아랍에미레이트연합의 최강국	
39	유니클리 싱가포르(Uniquely Singapore)	
40	인도양 최후의 낙원 세이셸공화국의 라디게 섬	
41	인도양의 눈물 스리랑카	
42	태국의 방콕	
43	서인도제도의 바베이도스	
44	북극의 나라 아이슬랜드	
45	중국 서안 진시황의 병마용	
46	스위스의 알프스 마터호른 산	
47	베네수엘라의 엔젤폭포	
48	이집트의 아부심벨 신전	
49	신들의 섬 발리	
50	타히티 보라보라 섬	

내셔널 지오 그래픽 트래블러가 선정한 50 세계 관광

		도시공간(Urban Spaces)	다녀온 날
1		바르셀로나	
2		홍콩	
3		이스탄불	
4		런던	
5		뉴욕	
6		예루살렘	
7		파리	
8		베니체아	
9		리우데 자네이루	
10		샌프란시스코	

인간 비거주 공간(Wild Places)

1		아미존 밀림	
2		남극	
3		세계 최대의 대보초 호주의 그레이트 배리어 리프	
4		캐나다의 로키산맥	
5		비바람이 7억년 동안 빚은 미국 그랜드캐년	
6		사하라 사막	
7		파푸아 뉴기니의 산호초	
8		에콰도르의 갈라파고스 제도	
9		아프리카 세랭게티 평원	
10		베네수엘라의 테푸이스 고원	

낙원(Paradise Found)

1		이탈리아의 아말피 해안	
2		미국 미네소타주의 바운더리 워터스	
3		그리크 제도	
4		영국의 버진 아일랜드	
5		하와이 제도	
6		인도양의 세이셸 공화국	
7		일본의 정원여관	
8		인도의 케랄라	
9		태평양 제도	
10		칠레의 토레스델 파이네 국립공원	

전원(Country Unbound)

1		알프스 산맥	
2		캘리포니아의 빅서(big sur)	
3		캐나다의 연해주	
4		노르웨이의 해안	
5		베트남의 다낭~위에	
6		잉글랜드의 호수지방	
7		프랑스의 루아르 계곡	
8		미국 뉴잉글랜드주의 노스 아일랜드	
9		이탈리아의 토스카나	
10		미국의 버몬트주	

세계의 경이

1		캄보디아의 앙코르 와트	
2		사이버 스페이스	
3		만리장성	
4		페루의 마추픽추	
5		미국 콜로라도주 메사 버드	
6		요르단의 페트라	
7		피라미드	
8		타지마할	
9		바티칸	
10		아테네 아크로 폴리스	

● 국내 테마여행 100선

테마	순서	위치	다녀온 날
1월의 새해여행	1	무안 도리포(전남 무안군)	
	2	서천 마량포(충남 서천군)	
	3	남해 설흘산(경남 남해군)	
	4	태백산 천제단(강원 태백시)	
2월의 눈꽃구경	5	정선 정선선(강원 정선군)	
	6	밀양, 보성 경전선(경남 밀양시/전남 보성군)	
	7	연천 경원선(경기 연천군)	
	8	충주 충북선(충남 연기군/충북 제천시)	
3월의 봄맞이여행	9	통영 미륵도(경남 통영시)	
	10	광양 섬진마을 매화(전남 광양시)	
	11	제주도 우도(제주도 북제주군)	
	12	청송 주산지(경북 청송군)	
	13	경남 합천(경남 합천군)	
	14	완도군 청산도(전남 완도군)	
	15	인천 실미도(인천 중구)	
	16	가평 남이섬(경기 가평)	
4월에는 봄꽃 여행	17	진안 마이산 벚꽃(전북 진안군)	
	18	삼천 맹방리 벚꽃길(강원 삼척시)	
	19	영덕 지품 복사꽃동네(경북 영덕군)	
	20	이천 산수유마을(경기 이천시)	
	21	여수 영취산(전남 여수시)	
	22	거제 대금산(경남 거제시)	
	23	대구 비슬산(대구 달성군)	
	24	고창 선운산(전북 고창군)	
5월의 축제와 생태 여행	25	함평 나비축제(전남 함평군)	
	26	하동 화개 야생화 축제(경남 하동군)	
	27	남원 춘향제(전북 남원시)	
	28	진도 영등제(전남 진도군)	
	29	태안 청포대와 몽산포(충남 태안군)	
	30	광릉 국립수목원(경기 포천군)	
	31	한국 자생식물원(강원 평창군)	
	32	포항 내연산수목원(경북 포항시)	
	33	함양 상림숲(경남 함양군)	
6월은 가족휴식과 학습여행	34	금강 자연휴양림(충남 공주시)	
	35	방태산 자연휴양림(강원 인제군)	
	36	금원산 자연휴양림(경남 거제군)	
	37	회문산 자연휴양림(전북 순창군)	
	38	통고산 자연휴양림(경북 울진군)	
	39	고성 당항포 관광지(경남 고성군)	
	40	울주 천전리 각석, 공룡발자국 화석(울산 울주군)	
	41	전주 팬아시아 종이박물관(전북 전주시)	
	42	여주 목아박물관(경기 여주군)	
	43	강릉 참소리박물관(강원 강릉시)	
7월 섬으로, 계곡으로	44	울릉도 트레킹(경북 울릉군)	
	45	옹진 승봉도(인천 옹진군)	
	46	군산 선유도(전북 군산시)	
	47	신안 도초도와 비금도(전남 신안군)	
	48	단양 선암계곡(충북 단양군)	
	49	산청 덕천강 계곡(경남 산청군)	
	50	문경, 상주 상룡계곡(경북 문경시)	

테마	순서	위 치	다녀온 날
	51	인제 미산계곡(강원 인제군)	
	52	봉화 고선계곡(경북 봉화군)	
8월 바다와 산	53	울진 신포-덕신 해안도로(경북 울진군)	
	54	남일대 해수욕장(경남 서천시)	
	55	보령 원산도(충남 보령시)	
	56	고흥 나로도(전남 고흥군)	
	57	치악산 자연휴양림(강원 원주시)	
	58	월악산 자연학습탐방로(충북 제천시)	
	59	학가산 우래자연휴양림(경북 예천시)	
	60	덕유산 자연 휴양림(전북 무주군)	
9월 역사와 민속 여행	61	정읍 동학혁명유적(전북 정읍시)	
	62	고령 대가야고분(경북 고령군)	
	63	영주 부석사(경북 영주시)	
	64	청양 장곡사, 정혜사(충남 청양군)	
	65	외암리 민속마을(충남 아산시)	
	66	양양 송천 떡마을(강원 양양군)	
	67	하동 청학동 마을(경남 하동군)	
	68	제주 성읍민속마을(제주 남제주군)	
10월 단풍과 가을	69	담양 추월산(전남 담양군)	
	70	문경새재(경북 문경시)	
	71	설악 주전골(강원 양양군)	
	72	영동 천태산 영국사(충북 영동군)	
	73	장흥 천관산 억새제(전남 장흥군)	
	74	안동 국제탈춤페스티발(경북 안동시)	
	75	부산 자갈치 축제(부산 중구)	
	76	홍성 광천 새우젓축제(충남 홍성군)	
11월 드라이브와 문학 여행	77	순천 주암호와 상사호(전남 순천시)	
	78	대전 대청호(대전 대덕구)	
	79	제주 억새오름길(제주 남제주군)	
	80	영월 김삿갓 묘역(강원 영월군)	
	81	영양 조지훈 생가(경북 영양군)	
	82	옥천 정지용 생가(충북 옥천군)	
	83	영랑생가와 다산초당(전남 강진군)	
12월 일몰과 탐조 여행	84	강화 동막해변(인천 강화군)	
	85	제주 수월봉과 차귀해안(제주 북제주군)	
	86	영천 보현산 천문대(경북 영천시)	
	87	해남 땅끝의 일몰(전남 해남군)	
	88	군산 금강 하구둑(전북 군산시)	
	89	창원 주남저수지(경남 창원시)	
	90	화진포, 송지호 철새(강원 고성군)	
	91	영암 영암호(전남 영암군)	
	92	창녕 부곡온천(경남 창녕군)	
	93	예산 덕산온천과 덕숭산(충남 예산군)	
	94	속초 척산온천(강원 속초시)	
	95	완주 화심온천(전북 완주군)	
	96	가평 현등산(경기 가평군)	
	97	부안 개암사(전북 부안군)	
	98	화순 운주사(전남 화순군)	
	99	괴산 각연사(충북 괴산군)	
	100	서산 개심사(충남 서산시)	

대종상(大鐘賞)의 역사 대한민국의 영화상 중 하나로서 대한민국 정부가 주관하는 유일한 영화상으로 1958년 당시 문교부에서 "국산 영화상"이 제정되었고 1961년 대종상으로 이름을 바꾼 후 1962년, 제1회 시상식이 있었다. 제12~17회까지는 문공부와 영화진흥공사가 공동주최했고, 18~24회까지는 영화진흥공사 단독으로 행사를 주최했다. 제25회(1986년) 때는 다시 영화인협회와 영화진흥공사가 공동주최했으며, 이때부터 영화인협회의 본격적인 참여가 이루어졌다.

		역대 대종상 수상작품 및 배우		
회수	연도	최우수작품상(감독)	남우주연상(출연작)	여우주연상(출연작)
제1회	1962년	연산군(신상옥)	신영균(연산군)	최은희(상록수)
제2회	1963년	열녀문(신상옥)	신영균(열녀문)	도금봉(새댁)
제3회	1964년	혈맥(김수용)	김승호(혈맥)	황정순(혈맥)
제4회	1965년	벙어리 삼룡이(신상옥)	신영균(달기)	최은희(청일전쟁과 여걸민비)
제5회	1966년	갯마을(김수용)	김진규(태양은 다시 뜬다)	최은희(민며느리)
제6회	1967년	귀로(이만희)	박노식(고발)	문정숙(귀로)
제7회	1968년	대원군(신상옥)	신성일(이상의날개)	문희(카인의 후예)
제10회	1971년	해당사항없음	장동휘(대전장)	윤정희(분례기)
제11회	1972년	의사 안중근(주동진)	황해(평양폭격대)	고은아(며느리)
제12회	1973년	홍의 장군(이두용)	신영균(삼일천하)	윤정희(효녀 심청)
제13회	1974년	토지(김수용)	박근형(이중섭)	김지미(토지)
제14회	1975년	불꽃(유현목)	하명중(불꽃)	김지미(육체의 약속)
제15회	1976년	어머니(임원식)	신일룡(아라비아의 일몽)	최민희(빗속의 연인들)
제16회	1977년	난중일기(장일호)	김진규(난중일기)	윤미라(고가)
제17회	1978년	경찰관(이두용)	하명중(족보)	고은아(과부)
제18회	1979년	깃발없는 기수(임권택)	최불암(달려라 만석아)	유지인(심봤다)
제19회	1980년	사람의 아들(유현목)	이대근(뻐꾸기도 밤에 우는가)	정윤희(뻐꾸기도 밤에 우는가)
제20회	1981년	초대받은 성웅들(최하원)	남궁원(피막)	정윤희(앵무새 몸으로 울었다)
제21회	1982년	낮은데로 임하소서(이장호)	안성기(철인들)	김보연(꼬방동네 사람들)
제22회	1983년	여인잔혹사 물레야 물레야(이두용)	안성기(안개마을)	장미희(적도의 꽃)
제23회	1984년	자녀목(정진우)	윤일봉(가고파)	이미숙(그 해 겨울은 따뜻했네)
제24회	1985년	어미(박철수)	안성기(깊고푸른밤)	김지미(길소뜸)
제25회	1986년	안개기둥(박철수)	이영하(안개기둥)	이미숙(안개 기둥)
제26회	1987년	연산일기(임권택)	이영하(우리는 지금 제네바로 간다)	강수연(우리는 지금 제네바로 간다)
제27회	1989년	아제아제 바라아제(임권택)	이덕화(추억의 이름으로)	강수연(아제아제바라아제)
제28회	1990년	추락하는 것은 날개가 있다(장길수)	신성일(코리안 커넥션)	강수연(추락하는 것은…)
제29회	1991년	젊은날의 초상(곽지균)	이영하(단지 그대가 여자라는 이유만으로)	원미경(단지 그대가 여자라는 이유만으로)
제30회	1992년	개벽(임권택)	이덕화(개벽)	장미희(사의 찬미)
제31회	1993년	서편제(임권택)	이덕화(살어리랏다)	심혜진(결혼이야기)
제32회	1994년	두 여자 이야기(이정국)	박중훈(투캅스)안성기(투캅스)	윤정희(만무방)
제33회	1995년	영원한 제국(박종원)	김갑수(태백산맥)	최진실(마누라죽이기)
제34회	1996년	애니깽(김호선)	최민수(테러리스트)	심혜진(은행나무침대)
제35회	1997년	접속(장윤현)	한석규(초록물고기)	심혜진(초록물고기)
제36회	1999년	아름다운 시절(이광모)	최민식(쉬리)	심은하(미술관옆동물원)
제37회	2000년	박하사탕(이창동)	최민수(유령)	전도연(내 마음의 풍금)
제38회	2001년	공동경비구역 JSA(박찬욱)	송강호(공동경비구역 JSA)	고소영(하루)
제39회	2002년	집으로…(이정향)	설경구(공공의 적)	전지현(엽기적인 그녀)
제40회	2003년	살인의 추억(봉준호)	송강호(살인의 추억)	이미연(중독)
제41회	2004년	봄 여름 가을 겨울 그리고 봄(김기덕)	최민식(올드보이)	문소리(바람난 가족)
제42회	2005년	말아톤(정윤철)	조승우(말아톤)	김혜수(얼굴없는 미녀)
제43회	2006년	왕의 남자(이준익)	감우성(왕의남자)	전도연(너는 내 운명)
제44회	2007년	가족의 탄생(김태용)	안성기(라디오스타)	김아중(미녀는 괴로워)
제45회	2008년	추격자(나홍진)	김윤석(추격자)	김윤진(세븐데이즈)
제46회	2009년	신기전(김유진)	김명민(내 사랑 내 곁에)	수애(님은 먼 곳에)
제47회	2010년	시(이창동)	원빈(아저씨)	윤정희(시)
제48회	2011년	고지전(장훈)	박해일(최종병기 활)	김하늘(블라인드)

청룡영화상(靑龍映畫賞) 의 역사 1963년, 한국 영화의 진흥을 위하여 조선일보주최로 시작되었다. 1973년 영화법 개정으로 인하여 스크린쿼터제가 도입되고, 한국영화의 질이 상당히 떨어졌다고 판단하여 폐지되었다가 1990년에 스포츠조선이 주최하고 조선일보 후원으로 부활하였다.

역대 청룡영화상 수상작품 및 배우

회수	연도	최우수 작품상(감독)	남우주연상(출연작품)	여우주연상(출연작품)
제1회	1963년	혈맥(김수용)	김승호(혈맥)	황정순(혈맥)
제2회	1964년	잉여인간(유현목)	김진규(잉여인간)	문정숙(돌아보지 마라)
제3회	1965년	저 하늘에도 슬픔이(김수용)	김진규(저 하늘에도 슬픔이)	엄앵란(아름다운 눈동자)
제4회	1966년	시장(이만희)	신영균(시장)	문정숙(시장)
제5회	1967년	산불(김수용)	김승호(만선)	주증녀(산불)
제6회	1969년	카인의 후예(유현목)	신영균(대원군)	남정임(분녀)
제7회	1970년	독짓는 늙은이(최하원)	박노식(돌아온 팔도 사나이)	김지미(너의 이름은 여자)
제8회	1971년	옥합을 깨뜨릴 때(김수용)	최무룡(30년만의 대결)	윤여정(화녀)
제9회	1972년	석화촌(정진우)	박노식(소장수)	윤정희(석화촌)
제10회	1973년	삼일천하(신상옥)	신영균(삼일천하)	윤정희(효녀 심청)
제11회	1990년	그들도 우리처럼(박광수)	안성기(남부군)	원미경(단지 그대가 여자라는 이유만으로)
제12회	1991년	사의 찬미(김호선)	임성민(사의 찬미)	장미희(사의 찬미)
제13회	1992년	우리들의 일그러진 영웅(박종원)	문성근(경마장 가는 길)	강수연(경마장 가는 길)
제14회	1993년	서편제(임권택)	김명곤(서편제)	김혜수(첫사랑)
제15회	1994년	태백산맥(임권택)	박중훈(게임의 법칙), 문성근(너에게 나를 보낸다)	최명길(장미빛 인생)
제16회	1995년	아름다운 청년 전태일(박광수)	최민수(테러리스트)	방은진(301 302), 김혜수(닥터 봉)
제17회	1996년	축제(임권택)	문성근(꽃잎)	심혜진(박봉곤 가출사건)
제18회	1997년	초록 물고기(이창동)	한석규(초록 물고기)	신은경(창)
제19회	1998년	8월의 크리스마스(허진호)	박신양(약속)	심은하(8월의 크리스마스)
제20회	1999년	인정사정 볼 것 없다(이명세)	이정재(태양은 없다)	전도연(내 마음의 풍금)
제21회	2000년	공동경비구역 JSA(박찬욱)	설경구(박하사탕)	이미연(물고기자리)
제22회	2001년	봄날은 간다(허진호)	최민식(파이란)	장진영(소름)
제23회	2002년	취화선(임권택)	설경구(공공의 적)	김윤진(밀애)
제24회	2003년	봄 여름 가을 겨울 그리고 봄(김기덕)	최민식(올드보이)	장진영(싱글즈)
제25회	2004년	실미도(강우석)	장동건(태극기 휘날리며)	이나영(아는 여자)
제26회	2005년	친절한 금자씨(박찬욱)	황정민(너는 내 운명)	이영애(친절한 금자씨)
제27회	2006년	괴물(봉준호)	박중훈, 안성기(라디오 스타)	김혜수(타짜)
제28회	2007년	우아한 세계(한재림)	송강호(우아한 세계)	전도연(밀양)
제29회	2008년	우리 생애 최고의 순간(임순례)	김윤석(추격자)	손예진(아내가 결혼했다)
제30회	2009년	마더(봉준호)	김명민(내 사랑 내 곁에)	하지원(내 사랑 내 곁에)
제31회	2010년	의형제(장훈)	정재영(이끼)	윤정희(시), 수애(심야의 FM)
제32회	2011년	부당거래(류승완)	박해일(최종병기 활)	김하늘(블라인드)

	영어제목	한글제목	개봉연도	감독	비고
1	12 Angry Men	12인의 노한 사람들	1957	시드니 루멧	
2	2001, A Space Odyssey	2001 스페이스 오디세이	1968	스탠리 큐브릭	
3	The 400 Blows	400번의 구타	1959	프랑소와 트뤼포	
4	8 1/2	8과 1/2	1963	페데리코 펠리니	
5	The African Queen	아프리카의 여왕	1951	존 휴스턴	
6	Alien	에일리언	1979	리들리 스콧	
7	All About Eve	이브의 모든 것	1950	조셉 맨키위즈	
8	Annie Hall	애니 홀	1977	우디 알렌	
9	Apocalypse Now	지옥의 묵시록	1979	프란시스 포드 코폴라	
10	The Battle of Algiers	알제리 전투	1966	질로 폰테코르보	
11	The Bicycle Thief	자전거 도둑	1948	비토리오 데 시카	
12	Blade Runner	블레이드 러너	1982	리들리 스콧	
13	Blazing Saddles	브레이징 새들스	1974	멜 브룩스	
14	Blow Up	욕망	1966	미켈란젤로 안토니오니	
15	Blue Velvet	블루벨벳	1986	데이빗 린치	
16	Bonnie and Clyde	우리에게 내일은 없다	1967	아서 펜	
17	Breathless	네멋대로 해라	1960	장 뤽 고다르	
18	The Bridge on the River Kwal	콰이강의 다리	1957	데이빗 린	
19	Bringing Up Baby	아이 양육	1938	하워드 혹스	
20	Butch Cassidy and Sundaunce kid	내일을 향해 쏴라	1969	조지 로이 힐	
21	Casablanca	카사블랑카	1942	마이클 커티즈	
22	Chinatown	차이나타운	1974	로만 폴란스키	
23	Citizen Kane	시민 케인	1941	오슨 웰즈	
24	Crouching Tiger, Hidden Dragon	와호장룡	2000	이안	
25	Die Hard	다이하드	1988	존 맥티어난	
26	Do the Right Thing	똑바로 살아라	1989	스파이크 리	
27	Double Indemnity	이중 배상	1944	빌리 와일더	
28	Dr. Strangelove or: How I Learned to Stop Worrying and Love the Bomb	닥터 스트레인지러브	1964	스탠리 큐브릭	
29	Duck Soup	식은 죽 먹기	1933	레오 맥캐리	
30	E. T. the Extra-Terrestrial	이티	1982	스티븐 스필버그	
31	Enter the Dragon	용쟁호투	1973	로버트 클루즈	
32	The Exorcist	엑소시스트	1973	윌리엄 프레드킨	
33	Fast Times At Ridgemont High	리치몬드 연애소동	1982	에이미 헥커링	
34	The French Connection	프렌치 커넥션	1971	윌리엄 프레드킨	
35	The Godfather	대부	1972	프란시스 포드 코폴라	
36	The Godfather, Part II	대부2	1974	프란시스 포드 코폴라	
37	Goldfinger 007	골드핑거	1964	가이 해밀턴	
38	The Good, the Bad, and the Ugly	석양의 무법자	1968	세르지오 레오네	
39	Goodfellas	좋은 친구들	1990	마틴 스콜세지	
40	The Graduate	졸업	1967	마이크 니콜스	
41	Grand Illusion	위대한 환상	1937	장 르누아르	
42	Groundhog Day	사랑의 블랙홀	1993	해롤드 래미스	
43	A Hard Day's Night	하드 데이즈 나이트	1964	리처드 레스터	
44	In the Mood For Love	화양연화	2001	왕가위	
45	It Happened One Night	어느날 밤에 생긴 일	1934	프랑크 카프라	
46	It's a Wonderful Life	멋진 인생	1946	프랑크 카프라	
47	Jaws	죠스	1975	스티븐 스필버그	
48	King Kong	킹콩	1933	메리앤 C. 쿠퍼, 어네스트 B. 쇼드색	
49	The Lady Eve	레이디 이브	1941	프레스턴 스터지스	

	영어제목	한글제목	개봉연도	감독	비고
50	Lawrence of Arabia	아라비아의 로렌스	1962	데이빗 린	
51	The Lord of the Rings I, II, II	반지의 제왕 1, 2, 3	2001~2003	피터 잭슨	
52	M	M	1931	프리츠 랑	
53	M*A*S*H	매쉬	1970	로버트 알트만	
54	The Maltese Falcon	말타의 매	1941	존 휴스턴	
55	The Matrix	매트릭스	1999	앤디 워쇼스키, 래리 워쇼스키	
56	Modern Times	모던 타임즈	1936	찰리 채플린	
57	Monty Python and the Holy Grail	몬티 파이튼의 성배	1975	테리 길리암, 테리 존스	
58	National Lampoon's Animal House	애니멀하우스의 악독들	1978	존 랜디스	
59	Network	네트워크	1976	시드니 루멧	
60	Nosferatu	노스페라투	1922	F. W. 무르나우	
61	On the Waterfront	워터프론트	1954	엘리아 카잔	
62	One Flew Over the Cuckoo's Nest	뻐꾸기둥지 위로 날아간 새	1975	밀로스 포먼	
63	Paths of Glory	영광의 길	1957	스탠리 큐브릭	
64	Princess Mononoke	원령공주	1999	미야자키 하야오	
65	Psycho	싸이코	1960	알프레드 히치콕	
66	Pulp Fiction	펄프 픽션	1994	쿠엔틴 타란티노	
67	Raging Bull	성난 황소	1980	마틴 스콜세지	
68	Raiders of the Lost Ark	레이더스	1981	스티븐 스필버그	
69	Raise the Red Lantern	홍등	1992	장이모우	
70	Rashomon	라쇼몽	1951	구로사와 아키라	
71	Rear Window	이창	1954	알프레드 히치콕	
72	Rebel Without a Cause	이유없는 반항	1955	제프리 라이트	
73	Rocky	로키	1976	존 아빌드센	
74	Roman Holiday	로마의 휴일	1953	윌리엄 와일러	
75	Saving Private Ryan	라이언 일병 구하기	1998	스티븐 스필버그	
76	Schindler's List	쉰들러 리스트	1993	스티븐 스필버그	
77	The Searchers	서쳐스	1956	존 포드	
78	Seven Samurai	7인의 사무라이	1954	구로사와 아키라	
79	The Shawshank Redemption	쇼생크 탈출	1994	프랭크 다라본트	
80	The Silence of the Lambs	양들의 침묵	1991	조나단 드미	
81	Singin' in the Rain	사랑은 비를 타고	1952	스탠리 도넌, 진 켈리	
82	Snow White and the Seven Dwarfs	백설공주와 일곱 난쟁이	1937	데이비드 핸드	
83	Some Like It Hot	뜨거운 것이 좋아	1959	빌리 와일더	
84	The Sound of Music	사운드 오브 뮤직	1965	로버트 와이즈	
85	Star Wars	스타 워즈	1977	조지 루카스	
86	Sunset Blvd.	선셋 대로	1950	빌리 와일더	
87	Terminator 2: Judgment Day	터미네이터 2 - 심판의 날	1991	제임스 캐머런	
88	The Third Man	제3의 사나이	1949	캐럴 리드	
89	This is Spinal Tap	이것이 스파이널 탭이다	1984	롭 라이너	
90	Titanic	타이타닉	1997	제임스 캐머런	
91	To Kill a Mockingbird	알라바마 이야기	1962	로버트 멀리건	
92	Toy Story	토이 스토리	1995	존 라세터	
93	The Usual Suspects	유주얼 서스펙트	1995	브라이언 싱어	
94	Vertigo	현기증	1958	알프레드 히치콕	
95	When Harry Met Sally...	해리가 샐리를 만났을 때	1989	롭 라이너	
96	Wild Strawberries	산딸기	1957	잉마르 베리만	
97	The Wizard of Oz	오즈의 마법사	1939	빅터 플레밍	
98	Women on the Verge of a Nervous Breakdown	신경쇠약 직전의 여자	1988	페드로 알모도바르	
99	The World of Apu	아푸의 세계	1999	사티야지트 레이 / 수미트라 샤터지, 샤밀라 타고어	
	(반지의 제왕 2, 3를 합하면 100편)				

🌑 아이돌 그룹

아이돌(Teen Idol)이란 주로 청소년에게 큰 인기를 얻는 가수를 말한다.

결성	이름	인원수	리더	결성	이름	인원수	리더
1992	서태지와 아이들	3	서태지	2001	보이스코	4	하진
1993	솔리드	3	정재윤	2001	에스	4	이현영
1993	듀스	2	이현도	2001	알	4	정혜민
1994	쿨	3	이재훈	2001	케이팝	5	주민
1994	룰라	4	이상민	2001	걸프렌드	3	써니
1994	투투	4	김지훈	2001	디베이스	5	제드
1995	터보	2	김정남	2001	데이지	3	유나
1995	R. ef	3	박철우	2001	쥬얼리	4	박정아
1996	주주클럽	3	주다인	2002	데자부	4	리나
1996	H. O. T	5	문희준	2002	파이브	4	서지원
1996	영 턱스 클럽	5	임성은	2002	이삭N지연	2	이지연
1996	언타이틀	2	유건형	2002	러브	3	은별
1997	태사자	4	김형준	2002	스위티	3	안내영
1997	엔알지	5	이성진	2002	신비	3	유수진
1997	SES	3	바다	2002	블랙 비트	5	이소민
1997	베이비 복스	5	김이지	2002	슈가	4	황정음
1997	디바	3	채리나	2003	동방신기	5	유노윤호
1997	젝스 키스	6	은지원	2004	하트	3	장서린
1998	코요태	3	김구	2004	트랙스	4	타이푼
1998	샵	5	존	2004	샤인	2	—
1998	원타임	4	테디	2005	슈퍼 주니어	13	이특
1998	한스 밴드	3	김한나	2005	아이써틴	13	이지은(자)
1998	핑클	4	이효리	2005	파란	5	라이언
1998	신화	6	에릭	2005	레드 삭스	5	채영인
1998	컨츄리 꼬꼬	2	탁재훈	2005	엘피지	4	한영
1998	오피피에이	8		2005	소울 스타	3	이창근
1999	플라이 투 더 스카이	2	—	2005	더블에스오공일	5	김현중
1999	애즈 원	2	—	2005	천상지희 더 그레이스	4	없음
1999	클릭비	7	김태형	2006	배틀	6	류
1999	씨유	3	지니	2006	빅뱅	5	G-Dragon
1999	클레오	3	김하나	2006	타이푼	3	솔비
1999	티티마	5	소이	2006	씨야	3	남규리
1999	god	5	박준형	2006	브라운 아이드 걸스	4	제아
2000	투야	3	김지혜	2007	초신성	6	정윤학
2000	파파야	5	조혜경	2007	소녀시대	9	김태연
2000	티니	3	서휘	2007	F. T. 아일랜드	5	최종훈
2000	문 차일드	4	이수	2007	카라	4	박규리
2000	샤크라	4	황보	2007	원더걸스	5	선예
2000	량현량하	2	—	2007	베이비 복스 리브	5	안진경
2001	제이티엘	3		2007	블랙 펄	4	나미
2001	밀크	4	박희본	2008	유키스	7	신수현
2001	키스	3		2008	스매쉬	6	세계

결성	이름	인원수	리더	결성	이름	인원수	리더
2008	에이스타일	6	박정진	2011	브레이브걸스	5	은영
2008	투피엠	7	박재범	2011	라니아	7	샘
2008	투에이엠	4	조권	2011	치치	7	나라
2008	샤이니	5	온유	2011	벨라	3	루시
2008	다비치	2	이해리	2011	코인잭슨	6	마리
2009	레인보우	7	김재경	2011	피기돌스	3	김민선
2009	시크릿	4	전효성	2011	달샤벳	6	비키
2009	제이큐티	4	지은				
2009	햄	4	미유				
2009	슈아이	5	인석				
2009	엠블랙	5	양승호				
2009	비스트	6	윤두준				
2009	에프엑스	5	빅토리아				
2009	티아라	6	은정				
2009	포미닛	5	남지현				
2009	투애니원	4	CL				
2009	애프터 스쿨	9	가희				
2010	지피 베이직	6	혜나				
2010	브이엔티	3	티나				
2010	베베 미뇽	3	해금				
2010	터치	7	한준				
2010	남녀공학	10	미소수미				
2010	달마시안	6	이나티				
2010	나인뮤지스	9	김라나				
2010	걸스데이	5	소진				
2010	틴탑	6	캡				
2010	미스에이	4	없음				
2010	인피니트	7	김성규				
2010	씨스타	4	효린				
2010	대국남아	5	미카				
2010	씨엔블루	4	정용화				
2010	포커즈	4	진온				
2010	제국의아이들	9	문준영				
2011	히트	6	하용				
2011	스윙클	5	장지수				
2011	엔트레인	5	정정균				
2011	보이프렌드	6	동현				
2011	스피넬	2	스핀				
2011	비원에이포	5	진영				
2011	엑스파이브	5	건				
2011	에이핑크	7	박초롱				
2011	블락비	7	지코				

지식의 정보량이 매년 2배씩 증가한다고 합니다.

150억 년 전 우주의 탄생에서 현재까지의 역사를 주요 핵심사항을 정리 한다면, 과거를 알기위한 시간을 절약하여 미래에 대비하는 시간을 좀 더 가질 수 있겠다는 생각에서 무모한 도전을 해 보았습니다.

또한, 지금까지 살면서 많은 분들의 사랑과 도움, 은혜를 받아온 저로서 조금이라도 마음의 보답을 하기 위해 제가 할 수 있는 자그마한 선물을 고민해 왔습니다.

받아서 좋고, 항상 요긴하게 활용할 수 있는 것이 무엇일까 생각한 끝에 남녀노소 모두에게 필요한 역사 관련 이야기가 좋을 듯 싶었습니다.

몇 년 동안 주말 마다 동네도서관에서 조금씩 준비하다보니 계획보다 많이 늦어졌지만 준비하는 과정에서 사랑하는 아내, 은지, 호제와 내용 검토도 하며 즐겁게 정리했습니다.

이제 막 정리를 끝내고 나니 두렵기도 하고 부끄럽기도 합니다.

한편으로는 두 어깨에 짊어진 인생의 숙제 하나를 벗은 것 같아 홀가분한 마음도 있습니다.

오늘의 제가 있기까지 인생 멘토가 되어주신 분들.. 제가 부부의 인연으로 살도록 주례를 서주신 정덕기 전 충남대 총장님, 현재 ISO 심사원으로 인생의 진로를 바꾸어 주신 박성현 서울대 교수님, 기업가적 철학과 사상을 몸소 실천하시는 한국에스엠씨공압(주) 선석문 사장님과 대구광역시환경시설공단 전무 이시용 박사님에게도 감사의 말씀을 드립니다.

아울러 저와 관련되어 항상 따뜻한 가슴으로 맞이해 주신 모든 분들께도 마음 깊이 감사의 마음을 전합니다.

끝으로 , 저는 역사 전문가가 아니므로 전문성이 부족하지만 누구나 쉽게 우리가 살고 있는 세상이야기를 짧은 시간에 알아볼 수 있게 나름대로 정리해 보았습니다. 여기에 인용된 여러 자료나 기록들은 검증되지 않아 정확하지 않을 수 있으므로 독자들의 넓은 아량과 현명한 판단을 부탁드립니다.

2012년 2월 27일
저자 이상용
李祥鏞

한국품질재단 등록 조직 가나안전자정밀㈜ 가나콘트롤 가능바이오㈜ 가야정밀 가좌테크㈜ 가톨릭대학교강남성모병원 갑도물산㈜ 전자사업부 갑을방적㈜ 갑을정공㈜ 강남건설㈜ 강남구청 강릉레미콘㈜ 강릉시 보건소 강산개발㈜ 강산건설㈜ 보령철구사업소 강서공업㈜강소대기기차배견유한공사 강소두원기차공조㈜ 강소한일모소 유한공사 강우건설㈜ 갤러리아백화점 거산산업㈜ 거성건설㈜ 거성산업 거성정밀 거영산업㈜ 거제공업㈜ 거진금속 건아정공 전영 건우 건우전장 건우정공㈜ 건원공업㈜ 건용건설㈜ 건일밸브공업사 건일산업㈜ 건화기업건화산업㈜ 건화전기공업㈜ 경기특장개발 경남공조 경남정보대학 취업진로실 경남화성㈜ 경보화학공업㈜ 경동카독크 경동피팅공업㈜ 경보산기 경보전기㈜ 경북콘크리트공업㈜ 경북크랑크 경신공업㈜ 경신산업 경신전선 경안레저산업㈜ 서울남부터미널 경원건설㈜ 경원내산펌프공업경원산업 경인 CO. 경인전자㈜ 경인정밀 경일건설㈜ 경일산업사 경진정밀공업사 경창제연㈜ 경창와이퍼시스템㈜ 경희정og보신공업㈜ 경희정보㈜ 고려대학교 입학관리실 고려레미콘㈜ 고려오토론㈜ 고려전기판매㈜ 고려전자㈜ 고려전자정밀㈜ 고문당인쇄㈜ 고보산업㈜ 고성군청 고성산업사㈜ 고속도로관리공단 곤산광진기차부견유한공사 공성운수㈜ 공영금속㈜ 과천시시설관리공단 과학기술연합대학원대학교 광건티㈜타㈜ 광덕에이앤티 광명건설㈜ 광명사 광명전기 광명조경건설광명종합건설㈜ 광문전보통신㈜ 광복산업개발㈜ 광산 광산전자㈜ 광성산업㈜ 광성정밀 광성테크 광신 M&P 광양종합기계㈜ 광영개발㈜ 광우건설㈜ 광우전자 광원산업 광전자㈜ 광정공업㈜ 광진건설㈜ 광진아메리카 광진엔지니어링 광진콘넥타 광진SLP백시코광혁건설 교보정보통신㈜ 교표보정보통신㈜ 교통안전공단 구일건설㈜ 국가생명연구자원정보센터 국가향응연구소 국내건설㈜ 국립피엔텍㈜ 국립산림과학원 국보유수㈜ 국제광전 국제기연㈜ 국제산공 국제전건 국제전자정밀㈜ 국회의원 유정복 의원회관및 지역사무소 군포시㈜ 그린센터㈜ 근린센터㈜ 극동산업개발㈜ 극동엔지니어링 극동요업㈜ 극동전업㈜ 극동전자정밀㈜ 극동제연공업㈜ 금강 금강고려화학 금강공업㈜ 금강기업 금강레미콘㈜ 금강밴드 금강볼트 금강산업㈜금강산엔지니어링㈜ 금강전기산업㈜ 금강제화㈜ 금강종합건설㈜ 금곡토건㈜ 금동산업 금동조명㈜ 금산씨엔에스㈜ 금성열처리 금송전기㈜ 금아유압㈜ 금영기어 금영토건 금왕산업㈜ 금익월드테크㈜ 금전기업사 금정기업㈜ 금주진영정밀단조 유한공사 금한베트남㈜ 금호btt제㈜ 길조 길한산업㈜ 김용순전통식품 김천산업㈜ 나노씰㈜ 나노웨이브 테크놀로지 나우테크㈜ 나강화성 나경개발 남경건설㈜ 남경전자공업사 남경토건㈜ 남광 남광산업 남서성정밀공업㈜ 남성정기㈜ 남성전자 유한공사 남수산업㈜ 남안농협 농산물 가공공장 남양건설 남양공업㈜ 남양농협 수라청 김치공장 남양마르스 남양전자㈜ 남양주시청 남양주택건설 남양진흥기업㈜ 남우공업㈜ 남주기계 남진기업사 남진토건㈜ 남헌제지㈜ 남해화학㈜ 내쇼날프라스틱 네오건설㈜ 네오웨이브 넥상스코리아㈜ 넥스틸㈜ 노원산업㈜ 녹변종합사회복지관 녹산스포텍 농업협동조합중앙회 농업회사법인㈜ 다비A.I 센터 농업회사법인㈜일죽GP농장 농협괴산청결고춧가루가공공장 누리산업㈜ 뉴웰드 펌프 능원건설㈜ 다남전원㈜ 다무라케미컬코리아㈜ 다빈조경㈜ 다산조경 다이모스㈜ 다인티앤에이 대건기업 대경비엔티㈜대경산업 대경전설㈜ 대경폴리텍㈜ 대경하이테크 대경화성㈜ 대경TLS㈜ 대광공업㈜ 대광사 대광산업 대광소결금속㈜ 대광전력㈜ 대광전척㈜ 대광프라스틱공업㈜ 대구경북승금융 음료산업㈜ 대구광역시 상수도사업본부 고산청수사업소 대구광역시 환경시설공단 대구보건대학 대구성서산업단지 관리공단 환경사업소 대구염색산업단지관리공단 열병합발전소 대구특수금속공업사 대기산업㈜ 대기포레시아㈜ 대도진흥 대도토건㈜ 대동내장건설㈜ 대동두부원 대동모벨시스템㈜ 베트남공장 대동CM 대동HI-LEX㈜ 대룡공업 대륙개발 대륙엔지니어링 대륜산업㈜ 대륭중공건설㈜ 대리정밀㈜ 대림 대림개발㈜ 대림기업㈜ 대림기업㈜ 소재사업부 대림바토스 대림비앤코㈜ 대림산업 대림이낙스㈜ 대림종합건설㈜ 대림콘크리트공업㈜ 대림통상㈜ 금구공장 대명 대명건영㈜ 대명공업 대명도장㈜ 대명분말야금 대명산업㈜ 대명정밀 대명콘크리트공업㈜ 대명테크 대명화학 대방설비㈜ 대백신소재㈜ 대보건설㈜ 대보실업㈜ 대부이엠㈜ 대부휠터산업사 대산건설㈜ 대산정공 대상 대상식품 대상전설㈜ 대상㈜ 전분당사업본부 대성건설 대성계전㈜ 대성공업㈜ 대성기계공무㈜ 대성기업사 대성나찌유압공업㈜ 대성쎌틱㈜ 대성자원개발 대성정공 대성정기㈜ 대성타코㈜ 대성프라스틱 대성C&S㈜ 대세포장㈜ 대신종합조경 대신토건㈜ 대아공무㈜ 대아산업 대아산업사 대아산업㈜ 대안건철㈜ 대양산업 대양신소재 대양이앤이기술㈜ 대양전자㈜ 대양창호개발㈜ 대양테크㈜ 대열기계공업㈜ 대영금속공업㈜ 대영화물㈜ 대영화학㈜ 대우산업 대우자동차㈜ 대우전자㈜ 대우정보시스템㈜ 대우중공업㈜ 대운건설㈜ 대웅 대웅산업㈜ 대웅석재㈜ 대웅철강㈜ 대웅RT㈜ 대원금속공업㈜ 대원나노하이테크㈜ 대원산업㈜ 대원인물㈜ 대원제강㈜ 대원특수전선㈜ 대원화성㈜ 대의테크㈜ 대일개발㈜ 대전광역시 시설관리공단 환경본부 대전보건대학 대전철도차량정비창 대정화금㈜ 대종닷컴 대주건설㈜ 대주상사 대주전자재료㈜ 대주중공업㈜물류사업부 대중정밀공업㈜ 대진공무㈜ 대진전설 대진정공 대진침대㈜ 대창강업 대창건설㈜ 대창고무공업사 대창고무베트남 대창기계공업㈜ 대창메탈㈜ 대창산업 대창산업㈜ 대처종합건설㈜ 대청정밀공업사 대평건설㈜ 대풍명진기계 유한책임공사 대하종합건설㈜ 대한금속공업㈜ 대한소방 대한수지공업㈜ 대한시멘트 대한알루미늄공업㈜ 대한유화공업㈜ 대한이디엠㈜ 대한이연㈜ 대한잉크㈜ 대한적십자사 대한정공 대한제당㈜ 대한제분㈜ 대한중천산업㈜ 대한콘트롤 대한파카라이징㈜ 대한화섬㈜울산본부 대현금속㈜ 대현조경㈜ 대호전기㈜ 대호포장㈜ 대화산업 대화산업사 대화특수인쇄 대흥공업㈜ 더프리미엄효성㈜ 덕대건설㈜ 덕산기공㈜ 덕성종합건설㈜ 덕수식품 덕신건업㈜ 덕신산자㈜ 덕신철강공업㈜ 덕양산업㈜ 덕영공업사 덕우실업 덕우전자 덕원건설㈜ 덕유㈜ 덕일산업㈜ 덕지산업㈜ 데이바이데이영어학원 델타캐스트㈜ 델파이파워트레인 도경전자 도남건설㈜ 도두락㈜ 도레이새한㈜ 도명특송㈜ 도부라이프텍㈜ 도시건설산업㈜ 도안공영㈜ 도움케미칼 동건공업㈜ 동광기연㈜ 동광기전공업㈜ 동광밸브공업㈜ 동광정기㈜ 동광정밀㈜ 동광특수고무 동구무역 동국물산㈜ 동국유리판매㈜ 동국제강㈜ 동국중전기 동금정기제작소 동남기연㈜ 동남산업 동남석유공업㈜ 동도토건㈜ 동림산업㈜ 동명중공업 동명토파 동명통산㈜ 동문화학 동미전기공업㈜ 동방이엠씨 동방콘크리트공업㈜ 동보정밀㈜ 동부 동부건설㈜ 동부전설 동부정보기술㈜ 동부제강㈜ PEB부문 동부제철㈜ 동부화재해상보험 동서건설㈜ 동서공업㈜ 동서산업㈜ 동서토건㈜ 동성 동성금속기술㈜ 동성금속㈜ 동성물산 동성산업㈜ 동성전자공업사 동신건업㈜ 동신산업㈜ 동신섬유 동신특수가공유리㈜ 동아공업㈜ 동아교재㈜ 동아기업 동아대리석㈜ 동아산업 동아산업㈜ 동아에스텍㈜ 동아연필㈜ 동아전장㈜ 동아정밀 동아정밀공업사 동아정밀공업㈜ 동아특수화학㈜ 동아화성㈜동양건설 동양건업 동양계전공업㈜ 동양기어 동양기전㈜ 동양네트워크㈜ 동양매직 동양메이저㈜ 동양목재공업㈜ 동양방식㈜ 동양석판㈜ 동양소재산업㈜ 동양스프링 동양시멘트㈜ 동양시스템즈㈜ 동양열처리 동양전원공업㈜ 동양정밀 동양제철화학 동양특수금속㈜ 동양팬㈜ 동양피스톤㈜ 동영산업㈜ 동영프라텍 동우전기공업㈜ 동원건설㈜ 동원공사 동원산업㈜ 동원시스템즈㈜ 동원정밀 동원화학 동인고신소료합금(곤산)유한공사 동인산업㈜ 동인하이텍㈜ 동일건설㈜ 동일계전㈜ 동일고무벨트㈜ 동일기계공업㈜ 동일모터스㈜ 동일산업사 동일산업㈜ 동일산자㈜ 동일전자㈜ 동일전자통신㈜ 동일테크윈㈜ 동주산업㈜ 동준건설㈜ 동진고무공업사 동진모타공업㈜ 동진베트남㈜ 동진유압 동진정공㈜ 동진포장㈜ 동창실업 동하시티개발㈜ 동해기연㈜ 동해산업㈜ 동해식품㈜ 동해전장㈜ 동현엔지니어링㈜ 동호토건㈜ 동화개발㈜ 동화바이텍스㈜ 동화산업㈜ 동화전기공업㈜ 동화프라임 주식회사 동흥전자 두남산업㈜ 두레메텍㈜ 두본정밀화학㈜ 두산건설㈜ 두산건업㈜ 두산동아㈜ 두산인프라코어㈜ 두산전자㈜ 두산제관㈜ 두산큐벡스㈜ 두성공업㈜ 두성볼트 두송건설㈜ 두알산업㈜ 두양산업㈜ 두양산업㈜ 당진공장 두영엔지니어링㈜ 두원정공 두원중공업㈜ 두창프라스틱공업사 드림월드 디비정보통신㈜ 디아이로지스틱㈜ 디어포스㈜ 디에이치엠㈜ 디오티코리아㈜ 디와이메탈웍스 디지건설㈜ 디지웨이브테크놀러지스㈜ 디프러스㈜ 라니산업㈜ 라우토 라인테크㈜ 럭스피아㈜ 럭키건설산업㈜ 럭키산업 럭키상사㈜ 럭키휘데스침대 레고코리아㈜ 레깃앤플랫 광진자동차제품㈜ 렉스필드컨트리클럽 로드에스지 로제화장품 로커스테크놀로지스 로크웰삼성오토메이션㈜ 롯데백화점 롯데알미늄㈜ 롯데칠성음료㈜ 류림산업 리모트솔루션㈜ 리컴㈜ 마산금속㈜ 마성산업㈜ 마스터보청기 만도헬라일렉트로닉스 만호제강㈜ 말레동현필터시스템㈜ 매코텍㈜ 매크로영상기술㈜ 메리츠화재해상보험 메인테크 명성공업㈜ 명성기업㈜ 명성철강㈜ 명성항타㈜ 명신산업기계공업사 명신산업사 명신화학 명일물류㈜ 명진광학 명진산전㈜ 명진정밀 명진정밀공업 명진프랜트㈜ 명화㈜ 모리슨익스프레스코리아㈜ 모멘티브스페셜티케미컬스코리아㈜ 모빌코리아 윤활유㈜ 모아건설 모아건설㈜ 무명볼트공업㈜ 무진테크 문경관광진흥공단 문둥성림전자 유한공사 문둥이앤텍전자(유) 문화산업 미광금속 미디어디바이스연구센터 미래씰텍㈜ 미래정밀㈜ 미래하이텍 미래화학 미성산업㈜ 미성스틸 미성식품 미원상사㈜ 미주실업㈜ 미주제강㈜ 미창건설㈜ 미창유리공업㈜ 미화건업㈜ 민성산업㈜ 믿음사 바다정수산업㈜ 바스코리아㈜ 바우종합건설㈜ 바이엘크롭사이언스㈜ 바인텔레콤㈜ 반도기계㈜ 반도중부기계 반도코리아㈜ 반도환경개발㈜ 백광산업㈜ 백령레미콘 백산산업㈜ 백송금형 백천건설㈜ 백천공예 뱅크이십오㈜ 버금시스템 범동건설㈜ 범아기전㈜ 범진기공㈜ 범진산업㈜ 범한기공㈜ 베루코리아㈜ 벤처라이팅코리아㈜ 벨하이텍 벽산개발㈜ 벽창우 보경금속 보경산업 보고엔지니어링㈜ 보광 울산공장 보령기업 보문열처리 & BMC 아산 보성갈바텍㈜ 보성건설㈜ 보성금속공업㈜ 보성금형PLASTIC 보성녹차 영농조합법인 보성물류㈜ 보성산업㈜ 보성중공업㈜ 보성컴퓨터㈜ 보성파워텍㈜ 보아스테크 보우제전㈜ 보워터한라제지㈜ 보원경금속㈜ 보원산업㈜ 보텍비나㈜ 보해양조㈜ 복음모타코아㈜ 본텍 봉양농협 부강테크㈜ 부광약품㈜ 부국정공㈜ 부귀농협 부림특수강㈜ 부산광역시 연제구청 부산광역시 환경시설공단 부산기전㈜ 부산산업 부산산업기계㈜ 부성산업㈜ 부성정밀㈜ 부성조경㈜ 부영산업 부영주택 부원동력㈜ 부원산업㈜ 부일 부일공업검사㈜ 북경 부강테크 차식 유한공사 북경 코오롱글로텍 유한공사 북경고산기차공조유한공사 북경광진자동차부품 유한공사 북경대용태극기차부건유한공사(유) 북경대유다안시기차부건유한공사 북경대창경진기차부건유한공사 북경동익기차배건유한공사 북경모토닉자동차배건유한공사 북경삼립차등 유한공사 북경서진금창기차부건유한공사 북경주용산기차배건유한공사 북경파니타세원전자(유) 북경한성달사극과기발전유한공사 북경후성태극기차부건유한공사 북두산업㈜ 북파주농협 농산물가공사업소 붕주전자(위해)유한공사 브리앙산업㈜ 브이에스엘 코리아㈜ 비엠씨 비스티온 인테리어스코리아㈜ 비아이이엠티㈜ 비엠건설㈜ 비카코리아㈜ 빌텍 사조산업㈜ 고성공장 산도브레이크㈜ 산도테크㈜ 산동보암전기(유) 산양건설㈜ 산일전기㈜ 살미농협 전통식품 가공공장 삼경실리콘공업사 삼경정기㈜삼공제지㈜ 삼광고하켐 삼광공업㈜ 삼광기계공업사 삼광기업㈜ 삼광레미콘㈜ 삼광전력㈜ 삼광전자㈜ 삼금공업 삼기판지 삼대건설㈜ 삼도종합건설㈜ 삼령산업㈜ 삼명기계공업㈜ 삼미금속㈜ 삼미산업 삼보건축설비㈜ 삼보그린시스템 삼보씨앤씨㈜ 삼성공업㈜ 삼성방재㈜ 삼성분말야금㈜ 삼성스텐레스상공㈜ 삼성아이엔씨㈜ 삼성에스디에스㈜ 삼성에프씨㈜ 삼성전자㈜ 메카트로닉스센터 삼성정기㈜ 삼성지질㈜ 삼성콘크리트공업㈜ 삼성탈레스㈜ 삼성테스코㈜정보서비스 부문 삼성토탈㈜ 삼성프라스틱 삼성화학페인트 삼신기업 삼신인삼가공영농조합 삼신정밀㈜ 삼아알미늄㈜ 삼아트론 삼아포장㈜ 삼안단열건업㈜ 삼안운수㈜ 삼애정밀㈜ 삼양물산㈜ 삼양비지네스.포옴㈜ 삼양산업사 삼양알카㈜ 삼양에코너지㈜ 삼어스코 삼에스기계 삼영금속공업㈜ 삼영모방㈜ 삼영물류 삼영순화㈜ 삼영인쇄㈜ 삼영잉크페인트제조㈜ 삼영전기공업사 삼영종합건설 삼영화화 삼용종합건설산업㈜ 삼우공업㈜ 삼우기업㈜ 삼우설비㈜ 삼우에레코 삼우엔프라 삼우중공업㈜ 삼우통신㈜ 삼우티시에스㈜ 삼웅기업㈜ 삼원강재 삼원강재공업㈜ 삼원금속공업㈜ 삼원기업사 삼원산업㈜ 삼원포리텍 삼육식품 삼이기전㈜ 삼익오토텍㈜ 삼익정공㈜ 삼익키리우㈜ 삼익LMS㈜ 삼인씨앤씨㈜ 삼일메가텍㈜ 삼일포장산업㈜ 삼전순약공업㈜ 삼정건설㈜ 삼정기업 삼정아스텍 삼중건업㈜ 삼지전자㈜ 삼진기연 삼진정공㈜ 삼진정밀 삼창금속㈜ 삼천리열처리공업㈜ 삼천리열처리테크㈜ 삼하삼우기차부견유한공사 삼하인팩기차부건(유) 삼한전자㈜ 삼협건설㈜ 삼호건설 삼호정밀 삼화건업㈜ 삼화시티워크㈜ 삼화왕관㈜ 삼화제지㈜ 삼화화학공업㈜ 삼효금속공업 삼흥산업㈜ 삼흥전기 삼흥조경 삼흥중건기기공업㈜ 상익식품 상보건설㈜ 상성산업 상신공업㈜ 상신브레이크㈜ 상신정공 상우정밀 상우종합건설 상원인터내셔날㈜ 상원조경 상인정밀㈜ 상일조경 상일토건㈜ 상전특장 상지인쇄 상합건설㈜ 상해대주전자재료유한공사 상해유니온전자유한공사 상호세라믹㈜ 새론오토모티브㈜ 새별건설㈜ 새턴바이오텍㈜ 새한에너테크㈜ 새한정보시스템㈜ 새한프라텍㈜ 새한합성산업㈜ 샘솔정보기술㈜ 살롬식품 서안농 농협 풍산 김치공장㈜ 서광공업㈜ 서광산업㈜ 서구산업㈜ 서광종합건설㈜ 서봉테크㈜ 서부배합사료㈜ 서부엔지니어링㈜ 서부엔지니어링 풍산김치가공공장 서성안농협 풍산김치공장㈜ 서안산업㈜ 서울공업㈜ 서울대학교 서울알루미늄㈜ 서울엔지베어링제작소 서울재활병원 서울정공 서울장깡 서울지방국토관리청 서울지방중소기업청 서울차량공업㈜ 서울차륜㈜ 서울특별시 상수도사업본부 서울특별시 중구청 서울특별시.환경국 서울특수너트공업㈜ 서울판지기업㈜ 서웅케미칼 서원플력기계㈜ 서유건업㈜ 서일정자㈜ 서일화학 서천기업사 서전엔지니어링㈜ 서진산업㈜ 서진소결금속 서진에스캔피 서진정밀 서진환화㈜ 서풍건설㈜ 서해엔지니어링 서현엔지니어링 서흥엔지니어링㈜ 석우건설㈜ 선마린코퍼레이션㈜ 선영그라비아㈜ 선영화학㈜ 선우전자㈜ 선원건설㈜ 선장농협식품사업소 선준 선진산업㈜ 선진섬유공업사 선진해운항공사 선창산업㈜안산사업본부 설악산업㈜ 설화공업㈜ 섬강종합건설㈜ 성광기계 성광기업㈜ 성광 성도밸브㈜ 성도산업㈜ 성림제관㈜ 성마기업 성산강관㈜ 성신공업㈜ 성신산업㈜ 성신정수산업㈜ 성신종합건설 성암전력 성우기계 성우기업㈜ 성우산업㈜ 성우산업 성우오토모티브㈜ 성우파이프㈜ 성원 A.C 공업 성원건설㈜ 성원공업㈜ 성원공영 성원산업 성원산업개발㈜ 성원에이공업㈜ 성원전기공업㈜ 성일금속 성일기계㈜ 성일기연㈜ 성일비나유한회사 성일수출포장㈜ 성진금속공업사 성진전기㈜ 성진하이테크㈜(유) 성장E&C㈜ & 성장중공업㈜ 성협공업㈜ 성휘산업㈜ 세경엔지니어링 세계통신㈜ 세광공업 세광산업조명 세광전자 세근웰텍 세라산업㈜ 세목반도체㈜ 세문스크린인쇄 세미산업㈜ 세미웰반도체㈜ 세미콘㈜ 세방전지㈜ 셋방화학공업㈜ 세보건설㈜ 세보엠이씨 세신전자㈜ 세실엔지니어링㈜ 세아기전㈜ 세아산업㈜ 세아전자㈜ 세명산업㈜ 세명설비㈜ 세명전설 세보엠이씨㈜ 세원전기㈜ 세원산업 세원이앤씨㈜ 세원화학㈜ 세일제관㈜ 셀룸코리아㈜ 소복건설㈜ 소주성진전자유한공사 소주화진정밀상소유한공사 속초시청 솔엔텍㈜ 송림건설㈜ 송우건설㈜ 송원자동차조명㈜ 송촌산업개발㈜ 송촌종합건설㈜ 수경테크 수영전기기업㈜ 순천농협남도식품 순천시청 쉐프네버비전시스템(북경)유한공사 스마트전자 스미세이케미칼㈜ 스태멍 스탠다드에너지테크㈜ 슬로바키아 한탈 승림수출포장공업사 승림카본금속(유) 승창건업㈜ 시그노드코리아 시앤시파워테크㈜ 시온산업㈜ 시재건설㈜ 시화인테크놀로지㈜ 시흥시 환경복지국 신광기업 신광에스㈜ 신광에이스전기㈜ 신국산업㈜ 신대한판지㈜ 신동아건설㈜ 신동익기차부건유한공사 신라금속㈜ 신방청업㈜ 신상전기㈜ 신생㈜ 신영 신영E오텍㈜ 신성산업㈜ 신성열처리 신성전기㈜ 신성테크닉스㈜ 신성폴리텍 신세계산업㈜ 신세계YBS 신세기시스템㈜ 신승기업㈜ 신아토건㈜ 신안레미콘 신양화화 신영 신영건설공영㈜ 신영기전㈜ 신영전자㈜ 신영플라텍 신왕산업㈜ 신용합종합건설 신용회복위원회상담센터 신우기전㈜ 신원산업㈜ 신원정밀공업 신원화학 신일금속공업㈜ 신일기획문화㈜ 신일씨에어㈜ 신일정공㈜ 신일화학공업㈜ 신정개발신정개발특장차㈜ 신정기업 신진건설산업㈜ 신진식품㈜ 신진정공㈜ 신창테크 신태인농업협동조합 신풍금속㈜ 신풍섬유㈜ 신한 에스아이티 신한금속㈜ 신한발브공업㈜ 신한북경 기차배견계통 유한공사 신한정기 신한정밀공업㈜ 신한정밀전자㈜ 신한정밀전자㈜ 신한토건㈜ 신한EMC㈜ 신한BLOWER 신화화건설㈜ 신화공업㈜ 신화오플라㈜ 신화테크 신호빨브공업 신흥영직㈜ 신흥전력㈜ 신화화화 심양금배광전기차부건 유한공사 심양우성전자(유) 심양현담기차부건유한공사 심재철 국회의원사무실 쌍용기계산업㈜ 쌍용머티리얼㈜ 포항공장 쌍양회공업㈜ 쌍용정보통신㈜ 쌍용제지㈜ 쌍우산업 써니전자㈜ 써모트론㈜ 쎄랍텍코리아㈜ 씨디에스㈜ 씨앤에스 테크놀로지 씨에스지건설㈜ 씨에이치음료㈜ 씨엔에이치장호㈜ 씨제이(CJ) 주식회사 씨제이(CJ) 프레시웨이㈜ 씨제이(CJ)푸드시스템㈜ 씨제이제일제당㈜ 씨티건설㈜ 아나스톤 아남르그랑㈜ 아남정공(심천)유한공사 아덤건설㈜ 쇼핑몰 아동산업㈜ 아룡기공㈜ 아미차네스 아벨정밀㈜ 아봉금속공업㈜ 아비코전자㈜ 아사히초자화인테크노한국㈜ 아사히피디글라스코리아㈜ 아산공영㈜ 아산공영 아산환경사업소 아성정공㈜ 아성크린후로텍 아성플라스틱밸브 아세아시멘트 아세아제지 주식회사 아세아제지 아신공장 아신엔텍 아이엔오텍㈜ 아이콤아이㈜ 아주금속공업㈜ 아우토텍㈜ 아크론㈜ 아트제지㈜ 아탄진공장 아트판 안동시 시설관리공단 안성마춤농협조합공동사업법인 안성시 상수사업소 안성정수장 알러지씨앤씨㈜ 알바니인터내셔날코리아 알에스전기통신㈜ 알에프컨트롤스 알엔씨클린 알트론㈜ 알파로직스㈜ 알파바이오 알파테크빌㈜ 애정산업㈜ 양명특수고무공업사 양양군청 어질리티 에리라테프㈜ 에버패키징코리아㈜ 에섹한국㈜ 에스넷시스템㈜ 에스안전자재료(상해)유한공사 에스에스피㈜ 에스에이치비 에스엘㈜ 에스씨테크놀로지㈜ 에스지앤프라이㈜ 에스케이건설㈜ 에스케이씨㈜ 에스케이씨에보닉페록사이드코리아㈜ 에스코정공㈜ 에스큐전자㈜ 에스큐테크놀로지(유) 에스텍㈜ 에스피반도체팸㈜ 에스피컴텍 에스피건텍 에스오일㈜ 에이치지앤프라이㈜ 에이스인더스트리㈜ 에이스히지텍 에이아이비티㈜ 에이알 에이앤피테크건설㈜ 에이씨씨드스플레이글라스오창㈜ 에이씨테크놀로지㈜ 에이에스베어링㈜ 에이치제이텍 에이치플러스에코㈜ 에이치피씨 에이팩 티엔씨 에이백㈜ 에이펙코리아㈜ 에코리서치㈜ 에코서비스코리아㈜ 에코에너텍 에프스 엑큐리스 엔이케이 엔지아이㈜ 엔텍 엘지루코트분체도료(유) 엘지오티스엘리베이터(유) 엘지전자㈜ 엔도흐엠코리아㈜ 엠시트㈜ 엠에쓰텍 엠테크정밀㈜ 엠티업㈜ 엠프러스㈜ 여수시청 연기노인복지센터 연기종합사회복지관 연기지역자활센터 연대태양금속유한공사 연합기계 연합철강공업㈜ 염성기업㈜ 영가금속㈜ 영광농협 영광산업사㈜ 영광정공㈜ 영남건설㈜ 영남금속 영남금속공업㈜ 영다이캐스팅㈜ 영동공업㈜ 영동아이앤디 영림산업㈜ 영림포장공업사 영상산업㈜ 영성마스타전자유한공사㈜ 영성엔지니어링 영성정밀㈜ 영신정공㈜ 영일농업㈜ 영일계미칼㈜ 영진건설산업㈜ 영진전기㈜ 영진포장공업㈜ 영진하이테크㈜ 영창실리콘 영창엔지니어링㈜ 영해산업개발㈜ 영화산업㈜ 영화휄라이트㈜ 예본안과 네트워크 종로 오대금속㈜ 오-덱㈜ 오뚜기냉동식품㈜ 오뚜기라멘㈜ 오렌올프 유니웰음향㈜ 오렌지엔지니어링 오리셀㈜ 오리온금속공업㈜ 오리온PDP㈜ 오미마군산 오미아코리아 오복식품㈜ 오성건전기㈜ 오성전기 오성프라스틱 오쓰씨㈜㈜ 오웰스코닝비엠코리아㈜ 오진정공 오텍캐리어냉장 유한회사 오텍캐리어㈜ 오티스 엘리베이터㈜ 유토비전 -쳄파워디바이스 옵티시스㈜ 용마로지스 용봉건업㈜ 용성전자㈜ 용완전기통신공사 용인에이아이엔农공조합법인㈜ 우남건업㈜ 우리나라무역 우리산업㈜ 우리케미칼㈜ 우리플라텍㈜ 우림 우림건설㈜ 우림산업㈜ 우림조경건설 우상건설㈜ 우성레미콘㈜ 우성사 우성산업 우성정공 우성정밀㈜ 우진건설 우진산업㈜ 우양물산㈜ 우영산업㈜ 우인종합건설 우일금속공업㈜ 우일산업 우일종합식품 우전테크㈜ 우정사업조달사무소 우주기전㈜ 우지막코리아㈜ 우진공업㈜ 우진금속 우진기계공업㈜ 우진기계㈜ 우진물산㈜ 우진볼트공업㈜ 우진엔프라 우진전자㈜ 우진전자통신㈜ 우진정밀 우진㈜ 우창건설㈜ 우체국시설관리지원단 우평차륜㈜ 운산강업㈜운화실업㈜

울산광역시 교육청 울산광역시 상수도사업본부 수질연구소 울산화학㈜ 웅진식품㈜ 웅진케미칼㈜ 웅진코웨이개발㈜CD사업팀 웅진코웨이㈜ 웅천농협 진해식품 원당 원당 P&P ㈜원영건업 ㈜원영섬유㈜ 원우영농조합 원일산업㈜ 원진도금 원진산업㈜ 원창기업 원풍물산 원플러스 원호개발㈜ 원흥종합건설㈜ 월드브라인드사 월드와이드기술㈜ 위더스노무법인 위더스코리아㈜ 위지트 위해풍국전자 유한공사 윙스타리빙빙도어㈜ 유구이앤씨㈜ 유니버샬텔레콤㈜ 유니슨산업㈜ 유니슨정밀공업㈜ 유닉스 전자㈜ 유로써키트㈜ 유록산업 유림실업㈜ 유림정공 유선정밀공업사 유성 유성네오테크㈜ 유솔전자㈜ 유신그린팩 유신산업㈜ 유신전척 유신정밀공업㈜ 유아전자㈜ 유앤지 유양산전㈜ 유일광통신㈜ 유일초음파 유진기공산업㈜ 유진사 유진정공 유진정밀 유진차량㈜ 유진판지공업㈜ 유진화학 유창건설산업 유창기계㈜ 유창정기 유창종합건설 유창포장㈜ 유창하이테크㈜ 유천공조엔지니어링 유통방진산업㈜ 유통방진㈜ 유한테크 유한회사 완양전업사 유한회사 O.K 윤창기공㈜ 율촌화학㈜ 융진건설 융진기업㈜ 은산토건㈜ 은산프라스틱 은성기공 은성산업 은성M&T 을지인쇄㈜ 의료법인 안동의료재단 안동병원 의료법인 이원의료재단 이원임상검사센타 의왕시청 의정부시설관리공단 의정부시청 의창산업㈜ 이넥션코퍼레이션 이레 이레특수포장㈜ 이룸기술㈜ 이림산업㈜ 이생테크노팩㈜ 이수화학㈜ 이영산업기계㈜ 이원컴포텍㈜ 이즈치과의원 이피에스코리아㈜ 이현토건㈜ 이현토건㈜ 이화풍력 이환산업㈜ 인방산업㈜ 인산의료재단 선린병원 인성사 인아정밀㈜ 인월드건설㈜ 인제군청 인지전기공업㈜ 인천기능대학 인천대학교 창업보육센터 인천전문대학 창업보육센터 인파스텍코리아㈜ 인팩일렉스 인하테크 일광산업사 일광유리개발㈜ 일광정밀㈜ 일동전자 일레덱스㈜ 일류기공㈜ 일림유압㈜ 일산실업 일석공영㈜ 일성건설㈜ 일승산업㈜ 일신건영㈜ 일신기계공업㈜ 일신전통식품 일신정수산업㈜ 일심산업 일양화학㈜ 일정실업㈜ 일진경금속㈜ 일진머티리얼즈㈜ 일진산업㈜ 일진씨앤에이㈜ 일진전기공업㈜ 일훈건설㈜ 일흥공업㈜ 일흥금속공업㈜ 임성기공 임창문화사 입암농협 가공공장 자금성 자연엔지니어링㈜ 자유전기 자화전자㈜ 장록정밀 장맥건설㈜ 장열리작목반 장영산업㈜ 장한기술 재영�㈜ 잣골전기㈜ 재원산업㈜ 전곡농협 청산김치가공공장 전광인쇄정보㈜ 전라남도청 전북콘크리트공업㈜ 전우정밀&전우정밀기차櫛建材昌유한공장 정룡산업㈜ 정동건설산업㈜ 정명기업 정문사㈜ 정문자화문화㈜ 정문출판㈜ 정보통신산업진흥원 인산인터넷 정선환경기기㈜ 정설비㈜ 정암전기㈜ 정우고주파벤딩 정유종합공업 정우전자㈜ 정인건설㈜ 정인산업㈜ 정일기업㈜ 정진신영㈜ 정신상사 정한건철 정화전자㈜ 제삼전자㈜ 제이에스통신건설㈜ 제이엠스테이지㈜ 제이엠텔레콤㈜ 제일기계 제일기언㈜ 제일만조공업㈜ 제일모직㈜ 제일발브텍㈜ 제일병원 아이소망센터 제일산업 제일산업공업㈜ 제일시스템창호㈜ 제일엠링㈜ 제일정밀공업㈜ 제일제당㈜ 제일종합통신 제일진공멀프공업사 제일화학 제주농산㈜ 제품산업사 제품산업사 조광출판인쇄㈜ 조광페인트㈜ 조달청㈜ 조양산업㈜ 조양화공공업㈜ 조영전설㈜ 조이엔지니어링 조일산업㈜ 조일알가림㈜ 존슨매틱 코리아㈜ 존슨매티카탈리스트코리아㈜ 존슨콘트롤즈동성㈜ 성민전자 에어플러스㈜ 에이피 ㈜우암닷컴㈜ 청풍㈜케이씨엠.공영㈜홍54산업㈜ 가나안익스프레스㈜ 가나엔지니어링㈜ 가나이넥스㈜ 가위아이㈜ 가정남기업사 가정영정공㈜ 거녕산업㈜ 거성㈜ 거성산업㈜ 거성정신㈜ 거성전자㈜ 경가위아이 고압㈜건안산업㈜건양전기㈜건오건설㈜건전종합건축사사무소㈜건호산업㈜ 건화 이앤아이㈜ 경기엔지니어링㈜ 경남열처리㈜ 경동기계㈜ 경동통일㈜ 경동섬유㈜ 경동토건㈜ 경보포리머㈜ 경부안전㈜ 경성㈜ 경우조경건설㈜ 경인기계㈜ 경인기술㈜ 경인양행㈜ 경한㈜ 계양정밀㈜ 고강알루미늄㈜ 고산㈜ 고성기업㈜ 고속도로관리공단㈜ 고일액숙㈜ 고합㈜ 골든씽크㈜ 골프존㈜ 공간코리아㈜ 공영농산㈜ 공우기공㈜ 공조㈜ 관문산업㈜ 광명기전㈜ 광명컨패스㈜ 광신기어㈜ 광양철설비㈜ 광진건업㈜ 광진기계㈜ 광진상공㈜ 광진원텍㈜ 교우산업㈜ 구하니㈜ 국민은행 영업지원본부㈜ 국민은행 콜센터㈜ 국영지엔엠㈜ 국일방직㈜ 국일씨즈㈜ 국일정공㈜ 국제기어㈜ 국제산업개발㈜ 국제상사㈜ 귀뚜라미가스보일러㈜ 귀빈해운항공㈜ 그린기술㈜ 그린산학길㈜ 그린특수산업㈜ 극동전기㈜ 글로리아㈜ 글로벌스탠다드테크놀로지㈜ 금강고려화학㈜ 금강레미콘㈜ 금강벤트㈜ 금강칠판교구산업㈜ 금강레진㈜ 금강실업㈜ 금동㈜ 금보건업㈜ 금비㈜ 금산산기㈜ 금산종합건설㈜ 금상엔지니어링㈜ 금성정공㈜ 금스프라스틱㈜ 아플로우㈜ 금영건설㈜ 금영이티에스㈜ 금우기공㈜ 금원사㈜ 금진화학㈜ 금천㈜ 금탑전기통신㈜ 금풍이앤씨㈜ 금호㈜ 금호전력㈜ 금호펌프㈜ 금화에스리발㈜ 기공㈜ 기광정밀㈜ 기덕상운㈜ 기동산업㈜ 기림세미텍㈜ 기성㈜ 기원㈜ 기기전사㈜ 기기시스템㈜ 길광문알로㈜ 김정문알로에㈜ 나노엔텍㈜ 나노랜㈜ 나라넷㈜ 나스테크㈜ 나우테크㈜ 나진인더스트리㈜ 남강㈜ 남경㈜ 남도견영㈜ 남문기공㈜ 남서㈜ 남선알미늄 자동차사업부문㈜ 남양기업㈜ 남양텐㈜ 남일기업㈜ 남전㈜ 남전사㈜ 남해전기㈜ 남향㈜ 내쇼날스타치 동성㈜에스㈜ 네오工㈜ 네오텔레콤㈜ 네패스 오창3공장㈜ 네패스FC사업부㈜ 넥스텍㈜ 넥스트링크㈜ 넥스 노루㈜ 비케미칼㈜ 노루오토코팅㈜ 노루페인트㈜ 노전㈜ 녹성테크㈜ 놀부㈜ 농심㈜ 농협아그로㈜ 뉴웅㈜ 뉴콘㈜ 뉴테플러스㈜ 니하이테크㈜ 니케이코리아㈜ 다나산전㈜ 다사㈜ 다산산전㈜ 다성㈜ 다성마그네틱㈜ 다라㈜ 다원정밀㈜ 다이나젠㈜ 다인㈜ 다인조형공사㈜ 다임코㈜ 다청건설㈜ 단건축사사무소㈜ 단단㈜ 대건㈜ 대경㈜ 대경디지텍㈜ 대경벤드㈜ 대경산업㈜ 대경엔지니어링㈜ 대경특수공업㈜ 대광전장㈜ 대광정주㈜ 대덕㈜ 대덕덕기초㈜ 대도엔지니어링㈜ 대동㈜ 대동기업㈜ 대동남㈜ 대동모멘텀시스템㈜ 대동산업㈜ 대동시스템㈜ 대동HI-LEX.INC.㈜ 대륜㈜ 대륜중공업㈜ 대륜산업㈜ 대륜코로존엔지니어링㈜ 대림레미콘㈜ 대림화학㈜ 대림㈜ 대만㈜ 대명㈜ 대명아이티㈜ 대민건설㈜ 대산기획㈜ 대선㈜ 대성건업㈜ 대성기초㈜ 대성수기㈜ 대성이앤지 구매의연㈜ 대세판지㈜ 대송건설㈜ 대신㈜ 대양㈜ 대양건설㈜ 대양디엔티㈜ 대양엔지니어링㈜ 대양통신㈜ 대연산업㈜ 대연정공㈜ 대연콘크리트㈜ 대영금속㈜ 대영파이프㈜ 대왕이앤씨㈜ 대우㈜ 대우이앤써널㈜ 대응하이테크㈜ 대원산업㈜ 대원그린테크㈜ 대원시스템㈜ 대원실업㈜ 대유 SE㈜ 대유디엔씨㈜ 대유신소재㈜ 대유이엔텍㈜ 대유통신㈜ 대의테크㈜ 대일건철㈜ 대일냉각기㈜ 대일산업㈜ 대일씨아이㈜ 대재공영㈜ 대저토건㈜ 대주㈜ 대주중공업㈜ 대진에센티㈜ 대진정공㈜ 대청S.P.A㈜ 대청공영㈜ 대청정밀㈜ 대청마스터스㈜ 대한가스기기㈜ 대한계기정밀㈜ 대한솔루션㈜ 대한유관공사㈜ 대한스텐레스파이프㈜ 대한정밀㈜ 대한종합밸브㈜ 대한펄프㈜ 대현엔지니어링㈜ 대호건설㈜ 대호기업㈜ 대흥㈜ 이앤씨㈜ 대화금속㈜ 대화알미늄㈜ 대흥후알엔비㈜ 더코㈜ 덕강화학㈜ 덕명기업㈜ 덕용㈜ 덕우종합건설㈜ 덕원기전㈜ 덕일기공㈜ 덕포기공㈜ 덕포산업㈜ 덕피산업㈜ 덕포㈜ 덕포에스㈜ 덕포테크㈜ 덕브㈜ 도루코㈜ 도루코산업㈜ 도림엘앤씨㈜ 도성㈜ 도올㈜ 도원테크㈜ 동광에씨에스㈜ 동광에씨㈜ 동광주택㈜ 동기브레이크㈜ 동남합성㈜ 동도건설㈜ 동도전자㈜ 동림산업㈜ 동명전자㈜ 동명캠프랜트㈜ 동방상사㈜ 동방선기㈜ 동방수기㈜ 동방엘앤씨㈜ 동백엔지니어링㈜ 동보㈜ 동보특수금속㈜ 동보판지㈜ 동부로봇㈜ 동산금속㈜ 동산산연㈜ 동서개발㈜ 동서기전㈜ 동서창호㈜ 동성㈜ 동성밸브㈜ 동성산기㈜ 동성산업㈜ 동성아소콘㈜ 동성정공㈜ 동성항운㈜ 동성화학㈜ 동성NAIKI㈜ 동신유압㈜ 동신산업㈜ 동아밸브㈜ 동양강철㈜ 동양우오체화권㈜ 동양아이티에스㈜ 동양잉크㈜ 동영㈜ 동영건설㈜ 동영산업㈜ 동우㈜ 동우건설㈜ 동우금속㈜ 동우밸브콘트롤㈜ 동우아이엔비㈜ 동우양택㈜ 동우엔지니어링㈜ 동우전기㈜ 동원㈜ 동원플라트㈜ 동원EnC 진천공장㈜ 동인기업㈜ 동원브래㈜ 동조인도네시아㈜ 동포㈜ 동진곤포㈜ 동해엔지니어링㈜ 동해㈜ 동화㈜ 동희㈜ 동희정공㈜ 동희하이테크㈜ 두람하이테크㈜ 두레마을㈜ 두루로지텍㈜ 두리물산㈜ 두산 모트롤㈜ 두산 전자사업㈜ 두산글로벌㈜ 두산에코비즈넷㈜ 두선정밀㈜ 두성기업㈜ 두성특장차㈜ 두올정보기술㈜ 두원공조㈜ 두원냉기㈜ 두원전자㈜ 두원정공㈜ 두현이엔씨㈜ 득영㈜ 디엔씨 전자㈜ 다나건설㈜ 디비아이㈜ 디아아㈜ 디아이세미콘㈜ 디아이에프씨㈜ 디아이큐브㈜ 디에스소결금속㈜ 디에스시㈜ 디에스티 종합건축사 사무소㈜ 디엔에이아이㈜ 디앤아이메탈록스㈜ 디제이 에프㈜ 디라이트㈜ 디에스케이㈜ 디지털콘 미디어㈜ 디오케미칼공교서비㈜ 라이코㈜ 라임테웰㈜ 라임티엔씨㈜ 래인보㈜ 럭키건업㈜ 럭키건진㈜ 럭키동성㈜ 럭키템버스가구㈜ 레이디㈜ 레퍼드㈜ 렉스콘㈜ 로보스타㈜ 로보웰㈜ 로자㈜ 로보봇비즈니스인큐베이터㈜ 롯데삼강㈜ 롯데주류비지㈜ 롯데주류BG㈜ 롯데뎀㈜ 롯데주류BG㈜ 롯데뎀㈜ 리마산업㈜ 리싸이텍코리아㈜ 리한도어㈜ 리홈 전자부품사업부 주립건설㈜ 마니사㈜ 마리노엘㈜ 마스타테크론㈜ 마이콘 세라미㈜ 마이크로이미지㈜ 마이크로코리아㈜ 맥산㈜ 맥스파워㈜ 맥킨㈜ 멀티㈜ 메디니스㈜ 메라톤㈜ 메리테크㈜ 메타바이오메드㈜ 명사기공㈜ 명성방전㈜ 명성전기통신㈜ 명성정밀㈜ 명신테크㈜ 명진종합건설㈜ 명텔레콤㈜ 모나미㈜ 모빌일렉트론㈜ 모아주택산업㈜ 모토닉㈜ 모벤즈㈜ 무빙프라자㈜ 무송엔지니어링㈜ 무명창㈜ 무학㈜ 문산강선㈜ 미니모듈㈜ 미래정공㈜ 미래컨설㈜ 미래화성㈜ 미쓰이금속한국㈜ 미창칼어불㈜ 미얀팬시㈜ 밀리트론㈜ 바로크가구㈜ 바우리모델링건설㈜ 바이오니아㈜ 바이텍코리아㈜ 박젓사㈜ 반도호이스트크레인㈜ 배림조경개발㈜ 백광소재㈜ 범석정공㈜ 범우㈜ 범창종합건설㈜ 베니트㈜ 베바스토독일㈜ 벡셀㈜ 보경조구㈜ 보성열처리㈜ 보성열처리㈜ 리보성조경㈜ 보스텍㈜ 보벽㈜ 봉림인쇄㈜ 부림상호저축은행㈜ 부미㈜ 부산토건㈜ 부성㈜ 부성공업㈜ 부성테크㈜ 부성후레찟㈜ 부영사㈜ 부일레미콘 동래지점㈜ 부일C&P㈜ 불이합성㈜ 브로덴㈜ 블루웨일 스크린㈜ 비엠㈜ 비엠케이㈜ 비엠아이㈜ 비지오코풍정㈜ 비케이씨㈜ 비트컴퓨터㈜ 빅스크래프트㈜ 빌리언21㈜ 빌텍에이㈜ 사조해표㈜ 산내들인슈㈜ 산양전기㈜ 삼공㈜ 삼광산업㈜ 삼광수기㈜ 삼광정밀㈜ 삼도㈜ 삼립식품㈜ 삼립엔지니어링㈜ 삼명건설㈜ 삼보보정통신㈜ 삼보철강㈜ 삼보케이미칼㈜ 삼성그룬㈜ 삼성엔지니링플랜트㈜ 삼성정밀㈜ 삼송㈜ 삼신전기㈜ 삼신정공㈜ 삼양레미콘㈜ 삼영기업㈜ 삼오테크㈜ 삼우㈜ 삼우슈퍼필터㈜ 삼우전기㈜ 삼우전자㈜ 삼우EMC㈜ 삼원강재㈜ 삼원산업㈜ 삼은토건㈜ 삼일칼라㈜ 삼일플랜트㈜ 삼전이엔지㈜ 삼정산업㈜ 삼정스트랜드주㈜ 삼정하이테크㈜ 삼정피앤에이㈜ 삼조건업㈜ 삼조생명과학㈜ 삼주이엔씨㈜ 삼중엔지니어링㈜ 삼진㈜ 삼진에스티㈜ 삼진정밀㈜ 삼진호스㈜ 삼한㈜ 삼한전자㈜ 삼현㈜ 삼호보일러㈜ 삼호이앤씨㈜ 삼호토건㈜ 삼화당 P&T㈜ 삼화엔지니어링㈜ 삼화전기㈜ 삼화전자㈜ 상아이크린㈜ 상우알엔스㈜ 상지정밀㈜ 상진금속㈜ 새녹스㈜ 새서울방재㈜ 새울산건설㈜ 새한 구미공장㈜ 새한공업㈜ 새한산업㈜ 새한산업㈜ 샤인시스템㈜ 서광㈜ 서광티텍㈜ 서림㈜ 서번텍㈜ 서보전설㈜ 서울금속㈜ 서울식연㈜ 서울엔지니어링테크㈜ 서전㈜ 서진㈜ 서진엘씨코리아㈜ 서진캠㈜ 서진클러치㈜ 서진테크㈜ 서화정보통신㈜ 서흥산업기계㈜ 석광테크㈜ 석우㈜ 석원㈜ 석원건설㈜ 석주기업㈜ 석천오토모티브㈜ 선우중공업㈜ 선인전자㈜ 선인터내셔널㈜ 선일플라스틱㈜ 선진에스콤㈜ 주성건설㈜ 성남㈜ 성도테크㈜ 성림기계㈜ 성림목재㈜ 성림정밀㈜ 성산㈜ 성신테크㈜ 성우㈜ 성우계전㈜ 성우설비엔지니어링㈜ 성우정기㈜ 성운엔지니어링㈜ 성원㈜ 성원건영㈜ 성일설비사㈜ 성일테크놀러지㈜ 성전기획㈜ 성주음향㈜ 성진씨에스㈜ 성진전기㈜ 성진테크㈜ 성창에어텍㈜ 성철사㈜ 성현건설㈜ 성현산업㈜ 성현아 이앤지㈜ 성화정밀㈜ 성환금속㈜ 세강아이앤씨㈜ 세광정밀㈜ 세기기공㈜ 세동㈜ 세라테크㈜ 세림㈜ 세림기공㈜ 세명기업㈜ 세명테크㈜ 세보화성㈜ 세빛엔지니어링㈜ 세신이엔씨㈜ 세아뷰빙㈜ 세아특수강㈜ 세양㈜ 세양문화㈜ 세양정공㈜ 세영그룹㈜ 세우㈜ 세원㈜ 세원물산㈜ 세원전자㈜ 세원정공㈜ 세원셀텍㈜ 세원테크㈜ 세전사㈜ 세전시스템㈜ 세종SJC㈜ 세주엔씨㈜ 세진공업㈜ 세진조경㈜ 세풍제지㈜ 세풍콘트롤스㈜ 세현㈜ 세현정공㈜ 세협테크닉스㈜ 세흥산전㈜ 세흥이엔씨㈜ 세화㈜ 세화진㈜ 세흥큰㈜ 소리텔㈜ 소에㈜ 소프트웨어품질연구소㈜ 솔㈜ 솔발미디어㈜ 송송산특수열릴레이터㈜ 수산기업㈜ 수산중공업㈜ 수성디엠아이㈜ 수승화학㈜ 수양전설㈜ 수영피엔에스㈜ 수원지관㈜ 수인프린텍㈜ 수환경테크㈜ 쉐프네라풍정 염성공장㈜ 스트롱케미칼㈜ 스틸알앤㈜ 스틸코리아㈜ 스펙스㈜ 스피드손해사정㈜ 스피드칩㈜ 승일실업㈜ 시공테크㈜ 지그너스 정공㈜ 시그넷시스템㈜ 시노펙스㈜ 시재앨샘씨㈜ 시즈 주식회사㈜ 써머코아코리아㈜ 株式會社 安田製作所(야스다)㈜ 신강전기㈜ 신광㈜ 신광엔지니어링㈜ 신광화학산업㈜ 신기테크㈜ 신기테크㈜ 신기테크㈜ 신동㈜ 신도 엔지니어링㈜ 신동방 CP㈜ 신민영에치에이㈜ 신명전자㈜ 신민전기㈜ 신산테크㈜ 신석㈜ 신성기업㈜ 신성사㈜ 신성산업㈜ 신성소재㈜ 신성싸인㈜ 신성유화㈜ 신성전자㈜ 신세계산업㈜ 신세계토건㈜ 신아산업개발㈜ 신아정설㈜ 신양㈜ 신영㈜ 신영금속 금형공장㈜ 신영엔지니어링㈜ 신우디엔시㈜ 신우종합건설㈜ 신원종합건설㈜ 신원기초㈜ 신일산업㈜ 신일정공㈜ 신전㈜ 신정기공㈜ 신정밸브㈜ 신진세이프-테크㈜ 신진엔지니어링 경주공장㈜ 신창메디칼㈜ 신평물산㈜ 신풍엔텍㈜ 신한세라믹㈜ 신한전기㈜ 신한종합건축사사무소㈜ 신현대㈜ 신호㈜ 신호상사㈜ 신흥기공㈜ 신흥정밀㈜ 실콘크리트㈜ 실크로드티앤디㈜ 실크로드티앤디㈜ 실트론㈜ 싸이버로지텍㈜ 쌍금㈜ 써니와이앤케이㈜ 씨그널정보통신㈜ 씨씨엘코리아㈜ 씨씨앤에스테크놀로지㈜ 씨에스토탈㈜ 씨에스㈜ 씨앤씨엘스티㈜ 씨오르사㈜ 씨와이씨㈜ 씨웰드 스테인-크린코리아㈜ 씨엠텍시스템㈜ 씨엠테이㈜ 씨아연테크㈜ 아거스㈜ 아납인스트루먼트㈜ 아레스넷㈜ 아루스디자인㈜ 아모스아인스가구㈜ 아미테미㈜ 아사달㈜ 아성 E&C㈜ 아우토스트라세㈜ 아이디폰㈜ 아이시스㈜ 아이시스솔루션스㈜ 아이씨네트㈜ 아이연테크㈜ 아이원㈜ 아이티솔루션즈㈜ 아이티피코리아㈜ 아이패㈜ 아주종합건설㈜ 아진스크린㈜ 아진전설㈜ 아코㈜ 아트랩㈜ 아팩엔지니어링㈜ 안국방재㈜ 안산상호축축은행㈜ 안성정기㈜ 안엔지니어링㈜ 알·에프·하이텍㈜ 알덱터㈜ 알씨코리아㈜ 알앤디코퍼레이션㈜ 알프리더㈜ 알파아이엔씨㈜ 알파침대㈜ 애드온㈜ 애드온㈜ 액트웨이디씨㈜ 앰텍케이디씨㈜ 앙성이엔텍㈜ 언일금속㈜ 에넥스㈜ 에버그린패키징코리아㈜ 에스티엘㈜ 에스디비㈜ 에스디시스템㈜ 에스씨㈜ 에스비테크㈜ 에스아이리더스㈜ 에스아이방송㈜ 에스앤비㈜ 에스에이치치㈜ 에스엔디테크놀로지㈜ 에스엘㈜ 에스엘 라이텍㈜ 에스엘 라이팅㈜ 에스엘 미러텍㈜ 에스엘 서봉㈜ 에스엘 성산㈜ 에스엠앙아이㈜ 에스엠㈜ 에스지칩㈜ 에스케이디코리아㈜ 에스케이에스㈜ 에스케이에프㈜ 에스코양티에스㈜ 에스엠㈜ 에스피래텍㈜ 에어뱅크㈜ 에이디모터스㈜ 에이스디지텍㈜ 에이스침대㈜ 에이스헌지텍㈜ 에이씨엠㈜ 에이알텍㈜ 에이이엔티㈜ 에이엠엔지니어링㈜ 에이엠페머가닉스㈜ 에이치에스엘 일렉트로닉스㈜ 에이치에스디㈜ 에이치엔티㈜ 에이타이㈜ 에이티엠아이코리아㈜ 에이패스㈜ 에이백㈜ 에임하이글로벌㈜ 에프티씨코리아㈜ 엑큐라스㈜ 엔디스㈜ 엔에이비㈜ 엔에이씨 바이 텔레콤㈜ 엘리트 건설㈜ 엘아이씨티㈜ 엘지화학㈜ 엥소닉㈜ 엠스㈜ 엠씨테크㈜ 엠엠에스정밀㈜ 엠이시스템㈜ 엠제이산업㈜ 엡코코리아㈜ 여명㈜ 여수탱크터미널㈜ 연합진흥㈜ 연호전자㈜ 열린기술㈜ 영경산업㈜ 영광화학㈜ 영남산업㈜ 영신사㈜ 영신오토모티브코리아㈜ 영신대앙㈜ 영완㈜ 영일인더스트리㈜ 영일플러시㈜ 영진㈜ 영진게이트건설㈜ 영진산업영진설비㈜ 영진정공㈜ 영창신기술㈜ 영창폴리텍㈜ 영키파㈜ 주영일품㈜ 영풍㈜ 영흥산업환경㈜ 예견 도어스 시스템㈜ 예은테크㈜ 예주산업㈜ 예일엔지니어링㈜ 예진㈜ 오리엔텍㈜ 오리엔텍㈜ 오미아코리아㈜ 오미아코리아㈜ 오복식품㈜ 오성기전㈜ 오성사㈜ 오성엔지니어링㈜ 오성전자㈜ 오스템㈜ 오우건설㈜ 오토라인㈜ 오토산업㈜ 오토전자㈜ 오토테크㈜ 옥돌산업㈜ 옥성㈜ 옥일건설㈜ 옥천전장㈜ 올메크㈜ 옴토니카㈜ 옴트론텍㈜ 와이드이엔텍㈜ 와이엠모터스㈜ 와이즈맘㈜ 와이즈산전㈜ 왕인건설㈜ 용마공영㈜ 우남씨스콘㈜ 우리기연㈜ 우리식품㈜ 우림㈜ 우림기업㈜ 우방㈜ 우방개발㈜ 우성㈜ 우성다이캐스팅㈜ 우성아이비㈜ 우성엔지설㈜ 우성진공㈜ 우신금속㈜ 우신EMC㈜ 우신EMC㈜ 우원㈜ 우진종합레미콘㈜ 우정설비㈜ 우정기업㈜ 우주메탈㈜ 우주레몬트로닉스㈜ 우주전기통신㈜ 우진㈜ 우진뎁㈜ 우진화학㈜ 우창금속㈜ 운창산업㈜ 울트라㈜ 웅천 온두라스㈜ 워터워스유진㈜ 원광전자㈜ 원기공㈜ 원당㈜ 원방테크㈜ 원성㈜ 원영산업㈜ 원예산업개발㈜ 원익익쿼츠㈜ 원진㈜ 원진엘렉트로닉스㈜ 원진전자㈜ 원태다이캐스팅㈜ 원태정밀㈜ 원텍㈜ 월드냉동㈜ 월드샷나산업㈜ 월드에프엔에스㈜ 월드텔레폼㈜ 웨이브컬㈜ 웰랴코리아㈜ 웰컴넷㈜ 웰코스㈜ 워너㈜ 워너스㈜ 위더스우드㈜ 위스코㈜ 위지트㈜ 원스틸 예산공장㈜ 윈콕㈜ 원텍코㈜ 월비에스엔티㈜ 유공기전㈜ 유니모디바이스㈜ 유니온㈜ 유니테크노㈜ 유니트 내장건설㈜ 유닉스지퍼㈜ 유림㈜ 유백㈜ 유벨라㈜ 유비프시전㈜ 유성도금㈜ 유신메디칼㈜ 유아성㈜ 유양디앤유㈜ 유엠하이텍㈜ 유연㈜ 유인테크㈜ 유일건영㈜ 유진정공㈜ 유창포레수유운㈜ 유창RUBBER㈜ 유성㈜ 유품전자㈜ 유와이테크㈜ 율전이엔씨㈜ 율도건업㈜ 은성㈜ 은성산업㈜ 은하양행㈜ 이건사㈜ 이건장호시스템㈜ 이노츠㈜ 이노텍㈜ 이노스㈜ 이래fr㈜ 이래cs㈜ 이랜드건설㈜ 이사방㈜ 이스턴테크놀로지㈜ 이앤에프열처리㈜ 이앤텍㈜ 이에스테크㈜ 이에스테크㈜ 이오시스템㈜ 이온누리닷컴㈜ 이웨스㈜ 이지에스㈜ 이지엘코엘티디㈜ 이테크건설㈜ 이화글로텍㈜ 인성전자㈜ 인성화학㈜ 인슈랩㈜ 인지디스플레이㈜ 인커맥스㈜ 인텍FA㈜ 인팩㈜ 인포디스크㈜ 인포메디로지스㈜ 인피니티㈜ 인하㈜ 이엔티㈜ 일광메탈포밍㈜ 일광랜텍㈜ 일름㈜ 일렉워크㈜ 일렘㈜ 일선정밀㈜ 일신다이캐스팅㈜ 일신알뮤늄㈜ 일신에너지㈜ 일신정밀㈜ 일양로지스㈜ 일양수출포장㈜ 일양익스프레스㈜ 일우건영㈜ 일우로지스틱스㈜ 일조아이디㈜ 일주㈜ 일지테크㈜ 일진종합통신㈜ 일흥기전㈜ 일양성E.P.S㈜ 재엔에스시아이㈜ 전성도기㈜ 전성㈜ 정경㈜ 정도하이텍㈜ 정도엔지니어링㈜ 정석토건㈜ 정유성건설㈜ 정일공업㈜ 정일종공업㈜ 정일테크㈜ 정현프랜트㈜ 제3테크㈜ 제강홀딩스㈜ 제드커뮤니케이션㈜ 제적전기㈜ 제스퍼오토㈜ 제이미인터미디어테크㈜ 씨제일파워㈜ 제이씨코퍼레이션㈜ 제이아이앤디자인㈜ 제이아이코리아㈜ 제이앤티에스㈜ 제이에프씨㈜ 제이엠씨㈜ 제이오텍㈜ 제이와이㈜ 제이토건㈜ 제이티㈜ 제일건설㈜ 제일기계㈜ 제일엠세스㈜ 제일유리건업㈜ 제일정공㈜ 제일케슐공사㈜ 중앙택㈜ 중앙타프라㈜ 중원CMS㈜ 지.아이.티㈜ 지리산산청샘물㈜ 지자고㈜ 지엔에스㈜ 지엔에스폴리텍㈜ 진양㈜ 진양산업㈜ 진연㈜ 진웅엔지니어링㈜ 진우㈜ 진원㈜ 진원㈜ 일써린㈜ 진일테크㈜ 진한이엔에스㈜ 진합㈜ 창림플랜트㈜ 창보설비㈜ 창성㈜ 창성인더스트리㈜ 창성특수화물㈜ 창신㈜ 창운㈜ 창일기계㈜ 천경그린㈜ 천연기업㈜ 천우엔지니어링㈜ 천인㈜ 천재교육㈜ 철원수로㈜ 청석㈜ 청솔종합목재㈜ 청우건설㈜ 청우엔씨㈜ 청운물류㈜ 청일테크㈜ 청전건설㈜ 청주화학㈜ 청화㈜ 체리바루㈜ 체시스㈜ 초원식품㈜ 충전공영개발㈜ 칠보건업㈜ 칠성의장㈜ 카로셋㈜ 카로셋㈜ 캐슬파인리조트㈜ 캔텔㈜ 캠퍼스21㈜ 케이알㈜ 케이씨㈜ 케이씨아이㈜ 케이앤티㈜ 케이엔테크㈜ 케이이박스㈜ 케이엠디머신㈜ 케이엠리큐텍㈜ 케이비씨씨건설㈜ 케이씨㈜ 케이아이㈜ 케이티앤지㈜ 케이아이버텍 I&M㈜ 케이이엠피㈜ 케이아이피아이㈜ 케이피앤텍㈜ 케이피씨㈜ 케이피칼㈜ 케이피렘텍㈜ 케이피코㈜ 켐옵틱스㈜ 코다코 안성공장㈜ 코드투씨㈜ 코드에스㈜ 코레스㈜ 코리아신예㈜ 코리아써키트㈜ 코리아후지팩킹보시스템본부㈜ 케이피씨㈜ 케이피아이㈜ 케이피이에프㈜ 케이피엠테크㈜ 케이피아이㈜ 케이피케미칼㈜ 케이피코㈜ 켐옵틱스㈜ 코다코㈜ 코드코리아㈜ 코드콜라 엔지니어링㈜ 코스㈜ 코스모쎌㈜ 코스모텍㈜ 코스믹㈜ 코스탈파워㈜ 코스텍코리아㈜ 코어세스㈜ 코오롱㈜ 코츠코리아㈜ 코팅코리아㈜ 큐메탈텍테크놀로지스㈜ 큐테크날러지㈜ 크로바케미칼㈜ 키메닉스㈜ 키프코㈜ 타라㈜ 티피에스 태경레미콘㈜ 태경이엔지㈜ 태경파레트㈜ 태경에스텍㈜ 태성이앤씨㈜ 태승㈜ 태아건설㈜ 태양㈜ 태양기전㈜ 태양전기㈜ 태양콘덴서㈜ 태양토건공사㈜ 태영기업㈜ 태평양이엔지㈜ 태화식품㈜ 태화에레마㈜ 태화에레마㈜ 태화정공㈜ 터보테크㈜ 테라젠이텍스㈜ 테크다임㈜ 테크다㈜ 트윈시스템㈜ 티씨씨강판㈜ 티씨엠씨건축사사무소㈜ 티씨케이㈜ 티에스건설㈜ 티에스피㈜ 티이씨㈜ 티케이케미㈜ 음성공장㈜ 팜클㈜ 퍼시스㈜ 퍼시픽콘트롤즈㈜ 펜맨㈜ 펭권종합식품㈜ 평화디젤기기㈜ 평화부품㈜ 평화일렉콤㈜ 포스코 아이씨티㈜ 포스코 LED㈜ 포커스㈜ 포포커스레이저㈜ 포틱스㈜ 푸드웰㈜ 푸르밀㈜ 풍강㈜ 풍림피앤씨

㈜풍안 ㈜풍양상사 ㈜풍진아이디 ㈜풍진정공 ㈜퓨리텍 ㈜퓨트로닉 ㈜프라임테크 ㈜프라코 ㈜프러스상사 ㈜프럼파스트 ㈜프로발 ㈜프로차일드 ㈜프로칩스 ㈜프로타빅코리아 ㈜프롬스 ㈜프리시전옵텍스 ㈜프리엔스 ㈜프리텍 ㈜프린피아 ㈜피엠씨 코리아 ㈜피앤시월드 ㈜피에스키시스템즈 ㈜피엔엘조양 ㈜피엠피티 ㈜피제이전자 ㈜필룩스 ㈜필아테크 ㈜하나 ㈜하나건설 ㈜하나엔지니어링 ㈜하나은행 콜센터 ㈜하나콤 ㈜하림씨엠 ㈜하성 ㈜하우시스 ㈜하이스틸 ㈜하이쏠라에너지 - 상원종합상사㈜ ㈜하이엘 ㈜하이온시스템즈 ㈜하이켐 ㈜하이켐텍 ㈜하이트롤 ㈜하이퍼텍 ㈜한국가스공사 ㈜한국건설재료시험연구소 ㈜한국기능공사 ㈜한국네빌클락 ㈜한국대화금속 ㈜한국라티스 ㈜한국마스터 ㈜한국메탈 ㈜한국뮤즈 ㈜한국반도체소재 ㈜한국베랄 ㈜한국산업기술연구소 ㈜한국성산 ㈜한국세라미 ㈜한국쇼보드건설 ㈜한국스마트카드 ㈜한국스펙트 ㈜한국승강기제작소 ㈜한국사우라메카트로닉스 ㈜한국안테나 ㈜한국알미늄 ㈜한국알스트롬 ㈜한국이포 ㈜한국자동차부품검사센터 ㈜한국전자재료 ㈜한국절연물산 ㈜한국정공 ㈜한국종합기술개발공사 ㈜한국종합엔지니어링 ㈜한국지리정보기술 ㈜한국토건 ㈜한국특수파이프 ㈜한농캐스템 ㈜한농화성 ㈜한누리시스템 ㈜한도 ㈜한동전자 ㈜한라공업 ㈜한미 ㈜한미건설 ㈜한미정공 ㈜한배검 ㈜한보산업 ㈜한빛조명 ㈜한산 ㈜한석엔지니어링 건축사사무소 ㈜한석종합건설 ㈜한성기공 ㈜한성전자 ㈜한성정밀 ㈜한수 ㈜한승건설 ㈜한승중공 ㈜한신엔지니어링 ㈜한양목재 ㈜한양티이씨 ㈜한요 ㈜한우포장 ㈜한울화학 ㈜한일 영이씨 ㈜한일기공 ㈜한일일영 유틸리티공장 ㈜한주 제염공장 ㈜한주MB ㈜한진본텍 ㈜한진중공업 건설부문 ㈜한천조경개발 ㈜한청판지 ㈜한판건업 ㈜한호 ㈜한화/건설 ㈜한화/정보통신 ㈜한화건설 ㈜한화건설 ㈜한화유통 갤러리아 백화점 ㈜한힘테크놀러지 ㈜항남 ㈜해담은세상 ㈜해원 ㈜해저식품 ㈜해찬들 ㈜해평전자 ㈜해피론 ㈜핸디소프트 ㈜허브산업 ㈜헤리트 ㈜헨디 ㈜혁신전공사 ㈜현대공업 ㈜현대그린푸드 ㈜현대금속 ㈜현대기업 ㈜현대백화점 ㈜현대실업 ㈜현대의장 ㈜현대정밀 ㈜현대콘크리트 ㈜현대포리텍 ㈜현대피팅 ㈜현대호이스트 ㈜현림레미콘 ㈜현보 ㈜현세시스템 ㈜협신건설 ㈜협신통신 ㈜협우 ㈜협전사 ㈜협진 ㈜협진건설 ㈜협진아이엔씨 협진T&C ㈜형산운수 ㈜혜성물류 ㈜혜왕 ㈜혜인건설 ㈜호경 ㈜호룡 ㈜호산건설 ㈜호진기업 ㈜호텔 인터불고 운해식당 ㈜홍승엔터프라이즈 ㈜홍익기술단 ㈜홍진크라운 ㈜화랑엔프 ㈜화성건업 ㈜화성기계 ㈜화성티앤비 ㈜화성티앤비 알앤에이 ㈜화신소재 ㈜화신전기 ㈜화신테크 ㈜화이버텍 ㈜화인써키트 ㈜화인케이블 ㈜화인코리아 ㈜화진 ㈜화진벤드 ㈜화진인더스 ㈜화진테크 ㈜화천플랜트 ㈜효경섬유 ㈜효림 ㈜효천 ㈜효성인테리어PU ㈜효성테크 ㈜효성화학 ㈜효자건설 ㈜효진 ㈜후레쉬워터 ㈜후레씨네코리아 ㈜휇스텍 ㈜휠트론 ㈜휴먼에듀피아 ㈜휴스틸 ㈜휴진 ㈜히스코인터내셔널 ㈜ABB코리아 ㈜BNM ㈜CSK손해사정 ㈜DWFC ㈜HNS솔루션 ㈜HS산업 ㈜KF&T ㈜KMCS ㈜KN-파워텍 ㈜Kumho HT Autonix ㈜LG생명과학 ㈜LG생활건강 ㈜LG유통 ㈜LG하우시스 ㈜LG화학 ㈜LG화학 기술연구원 ㈜SIMPAC ㈜TPC 메카트로닉스 준종합건설㈜ 중국홍콩연호자유유한회사 동관연호전자 중량하수처리사업소 중부계전㈜ 중부모터스㈜ 중앙개발㈜ 중앙기공㈜ 중앙산업㈜ 중앙다믈리산업㈜ 중앙철강㈜ 중앙제지㈜ 중앙지하개발㈜ 지산특수토건 ㈜지센텍 지스코㈜ 지식경공무원교육원 ㈜지엔에스티 ㈜지엘링크코리아 ㈜지엠우토앤테크놀로지㈜ 지엠에스테크놀로지㈜ 지이메디칼시스템코리아㈜ 지이티㈜ 진광산업㈜ 진도화성공업㈜ 진도화성㈜ 진보산업㈜ 진부농협오대산김치공장㈜ 진서테크 진성공업 진성공업사 진성정밀 진안기업 진양 진양프라스틱 진양화학 진영공업㈜ 진영금속 진영산업㈜ 진영정밀 진우건설㈜ 진입테크 진현전자 진호실업㈜ 진화전기 진흥건업㈜ 진흥기계 진흥기업 차주화물 창녕농협농산물가공공장 창립산업 창성전자 창원공업 창원금속공업 창원대학교 창화기공 척척보일러 천미광유공업 천안건설㈜ 천우건설산업㈜ 천우모터스㈜ 천우정공 천일건설㈜ 천일엔지니어링 천일전기 천호건설 천지디엔씨㈜ 천진 한영기전 유한공사 천진건양금속배건유한공사 천진동명기차부품유한공사 천진두손정밀주소유한공사 천진로보트 보일러㈜ 천진정밀전자 유한공사 천진우리전자 유한공사 천진우리전자㈜ 천진원창기차륜배건유한공사 천진자화전자유한공사 천진평화화공유한공사 천진풍광전자 유한공사 첨단정공㈜ 청덕산업㈜ 청도 코오롱 차업 유한공사 청도대우전자유한공사 청도동명기차륜배건유한공사 청도동아정밀공업유한공사 청도동전전기 유한공사 청도삼흥정밀기계(유) 청도성일전기유한공사 청도영진정공유한공사 청도유신기차배건 유한공사 청도일흥기차륜배건유한공사 청산화학㈜ 청와건설㈜ 청우공업㈜ 청우산업 청우산업㈜ 청원전시기획 청원전자㈜ 청원화성㈜ 청조건설㈜ 청토산업㈜ 청호전력 춘천시청 충무정밀㈜ 충북조경건설 충주시 수자원본부 하수처리과 충청남도청 환경관리과, 수질관리과 카이 캐리어(유) 캐스코 컴팩코리아㈜ 케른리버스코리아㈜ 케이씨테크 케이씨코트렐㈜ 케이엔테크㈜ 케이앤터붐㈜ 케이에스씨반도체 케이엠에스㈜ 케이제이네트㈜ 케이지엘㈜ 케이투파워 케이피엘씨어트㈜ 켐인텍㈜ 코다크 코리아에프티(북경)유한공사 코리아오토글라스㈜ 코리아크레인㈜ 코리아트렉엔지니어링 코리아휠㈜ 코모테크㈜ 코바이오텍㈜ 코스모산업㈜ 코스모향공㈜ 코스믹전기㈜ 코스파㈜ 코아건설㈜ 코오롱글로벌㈜ 코오롱아이넷㈜ 코오롱유화㈜ 코오롱인더스트리 코오롱정보통신㈜ 코오롱플라스틱㈜ 코원솔루션 코윈㈜ 콘프로덕츠코리아 쿠퍼스탠다드 오토모티브코리아㈜ 쿨리프로나라테크㈜ 큰길식품㈜ 클린로드㈜ 키맥스전자㈜ 키스톤 태경농산㈜ 태경산업㈜ 태경산업㈜ 태광공업㈜ 태광에스티에스㈜ 태광정밀화학㈜ 태광종합건설㈜ 태릉건설㈜ 태림산업㈜ 태림전기㈜ 태림포장공업㈜ 태백금속 태백주철㈜ 태복전설 태성고무화학㈜ 태성공업㈜ 태성산업사 태성산업㈜ 태성포리텍㈜ 태승산업㈜ 태양산업㈜ 태양도건㈜ 태양정공 태영산업설비㈜ 태영광지공업㈜ 태원건설㈜ 태원철강공업㈜ 태원대성아구주조 유한공사 태원화학 태정전설산업㈜ 태정산업㈜ 태주실업㈜ 태주종합철강㈜ 태진금속열처리 태진기업㈜ 태진정공 태진정밀㈜ 태차이㈜ 태창화학㈜ 태평개발㈜ 태평양 에어콘트롤공업㈜ 태평양섬유공업㈜ 태풍실업 태형금속공업㈜ 태호 오토텍㈜ 태화강재산업㈜ 태화건설㈜ 태화기업 태흥건설㈜ 태흥건설산업㈜ 태흥산업개발 태흥전자㈜ 택티코㈜ 테크원 토다㈜ 토로스물류㈜ 토박이 순창 식품 토탈케미칼 통계청 통일공업㈜ 투윈스 컴 트러스트 특허청 티에프에스 티오피㈜ 파란기술 파란들 파스코텍스 에스에이 파워카본테크놀로지 파인트론㈜ 파인HF㈜ 파주시 상수도 사업소 파코 평택시청 평화공업㈜ 평화산업㈜ 평화씨엠비㈜ 평화오일씰공업㈜ 평화정공기차배건㈜ 유한공사 평화정공㈜ 포레시아 배기시스템 포메탈㈜ 포스데이타㈜ 포스코특수수강㈜ 포스텍전자㈜ 포앤시텍㈜ 포트엘㈜ 포창강판㈜ 표준산업 풍림산업㈜ 풍산종합건설㈜ 풍성기업 풍전금속공업㈜ 풍창건업㈜ 프라나건설㈜ 프라임모터 프라임코퍼레이션 프로정보통신㈜ 프리개발㈜ 피아산업㈜ 피앤에프 피엠비 피에스아이㈜ 피에스아이트레이딩㈜ 피에스텍㈜ 필아케이 하나써키트㈜ 하나이앤지 하남공업㈜ 하늘빛스금 하성설비㈜ 하영코리아㈜ 하이텍 학성기업 한강산업㈜ 한국 니토 옵티칼㈜ 한국 LG모타㈜ 한국 TSK㈜ 한국가공지㈜ 천안공장 한국가스엔지니어링㈜ 한국감정원 한국강구공업㈜ 한국건설시험연구소 한국건설품질관리연구원 한국게이츠㈜ 한국공업㈜ 한국공항공사 한국그런포스펌프㈜ 한국그레이스㈜ 한국금속공업사 한국기업사 한국기업평가원 한국나이룩㈜ 한국남동발전㈜ 한국남부발전㈜ 한국내쇼날㈜ 한국내화㈜ 한국네슬레㈜ 한국농어촌공사 한국넛다무아㈜ 한국단자공업㈜ 한국담배인삼공사 한국도선산업 한국도자기㈜ 한국도시가스㈜ 한국리모테크㈜ 한국무사시도료㈜ 한국바스프㈜ 한국방진방음㈜ 한국법제연구원 한국보그워너 티에스㈜ 한국불말야금㈜ 한국산업전자㈜ 한국생명공학연구원 한국서부발전㈜ 태안화력본부 한국세라미내·외장㈜ 한국수자원공사 한국수출포장공업㈜ 한국스틸롤루션㈜ 한국스파이네스사코㈜ 한국승강기안전관리원 한국식품 한국신광마이크로애렉트로닉스㈜ 한국신영㈜ 한국아브텔㈜ 한국알미늄㈜ 한국에너지기술평가원 한국에스씨씨 공압㈜ 한국엔에스케이㈜ 한국엔지니어링플라스틱㈜ 한국엔티케이공구㈜ 한국여성개발원 한국연구재단 기초연구지원실 한국오발㈜ 한국오웨스코닝㈜ 한국와이퍼㈜ 한국우에무라㈜ 한국유니콤렘브㈜ 한국유미코아(유) 한국의료영상품질관리원 한국인터넷진흥원 한국전기안전공사 엔지니어링사업단 한국전기초자㈜ 한국전력 서울지역본부 고객센터 한국전력공사 한국전력거래소 전력연구원 한국전력기술㈜ 한국전자통신연구원 한국전정㈜ 한국정보보호진흥원 한국조명㈜ 한국조인트㈜ 한국조폐공사 한국주철관공업㈜ 한국중부발전㈜ 보령화력본부 제2발전소 한국지앰피㈜ 한국지엠일산서비스㈜ 한국지이초음파㈜ 한국차체㈜ 한국차폐기술㈜ 한국청소년개발원 한국체인공업㈜ 한국카시오㈜ 한국코로나㈜ 한국코오베용접㈜ 한국키스코㈜ 한국통신 한국통운㈜ 한국트라콘㈜ 한국트랜스㈜ 한국특수열처리 한국특수유리㈜ 한국특수천지㈜ 한국특수정밀공업 한국파가흥보㈜ 한국뱅저㈜ 한국표준과학연구원 한국프라마스㈜ 한국하니소㈜ 한국하니소㈜ 한국하니웰 한국하이테크 한국합금볼브공업㈜ 한국항공우주산업 한국호세코㈜ 한국후로센제조㈜ 한국후지제록스㈜ 한국후지쯔㈜ 한국FCI㈜ 한국GRC 한국MST㈜ 한국OSG㈜ 한국TDK㈜ 한도 한도기기업 한도산업㈜ 한도신소재㈜ 한돌엘리베이터 한들공업㈜ 한들공영㈜ 한라건설㈜ 한림레미콘㈜ 한백 UAE.FZ-L.L.C 한백중공업㈜ 한빰파스 한빛㈜ 한미강철제조업사 한미기전㈜ 한미레이팅 한미메디케어㈜ 한미정공 한미케어텍㈜ 한백뉴로텍㈜ 한백정공 한백종합건설㈜ 한보공업㈜ 한보니스코㈜ 한본인더스트리㈜ 한샘스틸 한샘시계공업㈜ 한성건재 한성기계공업㈜ 한성기전㈜ 한성정공 한세로재㈜ 한솔제지㈜ 한솔PNS㈜ 한스 한양 한양물산㈜ 한양밸브㈜ 한양수전㈜ 한양에너지 한양건설산업㈜ 한영수중건설 한영정밀 한영포장건설㈜ 한옥테크노글라스㈜ 한용개발㈜ 한이금속㈜ 한일공업사 한일금속㈜ 한일내장㈜ 한일실업㈜ 한일이화㈜ 한일전원공업㈜ 한일전자㈜ 한일제관㈜ 한일종합인쇄㈜ 한일튜브 한전기공㈜ 한전원자력연료㈜ 한진산업㈜ 한진정보통신㈜ 한진종합건설㈜ 한진피엠㈜ 한판유리㈜ 한화/정보통신 한화기계㈜ 한화발코니아 한화석유화학㈜ 한화엘앤씨㈜ 한화역사㈜ 한화종합화학㈜ 한화케미칼㈜ 한화포리마㈜ 한동콜포레이션 합작회사 남진표 해보농협 해양산업㈜ 해본산업 해원산업㈜ 해인산업㈜ 해정정밀기술연구소 헤라우스 오리엔탈㈜ 혁신산업개발 현담산업㈜ 현대 ENERCELL 현대글로비스㈜ 현대기공 현대노콜 현대모비스㈜ 현대백화점 현대산업 현대산업개발 현대상운㈜ 현대서산농법인 현대스틸산업㈜ 현대알루미늄공업㈜ 현대알루미늄㈜ 현대알씨씨건설㈜ 현대엔지니어링㈜ 현대엔지니어링플라스틱㈜ 현대엠코㈜ 현대오일뱅크㈜ 현대오토모티브㈜ 현대전기통신㈜ 현대정보기술㈜ 현대중공업 현대케미랑 현대테크 현대페인트공업㈜ 현대프라스틱 현대필터산업㈜ 현대하이켐 현대하이텍 현대C&I㈜ 현우실업㈜ 현진정공 현진케미칼㈜ 협선도금 협성전자㈜ 형신기계공업㈜ 형설전력공사 헤민기업사 혜성 혜성산업㈜ 호남계전㈜ 호남석유화학㈜ 호산실업㈜ 호성기업㈜ 호스텍글로벌㈜ 호영산업㈜ 홍성산업 홍성종합건설㈜ 화성몰드테크㈜ 화성산업㈜ 화성정밀 화영상사 화원엔지니어 화인건기㈜ 화인계기㈜ 화인정보기술㈜ 파일사 화진 화진고신장식재료 유한공사 황금밸브 황산개발㈜ 황해전설㈜ 효동개발㈜ 효동전자㈜ 효림산업㈜ 효성 AMERICA 효성강릉터 유한공사 효성산업㈜ 효성전기㈜ 효성정밀 효자건설㈜ 효진텍코리아㈜ 효창산업㈜ 후성정공㈜ 후지테크코리아㈜ 휴저테크 휴멘스㈜ 흥건정공㈜ 흥광테크㈜ 흥산화성 흥우건설㈜ 흥우산업㈜ 흥일기업㈜ 흥진건설㈜ 흥진기업 흥진섬유 흥한개발㈜ 흥화기계공업㈜ 희경건설㈜ 희성촉매㈜ ALLKEY 성지산업 ANAM INSTRUMENTS PHILS.,INC. B.O.K 알미늄 BEIJING JOY AUTOMOTIVE PARTS CO., LTD. CJ제일제당 CTS Daechang Seat s.r.o. DAEDONG SYSTEM Poland Sp. z o.o. DFMS㈜ FM BU ESD 코리아 FAG 베어링코리아(유)FnC 코오롱㈜GPS㈜ GS칼텍스 G-TECH HAE SUNG(THAILAND) CO., LTD. Hanil USA LLC INFAC NORTH AMERICA INC. KC 한미산업㈜ KC조트랜㈜ KFM크리닉 KT 조달본부 LB세미콘㈜ LG ELECTRONICS(THAILAND) CO., LTD.LG MMA㈜ LG산전㈜ LK건재 LK건재 LS전선㈜ 정읍공장 LS-Nikko동제련㈜ MK공업 MOTONIC INDIA AUTOMOTIVE PVT. LTD. NPK OCI㈜인천사업장(DCRE) OGAKI SEICO CO., LTD. POS-AUSTEM SUZHOU AUTOMOTIVE CO. S&D산업 S&T 대우㈜S&T 전장㈜S&T모터스㈜ SANMINA-SCI DO BRASIL INTEGRATION LTDA SBC㈜ SEIKO HIGH TECH CORPORATION SK건설㈜ SK루브리컨츠㈜ SK에너지㈜ 인천COMPLEX SK종합화학㈜ 울산 CLX SK㈜ 울산콤플렉스 SKC㈜ SKW㈜ STS반도체통신 STX에너지㈜ SUNG JU CO., LTD. SUNG JU(THAILAND) CO., LTD. TS유업㈜ VAT KOREA LTD., 온실가스검증조직 고려아연㈜ 금호미쓰이화학 주식회사 롯데삼강 롯데쇼핑 롯데알미늄㈜ 롯데제과 보워터코리아 부산롯데호텔 삼성전자㈜ 삼성코닝 정밀소재 주식회사 세플러코리아(유) 신풍제지㈜ 에스티엑스 조선해양㈜ 여천NCC 영풍 영화금속㈜ 용명리조트 유한킴벌리 일신방직㈜ ㈜하림 ㈜대한항공 ㈜롯데주류 BG ㈜삼원강재 주식회사 동부메탈 주식회사 엔브이에프 ㈜케이피 켐텍 ㈜한창제지즈 코리아㈜ 한국네슬레 ㈜청주공장 한국바스프 한국제지 한국지역난방공사 한라공조㈜ 대전한라공조㈜ 평택 해리슨엔지니어링코리아주식회사 호남석유화학 호텔롯데(롯데월드) 홍원제지㈜ GS파워 SKC 에보닉 페록사이드

이향자 이현구 이현석 이현주 이형순 이형운 이혜림 이호권 이호선 이호승 이호정 이호제 이호준 이흥선 이흥진 이효용 이후자 이훈구 이흥주 이희걸 이희양 이희열 이희진 일진윤 임경연 임남혁 임동원 임동원 임무영 임병옥 임상문 임석태 임성묵 임성주 임성환 임승수 임승준 임용규 임용대 임은열 임응호 임재강 임종서 임종원 임종훈 임준형 임진선 임철수 임청배 임현무 장건호 장경선 장경철 장기원 장대у만 장문석 장성식 장성흥 장신우 장영창 장용배 장인국 장재학 장재호 장진 장철홍 장팔선 장혜철 장호식 장호운 장희문 전건중 전공중 전금중 전명철 전문권 전병현 전상모 전선옥 전성균 전성호 전신구 전용탁 전재훈 전종문 전진곤 전진규 전찬일 전학 전흥진 정경수 정경숙 정경열 정광윤 정광진 정구선 정구흥 정규배 정기범 정남식 정달순 정대민 정덕영 정도현 정동일 정동철 정두호 정명진 정병무 정보선 정봉진 정상호 정성래 정성태 정세권 정소은 정수경 정순재 정승권 정승호 정연국 정연돈 정연석 정연재 정영식 정영조 정영철 정영학 정완규 정완석 정용해 정우균 정우재 정운열 정원재 정유진 정유현 정은호 정인석 정재섭 정재성 정재우 정재익 정재희 정정암 정정진 정종수 정종연 정종철 정종환 호제사랑 정주섭 정진욱 정찬우 정창운 정천영 정천째 정태봉 정태현 정풍환 정현웅 정현주 정현진 정호동 정호석 정효영 정효안 조경수 조계현 조광희 조규천 조남익 조대원 조동수 조동현 조두희 조득주 조만석 조만용 조미선 조병철 조본희 조상돈 조상일 조석문 조석희 조성국 조성록 조송암 조연식 조영규 조영도 조영래 조영상 조영순 조영재 조영제 조영주 조영화 조영희 조용행 조용희 조원경 조윤희 조은기 조재현 조정은 조정희 조종관 조진길 조진원 조진현 조태현 조학제 조항길 조형길 조형진 주덕용 주세원 주영준 주원택 주인섭 주재권 주행규 지명건 지명철 지상근 지용 지용욱 진성길 진용호 진용호 진원욱 진이하 차경업 차보환 차선구 차수현 차승수 차체승 차지현 차지훈 차호영 채경수 채석원 채용생 채재호 채충라 천경식 천명학 천선아 천은영 천재경 천창희 천현종 천형우 최검용 최경성 최경용 최경희 최광림 최광철 최규성 최규정 최규환 최기인 최기택 최기환 최동명 최명선 최명진 최무순 최문석 최문춘 최병남 최병렬 최병선 최병수 최병은 최병희 최보영 최봉규 최봉석 최상규 최상준 최성경 최성실 최성용 최수근 최숙영 최연기 최영기 최영락 최영일 최영진 최영철 최영호 최왕석 최용국 최우상 최운호 최원황 최유건 최유규 최윤석 최윤녕 최윤석 최윤오 최윤태 최재선 최재호 최정근 최정필 최제균 최종문 최종식 최종혁 최준오 최진오 최차실 최창근 최천수 최충근 최태섭 최태수 최한철 최현 최형윤 최환석 편무철 하경훈 하대섭 하동혁 하상균 하종인 하진식 하진희 하태종 한경미 한경숙 한광춘 한국희 한기범 한기수 한기율 한낙균 한남희 한두희 한득수 한만권 한만소 한병화 한복복 한상국 한상미 한상현 한상호 한성동 한성용 한원희 한인석 한재항 한정현 한종민 한준택 한창기 한창신 한태현 한현진 한혜숙 함병렬 함영희 함은주 함형백 허경환 허남국 허남찬 허상윤 허성렬 허성현 허영국 허용범 허윤성 허윤업 허장회 허재철 허정펄 허진호 허필승 현경순 홍규식 홍기욱 홍기창 홍남기 홍문수 홍상혁 홍석민 홍성림 홍성수 홍성완 홍성종 홍성표 홍순경 홍순근 홍순명 홍순욱 홍순택 홍유미 홍자현 홍재수 홍태종 홍효숙 황국주 황국현 황규홍 황기봉 황다슴 황명호 황민규 황병건 황보열 황석영 황선근 황선자 황성기 황은주 황을문 황의수 황의수 황인규 황재원 황정환 황종모 황찬신 황태준 황현미 황현섭 황홍석